Verfassung und Politik

Herausgegeben von
H. Vorländer, Dresden, Deutschland

Verfassungen stellen politische Ordnungen auf Dauer – und dies in einem doppelten Sinn: Als Spielregelwerk des politischen Systems enthalten sie Institutionen und Verfahren, die den politischen Prozess organisieren. Zugleich erheben Verfassungen den Anspruch, grundlegende Formen und Prinzipien der politischen Ordnung verbindlich zu machen. Verfassungen sind also Grundordnungen des Politischen, sie haben instrumentelle und symbolische Funktionen: Sie haben eine politische Steuerungs- und eine gesellschaftliche Integrationsaufgabe. Verfassungen machen die normativen Ordnungsvorstellungen, die Leitideen der sozialen und politischen Ordnung sichtbar.

Dieser Zusammenhang wird in der Schriftenreihe in theoretischer, ideengeschichtlicher, rechts- und politikwissenschaftlicher Perspektive entfaltet. Die Beiträge verstehen sich als Studien zu einer neuen Verfassungswissenschaft, die die alten disziplinären Grenzen hinter sich lässt.

Herausgegeben von
Prof. Dr. Hans Vorländer
Technische Universität Dresden,
Deutschland

Rainer Schmidt

Verfassungskultur und Verfassungssoziologie

Politischer und rechtlicher
Konstitutionalismus in Deutschland
im 19. Jahrhundert

 Springer VS

Rainer Schmidt
Universidade de São Paulo,
Brasilien

Habilitationsschrift Technische Universität Dresden, 2009

ISBN 978-3-531-19645-9   ISBN 978-3-531-19646-6 (eBook)
DOI 10.1007/978-3-531-19646-6

Die Deutsche Nationalbibliothek verzeichnet diese Publikation in der Deutschen National-
albibliografie; detaillierte bibliografische Daten sind im Internet über http://dnb.d-nb.de
abrufbar.

Springer VS
© Springer Fachmedien Wiesbaden 2012

Springer VS ist eine Marke von Springer DE. Springer DE ist Teil der Fachverlagsgruppe
Springer Science+Business Media.
www.springer-vs.de

Vorwort

Die hier vorliegende Arbeit ist als Teil des Projekts „Verfassung als institutionelle Ordnung des Politischen" im Rahmen des DFG-Sonderforschungsbereichs 537 „Institutionalität und Geschichtlichkeit" entstanden. In zahlreichen Workshops, Tagungen und Mitarbeiterbesprechungen wurden Teile davon vorgestellt und diskutiert. Hier gab es ein lebhaftes interdisziplinäres Forscherfeld, von dem immer wieder viele Anregungen ausgegangen sind. Dafür danke ich meinen Kolleginnen und Kollegen vom Lehrstuhl und aus den Projekten: Julia Schulze Wessel, André Brodocz, Dietrich Herrmann, Daniel Schulz, Claudia Creutzburg, Steven Schäller und Maik Herold. Jürgen Gebhardt und Hans Lietzmann waren so freundlich und haben sich als Gutachter bereit erklärt. Ihre kritische Lektüre war mir ein wichtiger Leitfaden bei der Überarbeitung. Viel gelernt habe ich auch aus Gesprächen mit Raimund Ottow. Nicht vergessen sind zudem die Veranstaltungen aus der Reihe „Antiker und moderner Konstitutionalismus" in Norditalien.

Mein Dank gilt auch Maritta Brückner, die mit Zuspruch, Unterstützung und ihrer solidarischen sowie humorvollen Art die sonst gelegentlich etwas grauen Räume des „Blauen Hauses" in Dresden erfüllt hat. Auch in dem Zusammenhang waren André und Julia unentbehrlich.

Besonderer Dank gilt natürlich Hans Vorländer. In jeder Beziehung konnte ich immer auf ihn zählen. Ohne seine Unterstützung wäre diese Arbeit nicht geschrieben worden. Und sie wäre auch nicht geschrieben worden ohne meine Frau Lucia, die Nachsicht meiner Kinder und die Unterstützung meiner Eltern.

Seit drei Jahren gibt mir der DAAD die Gelegenheit auf Vortragsreisen, Tagungen und in Lehrveranstaltungen in Brasilien und Deutschland mit zahlreichen Kollegen über meine Forschung zu diskutieren. Den von mir eingeladenen Gästen gilt hier noch einmal der Dank, dass sie die damit verbundenen Strapazen auf sich genommen haben. Der DAAD hat diese Veröffentlichung mit einem Druckkostenzuschuss unterstützt. Dafür danke ich allen Zuständigen, vor allem aber Michael Eschweiler aus Bonn und Christian Müller, dem Leiter des Regional-Büros in Rio de Janeiro.

Die vorliegende Arbeit ist die überarbeitete Fassung eines Manuskriptes, das von der Philosophischen Fakultät der Technischen Universität Dresden als Habilitationsschrift angenommen wurde.

São Paulo/Dresden, September 2012   Rainer Schmidt

Inhaltsverzeichnis

I. Die Verfassung zwischen Recht und Macht

*„Greater than the writing of excellent laws on paper, is the
writing of them into the spiritual fibre of a people"*[1]

Die Geltung von Verfassungen beruht auf einem komplexen und widersprüchlichen Zusammenspiel von Sichtbarkeit und Unsichtbarkeit ihrer zentralen Ordnungsprinzipien. Aus dem Recht allein lässt sich ihre Geltung nicht ableiten. Sie bedarf der verfassungkulturellen Verbreitung sozialer Praktiken und der verfassungssoziologischen Reflexion ihrer Grundlagen zur Selbstvergewisserung. Visualisierung kann bedeuten die Inszenierung ihrer zentralen Leitideen in Festen, Denkmälern und Architektur von Repräsentationsgebäuden genauso wie die regelrechte Theatralisierung bei der Verkündung von Entscheidungen eines Verfassungsgerichts. Verfassungsordnungen und ihre Opponenten machen dabei gleichermaßen selektiven Gebrauch von Visualisierungsstrategien. So bewegt sich die Selbstdarstellung des Bundesverfassungsgerichts, von der seine Deutungsmacht in einem beträchtlichen Maße abhängt, in einer interessanten Spannung zwischen transparenter Architektur und Invisibilisierung des politischen Charakters und Einflusses seiner Entscheidungen.[2]

Um die zentralen Institutionen, Akteure, Verfahren und Texte einer politischen Ordnung entfaltet sich ein komplexes verfassungskulturelles Netzwerk aus festlicher Inszenierung und machtpolitischem Kalkül. Dies wird zwar zu keinem Zeitpunkt deutlicher als im Moment der Gründung, in dem sich das komplexe Verhältnis von Sichtbarkeit und Unsichtbarkeit auf das ebenso komplexe Verhältnis von Kontinuität und Bruch überträgt.[3] Und die Erinnerung an die Gründung übernimmt vor allem im republikanischen Kalender eine wichtige Funktion ein. Dies darf jedoch nicht darüber hinwegtäuschen, dass sich die

---

1   Maddox, Graham: Constitution, in: Terence Ball u.a. (Hg.), *Conceptual Change and the Constitution*, Lawrence 1988, S. 52.

2   Vorländer, Hans: Gründung und Geltung. Die Konstitution der Ordnung und die Legitimität der Konstitution, in: Melville, Gert/Vorländer, Hans (Hg.), *Geltungsgeschichten*, Köln/Wien/Weimar 2002, S. 243-263; ders.: Der Interpret als Souverän, in: *Frankfurter Allgemeine Zeitung*, 17. April 2001, S. 14; Münkler, Herfried: Die Visibilität der Macht und die Strategien der Machtvisualisierung, in: Göhler, Gerhard (Hg.), *Macht der Öffentlichkeit – Öffentlichkeit der Macht*, Baden-Baden 1995, S. 213-230.

3   Göhler, Gerhard (Hg.): *Grundfragen der Theorie politischer Institutionen. Forschungsstand – Probleme – Perspektiven*, Opladen 1987; Göhler, Gerhard (Hg.): *Politische Institutionen im gesellschaftlichen Umbruch. Ideengeschichtliche Beiträge zur Theorie politischer Institutionen*, Opladen 1990; Zur Macht der Verfassung und zum Konzept der Deutungsmacht: Brodocz, André: *Macht der Judikative*, Wiesbaden 2009; Vorländer, Hans (Hg.): *Die Deutungsmacht der Verfassungsgerichtsbarkeit*, Wiesbaden 2006.

Geltung der Verfassung über den charismatischen Moment der Gründung hinaus veralltäglichen muss, wenn sie dauerhaft sein will. In einer Analyse dieses Momentes wird deutlich, dass das Verfassungsprojekt immer sowohl in die Vergangenheit wie auch in die Zukunft gerichtet ist. In die Vergangenheit, weil es sich als Ergebnis von Machtkämpfen um die Hegemonie im Kampf um politische Ordnungsvorstellungen und Traditionen deuten lässt. In die Zukunft, weil es immer auch ein Grundbuch politischer Projekte ist, um deren Verwirklichung gerungen wird.[4] Verfassungen treten mit einem ständig angefochtenen Anspruch auf, in sich die maßgeblichen Traditionen zu verkörpern und die Machtkämpfe zu organisieren, zu kanalisieren und zu zivilisieren, also über das Recht gesteuerte allmähliche Konstitutionalisierungsprozesse einzuleiten und durchaus auch gegen eine widerständige politische Kultur durchzusetzen. Widerspruch gegen eine vermutete integrative Leistung von Verfassungen leisten diejenigen, denen die Verfassung zu einem Instrument geronnen ist, das entweder lediglich die realen Machtverhältnisse in juristische Begrifflichkeit überträgt und damit auf Dauer stellt, oder die wirklichen Machtverhältnisse ausklammert und somit einen Scheinkonstitutionalismus einrichtet.[5]

Die uns hier interessierenden Strömungen und verfassungskulturellen Praktiken innerhalb des politischen Konstitutionalismus im Deutschland des langen 19. Jahrhunderts reflektieren das Zusammenspiel von Recht und Politik, setzen immer schon auf eine umfassende Einflussnahme auf das politisch-moralische Umfeld mittels der Verfassung und beschränken sich nicht auf eine negative Schutzwirkung gegenüber Übergriffen des Staates und sind sich der Bedeutung einer verfassungskulturellen Repräsentation und entsprechender Sichtbarkeit der Leitideen bewusst.[6] Mit dieser Diskussion innerhalb des konstitutionellen La-

---

4   Hennis, Wilhelm: Verfassung und Verfassungswirklichkeit (1968), in: ders., *Regieren im modernen Staat*, Tübingen 1999, S. 183-213.

5   Kuo, Ming Sun: Reconciling Constitutionalism with Power, in: *Ratio Juris* 23 (2010), S. 390-410; Graber, Mark A.: Resolving Political Questions into Judicial Questions: Tocqueville's Thesis Revisited, in: *Constitutional Commentary* 21 (2004), S. 485-545; Zu einer politischen Interpretation der Verfassung, der in diesem Zusammenhang gerne vom „Neuen Konstitutionalismus" spricht: Hirschl, Ran: *Toward Juristocracy: The Origins and Consequences of the New Constitutionalism*, Cambridge 2004; Kahn, Paul W.: Speaking Law to Power: Popular Sovereignty, Human Rights, and the New International Order, in: *Chigaco Journal of International Law* 1 (2000), S. 1-18; Kalyvas, Andreas: Popular Sovereignty, Democracy, and the Constituent Power, in: *Constellations* 12 (2005), S. 223-244; Loughlin, Martin: *Sword and Scales: An Examination of the Relationship between Law and Politics*, Oxford 2000; Michelman, Frank I.: Constitutional Authorship, in: Alexander, Larry (Hg.), *Constitutionalism*, Cambridge 1998, S. 64-98; Preuß, Ulrich K.: *Revolution, Fortschritt und Verfassung. Zu einem neuen Verfassungsverständnis*, Berlin 1990; Schmitt, Carl: *Verfassungslehre*, 9. Aufl. Berlin 2003.

6   Zur Unterscheidung von politisch-republikanischem und juristisch-liberalem Konstitutionalismus: Bellamy, Richard: *Political Constitutionalism: A Republican Defense of the Constitutionality of Democracy*, Cambridge 2007; Schweber, Howard: *The Language of Liberal Constitutionalism*, Cambridge 2007; Bloom, Allan: Rousseau's Critique of Liberal Constitutionalism, in: Orwin, Clifford/Tarcov, Nathan (Hg.), *The Legacy of Rousseau*, Chicago 1997.

gers, liberal oder republikanisch, die im 19. Jahrhundert beginnt und uns bis heute beschäftigt, verbindet sich ein jeweils einschlägiges Politikverständnis.[7] Für Max Weber war der Konstitutionalismus im Vormärz kein produktiver Ideenspeicher. Die mangelnden national-staatlichen und machtpolitischen Perspektiven des frühliberalen Bürgertums ließen ihn zu dieser Epoche der deutschen Geschichte auf Distanz gehen. Verlässt man jedoch dieses machtzentrierte Politikverständnis und setzt dagegen auf Aspekte von Politik als bürgerschaftlich zentriertem Republikanismus, erscheint gelegentlich der Blick auf den Vormärz anregender als auf die Zeit Webers. Aber unter dem Gesichtspunkt der Verfassungssoziologie im Sinne der Reflexion der umfassenden Geltungsbehauptungen von politischen Ordnungskonzepten als soziale Praxis, lässt sich Weber selber sehr wohl in eine lange Tradition stellen, die weit vor das Kaiserreich zurückgeht. In der Kritik am methodischen Purismus des Rechtspositivismus wird der Mensch als „Verfassungsfaktor" wieder in den Blick genommen.[8] Die sehr stark auf juristische Verfahren und deren normative Überlegenheit gegenüber dem Prozess des demokratischen, parlamentarischen Selbstregierens setzende Verfassungskultur als Rechtskultur, ambivalent wie sie ist, lässt sich als ein Erbe dieser Zeit verstehen.[9]

Diese Ambivalenzen zeigen sich in der Entwicklung von der Allgemeinen Staatslehre und ihrem umfassenden Analyserahmen im Vormärz hin zum methodisch am Privatrecht orientierten Öffentlichen Recht des Kaiserreichs. Mit

---

7 Vgl. Loughlin, Martin: *Sword and Scales: An Examination of the Relationship between Law and Politics*, Oxford 2000. Auf der einen Seite wird mit der Auflösung von Politik in Recht ein eher negativer Politikbegriff vorgestellt. Gehen wir jedoch davon aus, dass sich in Politik zentrale, unhintergehbare sozio-kulturelle Prozesse vollziehen, werden wir mit der Auflösung von Politik in Recht wenig positiv-utopisches Potential verbinden. In der republikanischen Tradition von Hannah Arendt: Mouffe, Chantal: *The Return of the Political*, London 1993; An diese Tradition knüpft in Teilen auch die deliberative Demokratietheorie an.

8 In Deutschland wird als Folge des Rechtspositivismus die Beschränkung auf das Juristische besonders betont - anders in England und Frankreich. Zu England: Bogdanor, Vernon/Khaitan, Tarunabh/Vogenauer, Stefan: Should Britain have a Written Constitution, in: *The Political Quarterly* 78 (2007), S. 499-517; Nicol, Danny: The Legal Constitution: United Kingdom Parliament and European Court of Justice, in: *The Journal of Legislative Studies* 5 (1999), S. 135-151. Zu Frankreich: Favoreu, Louis: *La Politique saisie par le droit*, Paris 1988; Dazu: Rousseau, Dominique: The Conseil Constitutionnel confronted with comparative law and the theory of constitutional justice (or Louis Favoreu's untenable paradoxes), in: *International Journal of Constitutional Law* 5 (2007), S. 28-43.

9 Kritisch dazu: Bellamy, Richard: The Political Form of the Constitution: the Separation of Powers, Rights and Representative Democracy, in: Bellamy, Richard/Castiglione, Darion (Hg.), *Constitutionalism in Transformation: European and theoretical perspectives*, Oxford u.a. 1996, S. 24-44; ders.: *Political Constitutionalism: A Republican Defense of the Constitutionality of Democracy*, Cambridge 2007. In Deutschland: Vorländer, Hans: Integration durch Verfassung? Die symbolische Bedeutung der Verfassung im politischen Integrationsprozess, in: ders. (Hg.), *Integration durch Verfassung*, Wiesbaden 2002, S. 9-40. Frankenberg, Günter: *Die Verfassung der Republik*, Baden-Baden 1996; Preuß, Ulrich K.: Der Begriff der Verfassung und ihre Beziehung zur Politik, in: ders., *Zum Begriff der Verfassung. Die Ordnung des Politischen*, Frankfurt/M. 1994, S. 7-33.

der Professionalisierung und Autonomisierung des Rechts war eine Symbiose mit dem monarchischen Exekutivstaat entstanden. Aus der ursprünglich umfassenden Analyse der Verfassungslehre mit unscharfem methodischem Profil ist eine methodisch einflussreiche aber politisch und soziologisch entleerte Staatslehre geworden. Das Verharren des deutschen Konstitutionalismus bei der (rechtsstaatlichen) Begrenzung von Herrschaft eröffnete gleichzeitig ein breites Spektrum von Strategien zur clandestinen, nicht revolutionären Aneignung von bürgerschaftlichen Verfassungsprinzipien auf reformerischem Wege.

Das liberale Bürgertum in Deutschland suchte zu keinem Zeitpunkt eine Verbindung zwischen demokratischer Legitimation, revolutionärer Gründung und Verfassung. Da es sich vor allem im süddeutschen Liberalismus so verhielt, *als ob* die Verfassung auf einen bürgerlichen Gründungsmythos zurückgreifen konnte, verriet es einiges über das komplexe Gefüge von sozialen, ökonomischen, juristischen und politischen Zusammenhängen, wie zu sehen in der Badischen Verfassungsverehrung, in Pölitz' Versuch einer Verfassungsgeschichtsschreibung, oder später dann in Hänels Kritik am Rechtspositivismus und der schließlichen Reaktivierung einer soziologischen Verfassungslehre als Lehre der Geltungsbehauptungen von politischen Ordnungen bei Max Weber. Immer geht es dabei um die entweder republikanisch, (alt)liberal oder soziologisch informierte Behauptung, dass sich politische Ordnungen durch ihre Praktiken der symbolischen Repräsentation und der Stabilisierung von Narrativen Geltungsressourcen erarbeiten, auf die jede Verfassung angewiesen ist. Aus der republikanisch-altliberalen Tradition ist dies noch eine Selbstverständlichkeit, die sich in den Begriffen der Tugend, der Bürgererziehung und der Volksbildung zum Ausdruck bringt. In Max Webers Herrschaftssoziologie wird dies auch in heute noch anregender Weise methodisch anspruchsvoll reformuliert.

Diese politisch-verfassungskulturelle Seite des Konstitutionalismus lässt sich dann nicht zur Gänze erfassen, wenn die Verfassung dem engen Feld der juristischen Begrifflichkeit überlassen wird. Fragen nach der Verfassung waren immer auch Fragen nach dem richtigen Leben.[10] Und diese Fragen werden seit der Amerikanischen Revolution, auch in Deutschland, als Verfassungsfragen diskutiert. In dieser Zeit gelangten zahllose Anregungen zur Verfassungstheorie und -praxis nach Deutschland, die zum einen vom aufgeklärten Liberalismus rezipiert und zum anderen durch die Reformbemühungen innerhalb des aufgeklärten Absolutismus aufgegriffen wurden, um mit dem Erlassen von Verfassungen Druck aus der Oppositionsbewegung zu nehmen. Beide Bewegungen drängten auf Konstitutionalisierung des politischen Prozesses, was schon in den zahlreichen Verfassungsentwürfen und Reformdenkschriften des späten 18. und vollends in den Verfassungen des 19. Jahrhunderts zum Ausdruck kam. Über den Untersuchungszeitraum des langen 19. Jahrhunderts lässt sich verfolgen,

---

10 Hennis, Wilhelm: Politik und praktische Philosophie, in: ders., *Politikwissenschaft und politisches Denken*, Tübingen 2000, S. 1-126.

wie sich langsam, ausgehend von der Rezeption der amerikanischen und französischen Revolution, eine Integration durch Verfassung aufbaut, die vor allem auf die politische Philosophie Kants setzt. Von ihm persönlich und von seinen Popularisierern wie Rotteck und Pölitz wurden die entsprechenden Aktualisierungs-, Symbolisierungs- und öffentlichen Erziehungsprojekte angestoßen, die zu einer Verfassungskultur führen sollten, auf der die Integration durch Verfassung aufruhen könnte.[11] Mit dem Scheitern des Konstitutionalismus und der realpolitischen Wende wurde das ursprünglich im Revolutionszeitalter umfangreiche politische Regelungsprogramm des Konstitutionalismus zurückgefahren. Dies führte schließlich zur fast vollständigen Ausblendung der politischen Komponenten zur Blütezeit des Rechtspositivismus, um dann wieder zu Beginn des 20. Jahrhunderts ausgehend von der neu-kantischen Tradition aufgebaut zu werden. Denn aus der Hegelschen Tradition, egal ob rechts- oder linkshegelianisch, kam eher eine Geringschätzung der Integrationsleistungen der Verfassung. Sei es mit Blick auf mächtige Akteure, wie Staat, Nation und Volk in Gefolgschaft des Rechtshegelianismus, sei es auf soziale Bewegungen in der linkshegelianischen Tradition.[12] Dafür werden hier die Grenzen der Verfassung, verstanden als abstrakte Rechtsordnung ohne Anbindung an soziale Praktiken, umso deutlicher herausgearbeitet.

Auf der einen Seite können Verfassungen, auf den Verfassungstext reduziert, als rational konstruierte Solitäre und als systematische, ideale Ordnungsentwürfe gedacht werden. Dann finden sich in ihnen kaum Spuren einer spezifischen historischen Konstellation, keine kulturellen Sedimente, sondern rein systematische, idealerweise in sich weltanschaulich geschlossene politische Ordnungsvorstellungen. Sobald sich dieser Verfassungstext jedoch in der Praxis bewähren soll, trifft er auf ein politisch-kulturelles Umfeld, dem er möglichst nicht als Fremdkörper begegnen sollte. Geschieht dies doch, sind Reibungen, Gewalttätigkeiten und Widerstand der Betroffenen oder Bedeutungslosigkeit der

---

11 Zur Idee der Integration durch Verfassung: Grimm, Dieter: Integration durch Verfassung, in: *Leviathan* 32 (2004), S. 448-463; Vorländer, Hans: Integration durch Verfassung? Die symbolische Bedeutung der Verfassung im politischen Integrationsprozess, in: ders. (Hg.), *Integration durch Verfassung*, Wiesbaden 2002, S. 9-40; Preuß, Ulrich K.: Der Begriff der Verfassung und ihre Beziehung zur Politik, in: ders., *Zum Begriff der Verfassung. Die Ordnung des Politischen*, Frankfurt/M. 1994, S. 7-33.

12 Maier, Hans: Hegels Schrift über die Reichsverfassung, in: *PVS* 4 (1963), S. 334-349; Maletz, Donald J., On the Revival of Hegelian Political Thought, in: *Political Science Reviewer* 13 (1983), S. 155-178; Scheuner, Ulrich: Hegel und die deutsche Staatslehre des 19. und 20. Jahrhunderts, in: *Studium Berolinese. Gedenkschrift zur 150. Wiederkehr des Gründungsjahres der Friedrich-Wilhelms-Universität zu Berlin*, Berlin 1960, S. 129-151; Boldt, Hans: Hegel und die konstitutionelle Monarchie – Bemerkungen zu Hegels Konzeption des Staates aus verfassungsgeschichtlicher Sicht, in: Weisser-Lohmann, Elisabeth/Köhler, Dietmar (Hg.), *Verfassung und Revolution: Hegels Verfassungskonzeption und die Revolutionen der Neuzeit*, Hamburg 2000, S. 167-209.

Verfassungsnormen mögliche Konsequenzen.[13] Daraus zieht auf der anderen Seite eine Verfassungstheorie entsprechende Konsequenzen, die, wenn sie von Verfassung spricht, mehr als nur den reinen Text meint. Da Verfassungstexte ohnehin in einer vielgestaltigen Umwelt von machtpolitischen Konstellationen der Neugründung, von charismatischen Akteuren und Momenten, historischen Erzählungen und politisch-kulturellen sowie institutionellen Voraussetzungen stehen, entstehen und sich bewähren müssen, sollte all das auch besser in der Verfassungstheorie und im Verfassungsbegriff reflektiert werden.[14] Dies führt zwar zweifelsohne durch die Ausweitung des Blickfeldes zu einer Unschärfe des Verfassungsbegriffs, aber es verhindert dadurch gleichzeitig die unrealistische Verkürzung auf rein juristische Prozesse der Generierung und Geltungsbehauptung der Verfassung. Hegels Vorwurf an Kants blinde Abstraktionen bringt die eine Seite zum Ausdruck. Der Rechtspositivismus steht für die andere Seite. Hier werden philosophische, politische und kulturelle Aspekte aus der Verfassung herausgenommen, dort wird die Verfassung in ein Gesamt von geistigen, kulturellen und machtpolitischen Konstellationen hineingestellt. Setzt die eine Seite, Kant, darauf, dass auch eine nachholende Aneignung der Verfassung durch die Bürger möglich ist, wenn die Verfassung und die geschaffenen Institutionen den Mindestanforderungen an Rationalität entsprechen, geht auf der anderen Seite, nach Hegel, die Frage nach der guten Ordnung ohnehin nicht in Rechtsfragen auf, sondern klärt sich im Zweifel durch die Entscheidungskraft eines wirkmächtigen Akteurs und zeigt, wie oben schon angedeutet, dergestalt die Grenzen der Integration durch Verfassung auf.

Diese Arbeit möchte die beiden Dimensionen von Verfassungskultur und Verfassungstheorie miteinander verknüpfen. Ohne die Sichtbarkeit der Verfassung in kulturellen Praktiken schwindet die Wahrscheinlichkeit Geltung für die konstitutionellen Leitideen zu erlangen. Gleichzeitig bedarf es einer Verfassungstheorie, welche die Bedeutung des kulturellen Teils herausarbeitet. Dies war im langen 19. Jahrhundert nicht immer so. Im Kaiserreich kollidierte der

---

13   So schon die klassische Kritik von Ferdinand Lassalle, *Über Verfassungswesen* (1862), Darmstadt 1958. Vgl. die interessante Formulierung bei Rousseau: „Je weniger der Wille der einzelnen mit dem Gemeinwillen übereinstimmt, d.h. die Sitten mit den Gesetzen, desto größer muss die Bremsgewalt werden" (Rousseau, Jean-Jacques: Vom Gesellschaftsvertrag, in: ders., *Politische Schriften* Band 1, hg. von Ludwig Schmidt, Stuttgart 1977, S. 59-208, hier: S. 120).

14   Zum Begriff des constitutional moment: Ackerman, Bruce: *We the People: Foundations; We the People: Transformations*, 2 Bde., Cambridge, Mass./London 1991/1998. Die Formulierung bei Weber: „Das Gesagte kann keinen Zweifel darüber gelassen haben: dass Herrschaftsverbände, welche nur dem einen oder anderen der bisher erörterten ‚reinen' Typen angehören, höchst selten sind" (Weber, Max: *Wirtschaft und Gesellschaft: Grundriß der verstehenden Soziologie*. 5. rev. Auflage (Studienausgabe), Tübingen 1980, S. 153); Kalyvas, Andreas: Charismatic Politics and the Symbolic Foundations of Power in Max Weber, in: *New German Critique* 85 (2002), S. 67-103. Dass immer etwas zum Recht hinzutreten muss und es nicht alleine aus sich gültig sein kann: Schmidt, Rainer: Macht, Autorität, Charisma. Deutungsmacht in Max Webers Herrschaftssoziologie, in: Hans Vorländer (Hg.), *Die Deutungsmacht der Verfassungsgerichtsbarkeit*, Wiesbaden 2006, S. 37-55.

Prunk der Krönungszeremonien mit dem symbolisch abgespeckten Rechtspositivismus. In dieser Zeit erfolgte die vollständige Herauslösung der Verfassung aus ihrem kulturellen, philosophischen und praktischen Umfeld, was keineswegs repräsentativ ist für den gesamten Untersuchungszeitraum. Im Kaiserreich spitzte sich der Konflikt zu: auf der einen Seite eine Integration durch Recht ohne politisch-kulturelle Reflexion, auf der anderen Seite eine Preisgabe der Verfassung an die Staatsraison oder die sozialen Machtlagen bei gleichzeitiger ungebrochener Sichtbarkeit der Monarchie.[15]

Noch heute arbeitet sich die „Verfassungslehre" an diesen Verkürzungen aus der dominanten Epoche des Rechtspositivismus ab. Aus dieser Zeit stammt die Dominanz der Rechtswissenschaft als Verfassungswissenschaft.[16] Es gilt dabei Fehlschlüsse zu vermeiden, also weder die Verfassung der Macht zu überlassen, noch die Macht der Verfassung. Vor allem im Begriff der symbolischen Dimension der Verfassung kommen die ansonsten vernachlässigten Elemente der kulturellen Aspekte von Verfassungsgeltung zum Tragen.[17] Doch so problematisch die Verkürzung im Rechtspositivismus auch gewesen sein mag, sie hat einen Blick auf die Chancen einer Integration durch Recht offengelegt, die ansonsten im Feld von unlösbaren Machtkämpfen verdeckt geblieben wäre. Hierin äußert sich auch etwas vom Kant'schen Erbe.

Auch in ideengeschichtlicher Perspektive wird deutlich, dass sich die funktionale Dimension der Verfassung sehr schnell erschöpft, wenn ihr nicht eine symbolische Dimension zur Seite tritt. Als Instrument der Regierung wurde die Verfassung von Seiten der Bürger ebenso gefordert wie bereitwillig von den Fürsten eingesetzt. Sie diente der Bindung des Monarchen ebenso wie der Einbindung der Bürgerschaft und Stärkung von deren Loyalität. Zur Erfüllung der symbolischen Funktion bedurfte es jedoch einer Aneignung durch die Bürgerschaft, einer Einbindung in eine Verfassungskultur.[18] Dort wo die symbolisch-

---

15 Klassisch dazu: Friedrich, Carl Joachim: *Der Verfassungsstaat der Neuzeit*, Berlin 1953; McIlwain, Charles Howard: *Constitutionalism Ancient and Modern*, 2. Aufl., Ithaca, New York 1947; neuerdings: Gordon, Scott: *Controlling the State: Constitutionalism from Ancient Athens to Today*, Cambridge 2002.

16 Stolleis, Michael: *Geschichte des öffentlichen Rechts in Deutschland. Band 2: Staatsrechtslehre und Verwaltungswissenschaft 1800-1914*, München 1992.

17 Zum Zusammenspiel von funktionaler und symbolischer Dimension der Verfassung: Vorländer, Hans: Integration durch Verfassung? Die symbolische Bedeutung der Verfassung im politischen Integrationsprozess, in: ders. (Hg.), *Integration durch Verfassung*, Wiesbaden 2002, S. 9-40. Vgl. dazu auch: Gebhardt, Jürgen: Verfassung und Symbolizität, in: Melville, Gert (Hg.), *Institutionalität und Symbolisierung. Verstetigungen kultureller Ordnungsmuster in Vergangenheit und Gegenwart*, Köln/Weimar/Wien 2001, S. 585-601. Neben den schon genannten Titeln von Hans Vorländer für diesen Aspekt von zentraler Bedeutung: Hans Vorländer: Emergente Institution. Warum die Verfassung ein Prozess ist, in: Buchstein, Hubertus/Schmalz-Bruns, Rainer (Hg.), *Politik und Integration. Symbole, Repräsentation, Institution*, Baden-Baden 2006, S. 247-259.

18 So schreibt Hans Vorländer: „Der Sinn einer Verfassung als einer solchen symbolischen Ordnung ergibt sich nicht daraus, dass ihr eine normativ-regulative Funktion eingeschrieben

integrative Funktion nicht ernst genommen wurde, ließ schließlich auch die instrumentelle Funktion nach.[19]

Damit ist schon auf das spezifische Verfassungsverständnis verwiesen. Verfassungen sind Orte, an denen die grundlegenden Ordnungsvorstellungen einer Gesellschaft dokumentiert und reflektiert werden. Sie sind Orte der Institutionalisierung kollektiver Selbstbindung, die jedoch nur dann dauerhaft sein kann, wenn sie von der Bürgerschaft akzeptiert wird. In diesem Sinne hängen Verfassung und Verfassungskultur aufs Engste zusammen. In der politischen Theorie des Konstitutionalismus, wenn auch nicht immer im deutschen Zweig, wird diese Verschränkung immer schon mitgedacht. Der Rechtsstaat kann die Aufgabe der Beschränkung von Macht nur dann auf Dauer erfolgreich leisten, wenn sich über die Einrichtung einer Verfassungskultur die Grundsätze der gemischten und gebändigten Herrschaft einleben und in die politische Praxis der Bürger einfügen. Es ist von besonderem Interesse dies in einem widerständigen Umfeld zu beobachten. Anders als in den USA und in Frankreich, wo die Verfassung auf eine revolutionäre Neugründung zurückging, gab es in Deutschland

---

ist – ein positivistischer Kurz- oder ein nominalistischer Fehlschluss – sondern daraus, dass ihr herausgehobene, grundlegende Ordnungsvorstellungen zugeschrieben werden und von ihnen eine instrumentell-steuernde Funktion erwartet wird. Verfassungen sind symbolische, keine feststehenden Ordnungen, sie stellen Ordnungbehauptungen und Geltungsansprüche auf, können sie aber von sich aus nicht einlösen. Verfassungen sind auf symbolische Darstellungsformen angewiesen, die ihr Geltung, das heißt Akzeptanz und Anerkennung, verschaffen. Symbolizität und Funktionalität lassen sich deshalb nicht trennen, die Funktionalität der Verfassung liegt in ihrer symbolischen Bedeutung" (Vorländer, Hans: Integration durch Verfassung? Die symbolische Bedeutung der Verfassung im politischen Integrationsprozess, in: ders. (Hg.), *Integration durch Verfassung*, Wiesbaden 2002, S. 9-40, hier: S. 19).

19   Zur Unterscheidung von instrumenteller und symbolischer Funktion der Verfassung: vgl.: Vorländer, Hans: Integration durch Verfassung? Die symbolische Bedeutung der Verfassung im politischen Integrationsprozess, in: ders. (Hg.), *Integration durch Verfassung*, Wiesbaden 2002, S. 9-40. Dabei soll hier symbolisch in einem umfassenden Sinne verstanden werden. Die folgende Formulierung von Barbara Stollberg-Rilinger bestärkt ein zentrales Credo der Dresdner Institutionentheorie, dass sich symbolische und funktionale Ebene nicht trennen lassen: „Symbolisch-zeremonielle und technisch-instrumentelle Funktionen lassen sich nicht einfach bestimmten Verfahrenstypen oder gar historischen Entwicklungsphasen zuordnen. Ebensowenig, wie sich moderne Verfahren in ihrer instrumentellen Funktion erschöpfen, lassen sich umgekehrt vormoderne Verfahren auf symbolisch-expressive Funktionen reduzieren" (Stollberg-Rilinger, Barbara: Einleitung, in: dies. (Hg.), *Vormoderne politische Verfahren, Zeitschrift für historische Forschung*, Beiheft 25, Berlin 2001, S. 12). Sie wendet sich dabei gegen die These, Webers Unterscheidung von traditionaler/ charismatischer Herrschaft vs. rationaler Herrschaft als Entwicklungsstufen eines Rationalisierungsmodells zu lesen. Weber selbst richtete sich schon gegen eine solche Deutung und sah immer auch charismatische Einbrüche in rationale Ordnungen als konstitutiv für diese an. So wie Weber das Rationale im Symbolisch-Rituellen betont, lässt sich auch aus der Perspektive der Moderne das Eindringen des Rituellen in die Rationalität deuten. Der Symbolbegriff sollte dabei nicht auf das Rituelle reduziert werden. Auch die Abwendung von Ritualen ist eine Form der symbolischen Repräsentation. Das bewusst Schlichte, das rein Juristische, die uneingeschränkte Rationalität sind selber Ausdruck einer Symbolordnung. Selbst die Abwesenheit jedes schmückenden Elements ist eine mögliche Form der symbolischen Darstellung.

bis zu Weimar weder eine Republik, noch eine revolutionäre Neugründung. Die Aneignung musste erfolgen, ohne dass sich die Bürger auf einen Gründungsmoment oder Gründungsmythos berufen konnten. Umso bereitwilliger schrieb man sich in das Narrativ der westlichen Verfassungsgeschichte ein, wie Karl Heinrich Ludwig Pölitz zeigen kann.

Aus analytischer Perspektive soll unter politischem Konstitutionalismus folgendes Set von Merkmalen verstanden werden: Auf der Grundlage einer über Recht und Verfassung gesteuerten Gesellschaft wird der Verfassung eine aktivierende und bestimmte Politiken ermöglichende, unterschiedlich weit in die Lebensführung der Menschen eingreifende Aufgabe zugesprochen. Die Anforderungen an den Bürger werden klar formuliert, seine Pflichten betont. Diese tauchen dann auch in den Verfassungstexten auf. Dazu bedarf es einer entsprechenden Verfassungstheorie, die solche Zumutungen begründet. Dies wird begleitet von einer Verfassungsgeschichte, die eine Einbindung in umfassendere Narrative erlaubt und ein Einschreiben in die Traditionsbestände des westlichen Verfassungsdenkens ermöglicht. Diese können neu gegründet oder in eine schon lange bestehende, oder als schon lange bestehend behauptete „große Erzählung" eingebunden sein. Zudem wird durch unterschiedliche performativ-zivilreligiöse Mittel die Bindung des Bürgers an das Gemeinwesen gestärkt: dafür stehen zum Beispiel Feste oder Feiern. Über Schwüre und Eide findet eine entsprechende Bindung des Bürgers an die Verfassung statt. Immer geht es jedoch darum, wie schon oben angedeutet, den Zusammenhang zwischen Sitten und Gesetz und zwischen Recht und Konvention zu betonen.[20] Gleichzeitig fördert der politische Konstitutionalismus ein Set von Institutionen, das den Aufgaben der Sicherung von Verfassungsgeltung zuträglich ist. Unter Bedingungen der Massendemokratie zu Beginn des 20. Jahrhunderts verschiebt sich dann das Anforderungsprofil an die Institutionen wie auch an die Bürger.

Auf Grund des Fehlens einer revolutionären Tradition wurden in Deutschland Theorie und Praxis des Konstitutionalismus schon immer als defizitär angesehen. Und ohne Zweifel bezieht die Verfassung einen wichtigen Teil ihrer Geltung aus der Genese. Allerdings darf darüber nicht vergessen werden, dass auch eine revolutionäre Genese immer wieder im Gedächtnis der Bürger wachgehalten werden muss. Die Verfassung kann sich nicht auf ihren historischen

---

20 Die Analyse mit Hilfe der Gegenüberstellung von liberalem und republikanischem Paradigma ist schon an einigen historischen Beispielen erprobt worden. (Münkler, Herfried: Protoliberalismus und Republikanismus in der italienischen Renaissance, in: Faber, Richard (Hg.), *Liberalismus in Geschichte und Gegenwart*, Würzburg 2000, S. 41-57; Sandel, Michael: *Liberalismus oder Republikanismus: von der Notwendigkeit der Bürgertugend*, Wien 1995. Zur Kritik: Göhler, Gerhard: Republikanismus und Bürgertugend im deutschen Frühliberalismus: Karl von Rotteck, in: Greven, Michael Th. et al. (Hg.), *Bürgersinn und Kritik*. Festschrift für Udo Bermbach, Baden-Baden 1998, S. 123-149. Anlass zu Missverständnissen kann besonders die Verwendung des Begriffs „Republikanismus" insofern bieten, als die zeitgenössische Verwendung der Begriffe republikanisch und liberal sich nicht immer in der analytischen Begrifflichkeit wiederfindet.

Meriten ausruhen. Wenn ihre Bedeutungsgehalte nicht aktiviert und reaktiviert werden, erlahmt ihre Funktion. Aus dem Umkehrschluss lässt sich herleiten, dass auch eine nachholende Aneignung möglich ist, selbst dort, wo es keine emanzipatorische Genese der Verfassung und ihrer Gründung gibt. Dies ist die Kant'sche Vision und lässt sich sehr eindringlich in den Verfassungsfesten im liberalen Südwesten Deutschlands zeigen.

Im Folgenden geht es erstens um eine Arbeit an den Begriffen von Verfassung und Konstitutionalismus. Letzterer ist in Deutschland als Epochenbegriff gebraucht worden und Kultur und Begründungsphilosophie wurden als extrakonstitutionell begriffen. Erst die erneute Hinwendung zu westeuropäischen Traditionen und die Kulturalisierung der Verfassungspraxis und der Verfassungs- und Staatslehre konnten am Ende des Kaiserreichs wieder den Blick für die umfassenden soziomoralischen Voraussetzungen der Verfassung offen legen, wie sie zuvor im Vormärz noch weit verbreitet waren. Dazu gehört zweitens auch die ideengeschichtliche Absicherung, an den Stellen anzusetzen, an denen diese verfassungskulturelle Dimension offensichtlich wird. Dabei handelt es sich aber in der Regel nur um Versatzstücke, die extrahiert werden können. Wie oben schon angedeutet ist unter der Frage der Verfassungspolitologie (Vorländer) oder Verfassungssoziologie (Hennis) der umfassende Regelungsanspruch der Verfassung von Beginn an präsent.[21] Er lässt sich neben anderen an Montesquieus Verfassungssoziologie zeigen. Rousseaus zivilreligiöse Programmatik nimmt dann Elemente der Verfassungskultur im gleichen Maße ernst, wie es bei Tocqueville der Fall ist. Auch für diesen sind die politischen Institutionen in ein umfassendes Gesamtpaket von sozioökonomisch unterstützenden Maßnahmen eingebunden. Und der symbolische und auf Visualisierung abzielende Aspekt der Verfassungskultur kommt in dem von Walter Bagehot geprägten Begriff der „dignified parts" der Verfassung zum Ausdruck.

Drittens geht es darum, diejenigen Elemente systematisch zu beleuchten, an denen eine Rekonstruktion des Konstitutionalismus unter Berücksichtigung der Verfassungskultur ansetzen könnte. Dies wird unter dem Begriff der Symbo-

---

21 Zu den Begriffen Verfassungspolitologie oder Verfassungssoziologie: Hennis, Wilhelm: Verfassung und Verfassungswirklichkeit (1968), in: ders., *Regieren im modernen Staat*, Tübingen 1999, S. 183-213; In Hennis' Aufsatz heißt es: „Demgegenüber beschäftigt die außereuropäische Verfassungstheorie eine Frage, die der deutschen vergleichsweise fern liegt. Ich meine das Problem der sozialen Voraussetzungen der Staats- und Regierungsformen, also das, was man unter dem Begriff Verfassungssoziologie zusammenfassen könnte. Ich nenne nur einige ganz große Namen dieser (aristotelischen) Tradition: Montesquieus Lehre von den Prinzipien der Staatsformen als vielleicht schönstes Beispiel, Tocquevilles Amerikabuch steht von Anfang bis Ende unter dieser Thematik, und Walter Bagehots klassisches Werk über die englische Verfassung mit seinem scharfen Blick für die sozialen Voraussetzungen des englischen Kabinettsystems ist vielleicht das reizvollste Zeugnis für diese Fragestellung" (ebenda, S. 190). In vergleichbarem Sinne spricht Hans Vorländer von Verfassungspolitologie: Vorländer, Hans: Verfassungsbegriff und Demokratie in Deutschland. Skizzen zu einer deutschen Verfassungspolitologie, in: *Liberal* 24 (1982), S. 164-178.

lizität erfolgen, denn die symbolische Präsenz der Verfassung beruht neben dem Text, auf kulturellen Praktiken und Kommunikationsformen, die ihre Bedeutung präsent halten. Dies geschieht in sehr unterschiedlichen Modellen, die sich England, Frankreich und den USA beispielhaft ausgeprägt haben. Und viertens soll dann im Deutschland des 19. Jahrhunderts gezeigt werden, wie und an welchen Stellen sich verdeckte Elemente eines politischen Konstitutionalismus zeigen lassen, die in dreifacher Hinsicht reflektiert werden, um die oben vorgestellte Unterscheidung von Text, Theorie und Praxis wieder aufzugreifen. Dabei geht es zum einen um die Verfassungspraxis, zum anderen um die wissenschaftlichen Diskurse einer Verfassungsgeschichte und einer historisch-soziologischen Verfassungslehre aber auch um die Verfassungstexte selber, in denen die Verankerung in der Bürgerschaft zum Ausdruck kommt. Dieses zeigt sich schon im Bildungsprogramm des aufgeklärten Liberalismus. Die Reformbemühungen, die sich im späten 18. und frühen 19. Jahrhundert als sozialreformerisches Modell präsentieren, lassen eine Allianz unter dem Gesichtspunkt möglich erscheinen, dass hier reformkonservative (Epstein) mit republikanisch-frühliberalen Positionen verbunden werden. Dies ist jedoch nur unter dem Gesichtspunkt der Ablehnung der Revolution und der Zurückweisung von Partizipationsforderungen breiter Teile der nicht-bürgerlichen Bevölkerungsschichten möglich. Spätestens mit der Paulskirchenrevolution waren die sozioökonomischen Bedingungen zusammengebrochen, die solche Überlegungen getragen hatten. Erst im Vorfeld der Weimarer Verfassung ergab sich durch die Allianz von reformerischen Kreisen der Sozialdemokratie um Hugo Preuß mit liberalen Reformern wie Friedrich Naumann und Max Weber ein neues soziales Milieu und entsprechende machtpolitische Konstellationen, in denen sich solche Gedanken festsetzen konnten. In diesem historischen Teil der Analyse wird zudem zu zeigen sein, dass von Pölitz' Religions- und Verfassungsvergleich über die Mosestafeln der Paulskirchenverfassung bis zu Naumanns Volkskatechismus das lange 19. Jahrhundert von den frühen Verfassungen bis zu Weimar trotz zunehmender Formalisierung und Positivierung des Rechts ein Bewusstsein der Bedeutung symbolisch-expressiver Akte zur Herstellung von Geltung und Legitimität der Verfassung durchzieht.[22]

Die große Aufgabe, die sich im 19. Jahrhundert stellte, war die weitere Anpassung der Überlegungen „der Alten" zum Verhältnis von Freiheit, Kultur und

---

22 Zur Frage der Geltung von Verfassungen: Vorländer, Hans: Integration durch Verfassung? Die symbolische Bedeutung der Verfassung im politischen Integrationsprozess, in: ders. (Hg.), *Integration durch Verfassung*, Wiesbaden 2002, S. 9-40; ders.: Gründung und Geltung. Die Konstitution der Ordnung und die Legitimität der Konstitution, in: Melville, Gert/Vorländer, Hans (Hg.), *Geltungsgeschichten*, Köln/Wien/Weimar 2002, S. 243-263; ders.: Verfassungsgeschichten. Über die Kontinuierung des konstitutionellen Moments, in: *Gründungsmythen-Genealogien-Memorialzeichen. Beiträge zur institutionellen Konstruktion von Kontinuität*, im Auftrag des Sonderforschungsbereichs 537, hg. von Gert Melville und Karl-Siegbert Rehberg, Köln/Weimar/Wien 2004, S. 177-185.

Recht im Umfeld eines modernen Konstitutionalismus. Die Federalists und Tocqueville haben die wichtigsten theoretischen Überlegungen vorgelegt, um Massendemokratie und republikanischen Rechtsstaat zu vereinbaren. Denn die Vorlage aus der Antike war zumeist von einem autoritären Gestus geprägt, der sich noch in der Antikerezeption bei Rousseau findet. Es galt nun, diese Überlegungen zur kultischen Verfestigung des modernen Konstitutionalismus in den Rahmen des entstehenden Liberalismus einzubringen. Denn die Gemeinschaft sollte zwar durch die konstitutionellen Mechanismen stabilisiert werden, aber dies durfte nicht auf Kosten der individuellen Freiheit gehen. Oder anders formuliert, die zeitgenössischen Errungenschaften der neuen individuellen Freiheiten sollten den politischen Ordnungsrahmen nicht sprengen, sondern mit ihm vereinbar sein.[23]

Eben dieses Thema der Konstitutionalisierung einer politischen Ordnung stellte sich noch vor ca. zwanzig Jahren in weiten Teilen Ostmitteleuropas. Denn auch hier zeigte sich die Verschränkung von Republik, Verfassung und Verfassungskultur. In dieser Funktion als Bändigung ansonsten ungebändigter Herrschaft hat der Konstitutionalismus in den 90er Jahren des letzten Jahrhunderts in Ostmitteleuropa seinen, wenn auch von massiven Rückschlägen gezeichneten, Siegeszug fortgesetzt. Begleitet wurden diese Prozesse von einem neuen – politischen – Verständnis des Konstitutionalismus.[24]

Der politisch-kulturelle Resonanzboden ist für den Erfolg und die Wirksamkeit der Verfassung als institutioneller Ordnung des Politischen von herausragender Bedeutung. Dieser Zusammenhang wird besonders deutlich, wenn man sich ihm in historischer Perspektive nähert. Der Verfassungsstaat war in denjenigen Transformationsstaaten besonders schnell und wirkungsmächtig etabliert – um bei unserem Beispiel zu bleiben – ‚in denen die Elite sich selber als zum mitteleuropäischen Kulturraum zugehörig definierte.[25] Mit dieser kulturellen Verortung war der Anspruch formuliert, die westlichen Modelle, vor allem der wirtschaftlichen Modernisierung, zwar nicht zu kopieren, aber dennoch eine Wiederannäherung an den westlichen Kultur- und Politikraum gegen die erzwungene und als ahistorisch empfundene Ostorientierung stark zu machen. Der

---

23   Nippel, Wilfried: Antike und moderne Freiheit, in: Jens, Walter et al. (Hg.), *Ferne und Nähe der Antike*, Berlin/New York 2003, S. 49-68; Kalyvas, Andreas/Katznelson, Ira: *Liberal Beginnings. Making a Republic for the Moderns*, Cambridge 2008.

24   Vgl. dazu: Elkin, Stephen L. und Soltan, Karol Edward: *A New Constitutionalism. Designing Political Institutions for a Good Society*, Chicago/London 1993. Auch Preuß, Ulrich K.: The Political Meaning of Constitutionalism, in: Bellamy, Richard (Hg.), *Constitutionalism, Democracy, and Sovereignty: American and European Perspectives*, Aldershorst/Brookfield 1996, S. 11-31. Die Kritik am Liberalismus in: Arendt, Hannah: Freiheit und Politik, in: dies., *Zwischen Vergangenheit und Zukunft*, München 1994, S. 201-226. Und die Ausarbeitung der republikanischen Tradition in: Arendt, Hannah: *Über die Revolution*, 4. Aufl., München/Zürich 2000.

25   Vgl. dazu Schmidt, Rainer: *Die Wiedergeburt der Mitte Europas*, Berlin 2001; Cohen, Jean/Arato, Andrew: *Civil Society and Political Theory*, Cambridge 1992.

starke Anspruch auf Eigenständigkeit bezeugte das Selbstbewusstsein einer bürgerlichen und bürgerschaftlichen Elite, die neue Verfassungsordnung auf eigenständigen Traditionen aufbauen zu können. Das Bewusstsein von der Labilität politischer Ordnung war den Revolutionären so präsent, dass sie besonders auf diejenigen ideengeschichtlichen Traditionen Bezug nahmen, die den soziomoralischen Anspruch verdeutlichten, den eine republikanisch-bürgerschaftliche Ordnung an die Bürger stellte. Dies sind neben Hannah Arendt besonders Tocqueville und Rousseau.

Diese jüngsten Entwicklungen der Konstitutionalisierung haben den Erklärungswert historisch-kontextueller Analysen der Verfassung und des Verfassungswandels noch einmal unter Beweis gestellt. Sie lassen sich unter dem Stichwort Verfassungskultur auch auf die deutsche Verfassungsgeschichte übertragen. War unmittelbar in den frühen Verfassungsentwürfen der 1790er Jahre und den Verfassungspraxen der ersten und zweiten Verfassungswelle zwischen 1818 und 1832 eine hohe Sensibilität gegenüber den soziomoralischen Voraussetzungen der Verfassung zu erkennen, schwächte sich dieses Bewusstsein schon mit der 1848er Revolution ab und wurde dann im machtpolitischen Diskurs des Kaiserreichs umgedeutet.[26] Erst im Umfeld der Diskussionen um eine Reform der Kaiserreichs-Verfassung erwachte diese Traditionslinie, wenn auch im neuen Gewand. Im Vormärz war das Bewusstsein tief verankert, dass liberale Verfassungen eine Ordnungsform konstituieren, die nur unter ganz bestimmten Bedingungen stabilisiert werden kann. Der Anschluss an die europäische Aufklärung im späten 18. und frühen 19. Jahrhundert sorgte dafür, dass dieses Wissen über die Montesquieu-Rezeption und die Orientierung an England im Vormärz, sowie die Tocqueville-Rezeption im Umfeld der Paulskirche nicht verloren ging.[27]

Die zugrunde liegende Annahme ist, dass dieses Bewusstsein eines politischen Konstitutionalismus, dessen ideengeschichtliche und konzeptionelle Basis in den ersten Kapiteln erläutert wird, sich in der Rezeption der amerikanischen und französischen Revolutionen, der Umsetzung in den frühen Verfassungsentwürfen, vor allem jedoch in bestimmten Spielarten des Kantianismus zum Ausdruck bringt. In dieser Zeit wird erstmals konsequent durchgespielt, wie eine Verfassung auf die politische Kultur wirken kann und eine Integration durch

---

26 Es ist jedoch nicht nur der Rechtspositivismus, sondern wie Ulrich Scheuner anmerkt auch die demokratische Fortschrittseuphorie, die der Stabilisierung von Demokratien kein großes Gewicht zuspricht: „Die frühe konstitutionelle Theorie des 19. Jahrhunderts war sich des Problems der Verfassungsordnung noch bewusst. Erst die demokratische Strömung des ausgehenden 19. und 20. Jahrhunderts dachte im Rahmen eines linearen Fortschritts und glaubte daher mit der erreichten demokratischen Ordnung einen sicheren Bestand gewonnen zu haben" (Scheuner, Ulrich: Die Funktion der Verfassung für den Bestand der politischen Ordnung, in: Hennis, Wilhelm/Kielmannsegg, Peter/Matz, Ulrich (Hg.), *Regierbarkeit. Studien zu ihrer Problematisierung*, Band 2, Stuttgart 1973, S. 117).

27 Zu den umfangreichen Rezeptionsprozessen zwischen Frankreich und Deutschland: Fehrenbach, Elisabeth: *Politischer Umbruch und gesellschaftliche Bewegung*, München 1997.

Verfassung möglich wird. Vor allem in dem auf die Verfassunggebung folgenden öffentlichen Erziehungsprozess werden Elemente konserviert oder revitalisiert, die aus dem klassischen Tugend-Diskurs bekannt sind, was bei Rotteck und Pölitz gezeigt werden kann. In Erinnerung an den „klassischen Republikanismus" soll diese Richtung hier „republikanischer Konstitutionalismus" genannt werden. Diese Tradition wird durch Hegel aufgegriffen und schon mit Blick auf eine sich verändernde Bürgergesellschaft hin zur bürgerlichen Gesellschaft neu interpretiert. Er bereitet dadurch eine Marginalisierung der Verfassung im engeren Sinne vor und reanimiert den deskriptiven Begriff der Verfassung, was dann im Kaiserreich zu einer Aufspreizung zur Realpolitik auf der einen Seite und zum Rechtspositivismus auf der anderen Seite führt. Die Revitalisierung des politischen Konstitutionalismus verdankt sich dann mit Weber, Naumann und Preuß der Notwendigkeit des Aufbaus demokratischer Legitimation für das neue Verfassungsprojekt, allerdings zu Zeiten der Massendemokratie und Massenmobilisierung unter gänzlich anderen Vorzeichen.

II. Elemente einer politischen Theorie der Verfassung

1. Begriffliche Vorüberlegungen

1.1. Verfassung und Konstitutionalismus

Die gleiche Spannung, die in der Verfassungstheorie zwischen Recht und Politik entsteht, zeigt sich auch wieder im Begriff der Verfassung selber. In der Rede von der „konstitutionellen Verfassung" im 19. Jahrhundert wird der Übergang vom älteren politischen Zustandsbegriff zum jüngeren auf die Schriftlichkeit des Dokuments abzielenden Konzept deutlich.[1] Bis heute hat sich, nicht nur in England der ältere Begriff gehalten, der den Allgemeinzustand mit der spezifischen Form der verfassten Ordnung in der jüngeren Bedeutung des Begriffs in Beziehung setzt.[2] Die bis heute anhaltende Verwirrung, ob England nun eine Verfassung habe oder nicht, zeigt die Dominanz, die der jüngere Begriff in der Verfassungsdiskussion ausübt.[3] Der ältere Begriff bezeichnet mit Verfassung das umfassende Programm des politischen Gesamtzustands, während der jüngere Begriff den Aspekt der spezifischen politischen Ordnungsform ins Zentrum stellt. Ohne die Garantie von Grundrechten und Gewaltenteilung, so der apodiktische Satz aus der Französischen Revolution, hat ein Staat keine Verfassung.

Ein wichtiges Element des Konstitutionellen an der Machtbeschränkung ist zwar die Rechtsförmigkeit, in der diese gedacht und institutionalisiert wird. Doch stellt sich im Anschluss die Frage, auf welche Geltungsressourcen das Recht zurückgreifen kann, um diese Mäßigung und Beschränkung durchzusetzen. In Max Webers Begrifflichkeit wird die Frage der Geltung in die Frage nach der Legitimität übersetzt.[4] Die rationale, legale Geltung des Rechts und der

---

1   Der Begriff der konstitutionellen Verfassung findet sich zum Beispiel bei Karl von Rotteck, Art. Constitution, constitutionelles Prinzip und System, in: ders./ Karl Welcker (Hg.), Staatslexikon, dritte erweiterte Aufl., Band 3, Altona 1836, S. 761-797, hier: S. 767.

2   Jüngst: Jürgen Habermas, Zur Verfassung Europas, Frankfurt/M. 2011: „Mit meinem Versuch über die ‚Verfassung' – also den aktuellen Zustand und die politische Verfassung – Europas will ich einerseits zeigen, dass die Europäische Union des Lissaboner Vertrages nicht so weit von der Gestalt einer transnationalen Demokratie entfernt ist (...)." (S. 8).

3   Ob England eine Verfassung hat: vgl.: F.F. Ridley, There is no British Constitution: A Dangerous Case of the Emperor's Clothes, in: *Parliamentary Affairs* 41 (1988), S. 340-361. Bogdanor, Vernon/Khaitan, Tarunabh/Vogenauer, Stefan: Should Britain have a Written Constitution, in: *The Political Quarterly* 78 (2007), S. 499-517.

4   Zu Geltung und Legitimität: Weber, Max: *Wirtschaft und Gesellschaft: Grundriß der verstehenden Soziologie.* Besorgt von Johannes Winckelmann, 5. rev. Auflage (Studienausgabe),

Verfassung ist für ihn eine der wichtigsten Quellen der Legitimität von Herrschaft. Doch weiß man mit Weber, dass legale Herrschaft als reiner Typ nicht auf Dauer zu stellen ist. Sie ist instabil, weil ihr die affektuelle Bindung fehlt, welche nur Elemente der Tradition oder auch des Charismas liefern können.[5] Die nüchterne Rationalität des Legalen bedarf der Ergänzung durch die emotionale Bindung aus Tradition des Vertrauten oder Leidenschaft der Idee oder des Außeralltäglichen. Somit verweist die Frage der Verfassungsgeltung wieder auf die Politik und die politische Kultur zurück.[6]

Gleichzeitig ist der Verfassungsbegriff ein Lehrstück für die politisch-ideologische Verwendung der Sprache.[7] Er geriet schon immer zwischen die politischen Fronten. Mit der Verwendung des älteren Begriffs konnte man seine Opposition gegen die Machbarkeit einer politischen Ordnung zum Ausdruck bringen. Und mit der Belegung des jüngeren Begriffs sollte der Konservatismus des politischen Gegners betont werden, der sich einer modernen, zeitgemäßen Verfassung versagt.

Durch die zentrale Bedeutung, die der Grundrechtsgarantie zukommt, hat sich die Begrifflichkeit, wissenschaftlich wie politisch, an dieser Norm ausgerichtet. Erst der Europäische Verfassungsprozess hat einige Selbstverständlichkeiten in Frage gestellt. Wie schon Peter Häberle notierte, gehört die Orientie-

---

Tübingen 1980. Eng an Webers Konzepte angelehnt ist die Institutionentheorie von Karl-Siegbert Rehberg: Institutionen als symbolische Ordnungen, in: Göhler, Gehard (Hg.), *Die Eigenart der Institutionen*, Baden-Baden 1994, S. 47-84; Rehberg, Karl-Siegbert: Die stabilisierende "Fiktionalität" von Präsenz und Dauer. Institutionelle Analyse und historische Forschung, in: Blänkner, Reinhard/Jussen, Bernhard (Hg.), *Institutionen und Ereignis. Über historische Praktiken und Vorstellungen gesellschaftlichen Ordnens*, Göttingen 1998, S. 381-407. Zu Weber und Charisma: Schmidt, Rainer: Macht, Autorität, Charisma. Deutungsmacht in Max Webers Herrschaftssoziologie, in: Vorländer, Hans (Hg.), *Die Deutungsmacht der Verfassungsgerichtsbarkeit*, Wiesbaden 2006, S. 37-55.

5   Dazu Max Weber: *Wirtschaft und Gesellschaft: Grundriß der verstehenden Soziologie*. Besorgt von Johannes Winckelmann, 5. rev. Auflage (Studienausgabe), Tübingen 1980, S. 153f. Dort heißt es, dass „Herrschaftsverbände, welche nur dem einen oder dem andern der bisher erörterten ‚reinen' Typen angehören, höchst selten sind (...) Er (der Glauben, RS) ist bei der legalen Herrschaft nie rein legal. Sondern der Legalitätsglauben ist ‚eingelebt', also selbst traditionsbedingt: – Sprengung der Tradition vermag ihn zu vernichten. Und er ist auch charismatisch in dem negativen Sinn: dass hartnäckige eklatante Misserfolge jeder Regierung zum Verderben gereichen, ihr Prestige brechen und die Zeit für charismatische Revolutionen reifen lassen. Für ‚Monarchien' sind daher verlorene, ihr Charisma als nicht ‚bewährt' erscheinen lassende, für ‚Republiken' siegreiche, den siegenden General als charismatisch qualifiziert hinstellende, Kriege gefährlich" (Weber, ebenda, S. 154).

6   So auch Dietmar Herz: „Das bloße Rekurrieren auf juristische Begriffe reicht zu einer politischen Begründung der Verfassung nicht aus – meist nicht einmal zu deren Erklärung" (*Die wohlerwogene Republik. Das konstitutionelle Denken des politisch-philosophischen Liberalismus*, Paderborn u.a. 1999, S. 19).

7   Maddox, Graham: Constitution, in: Farr/Ball/Hanson (Hg.), *Political Innovation and Conceptual Change*, Cambridge 1989, S. 50-67.

rung am Nationalstaat der Vergangenheit an.[8] Zeichnet sich doch gerade in Europa eine Entwicklung ab, die eher eine Abkehr von diesem Normalfall anzeigt, als eine Hinwendung oder festere Etablierung.[9] Die Verfassung wird als Prozess, als evolutionäres und nicht revolutionäres Ereignis sichtbar. So konstatiert Werner Heun in seinem jüngsten Aufsatz, dass die „Entwicklung der Europäischen Union den Verfassungsbegriff wieder weitgehend aufzulösen droht."[10] Das wäre nicht das erste Mal, dass die historische Entwicklung nicht den Vorgaben der Wissenschaft folgt.[11] Aufgelöst wird hier lediglich der an der dramatischen Wende von vormodernem zu modernem festhaltende Verfassungsbegriff, wie ihn zum Beispiel Dieter Grimm konzipiert hatte.[12] Wechselweise lässt sich so neben einer punktuell erstaunlichen „Modernität" der deutschen Einzelstaatsverfassungen im 19. Jahrhundert auch ihre spezifische Rückständigkeit – gemessen am amerikanisch-französischen „Normalfall" – studieren.[13] Verfassungen können offensichtlich auch dann verfassungskulturell prägend sein, wenn sie auf keinen idealen Verfassungsgebungsprozess mit all den für Frankreich und Amerika typischen Parametern zurückblicken können.[14] Gleichzeitig wird in Deutschland im 19. Jahrhundert deutlich, dass das „Geben" der Verfassung

---

8   „Der klassische Nationalstaat darf für den Verfassungsstaat nicht mehr das verbindliche Leitbild sein" (Häberle, Peter: *Verfassungslehre als Kulturwissenschaft*, 2. stark erw. Auflage, Berlin 1998, S. 625).

9   Vgl. dazu die zahlreichen Studien zur europäischen Verfassung. Hier besonders: Weiler, Joseph H.H.: *European Constitutionalism beyond the State*, Cambridge 2003; Vorländer, Hans: Die drei Entwicklungswege des Konstitutionalismus in Europa, in: *Die Europäische Union als Verfassungsordnung*, hg. vom Institut für Europäische Verfassungswissenschaft, Berlin 2004, S. 21-42; Wahl, Rainer: Konstitutionalisierung – Leitbegriff oder Allerweltsbegriff?, in: Lorenz, D. u.a. (Hg.), *Wandel des Staates vor den Herausforderungen der Gegenwart*, München 2002, S. 191-207.

10   Heun, Werner, Die Struktur des deutschen Konstitutionalismus des 19. Jahrhunderts im verfassungsgeschichtlichen Vergleich, in: *Der Staat* 45 (2006), S. 365-382, hier: S. 366.

11   Dabei soll keineswegs bestritten werden, dass die Studien, die sich am amerikanischen Modell ausrichten, einen heuristischen Wert haben. Ob es Dieter Grimms drei oft zitierte Kriterien sind, an denen die Verfassungen auf ihre Modernität getestet werden, oder die zehn/zwölf Kriterien von Horst Dippel oder Elemente des Constitutionalism bei Larry Alexander. Immer geht es um den Gegensatz von Modernität und Nicht-Modernität gemessen am Modellfall Amerika/Frankreich. Vgl. dazu Dieter Grimm: *Die Zukunft der Verfassung*, Frankfurt/M. 1991; ders.: Entstehungs- und Wirkungsbedingungen des modernen Konstitutionalismus, in: Simon, Dieter (Hg.), *Akten des 26. Deutschen Rechtshistorikertages*, 1987, S. 45-76; Dippel, Horst: Modern Constitutionalism. An Introduction to a History in the Need of Writing, in: *TRG* 73 (2005), S. 153-169; ders.: Die kurhessische Verfassung von 1831 im internationalen Vergleich, in: *Historische Zeitschrift* 282 (2006), S. 619-644; Alexander, Larry: *Constitutionalism. Philosophical Foundations*, Cambridge 2001.

12   Grimm, Dieter: *Die Zukunft der Verfassung*, Frankfurt/M. 1991.

13   An Horst Dippel anschließend: Heun, Werner: Die Struktur des deutschen Konstitutionalismus des 19. Jahrhunderts im verfassungsgeschichtlichen Vergleich, in: *Der Staat* 45 (2006), S. 365-382.

14   Vorländer, Hans: Emergente Institution. Warum die Verfassung ein Prozess ist, in: Buchstein, Hubertus/Schmalz-Bruns, Rainer (Hg.), *Politik und Integration. Symbole, Repräsentation, Institution*, Baden-Baden 2006, S. 247-259.

noch nicht bedeutet, dass eine Verfassungskultur entsteht, oder dass es einen Vorrang der Verfassung im Symbolhaushalt der Gesellschaft gibt. Die Entwicklung eines Konstitutionalismus, der von einer wechselseitigen Verschränkung von Verfassungsgebung und -aneignung spricht, ist eher mit dem englischen Modell vergleichbar.[15] Die deutsche Geschichte des 19. Jahrhunderts ist, zumindest aus der Perspektive der Nachkriegszeit, zumeist als Verfallsgeschichte geschrieben worden. Sei es als Zerfall der praktischen Vernunft oder generell der bürgerlichen Kultur.[16] Erst in den letzten Jahren kommt unter dem Gesichtspunkt des Vorrangs der Verfassung wieder die politische Bedeutung des Vormärz zur Geltung.[17] Seitdem wird ein frischer Blick auf die Verfassungsbewegung und die europäische Vernetzung geworfen.[18] Deutschlands Rolle wird dabei sehr unterschiedlich

---

15   Vgl. dazu Hans Vorländer, dessen Konzept der Verfassung als emergentem Prozess ebenso
      von der Verfassungsgebung wie auch der Aneignung in der Verfassungspraxis ausgeht: „Ver-
      fassungen mögen zwar gegeben, gestiftet oder ratifiziert werden. Doch erweist sich die Gel-
      tung der Verfassung, ihre Normativität, erst im Kontinuum der Verfassungspraxis" (Vorlän-
      der, Hans: Emergente Institution. Warum die Verfassung ein Prozess ist, in: Buchstein, Hu-
      bertus/Schmalz-Bruns, Rainer (Hg.), *Politik und Integration. Symbole, Repräsentation, Insti-
      tution*, Baden-Baden 2006, S. 247-259, hier: S. 256).
16   Hennis, Wilhelm: Politik und praktische Philosophie (1963), in: ders., *Politikwissenschaft und
      politisches Denken*, Tübingen 2000, S. 1-126; Wehler, Hans-Ulrich, *Das deutsche Kaiserreich
      1871-1918*, Göttingen 1973.
17   Unter dem Titel „Vorrang der Verfassung" sind zahlreiche Studien erschienen: Wahl, Rainer:
      Der Vorrang der Verfassung, in: *Der Staat* 20 (1981), S. 485-516. An diese Studie konnten
      anschließen: Blänkner, Reinhard: Der Vorrang der Verfassung. Formierung, Legitimations-
      und Wissensformen und Transformation des Konstitutionalismus in Deutschland im ausge-
      henden 18. und frühen 19. Jahrhundert, in: Blänkner, Reinhard/Jussen, Bernhard (Hg.), *Insti-
      tutionen und Ereignis. Über historische Praktiken und Vorstellungen gesellschaftlichen Ord-
      nens*, Göttingen 1998, S. 295-325; Schmidt, Christian Hermann: *Vorrang der Verfassung und
      konstitutionelle Monarchie*, Berlin 2000. Im gleichen Zusammenhang zu nennen ist die Studie
      von Würtenberger, Thomas: Der Konstitutionalismus im Vormärz als Verfassungsbewegung,
      in: *Der Staat* 37 (1998), S. 165-188.
18   Fenske, Hans: *Der moderne Verfassungsstaat. Eine vergleichende Geschichte von der Entste-
      hung bis zum 20. Jahrhundert*, Paderborn u.a. 2001; Reinhard, Wolfgang: *Geschichte der
      Staatsgewalt. Eine vergleichende Verfassungsgeschichte Europas von den Anfängen bis zur
      Gegenwart*, München 1999; Kirsch, Martin: *Monarch und Parlament im 19. Jahrhundert. Der
      monarchische Konstitutionalismus als europäischer Verfassungstyp – Frankreich im Ver-
      gleich*, Göttingen 1999; Kirsch, Martin/Schiera, Pierangelo (Hg.): *Denken und Umsetzung des
      Konstitutionalismus in Deutschland und anderen europäischen Ländern in der ersten Hälfte
      des 19. Jahrhunderts*, Berlin 1999. In diesen Zusammenhang fallen auch die neueren
      Textsammlungen von Horst Dippel und Martin Kirsch: Dippel, Horst: *Constitutions of the
      World from the late 18th century to the middle of the 19th century: sources on the rise of mod-
      ern constitutionalism*, München 2005ff.; Brandt, Peter u.a. (Hg.): *Verfassungsgeschichte um
      1800. Quellen zur europäischen Verfassungsgeschichte im 19. Jahrhundert*, Teil 1: Um 1800,
      Bonn 2004. Weitere Bände werden aus beiden Editionsprojekten zu erwarten sein.

bewertet.[19] Zum einen als Sonderfall,[20] doch zunehmend auch immer mehr als Teil einer gesamteuropäischen Bewegung.[21] Es gab in den deutschen Ländern eine Vielzahl von Wegen der Modernisierung, die zwar unterschiedliche Varianten darstellten, aber im Grunde auffallend einheitlich waren.[22] Sie bewegten sich im Paradigma des monarchischen Konstitutionalismus.[23] Aus diesem Grund kann Grimms *Deutsche Verfassungsgeschichte* 1776 beginnen, weil auch der deutsche Konstitutionalismus ganz unter dem Einfluss der internationalen Entwicklung zur Verfassungsstaatlichkeit

---

19 Heun, Werner: Die Struktur des deutschen Konstitutionalismus des 19. Jahrhunderts im verfassungsgeschichtlichen Vergleich, in: *Der Staat* 45 (2006), S. 365-382; Wahl, Rainer: Der Konstitutionalismus als Bewegungsgeschichte, in: *Der Staat* 44 (2005), S. 571-594; Heun, Werner: Das monarchische Prinzip und der deutsche Konstitutionalismus des 19. Jahrhunderts, in: Ipsen, Jörn (Hg.), *Recht, Staat, Gemeinwohl. Festschrift für D. Rauschning*, Köln u.a. 2000, S. 41-56; Wahl, Rainer: Elemente der Verfassungstaatlichkeit, in: *JuS* 2001, S. 1041-1048; Dippel, Horst: Die kurhessische Verfassung von 1831 im internationalen Vergleich, in: *Historische Zeitschrift* 282 (2006), S. 619-644; Gusy, Christoph: Verfassungsumbruch und Staatsrechtswissenschaft: Die Verfassung des Politischen zwischen Konstitutionalismus und demokratischer Republik, in: Haupt/Frevert (Hg.), *Neue Politikgeschichte. Perspektiven einer historischen Politikforschung*, Frankfurt/M. 2005, S. 166-201.
20 Böckenförde, Ernst-Wolfgang (Hg.): *Gesetz und gesetzgebende Gewalt: von den Anfängen der deutschen Staatsrechtslehre bis zur Höhe des staatsrechtlichen Positivismus*, 2. um Nachträge und ein Nachwort erg. Aufl., Berlin 1981; ders. (Hg.): *Moderne deutsche Verfassungsgeschichte (1815-1914)*, 2. veränd. Aufl., Königstein/Ts. 1981; Grimm, Dieter: *Recht und Staat der bürgerlichen Gesellschaft*, Frankfurt/M. 1987; Wahl, Rainer: Die Entwicklung des deutschen Verfassungsstaates bis 1866, in: Isensee, Josef/Kirchhof, Paul (Hg.), *Handbuch des Staatsrechts der Bundesrepublik Deutschland*, Band 1: Grundlagen von Staat und Verfassung, Heidelberg 1995, S. 3-34.
21 Kirsch, Martin: Verfassungswandel um 1848–Aspekte der Rezeption und des Vergleichs zwischen den europäischen Staaten, in: Kirsch, Martin (Hg.), *Verfassungswandel um 1848 im europäischen Vergleich*, Berlin 2001, S. 31-62; Boldt, Hans: Probleme des verfassungsgeschichtlichen Vergleichs: Das Beispiel Italiens und Deutschlands im 19. Jahrhundert, in: Mazzacane, Aldo/Schulze, Reiner (Hg.), *Die deutsche und die italienische Rechtskultur im ,Zeitalter der Vergleichung'*, Berlin 1995, S. 63-75.
22 Brandt, Hartwig: *Landständische Repräsentation im deutschen Vormärz. Politisches Denken im Einflußfeld des monarchischen Prinzips*, Berlin 1968; Boldt, Hans: *Deutsche Staatslehre im Vormärz*, Düsseldorf 1975. Dazu zählen natürlich auch die zahlreichen Studien von Ernst-Wolfgang Böckenförde und Dieter Grimm: Böckenförde, Ernst-Wolfgang (Hg.): *Moderne deutsche Verfassungsgeschichte (1815-1914)*, 2. veränd. Aufl., Königstein/Ts. 1981; Böckenförde, Ernst-Wolfgang: Verfassungsprobleme und Verfassungsbewegung des 19. Jahrhunderts, in: ders., *Staat, Gesellschaft, Freiheit. Studien zur Staatstheorie und zum Verfassungsrecht*, Frankfurt/M. 1976, S. 93-111; Grimm, Dieter: *Recht und Staat der bürgerlichen Gesellschaft*, Frankfurt/M. 1987; Grimm, Dieter: *Deutsche Verfassungsgeschichte 1776-1866. Vom Beginn des modernen Verfassungsstaates bis zur Auflösung des Deutschen Bundes*, Frankfurt/M. 1988. Besonders lesenswert immer noch: Gall, Lothar: *Benjamin Constant. Seine politische Ideenwelt und der deutsche Vormärz*, Wiesbaden 1963.
23 Zu dieser Begriffsprägung: Kirsch, Martin: *Monarch und Parlament im 19. Jahrhundert. Der monarchische Konstitutionalismus als europäischer Verfassungstyp – Frankreich im Vergleich*, Göttingen 1999.

stand. Dass auch Kant als Teil der atlantischen Tradition interpretiert werden muss, ist vielfach herausgearbeitet worden.[24]

Um die Verankerung besonders der frühen Verfassungsentwürfe an der Wende vom 18. zum 19. Jahrhundert in Denken und Rhetorik der Spätaufklärung besser zu verstehen, bietet sich der Begriff des Republikanismus an. Hierzu gibt es einige Studien, die sich von der Renaissance des Republikanismus-Konzepts haben anregen lassen, ausgehend von Arbeiten zur Amerikanischen Revolution.[25] Besonders John G.A. Pococks weit umspannende Arbeit zur atlantischen Tradition des Republikanismus hat zahlreichen Forschungsfeldern neuen Auftrieb gegeben: der Machiavelli-Forschung,[26] der Ideengeschichte der Amerikanischen Revolution[27] und der aktuellen Gesellschaftstheorie, in inhaltlicher[28]

---

24   Dicke, Klaus/Kodalle, Klaus-Michael (Hg.), *Republik und Weltbürgerrecht: Kantische Anregungen zur Theorie politischer Ordnung nach dem Ende des Ost-West-Konflikts*, Weimar u.a. 1998; Niesen, Bernhard: Volk-von-Teufeln-Republikanismus. Zur Frage nach den moralischen Ressourcen der liberalen Demokratie, in: Wingert, Lutz/Günther, Klaus (Hg.), *Die Öffentlichkeit der Vernunft und die Vernunft der Öffentlichkeit*, Frankfurt/M. 2001, S. 568-604; Dann, Otto: Kants Republikanismus und seine Folgen, in: Kirsch, Martin (Hg.), *Denken und Umsetzung des Konstitutionalismus in Deutschland und anderen europäischen Ländern in der ersten Hälfte des 19. Jh.*, Berlin 1999, S. 125-143.

25   Bailyn, Bernard: *The Ideological Origins of the American Revolution*, Cambridge 1967; Wood, Gordon S.: *The Creation of the American Republic*, Neuauflage, New York 1993 und natürlich das zum modernen Klassiker gewordene Werk von Pocock, John G.A.: *The Machiavellian Moment. Florentine Political Thought and the Atlantic Republican Tradition*, Princeton 1975. In Deutschland: Adams, Willi Paul: *Republikanische Verfassung und bürgerliche Freiheit. Die Verfassungen und politischen Ideen der Amerikanischen Revolution*, Darmstadt 1973. Neuerdings mit einer neuen Einschätzung der Diskussion: Adams, Willi Paul: American Republicanism in the Context of European Liberalism, in: ders., *The First American Constitutions. Republican Ideology and the Making of the State Constitutions in the Revolutionary Era*, Lanham u.a. 2001, S. 301-314.

26   Münkler, Herfried: *Machiavelli. Die Begründung des politischen Denkens der Neuzeit aus der Krise der Republik Florenz*, Frankfurt/M. 1991; Münkler, Herfried: Protoliberalismus und Republikanismus in der italienischen Renaissance, in: Richard Faber (Hrsg.), *Liberalismus in Geschichte und Gegenwart*, Würzburg 2000, S. 41-57 Besonders Münkler hat großen Anteil daran, einen systematischen Begriff des Republikanismus entwickelt zu haben: Münkler, Herfried: Die Idee der Tugend. Ein politischer Leitbegriff im vorrevolutionären Europa, in: *Archiv für Kulturgeschichte* 73 (1991), S. 379-403; In den letzten Jahren sind aus dieser Anregung eine ganze Reihe interessanter Einzelstudien hervorgegangen, die in vier Bänden vorliegen, für die Herfried Münkler mit wechselnden Ko-Herausgebern verantwortlich war: u.a.: Münkler, Herfried/ Bluhm, Harald (Hg.): *Gemeinwohl und Gemeinsinn. Band 1: Historische Semantiken politischer Leitbegriffe*, Berlin 2001; Viroli, Maurizio: *Die Idee der republikanischen Freiheit von Machiavelli bis heute*, Zürich/München 2002; Skinner, Quentin: Machiavelli's Discorsi and the pre-humanist origins of republican ideas, in: Bock, Gisela (Hg.), *Machiavelli and Republicanism*, Cambridge 1993, S. 121-141; Shaw, Carl K.Y: Quentin Skinner on the Proper Meaning of Republican Liberty, in: *Politics* 23 (2003), S. 46-56.

27   Rodgers, Daniel T.: Republicanism: the Career of a Concept, in: *The Journal of American History*, 79 (1992), S. 11-38; Gebhardt, Jürgen: Die vielen Gesichter des Republikanismus, in: Dicke, Klaus/Kodalle, Klaus-Michael (Hg.), *Republik und Weltbürgerrecht: Kantische Anregungen zur Theorie politischer Ordnung nach dem Ende des Ost-West-Konflikts*, Weimar u.a. 1998, S. 265-276.

und methodischer Perspektive.[29] Sie machen deutlich, dass die Spuren der atlantischen Revolution und der gemeineuropäischen Aufklärung auch wieder in Deutschland gesucht werden.[30] Womöglich war die Forschung zu sehr von der Fokussierung auf den „deutschen Sonderweg" beherrscht und sah die Verbindungen zur europäischen Aufklärung nicht mehr klar.[31] Dabei sind die Verbindungen offensichtlich, die von der internationalen Verfassungsbewegung in die deutsche hineingetragen wurden. Hier sind besonders, neben den oben schon vielfach angedeuteten Verbindungen, die Einflüsse der Charte constitutionelle aus Frankreich zu nennen, aber auch der belgischen Verfassung auf Preußen und natürlich der spanischen Cortes-Verfassung,[32] um nur drei Aspekte zu nennen. Doch für unsere Fragestellung eines umfassenderen und politischen Verfassungsbegriffs ist es zentral, die politisch-kulturellen, langfristigen Entwicklungen zu berücksichtigen, die sich nicht notwendigerweise in den Verfassungstexten niedergeschlagen haben, sondern in die Alltagspraktiken eingeschrieben sind. So wird heute von Traditionen des Verfassungspatriotismus im Alten Reich gesprochen[33] und auf Traditionen des Städterepublikanismus hingewiesen, der sich entweder theoretisch aufgeladen in Elementen des klassischen Republi-

---

28 Zum Verhältnis von Republikanismus und Kommunitarismus: Forst, Rainer: *Kontexte der Gerechtigkeit*, Frankfurt/M. 1996; Sewing, Werner: Einleitung, in: Pocock, John G.A., *Die andere Bürgergesellschaft*, Frankfurt/M. 1993, S. 7-32; Vorländer, Hans: *Hegemonialer Liberalismus*. Frankfurt/M. 1997.

29 Rosa, Hartmut: Ideengeschichte und Gesellschaftstheorie. Der Beitrag der Cambridge School zur Metatheorie, in: *PVS* 35 (1994), S. 197-223; Schmidt, Rainer: Ideengeschichte und Institutionentheorie. Begriffe, Diskurse und institutionelle Mechanismen als Bausteine für ein Modell der Ideengeschichtsschreibung, in: Bluhm, Harald/Gebhardt, Jürgen (Hg.), *Politische Ideengeschichte im 20. Jahrhundert*, Baden-Baden 2006, S. 71-88.

30 Von Friedeburg, Robert: Civic Humanism and Republican Citizenship in Early Modern Germany, in: Gelderen, Martin van/Skinner, Quentin (Hg.): *Republicanism. A Shared European Heritage*, Bd.1, Cambridge 2002, S. 127-145; Bödeker, Hans-Erich: Debating the respublica mixta: German and Dutch Political Discourses around 1700, in: ebenda, S. 219-246. Aber auch schon vorher gab es zahlreiche Ansätze in Deutschland, Traditionen des Republikanismus in der europäischen Frühen Neuzeit aufzusuchen: Königsberger, Helmut (Hg.): *Republiken und Republikanismus im Europa der Frühen Neuzeit*, München 1988; Zudem die zahlreichen Kommunalismus-Studien von Blickle: u.a. Kommunalismus, Parlamentarismus, Republikanismus in: *Historische Zeitschrift* 242 (1986), S. 529-556; Pröve, Ralf: *Stadtgemeindlicher Republikanismus und die „Macht des Volkes". Civile Ordnungsformationen und kommunale Leitbilder politischer Partizipation in den deutschen Staaten am Ende des 18. und bis zur Mitte des 19. Jahrhunderts*, Göttingen 2000.

31 Winkler, Heinrich August: Der lange Schatten des Reiches. Eine Bilanz deutscher Geschichte, in: *Merkur* 56 (3/2002), S. 221-233. Kritisch zur Sonderwegsthese: Martin Kirsch, *Monarch und Parlament im 19. Jahrhundert*, Göttingen 1999; auch Hans Fenske, *Der moderne Verfassungsstaat*, Paderborn u.a. 2001.

32 Smend, Rudolf: *Die Preussische Verfassungsurkunde im Vergleich mit der Belgischen*, Göttingen 1904; Conze, Werner: (Hg.): *Beiträge zur deutschen und belgischen Verfassungsgeschichte im 19. Jahrhundert*, Stuttgart 1967.

33 Dann, Otto (Hg.), *Patriotismus und Nationsbildung am Ende des Heiligen Römischen Reichs Deutscher Nation*, Köln 2003.

kanismus niederschlägt oder theoretisch weniger anspruchsvoll im Kommunalismus.[34] Und somit sind nicht alle Elemente der Verfassungsbewegung durch
Rezeptionsprozesse zu erklären, sondern durch das Fortwirken von Traditionen,
die zum Teil sich in eigenständigen Gegenentwürfen gegen den Napoleonischen
Konstitutionalismus niedergeschlagen haben,[35] ungeachtet dessen, ob die Anregungen nun aus dem Aristotelismus[36] oder aus vielschichtigen anderweitigen
Rezeptionsprozessen kamen.[37] Auf jeden Fall lässt sich die Verbindung zum
Republikanismus über Rezeptionslinien bis weit in den Vormärz zeigen, die
über Kant vermittelt beim „deutschen Montesquieu": Pölitz, landen.[38] Die Verbindungen sind vielschichtig und an zahlreichen Stellen aufgearbeitet: die Rezeption der Naturrechtslehren,[39] die Montesquieu-Rezeption in Deutschland[40],

34   Pröve, Ralf: *Stadtgemeindlicher Republikanismus und die ‚Macht des Volkes'. Civile Ordnungsformationen und kommunale Leitbilder politischer Partizipation in den deutschen Staaten vom Ende des 18. bis zur Mitte des 19. Jahrhunderts*, Göttingen 2000; Blickle, Peter:
      Kommunalismus, Parlamentarismus, Republikanismus, in: *Historische Zeitschrift* 242 (1986),
      S. 529-556; Blickle, Peter: Kommunalismus und Republikanismus in Oberdeutschland, in:
      Königsberger, Helmut (Hg.), *Republiken und Republikanismus im Europa der Frühen Neuzeit*, München 1988, S. 57-75; Schilling, Heinz: Stadt und frühmoderner Territorialstaat:
      Stadtrepublikanismus versus Fürstensouveränität. Die politische Kultur des deutschen Stadtbürgertums in der Konfrontation mit dem frühmodernen Staatsprinzip, in: Stolleis, Michael
      (Hg.), *Recht, Verfassung und Verwaltung in der neuzeitlichen Stadt*, Köln 1991, S. 19-39.
35   Riethmüller, Jürgen: *Die Anfänge des demokratischen Denkens in Deutschland. Demokratische Staatsphilosophie, Grundlegung des einer demokratischen Verfassungstradition und
      Ausstrahung auf die Unterschichten im 18. Jahrhundert*, Neuried 2001; Dippel, Horst: Der
      Verfassungsdiskurs im ausgehenden 18. Jahrhundert und die Grundlegung einer liberaldemokratischen Verfassungstradition in Deutschland, in: ders. (Hg.), *Die Anfänge des Konstitutionalismus in Deutschland. Texte deutscher Verfassungsentwürfe am Ende des 18. Jahrhunderts*, Frankfurt 1991, S. 7-44.
36   Hennis, Wilhelm: *Politik und praktische Philosophie*, Neuwied 1963; Riedel, Manfred: Die
      Rezeption der Nationalökonomie, in: ders., *Zwischen Tradition und Revolution*, Stuttgart
      1982, S. 116-139.
37   Nolte, Paul: Bürgerideal, Gemeinde und Republik. „Klassischer Republikanismus" im frühen
      deutschen Liberalismus, in: *Historische Zeitschrift*, 254 (1992), S.609-656.
38   Pölitz hat lange kein Interesse auf sich ziehen können: Connerton, Daniel P.: *Karl Heinrich
      Ludwig Pölitz and the Politics of the Juste milieu in Germany, 1794-1838*, Chapel Hill 1973;
      und ist erst jüngst durch die veränderte Perspektive auf das 19. Jahrhundert wieder entdeckt
      worden: Schmidt, Rainer: *Republikanischer Konstitutionalismus in Deutschland. Anmerkungen zu Karl Heinrich Ludwig Pölitz' politischem Denken im Vormärz*. Dresdner Beiträge zur
      politischen Theorie und Ideengeschichte, Heft 4/2002; und Blänkner, Reinhard: Verfassungsgeschichte als aufgeklärte Kulturhistorie. K.H.L. Pölitz' Programm einer konstitutionellen
      Verfassungsgeschichte der Neuzeit, in: Brandt, Peter u.a. (Hg.): *Symbolische Macht und
      inszenierte Staatlichkeit. ‚Verfassungskultur' als Element der Verfassungsgeschichte*, Bonn
      2005, S. 298-330
39   Klippel, Diethelm: *Politische Freiheit und Freiheitsrechte im deutschen Naturrecht des 18.
      Jahrhunderts*, Paderborn 1976; Klippel, Diethelm: Naturrecht als politische Theorie. Zur politischen Bedeutung des deutschen Naturrechts im 18. und 19. Jahrhunderts, in: Bödeker,
      Erich/Herrmann, Ulrich (Hg.), *Aufklärung als Politisierung − Politisierung der Aufklärung*,
      Hamburg 1987, S. 267-293.

die Rezeption der Schotten,[41] die Rousseau-Rezeption bei Kant[42] und schließlich auch die Tocqueville-Rezeption im Vormärz.[43] Diese Anknüpfungen an die westliche Aufklärung gingen selbst zu Zeiten des Rechtspositivismus und „deutschen Konstitutionalismus" nie gänzlich verloren[44] und konnten von Max Weber, Friedrich Naumann und Hugo Preuß wieder aufgegriffen werden.[45] Der für die englische Diskurslandschaft so charakteristische radikale Liberalismus konnte sich in Deutschland nur schwer durchsetzen und blieb weitgehend marginal. Dass dieses Festhalten im Vormärz, z.B. in Baden, mit Modernisierungsdefiziten einherging, steht auf einem anderen Blatt. Interessant sind dann die

---

40 Vierhaus, Rudolf: Montesquieu in Deutschland. Zur Geschichte seiner Wirkung als politischer Schriftsteller im 18. Jahrhundert, in: ders., *Deutschland im 18. Jahrhundert. Politische Verfassung, soziales Gefüge, geistige Bewegungen,* Göttingen 1987, S. 9-32. Korioth, Stefan: Monarchisches Prinzip und Gewaltenteilung–unvereinbar? Zur Wirkungsgeschichte der Gewaltenteilungslehre Montesquieus im deutschen Frühkonstitutionalismus, in: *Der Staat* 37 (1998), S. 27-55.

41 Waszek, Norbert, *The Scottish Enlightenment and Hegel's Account of ,Civil Society',* Dordrecht 1988; Waszek, Norbert: Hegels Lehre von der bürgerlichen Gesellschaft und die politische Ökonomie der schottischen Aufklärung, in: *Dialektik* Jahrgang 3 (1995), S. 35-50; Oz-Salzberger, Fania: *Translating the Enlightenment. Scottish Civic Discourse in Eighteenth-Century Germany,* Oxford 1995.

42 Fickert, Artur: *Montesquieus und Rousseaus Einfluß auf den vormärzlichen Liberalismus Badens,* Leipzig 1914; Kersting, Wolfgang: „Die bürgerliche Verfassung in jedem Staate soll republikanisch sein", in: Höffe, Otfried (Hg.), *Kant – zum ewigen Frieden,* Berlin 1995, S. 87-108.

43 Eschenburg, Theodor: Tocquevilles Wirkung in Deutschland, in: Alexis de Tocqueville, *Über die Demokratie in Amerika,* hg. von Jacob P. Mayer in Gemeinschaft mit Theodor Eschenburg und Hans Zbinden, 2. Aufl., München 1976, S. 879-929; Dippel, Horst: Ein natürlicher Verfechter des Fortschritts: Georg Gottfried Gervinus oder der Historiker als Deuter seiner Zeit. Zur Rezeption von Georg Forster und Alexis de Tocqueville, in: *Georg-Forster-Studien* 6 (2001), S. 141-147.

44 Schlüter, Bernd: *Rechtswissenschaft, Staatsrechtslehre, Staatstheorie und Wissenschaftspolitik im Deutschen Kaiserreich am Beispiel der Reichsuniversität Straßburg,* Frankfurt/M. 2004; dies lässt sich natürlich auch für einige Kontrahenten des dominanten Rechtspositivismus sagen: u.a. zu Stoerk, Felix: *Über die juristische Methode. Kritische Studien zur Wissenschaft vom öffentlichen Recht und zur soziologischen Rechtslehre,* hg. und mit einem Geleitwort versehen von Günther Winkler, Wien/New York 1996; Friedrich, Manfred: *Zwischen Positivismus und materialem Verfassungsdenken. Albert Hänel und seine Bedeutung für die deutsche Staatsrechtswissenschaft,* Berlin 1971. Zu beiden: Friedrich, Manfred: *Geschichte der deutschen Staatsrechtswissenschaft,* Berlin 1997; Stolleis, Michael: *Geschichte des öffentlichen Rechts in Deutschland. Band 2: Staatsrechtslehre und Verwaltungswissenschaft 1800-1914,* München 1992.

45 Hecht, Martin: *Modernität und Bürgerlichkeit. Max Webers Freiheitslehre im Vergleich mit den politischen Ideen von Alexis de Tocqueville und Jean-Jacques Rousseau,* Berlin 1998; Hennis, Wilhelm: *Max Webers Fragestellung,* Tübingen 1987; Hennis, Wilhelm: Max Weber als Erzieher, in: ders., *Max Webers Wissenschaft vom Menschen,* Tübingen 1996, S. 93-113; Theiner, Peter: *Sozialer Liberalismus und deutsche Weltpolitik. Friedrich Naumann im Wilhelminischen Deutschland (1860-1919),* Baden-Baden 1983; Lehnert, Detlef: *Verfassungsdemokratie als Bürgergenossenschaft. Politisches Denken, Öffentliches Recht und Geschichtsdeutungen bei Hugo Preuß – Beiträge zur demokratischen Institutionenlehre in Deutschland,* Baden-Baden 1998.

Versuche, den klassischen Republikanismus im Sinne der Federalists zu einem modernen Republikanismus umzubauen, was in Ansätzen Kant für Deutschland versucht hat, und von dem der Auftrag ausgegangen ist, die politischen Kultur der Verfassung über einen nachträglichen Aneignungsprozess zu verinnerlichen.

Obwohl, wie oben schon angedeutet, die Ideengeschichtsschreibung in den letzten Jahren international einen überraschenden Aufschwung erlebt hat,[46] auch wenn der Begriff Ideengeschichte dabei in die Kritik geraten ist,[47] so gilt dieser Aufschwung für die deutsche Ideengeschichte des 19. Jahrhunderts nicht. Anknüpfungspunkte gibt es demnach in der politischen Ideengeschichte nur wenige.[48] Sie kommen eher aus der institutionentheoretisch inspirierten Historiographie[49], aus der Rechtsgeschichte[50] und der Philosophie[51]. In diesem Sinne[52], so formuliert Häberle, „ist der kulturwissenschaftliche Ansatz eine Absage an die

---

46   Dies ist nicht zuletzt der Cambridge School zu verdanken. Aus der Fülle der Literatur sei genannt: Pocock, John G.A.: *Die andere Bürgergesellschaft. Zur Dialektik von Tugend und Korruption*, Frankfurt/M. 1993.

47   Besonders Quentin Skinner, Meaning and understanding in the history of ideas, in: ders., *Visions of Politics*, Band 1: Regarding Method, S. 57-89, Cambridge 2002; vgl. zu diesem Thema auch: Schmidt, Rainer: Ideengeschichte und Institutionentheorie. Begriffe, Diskurse und institutionelle Mechanismen als Bausteine für ein Modell der Ideengeschichtsschreibung, in: Bluhm, Harald/Gebhardt, Jürgen (Hg.), *Politische Ideengeschichte im 20. Jahrhundert*, Baden-Baden 2006, S. 71-88.

48   Es gab einzelne Studien, an die hier angeschlossen werden kann: Backes, Uwe: *Liberalismus und Demokratie*, Düsseldorf 2000; Schöttle, Rainer: *Politische Theorien des süddeutschen Liberalismus im Vormärz. Studien zu Rotteck, Welcker, Pfizer, Murhard*, Baden-Baden 1994; Von Beyme, Klaus: *Politische Theorien in Deutschland: 1300 – 2000*, Wiesbaden 2009.

49   Blänkner, Reinhard: Der Vorrang der Verfassung. Formierung, Legitimations- und Wissensformen und Transformation des Konstitutionalismus in Deutschland im ausgehenden 18. und frühen 19. Jahrhundert, in: Blänkner, Reinhard/Jussen, Bernhard (Hg.), *Institutionen und Ereignis. Über historische Praktiken und Vorstellungen gesellschaftlichen Ordnens*, Göttingen 1998, S. 295-325.

50   Dilcher, Gerhard: Zum Verhältnis von Verfassung und Verfassungstheorie im frühen Konstitutionalismus, in: Kleinheger, Gerd/Mikat, Paul (Hg.), *Beiträge zur Rechtsgeschichte*. Gedächtnisschrift für Hermann Conrad, Paderborn u.a. 1979, S. 65-84; Stolleis, Michael: *Geschichte des öffentlichen Rechts in Deutschland. Band 2: Staatsrechtslehre und Verwaltungswissenschaft 1800-1914*, München 1992; Stourzh, Gerald: Staatsformenlehre und Fundamentalgesetze in England und Nordamerika im 17. und 18. Jahrhundert. Zur Genese des modernen Verfassungsbegriffs, in: Vierhaus, Rudolf (Hg.), *Herrschaftsverträge, Wahlkapitulationen, Fundamentalgesetze*, Göttingen 1977, S. 294-327.

51   Bien, Günther: Revolution, Bürgerbegriff und Freiheit. Über die neuzeitliche Transformation der alteuropäischen Verfassungstheorie in politische Geschichtsphilosophie, in: *Philosophisches Jahrbuch* 79 (1971), S. 1-18.

52   Häberle, Peter: *Verfassungslehre als Kulturwissenschaft*, 2. stark erw. Auflage, Berlin 1998, S. 589. Häberle schließt sich hier den zentralen Begriffen aus Symboltheorien an: vgl. die reichhaltigen Hinweise aus Rehberg, Karl-Siegbert: Weltrepräsentanz und Verkörperung. Institutionelle Analyse und Symboltheorien. Eine Einführung in systematischer Absicht, in: Melville, Gert (Hg.): *Institutionalität und Symbolisierung*, Köln/Weimar/Wien: Böhlau 2001, S. 3-49.

Spätfolgen des Positivismus."[53] Er geht dem Positivismus voraus, wie er ihm auch folgt. Die Vergessenheit des staatsrechtlichen Positivismus, sich dem „Sozialethisch-Erzieherischen der Verfassung zu öffnen"[54] ist von Häberle lebhaft und eindringlich kritisiert worden.

In der Tradition eines weiten, weil die staatsrechtliche Seite überschreitenden, Verständnisses von Verfassung steht neben anderen Carl Schmitt. Für ihn ist die Verfassung „Gesamtzustand politischer Einheit und sozialer Ordnung eines Staates."[55] Dieses Verständnis von Verfassung ist an Ernst Rudolf Huber[56] und Otto Brunner weitergegeben worden.[57] Otto Brunner hat in diesem Sinne zwischen Verfassung und Konstitution unterschieden.[58]

---

53   Und in der dazu passenden Fußnote schreibt Häberle: „Nicht umsonst dürfte sich wohl Hermann Heller auf Max Weber bezogen haben". (Häberle, Peter: *Verfassungslehre als Kulturwissenschaft*, 2. stark erw. Auflage, Berlin 1998, FN 6, S. 579) und weiter: „Dass die Verfassung, dass die Verfassungslehre damit nur als Teil eines kulturellen Ganzen erscheinen, schwächt nicht ihre Geltungskraft und relativiert auch nicht ihren Zuständigkeitsbereich. Es lässt vielmehr ihre tieferen Wurzeln erkennen, die der staatsrechtliche Positivismus nicht sehen konnte und die das naive Wertdenken glaubte, einfach ‚abbilden' oder auch postulieren zu können" (Ebenda, S. 591).

54   Ebenda, FN 492, S. 769.

55   Vgl. Carl Schmitt: *Verfassungslehre*, 9. Aufl., Berlin 2003.

56   Huber schreibt zwar im Vorwort seiner achtbändigen Verfassungsgeschichte, dass er über seine Methode und den Begriff der Verfassung keine Auskunft geben kann, weil es ein „Buch im Buch" werden würde, aber er gibt dennoch ein paar Hinweise zu seinem Verfassungsverständnis. So setzt er an einer Stelle Ordnung mit Verfassung gleich. Kurz darauf schreibt er: „Meine Hoffnung ist, es möchte gelungen sein, wenigstens im Abglanz hervortreten zu lassen, wie das noch ungestaltete reale Sein und das Ordnungsgefüge der staatsrechtlichen Institutionen und Normen, wie die großen Ströme der Ideen und die bewegte Flut der Interessen, wie die Subjektivität der handelnden Kräfte und die Objektivität des sich selbst verwirklichenden Geistes einer Epoche im krisenreichen Ringen um Verfassung untrennbar, doch nicht ununterscheidbar ineinander gebunden sind" (Huber, Ernst Rudolf: *Deutsche Verfassungsgeschichte Band 1*, Stuttgart 1957, S. VII).

57   Im gleichen Sinne auch: Neugebauer, Wolfgang: Staatsverfassung und Bildungsauffassung, in: Becker, Hans-Jürgen (Hg.), *Interdependenzen zwischen Verfassung und Kultur, Der Staat, Beiheft 15*, Berlin 2003, S. 91-125, hier: S. 91.

58   In einer ausführlichen Diskussion von führenden Verfassungshistorikern wurden die Probleme mit dem Verfassungsbegriff ausführlich erörtert. Die Diskussion in der Geschichtswissenschaft ist äußerst umfassend. An Verfassungsgeschichten gibt es keinen Mangel. Boldt, Hans: *Deutsche Verfassungsgeschichte. Band 2: Von 1806 bis zur Gegenwart*, 2. durchgesehene und ergänzte Auflage, München 1993; Grimm, Dieter: *Deutsche Verfassungsgeschichte 1776-1866. Vom Beginn des modernen Verfassungsstaates bis zur Auflösung des Deutschen Bundes*, Frankfurt/M. 1988; Fenske, Hans: *Der moderne Verfassungsstaat. Eine vergleichende Geschichte von der Entstehung bis zum 20. Jahrhundert*, Paderborn u.a. 2001; Reinhard, Wolfgang: *Geschichte der Staatsgewalt. Eine vergleichende Verfassungsgeschichte Europas von den Anfängen bis zur Gegenwart*, München 1999. Und auch über die einzelnen Phasen der deutschen Verfassungsentwicklung sind einschlägige Monographien entstanden: Um nur einige wenige zu nennen: Boldt, Hans: *Deutsche Staatslehre im Vormärz*, Düsseldorf 1975; Kühne, Jörg-Detlef: *Die Reichsverfassung der Paulskirche. Vorbild und Verwirklichung im späteren deutschen Rechtsleben*, 2. überarbeite und um ein Nachwort ergänzte Aufl., Neuwied 1998; Schöttle, Rainer: *Politische Theorien des süddeutschen Liberalismus im Vormärz. Stu-

Der Verfassungsbegriff wurde besonders in der Geschichtsschreibung zumeist sehr weit gefasst. Man sprach von der Verfassung der Römer und der mittelalterlichen Verfassung. Das Unbehagen an einem womöglich unpräzisen und ausufernden Verfassungsbegriff hat zu einer ausführlichen und ausgiebigen Diskussion geführt.[59] Ein Beispiel für Forschung im Horizont eines sehr weiten Verfassungsbegriffs gibt Ernst Rudolf Hubers schon für die Zeit der letzten beiden Jahrhunderte breit angelegtes Projekt. Würde man Hubers umfassenden Verfassungsbegriff auch auf die Jahrhunderte davor anwenden, landete man bei einer unförmigen Universalgeschichte ohne erkennbaren Fokus, wobei Huber mit einem Zuschnitt auf das konstitutionelle System der kleindeutschen Staatsnation endet. Enger ist dagegen schon Dieter Grimms Vorschlag. Er unterscheidet die normative von der faktischen Verfassung. Die Verfassungsnorm ist Anknüpfungspunkt, erweitert jedoch um den Gedanken der Verhinderung von Verfassungsnormen. Damit ist Grimm sehr eng an der Verfassung als verschriftlichter Rechtsnorm: „Es geht mir um die Rechtsnorm im Unterschied zu irgendeiner anderen, lediglich sozial wirksamen Norm."[60] Diese enge Begrenzung auf Schriftlichkeit und Rechtsnorm wollte Reinhart Koselleck dagegen nicht mittragen. Wer Verfassungsgeschichte betreibt, so Koselleck, beschäftigt sich mit Institutionen, kraft derer sich soziale Handlungsgemeinschaften politisch organisieren.[61] Das Institutionelle verweist hier nicht auf die Schriftlichkeit, sondern auf die Wiederholbarkeit. Jedoch geht es auch ihm nicht um die Wiederholbarkeit im Felde sozialer Normierungen, sondern um rechtlich normierte Zusammenhänge: „das Institutionelle und Strukturelle, dauerhaft sich Wiederholende (...) ist auch das Kriterium für die Verfassungsgeschichte im Unterschied zur politischen Geschichte als Handlungs- und Ereignisgeschichte."[62] Doch noch ein

---

dien zu Rotteck, Welcker, Pfizer, Murhard, Baden-Baden 1994; Schönberger, Christoph: *Das Parlament im Anstaltsstaat. Zur Theorie parlamentarischer Repräsentation in der Staatsrechtslehre des Kaiserreichs (1871-1918)*, Frankfurt/M. 1997.

59   „Das Mittelalter hat eben noch nicht, wie wir heute in der Verfassung eine Norm über die Normsetzung. Genau das fehlt ja noch. Wenn eine Norm über die Normsetzung fehlt, dann können sich neue Normen nur frei bilden, etwa eben aus Vertrag (...)" [Kroeschell, Karl: Verfassungsgeschichte und Rechtsgeschichte im Mittelalter, in: Quaritsch, Helmut (Red.), *Gegenstand und Begriffe der Verfassungsgeschichtsschreibung* (=Der Staat, Beiheft 6), Berlin 1983, S.47-77 (mit Aussprache: S. 47-103), hier: S. 87]. Ohne in die Diskussion über die mittelalterliche Verfassungsgeschichte eindringen zu wollen: Gert Melville würde an dieser Stelle Widerspruch einlegen und den mittelalterlichen Orden sehr wohl diese Fähigkeit der Norm über die Normsetzung zusprechen (Melville, Gert: Die Rechtsordnung der Dominikaner in der Spanne von constituciones und admoniciones. Ein Beitrag zum Vergleich mittelalterlicher Ordensverfassungen, in: Helmholtz/Mikat/Müller/Stolleis (Hg.), *Grundlagen des Rechts*, Festschrift für Peter Landau, Paderborn u.a. 2000, S. 579-604).

60   Grimm, Dieter, in: Quaritsch, Helmut (Red.), *Gegenstand und Begriffe der Verfassungsgeschichtsschreibung* (=Der Staat, Beiheft 6), Berlin 1983, S. 40.

61   Quaritsch, Helmut (Red.), *Gegenstand und Begriffe der Verfassungsgeschichtsschreibung* (=Der Staat, Beiheft 6), Berlin 1983, S. 8.

62   Böckenförde, Ernst-Wolfgang, Kommentar: in: *ebenda*, S. 30.

weiteres Kriterium gehört dazu: Es muss eine Orientierung an der normativen Verfassung sein und nicht an der faktischen.[63] „Vielmehr verstehe ich", so Dieter Grimm, „Verfassungsgeschichte als die allgemeine Geschichte, die Sozialgeschichte, die Wirtschaftsgeschichte etc., soweit sie vom Verfassungsrecht determiniert wird oder soweit sie wiederum das Verfassungsrecht determiniert."[64] Die Verfassungsnorm gehört für ihn dazu. „Wo die Verfassungsnorm fehlt, gibt es auch keine Verfassungsgeschichte."[65] Dieser enge Verfassungsbegriff verhindert zumindest, dass die Verfassungsgeschichte zu einer allgemeinen Sozialgeschichte wird, wie im Brunnerschen Konzept.[66] Die im Grimmschen Sinne vorgenommene Definition lässt sich konkretisieren als Verfassungsgeschichte von Verfassung im materiellen Sinne. Rein formell verstanden würde man sich an der schriftlichen Verfassung orientieren müssen.

> „Ich meine also die materielle Verfassung, die jedoch normative Verfassung ist und nicht mit der faktischen Verfassung verwechselt werden darf. Normative Verfassung bedeutet auch nicht unbedingt geschriebene Norm. Dadurch würde die Verfassungsgeschichte ebenfalls unzulässig verkürzt. Es geht mir aber um eine Rechtsnorm im Unterschied zu irgendeiner anderen, lediglich sozial wirksamen Norm."[67]

Diese Unterscheidung zwischen dem juristischen und dem politischen, oder sozial wirksamen Bereich ist überraschend. Hat Dieter Grimm doch selber mit der Integrations- und Identitätsfunktion der Verfassung diese Unterscheidung aufgeweicht.[68] Schließlich kann es sich nicht nur um die Integration des Staates handeln. Hier muss auch die Integration der Gesellschaft gemeint sein, also sozial wirksame Normen. Reinhart Koselleck teilt diese Zweifel, indem er die Fixierung auf das Rechtliche nicht überzeugend findet. „Deshalb", so Koselleck,

> „scheint es für die Verfassungsgeschichte unabdingbar zu sein, gerade solche Regelhaftigkeiten im gesellschaftlichen und politischen Leben zu thematisieren, die rechtlich fixiert worden sind. Hier bleibt vermutlich eine offene Flanke zum sogenannten Gewohnheitsrecht und zum Bereich von Sitte und Brauchtum, die durchaus rechtserheblichen Charakter haben können."[69]

Wie Gerald Stourzh für die englische Verfassung gezeigt hat, entwickelt sich in Deutschland der Begriff Verfassung erst im späten 18. Jahrhundert zu einem Kollektivsingular. Aus den constitutions wird eine constitution, indem die ein-

---

63 Grimm, Dieter, in: *ebenda*, S. 37.
64 Ebenda.
65 Ebenda.
66 Ebenda, S. 39.
67 Ebenda, S. 40.
68 Vgl. dazu den Aufsatz von Dieter Grimm: Integration durch Verfassung, in: *Leviathan* 32 (2004), S. 448-463.
69 Koselleck, Reinhart: Begriffsgeschichtliche Probleme der Verfassungsgeschichtsschreibung, in: Quaritsch, Helmut (Red.), *Gegenstand und Begriffe der Verfassungsgeschichtsschreibung* (=Der Staat, Beiheft 6), Berlin 1983, S. 7-21, (mit Aussprache 7-46), hier: S. 43.

zelnen Gesetze in einen inneren Zusammenhang gebracht werden.[70] Somit zeigt der Verfassungsbegriff den Anspruch auf Einheit. Eben in dieser Perspektive der Einheitsvorstellungen, -setzungen, -fiktionen und -behauptungen lässt sich der Verfassungsbegriff durch die anderen: Republik, Staat, Nation ersetzen. Immer geht es um die Behauptung von Homogenität und Einheitlichkeit in einem bestimmten Rahmen. Unter diesem, jedoch nur unter diesem Aspekt der Einheitsbildung und Souveränitätsbehauptung lassen sich die Konzepte austauschen. Inhaltlich stehen sie natürlich für unterschiedliche Wertordnungen, die nicht beliebig ausgetauscht werden können. Der neue Verfassungsbegriff als Kollektivsingular gewann kurzzeitig die Deutungshoheit (Vorrang der Verfassung), verlor sie jedoch dann an Staat und Nation, später auch an die Republik. Je nachdem welcher Begriff sich ins Zentrum der politischen Semantik setzt, verändert sich das ganze semantische Feld, das ihn umgibt.

> „Versteht man unter ‚Verfassung' in einem sehr weiten Sinn nicht nur die geschriebene oder ungeschriebene Verfassung, sondern das für das Gemeinwesen grundlegende Ensemble faktischer und politischer Bedingungen, innerhalb derer sich die regulierte Ausübung staatlicher Gewalt vollzieht, dann nimmt die Wissenschaft hierbei einen zentralen Rang ein."[71]

Nicht nur der Verfassungsbegriff, sondern auch der des Konstitutionalismus wurde einem tiefgreifenden Wandel unterzogen. Und auch hier findet eine Normalisierung des deutschen Sprachgebrauchs im Verhältnis zu den westlichen Nachbarn statt.[72] Konnte der Begriff des Konstitutionalismus zuvor noch eine spezifische Epoche beschreiben, die für die deutsche Entwicklung im 19. Jahrhundert reserviert schien, füllt sich zunehmend der Begriff mit der Bedeutungsvarianz, die auch aus dem angelsächsischen Raum bekannt ist.[73] Konstitu-

---

70   Ebenda, S. 17.
71   Stolleis, Michael: Vorwort, in: Schiera, Pierangelo: *Laboratorium der bürgerlichen Welt. Deutsche Wissenschaft im 19. Jahrhundert*, Frankfurt/M 1992. Stolleis noch deutlicher: „Seit das komplexe System ‚Wissenschaft' die Grund- und Spezialausbildung der Bevölkerung leistet und seit sich die politischen und kulturellen Eliten durch ‚Ausbildung' legitimieren, ist die Wissenschaft ein ‚Verfassungsfaktor'"(8). Er spricht weiter von der Wissenschaft als Verfassungsersatz. In diesem Sinne ist auch seine „Geschichte des öffentlichen Rechts" zu verstehen. Sie ist in diesem Sinne eine weit aussagekräftigere Verfassungsgeschichte als das als Verfassungsgeschichte deklarierte Werk von Reinhard, der trotz der Ankündigung in der Einleitung einen weiteren Verfassungsbegriff zugrunde zu legen, besonders im Teil über Deutschland im 19. Jahrhundert doch wieder lediglich die Geschichte der schriftlichen Dokumente schreibt.
72   Dafür stehen die Forschungen von Martin Kirsch: *Monarch und Parlament im 19. Jahrhundert. Der monarchische Konstitutionalismus als europäischer Verfassungstyp – Frankreich im Vergleich*, Göttingen 1999; Kirsch, Martin (Hg.), *Denken und Umsetzung des Konstitutionalismus in Deutschland und anderen europäischen Ländern in der ersten Hälfte des 19. Jh.*, Berlin 1999.
73   Um nur einige Beispiele des Epochenbegriffs zu nennen: Hans Schneider, Art. Konstitutionalismus, in: *Evangelisches Staatslexikon*, 3. neubearb. Auflage, Stuttgart 1987; Art. Konstitutionalismus, in: Beck, Reinhart; *Sachwörterbuch der Politik*, 2. erw. Auflage, Stuttgart 1986, S.

tionalismus bezeichnete ursprünglich in Deutschland die Phase der konstitutionellen Monarchie, des monarchischen Prinzips, eine Phase zwischen Absolutismus und Republik, die sich in Früh- und Spätkonstitutionalismus einteilen ließ.[74] In ihr gab es einen klaren Anfang, und der Konstitutionalismus galt mit dem Übergang zur Republik als abgeschlossen.[75] Zudem war in den Begriff die polemische Absicht eingeschrieben, sich vom Westen und seinen Vorstellungen politischer Ordnung abzugrenzen.[76] Volkssouveränität und Konstitutionalismus konnten immer wieder in Widerspruch gebracht werden.[77] Ebenso eigenwillig wie wirkungsmächtig war die Absicht, Verfassungsfragen von politischen, philosophischen und kulturellen Bedeutungen zu bereinigen.[78] Kurz: der deutsche

---

503f. Aber auch in Christoph Gusy, Verfassungsumbruch und Staatsrechtswissenschaft: Die Verfassung des Politischen zwischen Konstitutionalismus und demokratischer Republik, in: Frevert, Ute/Haupt, Heinz-Gerhart (Hg.), *Neue Politikgeschichte*, Frankfurt/New York 2005, S. 166-201, besonders S. 188: „Die Verfassungstheorie war bislang explizit eine Theorie des Konstitutionalismus gewesen; einer Staatsform, welche durch die Revolution faktisch und durch das In-Kraft-Treten der Weimarer Verfassung auch rechtlich beseitigt worden war." Konstitutionalismus und konstitutionelle Monarchie fallen so zusammen.

74   Hummel, Jacky : *Le constitutionalisme allemand (1815-1918): Le modèle allemand de la monarchie limitée*, Paris 2002.

75   Heun, Werner: Das monarchische Prinzip und der deutsche Konstitutionalismus des 19. Jahrhunderts, in: Ipsen, Jörn (Hg.), *Recht, Staat, Gemeinwohl. Festschrift für D. Rauschning*, Köln u.a. 2000, S. 41-56; Schulz, Carola: *Frühkonstitutionalismus in Deutschland*, Baden-Baden 2002; Pauly, Walter: *Der Methodenwandel im deutschen Spätkonstitutionalismus: ein Beitrag zu Entwicklung und Gestalt der Wissenschaft vom öffentlichen Recht im 19. Jahrhundert*, Tübingen 1993. Konstitutionalismus im Sinne eines Epochenbegriffs verwendet auch: Walter Pauly: *Der Methodenwandel im deutschen Spätkonstitutionalismus*, Tübingen 1993, besonders, S. 10. Zur Frage nach dem Epochenbegriff: Hans Blumenberg: *Die Legitimität der Neuzeit*, Frankfurt/M. 1982; Haug, W.: Die Zwerge auf den Schultern von Riesen. Epochales und typologisches Geschichtsdenken und das Problem der Interferenzen, in: Herzog/Koselleck (Hrsg.): *Epochenschwelle und Epochenbewusstsein*, München 1987, S. 543ff.

76   Dazu auch: Rainer Wahl, Der Konstitutionalismus als Bewegungsgeschichte, in: *Der Staat* 44 (2005), S. 571-594. Er geht mit der bisherigen Verfassungsgeschichte Hubers stark ins Gericht, weil diese darauf hinausläuft, „die Gesamtgeschichte von den Ereignissen von 1866 und 1871 her zu schreiben" (ebenda, S. 594). Wie schwierig es einige Übersetzer haben, zeigt die Passage in Harold J. Bermans monumentaler Rechtsgeschichte. Dort heißt es in der deutschen Übertragung: „Wenn es auch der amerikanischen Revolution vorbehalten blieb, das Wort ‚Konstitutionalismus' zu prägen, so war doch seit dem 12. Jahrhundert in allen westlichen Ländern, auch unter absoluten Monarchien, viel die Rede davon – und oft wurde es auch anerkannt –, dass das Recht in einigen wichtigen Beziehungen über die Politik hinausreicht" (Berman, Harold J.: *Recht und Revolution. Die Bildung der westlichen Rechtstradition*, Frankfurt/M. 1995, S. 28). Berman konnte hier jedoch nur meinen, dass das Wort ‚constitutionalism' in der amerikanischen Revolution geprägt wurde, denn der Begriff ‚Konstitutionalismus' setzt sich gerade kontradiktorisch ab von Ziel und Werten der amerikanischen Revolution und entsteht erst viel später.

77   Maus, Ingeborg: Volkssouveränität versus Konstitutionalismus. Zum Begriff einer demokratischen Verfassung, in: Frankenberg, Günter (Hg.): *Auf der Suche nach der gerechten Gesellschaft*, Frankfurt/M., 1994, S. 74ff.

78   Dieser Frage ist auch die Schrift von Wilhelm Hennis *Politik und praktische Philosophie* (Neuwied 1963) gewidmet. Ernst Forsthoff merkt dazu sehr verdichtend an: „Die von Max

Begriff Konstitutionalismus ist einen Sonderweg gegangen. Seine westeuropäischen Synonyme ‚constitutionalism', ‚constitutionalisme' u.ä. dagegen sind seit jeher auf die politische Lehre der Machtbeschränkung und -ermöglichung bezogen.[79] *Constitutionalism* und *politics* sind weder in Amerika noch in England scharf getrennt. In diesem angelsächsischen, weiten Sinne soll hier Konstitutionalismus verstanden werden und nicht als Epochenbegriff, wie es gerne in der deutschen (Verfassungs-) Geschichtsschreibung geschieht.[80]

Durch diesen neuen Blick verändert sich die Perspektive auf den Konstitutionalismus im 19. Jahrhundert. Wie Ingeborg Maus treffend anmerkt, war nach klassisch deutschem Sprachgebrauch Konstitutionalismus „ein Begriff, der einen ganz spezifischen Verfassungstypus bezeichnete. Er bezog sich auf den im Konstitutionalismus des 19. Jahrhunderts bestehenden Kompromiss zwischen Fürsten und ständischen Volksvertretungen: die Souveränität wurde dem Fürsten zugeschrieben und durch die Kontrolle der Volksvertretung eingeschränkt; günstigstenfalls wurde Souveränität als zwischen Fürst und Volk verteilt gedacht." Heute dagegen, so Maus weiter, habe sich durch den Untergang dieses

---

Weber so eindrucksvoll geschilderte Rationalisierung der Rechtsordnung im 19. Jahrhundert wurde mit der Eliminierung der nicht rationalisierbaren Person aus der Rechtsordnung erkauft. Der in der gleichen Zeit die Theorie stark bestimmende Dualismus von Staat und Gesellschaft tat ein übriges, um das Menschenbild durch Verweisung in die prinzipiell staatsfreie Gesellschaft aus dem Umkreis des politischen Denkens auszuscheiden" (Forsthoff, Ernst: Einleitung in: Montesquieu, *Vom Geist der Gesetze*, 1. Band, Tübingen 1951, S. XXIX). Weber, Max: *Wirtschaft und Gesellschaft: Grundriß der verstehenden Soziologie*. Besorgt von Johannes Winckelmann, 5. rev. Auflage (Studienausgabe), Tübingen 1980, S. 502.

79   Dass Verfassungsfragen auf Beschränkung von Macht der Regierung zielen, gehört zum festen Wissensbestand der Geschichte des Verfassungsstaates: "Constitutionalism is the political doctrine that claims that political authority should be bound by institutions that restrict the exercise of power" (Lane, Jan-Erik: *Constitutions and political theory*, Manchester/New York 1996, S. 19). Dass es auch um Ermöglichung von Regierungshandeln geht, ist zwar nicht unbekannt, aber weniger verbreitet. Vgl. zu diesem Aspekt besonders: Holmes, Stephen: *Passions and Constraints*, Chicago 1995; Preuß, Ulrich K.: *Zum Begriff der Verfassung*, Frankfurt/M. 1994. Dazu auch besonders: Gordon, Scott: *Controlling the State. Constitutionalism from Ancient Athens to today*, Cambridge 2002. Zu dem umfassenden Begriff von Constitutionalism auch der Klassiker: McIlwain, Charles Howard: *Constitutionalism Ancient and Modern*, 2. Aufl., Ithaca, New York 1947.

80   Dietmar Herz gebraucht den Begriff des Konstitutionalismus in unserem Sinne nach dem amerikanischen Vorbild (*Die wohlerwogene Republik. Das konstitutionelle Denken des politisch-philosophischen Liberalismus*, Paderborn u.a. 1999). Martin Kirsch hat in seinem Buch *Monarch und Parlament* den Begriff des monarchischen Konstitutionalismus eingeführt. Damit deutet er an, dass es auch andere Konstitutionalismen geben kann. Kirsch, Martin: *Monarch und Parlament im 19. Jahrhundert. Der monarchische Konstitutionalismus als europäischer Verfassungstyp – Frankreich im Vergleich*, Göttingen 1999. Unter anderem würde der republikanische Konstitutionalismus als Kandidat in Frage kommen. Bis weit in die Mitte des 19. Jahrhunderts war in Deutschland der alte Republikbegriff noch präsent, galten Monarchie und Republik als miteinander vereinbar. Kant ist das beste Beispiel für diesen Wortgebrauch. Aber auch der gesamte Südwesten sah keine Unvereinbarkeit monarchischer Regierung mit republikanischer Denkungsart und konnte sich in der Tradition Rousseaus wähnen. Auch die englische Tradition geht in die gleiche Richtung.

deutschen Modells und der Hegemonie der Volkssouveränität der Begriff ge-
weitet und „bezeichnet zunehmend die Existenz moderner Verfassungskodifika-
tionen überhaupt."[81] Sieht man einmal davon ab, dass der Begriff sogar noch
über die Kodifikationen hinaus Anwendung findet, ist Maus hier zuzustimmen.
Der deutsche Begriff des Konstitutionalismus hat sich demnach dem englischen
constitutionalism angenähert. Dabei ist natürlich keineswegs geklärt, was unter
constitutionalism zu verstehen ist.[82] So kann man in der Tat *constitutionalism*
normativ und demokratietheoretisch so weit aufladen, dass eine Ordnung, die
nicht auf den freien Willen des Volkes zurückgeht, nicht konstitutionell genannt
werden darf.[83] Die Dokumente können zwar gegeben werden, ihren Charakter
erhalten sie aber nur durch die sie tragenden Ideen, geteilten Überzeugungen
und Praktiken. In diesem Sinne von *constitutionalism* soll hier fortan auch der
Begriff des Konstitutionalismus gebraucht werden. In dieser Perspektive verschwindet die vermeintliche Sonderstellung, die der Konstitutionalismus durch
die Begriffsgestaltung der verfassungsgeschichtlichen Forschung erhalten hat
und er reiht sich als monarchischer Typus des weiter verstandenen Konstitutionalismus in die gemeineuropäische Tradition ein.[84]

Der Konstitutionalismus hatte nach dem Zusammenbruch des Ostblocks
und weiterer autoritärer Regime eine große Sternstunde. Alle ost- und ostmittel-
europäischen Staaten erhielten neue Verfassungen. Doch mit dem Ende dieser

---

81   Maus, Ingeborg: Volkssouveränität versus Konstitutionalismus, in: Frankenberg, Günter
      (Hg.), *Auf der Suche nach der gerechten Gesellschaft*, Frankfurt/M. 1994, S. 74-83, hier: S.74.
82   Die folgenden Überlegungen folgen der hervorragenden Übersicht von Thomas C. Grey:
      Constitutionalism. An Analytical Framework, in: Pennock, Roland/Chapman, John W. (Hg.),
      Constitutionalism, (Nomos XX), New York 1979, S. 189-209.
83   Ganz zu schweigen von dem sehr weiten englischen Begriff des constitutionalism: „'Constitu-
      tionalism' oder was ich hier die Philosophie des Konstitutionalismus nenne, ist der Inbegriff
      der theoretischen Erkenntnisse, praktischen Erfahrungen und normativen Ideen über die an-
      gemessene, vor allem auch rechtliche Form der politischen Ordnung" (Preuß, Ulrich K.: Der
      Begriff der Verfassung und ihre Beziehung zur Politik, in: ders., *Zum Begriff der Verfassung.*
      Die Ordnung des Politischen, Frankfurt/M. 1994, S. 7-33, hier: S. 26). Denninger unterschei-
      det vier Verfassungsfunktionen: Machterzeugung, Machtbegrenzung, Machtlegitimation und
      Gruppenintegration oder Einheitsbildung (Denninger, Eberhard: Sicherheit/Vielfalt/Solidari-
      tät: Ethisierung der Verfassung, in: Preuß, Ulrich K. (Hg.), *Zum Begriff der Verfassung*,
      Frankfurt/M. 1994, S. 97). Immer noch von Interesse in diesem Zusammenhang ist die bis in
      die Gegenwart andauernde Debatte darüber, ob England eine Verfassung hat oder nicht. Diese
      Debatte ist unter dem Einfluss der Europäischen Menschenrechtserklärung noch einmal aufge-
      flammt: Bogdanor, Vernon/ Khaitan, Tarunabh/ Vogenauer, Stefan: Should Britain have a
      Written Constitution, in: *The Political Quarterly* 78 (2007), S. 499-517. Kritisch zur juristi-
      schen Überladung der englischen Verfassung: Masterman, Roger: Labour's 'Juridification' of
      the Constitution, in: *Parliamentary Affairs* 62 (2009), S. 476-492.
84   Diese Erweiterung auf Elemente des romanischen und englischen Verständnisses findet sich
      u.a. auch in den Schriften von Kirsch, Martin: *Monarch und Parlament im 19. Jahrhundert.*
      Der monarchische Konstitutionalismus als europäischer Verfassungstyp – Frankreich im Ver-
      gleich, Göttingen 1999; Kirsch, Martin/Schiera, Pierangelo (Hg.): *Denken und Umsetzung des*
      Konstitutionalismus in Deutschland und anderen europäischen Ländern in der ersten Hälfte
      des 19. Jh., Berlin 1999.

letzten großen Demokratisierungs- und Konstitutionalisierungswelle ist das Verfassungsthema nicht aus der Öffentlichkeit verschwunden. Die Diskussion um die Europäische Verfassung folgte weiter auf dieser Spur, und jüngst spricht man sogar von den Vereinten Nationen als Verfassungsordnung.[85] Auch wenn die Debatte um die Verfassungen in Ostmitteleuropa und der Europäischen Union stark auf das schriftliche Dokument, auf den Verfassungstext fixiert war, so machten doch die Diskussionen um die Frage, ob Europa nicht auch ohne ein schriftliches, zusammenfassendes Dokument eine Verfassung habe, deutlich, dass die Verfassung nicht mit ihrem Text identisch ist.[86] Verfassungen sind mehr als Texte, sie sind Speicher politischer Ordnungsvorstellungen, denen eine herausgehobene Stellung, eine Suprematie zugeschrieben wird.[87]

Das „Trennungsdenken im 19. Jahrhundert" hat dazu geführt, dass Recht, Politik und Philosophie als jeweils eigenständige Geltungsbereiche verstanden wurden.[88] Der Ort der Koppelung zwischen Recht und Politik, den Luhmann für die Verfassung vorgesehen hat, wurde nicht besetzt.[89] Die Verfassung wurde im Rechtspositivismus dem Recht zugeschlagen, damit wurde gleichzeitig der Bedeutungshorizont des Verfassungsbegriffs stark eingeengt.[90] Überraschen konnte diese Entwicklung jedoch nicht, schließlich war das politische Denken in Deutschland schon lange juristisch überformt. Dies drückte sich in den Staats- und Verfassungslehren ebenso aus wie in der Dominanz der juristischen Sprache und einem hohen Einfluss der Juristen im öffentlichen Leben. Dies führte

---

85   Zu Europa vgl. neben anderen: Joseph H.H. Weiler: *The Constitution of Europe*, Cambridge 1999; Paul Craig: Constitutions, Constitutionalism, and the European Union, in: *European Law Journal* 7 (2001), S. 125-150. Institut für Europäische Verfassungswissenschaften (Hg), *Die Europäische Union als Verfassungsordnung*, Berlin 2004. Fassbender, Bardo: *UN Security Council Reform and the Right of Veto: A Constitutional Perspective*, The Hague/London/Boston 1998; Fassbender, Bardo: The United Nations Charter as Constitution of the International Community, in: *Columbia Journal of International Law*, Band 36 (1998), S. 529-619

86   Die Debatte um die Europäische Verfassung wurde u.a. ausgetragen zwischen Dieter Grimm und Jürgen Habermas. Grimm, Dieter: Braucht Europa eine Verfassung?, in: Kimmel, Adolf: *Verfassungen als Fundament und Instrument der Politik*, Baden-Baden 1995, S. 103-128; Krajewski, Markus *Verfassungsperspektiven und Legitimation des Rechts der WTO*, Berlin 2001; Von Bogdandy, Armin: Chancen und Gefahren einer Konstitutionalisierung der WTO. Verfassungsrechtliche Dimension der WTO im Vergleich mit der EU, in: Golze, Anna (Hg.), *Die europäische Verfassung im globalen Kontext*, Baden-Baden 2004, S. 65-87.

87   Zur Suprematie der Verfassung: Hans Vorländer: Die Suprematie der Verfassung. Über das Spannungsverhältnis von Demokratie und Konstitutionalismus, in: *Politik und Politeia. Formen und Probleme politischer Ordnung*. FS für Jürgen Gebhardt zum 65. Geburtstag, hg. von Wolfgang Leidhold, Würzburg 2000, S. 373-383.

88   Duchhardt, Heinz: *Deutsche Verfassungsgeschichte 1495-1806*, Stuttgart u.a. 1991.

89   Vgl. Luhmann zur strukturellen Koppelung durch Verfassung: Luhmann, Niklas: Verfassung als evolutionäre Errungenschaft, in: *Rechtshistorisches Journal* 9 (1990), S. 176-220.

90   Stolleis, Michael: *Geschichte des öffentlichen Rechts in Deutschland. Band 2: Staatsrechtslehre und Verwaltungswissenschaft 1800-1914*, München 1992; Friedrich, Manfred: *Geschichte der deutschen Staatsrechtswissenschaft*, Berlin 1997.

u.a. dazu, dass die wichtigen Impulse der Schottischen Aufklärer, die zur Modernisierung des Republikanismus in England und dessen Anpassung an moderne Industriegesellschaften beitrugen, nur verzerrt rezipiert werden konnten.[91] Und auch die Besetzung der öffentlichen Ämter[92] und des öffentlichen Bewusstseins wurde von dieser Entwicklung beeindruckt. Schließlich kulminiert sie in der Professionalisierung der Juristen im Kaiserreich und der hegemonialen Besetzung des Verfassungsdiskurses im Rechtspositivismus.[93] Doch in allen Zeitabschnitten gibt es entsprechende Nischen und Lücken, in denen sich eine Opposition einrichten konnte.[94] In jüngster Zeit wurde herausgearbeitet, dass dies auch für den Rechtspositivismus selber gilt.[95]

Dass diese Zuweisung der Verfassung zum Recht, sie also dem Zugriff der Politik zu entziehen, durchaus emanzipatorische und professionalisierende Aspekte haben konnte, soll hier nicht vorenthalten werden. Jedoch konnte so der politische Charakter der Verfassung wirkungsmächtig und einflussreich verstellt und der Politikbegriff nachhaltig auf den Machtaspekt reduziert werden. Auch die Diskussion der Weimarer Republik zu den Defiziten des Rechtspositivismus konnte auf Dauer nicht verhindern, dass die Verfassung primär dem Recht zuge-

---

91 Oz-Salzberger, Fania: *Translating the Enlightenment. Scottish Civic Discourse in Eighteenth-Century Germany*, Oxford 1995; Waszek, Norbert, *The Scottish Enlightenment and Hegel's Account of 'Civil Society'*, Dordrecht 1988.

92 Bleek, Wilhelm: *Von der Kameralausbildung zum Juristenprivileg: Studium, Prüfung und Ausbildung der höheren Beamten des allgemeinen Verwaltungsdienstes in Deutschland im 18. und 19. Jahrhundert*, Berlin 1972.

93 Neben den beiden oben schon erwähnten Schriften von Stolleis und Friedrich kommen hinzu: Oertzen, Peter von: *Die soziale Funktion des staatsrechtlichen Positivismus*, Frankfurt/M. 1974; Wilhelm, Walter: *Zur juristischen Methodenlehre im 19. Jahrhundert: die Herkunft der Methode Paul Labands aus der Privatrechtswissenschaft*, Frankfurt/M. 1958.

94 Dies wurde in den folgenden Schriften herausgearbeitet: Blänkner, Reinhard: Die Idee der Verfassung in der politischen Kultur des 19. Jahrhunderts in Deutschland, in: Münkler, Herfried (Hg.), *Bürgerreligion und Bürgertugend*, Baden-Baden 1996, S. 309-341; Blänkner, Reinhard: Der Vorrang der Verfassung. Formierung, Legitimations- und Wissensformen und Transformation des Konstitutionalismus in Deutschland im ausgehenden 18. und frühen 19. Jahrhundert, in: Blänkner, Reinhard/Jussen, Bernhard (Hg.), *Institutionen und Ereignis. Über historische Praktiken und Vorstellungen gesellschaftlichen Ordnens*, Göttingen 1998, S. 295-325; Blänkner, Reinhard: Integration durch Verfassung? Die ‚Verfassung' in den institutionellen Symbolordnungen des 19. Jahrhunderts in Deutschland, in: Vorländer, Hans (Hg.), *Integration durch Verfassung*, Wiesbaden 2002, S. 207-231; Nolte, Paul: Bürgerideal, Gemeinde und Republik. „Klassischer Republikanismus" im frühen deutschen Liberalismus, in: *Historische Zeitschrift*, 254 (1992), S. 609-656; Nolte, Paul: *Gemeindebürgertum und Liberalismus in Baden 1800-1850. Tradition – Radikalismus – Republik*, Göttingen 1994; Göhler, Gerhard: Republikanismus und Bürgertugend im deutschen Frühliberalismus: Karl von Rotteck, in: Greven, Michael Th. et al. (Hg.), *Bürgersinn und Kritik. Festschrift für Udo Bermbach*, Baden-Baden 1998, S. 123-149.

95 Schlink, Bernhard: Paul Laband als Politiker, in: *Der Staat* 31 (1992), S. 535-569; Laband, Paul: *Staatsrechtliche Vorlesungen*, bearb. und hg. von Bernd Schlüter, Berlin 2004; Schlüter, Bernd: *Reichswissenschaft, Staatsrechtslehre, Staatstheorie und Wissenschaftspolitik im Deutschen Kaiserreich am Beispiel der Reichsuniversität Straßburg*, Frankfurt/M. 2004.

schlagen wurde. Die Verfassung ist im deutschen Verständnis eingebettet in eine Kultur des Rechts und nicht in eine Kultur der Politik. Bis zu einem gewissen Grad gilt dies bis heute.[96]

1.2. Vormoderne und moderne Verfassung

Max Webers Hinweis auf unterschiedliche Legitimationsquellen, die sich in der Verfassung bündeln, seien es expressive oder kommunikative, kann nur dann auf einen fruchtbaren Boden fallen, wenn die Begrifflichkeit diese Anregungen auch aufnimmt. Der bisher vorherrschende, oben beschriebene Begriff der Verfassung, der nur auf Phänomene der Moderne zugeschnitten ist, muss zwangsläufig die vor- und frühmodernen Phänomene als defizitär beschreiben. Verfassungstheorie und -geschichte gehen damit gegenüber der Selbstbeschreibung der modernen Akteure jedoch nicht auf ausreichende Distanz. Diese haben selber den Verfassungs- als Kampfbegriff mit einer Deutung versehen, die eine möglichst große Distanz zu den vorrevolutionären Phänomenen unterstellt. Dieser interessierten Nomenklatur lässt sich jedoch keine analytische Stärke per se zuschreiben. Sie verstellt gerade die auch für das moderne revolutionäre und nachrevolutionäre Verfassungsprogramm notwendige Dimension der Symbolizität. Diesen Zusammenhang bringt Barbara Stollberg-Rilinger auf den Punkt: „Vielleicht könnte ein an der vormodernen Reichsverfassung geschulter Blick für die symbolisch-expressiven, praktisch-performativen Elemente politischer Verfasstheit auch das Verständnis moderner staatlicher Strukturen befruchten, die womöglich auch nie so streng zweckrational funktioniert haben, wie man gerne glaubt."[97] Dieser Verfassungsbegriff erlaubt zum Beispiel auch André

---

96   Zur legalistischen Tradition auch: Hans Vorländer, Der Interpret als Souverän, in: *Frankfurter Allgemeine Zeitung*, 17. April 2001, S. 14. Dort heißt es: „Dabei profitiert das Verfassungsgericht ganz ohne Frage, in der deutschen legalistischen Tradition erst recht, von einem antipolitischen Affekt". Und weiter argumentiert Vorländer, dass die Unterscheidung von Recht und Politik auf fiktionaler Grundlage aufruht. Es ist ein Ergebnis von „Auratisierung und Sakralisierung" zugunsten des Rechts und der Steigerung seiner Autorität und zulasten der Politik. Die unterschiedlichen Einschätzungen zum Rechtspositivismus u.a. bei: Neumann, Franz L.: Der Funktionswandel des Gesetzes im Recht der bürgerlichen Gesellschaft, in: ders., *Demokratischer und autoritärer Staat. Studien zur politischen Theorie*, hg. und mit einem Nachwort von Herbert Marcuse, Frankfurt/M. 1986, S. 31-81; Maus, Ingeborg: Volkssouveränität versus Konstitutionalismus. Zum Begriff einer demokratischen Verfassung, in: Frankenberg, Günter (Hg.), *Auf der Suche nach der gerechten Gesellschaft*, Frankfurt/M., 1994, S. 74ff.; Tohidipur, Mehdi: *Der bürgerliche Rechtsstaat*, 2 Bde., Frankfurt/M. 1978.

97   Stollberg-Rilinger, Barbara: Die zeremonielle Inszenierung des Reiches, oder: Was leistet der kulturalistische Ansatz für die Reichsverfassungsgeschichte?, in: Schnettger, Matthias (Hg.), *Imperium Romanum – Irregulare Corpus – Teutscher Reichs-Staat. Das Alte Reich im Verständnis der Zeitgenossen und der Historiographie*, Mainz 2002, S. 246. In den historischen Studien von Nolte, Hettling, Blänkner und Stollberg-Rilinger kommt der kulturwissenschaftli-

Holenstein, die mittelalterliche Huldigung als *Verfassung in actu* zu begreifen.[98] Insofern findet sich, so seine These, in der Huldigung der symbolische Ort, in dem sämtliche zentralen Ordnungsprinzipien zur Geltung gebracht werden.[99] Nichts anderes soll die moderne, schriftlich fixierte Verfassung: die zentralen Ordnungsprinzipien symbolisch darstellen und die zentralen Ordnungsprinzipien von Recht und Politik miteinander verknüpfen.[100]

---

che Ansatz der Historiographie einem politikwissenschaftlichen Verständnis institutionentheoretischer Ausrichtung entgegen [Zu der oben schon genannten Literatur kommt hinzu: Hettling, Manfred/Nolte, Paul: Bürgerliche Feste als symbolische Politik im 19. Jahrhundert, in: dies. (Hg.), *Bürgerliche Feste: symbolische Formen politischen Handelns im 19. Jahrhundert*, Göttingen 1993, S. 7-36]. Denn die enge Verbindung von symbolischer Repräsentation und politischer Ordnung wird darin thematisiert. Stollberg-Rilinger hat in einem Aufsatz über Verfassung und Fest die Verbindung zwischen Kulturwissenschaft und politischer Ideengeschichte gezogen. Das Fest verweist auf die Ordnung als ganze. „Was Durkheim für die Feste einfacher Stammeskulturen festgestellt hat, ist durchaus verallgemeinerungsfähig: In ihren kollektiven Festen inszeniert eine Gemeinschaft das Bild ihrer eigenen idealen Ordnung, und zwar in einer herausgehobenen Sphäre demonstrativer Außeralltäglichkeit, und erneuert sich damit periodisch selbst" (Stollberg-Rilinger, Barbara: Verfassung und Fest. Überlegungen zur festlichen Inszenierung vormoderner und moderner Verfassungen, in: Becker, Hans-Jürgen (Hg.), *Interdependenzen zwischen Verfassung und Kultur*, Berlin 2003, S. 10). Noch mehr: „Das vormoderne Verfassungsfest stellt her, was es darstellt und symbolisiert" (ebenda). Damit ist eine enge Verbindung zu Smends Integrationstheorie hergestellt. Dieser wiederum wurzelt in der republikanischen Tradition, in der – wie Rousseau es theoretisch vorbereitet hat und die Französische Revolution praktisch vorgelebt hat – auf die kollektive Aneignung von politischen Ideen durch politische Praxis schon immer großer Wert gelegt wurde. Diese Perspektive regt an, den Blick von den schriftlichen Verfassungen, von den Texten selber, auf die Orte der Inszenierung zu wenden, an denen die Ordnung zum Ausdruck kommt. Mit der Verschriftlichung erübrigt sich die stets erneuerte, festliche Aktualisierung nicht.

98 Im Huldigungsakt selbst, so Holenstein weiter, wird „die Verfassung des betreffenden Herrschaftsverbandes aktualisiert, erneuert und fortgeschrieben" (Holenstein, André: *Die Huldigung der Untertanen. Rechtskultur und Herrschaftsordnung 800-1800*, Stuttgart/New York 1991, S. 512). In der Huldigung wurde wie in einem „Brennpunkt" eine Verständigung und Bekräftigung der zentralen „politischen und rechtlichen Merkmale des Herrschaftsverbandes" (ebenda, S. 513) erreicht.

99 Darauf nimmt auch Barbara Stollberg-Rilinger Bezug, die in ihrem Aufsatz über die zeremonielle Inszenierung schreibt: „Angesichts der Abwesenheit einer systematischen kodifizierten Verfassung waren symbolische Inszenierungen, die seine Ordnung in actu manifestierten, für das Reich von ungleich substantiellerer Bedeutung als für einen modernen Staat" [Stollberg-Rilinger, Barbara: Die zeremonielle Inszenierung des Reiches, oder: Was leistet der kulturalistische Ansatz für die Reichsverfassungsgeschichte?, in: Schnettger, Matthias (Hg.), *Imperium Romanum – Irregulare Corpus – Teutscher Reichs-Staat. Das Alte Reich im Verständnis der Zeitgenossen und der Historiographie*, Mainz 2002, S. 233-247, hier: S. 244]. Kant ging schließlich gegen den Eid vor, weil er für ihn auf Aberglauben basierte. Kant bezog den Atheismus in seine Überlegungen mit ein und decouvrierte den Eid als Fortsetzung des Aberglaubens mit anderen Mitteln. (Vgl. Holenstein, André: *Die Huldigung der Untertanen. Rechtskultur und Herrschaftsordnung 800-1800*, Stuttgart/New York 1991, S. 492).

100 Zur Verfassung als Verknüpfung von Rechts- und Politiksystem, vgl. Luhmann, Niklas: Verfassung als evolutionäre Errungenschaft, in: *Rechtshistorisches Journal* 9 (1990), S. 176-220. Max Weber formulierte in seinen Positionen zur verstehenden Soziologie die Verbindung von institutioneller Ordnung und individueller Aneignung als komplexen Austauschprozess.

Nur ein kulturwissenschaftlicher Ansatz ermöglicht die Flucht aus einer teleologischen Perspektive, die die frühmoderne Verfassung entweder als Vorbild oder als Gegenbild der modernen Verfassung ansieht. Beides wurde wechselweise in der Historiographie durchgespielt. Revolutionäre Theorien stärken den radikalen Bruch, legitimistische Theorien stärken die Kontinuitätsthese. Gerade dieser Aspekt lässt es zusätzlich interessant erscheinen, vor- und nachstaatliche Verfassungsgeschichte miteinander in Bezug zu bringen. Um dies auch begrifflich zu ermöglichen schreibt Rolf Sprandel:

> „Der Begriff Verfassung im weiteren Sinn, mit dem umzugehen vornehmlich der Mediävist lernt und lehrt, kann helfen, die postkonstitutionelle Verfassungsgeschichte nicht hauptsächlich unter einem negativen Vorzeichen zu sehen: als Entstaatlichung, als Bruch mit der staatlichen Vergangenheit, sondern als Steigerung, als Suche und Aufbau von Verfassungsformen, die in einer sich wandelnden Gesellschaft für die Menschen ähnlich wichtige Funktionen wahrnehmen wie die Konstitutionen".[101]

Auch Peter Häberle entdramatisiert den Bruch im 19. Jahrhundert, indem er allerdings den Veränderungen von Mündlichkeit zu Schriftlichkeit kein ausreichendes Gewicht zuspricht.[102] Dem Wachstum der alten Traditionen steht dann

---

Institutionelle Mechanismen sind auf symbolische Aneignung angewiesen. Verfassungsgeschichtsschreibung in diesem weiten Sinn muss deswegen die subjektive Sinnzuschreibung als Kernbestand ihres Vorhabens begreifen: „Politisch-soziale Strukturen –auch wenn sie einen hohen Grad an Institutionalisierung und damit Objektivierung erreicht haben – beruhen danach letztlich stets auf dem wechselseitig sinnhaft aufeinander bezogenen Handeln der Menschen" (Stollberg-Rilinger, Barbara: Die zeremonielle Inszenierung des Reiches, oder: Was leistet der kulturalistische Ansatz für die Reichsverfassungsgeschichte?, in: Schnettger, Matthias (Hg.), *Imperium Romanum – Irregulare Corpus – Teutscher Reichs-Staat. Das Alte Reich im Verständnis der Zeitgenossen und der Historiographie*, Mainz 2002, S. 235).

101   Sprandel, Rolf: Perspektiven der Verfassungsgeschichtsschreibung aus der Sicht des Mittelalters, in: Quaritsch, Helmut (Red.), *Gegenstand und Begriffe der Verfassungsgeschichtsschreibung* (=Der Staat, Beiheft 6), Berlin 1983, S. 122. Der gleiche Autor schreibt in: Was ist Verfassung? (Verfassung und Gesellschaft im Mittelalter, 4. Aufl., Paderborn u.a. 1991, S. 11-29, hier: S.12) kritisch gegen Waitz' Verfassungsgeschichte gewendet: „Abgesehen davon ist der Verfassungsbegriff sehr eng gefasst. Es schließt z B. den Kultus aus". Und weiter schreibt er: „Dafür bietet sich der Versuch an, die Verfassungsgeschichte mit einem sozialwissenschaftlichen Interesse zu betreiben und gleichzeitig ihre Einordnung in das System der Begriffe und Fragen einer zusammenhängenden Wissenschaft von der Gesellschaft vorzunehmen (...) Eine von dort ausgehende Verfassungsgeschichte muss auch solche Strukturen einbeziehen, die sich nicht deutlich als Rechtsnormen zu erkennen geben. (...) Eine Verfassungsgeschichte, die also nicht von vornherein die seinswissenschaftliche Beschreibung des Außerrechtlichen ausschließt" (ebenda: S. 21, bzw. S.24).

102   Häberle, Peter: *Kleine Schriften. Beiträge zur Staatsrechtslehre und Verfassungskultur*, Berlin 2002, S. 339. Reinhard Blänkner tritt dieser These scharf entgegen. Die Schriftlichkeit führt zu einer Sakralisierung und ermöglicht erst die weitgehende Parallelisierung zwischen religiöser und politischer Gründung. Vgl. dazu: Blänkner, Reinhard: Verfassungsgeschichte als aufgeklärte Kulturhistorie. K.H.L. Pölitz' Programm einer konstitutionellen Verfassungsgeschichte der Neuzeit, in: Brandt, Peter u.a. (Hg.): *Symbolische Macht und inszenierte Staatlichkeit. „Verfassungskultur' als Element der Verfassungsgeschichte*, Bonn 2005, S. 298-330.

die Konstruktion der neuen Verfassungen gegenüber, allerdings mit Veränderungen, die sich durch diese Transformation ergeben: „Verfassungen sind auf eine Weise den drei Buchreligionen vergleichbar. Der Glaube an das – geschriebene – Wort, an den Text, prägt sie".[103] Die Schriftlichkeit hat sicherlich zur Verfestigung von Normen beigetragen, wobei an einigen historischen Beispielen gezeigt werden kann, dass die Mündlichkeit auch weiterhin Bedeutung behält. Denn schließlich erzeugt Mündlichkeit, das öffentliche Vorlesen und Bekunden eine ganz eigene Form der Verbindlichkeit und der Vergemeinschaftung.[104]

Und auch Wolfgang Reinhard schreibt in seiner Geschichte der Staatsgewalt:

> „Verfassungen als schriftliche Zusammenstellung von übergeordneten Rechtsnormen mit höchstem Geltungsrang gibt es zwar erst seit dem späten 18. Jahrhundert, wegen des geschichtlichen Sachzusammenhangs bezeichnen wir aber auch die politische Ordnung vormoderner Gemeinwesen als ‚Verfassung'. Verfassungsgeschichte beschränkt sich daher nicht auf Rechtsgeschichte von Verfassungsgesetzen, sondern widmet sich umfassend dem politischen Leben eines Gemeinwesens, unter selbstverständlicher Berücksichtigung von Wirtschaft und Gesellschaft, aber ohne deswegen in der allgemeinen Geschichte einer Gesellschaft aufzugehen."[105]

Die Kollektivsubjekte Nation und Staat sind, so Reinhard, auf die Verkörperung durch Symbole angewiesen. Nur so können sie sich durchsetzen und Anschauungskraft gewinnen. Diese kulturwissenschaftliche Ausrichtung der Rechtswissenschaft ist es auch, die wichtige Anregungen für eine politikwissenschaftliche Ausrichtung der Verfassungstheorie geben kann.[106] Damit öffnet sich das Feld zu dem generellen Verständnis von Normierungen der Lebensführung, die als Sinnordnungen auf Wiederholbarkeit angelegt sind. Das Recht übernimmt darin selbstverständlich eine wichtige Rolle, weil es für das Kriterium der Wiederholbarkeit paradigmatische Bedeutung hat. Aber auch Konventionen, Sitten und Gebräuche fallen unter diese Idee der institutionellen Mechanismen. Verfassung als politische Institution verstanden, übernimmt diese Ordnungsleistungen u.a. mit Hilfe von Leitideen. Dieser Verfassungsbegriff meint dann nicht nur die

---

103 Häberle, Peter: *Kleine Schriften. Beiträge zur Staatsrechtslehre und Verfassungskultur*, Berlin 2002, S. 341.

104 Karl Kroeschell verweist hier auf die öffentlichen Schwurgemeinschaften, die durch Verlesen des Bürgereides Verbindlichkeit herstellten (Kroeschell, Karl: Verfassungsgeschichte und Rechtsgeschichte im Mittelalter, in: Quaritsch, Helmut (Red.), *Gegenstand und Begriffe der Verfassungsgeschichtsschreibung* (=Der Staat, Beiheft 6), Berlin 1983, S.47-77 (mit Aussprache: S. 47-103, hier: S. 95).

105 Reinhard, Wolfgang: *Geschichte der Staatsgewalt. Eine vergleichende Verfassungsgeschichte Europas von den Anfängen bis zur Gegenwart*, München 1999, S. 18.

106 Häberle, Peter: *Verfassungslehre als Kulturwissenschaft*, 2. stark erw. Auflage, Berlin 1998.

rechtlichen Organisationsweisen, sondern schließt Verstetigungen des Handelns im weiteren Sinne sozialer Handlungsgemeinschaften ein.[107]

1.3. Verfassung des Staates oder Verfassung der Gesellschaft

Aus der Tradition des Rechtspositivismus kommt die engste Bestimmung der Verfassung: Verfassung ist das, was in einem Verfassung genannten Gesetz an enthaltenen Normen vorkommt.[108] Verfassung ist ein Papier (geschrieben) mit staatsorganisatorischen Aufgaben.[109] In dieser, zumeist etatistischen Ausrichtung ist die Verfassung auf den Staat instrumentell zugerichtet. Sie ist nicht mehr als

---

107 Vgl. die Aussprache in: Koselleck, Reinhart: Begriffsgeschichtliche Probleme der Verfassungsgeschichtsschreibung, in: Quaritsch, Helmut (Red.), *Gegenstand und Begriffe der Verfassungsgeschichtsschreibung* (=Der Staat, Beiheft 6), Berlin 1983, S. 7-21 (mit Aussprache 7-46), hier: S. 29.

108 Der verkürzte, rein juristische Verfassungsbegriff ist ein Erbe des 19. Jahrhunderts. Dagegen schreibt neben Hans Vorländer auch Ulrich K. Preuß an. Seine politische Deutung des Konstitutionalismus und der Konstitutionalisierung gibt eine Reihe von Anregungen zur Betrachtung des Prozesscharakters der Verfassung: „Die Gesellschaft muß die destruktiven Energien jener ‚negativen' Freiheit der Individuen selbst zähmen und in gesellschaftsverträgliche Formen bringen, und so unterliegt sie dem Zwang zur permanenten Reflexion über die Bedingungen ihrer eigenen ‚guten Ordnung'. Verfassungen sind höchst anspruchsvolle Formen kollektiver Selbstbindung, die diesen Reflexionsprozeß institutionalisieren; Selbstbindung erschöpft sich daher auch nicht in äußeren Mechanismen der Begrenzung der Macht, sondern impliziert notwendig die Auseinandersetzung mit jenen normativen Prinzipien und den diskursiven Formen ihrer mühseligen Entwicklung, die die ‚leere Stelle der Macht' – die verschwundene Macht des göttlichen oder des menschlichen Souveräns – einnehmen" (Preuß, Ulrich K.: *Revolution, Fortschritt und Verfassung. Zu einem neuen Verfassungsverständnis*, Berlin 1990, S. 71). Und weiter: „Eine Gesellschaft ist verfasst, wenn sie sich in geeigneten institutionellen Formen und in normativ geleiteten Prozessen der Anpassung, des Widerstands und der Selbstkorrektur ständig mit sich selbst konfrontiert" (ebenda, S. 73). Im 19. Jahrhundert war man noch der Überzeugung, dass dies besser in exklusiven Zirkeln in geschützter, z.T. auch geheimer Beratung und Diskussion stattfinden solle. Die nationale Öffentlichkeit hielt man in Deutschland zu diesem Zeitpunkt noch nicht für reif genug, um diesen Prozess verantwortlich zu begleiten. An anderer Stelle schreibt Preuß: „When we speak of constitutionalism, we refer to the set of ideas and principles which form the common basis of the rich variety of constitutions. (...) (T)he essence of constitutionalism which has prompted both the administration and the constant reasoning of the most spirited philosophers of many centuries is the mystery of its binding force" (Preuß, Ulrich K.: The Political Meaning of Constitutionalism, in: Bellamy, Richard (Hg.), *Constitutionalism, Democracy, and Sovereignty: American and European Perspectives*, Aldershorst/Brookfield 1996, S. 11-31, hier: S. 12). Oder, wiederum an anderer Stelle: "Der Konstitutionalismus ist in erster Linie ein theoretisches Konzept zum Verständnis der rechtlichen und institutionellen Gestaltbarkeit der Politik, und insofern ist er unverzichtbarer Teil des niemals endenden Nachdenkens über eine gute politische Ordnung" (Preuß, Ulrich K.: Der Begriff der Verfassung und ihre Beziehung zur Politik, in: ders., *Zum Begriff der Verfassung. Die Ordnung des Politischen*, Frankfurt/M. 1994, S. 27).

109 Badura, Peter: Art. Verfassung, in: *Evangelisches Staatslexikon*, 3. Aufl., Band 2, Stuttgart 1987, S. 373.

der Staat, der durch sie zu sich selbst kommt. Die Geltung der Verfassung wird so über den Staat generiert. So formuliert Werner Näf:

> „Der Staat, der längst seine innere Ordnung besaß, sein Gewohnheitsrecht, seine Gesetze, seine inneren Verträge, seine Lois fondamentales, seine Bills of rights, zeichnet den Grundriß seines Baus – oft aus Anlaß eines Umbaus oder Neubaus – auf; er legt seine Verfassung schriftlich und systematisch fest, das allgemeine und allverbindliche, als Ganzes ineinandergreifend gefügte, jeder Einzelregierung übergeordnete Grundgesetz. Es ist der Staat, der die Verfassung schafft und sich selbst in ihr bindet".[110]

Verfassunggebung setzt für Näf Staatsgründung und -werdung voraus. „Die Verfassung ist Ausdruck des Staates und umfasst ihn ganz".[111] So wie der Staat eine Erscheinung der Moderne ist, so auch die Verfassung. „Der Staat schafft die Staatsverfassung".[112] Diese Position hält am Staat, gelegentlich sogar vordemokratisch, in einer Weise fest, die schon Adolf Merkl 1920 als monarchische Befangenheit der deutschen Staatsrechtslehre kritisiert hat.[113]

Diesem Etatismus steht die angelsächsische Tradition entgegen, die den Staat/die Regierung in Abhängigkeit von der Verfassung sieht: „Es gibt nur so viel Staat, wie die Verfassung konstituiert."[114] Vor diesem Hintergrund ist Peter Häberle der Überzeugung, dass Staatstheorien an Bedeutung verlieren, nicht weniger als die Theorien der Nation, die spätestens seit der Wiedervereinigung keine Rolle mehr spielen. Dagegen sind Verfassungstheorien von großer, eher wachsender Bedeutung. In der Verfassung liegt die zentrale Ordnungsidee vor, von der Staat und Nation abhängig sind.[115] „Eine auf Rudolf Smend und Adolf

---

110 Näf, Werner: Staatsverfassungen und Staatstypen 1830/31, in: Böckenförde, Ernst-Wolfgang, *Moderne deutsche Verfassungsgeschichte*, 2. veränd. Auflage, Königstein/Ts. 1981, S.127-145, hier: S. 127.

111 Ebenda.

112 Ebenda, S. 128. Näf typologisiert: drei konstituierende Elemente: Krone, Stände, Volk; drei verfassungspolitische Grundabsichten: distributiver Typus, bei dem die Staatsgewalt auf mehrere vorhandene Machtträger verteilt wird; konstruktiver Typus, bei dem neue Machtträger geschaffen werden, z.B. Volksvertretung, Parlament o.ä.; organisierender Typus, bei dem ein schon bestehender Souverän in die Lage versetzt wird, seine Aufgaben wahrzunehmen durch Einrichtung von Behörden, Verwaltung etc. Abschließend resümiert Näf: „In den drei Beispielen (Französische Verfassung von 1830, Sachsens Verfassung von 1831 und der Berner Verfassung von 1830) sahen wir sie verfassungsrechtlich verwendet, und es ergaben sich deutliche Staatsprofile, die für den geschichtlichen und gegenwärtigen Charakter dieser Staaten sprechen: eine alte Königs-Monarchie über individualistisch vorgestellter, aber bürgerlich interpretierter Staatsnation in Frankreich, eine Monarchie dynastischen Ursprungs mit landständischer Mitwirkung adliger Abkunft in Sachsen, die Republik eines individualistisch aufgelockerten, aber noch in Gemeindeverbänden gehaltenen Volkskörpers im Kanton Bern" (143).

113 Vgl. ebenda.

114 Häberle, Peter: *Kleine Schriften. Beiträge zur Staatsrechtslehre und Verfassungskultur*, Berlin 2002, S. 344.

115 Zur Idee der an Bedeutung verlierenden Staatstheorie, vgl. ebenda: S. 344. Dort: „Staatstheorien haben nur noch begrenzten Stellenwert". Aus Häberles großem Engagement für eine eu-

Arndt zurückgehende Richtung wählt die Verfassung zum Ausgangspunkt des Denkens auch über den Staat und das Staatsrecht."[116] Der Staat als Urheber der Verfassung wird besonders dort unplausibel, wo wir es mit revolutionären Neugründungen zu tun haben. Denn dort wird der Staat erst auf die Grundlage der Verfassung gesetzt. Das politische System hat, mit Luhmann zu sprechen, zahlreiche Möglichkeiten sich selbst zu beschreiben. Es kann sich als Staat, als Nation, als Republik usw. beschreiben.

In die gleiche Richtung gehen die Überlegungen von Ulrich K. Preuß, der formuliert: „Der Begriff der Verfassung verkörpert die Idee, die politische Ordnung eines Gemeinwesens durch Unterwerfung unter das Recht zu rationalisieren."[117] Legitimität ist dann an Rechtmäßigkeit gebunden, wie Rousseau es im Contrat Social auf den Punkt gebracht hat. Die Unterwerfung unter das Recht ist jedoch ein ambivalenter Prozess. Aus guten Gründen hat sich in der englischen Tradition der Parlamentssouveränität keine Unterwerfung unter ein dem einfachen Recht übergeordnetes Verfassungsrecht durchsetzen können. Das Volk soll im parlamentarischen Prozess der Gesetzgebung jederzeit souverän sein und bleiben. Gleichzeitig ist die Unterwerfung unter das Recht eine Möglichkeit, die Tyrannei der Mehrheit zu mildern, das Volk zu binden. Stärker jedoch und historisch präziser: erst einmal den absoluten Herrscher in Person des Fürsten zu binden. Rechtsstaatliche Bindung war schon bei Hobbes ein Zeichen der Mäßigung der Herrschaft, ohne die die Bürger keinen guten Grund gehabt hätten, in den Vertrag einzuwilligen.[118]

1.4. Die Verfassung: Instrument und Symbol

Analytisch lässt sich die Verfassung, sei sie schriftlich oder mündlich überliefert, in zwei Funktionen aufteilen.[119] Sie hat einen instrumentellen Charakter zur

---

ropäische Verfassungsidee, -kultur und -theorie kann man schließen, dass für ihn wohl auch von der Idee der Nation keine wichtigen Impulse ausgehen werden.

116 Häberle, Peter: *Kleine Schriften: Beiträge zur Staatsrechtslehre und Verfassungskultur*, hg. von Wolfgang Graf Vitzthum, Berlin 2002, S. 145.

117 Preuß, Ulrich K.: Art. Verfassung, in: *Historisches Wörterbuch der Philosophie*, Band 11, Darmstadt 2001, S. 636-643, hier: S. 636.

118 Ob solche Rationalisierungsprozesse, Elemente der strukturierten Selbstbindung/Selbstfesselung, der Machtbindung und -bildung nicht auch schon vor dem Zeitalter der Aufklärung existierten, in das üblicherweise die Grundlagen für die Verfassungsfrage verlegt werden, soll hier an dieser Stelle nicht erörtert werden. Vgl. zu den Statuten der mittelalterlichen Orden als Verfassung: Melville, Gert: Die Rechtsordnung der Dominikaner in der Spanne von constituciones und admoniciones. Ein Beitrag zum Vergleich mittelalterlicher Ordensverfassungen, in: Helmholtz/Mikat/Müller/Stolleis (Hg.), *Grundlagen des Rechts*, Festschrift für Peter Landau, Paderborn u.a. 2000, S. 579-604.

119 Vgl. zum folgenden die umfangreichen Arbeiten von Hans Vorländer. Hier sei nur noch einmal verwiesen auf: Vorländer, Hans: Integration durch Verfassung? Die symbolische Be-

Klärung grundlegender politischer Ordnungsfragen: Föderalismus, Wahlrecht, Staatsorganisation im Allgemeinen. Diese Aufgaben kann sie jedoch nur erfüllen, wenn ihr eine herausgehobene symbolische Bedeutung beigemessen wird. Somit hängt die instrumentelle Funktion der Verfassung von ihrer symbolischen Repräsentation ab. Der Verfassung gelingt es dann, Traditionen und Praktiken zu bestimmen, wenn sie sich auf Dauer stellen kann.[120] Nur, wenn es ihr gelingt, dass sich das alltägliche Handeln der Einzelnen auch wirklich an den Leitideen der Verfassung orientiert, kommt ihr eine irgendwie sinnhafte Bedeutung zu.

Es ist natürlich fraglos richtig, dass Verfassungen als Rechtsdokumente gelesen werden können und auch müssen, die eine primär instrumentelle Bedeutung haben und die mit juristischem Sachverstand geprüft werden müssen und auf der Grundlage juristischer Interpretationslehren ausgelegt werden können. Es werden in Verfassungen Verfahren geregelt und Zuständigkeiten geklärt. Aber Verfassungen sind im gleichen Maße auch expressive Dokumente.[121] Sie postulieren Werte, setzen Bezüge zur Vergangenheit, setzen sich und die Bürgerschaft oder den Staat in Traditionen und knüpfen an Erzählungen an.[122] Länder, Nationen, das Volk, Regierungen, Parteien und Fürsten, wer auch immer als Autor der Verfassung auftritt, alle versuchen ihre Autorschaft in eine Geschichte einzubinden: in die emanzipatorischen Errungenschaften der Aufklärung, in eine Heils-, Helden- oder Opfer- und Leidensgeschichte. Oder sie setzen sich in die Erzählung, dass politische Macht an Recht gebunden wird, als Fremd- oder Selbstbindung. Auch kann es sein, dass die endlosen Kämpfe um einzelne Rechte, die in die Verfassungen Einzug gehalten haben, dramatisiert werden oder der Emanzipationskampf einer ganzen Nation (wie in Polen, Kroatien, Irland) mit in den Präambeln verarbeitet wird.

Die expressiven Elemente tauchen dabei in ihrer ganzen Ambivalenz auf: zum einen werden sie in Verfassungen gebunden, man könnte auch sagen: gebändigt. Andererseits geben sie den Verfassungen einen emotionalen, patheti-

---

deutung der Verfassung im politischen Integrationsprozess, in: ders. (Hg.), *Integration durch Verfassung*, Wiesbaden 2002, S. 9-40. Vgl. dazu auch: Gebhardt, Jürgen: Verfassung und Symbolizität, in: Melville, Gert (Hg.), *Institutionalität und Symbolisierung. Verstetigungen kultureller Ordnungsmuster in Vergangenheit und Gegenwart*, Köln/Weimar/Wien 2001, S. 585-601.

120 Zur Begrifflichkeit der Institutionentheorie: Rehberg, Karl-Siegbert: Institutionen als symbolische Ordnungen, in: Göhler, Gerhard (Hg.), *Die Eigenart der Institutionen*, Baden-Baden 1994, S. 47-84; Rehberg, Karl-Siegbert: Die stabilisierende "Fiktionalität" von Präsenz und Dauer. Institutionelle Analyse und historische Forschung, in: Reinhard Blänkner, Reinhard/Jussen, Bernhard (Hg.), *Institutionen und Ereignis. Über historische Praktiken und Vorstellungen gesellschaftlichen Ordnens*, Göttingen 1998, S. 381-407.

121 Frie, Ewald: Bühnensuche, Monarchie, Bürokratie, Stände und 'Öffentlichkeit' in Preußen 1800-1830, in: Soeffner, Hans-Georg/Tänzler, Dirk (Hg.), *Figurative Politik. Zur Performanz der Macht in der modernen Gesellschaft*, Opladen 2002, 53-67.

122 Z. B. knüpft die kroatische Verfassung an die Erzählung des Kampfs der Nation um Unabhängigkeit an, und die chinesische Verfassung erinnert an die Tradition der sozialistischen Revolution.

schen Unterton, der möglicherweise irrationalen Tendenzen Vorschub leistet und eine emotionale Aufladung vornimmt, die später eben nicht mehr politisch eingefangen werden kann. Verfassungen regeln Materien, sie ordnen Politik, weisen Macht zu und beschränken Macht. Aber neben diesen Regelungen versuchen Verfassungen ihre eigene Geltung dadurch wahrscheinlicher und dauerhafter zu machen, indem sie auf symbolische Ressourcen setzen. Verfassungen sind „herausgehobene Dokumente,"[123] in denen sich die zentralen Leitideen einer politischen Ordnung symbolisch zum Ausdruck bringen. In dieser Doppelfunktion von Symbolik und Instrumentalität liegt der institutionelle Charakter der Verfassung.[124]

Die symbolische Bedeutung der Verfassung kommt nicht in allen politischen Kulturen im gleichen Maße zum Ausdruck. Einige, wie die französische, setzen auf die Integrationskraft von Nation und Republik. Die Verfassung nimmt in deren Symbolhaushalt nur eine untergeordnete Rolle ein. Die bundesdeutsche Verfassung dagegen hat, nachdem die Nation an Legitimation verloren hatte, die Stelle einer wichtigen, wenn nicht sogar die zentrale Stelle im Symbolhaushalt eingenommen. Die Rede vom Verfassungspatriotismus und die weite internationale Anerkennung der bundesdeutschen Verfassung geben dieser These Nahrung. Die Leistung, einen im Chaos versunkenen Staat ohne mehrheitlich demokratische Gesinnung seiner Bürger, demokratisiert und liberalisiert zu haben, wird der Verfassung und auch der Institution des Verfassungsgerichts zugeschrieben.[125] Eine um die Verfassung zentrierte Kultur – wie die der USA – hat eine lange Tradition der symbolischen Aneignung der Leitideen der Verfassung, die sogar erstaunliche Wandlungsprozesse in der Gesellschaft, man denke nur an die Emanzipation der schwarzen Bevölkerung, überdauert. Sowohl Unterdrückung als auch Rassentrennung waren im einen Jahr mit der Verfassung vereinbar, im nächsten Jahr nicht mehr (Brown vs. Board of Education). Die Verfassung verhilft der Gesellschaft zu einem den Einzelnen überdauernden und ihn transzendierenden Sinn. Die Gesellschaft wird in der Verfassung als Ge-

---

123 Hofmann, Hasso: Zur Idee des Staatsgrundgesetzes, in: ders., *Recht-Politik-Verfassung. Studien zur Geschichte der politischen Philosophie*, Frankfurt/M. 1986, S. 261-275.

124 Gebhardt, Jürgen: Die Idee der Verfassung: Symbol und Instrument, in: Kimmel, Adolf (Hg.), *Verfassungen als Fundament und Instrument der Politik*, Baden-Baden 1995, S. 9-23; Gebhardt, Jürgen: Verfassung und Symbolizität, in: Melville, Gert (Hg.), *Institutionalität und Symbolisierung. Verstetigungen kultureller Ordnungsmuster in Vergangenheit und Gegenwart*, Köln/Weimar/Wien 2001, S. 585-601; Vorländer, Hans: Die Verfassung als symbolische Ordnung. Perspektiven einer kulturwissenschaftlich-institutionalistischen Verfassungstheorie, in: Becker, Michael/Zimmerling, Ruth (Hg.), *Politik und Recht*, [PVS-Sonderheft 36], Wiesbaden 2006, S. 229-249.

125 Besonders deutlich macht dies Dieter Grimm: *Die Verfassung und die Politik. Einsprüche in Störfällen*, München 2001, S. 37,110, 301; natürlich in diesem Zusammenhang: Sternberger, Dolf: Verfassungspatriotismus, in: ders., *Schriften Band 10*, Frankfurt/M. 1982, S. 17-31; Grimm, Dieter: Integration durch Verfassung, in: *Leviathan* 32 (2004), S. 448-463.

meinschaftsunternehmen symbolisch zum Ausdruck gebracht.[126] In der Verfassung sind Aussagen über den Menschen enthalten, ein anthropologisches Credo, wie Jürgen Gebhardt, in Anlehnung an Eric Voegelin formuliert.[127] In den Worten Max Webers: Verfassungen geben zum Ausdruck, welchem Typ von Menschen sie die Chance geben, der Herrschende zu werden.[128] In funktionalistischen Ansätzen, wie sie in der politischen Systemlehre weit verbreitet sind, gehen diese, das rein Instrumentelle transzendierenden, symbolischen Dimensionen gern verloren.[129]

Somit lässt sich ein Arbeitsbegriff von Verfassung gewinnen, der definiert werden kann als ein Raum der diskursiven Aneignung von besonders hervorgehobenen, für zentral und nicht – oder nur schwer änderbaren – politisch-rechtlichen Ordnungsprinzipien. Die Verfassung bezieht damit ihren Charakter als politische Institution nicht allein aus ihrem instrumentellen Charakter, also der schriftlichen Festlegung politischer Ordnungsarrangements, sondern aus dem symbolischen Charakter. Nur ein solches Verständnis von Verfassung erlaubt es, auch dort den zentralen Kontroversen um politische Ordnungsideen nachzuspüren, wo entweder keine schriftliche Verfassung existiert, oder diese Verfassung eine offensichtlich andere, womöglich nebengeordnete Funktion im politischen Diskurs der Zeit übernimmt.

Die Dynamisierung des Institutionenbegriffs, mit Blick auf Mechanismen der Stabilisierung, hat die Perspektive auf die Verfassungskultur erweitert. Somit konnten diskursive Strategien der Behauptung von Stabilität mehr Aufmerksamkeit erfahren und den statischen Charakter von Institutionen zugunsten von Prozessen der Institutionalisierung aufbrechen. Unter einem institutionentheore-

---

126 Gebhardt, Jürgen: Die Idee der Verfassung: Instrument und Symbol, in: Kimmel, Adolf (Hg.), *Verfassungen als Fundament und Instrument der Politik*, Baden-Baden 1995, S. 9-23, hier: S. 13.

127 Gebhardt, Jürgen: Selbstregulierung und republikanische Ordnung in der politischen Wissenschaft der Federalist Papers, in: Göhler, Gerhard u.a. (Hg.), *Politische Institutionen im gesellschaftlichen Umbruch*, Opladen 1990, S. 310-334.

128 Die genaue Formulierung bei Weber lautet: „Ausnahmslos jede, wie immer geartete Ordnung der gesellschaftlichen Beziehungen ist, wenn man sie bewerten will, letztlich auch daraufhin zu prüfen, welchem menschlichen Typus sie, im Wege äußerer oder innerer (Motiv-)Auslese, die optimalen Chancen gibt, zum herrschenden zu werden. Denn weder ist sonst die empirische Untersuchung wirklich erschöpfend, noch ist auch die nötige tatsächliche Basis für eine, sei es bewußt subjektive, sei es eine objektive Geltung in Anspruch nehmende Bewertung überhaupt vorhanden" (Weber, Max: *Gesammelte Aufsätze zur Wissenschaftslehre*, 7. Aufl., Tübingen 1988, S. 489-540, hier: S. 517).

129 Einen starken Fokus auf dem Funktionalen und Instrumentellen hat auch Dieter Grimms Verfassungsbegriff: „Der Verfassung fiel in diesem Zusammenhang (der Trennung von Staat und Gesellschaft, RS) die Aufgabe zu, die Wohlstand und Gerechtigkeit verbürgende Trennung rechtlich zu befestigen und gleichzeitig die Beziehungen zwischen Staat und Gesellschaft so zu ordnen, dass der Staat einerseits seine Garantiestellung wirksam erfüllen, andererseits aber nicht zu eigenen Steuerungsambitionen missbrauchen konnte" (Grimm, Dieter: Entstehungs- und Wirkungsbedingungen des modernen Konstitutionalismus, in: Simon, Dieter (Hg.), *Akten des 26. Deutschen Rechtshistorikertages*, 1987, S. 45-76, hier: S. 75).

tischen Zugriff, der die symbolische Dimension stark macht, rückt die kultur-wissenschaftliche Analyse in den Vordergrund. Das Symbolische wird so zu einem integralen Bestandteil der Institution selber.[130]

Die Verfassung ist keine feststehende Ordnung, sondern lebt von kulturel-len Aneignungsprozessen. Institutionen im Allgemeinen und Verfassungen im Besonderen stellen Ordnungsbehauptungen auf, die grundsätzlich anfechtbar sind.[131] Somit stehen sie in Konkurrenz zu anderen Ordnungsvorstellungen und müssen Konventionen entwickeln, wie sie mit grundlegenden Anfechtungen und Konflikten umgehen wollen. Sie können diese im republikanischen Sinn als Herausforderung zur gemeinsamen Selbstverständigung verstehen, eine hohe Beteiligungsbereitschaft der Bürger voraussetzend und eine Dauerdiskussion über ihre eigenen Existenzgrundlagen riskierend oder können eher legalistisch auf Konflikte regieren: Sicherheit, Ausschluss, Kriminalisierung und Penalisie-rung in den Vordergrund rücken und die Sicherung der Verfassung eher den Experten überlassen.[132] Welchen Grad von Devianz die Verfassung verträgt, muss dabei jede Verfassungskultur zu jedem neuen Zeitpunkt wieder neu aus-handeln.

2. Verfassungskultur

Der Begriff der Verfassungskultur kommt aus der Tradition der institutionen-theoretischen Analyse der Verfassung, begleitet von einer generellen kulturwis-senschaftlichen Wende, die dem symbolischen Charaker von Institutionen eine herausgehobene Bedeutung zuschreibt.[133] Lange Zeit wurden kulturelle Aspekte

---

130 Rehberg, Karl Siegbert: Institutionen als symbolische Ordnungen, in: Göhler, Gerhard (Hg.), *Die Eigenart der Institutionen*, Baden-Baden 1994, S. 47-84; ders.: Präsenzmagie und Zei-chenhaftigkeit. Institutionelle Formen der Symbolisierung, in: Althoff, Gerd (Hg.), *Zeichen, Rituale, Werte*, Münster 2004, S. 19-36; ders.: Weltrepräsentanz und Verkörperung. Instituti-onelle Analyse und Symboltheorien. Eine Einführung in systematischer Absicht, in: Melville, Gert (Hg.), *Institutionalität und Symbolisierung*, Köln/Weimar/Wien 2001, S. 3-49.

131 Stollberg-Rilinger: „Was den Einzelnen als objektive, dingliche Realität gegenübertritt, wird zugleich immer schon durch Sprache und subjektiv sinnhaftes Handeln konstruiert und muss von den Einzelnen selbst immer wieder aufs Neue individuell angeeignet und reproduziert werden" (Stollberg-Rilinger, Barbara: Verfassung und Fest. Überlegungen zur festlichen In-szenierung vormoderner und moderner Verfassungen, in: Becker, Hans-Jürgen (Hg.), *Interde-pendenzen zwischen Verfassung und Kultur*, Berlin 2003, S. 9).

132 Zur republikanischen Seite: Frankenberg, Günter: Zur Rolle der Verfassung im Prozess der Integration, in: Vorländer, Hans (Hg.), *Integration durch Verfassung*, Wiesbaden 2002, S. 43-69; ders.: *Die Verfassung der Republik*, Baden-Baden 1996; Am Beispiel des Verbotsantrags gegen die NPD wurden diese Lager deutlich.

133 Zum *culturalist turn*: vgl. u.a. Barbara Stollberg-Rilinger: Verfassung und Fest. Überlegungen zur festlichen Inszenierung vormoderner und moderner Verfassungen, in: Becker, Hans-Jürgen (Hg.), *Interdependenzen zwischen Verfassung und Kultur*, Berlin 2003, S. 7-37 (mit Aussprache und Diskussion, S. 7-49); dies: Zeremoniell als politisches Verfahren. Rangord-

als im besten Fall schmückendes Beiwerk der Verfassung und Verfassungsanalyse angesehen.[134] Unter der Dominanz der rechtspositivistischen Verfassungslehre, mit einer strikten Trennung von juristischen und politischen Aspekten, ergibt sich eine Geringschätzung dieser nicht-legalistischen Elemente. Die Trennung von Recht und Politik und der Versuch der Juristen, die Deutungsmacht über die Verfassung zu erlangen, lässt sich dort nachvollziehen, wo die Politik tendenziell als Rechte verletzende Institution wahrgenommen wird.[135]

Der Gedanke der Verfassungskultur ist in jüngster Zeit von verschiedenen Seiten stark gemacht worden: aus politikwissenschaftlicher, historischer und aus rechtswissenschaftlicher Sicht.[136] Die Verfassung wird als Teil eines umfassenden kulturellen Selbstverständigungsprozesses verstanden, in dem jedes einigermaßen komplexe Gemeinwesen sich seiner grundlegenden Ordnungsvorstellungen vergewissert.[137] Er lässt sich so als Ergänzung zur bisherigen deutschen Verfassungsgeschichte verstehen, die sehr stark auf das institutionelle Ordnungsgefüge von Monarch und Parlament fixiert gewesen ist.[138] Es fehlte bislang eine Verbindung von institutioneller und verfassungskultureller Ebene. Und selbst dort, wo von Verfassungskultur die Rede ist, wird sie eher als schmü-

---

nungen und Rangstreit als Strukturmerkmale des frühneuzeitlichen Reichstages, in: Kunisch, Johannes (Hg.), *Neue Studien zur frühneuzeitlichen Reichsgeschichte*, (Beiheft 19 der Zeitschrift für historische Forschung), Berlin 1997, S. 91-132.

134 Zur Verfassungskultur: Wyrzykowski, Miroslaw (Hg.): *Constitutional Cultures*, Warschau 2001. Ferejohn, John A. (Hg.), *Constitutional Culture and Democratic Rule*, Cambridge 2001. Wichtige, an die Tradition Konrad Hesses anknüpfende Arbeit im rechtswissenschaftlichen Bereich: Häberle, Peter: *Verfassungslehre als Kulturwissenschaft*, 2. stark erw. Auflage, Berlin 1998; ders.: *Kleine Schriften. Beiträge zur Staatsrechtslehre und Verfassungskultur*, Berlin 2002. Aus historischer Sicht: Peter Brandt (Hg.): *Symbolische Macht und inszenierte Staatlichkeit. ,Verfassungskultur' als Element der Verfassungsgeschichte*, Bonn 2005.

135 Shapiro, Martin/Stone Sweet, Alec: *On Law, Politics, and Judicialization*, Oxford 2002; Ginsburg, Tom/Moustafa, Tamir (Hg.), *Rule by Law. The Politics of Courts in Authoritarian Regimes*, Cambridge 2008.

136 Für die Politikwissenschaft: Vorländer, Hans: Die Verfassung als symbolische Ordnung. Perspektiven einer kulturwissenschaftlich-institutionalistischen Verfassungstheorie, in: Becker, Michael/Zimmerling, Ruth (Hg.), *Politik und Recht*, [PVS-Sonderheft 36], Wiesbaden 2006, S. 229-249; für die Rechtswissenschaft: Häberle, Peter: *Verfassungslehre als Kulturwissenschaft*, 2. stark erw. Auflage, Berlin 1998; für die Verfassungsgeschichte: Brandt, Peter u.a. (Hg.): *Verfassungsgeschichte um 1800. Quellen zur europäischen Verfassungsgeschichte im 19. Jahrhundert*, Teil 1: Um 1800, Bonn 2004; Brandt, Peter u.a. (Hg.): *Symbolische Macht und inszenierte Staatlichkeit. ,Verfassungskultur' als Element der Verfassungsgeschichte*, Bonn 2005.

137 Der Begriff der Verfassungskultur kann aus forschungspragmatischen Gesichtspunkten nicht so weit gefasst werden wie Häberle dies vorschlägt: Literatur, Musik, Kunst, Curricula an Schulen etc. sind für ihn wichtige Forschungsgegenstände, um der Verfassungskultur nachzugehen. Hier sollen nur im engeren Sinne um die Verfassung als Text veranstaltete Feste und politische Literatur mit einbezogen werden.

138 S. dazu auch Martin Kirsch, der trotz einiger innovativer Elemente den Gedanken der Verfassungskultur in dieser Schrift nicht ernst nimmt: Kirsch, Martin: *Monarch und Parlament im 19. Jahrhundert. Der monarchische Konstitutionalismus als europäischer Verfassungstyp – Frankreich im Vergleich*, Göttingen 1999.

ckendes Beiwerk empfunden.[139] Konstitutiver Charakter wird ihr nicht beigemessen. Diese Lücke soll in der vorliegenden Arbeit geschlossen werden.

Peter Häberle versteht unter Verfassungskultur einen recht umfassenden
Komplex von zahlreichen Elementen, der von literarischen Texten über die
Klassiker der politischen Theorie bis zu Kunstwerken reicht.[140] Gemeinsam ist
diesen Elementen, dass sie jenen kulturellen Hintergrund bilden, in dem sich
diejenigen politischen Ordnungsvorstellungen und Leitideen speichern lassen,
die der Verfassung ihre Geltung verleihen.

Einen engeren Begriff von Verfassungskultur entwickelt die Geschichtswissenschaft.[141] Sie rezipiert dabei sozial- und kulturwissenschaftliche Theorien,
um einer sonst sehr stark auf Texte fixierten Verfassungsgeschichte einen Rahmen mit gelebter Verfassungspraxis geben zu können.[142] In diesem letzten Sinn
ist der Begriff über Dolf Sternbergers Gedanken zur „lebenden Verfassung"
auch in die politikwissenschaftliche Debatte eingebunden worden.[143] Der Begriff
Verfassungskultur verweist auf die enge Verbindung zwischen Verfassung,
Politik und Kultur und damit auf die Frage nach den Geltungsbedingungen und
Bedingungen der Geltungssicherung einer konstitutionellen Ordnung. Die „lebende Verfassung" reflektiert die normsetzende Kraft des Faktischen. Der Begriff verlegt die Problematik der Geltung ins Auge des Betrachters und reflektiert Geltungskontexte, die das Recht überschreiten. Legitimationsfragen werden
zu Fragen der Anerkennung demokratisiert.

---

139 So gibt es in dem „Handbuch der europäischen Verfassungsgeschichte" zwar einen konzepti-
     onellen, systematischen Vorlauf zur Verfassungskultur. (Brandt, Peter/u.a. (Hrsg.): *Verfas-
     sungsgeschichte um 1800. Quellen zur europäischen Verfassungsgeschichte im 19. Jahrhun-
     dert*, Teil 1: Um 1800, Bonn 2004, S. 88-94). Aber in den einzelnen Kapiteln der Länder geht
     es dann doch nur um Flaggen und Hymnen. Diesem verkürzten Symbolbegriff soll hier entge-
     gengewirkt werden.
140 Häberle, Peter: *Verfassungslehre als Kulturwissenschaft*, 2. stark erw. Auflage, Berlin 1998.
141 Brandt, Peter u.a. (Hg.): *Symbolische Macht und inszenierte Staatlichkeit. ‚Verfassungskultur'
     als Element der Verfassungsgeschichte*, Bonn 2005; Brandt, Peter u.a. (Hg.): *Verfassungsge-
     schichte um 1800. Handbuch der europäischen Verfassungsgeschichte im 19. Jahrhundert*,
     Teil 1: Um 1800, Bonn 2006.
142 Zum Begriff der lebenden Verfassung oder der gelebten Verfassung: Sternberger, Dolf:
     Verfassungspatriotismus, in: ders., *Schriften*, Band 10, Frankfurt/M. 1982, S. 17-31; Kimmel,
     Adolf: Nation, Republik, Verfassung in der französischen politischen Kultur, in: Stammen,
     Theo (Hg.), *Politik-Bildung-Religion, Festschrift für Hans Maier*, Paderborn 1996, S. 423-
     432. Spannend ist in diesem Zusammenhang auch das analytische Begriffspaar von rigider
     und flexibler Verfassung von James Bryce. Die Pointe des Engländers Bryce ist, dass er für
     Demokratie und Demokratisierung der Gesellschaft ein schriftliches Dokument für wün-
     schenswert hält, weil sich so die Bürger, weit besser als im englischen Modell der flexiblen
     Verfassung, selber eine Meinung über ihre politische Ordnung bilden können. Sie sind somit,
     so Bryce, nicht im gleichen Maße auf Auslegungsexperten angewiesen, eine fast protestanti-
     sche Perspektive (Bryce, James: Flexible and Rigid Constitutions, in: *Studies in History and
     Jurisprudence, Band I: Constitutions*, Oxford 1901, S. 124-215).
143 Vorländer, Hans: Die Verfassung als symbolische Ordnung. Perspektiven einer kulturwissen-
     schaftlich-institutionalistischen Verfassungstheorie, in: Becker, Michael/Zimmerling, Ruth
     (Hg.) *Politik und Recht*, [PVS-Sonderheft 36], Wiesbaden 2006, S. 229-249.

Auch methodisch erfolgte auf diesem Feld eine Art der Demokratisierung. Mit der Verlagerung der Geltung ins Auge des Betrachters waren es vor allem Symboltheorien, die diesen Prozess methodisch begleitet haben. Sei es in der Variante der Institutionentheorie mit der Transformation von Geltung zu Geltungsbehauptung.[144] Oder sei es auch im Sinne einer historischen Theorie der Geschichte als Kulturgeschichte.[145] In beiden Fällen wandert die Frage der Ästhetik, der Sichtbarkeit und mit ihr die Geltung ins Auge des Betrachters. Die Konstellationen haben sich im Laufe des konstitutionellen Zeitalters zwar massiv verschoben, aber die Frage, ob einer legalen Ordnung aus sich heraus ausreichend Legitimität zukommen kann, bestimmt die politische Reflexion schon seit der Antike. Grundlage für die Bestimmung von Verfassung und Verfassungskultur bleibt eine gestufte, hierarchisierte Normierung des politischen Lebens mit dem Anspruch einer umfassenden, nicht nur Teile des gesellschaftlichen Lebens erfassenden Gesamtrechtsordnung. So ergibt sich im Anschluss an eine von Hans Vorländer vorgeschlagene Definition der folgende Arbeitsbegriff von Verfassungskultur: Unter Verfassungskultur können folglich jene verfestigten, über lange Zeit bestehenden kollektiven Vorstellungen und Praxen verstanden werden, die die Sinngehalte einer spezifischen politischen Ordnung normativ auszeichnen, im Bemühen darum, die Verfassung und ihre zentralen Leitideen im Zentrum der politischen Symbolordnung zu verankern.[146] Damit löst sich die

---

144 Für diesen institutionentheoretischen Zugriff sei auf die zahlreichen Schriften aus dem Kontext des SFB 537 „Institutionalität und Geschichtlichkeit" verwiesen. Hier besonders die Arbeiten von Rehberg, Karl-Siegbert: Weltrepräsentanz und Verkörperung. Institutionelle Analyse und Symboltheorien. Eine Einführung in systematischer Absicht, in: Melville, Gert (Hg.), *Institutionalität und Symbolisierung*, Köln/Weimar/Wien: Böhlau 2001, S. 3-49. Ders.: Institutionen als symbolische Ordnungen, in: Göhler, Gerhard (Hg.), *Die Eigenart der Institutionen*, Baden-Baden 1994, S. 47-84; Ebenfalls: Vorländer, Hans: Die Verfassung als symbolische Ordnung. Perspektiven einer kulturwissenschaftlich-institutionalistischen Verfassungstheorie, in: Becker, Michael/Zimmerling, Ruth (Hg.), *Politik und Recht*, [PVS-Sonderheft 36], Wiesbaden 2006, S. 229-249.

145 Häberle, Peter: *Verfassungslehre als Kulturwissenschaft*, 2. stark erw. Auflage, Berlin 1998; Vgl. für diesen Komplex auch die historischen Arbeiten, die von der genannten Institutionentheorie angeregt wurden: Brandt, Peter/Schlegelmilch, Arthur/Wendt, Reinhard (Hg.): *Symbolische Macht und inszenierte Staatlichkeit. ‚Verfassungskultur' als Element der Verfassungsgeschichte*, Bonn 2005. Brandt/Kirsch/Schlegelmilch (Hg.): *Handbuch der europäischen Verfassungsgeschichte im 19. Jahrhundert*, Band 1: um 1800, Bonn 2006, S. 88-94. Stollberg-Rilinger, Barbara: Einleitung: Was heißt Kulturgeschichte des Politischen?, in: dies (Hg.), *Zeitschrift für historische Forschung*, Beiheft 35, Berlin 2005, S. 9-24; Einen eigenen Zugriff, der allerdings ebenso den symbol- und diskurstheoretischen Aspekt stark macht: Frevert, Ute: Neue Politikgeschichte: Konzepte und Herausforderungen, in: Frevert, Ute/Haupt, Heinz-Gerhard (Hg.), *Neue Politikgeschichte. Perspektiven einer historischen Politikforschung*, Frankfurt/New York 2005, S. 7-26. Aus dem gleichen Forschungskontext: Andres, Jan/Schwengelbeck, Matthias: Das Zeremoniell als politischer Kommunikationsraum: Inthronisationsfeiern in Preußen im ‚langen' 19. Jahrhundert, in: ebenda, S. 27-81.

146 Vorländer, Hans: Die drei Entwicklungswege des Konstitutionalismus in Europa. Eine typologische Skizze, in: *Die Europäische Union als Verfassungsordnung*, hg. vom Institut für Europäische Verfassungswissenschaften, Berlin 2004, S. 21-42, hier: S. 24ff.

Verfassung von der ohnehin fragwürdigen Unterscheidung zwischen geschriebener und ungeschriebener Verfassung und erweitert sich über den Rechtshorizont hinausreichend in den Bereich der politischen Praxis und übergeordnete Ordnungsvorstellungen. Gleichzeitig weist der Begriff auf Traditionen und Sinngehalte, was wiederum den Horizont erweitert, um eine ganze Reihe von Mechanismen zu verstehen, die dafür sorgen, dass sich bestimmte Ordnungsvorstellungen auf Dauer stellen können. Der Begriff ist somit enger als der Begriff der politischen Kultur, weil er sich nur dort anwenden lässt und speziell auf diejenigen Elemente abzielt, die aus der gestuften Rechtsordnung entstehen und sich auf die symbolische Dimension der Verfassung selber beziehen. Es geht also nur um die grundlegenden Ordnungsvorstellungen, von denen die Gesellschaft will, dass sie einen besonderen Schutz erfahren und sich in einem gestuften, hierarchisierten Rechtsraum vom einfachen Recht unterscheiden. Dieser Raum von Ordnungsvorstellungen kann auf mündliche Überlieferung zurückgehen, kann sich in religiösen Grundbüchern oder in dem säkularen Pendant: dem Verfassungstext widerspiegeln. Immer geht es darum, wo von Verfassungskultur im Unterschied zu Rechtskultur oder politischer Kultur die Rede ist, besonders ausgezeichnete, besonders hervorgehobene Regeln, Normen, Ordnungsideen zu kultivieren, sie also in einen symbolischen Rahmen der Exklusivität und Unverfügbarkeit hineinzustellen, sie damit gleichzeitig permanent präsent zu halten und doch der Verfügbarkeit im Sinne von einfacher Veränderbarkeit zu entziehen.[147]

Zwangsläufig ergeben sich daraus verschiedene Strategien und dementsprechend unterschiedliche Verfassungskulturen: auf der einen Seite die rein mündliche Überlieferung der *ancient constitution*, eingebettet in Konventionen, Sitten, geteilte Vorstellungen einer evolutionären Tradition. Auf der anderen Seite die Tradition der Kodifizierung in einem Verfassungstext mit juristischer, gerichtsförmiger Absicherung der Geltung zumeist in Folge revolutionärer Prozesse oder radikaler Umbrüche.

Aus der rechtsstaatlichen Tradition, mit einem festen, schon fast starren Blick auf die juristische Seite der Verfassung kann der Betrachter noch zum Eindruck gelangen, die Verfassung sei eine feststehende Ordnung. Mit dem Blick auf die revolutionären Impulse der Gründung wird jedoch die Spannung zwischen Projekt und Prozess auf der einen Seite und die Notwendigkeit, Stabilität und Limitierung oder Selbstlimitierung in diesen Prozess hineinzubekommen auf der anderen Seite deutlich. Damit wird die Stabilität und Unveränderbarkeit als Behauptung von Stabilität und Unveränderbarkeit durchsichtig. Die Verstrickung der Revolution in intrinsische Widersprüche soll damit verhindert werden. Aus Sicht der Revolutionäre geht es vor allem darum, weitere Revolutionen zu verhindern. Dass auch die rechtsstaatliche Absicherung im modernen

---

147 Vorländer, Hans (Hg.), *Transzendenz und Gemeinsinn*. Themen und Perspektiven des Dresdner Sonderforschungsbereichs 804, Dresden 2010.

demokratischen Verfassungsstaat von der aktiven, sich ihrer Aufgabe bei der Sicherung der Prozeduren gewahren Bürgerschaft abhängt, ist dieser Tradition nicht ins Grundbuch geschrieben, sondern muss eher mühsam erarbeitet werden. Der Begriff des Verfassungspatriotismus legt davon Rechenschaft ab.[148]

Mit Blick auf die institutionentheoretischen Grundlagen, vor allem die symbolische Dimension der Verfassung, soll aus dieser analytischen Perspektive die Verfassungskultur in drei Dimensionen näher betrachtet werden: a) die kommunitären, gemeinschaftsbildenden Leistungen, b) die kulturell-expressiven und die c) die kommunikativen Leistungen.[149]

2.1. Gemeinschaft

Die kommunitäre Dimension sticht besonders in der Agora ins Auge. Die politische Bürgerschaft versammelt sich. Die unmittelbare Erfahrung der politischen Gemeinschaft, durchaus verbunden mit dem Gefühl der Exklusivität, womöglich sogar mit dem Blick auf die Ausgeschlossenen, gibt der politischen Gemeinschaftsbildung einen Erlebnishintergrund des Zusammenhalts, der besonders in den Versammlungsdemokratien zum Ausdruck kommt. Hier werden die Abstimmung und die politische Diskussion, selbst die Akklamation zu einem körperlich erfahrbaren Erlebnis in der Gemeinschaft der Bürger. Nicht nur Max Weber hat mit Blick auf die USA und die ursprüngliche Exklusivität der Demokratie, oder besser: der Republik, der ursprünglich elitären Zugehörigkeit zur Staatsbürgerschaft Ausdruck gegeben, in der es darum ging, sich in der politischen Gemeinschaft öffentlich auszuzeichnen.[150] Auch noch die frühneuzeitlichen Bürgerschaften in den Stadtstaaten Italiens lassen dieses Gefühl der Exklusivität mit der Versammlung der Ausgewählten zum Ausdruck kommen. Mit der Demokratisierung und Egalisierung haben sich diese Elemente aus dem unmittelbaren politischen Prozess weitgehend zurückgezogen. In modernen Massendemokratien unter den Bedingungen der massenmedialen Vermittlung von Politik, stellen sich die Probleme einer Gemeinschaftsbildung neu und komplett anders da. Noch die Gegner der Internet- und computerbasierten Wahlverfahren

---

148 Zum Verfassungspatiotismus: vgl. nur: Müller, Jan Werner: *Verfassungspatriotismus*, Berlin 2010.

149 Zu dieser Aufteilung: Vorländer, Hans: Die drei Entwicklungswege des Konstitutionalismus in Europa. Eine typologische Skizze, in: *Die Europäische Union als Verfassungsordnung*, hg. vom Institut für Europäische Verfassungswissenschaften, Berlin 2004, S. 21-42.

150 Zum Thema der Exklusivität: Arendt, Hannah: *Über die Revolution*, München 2000, S. 176; Weber, Max: Kirchen und Sekten, in: *Max Weber: Schriften 1894-1922*, ausgewählt und herausgegeben von Dirk Käsler, Stuttgart 2002, S. 227-242. Wenn auch aus sehr unterschiedlichen Hintergründen, so haben doch beide Hannah Arendt und Max Weber auf die Exklusivität, den Wunsch sich auszeichnen zu wollen hingewiesen. In einigen Traditionen gelingt die Verbindung von Individualismus und Kollektivismus, in anderen dagegen nicht.

legen Zeugnis ab von dem alten Argument, dass noch Reste dieses Gemeinschaftsgedankens im Gang zur Wahlurne erlebbar werden können und dieses vielleicht letzte kommunitäre Element nicht verschwinden sollte.[151] Dort wo die Verfassungskultur nicht massenmedial vermittelt ist, ergeben sich die gemeinschaftsbildenden Leistungen besonders an Feiertagen und in Festumzügen. Man versammelt sich, um Jahrestagen der Verfassungsgründung zu gedenken. Man versammelt sich an besonderen Orten, die eine herausgehobene symbolische Bedeutung für die Gründung oder insgesamt den Bestand der Verfassung haben. Festumzüge, Reden, Prozessionen heben gleichzeitig den gemeindebildenden Charakter im quasi religiösen Sinne hervor: „Die kollektive Demonstration der Ordnung im Fest hat danach die Funktion, das Zutrauen und die Erwartungen wachzuhalten, auf denen diese Ordnung beruht."[152] Noch einmal: nur dort, wo die Verfassung nicht als bloßes Ergebnis oder quasi als Dokumentierung einer prästabilierten Ordnung gedacht wird, kann der Bezug auf die Verfassung, sei es im Fest oder in der strittigen diskursiven Aneignung diesen konstitutiven Charakter erhalten.

Aus dem Alltäglichen ist diese Erfahrung in das Außeralltägliche abgewandert und wird zum Beispiel in den Feiern der Amerikanischen Unabhängigkeit, am 3. Oktober in Deutschland oder anderen nationalen Feiertagen erfahrbar.[153] Der feierliche Akt am 11. Juli 1790 auf dem Marsfeld, wo sich den Überlieferungen nach 500.000 Menschen versammelt hatten,[154] war nur ein Element einer im Umfeld der Französischen Revolution von 1789 regelrechten „Systematisierung der öffentlichen Feste." Der Vernunft, der Freiheit etc. wurden einzelne Festtage und entsprechende Festakte zugeschrieben.[155] Ebenso dient der Eid auf die Verfassung der Gemeindebildung: so etwa das umfassende Eidespaket in der Kurhessischen Verfassung von 1831.[156] Dabei lässt sich jedoch unter-

---

151   Zu dieser Diskussion: Buchstein, Hubertus: Modernisierung der Demokratie durch e-Voting?, in: *Leviathan* 29 (2001), S. 147-155.

152   Stollberg-Rilinger, Barbara: Verfassung und Fest. Überlegungen zur festlichen Inszenierung vormoderner und moderner Verfassungen, in: Becker, Hans-Jürgen (Hg.), *Interdependenzen zwischen Verfassung und Kultur*, Berlin 2003, S. 10.

153   In den Verfassungsentwürfen des späten 18. Jahrhunderts in Deutschland war diese Dimension noch sehr präsent. So sind in einem dieser Verfassungsentwürfe allein sechs verschiedene patriotische, auf die Verfassung bezogene Feste vorgesehen: „Fest der Verfassung", „Fest der Gesetze", „Fest der Freiheit und Ordnung", „Fest der republikanischen Tugend und Tapferkeit", „Fest der Jugend und des Alters", „Fest des Ackerbaus, der Wissenschaften, Künste und Handwerker" [s. Dippel, Horst (Hg.): *Die Anfänge des Konstitutionalismus in Deutschland. Texte deutscher Verfassungsentwürfe am Ende des 18. Jahrhunderts*, Frankfurt/M. 1991, S. 230ff.].

154   Zu den Feiern der Französischen Revolution: Starobinski, Jean: *1789 – Die Embleme der Vernunft*, München 1988.

155   Dazu: Hunt, Lynn: *Symbole der Macht. Macht der Symbole. Die Französische Revolution und der Entwurf einer politischen Kultur*, Frankfurt/M. 1989, S. 43.

156   Dort heißt es: „Der Regierungs-Nachfolger wird bei dem Regierungs-Antritte geloben, die Staatsverfassung aufrecht zu halten und in Gemäßheit derselben sowie nach den Gesetzen zu

scheiden, ob es sich wirklich im engeren Sinne um ein Ereignis der Verfassungskultur handelt. Dies ist nur dann der Fall, wenn die Verfassung oder zentrale Leitideen der Verfassung wirklich im Bewusstsein präsent gehalten werden. Gelegentlich drängt sich in einigen der zentralen Feiern ein nationales/ nationalistisches Element so stark in den Vordergrund, dass Verfassungsideen darüber in den Hintergrund rücken.

2.2. Expressivität

Die kulturell expressive Dimension wird besonders deutlich, wenn Gemälde, Verfassungssäulen oder die Architektur von Verfassungsgerichten der Verfassung und ihren Leitideen eine gewisse Manifestation verleihen. Als Beispiel kann hier vor allem die Architektur von Verfassungsgerichten oder Gedenkorten dienen.[157] Wenn sich das Bundesverfassungsgericht an einen von exekutiver und legislativer Macht entfernten Ort platziert und sich auch nach der Wiedervereinigung weigert, den Sitz nach Berlin zu verlagern, dann ist dies ein Ausdruck der Unabhängigkeit des Gerichts von unmittelbaren Einflüssen aus der Regierung oder den Parteien. Auch die Architektur des Gerichts lässt sich vielfach interpretieren und zeigt einen Wunsch der Selbstdarstellung der Verfassungsinterpretation als offen und transparent. Wir haben auch andere Artefakte, wie zum Beispiel die Verfassungssäulen im deutschen Frühliberalismus oder die quasi altar-gleiche Selbstverkörperung der amerikanischen Verfassung.[158] Hierbei lassen sich die Inschriften genauso deuten wie die Architektur selber. Auch zahlreiche andere Artefakte finden sich: Münzen, Gedenk-Bände, Lieder oder ganz wichtig: Gemälde. Wandgemälde an historischen Orten, wie der Zug der Volksvertreter in der Frankfurter Paulskirche von Johannes Grützke. Sie alle

---

regieren". Aber nicht nur die Regierung, sondern auch die Bürger erleben eine Art Initiation durch Eid: „Ein jeder Inländer männlichen Geschlechts hat im achtzehnten Lebensjahre den Huldigungseid zu leisten, mittels dessen er Treue dem Landesfürsten und dem Vaterland, Beobachtung der Verfassung und Gehorsam den Gesetzen gelobt" (§6, Kurhessische Verfassung, in: Huber, Ernst Rudolf: *Dokumente zur deutschen Verfassungsgeschichte*, Band 1, Stuttgart 1961, S. 239).

157 Zur Architektur: Vorländer, Hans: Demokratie und Ästhetik. Zur Rehabilitierung eines problematischen Zusammenhangs, in: ders. (Hg.), *Zur Ästhetik der Demokratie. Formen der politischen Selbstdarstellung,* Stuttgart/München 2003, S. 11-26.

158 Zur umfangreichen Literatur zu Festen und Festkulturen: Düding, Dieter/Friedemann, Peter /Münch, Paul (Hg.): *Öffentliche Festkultur. Politische Feste in Deutschland von der Aufklärung bis zum Ersten Weltkrieg,* Reinbek 1988; Hettling, Manfred/Nolte, Paul: Bürgerliche Feste als symbolische Politik im 19. Jahrhundert, in: dies. (Hg.), *Bürgerliche Feste: symbolische Formen politischen Handelns im 19. Jahrhundert,* Göttingen 1993, S. 7-36; Andres, Jan/ Schwengelbeck, Matthias: Das Zeremoniell als politischer Kommunikationsraum: Inthronisationsfeiern in Preußen im ‚langen' 19. Jahrhundert, in: Frevert, Ute/Haupt, Heinz-Gerhart (Hg.), *Neue Politikgeschichte. Perspektiven einer historischen Politikforschung,* Frankfurt/ New York 2005, S. 27-81.

geben Ausdruck von dem Wunsch nach Selbstdarstellung und Selbst-Transzendierung des Augenblicks. Sie wollen erhalten, um zu erinnern und darstellen, um die Momente wiederholbar zu machen. Visualisierungen, Sinnbilder, Versinnlichung der Verfassung in Gestalt von Allegorien, Statuen, Obelisken oder religiösen Metaphern der Moses-Tafeln sind Beispiele dieser Intentionen. Verfassungen umgeben sich mit Narrativen ihrer ewigen Geltung (historisch), der Wurzeln im Glauben (religiös), des Vorrangs des Rechts vor der Politik (systematisch), und der Nachfolge in der Tradition (genealogisch).

2.3. Kommunikation

Die kommunikative Leistung der Verfassung wird dann erleichtert, wenn ein geschlossenes Dokument vorliegt. Und nicht nur das, sondern wenn dieses Dokument nach dem amerikanischen Muster verfasst wurde: kurz und dunkel, oder wie Franklin D. Roosevelt sagte: ein Laiendokument und kein Juristenvertrag. Je weniger detailliert und je weniger es in der Sprache eines einfachen Rechtstextes gehalten ist, je weniger es Verwaltungsvorschriften inkorporiert, sondern sich auf grundlegende Fragen der Staatsorganisation, der Grundrechtsgewährung und der grundlegenden Institutionen und Verfahren beschränkt, um so eher kann es auch Gegenstand von öffentlichen Diskussionen, auch unter Laien werden. Es kann eine gemeinsame Auslegungskultur im protestantisch-edukativen und kommunikativen Sinne entstehen. Außerdem sind im Text die Gründer präsent. Jede Auslegung der Verfassung enthält somit eine Erinnerung an die Gründung und stiftet Identität, die wiederum auf die kommunitären Dimensionen verweist. Selbst strittige Auslegung kann die kommunikativen Leistungen mobilisieren.[159] Außerdem gibt es bei schriftlichen Texten immer auch ein Datum der Inkrafttretung, an das erinnert werden kann. Der schriftliche Text kann zum Zentrum einer Erinnerungskultur werden.

Dabei ist davon auszugehen, nicht zuletzt auf der Grundlage von Urteilen eines Verfassungsgerichts, dass sich Kontroversen um die Deutung der Verfassung entwickeln. Diese halten die Verfassung im Bewusstsein der Öffentlichkeit präsent. Die in der Verfassung angelegten Konfliktlinien und Kompromisse müssen in jedem neuen Konfliktfall immer wieder neu ausgehandelt werden. In den Worten von Jürgen Habermas zeichnet sich dieses republikanische Verfassungsverständnis dadurch aus, dass die einigende Kraft, als „intersubjektiv geteilter Kontext möglicher Verständigung" verstanden wird. Damit verbinden sich Demokratie und Verfassung, oder gemeinschaftsbildende, kommunikative

---

159   Zur Integration über Streit: Frankenberg, Günter: *Autorität und Integration. Zur Grammatik von Recht und Verfassung*, Frankfurt/M. 2003; ders.: *Die Verfassung der Republik. Autorität und Solidarität in der Zivilgesellschaft*, Frankfurt/M. 1996.

und rechtssichernde Bedeutung zu einem Amalgam.[160] So erklären sich zum Beispiel unterschiedliche Auslegungen des Blockaderechts in Deutschland oder auch des Schwangerschaftsabbruchs in den USA. Marbury vs. Madison hat die Grundlagen gelegt, um einer auf die Auslegung der Verfassung spezialisierten und autorisierten Institution ein Gewicht gegenüber den Regierungen zu geben. So wird die Bedeutung des Textes vor allem dort aufgewertet, wo wir Verfassungsgerichte haben. Doch auch in Parlamenten und in den Medien findet eine solche Aktualisierung der Leitideen statt. An diesen Orten wird besonders der umstrittene Charakter der Leitideen der Verfassung deutlich. Und auch das Verfassungsgericht muss sich dieser Konkurrenz stellen. Denn seine Autorität beruht einzig auf der Akzeptanz durch Institutionen und Bürger, und die Chancen der Befolgung beruhen einzig auf dem Schaden, den sich widersetzende Präsidenten, Regierungen, Länderregierungen oder reklamierende Öffentlichkeiten zu befürchten haben.[161] Diese Bedeutung der Textauslegung ist gelegentlich mit dem protestantischen Erbe der Bibelexegese in Verbindung gebracht worden. Besonders in der Interpretation von Günter Frankenberg schließt sich der Kreis zur Gemeinschaftsbildung. Denn aus seiner Sicht wird in der konflikthaften Aneignung des Textes ein Stück der kommunitären Leistungen des Dokumentes deutlich.[162]

Nur durch Diskussion, durchaus auch kritische, können die Leitideen der Verfassung in Geltung gehalten werden. Die Geltung der Verfassung ist immer nur eine Geltungsbehauptung. Die Verfassung gilt solange und in genau dem Maße, wie es gelingt, die zentralen Leitideen gegen konkurrierende Ordnungsvorstellungen in Geltung zu bringen oder zu halten. Dieser Prozess ist immer, dauerhaft und zwingend umstritten. Die Geltung der Verfassung ergibt sich nicht aus sich und auch nicht aus der Logik des Rechts. Die Geltung der Verfassung ergibt sich aus den Chancen der Leitideen in politischen Kontroversen, die von ihr abhängigen Institutionen (wie z.B. ein Verfassungsgericht) zu stärken und dadurch in Geltung zu halten. Gleichzeitig ermöglicht die Verschriftlichung eine Objektivierung und Verkörperung im wörtlichen Sinne. Lediglich am Anfang, im Umfeld der Französischen Revolution, wurde die Verschriftlichung problematisiert. Man fürchtete, dass die Verinnerlichung ausbleiben würde, die doch so zentral ist für die Aneignung und Stabilisierung der Verfassungsgrund-

---

160 Habermas, Jürgen: Braucht Europa eine Verfassung?, in: ders., *Einbeziehung des Anderen*, Frankfurt/M. 1999, S. 189.

161 Vorländer, Hans (Hg.): *Die Deutungsmacht der Verfassungsgerichtsbarkeit*, Wiesbaden 2006; Haltern, Ulrich: *Verfassungsgerichtsbarkeit, Demokratie und Misstrauen. Das Bundesverfassungsgericht in einer Verfassungstheorie zwischen Populismus und Progressivismus*, Berlin 1998; Eberl, Klaus: *Verfassung und Richterspruch. Rechtsphilosophische Grundlegungen zur Souveränität, Justiziabilität und Legitimität der Verfassungsgerichtsbarkeit*, Berlin 2006

162 Frankenberg, Günter: Zur Rolle der Verfassung im Prozess der Integration, in: Vorländer, Hans (Hg.), *Integration durch Verfassung*, Wiesbaden 2002, S. 43-69. Frankenberg, Günter: *Autorität und Integration. Zur Grammatik von Recht und Verfassung*, Frankfurt/M. 2003.

sätze. Außenleitung, so fürchtete man, würde an die Stelle von Verinnerlichung treten.[163]

3. Verfassungssoziologie in ideengeschichtlicher Perspektive

Der Begriff der Verfassungssoziologie ist erklärungsbedürftig, denn weit verbreitet ist er nicht. Unter ihm kann zum einen, ausgehend von einem weiten Verfassungsbegriff, die wissenschaftliche Analyse der sozialen Voraussetzungen von Verfassungen verstanden werden.[164] Dies verweist auf den zweiten in eine vergleichbare Richtung gehenden Definitionsversuch, der die Verfassung einer politischen Gemeinschaft schlicht als soziale Praxis versteht.[165] Dies geschieht meist in der bewussten Abgrenzung gegenüber der Verfassung als rechtlicher Ordnung. Die Verfassung als soziale Praxis zu verstehen ist der englischen Tradition sehr vertraut. Auf dem Kontinent, vor allem in Deutschland, führt dieser Zugang eher zu Irritationen. Gemeinsam ist diesen beiden Zugriffen auf den Begriff der Verfassungssoziologie der anti-formalistische Zug im Verfassungsrecht. Dem Recht wird nicht automatisch, wie es noch in der aufklärerischen Tradition gesehen werden kann, eine Geltung allein aus seiner unmittelbaren Beziehung zur Vernunft zugeschrieben. Dies führt zu der nicht immer unproblematischen Verbindung von Aufklärungskritik, Sozialtheorie und Verfassungssoziologie. Denn gerade in Zeiten des emanzipatorischen Aufbruchs wollte man der Vernunft und dem Vernunftrecht eine unmittelbare politische Wirksamkeit zuschreiben. Die Verfassungssoziologen bestehen auf einem etwas komplexeren Zusammenspiel der Geltungsbedingungen des Rechts und der Verfassung.[166] Aus dieser Sicht kann die Verfassung als ein Gegenstand verstanden werden, der sich auf eine breite soziale Basis stützt: „the constitution needs once more to be constructed as an eminently sociological object (...) that is, an object formed by inner-social forces and explicable through analysis of broad patterns of social formation".[167] Das bedeutet für unsere Überlegungen, dass wir immer dort aufmerksam werden und Ausschau halten, wo die Begrenzungen staatlicher Macht nicht als auf dem Recht allein, sondern in einem kom-

---

163   Schmale, Wolfgang: Artikel: Constitution, constitutionel, in: Reichardt, Rolf/Schmitt, Eberhardt/Lüsebrink, Hans-Jürgen (Hg.), *Handbuch politisch-sozialer Grundbegriffe*, Heft 12, München 1992, S. 31-63.

164   Hennis, Wilhelm: Verfassung und Verfassungswirklichkeit (1968), in: ders., *Regieren im modernen Staat*, Tübingen 1999, S. 183-213.

165   Thornhill, Chris: *A Sociology of Constitutions. Constitutions and State Legitimacy in Historical-Sociological Perspective*, Cambridge 2011.

166   Die Liste der interessanten Referenzautoren ließe sich über die hier behandelten stark ausweiten. So nennt Chris Thornhill als wichtige Autoren: Burke, De Maistre, Savigny, Bentham und Hegel (ebenda: S. 2).

167   Ebenda, S. 8.

plexeren Gefüge von (Verfassungs-)Recht, sozialer Praxis, Tugendvermutungen und Voraussetzungen allgemeiner Art gesucht werden. Denn, so die These, die dem Ganzen zugrundeliegt, nur eine Reflexion der umfassenden Voraussetzungen der Verfassungsgeltung kann auch einen angemessenen Umgang mit der Verfassung und den Erwartungen an das Recht mit sich bringen. Weder eine Unterschätzung des Rechts und der Eigenständigkeit des Rechts wie in der ganzen marxistischen Tradition, noch eine Überschätzung des Rechts wie im Rechtspositivismus können zu einem angemessenen Verständnis der Stabilisierung politischer Ordnungen führen. Und so interessieren hier diejenigen Autoren und Strömungen, die sich, aus welcher Richtung auch immer, mit den komplexen Geltungsvoraussetzungen von Verfassungen beschäftigen. Dies sind aus Sicht der soziomoralischen Voraussetzungen exemplarisch Montesquieu und Rousseau, aus Sicht der „Ambiance" der Verfassung, wie Dietrich Schindler es formuliert hat, exemplarisch Burke und Constant und aus Sicht der symbolischen Repräsentationsformen der Verfassung die immer noch anregende Bestimmung der „dignified parts" der Verfassung, ganz im Sinne der britischen Tradition der Verfassung als soziale Praxis bei Walter Bagehot.

In Deutschland sind die Reflexionen über verfassungssoziologische Elemente mit der Dominanz des Rechtspositivismus in der zweiten Hälfte des 19. Jahrhunderts fast vollständig zum Erliegen gekommen. Hier wurde der Mensch als Verfassungsfaktor ausgeschlossen, weil er sich nur schwerlich einfügen wollte in ein Bild aus wissenschaftlicher Exaktheit, Unabhängigkeit von politischer Einflussnahme und weltanschaulicher Neutralität. Mit einer philosophischen oder politikwissenschaftlichen Verfassungsanalyse ging dies nicht mehr zusammen. Damit steht er sinnbildlich für einen Bruch mit der klassischen Verfassungslehre, wie sie sich bei Montesquieu, Rousseau, Tocqueville oder Walter Bagehot findet. Montesquieu war es, wie Ernst Forsthoff schrieb, der „den Menschen als Verfassungsfaktor ersten Ranges" betrachtete.[168] Für ihn waren „menschliche Eigenschaften verfassungspolitische Wirklichkeiten von eminenter Bedeutung."[169] Den „scientifischen Anforderungen"[170] des 19. Jahrhunderts, des Jahrhunderts der Verwissenschaftlichung, war die „Verfassungslehre untechnisch-gegenständlichen Charakters, in der die Bezogenheit der politischen Ordnung auf das Menschenbild systematisch durchgeführt ist" nicht gewachsen.[171] Die Rationalisierung der Wissenschaft und des Rechts führten zu einer Ausscheidung des Menschen, „der nicht rationalisierbaren Person aus der Rechtsordnung."[172]

---

168 Forsthoff, Ernst: Einleitung, in: Montesquieu, *Vom Geist der Gesetze*, 2. Aufl., Tübingen 1992, S. XXVI.
169 Ebenda, S. XXVIII.
170 Ebenda, S. VII.
171 Ebenda, S. XXXIV.
172 Forsthoff schreibt weiter: „Der in der gleichen Zeit stark bestimmende Dualismus von Staat und Gesellschaft tat ein übriges, um das Menschenbild durch Verweisung in die prinzipiell

Schaut man sich den Aufbau von Montesquieus Buch über den „Geist der Gesetze" an, wird deutlich wie umfangreich die Rechtsordnung eingebettet war: in Fragen der geographischen Bedingungen, des Klimas, der Bodenbeschaffenheit, heute würden wir sagen: geopolitische,[173] ökonomische und kulturelle Voraussetzungen wurden bei Montesquieu umfassend diskutiert. Und nicht nur dort. Denn diese Methode geht auf Aristoteles zurück.[174] Dies führte dazu, die politische Verfassung in ein kulturelles Umfeld einzubetten, in das sie komplex eingebunden ist. Zudem wurde in diesen Reflexionen deutlich, dass eine bestimmte Verfassung an umfassende vorpolitische Voraussetzungen gebunden ist. Das gleiche Programm findet sich bei Tocqueville. In seiner „Demokratie in Amerika" findet sich zuerst eine umfassende Analyse der natürlichen Bedingungen. Er gehört methodisch betrachtet zur gleichen Schule wie Montesquieu. Er reflektiert „das Problem der sozialen Voraussetzungen der Staats- und Regierungsformen, also das, was man unter dem Begriff Verfassungssoziologie zusammenfassen könnte."[175]

Der Einfluss von Sinnlichkeit, Theatralität und Mündlichkeit auf die Legitimation politischer Ordnungen wird, wie oben zu zeigen war, von denjenigen politikwissenschaftlichen Strömungen im besonderen Maße wahrgenommen und theoretisiert, die sich der Tradition der Verfassungssoziologie zuordnen lassen. Jede politische Ordnung scheint auf Elemente angewiesen zu sein, die nicht in messbaren und zählbaren Ressourcen aufgehen.[176] Theoretisiert wurde dieser Zusammenhang in Frankreich vor und nach der Französischen Revolution und in England von Walter Bagehot in seinem Buch über die Englische Verfassung. Aber für Deutschland wird das Feld durch die Spannung von Kant und Hegel markiert.

---

staatsfreie Gesellschaft aus dem Umkreis des politischen Denkens auszuscheiden. So legte die Revolution in die Geschichte des verfassungspolitischen Denkens eine tiefe Zäsur, die bisher nicht gebührend beachtet worden ist" (XXIX). Wilhelm Hennis hatte sich schon in seiner Schrift über Politik und praktische Philosophie dieser Zäsur angenommen. Er legte sie auf Thomas Hobbes und sah die letzten Elemente der Verfassungssoziologie mit ihrem eigenen Denkstil im 19. Jahrhundert. Gerhard Dilcher legte sie ebenfalls auf die Zeit des beginnenden Rechtspositivismus.

173   Es gehört zu einer der fatalen Folgeerscheinungen der NS-Diktatur, dass geopolitisches Denken derart eingebunden war in die NS-Ideologie. Die Folge war eine grundlegende Delegitimierung geopolitischer Reflexionen. Erst die moderne Geopolitik hat durch Rezeption aus Frankreich und dem englischsprachigen Raum neue Impulse erfahren (s. hier umfangreiche Literatur: Schmidt, Rainer: Mitteleuropa, ebenfalls: Schmidt, Rainer: Raumdenken).

174   Zu den folgenden Überlegungen schon: Hennis, Wilhelm: Verfassung und Verfassungswirklichkeit (1968), in: ders., *Regieren im modernen Staat*, Tübingen 1999, S. 183-213. Hier wird auch auf Dietrich Schindlers „*Verfassungsrecht und soziale Struktur*" (Zürich 1932) hingewiesen, in dem der Begriff der „Ambiance" fällt, als Begriff für die politisch-soziale Umwelt.

175   Hennis, Wilhelm: Verfassung und Verfassungswirklichkeit (1968), in: ders., *Regieren im modernen Staat*, Tübingen 1999, S. 183-213, hier: S. 190.

176   Bei den Federalists findet sich dazu die schöne Formulierung: *neither sword nor purse* (Fed. Art. 78, in: Hamilton/Madison/Jay : *Die Federalist-Artikel*, hg., übersetzt und eingeleitet von Willi Paul und Angela Adams, Paderborn u.a. 1994, S. 470.

Mit deren Verfassungsverständnis stehen uns zwei sehr unterschiedliche Modelle zur Verfügung, die im Kern das Verhältnis von sozialer Wirklichkeit und rechtlich-konstitutioneller Ordnung reflektieren. Oder anders formuliert: die Spannung zwischen der normativen Kraft des Faktischen (Jellinek) und der faktenschaffenden Kraft des Normativen. Kant geht davon aus, dass die Verfassung, so sie den Regeln der Vernunft entspricht, also eine republikanisch-freiheitliche Verfassung ist, einmal gegeben, ihre freiheitliche Wirkung im Sinne eines nachholenden Erziehungsprogramms entfalten kann. Sie kann also eine freiheitliche Ordnung nach sich ziehen. Er vertraut der faktenschaffenden Kraft des Normativen. Mit Kant stellt sich das für die Aufklärer typische Problem, einer Republik ohne Republikaner. Dies ist bei Rousseau nicht anders. Wie lässt sich eine freiheitliche Ordnung, die den Gesetzen der Vernunft folgt, in einem widerspenstigen Umfeld installieren. Der für seine Zeit typische Fortschrittsoptimismus hilft ihm dabei, die möglicherweise nicht entgegenkommende politische Kultur, um eine Formulierung von Jürgen Habermas aufzugreifen, und die Widerstände in der Gesellschaft, mögliche Machtkämpfe oder soziale Problemlagen aus den Überlegungen auszublenden und ein der Vernunft entsprechendes Resultat zu erwarten, das sich zukünftig einstellen kann und wird. Aus dieser Sicht ist es irrelevant, wer die Verfassung gibt. Die Regeln selber würden sich aus dieser Perspektive logischerweise nicht unterscheiden, egal, ob sie von den Bürgern im Gefolge einer Revolution erkämpft oder von oben gegeben, oktroyiert, wurden.

Hegel dagegen hat ein anderes Verständnis davon wie eine gute, sittliche Ordnung entsteht. Sie ist nicht das Resultat eines erzieherischen Prozesses, der von der Verfassung ausgeht, sondern Ergebnis von gesellschaftlichen Machtprozessen, die im Staat zu einem sittlichen Gesamtzustand führen. Zu offensichtlich sind die Problemlagen, die sich aus den Verwerfungen der Frühindustrialisierung ergeben haben. Der Verfassung kommt aus seiner Erfahrung nur eine Abbildfunktion der realen Machtverhältnisse zu. Die Verfassung rückt in diesen Überlegungen hinter dem sittlichen Staat in die zweite Reihe. Der Staat, und hier vor allem die Beamten, haben die Aufgabe, für einen sittlichen Gesamtzustand zu sorgen. Verfassung, zumal er den alten deskriptiven Verfassungsbegriff verwendet, und soziale Ordnung spreizen sich nicht auf. In diesem Vorrang des Sozialen (linkshegelianisch) oder des Staates (rechtshegelianisch) liegen die unterschiedlichen Anschlussvarianten an Hegels Kantkritik.

Wirksam werden die Unterschiede zum Beispiel auch bei der Frage des Institutionentransfers. Aus der Kant'schen Tradition ist ein solcher Transfer denkbar, weil sich die Verfassung im Prozess der nachholenden Aneignung ein eigenes Erziehungs- und Symbolprogramm verordnen kann, von dem aus ihre Geltung auch ohne eine anfängliche breite demokratisch-partizipative Unterstützung abgesichert werden kann. Anders aus der Hegelschen Perspektive. Ein zu großer Widerspruch zwischen dem Verfassungstext und der politischen Kultur lässt den Verfassungsentwurf scheitern. Das Erziehungsprogramm läuft ins

Leere und wird als gewaltsame Umerziehung abgelehnt. Zudem wird in einem Hegelschen Verfassungsverständnis die Rechtsordnung nicht im gleichen Maße wie bei Kant aus dem sozialen Ordnungsrahmen herausgenommen. Die Rechtsordnung ist dann nur ein Teil einer als umfassender verstandenen Sozial- und Kulturordnung. In der Liberalismus-Kommunitarismus-Debatte der 80er und 90er Jahre wurde dieser Gegensatz zwischen dem Kant'schen Vorsprung des Rechts gegenüber der Sittlichkeit und dem Vorrang des Guten gegenüber dem Recht bei Hegel durchgespielt, mit dem Ergebnis zahlreicher Vermittlungsversuche.

Somit kommen die drei zentralen Merkmale einer umfassenden Verfassungsanalyse beispielhaft in den folgenden Kapiteln zum Ausdruck: die emotionale Ansprache an die Bürgerschaft und umfassende Suche nach Einfluss auf die „Verfassung" der Bürger, die vieldimensionale Reflexion des Umfeldes der Verfassungsordnung und schließlich die symbolische Selbstdarstellung und Suche nach Sichtbarkeit in Bagehots Verfassungsanalyse.

3.1. Die soziomoralischen Voraussetzungen der Verfassung: Montesquieu und Rousseau

Sieht man von der Antike ab, war es in der frühen Neuzeit hauptsächlich der französische Sprachraum, in dem die uns interessierenden Reflexionen zur Verfassungssoziologie zuhause waren. Montesquieu legte den Keim für eine Republiklehre, in der umfassende Reflexionen zur Stabilisierung politischer Ordnungen angestellt werden, an die Rousseau später anschließt:

> „Was ich die *Tugend* in der Republik nenne, ist die Liebe zum Vaterland, das heißt die Liebe zur Gleichheit. Es ist weder eine moralische noch eine christliche Tugend, es ist die *politische* Tugend. Sie ist die Triebfeder, welche die republikanische Regierung in Bewegung setzt, wie die *Ehre* als Triebfeder die Monarchie bewegt. Ich habe also die Liebe zum Vaterland und zur Freiheit als *politische Tugend* bezeichnet."[177]

Die Republik steht bei Montesquieu nicht im Mittelpunkt. Erst Rousseau wird ihr, auch normativ, das Gewicht geben, das dem Begriff in der französischen Tradition zukommt. „Ich nenne daher Republik jeden Staat, der von Gesetzen geleitet wird, unter welcher Verwaltungsform er auch erscheint. Denn nur dann allein regiert das Staatsinteresse, und die öffentliche Sache hat ihren Wert. Jede

---

177 Zu Montesquieu: Einleitung von Forsthoff, Ernst: Einleitung, in: Montesquieu, *Vom Geist der Gesetze*, 1. Band, Tübingen 1951, S. V-LVI, Starobinski, Jean: *Montesquieu. Ein Essay*, München 1991; Riklin, Alois: *Mischverfassung und Gewaltenteilung* (Beiträge und Berichte des Instituts für Politikwissenschaft der Hochschule St. Gallen), St. Gallen 1990; Riklin, Alois: *Machtteilung. Geschichte der Mischverfassung*, Darmstadt 2006.

rechtmäßige Regierung ist republikanisch."[178] Aber auch für Montesquieu ist eine Modernisierung der Republik, als eine Anpassung des antiken, klassischen Ideals der bürgerlichen Selbstregierung denkbar. Wichtiger ist ihm jedoch die Unterscheidung zwischen einer auf Gesetze gestützten Monarchie und einem willkürlichen Despotismus,[179] zwischen langsamen, sensiblen Reformen und Revolution.[180] Gleichwohl hängen seine Vorstellungen noch stark an dem antiken Vorbild. Besonders Livius' Geschichte der römischen Republik, die schon Machiavelli zu seinen Discorsi angeregt hatte, wird ständig zitiert.[181] Rom war das große Vorbild, und sein Untergang eine Lehre für alle Staaten. „Rom glich einem Schiff, das durch zwei Anker gehalten wurde: durch die Religion und die Sitten".[182] Aus diesem Grund beachtete Montesquieu bei all den Faktoren, die er für einflussreich hielt, die Wirkungen auf die Sitten. Ob die Natur, das Klima,

---

178 Jean-Jacques Rousseau, Vom Gesellschaftsvertrag, in: ders., *Politische Schriften*, hg. von Ludwig Schmidts, Paderborn 1977, S. 98.

179 So verteidigt er die moderne Monarchie gegenüber ihren alten Kritikern (den Klassikern): „Die Alten kannten nicht die Verteilung der drei Gewalten innerhalb der Regierung eines einzigen; deshalb konnten sie sich keinen richtigen Begriff von der Monarchie machen" (Montesquieu, Charles Secondat de: *Vom Geist der Gesetze*, hg. und eingel. von Ernst Forsthoff, Band 1, Tübingen u.a. 1994, S. 232).

180 „Es wäre eine sehr schlechte Politik, wollte man durch Gesetze das ändern, was durch Gebräuche geändert werden muß" (ebenda, S. 420). Und gemäßigt muss die Regierung sein, damit Freiheit verwirklicht werden kann: „Selbst die Tugend bedarf der Begrenzung" (ebenda, S. 213), und: „Politische Freiheit findet sich nur in gemäßigten Regierungsformen" (ebenda, S. 213), auch noch einmal: „Der Geist der Mäßigung muß den Gesetzgeber beherrschen" (Montesquieu: *Vom Geist der Gesetze*, Band 2, S. 350). An die Bemerkung zur politischen Freiheit in gemäßigten Regierungsformen schließt sich die berühmte Abhandlung über die Verfassung Englands an. Und hier fällt auch die Bemerkung: „Um den Missbrauch der Macht zu verhindern, muss vermöge einer Ordnung der Dinge die Macht der Macht Schranken setzen" (Montesquieu, *Vom Geist der Gesetze*, Band 1, S. 213). In diesem Teil über die Verfassung Englands fällt auch die bekannte Bemerkung, dass die richterliche Gewalt „in gewisser Weise gar nicht vorhanden" sei (ebenda, S. 221).

181 Von der Erziehung in der Republik handelt das fünfte Kapitel im vierten Buch des ersten Bandes. Dort heißt es: „In der republikanischen Regierungsform ist man auf die ganze Stärke der Erziehung angewiesen. In den Despotien wächst die Furcht aus den Drohungen und Strafen von selbst heran, und in den Monarchien fördern sich Ehre und Leidenschaften gegenseitig; die politische Tugend aber verlangt Selbstverleugnung, die immer schwer fällt." Die weiteren Bemerkungen können Rousseau als Vorbild für seine Überlegungen zur Zivilreligion gedient haben. Denn Montesquieu betont, dass diese Vaterlandsliebe nur aufrecht erhalten werden kann, wenn es zu einer andauernden Bevorzugung des Allgemeinwohls vor dem Individualinteresse kommt. Die Stabilität der Republik ist darauf angewiesen, dass es gelingt, „in der Republik diese Liebe zu begründen; sie in das Herzen zu pflanzen, muss das Ziel der Erziehung sein. Ein sicheres Mittel aber, sie den Kindern einzuprägen, ist es, dass die Väter sie selbst besitzen" (Montesquieu, *Vom Geist der Gesetze*, Band 1, hg. und mit Einl. versehen von Ernst Forsthoff, 2. Aufl., Tübingen 1992, S. 53f.)

182 Ebenda, S. 170.

die Größe des Staates, seine Wirtschaftsgrundlage, alles wurde in seiner Wirkung auf den Menschen und seine Sitten untersucht.[183]

An einem Beispiel soll nur gezeigt werden, wie sich diese Methode auf das Zusammenspiel von Ökonomie, Sitten und politischer Ordnung auswirkt. Es war Montesquieu, der im Anschluss an die Antike diesen Blick auf die Politik aufgenommen und auf seine Zeit bezogen hat: "Montesquieu did for the latter half of the eighteenth century what Machiavelli had done for his century, he set the terms in which republicanism was to be discussed."[184] Welche "terms" waren es, die Montesquieu setzte? Es ging um drei zentrale Fragen: (i) lassen sich Republiken auch in größeren Flächenstaaten einrichten?, (ii) halten Republiken ökonomischen Fortschritt und dessen Folgeerscheinungen aus?, (iii) ist eine Republik mit militärischer Expansion vereinbar? Seine klare These lautet: Republiken und damit republikanische Freiheit gibt es nur in kleinen Staaten, ökonomischer Erfolg führt zu Einkommensunterschieden, die den republikanischen Kultus sprengen und stehende Heere führen zum Untergang der Republik.[185]

Am Status der Republik festzuhalten, so Montesquieu, erfordert eine bestimmte geopolitische Lage, zudem außenpolitische Zurückhaltung und damit den Verzicht auf ein stehendes Heer. Soziale und ökonomische Modernisierung zieht zwangläufig den Übergang zu einer konstitutionellen Monarchie nach sich.

---

183 Der Einfluss des republikanischen Denkens auf Theorie und Praxis der Demokratie wird seit
     langem unterschätzt. Erst langsam wird durch die Forschungen aus England und Amerika
     (Skinner, Quentin: The republican ideal of political liberty, in: Bock/Skinner (Hg.), *Machia-
     velli and Republicanism*, Cambridge 1990, S. 293-309; Pocock, John G.A.: *The Machiavellian
     Moment. Florentine Political Thought and the Atlantic Republican Tradition*, Princeton 1975;
     Ball, Terence: *Political Innovation and Conceptual Change*, Cambrige 1995; Pettit, Philip:
     Republicanism. A Theory of Freedom and Government, Oxford 1997) und in Deutschland
     (Münkler, Herfried: Protoliberalismus und Republikanismus in der italienischen Renaissance,
     in: Faber, Richard (Hg.), *Liberalismus in Geschichte und Gegenwart*, Würzburg 2000, S. 41-
     57; Vorländer, Hans: Auf der Suche nach den moralischen Ressouren Amerikas. Republika-
     nischer Revisionismus und liberale Tradition der USA, in: *Neue Politische Literatur 33*
     (1988), S. 226-251) dieses Defizit aufgearbeitet.
184 Die folgenden Überlegungen verdanken viel den Anregungen aus den Aufsätzen von Judith
     Shklar: Montesquieu and the new republicanism, in: Bock/Skinner/Viroli (Hg.), *Machiavelli
     and Republicanism*, Cambridge 1990, S. 265-279; Levy, Jacob T.: Beyond Publius: Montes-
     quieu, Liberal Republicanism and the Small-Republic Thesis, in: *History of Political Thought*
     27 (2006), S. 50-90; Armitage, David: Empire and Liberty: A Republican Dilemma, in: Skin-
     ner/van Gelderen (Hg.), *Republicanism: A Shared European Heritage, Band 2*, Cambridge
     2002, S. 29-46.
185 Zu diesem Zusammenhang immer noch die wunderbare Arbeit von Hirschman, Albert: *Lei-
     denschaften und Interessen. Die politische Begründung des Kapitalismus vor seinem Sieg*,
     Frankfurt/M. 1987. Dazu auch Riklin, Alois: Die gewaltenteilige Mischverfassung Mon-
     tesquieus im ideengeschichtlichen Zusammenhang, in: Weihnacht, Paul-Ludwig (Hg.), *Mon-
     tesquieu 250 Jahre ,Geist der Gesetze'*, Baden-Baden 1999, S. 15-29. Montesquieu: „Es ge-
     hört zum Wesen der Republik, dass sie nur ein kleines Gebiet umfasst, sonst kann sie nicht
     bestehen. In einer großen Republik gibt es große Vermögen und infolgedessen wenig Sinn für
     Mäßigung" (Montesquieu, Charles Secondat de: *Vom Geist der Gesetze*, hg. und eingel. von
     Ernst Forsthoff, Band 1, Tübingen u.a. 1994, S. 172).

Nur so kann man den zu erwartenden Ausdifferenzierungs- und Pluralisierungstendenzen begegnen, ohne die Existenz des Gemeinwesens komplett aufs Spiel zu setzen. Empirisch sieht er sich durch die Tatsache bestätigt, dass lediglich Genf, die Schweiz, Niederlande und Venedig in Europa zu den Republiken zu zählen waren, allesamt keine Staaten, die in das Konzert der Großmächte eingreifen konnten oder wollten. Die theoretischen Argumente sind vielgestaltig für seine Republikthese: (i) je größer das Staatsgebiet, desto weniger kann man auf die Tugend der Bürger zurückgreifen. Die Bürger werden sich in einem Staat mit großen Interessengegensätzen, großen Einkommensunterschieden, insgesamt: starkem Gefälle der Lebensbedingungen, eher auf ihre eigenen Interessen beziehen. Die Allgemeinheit liegt ihnen im wahrsten Sinne des Wortes fern. Auch haben sie (ii) gar nicht die Möglichkeit sich kundig zu machen, unter welchen Bedingungen die anderen Menschen im Gemeinwesen leben, was deren Interessen, Sorgen und Nöte sind. Je größer ein Staat ist, umso wahrscheinlicher ist es, dass partikulare Interessen sich – unter Umständen sogar in guter Absicht – für die Interessen der Allgemeinheit halten. Und zuletzt (iii) hat sich gezeigt, dass Republiken, die expandieren, leicht von einer Militärdiktatur ins Verderben gerissen werden. Stehende Heere sind stärker, je größer das Staatsgebiet ist. Die Gefahr einer Verselbständigung des Militärs wächst mit der Größe des Territoriums. Cromwell und Cäsar sind die beiden Beispiele.[186] So sind Republiken in der Moderne einem unlösbaren Konflikt ausgesetzt: entweder sie sind und bleiben klein, dann können sie sich kaum verteidigen, werden Kanonenfutter für ihre mächtigen Nachbarn. Und wenn sie zu großen Republiken expandieren, degenerieren sie zu Despotien. Damit sind Republiken insgesamt anachronistische Staatsformen, außer, sie schließen sich in Form eines Staatenbundes (Republique fédérative) zusammen.[187] In diesem republikanischen Paradigma ist die Konföderation von kleinen Republiken zu einem Staatenbund die einzige Möglichkeit, dem Problem von Expansion bei gleichzeitigem Erhalt der bürgerlichen Freiheit zu begegnen. Allerdings muss dieser Staatenbund auf der Herrschaft der Gesetze aufruhen. Montesquieus Präferenz sind konstitutionelle

---

186 Vgl. zu diesen Überlegungen besonders: Levy, Jacob T: Beyond Publius: Montesquieu, Liberal Republicanism and the Small-Republic Thesis, in: *History of Political Thought* 27 (2006), S. 52ff.

187 Zum Staatenbund: Montesquieu, *Vom Geist der Gesetze*, Band 1, S. 180. Zur Tugend und ökonomischer Ungleichheit, Montesquieu, *Vom Geist der Gesetze*, Band 1, Buch V, Kap. 3ff., S. 63. Dort heißt es: „Einige Gesetzgeber des Altertums, wie Lykurg und Romulus, verteilten den Boden in gleichen Teilen. Das aber konnte nur bei der Gründung einer neuen Republik geschehen, oder wenn eine bestehende so verdorben und die Geistesverfassung so war, dass die Armen sich gezwungen glaubten, solch ein Heilmittel zu suchen, und die Reichen, es über sich ergehen zu lassen. Wenn der Gesetzgeber bei der Vornahme dieser Verteilung nicht zugleich Gesetze schafft, um sie aufrecht zu erhalten, so kann diese Verfassung nicht von Dauer sein, denn die Ungleichheit wird sich von der Seite aus durchsetzen, auf der die Gesetze keine Abwehr getroffen haben, und dann wird die Republik verloren sein" (66).

Monarchien, die – wie in England – monarchische Regierungsform und republikanischen Bürgergeist verbinden: eine eigene Form der Mischverfassung.[188]

Der wirkungsmächtige „Schüler" Montesquieus, Jean-Jacques Rousseau, hat ein ähnliches Programm zur „Kultivierung der Leidenschaften", die mit der modernen Gesellschaft der wachsenden Städte und verfallenden Sitten notwendig wird. Wenn Rousseau in seinen Betrachtungen über die Regierung Polens von „Kinderspielen" spricht, geht es ihm um die Frage, wie einer demokratisch-republikanischen Ordnung Geltung und Stabilität zukommen kann.[189] Er kommt dabei auf weiche Faktoren. Gesetze, so die Überzeugung Rousseaus, verlieren dann ihren freiheitlichen Charakter, wenn sie sich von den eingespielten Verhaltensweisen, Gewohnheiten und Sitten der Bürger weit entfernen müssen. „Je weniger der Wille der einzelnen mit dem Gemeinwillen übereinstimmt, d.h. die Sitten mit den Gesetzen, desto größer muss die Bremsgewalt werden."[190]

Die markantesten Formulierungen zu unserem Thema kommen jedoch nicht aus dem Contrat Social, sondern aus seiner Schrift über die Regierung Polens. Wie kaum ein anderer hat er die Bedingungen reflektiert, unter denen eine Verfassung Bestand haben kann. Er war zwar Vertragstheoretiker, aber der Rationalismus eines Hobbes war ihm fremd. Der Vernunft allein traute er nicht. Schon seine Figur des Gesetzgebers, der wie viele andere Punkte auch, an antike Denkfiguren erinnert, hat diesen Rest an Irrationalität, den Weber in den Begriff des Charismas gepackt hat. Besonders neu zu gründende Verfassungen, die noch auf kein Gewohnheitsrecht, keine eingespielten Praktiken zurückgreifen können, brauchen ein umfangreiches Ensemble von Maßnahmen, die dem frisch erlassenen Gesetz Geltung sichern. Diesem Zweck dienen Rousseaus Hinweise auf die Zivilreligion im Contrat Social[191] und auf die „Kinderspiele" in der Abhandlung über Polen:

---

188   Riklin, Alois: Machtteilung. Geschichte der Mischverfassung, Darmstadt 2006; Starobinski, Jean: Montesquieu. Ein Essay, München 1991; Forsthoff, Ernst: Einleitung in: Montesquieu, Vom Geist der Gesetze, 1. Band, Tübingen 1951, S. V-LVI.

189   Auf den Begriff der „vorpolitischen Grundlagen" politischer Ordnung soll hier nicht zurückgegriffen werden. Der Politik-Begriff wird darin unglücklich verkürzt und gerade das Politische, also das, was die Lebensführung der Menschen als Bürger unmittelbar betrifft, aus dem Begriff der Politik herausdefiniert und zu vor-politischen Grundlagen erklärt. Politisches Handeln wird damit auf Handeln in institutionellen Ordnungsarrangements – wie Parlamenten, Volksversammlungen etc. – reduziert.

190   Rousseau, Jean-Jacques: Vom Gesellschaftsvertrag, in: ders., Politische Schriften, Band 1, hg. von Ludwig Schmidt, Stuttgart 1977, S. 120. Mit Max Weber lässt sich das Phänomen auch entgegengesetzt formulieren: Gesetze gehen grundsätzlich auf Konventionen zurück: „Überall ist das tatsächlich Hergebrachte der Vater des Geltenden gewesen" (Weber, Max: Wirtschaft und Gesellschaft: Grundriß der verstehenden Soziologie. Besorgt von Johannes Winckelmann, 5. rev. Auflage (Studienausgabe), Tübingen 1980, S. 15).

191   Dort heißt es: „Zu diesen drei Arten von Gesetzen kommt noch eine vierte, die wichtigste von allen hinzu, die weder in Erz noch in Marmor, sondern in die Herzen der Bürger eingegraben wird. Sie macht die eigentliche Verfassung des Staates; sie gewinnt von Tag zu Tag neue Kraft; wenn die anderen Gesetze veralten oder verlöschen, bleibt oder ergänzt sie

„Es wird nie eine gute und feste Verfassung geben als da, wo das Gesetz über die Herzen der Bürger herrscht. Solange die gesetzgebende Gewalt dieses Ziel nicht erreicht, werden die Gesetze stets umgangen werden. Aber wie zu den Herzen dringen? Daran denken unsere Verfassungsgeber, welche stets nur Gewalt und Strafen vor Augen haben, leider kaum; ja, auch materielle Belohnungen würden vielleicht nicht besser dahin führen; die Rechtsordnung, selbst die unparteiischste, führt auch nicht dahin; denn die Rechtsordnung gehört, wie die Gesundheit, zu den Gütern, die man genießt, ohne sie zu bemerken, die keinerlei Begeisterung einflößen und deren Wert man erst dann empfindet, wenn man sie verloren hat. Durch welches Mittel also die Herzen ergreifen und Liebe zum Vaterland und zu seinen Gesetzen wecken? Soll ich wagen, es auszusprechen? Durch Kinderspiele, durch Einrichtungen, die in den Augen oberflächlicher Menschen müßig sind, die aber doch teure Gewohnheiten und unbesiegbare Bindungen hervorbringen."[192]

Rousseau stärkt die These und die Argumente über den Zusammenhang von kleinen Staaten und republikanischer Regierungsform. Er stimmt zwar Montesquieu zu, dass es einen Zusammenhang zwischen Regierungsform und Größe des Staates gibt, allerdings wertet er gegen Montesquieu die Demokratie, auch die reine, auf. Bekannt sind die Tiraden aus der ersten Akademie-Schrift, in der Rousseau bestreitet, dass sich ökonomischer Fortschritt mit Kultur und Kultivierung verträgt. Auch wenn sich seine – wie ebenso Montesquieus – argumentative Stoßrichtung in erster Linie gegen den Absolutismus richtet, so nimmt er doch eine klare Position gegen die Vereinbarkeit von Industriegesellschaft und Republik vorweg, indem er die soziale Differenzierung, die mit einem solchen dynamischen Entwicklungsprozess verbunden wäre, für zerstörerisch in Bezug auf den republikanischen Bürgergeist und generell die Kultur und Kultiviertheit des Menschen erachtet. Und Rousseaus ganze Bemühungen gehen dahin, dass die Republik und der Republikanismus nicht vollkommen aus den Begründungen politischer Ordnung herausgedrängt werden. Rousseau sucht den Anschluss an die Antike, wobei dies – wie wir gesehen haben – nicht das einzige und noch nicht einmal das herausragende Merkmal des Republikanismus war.

Am Ende des 18. Jahrhunderts gibt es nun zahlreiche Modernisierungsvisionen. Die Tugendfixierung noch eines Montesquieu und Rousseau, zumindest die Republik betreffend, wird ergänzt durch eine Sicht auf institutionelle Mechanismen, die den menschlichen Leidenschaften, den heftigsten Antagonisten der Tugendhaftigkeit, Einhalt gebieten können. Der Vernunft traut man dabei allerdings nur begrenzt eine dauerhafte Lösung zu. Hilfreicher scheinen hier die

---

ein Volk im Geiste seiner Verfassung und setzt unmerklich an die Stelle der Autorität die Macht der Gewohnheit. Ich spreche von den Sitten, den Gebräuchen und vor allem von der öffentlichen Meinung, einem Gebiet, das unseren Politikern unbekannt ist, von dem aber der Erfolg aller anderen abhängt; einem Gebiet, mit dem sich der große Gesetzgeber im geheimen beschäftigt, während er sich auf die einzelnen Verordnungen zu beschränken scheint, die nur die Rippen im Gewölbe sind, während die Sitten, die nur langsam wachsen, den unerschütterlichen Schlussstein bilden" (Rousseau: Vom Gesellschaftsvertrag, in: ders., *Politische Schriften*, hg. von Ludwig Schmidts, Paderborn 1977, S. 116).

192 Rousseau, Jean-Jacques: Betrachtungen über die Regierung Polens, in: ders.: *Sozialphilosophische und Politische Schriften*. Düsseldorf/ Zürich ²1996, S. 567.

von Hume ins Gespräch gebrachten und auch von Montesquieu thematisierten Mechanismen zu sein. Macht balanciert Macht aus. Affekte werden den Affekten entgegengestellt. So geht auch die Sinnlichkeit nicht in dem Maße verloren, wie es bei rationalistischen Varianten der Fall wäre. Die von Aristoteles schon als potentiell zerstörerisch angesehenen Leidenschaften werden bei Montesquieu und Hume besonders stark thematisiert. Der Gedanke des Machtausgleichs kommt der Affektenlehre Humes entgegen. So wie die Macht in der Gesellschaft nur durch eine ebenso starke Macht ausgeglichen werden kann, verhält es sich auch mit den Affekten im menschlichen Verhalten: „There is no passion, therefore, capable of controlling the interested affection, but the very affection itself, by an alteration of its direction. Now this alteration must necessarily take place upon the least reflection; since 'tis evident, that the passion is much better satisfy'd by its restraint, than by its liberty."[193]

Diese Linie ließe sich noch um einige Autoren fortschreiben. Hier soll nur erwähnt werden, dass auch in der Schottischen Aufklärung die uns hier interessierenden Überlegungen zum Tragen kamen. Denn dort brach der Fortschrittsoptimismus, der Kants politische Philosophie noch so stark prägte und für Deutschland so wirkungsmächtig wurde, schon früh zusammen. Er beruhte darauf, dass sich die Verwerfungen sozialer Natur zu Kants Lebzeit noch nicht wirkungsmächtig zeigten. Doch vermochten die Philosophen der Schottischen Aufklärung schon sehr früh die Ausblendung sozialer und wirtschaftlicher Problemlagen aus dem Verfassungsdenken nicht mit zu tragen. Und dementsprechend ist Adam Ferguson sehr skeptisch, was die Wirkung von Gesetzen allein betrifft. „Freiheit, so sagen wir, entsteht aus der Herrschaft von Gesetzen. Wir sind geneigt, Rechtssatzungen nicht nur als Entschließungen und Maximen eines zur Freiheit entschlossenen Volkes zu betrachten, nicht nur als geschriebene Texte, durch die seine Rechte im Gedächtnis erhalten werden, sondern als eine Macht, die errichtet wurde, um diese Rechte zu schützen, und als eine Schranke, welche die menschlichen Launen nicht überschreiten können".[194] Aber, und hier schließt Ferguson an Montesquieu an, es geht um den Geist der Gesetze. Nicht der Rechtsstaat, der für die deutsche Tradition so entscheidend ist, der mit Verfahren für Freiheit sorgen will, sondern die Sicherung der Freiheit der Bürger über ihre Einstellung ist das Programm. „Wenn Prozeßformen, schriftliche Satzungen oder andere Bestandteile des Rechts aufhören, von demselben Geist erzwungen zu werden, aus dem sie ursprünglich hervorgingen, dann tragen sie nur dazu bei, die Missetaten der Gewalt zu bemänteln, nicht aber

---

193   Hume, David: *A Treatise of Human Nature*, hg. von L.A. Selby-Bigge, 2. Aufl., Oxford 1978, S. 492. Zu diesem Thema allgemein: Haakonsen, Knud: The structure of Hume's political theory, in: Fate Norton, David (Hg.), *The Cambridge Companion to Hume*, Cambridge 1993, S. 182-221; Capaldi, N.: Hume's Theory of the Passions, in: Tweyman, Stanley (Hg.), *David Hume. Critical Assessments*, Band IV, London/New York 1995, S. 249-270.
194   Ferguson, Adam: *Versuch über die bürgerliche Gesellschaft*, hg. und eingeleitet von Zwi Batscha und Hans Medick, Frankfurt/M. 1988: S. 450.

sie zu verhindern." Und nun folgt der entscheidende Satz, der für die ganze Philosophie der Verfassungssoziologie von zentraler Bedeutung ist:

> „Wo die Gesetze irgendeinen wirklichen Einfluß auf die Erhaltung der Freiheit haben, dort beruht dieser Einfluß nicht auf einer magischen Kraft, die von bücherbeladenen Regalen herabsteigt, er ist in Wirklichkeit vielmehr im Einfluß von Menschen verkörpert, die entschlossen sind, frei zu sein. Dies sind Menschen, welche schriftlich die Bedingungen festgelegt haben, unter denen sie mit dem Staat und mit ihren Mituntertanen leben wollen, die zugleich aber aufgrund ihrer Wachsamkeit und ihrer Gesinnung entschlossen sind, dafür zu sorgen, daß diese Bedingungen eingehalten werden."[195]

Die Herrschaft der Gesetze ist demnach für Ferguson eine selbstverständliche Grundlage, die am besten in einer Mischverfassung abgesichert wird. Aber die Gesetze dürfen nicht als leere Verfassungs- und Rechtslehren dem einzelnen Bürger abstrakt entgegentreten. Sie müssen eingelebt sein und in der politischen Gesinnung ihren Halt finden.

3.2. Die Umgebung der Verfassung: Burke, Constant und Tocqueville

Durch den radikalen Konstruktivismus und das radikale Bild- und Symbolprogramm der Erneuerung in der Französischen Revolution ergab sich auf dem europäischen Kontinent ein anderes Klima im Umgang mit Traditionen und Gewohnheiten. „Constitution" nur auf den Verfassungstext oder auch auf die Art und Weise der Regierung zu reduzieren, war gegen Edmund Burkes Überzeugung, mit dem dieser Teil der Überlegungen anfangen soll. Die Geltung der Verfassung aus dem kulturellen Kontext und nicht der Rationalität der Rechtsordnung abzulesen, wird im Umfeld der französischen Revolution zu einer konservativen Botschaft. Für Burke jedoch ergab sich die Verfassung im klassischen alten Sinne des Wortes als Gesamtzustand der Gesellschaft.[196] Zustimmung zur Regierung ist für jeden Bürger dann eine Verpflichtung, wenn es sich um eine gute Regierung handelt. Selbstregierung (Demokratie) ist nicht vorgesehen.[197]

In kritischer Distanz zu Vertragstheorien, deren privatrechtlicher Grundcharakter Burke nicht die angemessene Verbindlichkeit und den angemessenen Verpflichtungscharakter, man könnte auch sagen: die ausreichende Gewähr für Dauerhaftigkeit und Stabilität bietet, hält er an dem Gedanken des Vertrags fest, nur um ihn in seinem Sinne umzudeuten.

> „Society is indeed a contract. Subordinate contracts, for objects of mere occasional interest, may be dissolved at pleasure; but the state ought not to be considered as nothing better than a

---

195   Ebenda, S. 451.
196   Vgl.: Burke, Edmund: Reflections on the Revolution in France, in: ders., *Selected Works*, Band 2, Indianapolis 1999.
197   Vgl. dazu Editors Foreword, in: ebenda, S. XXIX.

partnership agreement in a trade of pepper and coffee, callico and tobacco, or some other such low concern, to be taken up for a little temporary interest, and to be dissolved by the fancy of the parties."[198]

Und um den umfassenden Verpflichtungscharakter klar zu machen, in dem jeder Bürger eines Staates, besonders des englischen Staates, steckt, folgt seine berühmte Formulierung, dass der Staat eine "partnership" sei "between those who are living, those who are dead, and those who are to be born."[199]

Im Liberalismus wird dann, wie Constant es paradigmatisch formuliert, eine scharfe Trennlinie zwischen alt und neu gezogen. Man wird vom Ende der Vorbildlichkeit der Antike sprechen müssen.[200] Der Gegensatz von liberalen und republikanischen Positionen ist nicht neu, auch wenn er erst in der jüngsten Zeit in dieser Form begrifflich zugespitzt wurde.[201] Schon Benjamin Constant hat in seinem Aufsatz „Über die Freiheit der Alten im Vergleich zu der der Heutigen" zwei „Arten von Freiheit" gegenübergestellt: Die alte Freiheit ist die Freiheit des Bürgers im öffentlichen Raum, die neue Freiheit dagegen ist die Freiheit des Bürgers im privaten Raum. Constants Überzeugung nach erkauft der antike Stadtbürger seine Freiheit als politischer Bürger mit einer bedingungslosen Unterwerfung seiner privaten Überzeugungen unter die Allgemeinheit.[202] „(D)as Individuum verlor sich in gewisser Weise in der Nation, der Bürger ging in seiner Stadtgemeinschaft auf."[203]

Durch die Veränderung der sozioökonomischen Rahmenbedingungen scheint für Constant Anfang des 19. Jahrhunderts die „Freiheit der Alten" keine zeitgemäße Vorstellung von Freiheit mehr zu bieten. Die persönliche Unabhängigkeit ist besonders im ökonomischen Bereich und im Bereich der persönlichen – auch religiösen – Überzeugungen, so bedeutend geworden, dass eine Unterordnung in der antiken Form nicht mehr mit den Freiheitsvorstellungen der Moderne vereinbar ist. „Das, was die Alten erstreben, war die Verteilung der staatlichen Gewalt unter alle Bürger eines Landes: Das war es, was sie Freiheit

---

198   Burke, Edmund: Reflections on the Revolution in France, in: ders., *Selected Works*, Band 2, Indianapolis 1999, S. 193.

199   Ebenda.

200   Nippel, Wilfried: Antike und moderne Freiheit, in: Jens, Walter u.a. (Hg.), *Ferne und Nähe der Antike*, Berlin/New York 2003, S. 49-68.

201   Sandel, Michael: *Liberalismus oder Republikanismus: von der Notwendigkeit der Bürgertugend*, Wien 1995; Münkler, Herfried: Protoliberalismus und Republikanismus in der italienischen Renaissance, in: Faber, Richard (Hg.), *Liberalismus in Geschichte und Gegenwart*, Würzburg 2000, S. 41-57; Skinner, Quentin: The republican ideal of political liberty, in: Bock/Skinner (Hg.), *Machiavelli and Republicanism*, Cambridge 1990, S. 293-309.

202   „(W)ährend aber die Alten das alles als Freiheit bezeichneten, hielten sie die vollständige Unterordnung des einzelnen unter die Herrschaft der Gesamtheit mit dieser kollektiven Freiheit für vereinbar" (Constant, Benjamin: Die Freiheit der Alten im Gegensatz zur Freiheit der Heutigen, in: Gall, Lothar/Koch, Rainer (Hg.), *Der europäische Liberalismus im 19. Jahrhundert*, Band 1, Frankfurt/M. 1981, S. 42).

203   Ebenda, S. 43.

nannten. Die Modernen erstreben Sicherheit im privaten Genuß; sie bezeichnen als Freiheit die Rechtsgarantien, die die Institutionen diesem Genuß gewähren."[204] Doch die Gefahren dieses neuen Freiheitsverständnisses sind auch Constant schon bewusst. Sie besteht darin, dass der moderne Bürger auf die politischen Angelegenheiten nicht ausreichend Acht gibt: „Die Gefahr der heutigen Freiheit besteht (...) darin, daß wir, allzu sehr von dem Genuß unserer privaten Unabhängigkeit und der Verfolgung unserer Privatinteressen in Anspruch genommen, mit zu großem Gleichmut auf unser Recht der Teilhabe an der politischen Macht verzichten."[205] Am Schluss seiner Rede kommt er schließlich darauf, eine Lösung des Dilemmas in einer – wenn auch etwas hilflos anmutenden – Verbindung beider Elemente zu sehen.

> „Weit davon entfernt also, meine Herren, auf eine von beiden Freiheiten zu verzichten, von denen ich zu Ihnen gesprochen habe, muß man, wie ich darlegte, lernen, die eine mit der anderen zu verbinden (...). Die Institutionen müssen die moralische Erziehung der Bürger zu vervollkommnen trachten; während sie ihre persönlichen Rechte respektieren, ihre Unabhängigkeit wahren, sie bei ihren Betätigungen nicht stören, müssen sie ihnen gleichwohl ihren Einfluß auf das öffentliche Wohl erstrebenswert machen, sie dazu anfeuern, durch ihre Beschlüsse und ihre Stimmabgabe an der Ausübung der Macht teilzunehmen, ihnen ein Recht der Kontrolle und der Überwachung durch die Möglichkeit der freien Äußerung ihrer Meinungen gewährleisten und ihnen dadurch, dass sie sie auf diese Weise durch die Praxis zu diesen hohen Funktionen heranbilden, zugleich das Verlangen einimpfen und die Fähigkeit schenken, sich ihnen zu unterziehen."[206]

Constants Plädoyer für die politische Freiheit steht in der Tradition der Rationalismuskritik. Die radikal konstruierte Gesellschaft, die sich auf die Wirkungsmächtigkeit institutioneller Schranken konzentriert, ohne die Gewohnheiten, Sitten und Praktiken der Bürger im Auge zu haben, nähert sich zwangsläufig einem despotischen System an. Die radikale Individualisierung der Menschen, wie es auch Tocqueville als Gefahr für die Freiheit beschreibt, wird für Constant zum Einfallstor des Despotismus.[207]

---

204 Ebenda, S. 49.
205 Ebenda, S. 60.
206 Ebenda, S. 61f. Isaiah Berlin hat in enger Anlehnung an Constants Unterscheidung die Begriffe „positive" und „negative Freiheit" geprägt. Zur Ausprägung dieser Unterscheidung hat sich Berlin besonders durch die Abirrungen des 19. und 20. Jahrhunderts anregen lassen, die aus seiner Sicht im Namen der positiven Freiheit vorgenommen wurden. Übertreibungen der negativen Freiheit sieht er als nicht so dramatisch und historisch nicht so relevant an. Berlin, Isaiah: Positive und negative Freiheit, in: *Freiheit. Vier Versuche*, Frankfurt/M. 1995, S. 39-65; Zwei Freiheitsbegriffe, ebenda, S. 197-256; dazu auch: Nippel, Wilfried: Antike und moderne Freiheit, in: Jens, Walter/Seidensticker, Bernd (Hg.), *Ferne und Nähe der Antike*, Berlin/New York 2003, S. 49-68.
207 Besonders markant im Vorwort Tocquevilles zu seinem Buch über die französische Revolution: „Der alte Staat und die Revolution". Dort heißt es: „Die Begierde um jeden Preis reich zu werden, die Neigung, Geschäfte zu machen, die Gewinnsucht, das Streben nach Wohlleben und sinnlichen Genüssen sind daher hier die üblichsten Leidenschaften. Sie verbreiten sich leicht unter allen Klassen, verschaffen sich selbst bei denen Eingang, die ihnen bis dahin fast

Helfen kann die pouvoir neutre, die Constant in seinem Text über die „Principes des politique" von 1815 in der konstitutionellen Monarchie sieht. Die Monarchie kann sich den bürgerlichen Leidenschaften nicht hingeben, weil sie durch die Standesgrenzen davor geschützt wird. Einen weiteren Schutz sieht er in der Religion, die für ihn eine wichtige Quelle sozialer Integration liefert. Zwei Gefahren sieht Constant: „overpoliticization and overprivatization".[208] Die Freiheit der Alten, wie er es nennt, überzeugte ihn nicht, weil kein Motiv der Bürger erkennbar und begründbar war, sich von dem Staat zu distanzieren, private Freiräume zu belegen. Und die Gefahr des zu starken Rückzugs in die Privatsphäre ist uns heute so bekannt, dass wir es nicht weiter erläutern müssen.

Mit der nahenden Industrialisierung stellen sich neue Fragen, die mit dem Zusammenspiel freigesetzter Dynamik auf der einen Seite und dem Bedürfnis nach politischer Stabilität auf der anderen Seite zusammenhängen. Was passiert mit der Selbstregierung, wenn sich ökonomischer Fortschritt qualitativ und quantitativ einstellt? Wie kann die Regierung krisenfest gegen die Strukturbedingungen der eigenen Existenz und die Folgen des eigenen Erfolgs gemacht werden? Aber wenn Kant und Hegel nicht weniger als die meisten Liberalen im Vormärz davon ausgehen, dass eine stabile, Freiheit im größtmöglichen Ausmaß gewährende Regierung eine konstitutionelle Monarchie ist, gibt es gewisse Parallelen zwischen den französischen Aufklärern und der konstitutionellen Theorie in der ersten Hälfte des 19. Jahrhunderts.

Auch wenn die vorgestellten Autoren je andere Gegenspieler vor Augen haben: Despotie und Absolutismus (Montesquieu, Rousseau) auf der einen Seite und eine potentiell in ihrem Selbstbestimmungseifer erschlaffende Bürgerschaft und die Unfähigkeit der politischen Führungselite (Machiavelli) – letzteres ist auch Max Webers zentrales Gegenbild, – so sind doch die hier als Vertreter eines politischen Konstitutionalismus versammelten Autoren alle mit der Gefahr des möglichen Untergangs ihres Gemeinwesens vertraut gewesen. Sie wussten um die Labilität eines Versuchs *grandezza* und *vivere politico* zu verbinden.[209] Sie sind skeptisch gegenüber rein institutionellen Lösungen und bevorzugen

---

ganz fern standen, und könnten bald die ganze Nation schwächen und degradieren, wenn ihnen durch nichts Einhalt getan würde. (...) Diese schwächenden Leidenschaften (...) lenken die Einbildungskraft der Menschen von den öffentlichen Angelegenheiten ab. (...) Nur die Freiheit allein kann dagegen in derartigen Gesellschaften die ihnen eigenen Laster erfolgreich bekämpfen (...). Nur sie vermag die Bürger aus der Vereinzelung (...) herauszuziehen" (Tocqueville: *Der alte Staat und die Revolution*, hg. von J.P. Mayer, Bremen o.J., S. 10.) Vgl. zu den vergleichbaren Überlegungen Constants auch: Campagna, Norbert: *Benjamin Constant. Eine Einführung*, Berlin 2003, S. 33 und S. 127.

208 Holmes, Stephen: *Benjamin Constant and the Making of Modern Liberalism*, New Haven/London 1984, S. 20. Dazu auch: Gall, Lothar: *Benjamin Constant. Seine politische Ideenwelt und der deutsche Vormärz*, Wiesbaden 1963.

209 Armitage, David: Empire and Liberty: A Republican Dilemma, in: Gelderen, Martin van/ Skinner, Quentin (Hg.), *Republicanism. A Shared European Heritage*, Band 2, Cambridge 2002, S. 29-46.

eine Schärfung der politischen Urteilskraft der Bürger oder des politischen Führungspersonals, um den Zerfall der Republik als Gesetzesherrschaft zu verhindern. Aber letztlich bleiben sie alle an die Aufgabenstellung gebunden, die Republik und damit auch die republikanischen Traditionen, die Erkenntnisse aus der Ideengeschichte aus dem Verfall Roms und dem Vergleich Spartas mit Athen nicht verfallen zu lassen. Und alle verfolgen ein umfassendes Programm, das den Eingriff in die Lebensführung der Menschen erzwingt.

Die Verfassung erhält hier eine ganz besondere Aufgabe. Sie ist das rechtliche Instrument, das in der Lage sein soll als Bindung, Fessel und Selbstbindung zu fungieren. Als Grundlage des Maßnahmenkatalogs erfolgt eine methodisch eng an Montesquieu orientierte Analyse der Umstände. Dies beginnt bei den geographischen und geht über das Zusammenspiel von Institutionen und Sitten bis hin zu den „habits of the heart". Die Verfassung bei Tocqueville greift greift tief in die Triebstruktur ein, leistet eine Veränderung der Leidenschaften der Menschen, die mit der Gesellschaft der Gleichheit für Tocqueville das größte Problem darstellte. War es früher der Drang nach öffentlichem Ruhm, der zu ambivalenten Beurteilungen menschlicher Eigenschaften führte, ist es nun in der modernen egalitären Gesellschaft die Tendenz zur Vereinzelung: „Wie man zugeben muss, erregt indessen die Gleichheit, die viel Gutes in die Welt bringt, in den Menschen sehr gefährliche Triebe (...); sie fördert ihre Vereinzelung, und jeder ist bestrebt, sich nur um sich selber zu kümmern."[210] Diese Vereinzelung entsteht mit der Auflösung der feudalen Strukturen.[211] Die zwangsläufig folgende Individualisierung muss durch religiöse Vergemeinschaftung und andere voluntaristische Verbindungen wieder eingefangen werden. Ansonsten wären die negativen Folgen der Egalisierung so zerstörerisch, dass auch die Gewinne in Gefahr gerieten.

> „Es ist, denke ich, sehr schwierig, ein demokratisches Volk für irgendeine Lehre zu begeistern, die nicht in sichtbarer, geradliniger und unmittelbarer Beziehung zu seiner täglichen Arbeit steht. (...) Denn die Begeisterung ist es, die den menschlichen Geist aus den gebahnten Pfaden wirft und die großen geistigen wie die großen politischen Umwälzungen auslöst."[212]

Dass zur Kultivierung der Leidenschaften die Religion eine zentrale Rolle spielt, lehrt Tocqueville in seinem ganzen Werk. Die religiösen Gemeinschaften ermöglichen, die Unbeherrschtheiten des Menschen zu zügeln und sein Verhalten zu kultivieren.[213] Zumindest die, nach Webers Terminologie, sektenartige Struk-

---

210 Tocqueville, Alexis de: *Über die Demokratie in Amerika*, hg. von Jacob P. Mayer in Gemeinschaft mit Theodor Eschenburg und Hans Zbinden, Band 2, 2. Aufl., München 1976, S. 37.

211 „Es gibt nichts Festeres als das Band, das in der Feudalwelt den Lehnsmann mit dem Herrn verknüpfte" (ebenda, Band 2, S. 291).

212 Ebenda, Band 2, S. 382.

213 So heißt es an einer Stelle: „Die Politik erlaubt alle Freiheit, doch die Religion macht vieles unmöglich". Und an anderer Stelle: „Der Despotismus kommt ohne Glauben aus, die Freiheit nicht" (Ebenda, Band 1, S. 440ff.).

tur des Protestantismus in Amerika, ermöglicht diese Funktion. Aber noch etwas tritt hinzu. Der unmittelbare Zugriff des Staates auf den Einzelnen ist gemäßigt, wenn dieser neben der politischen noch eine religiöse Identität besitzt. So kann sich der Staat des einzelnen Bürgers nicht im gleichen Maße bemächtigen, wie dies, besonders im 20. Jahrhundert, auf dem europäischen Kontinent möglich war.

Was Aristoteles für die Antike, hat Tocqueville für die Moderne auf den Punkt gebracht. In seinem Kapitel über die Maßnahmen gegen die Tyrannei der Mehrheit, lässt Tocqueville neben den intermediären Institutionen der Gesellschaft, der Religion[214] und den Sitten auch die moderne Aristokratie: die Richter wirken. Damit modifiziert Tocqueville die alten Gedanken der Mischverfassung und passt sie an die modernen Bedingungen der Massendemokratie an.[215] Die Verfassung müsse in der Seele der Menschen verankert werden. Die Sinnlichkeit spielt für diesen Prozess eine große Rolle. Hatten die Monarchien nie große Probleme mit der Darstellung von Sinnlichkeit, dem Prunk und Pomp, dem großen Theater, der Sichtbarkeit ihrer Macht, stellt sich die Frage, wie relativ abstrakte Prinzipien sich darstellen sollen, wenn doch die Macht in Gestalt des Volkes sich nicht mehr versammeln kann.[216]

Die gesamte Methode Tocquevilles, und damit schließen wir diese Überlegungen an dieser Stelle ab, lässt sich an einer Stelle ablesen. Dort heißt es:

„Ich bin der Ansicht, dass sich sämtliche Ursachen, die den Bestand der demokratischen Republik in den Vereinigten Staaten begünstigen, auf drei zurückführen lassen: Die erste ist die besondere und zufällige Lage, in welch die Vorsehung die Amerikaner versetzte. Die zweite entstammt den Gesetzen. Die dritte folgt aus den Lebensgewohnheiten und Sitten."[217]

---

214   Vergleichbar mit Tocqueville ist auch hier die Position Benjamin Constants. In seiner Schrift „De la religion" hat er die Bedeutung der Religion für die Identität und Integration der politischen Gemeinschaft beschrieben.

215   Neben René Marcic ist Peter Graf Kielmannsegg einer der wenigen, die auf diesen Zusammenhang hingewiesen haben. Die spezifische Spannung zwischen Verfassung und Demokratie lässt sich vor diesem Hintergrund am besten beleuchten. (Kielmannsegg, Peter Graf: *Die Instanz des letzten Wortes. Verfassungsgerichtsbarkeit und Gewaltenteilung in der Demokratie*, Stuttgart 2005, S. 34). Bei Otwin Massing heißt es dazu: „In der gemischt-repräsentativen Verfassungswirklichkeit der Bundesrepublik schiebt sich – als Ersatz gleichsam für die verschwundenen Veto-Instanzen einer Zweiten Kammer oder der Krone – ein aristokratisches Element in den Vordergrund, beruhend auf Kompetenz, Sachverstand und Exklusivität, das den Staat „justizlastig" zu machen droht" (Massing, Otwin, Das Bundesverfassungsgericht als Instrument sozialer Kontrolle, in: Tohidipur, Mehdi (Hg.), *Verfassung, Verfassungsgerichtsbarkeit, Politik*, Frankfurt/M. 1976, S. 30-91, hier: S. 55).

216   Andres, Jan/Geisthövel, Alexa/Schwengelbeck, Matthias (Hg.): *Die Sinnlichkeit der Macht. Herrschaft und Repräsentation seit der Frühen Neuzeit*, Frankfurt/New York 2005; Vorländer, Hans: *Zur Ästhetik der Demokratie*, Stuttgart/München 2003; Münkler, Herfried: Politik als Theater. Die Inszenierung der Politik nach den Vorgaben der Kunst, in: Danuser, Hermann/Münkler, Herfried (Hg.), *Zukunftsbilder. Richard Wagners Revolution und ihre Folgen in Kunst und Politik*, Schliengen 2002, S. 274-286.

217   Tocqueville, Alexis de: *Über die Demokratie in Amerika*, hg. von Jacob P. Mayer in Gemeinschaft mit Theodor Eschenburg und Hans Zbinden, 2. Aufl., München 1976, Band 1, S. 416f.

3.3. Die Sichtbarkeit der Verfassung: Walter Bagehots „dignified parts"

Also nicht die *efficient parts* der Verfassung, um Rousseaus Idee in die Begriffe Bagehots zu übertragen, sondern die *dignified parts* erzeugen die Bindungen, die für dauerhafte Anerkennung durch die Bürger zentral sind.[218] Mit der Monopolisierung der Gewaltmittel und der zunehmenden Bereitschaft umverteilend einzugreifen, hat sich der moderne Staat zwar funktionale Standbeine – Gewalt und Geld – erworben, aber die ehrwürdigen Teile sind im Demokratisierungsprozess unter die Räder der Geschichte geraten. „Höflinge und Aristokraten," so Walter Bagehot in seiner „Englischen Verfassung,"

> „besitzen eine große, die Menge beherrschende Eigenschaft, obgleich Philosophen mit ihr nichts anfangen können – Sichtbarkeit. Höflinge können bewirken, was andere nicht vermögen. Ein gewöhnlicher Mensch wird die Schauspieler auf der Bühne ebenso wenig nachahmen können wie die Aristokratie bei ihrer Schaustellung. Die vornehme Welt gleicht von außen einer Bühne, auf der die Schauspieler ihre Rollen viel besser als die Zuschauer spielen."[219]

Diese Sichtbarkeit ist für Bagehot von zentraler Bedeutung für Stabilität und Legitimität der englischen Verfassung, genauer: jeder Verfassung. Die Aura, das Theatralische, die Symbolik, der Mythos, die Pracht sind Begriffe mit denen Bagehot den *dignified part* der Verfassung beschreibt. Dieses Theater bewegt die Massen im Inneren und wird im Zeitalter des Rationalismus und der naturwissenschaftlichen und wirtschaftlichen Rationalität, so fürchtet Bagehot, immer mehr der Erosion preisgegeben. Im Anschluss an Bagehot lässt sich schlussfolgern, dass die sichtbaren Elemente der Politik unter dem Druck der Rationalisierung verschwinden, wenn sie nicht substituiert werden. Die Stabilität der Verfassung kann nicht allein auf dem *efficient part* der Verfassung, den Funktionen tragenden, aber auf Grund ihrer Vielzahl weitgehend unsichtbaren Vertretern der schnell wechselnden Regierungs- und Parlamentsarbeit aufruhen. Es braucht einen *dignified part*, der dem ganzen Verfassungsgerüst die nötige Autorität verleiht. Nach Bagehot wird durch die Autorität des ehrwürdigen Teils erst die Arbeitssphäre des funktionalen Teils gesichert. Sie hält der Regierungs- und Gesetzgebungsarbeit quasi den Rücken frei. Sie ermöglicht die Kritik der Politik, weil wichtige stabilisierende Teile der Verfassung dieser Kritik nicht im gleichen Maße ausgesetzt sind. Die *dignified parts* schaffen die notwendige Transzendenz der grundlegenden Ordnungsvorstellungen, damit diese nicht dem permanenten „Säurebad der Kritik" (Habermas) ausgesetzt sind.

Bagehot fürchtet, dass es angesichts der anstehenden Reformen seiner Zeit zu einer weiteren Stärkung des *efficient part* der englischen Verfassung kommen wird und gleichzeitig damit zu einem weiteren Verdrängen der *dignified*

---

218 Mit dem leistungsfähigen Teil (efficient part) ist das House of Commons gemeint, mit den ehrwürdigen Teilen (dignified part) das House of Lords und das Königshaus.
219 Bagehot, Walter: *Die englische Verfassung*. Hg. von Klaus Streitthau, Neuwied 1971, S. 231.

parts. Er analysiert mit der englischen Aristokratie im Rahmen der Mischverfassung die Funktionsstelle, die für die Mäßigung des demokratischen Elements steht. Der Adel ist jedoch nicht nur wichtig, um den einfachen Menschen eine Art Geist zu repräsentieren, sondern auch um die „Religion des Goldes" einzudämmen, um „die Herrschaft des Reichtums"[220] zu verhindern und um die Beamtenschaft im Zaum zu halten. Die Macht der Aristokratie liegt „in ihrem theatralischen Gepränge", „in ihrer Pracht".[221] Und so verallgemeinert er: „In jeder Verfassung muß es irgendwo eine verfügbare Autorität geben. Die souveräne Gewalt muß greifbar sein."[222]

Im Zuge der Demokratisierungs- und Rationalisierungstendenzen in Politik und Gesellschaft sieht Bagehot, dass die wichtigsten Stützen der englischen Verfassung langsam erodieren. Sie geraten unter einen für sie kaum zu meisternden Effizienz- und Rationalisierungsdruck. Die ehrwürdigen Teile erhalten ihre Macht aus dem Symbolhaften, dem Arkanum der Politik, aus Bereichen also, die im Laufe der Zeit wohl zurückgedrängt werden.

Interessant ist nun zu sehen, wie Bagehot diese Entwicklung in ihrer doppelten Konsequenz beobachtet. Es sind nicht nur die politischen Folgen einer Veränderung des Verfassungsgefüges, die ihn umtreiben, sondern auch die Veränderungen in der Wissenschaft von der Politik. Diese ist für ihn unmittelbar auf die politische Praxis bezogen. Was aus der Reichweite der Politik gerät, dem droht gleiches im Bereich der Wissenschaft:

> „Einige Männer der Praxis lehnen die ehrwürdigen Elemente der Verfassung ab. Sie sagen, wir wollen nur Ergebnisse erzielen, praktische Arbeit leisten: eine Verfassung ist ein Arsenal politischer Mittel für politische Zwecke, und wenn man einräumt, daß irgendein Teil der Verfassung keinen praktischen Nutzen besitzt oder eine einfachere Maschine das gleiche leisten würde, dann gibt man zu, daß jener Teil der Verfassung, wie würdevoll oder ehrfurchtgebietend er auch sei, in Wahrheit dennoch nutzlos ist."[223]

Damit beschreibt Bagehot das Credo einer verfassungstheoretischen Tradition, die für die Spielereien und ornamentalen Elemente der Verfassung aus einem ganz einfachen Grund hohe Sensibilität entwickelt hat, weil diese Elemente es sind, von denen die Leidenschaften der Menschen angesprochen werden. In dieser Tradition stehen neben Rousseau und Bagehot auch Montesquieu und Tocqueville. Doch die deutsche Rechtswissenschaft hat sich davon zurückgezogen. Sie „schneidet die Verbindung zur Staatstheorie, Philosophie, Geschichte und Soziologie ab. Ihr Gegenstand, das Recht, wird aus seinen sozialen und teleologischen Zusammenhängen gelöst; Zweck, Funktion und Bedingtheit der Rechtsinstitute liegen jenseits ihres Begriffs."[224]

---

220 Bagehot, Walter: *Die englische Verfassung*, hg. von Klaus Streithau, Neuwied 1971, S. 108.
221 Ebenda, S. 110.
222 Ebenda, S. 114.
223 Ebenda.
224 Böckenförde, Ernst Wolfgang: *Gesetz und gesetzgebende Gewalt*. Berlin ²1981, S. 212.

Dies gilt für die Entwicklung, die sich in der zweiten Hälfte des 19. Jahrhunderts zuspitzt. Für die Zeit davor und danach gilt es nicht mit der gleichen Radikalität. Das sollen die nächsten Kapitel zeigen.

III. Drei Modelle der Verfassungsgeltung und ihre Spuren im Vormärz

Die Verfassungen im Vormärz haben sich unmittelbar an vielen verschiedenen europäischen Vorbildern orientiert: sei es an der belgischen Verfassung von 1831 oder der spanischen Cortes-Verfassung von 1812.[1] Aber unter dem Gesichtspunkt der Einrichtung einer Verfassungskultur, waren die drei großen Verfassungs-Nationen entscheidende Orientierungspunkte. Jede hatte ihr eigenes Unterstützungsumfeld in Deutschland und jede sprach andere Aspekte der Verfassungskultur an. Dabei waren zwei Leitdifferenzen entscheidend. Zum einen: revolutionär oder reformerisch; zum anderen: monarchisch oder republikanisch. Auf einer linearen Skala aufgetragen, lag Amerika als gemäßigte Variante zwischen dem voluntaristischen Radikalismus der französischen Revolution und dem reformerischen Weg der englischen konstitutionellen bzw. parlamentarischen Monarchie.[2] Diese Idealtypen bilden jeweils ein Institutionengefüge aus Wissensordnung, Leitinstitution und kulturellen Praktiken.[3] Die drei

---

1   Conze, Werner (Hg.): *Beiträge zur deutschen und belgischen Verfassungsgeschichte im 19. Jahrhundert*, Stuttgart 1967. Welcker, Karl Theodor: Art. Cortes-Verfassung, in: Rotteck, Karl v./Welcker, Karl Theodor: *Das Staats-Lexikon. Encyklopädie der sämmtlichen Staatswissenschaften für alle Stände*, [erw. Aufl., 1845], Neudruck Frankfurt/M. 1990, Band 3, S. 578-588

2   Die von Hans Vorländer vorgeschlagenen Idealtypen von historisch-evolutionär (England), rational-juridisch (USA) und rational-voluntaristisch (Frankreich) entwickeln sich in dieser Form erst im Laufe des späten 19. und frühen 20. Jahrhunderts. Vor allem der juristische Charakter der amerikanischen Konstitutionalismus ist im Vormärz nicht prägend. Dazu: Vorländer, Hans: Die drei Entwicklungswege des Konstitutionalismus in Europa. Eine typologische Skizze, in: *Die Europäische Union als Verfassungsordnung*, hg. vom Institut für Europäische Verfassungswissenschaften, Berlin 2004, S. 21-42; Preuß, Ulrich K.: Der Begriff der Verfassung und ihre Beziehung zur Politik, in: ders., *Zum Begriff der Verfassung. Die Ordnung des Politischen*, Frankfurt/M. 1994, S. 7-33.

3   Zu den Formen institutioneller Aneigung: Blänkner, Reinhard: Der Vorrang der Verfassung. Formierung, Legitimations- und Wissensformen und Transformation des Konstitutionalismus in Deutschland im ausgehenden 18. und frühen 19. Jahrhundert, in: Blänkner, Reinhard und Jussen, Bernhard (Hg.), *Institutionen und Ereignis. Über historische Praktiken und Vorstellungen gesellschaftlichen Ordnens*, Göttingen 1998, S. 295-325; Blänkner, Reinhard: Integration durch Verfassung? Die ,Verfassung' in den institutionellen Symbolordnungen des 19. Jahrhunderts in Deutschland, in: Vorländer, Hans (Hg.), *Integration durch Verfassung*, Wiesbaden 2002, S. 207-231. Hans Vorländer und Ulrich K. Preuß haben die drei Verfassungskulturen jeweils idealtypisch zugespitzt charakterisiert: Wenn Hans Vorländer in seinem Aufsatz Deutschland für die Zeit nach 1949 dem amerikanischen, rational-juridischen Typ zuschlägt,

verfassungstheoretischen, -praktischen und -kulturellen Traditionen lagen schon sehr früh mit einem spezifischen Charakter vor. Die Haltung zu der jeweiligen Tradition lieferte das Koordinatensystem für ein evolutionäres (englisches) oder ein revolutionäres (französisch-amerikanisches) Verfassungsverständnis mit stark vernunftrechtlichem Einschlag, der jedoch bei den „Amerikanern" in eine andere Richtung ging als bei den „Franzosen". Gerade der Voluntarismus und die mangelnde Bindung der „voluntas" war für die Liberalen in Deutschland Grund genug zum französischen Revolutionsmodell auf kritische Distanz zu gehen. So wurde Amerika schon früh zu einem Sinnbild der Mäßigung, die sich institutionell im Föderalismus und dem Prinzip der Gewaltenteilung zum Ausdruck brachte. Diese in die Begründungsphilosophie ebenso wie die institutionelle Praxis eingeschriebene Bindung und Selbstbindung machte Amerika zu einem interessanten, wenn auch nie unangefochtenen Vorbild. Dem Prinzip der Gewaltenteilung, auch der juristischen Kontrolle von Entscheidungen der Legislative, beides Elemente, die für die USA von strukturprägender Kraft waren, vermochten die Liberalen in Deutschland in ihrer Mehrheit nicht zu folgen.[4] Zu allen Vorbildern hielt man im breiten Spektrum des liberalen Konstitutionalismus zumeist eine kritische Distanz, die sich auch aus der zunehmenden Verwissenschaftlichung und Praxisorientierung ergab, die sehr kritisch die Möglichkeiten der Übernahme von Institutionen und Verfahren untersuchte. Die Betrachtung schwankte zwischen philosophischer Reflexion und praktischer Aneignung. Zunehmend ging es darum, die Übertragbarkeit des westlichen Konstitutionalismus im Rahmen der Staatswissenschaften zu erörtern. So entstanden neue Vorbilder und neue Schreckbilder.[5]

Unter der Vielzahl der Einflüsse spreizte sich das Feld konstitutioneller Leitideen auf. Vor allem die mit der englischen Tradition der „ancient constitution" vergleichbare Diskussion im Württembergischen Konstitutionalismus war nicht kompatibel mit den auf dem radikal gedeuteten Naturrecht basierenden Ideen der Französischen Revolution oder dem eher mit Elementen des republikanischen Liberalismus verbundenen amerikanischen Freiheitsdenken.

---

war dies für das 19. Jahrhundert umkämpft und keineswegs geklärt. Der amerikanische *supreme court* hat sich erst im späten 19. Jahrhunderts in der heute bekannten Form prägend durchgesetzt. Vgl. dazu: Heideking, Jürgen: Der symbolische Stellenwert der Verfassung in der politischen Tradition der USA, in Vorländer, Hans (Hg.), *Integration durch Verfassung*, Wiesbaden 2002, S. 123-136.

4   Kennzeichen der deutschen Rezeption von Benjamin Constant war die Tatsache, dass man die Gewaltenteilung nicht mit rezipierte. Der König blieb gleichzeitig Gesetzgeber und Chef der Exekutive. Eine Trennung war nicht vorgesehen, er wurde keine *pouvoir neutre*.

5   Ruttmann, Ulrike: *Wunschbild – Schreckbild – Trugbild. Rezeption und Instrumentalisierung Frankreichs in der deutschen Revolution von 1848/49*, Stuttgart 2001. Mit umfangreicher Literatur zu dem Thema: Charlotte A. Lerg: *Amerika als Argument. Die deutsche Amerika-Forschung im Vormärz und ihre politische Deutung in der Revolution von 1848/49*, Bielefeld 2011.

Für alle diese Strömungen galt jedoch, dass sich im Konstitutionalismus, d.h. auf die Verfassung gerichteten Denken, Konvergenzen und Amalgamierungen ergaben. Im Konstitutionalismus verbinden sich republikanische und liberale Traditionsstränge. Der Konstitutionalismus synthetisiert den radikalen Bruch zwischen Republikanismus und Liberalismus.[6] Die Verfassung in ihrem Charakter als rechtliches und politisches Instrument verbindet die Ideen positiver Freiheit im Aufbau einer Bürgerkultur mit denen negativer Freiheit in der rechtlichen Schrankensetzung gegen Übergriffe des Staates. Interessant ist zudem die Frage von Bruch und Kontinuität in Zeiten der Revolution. Vor allem die frühen Verfassungsentwürfe in Deutschland sind Zeugnisse von Amalgamierungen unterschiedlicher Epochen. Überall bemühte man sich um Modernisierungen im Sinne von Anpassungen des alten Verfassungsdenkens an die neuen Bedingungen. Und der Charakter der alten Ordnung, die es zu überwinden galt, prägte selbstverständlich diesen Gang der Modernisierung.[7] Dies sind in England beispielhaft die Ideen von Adam Smith, in Frankreich Condorcet und Constant und in den USA die Federalists, die eine Modernisierung und Anpassung des Republikanismus vorgenommen haben.

In Deutschland fanden diese Prozesse hauptsächlich als Rezeptionsprozesse statt.[8] Dabei gab es einen regelrechten Wettstreit, welche der drei Nationen es geschafft hatte, Vorbildlichkeit für die freieste Verfassung zu erreichen. England war unter den Aufklärern bis zur Französischen Revolution unangefochten an der Spitze. Mit der Amerikanischen Revolution wurden die Aufklärer in zwei Gruppen aufgespalten: die einen hielten weiter zu England und distanzierten sich von den „Rebellen" in der neuen Welt. Die anderen stellten sich auf die Seite Amerikas gegen die „tyrannische Regierung" aus London und hatten seitdem ein neues Vorbild: die amerikanische Verfassung. Es dauerte wiederum nicht lange, bis die deutsche Aufklärung erneut Stellung beziehen musste. Diesmal ging es um die Ereignisse in Frankreich. Danach kam, wie oben erwähnt, der „deutsche Konstitutionalismus" hinzu, der mit seinen entsprechenden Strömungen das Feld ergänzte. Seitdem änderte sich an dem Gefüge nichts Grundlegendes mehr. Entweder ging weiter von England Vorbildwirkung aus, vor allem wegen der Verbindung von Republik und Monarchie. Oder der Impuls aus Amerika wurde höher eingeschätzt. Am meisten jedoch beeinflusste Frankreich, wegen der unmittelbaren geographischen Nähe, der napoleonischen Kriege und der unmittelbaren Lenkung der Vasallenstaaten die Politik und die Posi-

---

6   Kalyvas, Andreas/Katznelson, Ira: *Liberal Beginnings. Making a Republic for the Moderns*, Cambridge 2008.

7   Dippel, Horst: Republikanismus und Liberalismus als Grundlagen der europäischen Demokratie, in: Thiemeyer, Guido/Ulrich, Hartmut (Hg.), *Europäische Perspektiven der Demokratie*, Frankfurt/M. u.a. 2005, S. 11-32.

8   Friedeburg, Robert von: Civic Humanism and Republican Citizenship in Early Modern Germany, in: Gelderen, Martin van/ Skinner, Quentin (Hg.), *Republicanism. A Shared European Heritage*, Bd.1, Cambridge 2002, S. 127-145.

tion der Aufklärung in Deutschland. England geriet angesichts der Tatsache, dass sich Frankreich und Amerika derart in den Vordergrund brachten, eher in Vergessenheit. Erst das Scheitern der Paulskirchenverfassung, die machtstaatliche Wende und die Dominanz des Rechtspositivismus haben unter diesen Gesichtspunkten Deutschland aus diesen Diskursen herausgelöst und das Feld neu organisiert.[9]

1. Tradition und Parlamentarismus: Das gute alte Recht und die „Ancient Constitution"

England galt zumindest bis zur Amerikanischen Revolution als das Land mit der besten, weil freiesten Verfassung.[10] In der Tradition Montesquieus, de Lolmes und Voltaires galt dies als gesichert. „(F)ür die gebildeten und zumal von Voltaire und Montesquieu beeinflussten Kreise des Bürgertums war England bis in die Mitte der siebziger Jahre (des 18. Jahrhunderts, RS), unangefochten das klassische Land liberalen Zuschnitts."[11] Die Amerikanische Revolution, wie wir oben gesehen haben, änderte diese Einstellung. „It dethroned England", wie Robert R. Palmer schrieb, „and set up America as a model for those seeking a better world."[12] Doch bis zu diesem Einschnitt und in kritischer Distanz zu der neuen Begrifflichkeit aus Frankreich und Amerika, orientierte sich der alte Verfassungsbegriff an England.[13] Damit wäre die Verfassung nichts anderes als das Gesamt an politischen Ordnungsvorstellungen und Leitideen, die in den kulturellen Praxen verkörpert sind und durch die Regeln der rule of law durch Parlamentssouveränität abgesichert werden.[14] Ein einheitliches Verfassungsdokument mit dem Anspruch der Suprematie ist darin nicht vorgesehen. Die zentrale Irrita-

9   So schon Gerhard Dilcher: Vom ständischen Herrschaftsvertrag zum Verfassungsgesetz, in: Der Staat 27 (1988), S. 161-193.
10 Zur Englischen Verfassungsgeschichte: Ottow, Raimund: Ancient Constitution: Diskurse über Politik, Recht, Kirche und Gesellschaft in England vom Spätmittelalter bis zum Ende der Regierungszeit Elizabeth' I, Baden-Baden 2011.
11 Dippel, Horst: Deutschland und die amerikanische Revolution, Köln 1972, S. 116.
12 Palmer, Robert R.: The Age of the Democratic Revolution. A Political History of Europe and America, 1760-1800, 2 Bde., Princeton 1959-64, Band 1: S. 282.
13 Dilcher, Gerhard: Vom ständischen Herrschaftsvertrag zum Verfassungsgesetz, in: Der Staat 27 (1988), S. 161-193; Luhmann, Niklas: Verfassung als evolutionäre Errungenschaft, in: Rechtshistorisches Journal 9 (1990), S. 176-220.
14 Zu England: Kraus, Hans-Christof: Englische Verfassung und politisches Denken im Ancien Regime, München 2006; Ludwig, Roland: Die Rezeption der englischen Revolution im deutschen politischen Denken und in der deutschen Historiographie im 18. und 19. Jahrhundert, Leipzig 2004; Wilhelm, Theodor: Die englische Verfassung und der vormärzliche deutsche Liberalismus, Stuttgart 1928; Vorländer, Hans: Die drei Entwicklungswege des Konstitutionalismus in Europa. Eine typologische Skizze, in: Die Europäische Union als Verfassungsordnung, hg. vom Institut für Europäische Verfassungswissenschaften, Berlin 2004, S. 21-42, darin auch weitere Literatur.

tion dieses Rechtsverständnisses kommt durch die Formel: Altes Recht bricht neues Recht. Wer an die Überlegenheit der kontinuierlichen Rechtsfortschreibung glaubt und diese auch institutionell absichert, empfindet eine Verfassung und ein Verfassungsgericht als Fremdkörper. Denn dieses kann neues Recht mit Blick auf altes Recht außer Kraft setzen. Der Gesetzgeber wird, wie es in dem englischen Modell nicht erwünscht ist, unter Aufsicht des Verfassungsgebers und des Verfassungsinterpreten gestellt.

Die Amerikanische Revolution klärte das Bild der Deutschen zu England. Denn schließlich musste man Partei ergreifen: Amerika oder England. War die amerikanische Revolution ein Kampf der (amerikanischen) Freiheit gegen die (englische) Tyrannei? Oder war es doch eher eine Rebellion gegen die legitimen Ansprüche des englischen Parlaments auf Repräsentation in seinen Kolonien? Das England-Bild, wenn es den engen politischen, verfassungsrechtlichen und institutionellen Bereich verließ, war natürlich schon lange differenzierter. Denn der offensive Auftritt Englands als ökonomische Führungsmacht überlagerte nur zu oft die Eindrücke, die von der Verfassung blieben.[15] Aber unter dem Gesichtspunkt des Verfassungs- und Staatsrechts – und die aufklärerische Debatte zwischen Revolutionen und Paulskirche hatte in diesem Bereich ihren Schwerpunkt – war und blieb England ein wichtiger Maßstab.

1.1. Ancient Constitution: das Beispiel Württemberg

Auf Grund der dynastischen Verbindungen hatten sich vor allem in Hannover Anhänger der englischen Verfassung gefunden. Dies hielt auch über die Amerikanische Revolution hinaus an, obwohl in diesem Zeitraum einige „Freunde der Freiheit" auf die amerikanische Seite übergelaufen sind. Auch wenn Hartwig Brandt den Satz von James Fox für nicht authentisch hält, so entbehrt er nicht einer gewissen Erklärungskraft. Fox soll 1818 gesagt haben, es gebe nur zwei Länder in Europa mit einer Verfassung: England und Württemberg.[16] Sein Argument zielt dabei auf die Entwicklung der soziomoralischen und sozioökonomischen Grundlagen der Verfassung und die Kontinuität zwischen der altständischen und der modernen konstitutionellen Ordnung.[17] Dabei stehen Verbürgerli-

---

15   Zu diesen Fragen u.a.: Horst Dippel, *Deutschland und die amerikanische Revolution*, Köln 1972, S. 172ff.

16   So der Hinweis bei Kersten Krüger, *Die Landständische Verfassung* [Enzyklopädie deutscher Geschichte, Band 67], München 2003, S. 63. Zum Zweifel: Brandt, Hartwig: Früher Liberalismus im konstitutionellen Gehäuse. Die Württembergische Verfassung von 1819, in: Borst, Otto (Hg.): *Südwestdeutschland. Die Wiege der deutschen Demokratie*, Tübingen 1997, S. 79.

17   Positiv zum Kampf der Württemberger gegen die Verfassung des modernen Konstitutionalismus sprach sich auch Freiherr vom Stein aus. Für ihn war es „der erste Kampf der Freunde einer verständigen und gesetzlichen Freiheit mit den Anhängern der Gewalt und blinden Willkür". Sie zeichne eine „Liebe zur gesetzlichen Ordnung" aus, in deren Sinn „beharrlich und

chungstendenzen schon im Zuge der Reformation, wie auch damit einherge-
hend, ein starker Landtag im Vordergrund. Besonders aus der Gemeindeord-
nung strahlen Einflüsse aus, die den historisch-evolutionären Konstitutionalismus nach englischem Vorbild möglich und stark machten. Hier liegt ohne Frage
für die deutschen Verhältnisse ein konstitutioneller Sonderfall vor: der Fall
Württemberg. Die schriftliche Verfassung wurde nötig, weil durch die Ge-
bietserweiterungen „der Staat" neu konstituiert werden musste. Die alte ständi-
sche Ordnung vermochte die Integrationsaufgaben nicht zu leisten.[18] Allerdings
kam die neue Verfassung als Oktroi daher, der von der ständischen Versammlung abgelehnt wurde. Aus altständischer Sicht war die Verfassung zum Instrument des Absolutismus gegen die traditionelle Freiheit der Landstände geworden.[19] Wie schon in England wurde die Bezugnahme auf die alten, angestamm-
ten Rechte der Württemberger gegen absolutistische Anmaßungen verteidigt.[20]
Staatsstreichartig wurde die alte Verfassung außer Kraft gesetzt und an der Jahreswende 1805/06 wurde die absolutistische Staatsgewalt Friedrich I. durchgesetzt.[21] Dagegen richtete sich der Protest der Stände, der die nächsten zehn Jahre
bestimmen wird: „(W)ird der Herzog ein mächtiger Herr in Schwaben und besitzt vieles Land, das nicht inkorporiert ist, so ist's gewiß... um unsere Verfassung geschehen und wir fallen dem Despotismus in die Hände."[22]

Schauen wir uns die Ereignisse noch einmal im einzelnen an: Der Wiener
Kongress war noch nicht zu Ende, da wollte König Friedrich von Württemberg

---

        folgerecht" gehandelt wird" (Frh. v. Stein, zitiert nach Ernst Rudolf Huber, *Deutsche Verfas-*
        sungsgeschichte, Band 1, 2. durchges. Auflage, Stuttgart 1990, S. 332, FN 2).

18   Dazu: ebenda, S. 329ff.

19   In diese Zeit fällt sogar der Versuch, das konstitutionelle Prinzip gänzlich zu untertunneln und
        vom ständisch-monarchischen auf das plebiszitäre Legitimationsprinzip unmittelbar überzu-
        gehen. König Wilhelm I von Württemberg löste 1817 den Landtag auf und wollte seinen Ver-
        fassungsentwurf unmittelbar vom Volk bestätigen lassen. Dieser Versuch scheiterte jedoch
        (vgl. ebenda, S. 334).

20   Zur englischen Tradition: Burgess, Glenn: *The Politics of the Ancient Constitution: Introduc-*
        tion to English Political Thought, 1600-1642, Pennsylvania 1993; Pocock, John G.A.: *The*
        Ancient Constitution and the Feudal Law: A Study of English Historical Thought in the Seven-
        teenth Century, Cambridge 1987; Ottow, Raimund: *Ancient Constitution: Diskurse über Poli-*
        tik, Recht, Kirche und Gesellschaft in England vom Spätmittelalter bis zum Ende der Regier-
        ungszeit Elizabeth' I, Baden-Baden 2011.

21   Vgl. dazu besonders Hettling, Manfred: *Reform ohne Revolution. Bürgertum, Bürokratie und*
        kommunale Selbstverwaltung in Württemberg von 1800 bis 1850, Göttingen 1990, S. 34ff. Zur
        konkurrierenden Idee der Nation: Friedemann Schmoll, *Verewigte Nation. Studien zur Erinne-*
        rungskultur von Reich und Einzelstaat im württembergischen Denkmalkult des 19. Jahrhun-
        derts, Stuttgart 1995.

22   Regierungsrat Georgi, zitiert nach Hettling, Manfred: *Reform ohne Revolution. Bürgertum,*
        Bürokratie und kommunale Selbstverwaltung in Württemberg von 1800 bis 1850, Göttingen
        1990, S. 29: „Verwaltung und Verfassung erfüllten in Württemberg eine dreifache Funktion.
        Sie sollten sowohl die Macht der Regierung als auch die Integration des Landes sichern und
        die Veränderungen im Gefolge der gesellschaftlichen, ökonomischen und politischen Moder-
        nisierung kanalisieren" (ebenda, S. 30).

zur Jahreswende 1814/15 einen Verfassungsgebungsprozess in Gang bringen, der möglichst schnell eine Verfassung zum Ziel haben sollte. Eine Kommission wurde einberufen, die des Königs Vorschläge beraten, in einen eigenen Entwurf einbauen und schließlich dem König wieder zur Genehmigung vorlegen sollte. In einem Schreiben an seinen Staats-, Konferenz- und Finanzminister, den Grafen von Mandelsloh, schrieb er vor Beginn der Verhandlungen:

> „dass weder die Gedanken des von Stain noch des Rheinischen Merkurs dabei als Richtschnur dienen werden, dass weder Aristocratie noch Democratie, weder englische noch französische Verfassung, am allerwenigsten aber die obsoleten altwürttembergischen Carricaturen von Verfassung die Grundlage sein werden."[23]

Der Entwurf der Verfassung, auf Vorarbeit des Königs erarbeitet, sollte nun in Kraft treten. Gegen diesen Entwurf machte sich jedoch Unmut breit. Dem König sei es um eine „schnöde Täuschung der öffentlichen Meinung" gegangen. „Der Unwille über diese neue Täuschung brach laut und unverhohlen aus und Niemand verbarg sich, dass es dem König darum zu thun sey, unter dem Scheine des Neuen, Alles beym Alten zu lassen, seine Souverainitaet – von Unhöflichen Despotismus genannt – constitutionell zu machen."[24] Es handelt sich um Kritik, die anonym von ständischer Seite geäußert wurde. Über die Autoren kann man nur Mutmaßungen anstellen. Auch aus anderer Richtung kam Protest. Dieser versuchte sehr grundsätzlich zu argumentieren, dass die altwürttembergische Verfassung noch nicht außer Kraft gesetzt worden sei.[25] Und, dies ist für unsere Frage wichtig, es wurde im klassischen evolutionären Sinne argumentiert: „Es ist nicht möglich, einem Staat eine gute, neue Einrichtung zu geben, wenn das Alte ignoriert wird. Es gebe kein Beispiel in der Geschichte, dass ein Volk, dessen Verfassung sich nicht durch eine stetige Entwicklung gebildet hat, auf Dauer existieren konnte".[26] In diesem Zusammenhang wird auch auf England verwiesen, das seine Revolutionen nur gebraucht habe, um Fehler abzustreifen, „um das vorhandene Gute noch besser zur Geltung zu bringen".[27] Dieser grundlegenden Kritik schloss sich eine Einzelkritik über Repräsentation, Stimmrecht und Sitzungsperioden an, verbunden mit dem Hinweis, dass der königliche Entwurf den Namen Verfassung nicht verdiene, weil er keinen Vertragscharakter besitze.[28]

---

23   König Friedrich I. von Württemberg, zitiert nach Gerner, Joachim: *Vorgeschichte und Entstehung der württembergischen Verfassung im Spiegel der Quellen (1815-1819)*, Stuttgart 1989, S. 9.
24   Ebenda, S. 37ff.
25   Ebenda, S. 42ff.
26   Ebenda, S. 45.
27   Ebenda, FN 123, S. 45.
28   Vgl. ebenda, S. 45

„Sie [die alte Verfassung, RS] ist der Kitt, der Herrn und Land zusammenhält."[29]
Bei der Ständeversammlung wurde dann noch einmal deutlich, wo die Fronten
lagen. Der König wollte die neue Verfassung, die ihm erlaubte, Einschnitte in
die Rechte der Stände vorzunehmen und seine Regierungsmacht zu stärken, und
die Ständeversammlung sollte seinem Willen entsprechend – natürlich berief er
sich auf das Allgemeinwohl – diese neue Verfassung verabschieden und unter-
schreiben. Dagegen wandten sich die Ständevertreter und Landesfürsten mit
dem Hinweis, die altwürttembergische Verfassung sei nie außer Kraft gesetzt
worden. Man berief sich auf den alten Münsinger Vertrag von 1498 und den
Tübinger Vertrag von 1514. Und so wurde die neue Verfassung nahezu ein-
stimmig abgelehnt. Dies hätte Friedrich I. dann nicht verwundert, wenn er ge-
merkt hätte, dass sich die Stimmung im Lande schon lange gegen eine neue
Verfassung aufgelehnt hatte. Eine breite Mehrheit wollte die Wiederherstellung
der alten Verfassung.[30]

Die neue Verfassungswelle nach dem Zusammenbruch des alten Reichs
wird in zwei gänzlich unterschiedlichen Deutungsmustern dargestellt. Auf der
einen Seite die der *ancient constitution*. Wie die Engländer, so diese These,
haben auch die Württemberger eine alte Verfassung, die sich traditionell aus
dem Zusammenwirken von Herrscher und Volk ergibt. Schon immer sind die
Herrschaftsverträge in einem vertrauensvollen Miteinander abgeschlossen worden. Und auch am Beginn des 19. Jahrhunderts gibt es keinen Grund davon
Abstand zu nehmen. In Württemberg ist die Verfassung in diesem Sinne unter
anteiliger Beibehaltung des altständischen Prinzips paktiert worden. Es ergibt
sich dort eine paradoxe Situation voller Gegensätze, die unter dem Begriff der
Verfassung integriert werden.

> „Die württembergischen Verfassungskämpfe und Verfassungsdiskussionen mündeten be-
> kanntlich in die Verfassung von 1819, die als paktierte nicht dem monarchischen Prinzip des
> deutschen Bundes, sondern den liberalen Vorstellungen einer dualistischen Teilung der ver-
> fassunggebenden Gewalt entsprach. Inhaltlich handelte es sich um eine moderne Verfassung
> des konstitutionellen Typs, wenn auch mit stärkeren Relikten des altständischen Rechts, als
> sie die gleichzeitigen, aber oktroyierten Verfassungen Bayerns und Badens aufwiesen. (...)
> Das württembergische Beispiel scheint den Nachweis einer fast bruchlosen Kontinuität zwi-
> schen altständischen, in Herrschaftsverträgen festgelegten Verfassungszuständen und moder-
> ner konstitutioneller Verfassung für Deutschland zu erbringen."[31]

---

29   Ebenda, S. 46
30   Der Verlauf des Verfassungsstreits kann hier nicht im Einzelnen nachvollzogen werden. Vgl.
     dazu: Ebenda, S. 82ff.
31   Dilcher, Gerhard: Vom ständischen Herrschaftsvertrag zum Verfassungsgesetz, in: *Der Staat*
     27 (1988), S. 161-193, hier: S. 164. Wilfried Peters ist dieser Frage in einer ausführlichen
     Studie nachgegangen und kommt zu dem Ergebnis, dass es eine Reihe von Parallelen zwi-
     schen der Verfassung des Alten Reichs und dem Frühkonstitutionalismus in Deutschland ge-
     geben hat. Es spricht aus seiner Sicht alles für einen evolutionären Übergang der alten zur
     neuen Ordnung (Peters, Wilfried: *Späte Reichspublizistik und Frühkonstitutionalismus. Zur*

So bruchlos war diese Kontinuität jedoch nicht, denn zwischen den alten Herrschaftsverträgen und den Eiden, die das Volk den Herrschern abverlangt hatte, lagen Revolution, Absolutismus und französischer Einfluss.

Zum zweiten war dieses württembergische Modell Ausnahme im Konstitutionalismus der Zeit. Das württembergische Beispiel betont die Verbindung mit alt- und landständischen Verfassungen, mit ungeschriebenen Gesetzen, Traditionen und Herrschaftsverträgen. Und so schreibt auch Robert von Mohl, die Parallelen zwischen den Verfassungstypen betonend:

> „Eine der merkwürdigen Erscheinungen auf dem staatlichen Gebiet ist die schnelle und weite Verbreitung der konstitutionellen Regierungsform. Nachdem diese Staatsform jahrhundertelang bei einem einzigen Volke bestanden hatte, verbreitete sie sich innerhalb eines oder zweier Menschenalter über fast alle Länder europäischer Gesittung, die ältesten und verschiedenartigsten Einrichtungen verdrängend."[32]

Die Geltung der Verfassung ruht nicht nur in der Überzeugungskraft des Rechts und der Glaubwürdigkeit der eingerichteten Verfahrensweisen, sondern auch in der sie stützenden Verfassungskultur. Oder, wie Hartwig Brandt formuliert, der konstitutionelle Text musste in konstitutionelles Leben übersetzt werden.[33] Fragen wir nach einer Verfassung, heißt es dort weiter, fragen wir „nach der politischen Gesellschaft, nach dem Grad der Mitwirkung der Bevölkerung an den politischen Dingen."[34] Im Württemberger Verfassungsstreit kollidierten zwei unterschiedliche Vorstellungen von Öffentlichkeit: höfische und bürgerliche Öffentlichkeit.[35] In diesem Konflikt kollidieren die unterschiedlichen Deutungsmuster und die Dimensionen der Verfassung. König Friedrich beabsichtigt mit der neuen Verfassung eine neue Willensgemeinschaft im neuen und größeren Württemberg einzurichten. Im höfischen Zeremoniell zeigt sich die eine Dimension institutioneller Mechanismen. Die Transzendierung des Alltäglichen in der Inszenierung des Außeralltäglichen birgt Chancen der Ordnungsstabilisierung. Im folgenden Beispiel jedoch gewinnt man den Eindruck, als hätten diejenigen, die in das Zeremoniell zumindest emotional eingebunden werden sollten, dem Ganzen nur als neutrale Zuschauer beigewohnt. Es ist in diesem Sinne eine Inszenierung vor Publikum, entsprechend dem Modell der höfischen Öffentlichkeit.[36]

Kontinuität von Verfassungssystemen an nord- und mitteldeutschen Konstitutionalismusbeispielen, Frankfurt/M. u.a. 1993, S. 136).

32   Mohl, zitiert nach: ebenda, S. 169.

33   Brandt, Hartwig: Früher Liberalismus im konstitutionellen Gehäuse. Die Württembergische Verfassung 1819, in: Borst, Otto (Hg.), *Südwestdeutschland. Die Wiege der Demokratie*, Tübingen 1997, S. 79-94.

34   Ebenda, S. 84.

35   Habermas, Jürgen: *Strukturwandel der Öffentlichkeit*. Mit einem Vorwort zur Neuauflage, Frankfurt/M. 1990.

36   Zu Württemberg: Ina Ulrike Paul, *Württemberg 1797-1816/19. Quellen und Studien zur Entstehung des württembergischen Staates*, München 2005. Zu den unterschiedlichen Begrif-

Im Stile der alten Hofzeremonien versucht der Württembergische König Friedrich I. seinem Auftritt Geltung und Autorität zu verleihen. Die anwesenden Ständevertreter hatten sich jedoch schon vorher durch Absprachen und Diskussionen ihre Meinung gebildet. Die Gegenpositionen sind vielfach publiziert, abgeschrieben und verteilt worden. Hier prallt die höfische Zeremonie mit dem Informationsmonopol und dem Anspruch auf Verfügung über die wichtigsten Informationen mit der bürgerlichen Öffentlichkeit zusammen. Das höfische Zeremoniell läuft ins Leere. So nutzen die Abgeordneten und Ständevertreter die Macht der Öffentlichkeit, die neuen Wege der Publizität und Vervielfältigung gegen die Inszenierung des Besonderen und Außeralltäglichen.

König Friedrich I. ließ die Ständeversammlung, der er eigentlich keine andere Funktion zugedacht hatte, als seine Verfassungsvorstellungen umzusetzen und zu legitimieren, an einem symbolisch bedeutenden Tag zusammentreten, am Namenstag des Gründers der alten Württembergischen Verfassung, Herzog Christoph. Dies wurde als Zeichen wahrgenommen, dass sich der König der alten Tradition sehr wohl bewusst war. Joachim Gerner beschreibt den zeremoniellen Rahmen wie folgt:

> „Um 10 Uhr begab sich der König in feierlichem Zug von seinem Residenzschloß zum ständischen Versammlungsort (…). An der Spitze des Zuges ritt die Leibjäger-Garde in Galauniform. Ihr folgten in acht zweispännigen Wagen die niederen Ränge des Hofstaats und die zwölf Staatsräte, denen sich in vier achtspännigen Wagen die Spitzen von Hofstaat und Regierung anschlossen. Die nächste Abteilung bildeten die königlichen Livree-Diener und Pagen zu Fuß. Ihnen folgte endlich der achtspännige Wagen des Königs, der von zwei berittenen Offizieren der Leibgarde und 26 Hofdienern zu Fuß eskortiert wurde. Den Schluß des Zuges bildete die ‚Leib-Escadron' zu Pferd in ihrer Galauniform. Einem sorgfältigen Plan folgend, nahmen alle Beteiligten, ihrer Bedeutung in dem Verfahren und ihrem Rang entsprechend, Aufstellung, der König wurde umrahmt von den Virilstimmführern auf der einen Seite und den gewählten Vertretern auf der anderen Seite. Sodann hob Friedrich I. zu einer Rede an, in der er die Bedeutung der Verfassung für die Einheit Württembergs betonte, Verwaltungsreformen ankündigte und auf seine Vorleistungen verwies. Auf dieser Grundlage legte er den Schlussstein zu dem Gebäude des Staats mit den Worten: Ich (gebe) Meinem Volke eine Verfassung (…), wie Ich sie den Bedürfnissen und dem Wohle desselben für angemessen halte."[37]

Die Stimme Friedrichs, so heißt es in einem Gesandtschaftsbericht, sei durchgehend von fieberhaftem Beben und Zittern gezeichnet gewesen. Dann als es um die Einheit Württembergs ging, habe er die Rede „mit einem heftigen und schmetternden Ton vorgetragen, gleichsam, als ob dies der wichtigste Punkt der Verfassung sei."[38] In diesem Beispiel zeigt sich sehr anschaulich die Verbindung von überkommenen Traditionen und Gewohnheiten mit der Verfassung. Die

---

fen von Öffentlichkeit: Habermas, Jürgen: *Strukturwandel der Öffentlichkeit*. Mit einem Vorwort zur Neuauflage, Frankfurt/M. 1990.

37   Gerner, Joachim: *Vorgeschichte und Entstehung der württembergischen Verfassung im Spiegel der Quellen (1815-1819)*, Stuttgart 1989, S. 68ff.

38   ebenda.

Inszenierungen entstammen noch dem alten Besteckkoffer königlich-traditionaler Legitimationsstrategien. Aber der Gegenstand ist neu: die Verfassung. Nicht nur die republikanischen Revolutionäre wussten die Verfassung zu inszenieren. Auch die Fürsten machten von der Verfassung Gebrauch und nutzten sie doppelt: als *instrument of government* und als Markenzeichen legitimer Herrschaft.

Dies alles hat nicht geholfen, die Opposition in der Ständeversammlung zu unterbinden. Es hat fast den Anschein, als habe die Versammlung dieses Schauspiel an sich vorbeiziehen lassen. Die wichtigsten Vertreter des Adels waren schon vor der Rede der Überzeugung, dass die alte Verfassung nach dem Intermezzo von 1806 wieder in Geltung gesetzt werden müsse. Auch dies wurde entsprechend inszeniert, der Versammlung wurde die vom König vorgesetzte Tagesordnung entzogen, dem König wurde höflich die Rolle des Wahrers des Allgemeinwohls zugewiesen. Aber dann bemühten sich alle folgenden Redner, möglichst an die Tradition der alten Verfassung anzuknüpfen. Sie habe zwar aus guten Gründen nach 1806 nicht gelten können, so hieß es, doch seien nun die Ursachen beseitigt, und einer Wieder-Ingeltungsetzung der alten Verfassung stehe nichts mehr im Wege. Schließlich habe selbst König Friedrich insofern die Geltung der alten Tradition anerkannt, als er den Namenstag des Patrons dieser alten Ordnung zum Anlass für die Ständeversammlung genommen habe.

In diesem Fall hätte der neue Konstitutionalismus zu einem Steigbügelhalter des Absolutismus werden sollen, wenn es nach dem Willen Friedrichs in Württemberg gegangen wäre. Die Berufung auf die alten Rechte, auf die *ancient constitution*, sicherte auch dem bürgerlichen Stand eine Fortführung ihrer Einflussmöglichkeiten. Die Betonung der Kontinuität, die Berufung auf alte Sitten und Gebräuche, das symbolische Kapital der Tradition wurde hier in die Waagschale geworfen. In Zeiten der Revolution wurden diese Zeremonien und die Versuche, daraus Legitimität zu gewinnen brüchig. Hat jedoch die *ancient constitution* im Deutungskampf um Verfassung und Verfassungsänderungen einmal ein solches argumentatives Gewicht erhalten, kann es allen Parteien nur darum gehen, sich dieses symbolische Kapital anzueignen. Immer geht es dann darum, welche Partei mit welcher Deutung näher an dem *original intent* liegt.

1.2. England als Vorbild im deutschen Konstitutionalismus

Mit Württemberg haben wir ein Beispiel gesehen, wie die Vorbildlichkeit des englischen Verfassungsverständnisses konkrete Formen annehmen kann. Es wäre ein leichtes, eine große Anzahl von Anhängern des englischen Konstitutionalismus zusammenzutragen.[39] Von Ancillon bis hin zu Dahlmann hielten sie

---

39   Kraus, Hans-Christof: *Englische Verfassung und politisches Denken im Ancien Regime*, München 2006; Ludwig, Roland: *Die Rezeption der englischen Revolution im deutschen poli-*

an der Vorbildlichkeit Englands fest, an der historischen Betrachtungsweise ebenso wie an dem deskriptiven Verfassungsbegriff.[40] Und immer ging es dabei um die Einbettung des Königs in Parlamente und seien diese ständestaatlichen Ursprungs.

Argumentationsstrategisch rückt jedoch der Bezug zur englischen Verfassung im Zeitalter der Revolutionen nur allzu oft in die Stelle des Aufhalters. Der konservativste Liberale dieser Zeit, Dahlmann, war der größte Anhänger Englands und die Naturrechtler unter ihnen, wie Karl von Rotteck, blieben zu England eher auf Distanz. Die historisch orientierten und auf einen reformorientierten Übergang vom Absolutismus zur konstitutionellen Monarchie setzenden Liberalen setzten sich jedoch durch, und somit konnte in den 1840er Jahren auch England wieder in einem positiveren Licht erscheinen.[41] Friedrich Murhard lobte in seinem Artikel für das Staatslexikon das Zusammenspiel von König und Parlament und sah darin, und nicht in der Gewaltenteilung, die Ursache für Englands Stärke und Erfolg.[42] Nicht unkritisch, und auf viele Missstände hinweisend, aber dennoch mit Achtung beschreibt Murhard den Kern der Englischen Verfassung wie folgt:

> „Was ist die englische Verfassung? Die beste Sammlung von erfahrungsmäßigen Mitteln, wodurch die Gerechtigkeit unter dem menschlichen Gebrechen und Unvollkommenheiten behafteten Geschöpfen, unter von Natur eigennützigen, selbstsüchtigen und leidenschaftlichen Individuen, unter erbmonarchischen Szepter geschützt wird."[43]

Vor allem das England nach den Reformen von 1832 wird zum Vorbild, und Murhard wendet sich lebhaft gegen das Vorurteil, dass lediglich die vorteilhaften Umstände England eine solche Verfassung ermögliche, also eine Übertragung auf den Kontinent nicht möglich sei. Für ihn ist England ein Maßstab guter Regierungskunst.

Doch jenseits der Verfassungsrealität Englands wurde der englische Konstitutionalismus zu einem vielgestaltigen Vorbild. Nicht nur das Zusammenspiel von Krone und Parlament, oder die ausgeprägte Rechtsstaatlichkeit, also: die institutionelle Ordnung im engeren Sinn galt als vorbildlich. Die Thematisierung der Verfassung als Gegenstand der Wissensordnung gab der historischen Schule des Konstitutionalismus Orientierung. „Es wäre eben so irrig zu glauben, dass eine ungeschriebene Verfassung nicht existiere, als zu wähnen, dass sie

---

tischen Denken und in der deutschen Historiographie im 18. und 19. Jahrhundert, Leipzig 2004; Wilhelm, Theodor: *Die englische Verfassung und der vormärzliche deutsche Liberalismus,* Stuttgart 1928.

40   Vgl. McClelland, Charles E.: The German Historians and England. A Study in Nineteenth-Century Views, Cambridge 1971

41   Ebenda, S. 79.

42   Vergl. dazu:. Murhard, Friedrich, Englands Staatsverfassung, in: Rotteck/Welcker (Hg.): *Staatslexikon oder Enzyklopädie der Staatswissenschaften,* Band 5, Altona 1837, S. 84-171

43   Ebenda, S. 89.

wirklich ins Leben tritt, sobald sie niedergeschrieben ist."[44] Mit diesem wunderbar prägnanten Satz beschreibt der preußische Staatsrechtler und Philosoph Friedrich Ancillon die Spannung zwischen der geschriebenen und der ungeschriebenen Verfassung und würdigt so die Kultur, die gesellschaftlichen Praktiken und sozialen Konventionen, in die Ordnungsvorstellungen eingeschrieben sein müssen, um gesellschaftlich wirksam zu werden. Es ist der an England geschulte Blick auf die historischen und sozio-ökonomischen Umstände von Verfassungen, der viele Beobachter interessiert. Die oben angedeutete Frage nach der Möglichkeit, Verfassungen zu übertragen, führt so immer wieder auf die Verfassungssoziologie als Methode. Friedrich Ancillon hat in einer Hommage an Montesquieu in seinem Buch „Über den Geist der Staatverfassungen und dessen Einfluss auf die Gesetzgebung" (Berlin 1825), zutiefst den mangelnden Einfluss Montesquieus in Deutschland bedauert.[45] Und dieses Bedauern bezieht sich auf das Fehlen der Methode des Franzosen. Ancillon beginnt, wie es in der Tradition der Verfassungssoziologen der Fall ist, mit einer Analyse des Klimas und kommt von dort auf die kulturellen und politischen Umstände, um schließlich zur Verfassung anzumerken:

> „Allein man muss hier unterscheiden zwischen Verfassungen, die allmählig aus dem Drang der Umstände, der Natur der Verhältnisse, den Bedürfnissen des Volks entstanden sind, und nur als lebendige Thatsachen in das Leben eines Staats eingreifen, und Verfassungen, die, nach allgemeinen Grundsätzen entworfen, abgefasst und niedergeschrieben, mit einem Male einem Volke aufgelegt und gegeben worden sind."[46]

Dann kritisiert er die Verhältnisse, die von dem „toten Buchstaben der Gesetze das erlernen wollen, was nur die Betrachtung des Staats-Lebens selbst geben kann. Solche Verfassungen sind mit der Vergangenheit verbunden, dem Boden entwachsen und treiben historische Wurzeln."[47] Diese historischen Verfassungen, England dient ihm hier als Beispiel, stellt er der „philosophischen" Verfassung entgegen.

---

44 Ancillon, Friedrich: *Zur Vermittlung der Extreme in den Meinungen*, 2. unveränd. Auflage, Berlin 1838, S. 392. Vgl. die scharfe Kritik Karl Theodor Welckers: Ancillon, in: *Staatslexikon*, Band 1, S. 519-528. Vgl. auch den Artikel von Friedrich Murhard: Englands Staatsverfassung, in: *Staatslexikon*, Band 5, S. 84-171. Im gleichen Sinne schreibt Freiherr vom Stein (1816): „Soll eine Verfassung gebildet werden, so muss sie geschichtlich sein, wir müssen sie nicht erfinden, wir müssen sie erneuern, ihre Elemente in den ersten Zeiten der Entstehung unseres Volkes aufsuchen – und aus diesen sie entwickeln" (in: Boldt, Hans: *Deutsche Staatslehre im Vormärz*, Düsseldorf 1975, S. 177).

45 Darin findet sich natürlich auch eine Würdigung der englischen Verfassung, wie könnte es anders sein (S. 138-170).

46 Ancillon, Friedrich: „Über die politischen Constitutionen", in: ders., *Zur Vermittlung der Extreme in den Meinungen*, 2. unveränd. Aufl., Berlin 1838, S. 377-399, hier: S. 382. Dazu auch Uwe Backes, *Politische Extreme*, Göttingen 2006.

47 Ancillon, Friedrich: „Über die politischen Constitutionen", in: ders., *Zur Vermittlung der Extreme in den Meinungen*, 2. unveränd. Aufl., Berlin 1838, S. 384.

„Solche Verfassungen sind in der Regel nur eine Entwicklung einiger allgemeiner Grundsätze, bei deren Aufstellung man von einer jeden National-Individualität und von allen Zeit- und Orts-Verhältnissen abstrahiert. Dergleichen Grundsätze scheinen auf alle Völker angewendet werden zu können, gerade weil sie keinem angemessen sind. (...) Verfassungen, die sich aus solchen Prämissen ergeben, sind im Grunde nichts Anderes als theoretische Systeme, die (...) wie fremde Eroberer ein Volk überfallen, reißen es von seiner Vergangenheit los."[48]

1.3. Dahlmann und seine „politikwissenschaftliche Verfassungslehre"

Dahlmann ist nicht der Einzige, aber sicherlich einer der prominentesten Vertreter des englischen Verfassungsdenkens in Deutschland. Hat sich Pölitz, wie wir unten sehen werden, zu zwei Dritteln dem historischen Recht und zu einem Drittel nur dem Vernunftrecht zugeschrieben, ist Friedrich Christoph Dahlmann voll und ganz dem historischen Recht zugeneigt. Seine Bedeutung, so Wilhelm Bleek, liegt in seiner „politikwissenschaftlichen Verfassungslehre."[49] Seine ganze Argumentationsweise lässt das historische Prinzip dominieren. Damit steht er exemplarisch für eine ganze Schule der Verfassungssoziologie. Georg Waitz ist mit seinen „Grundzügen der Politik" (1862) ebenso wie Romeo Maurenbrecher mit seinen „Grundsätzen des heutigen Staatsrechts" (1843) in diesen Zusammenhang zu stellen.[50]

Dahlmann wurde durch seinen Widerspruch gegen die Hannoversche Verfassungsauflösung, die „Katastrophe von 1837", wie er es selber nannte, zu einer „Symbolfigur der bürgerlich-liberalen Verfassungsbewegung."[51] Seine Prominenz erreichte er durch den mutigen Protest gegen die Obrigkeit, den er zuvor in seiner Schrift über die Politik theoretisch begründete. Damit, und mit seinen Geschichten der Englischen und Französischen Revolution, erlangte er

---

48 Ebenda, S. 386ff. Friedrich Ancillon bezeichnet die Charte von 1830 als Pflanze, die von England nach Frankreich versetzt wurde, ohne dort die gleichen Bedingungen für ihr Funktionieren vorzufinden, ebenda, S. 390. Und auch in seinem Aufsatz über die Englische Verfassung betont Ancillon, dass man diese nicht einfach verpflanzen kann: Ancillon, Friedrich: Über die Beurteilung der englischen Verfassung, in: ders., *Zur Vermittlung der Extreme in den Meinungen*, 2. unveränd. Aufl., Berlin 1838, S. 401-427, hier: S. 406

49 Bleek, Wilhelm: Friedrich Christoph Dahlmann und die ‚gute' Verfassung, in: *PVS* 48 (2007), S. 28-43.

50 Vgl. dazu auch: Pauly, Walter: *Der Methodenwandel im deutschen Spätkonstitutionalismus: ein Beitrag zu Entwicklung und Gestalt der Wissenschaft vom öffentlichen Recht im 19. Jahrhundert*, Tübingen 1993.

51 So das Urteil von Wilhelm Bleek in seinem Aufsatz: Friedrich Christoph Dahlmann und sein Werk über „Die Politik", in: Dahlmann, Friedrich Christoph, *Die Politik*, hg. von Wilhelm Bleek, Frankfurt/M. 1997, S. 273; Thadden, Rudolf von: *Die Göttinger Sieben, ihre Universität und der Verfassungskonflikt von 1837*, Hannover 1987; Vierhaus, Rudolf: Friedrich Christoph Dahlmann und die konstitutionelle Idee, in: Bürklin/Kaltefleiter (Hg.), *Freiheit verpflichtet. Gedanken zum 200. Geburtstag von Friedrich Christoph Dahlmann*, Kiel 1985, S. 51-62; Smend, Rudolf: Die Göttinger Sieben, in: ders., *Staatsrechtliche Abhandlungen und Aufsätze*, 3. Aufl., Berlin 1994, S. 391-410.

eine herausragende Bedeutung für das liberale Bürgertum. In ihm, so Manfred Riedel, und nicht in Kant oder Hegel, habe man sich in dieser Zeit wieder erkannt.[52] Er wurde zum Pionier der geschichtlichen Argumentation in der Politik.[53] Nach dem Hannoveraner Verfassungsbruch, in der zweiten Auflage seiner „Politik" von 1847, zwölf Jahre nach der Erstausgabe, war es dann aus historischem Anlass die Verbindlichkeit des Eides auf die er noch einmal gezielt abstellte und auf das englische Vorbild verwies.[54]

Dahlmanns Kritik an der Vertragstheorie und dem Rationalismus führte zu einer Stärkung des historischen Prinzips und einer Würdigung des evolutionär-historischen Verfassungsverständnisses.[55] Die Verfassung findet sich nicht im Text, so diese Position, sondern in den politischen Strukturen, die nicht einfach gemacht werden können, sondern eine Verbindung zur Geschichte aufweisen.[56] Das führte ihn zu einer Aristotelischen Verfassungskonzeption.[57] Antike, Germanentum und Christentum sieht er in der englischen Tradition verknüpft und England als Vorbild im Ringen um eine gute Verfassung.[58]

---

52   Riedel, Manfred: Politik und Geschichte. F.C. Dahlmann und der Ausgang der Aristoteles-Tradition, in: *Metaphysik und Metapolitik. Studien zu Aristoteles und zur politischen Sprache der neuzeitlichen Philosophie*, Frankfurt/M. 1975, S. 307-329.

53   Bleek, Wilhelm: Friedrich Christoph Dahlmann und sein Werk über „Die Politik", in: Friedrich Christoph Dahlmann, *Die Politik*, hg. von Wilhelm Bleek, Frankfurt/M. 1997, S. 271-322, hier: S. 275.

54   Dies findet sich auch schon in der Vorrede zur deutschen Übersetzung von de Lolme's Darstellung der englischen Verfassung, in: Dahlmann, Friedrich Christoph, *Kleine Schriften und Reden*, hg. von Varrentrapp, Stuttgart 1886, S. 111-120. Dort heißt es: „Er (de Lolme, RS) hielt eine Mitte zwischen den Orthodoxen der Constitution, die diese als ein Uranfängliches verehren und selbst den Versuch die Stufen ihrer Durchbildung darzustellen verabscheuen, wie denen einer der würdige Oberrichter Lord Camden war, und denen, welche in ihr allein den Stoff zu künftigen Verbesserungen schätzen; wiewohl sein Sinn weit mehr zu der ersteren hinneigt. Am wenigsten musste er denen einleuchten, welche, erhitzt von dem amerikanischen Umschwung, in der Form der Monarchie überhaupt nur Veraltung sahen; denn sein Trachten eben war, den Freistaat im Königtum darzustellen und den Wahn zu entfernen, als gehe der Freiheit Forderung auf die mögliche Verringerung der königlichen Macht" (S. 113).

55   Dahlmann, Friedrich Christoph, *Die Politik*, [1835], hg. von Wilhelm Bleek, Frankfurt/M. 1997; Bleek, Wilhelm, Friedrich Christoph Dahlmann und sein Werk über „Die Politik", in: ebenda, S. 271-322; Udo Bermbach, Deutscher Frühliberalismus, in: Fetscher, Iring/Münkler, Herfried (Hg.), *Pipers Handbuch der politischen Ideen*, Band 4, München 1986, S. 350-364.

56   Dahlmanns Englandbezüge in: Dahlmann, Friedrich Christoph, *Die Politik*, [1835], hg. von Wilhelm Bleek, Frankfurt/M. 1997, S. 50ff. Englands Mischverfassung ist für Dahlmann ein bisher unerreichtes Vorbild, um Freiheit und Stabilität zu verbinden, ebenda, S. 24ff.

57   Zu Aristoteles und Aristotelismus bei Dahlmann: Hennis, Wilhelm: *Politik und praktische Philosophie*, Neuwied 1963; Riedel, Manfred: Politik und Geschichte. F.C. Dahlmann und der Ausgang der Aristoteles-Tradition, in: ders., *Methaphysik und Metapolitik. Studien zu Aristoteles und zur politischen Sprache der neuzeitlichen Philosophie*, Frankfurt/M. 1975, S. 307-329.

58   „Großbritannien galt für die historisch gesinnten Vertreter des norddeutschen Liberalismus während der Vormärzzeit als das große Vorbild" (ebenda, S. 294).

„Großbritannien galt Dahlmann im Gegensatz zu Frankreich als Vorbild, weil es über eine historisch gewachsene, nicht revolutionär gesetzte Konstitution verfügte, seine ungeschriebene Verfassung die organische Fortentwicklung der germanischen Volksfreiheiten sei und die gleichgewichtige Verbindung der drei Gewalten und Staatsformen auf der britischen Insel das Prinzip einer vermischten Verfassung auf ideale Weise verwirkliche."[59]

Kurioserweise verstrickt sich Dahlmann jedoch gerade im Umgang mit der englischen Verfassung in einen Widerspruch. Sein eigener Anspruch ist, die Zustände so zu nehmen, wie sie sich darstellen. Diesem Realismus Machiavellischer Prägung, der sich im weiteren Verlauf des Jahrhunderts Baumgarten und Rochau anschließen werden, wird er aber gerade in Bezug auf die englische Verfassung nicht folgen. Dass diese sich am Ende des 18. Jahrhunderts schon von der konstitutionellen zur parlamentarischen Monarchie gewandelt hatte, blieb ihm verborgen. So orientierte sich paradoxerweise sein Ideal für Deutschland an einer fast ein halbes Jahrhundert überholten englischen Verfassung, die in diesem überkommenen Zustand sein Ideal bleibt.

Dahlmann steht jedoch nicht nur für die Orientierung an der englischen Mischverfassung oder die Vorbildlichkeit der Antike, sondern auch für die Vorgängigkeit der Verfassung gegenüber der Nation, die sich langsam an der Verfassung vorbei in den Vordergrund drängt. Sein Erfahrungshintergrund und seine politische Praxis lassen es nicht als überraschend erscheinen, dass er der Verfassung regulatorische, normbildende und die Regierung in Schranken weisende Aufgaben zuweist. Der Verfassungsbruch, den Dahlmann am eigenen Leib in Hannover miterlebt hat,[60] der später machtpolitisch begründet werden kann (Rochau), ist bei ihm das höchste Vergehen. Die Verfassung kann und soll die Politik bändigen und in Schranken weisen. Er glaubt an die „normative Kraft autoritativer Rechtstexte" und die Chance Politik zu verrechtlichen.[61]

Neben Dahlmann ist es der Vertreter der konservativen Staatslehre Friedrich Julius Stahl, der in seiner „Philosophie des Rechts" schrieb: „Was hilft die Vollendung der Verfassung, wenn der Geist Gottes nicht in den Menschen waltet?"[62] Die Stahlsche Vermittlungsposition wird dort deutlich, wo er zwar den Menschen das Recht abspricht, eine Verfassung zu *machen,* aber diese dennoch für unerlässlich hält, um einen freiheitlichen Staat auf Dauer zu stellen: „Der menschliche Verstand kann keine Verfassung erfinden und soll es nicht."[63] Es geht also mehr darum, die Verfassung zu erkennen, als sie nach einem Idealbild zu schaffen:

---

59   Ebenda, S. 294.
60   Vgl. oben Kap. III, 3.1.
61   Dazu Natascha Doll: *Recht, Politik und Realpolitik bei August Ludwig von Rochau. Ein wissenschaftsgeschichtlicher Beitrag zum Verhältnis von Politik und Recht im 19. Jahrhundert,* Frankfurt/M. 2005, S. 111ff.
62   Stahl, Friedrich Julius: *Die Philosophie des Rechts, 2 Bände,* Heidelberg 1830, S. 65.
63   Ebenda, S. 67.

„Es ist unvollkommen, wenn in dem wohlverfassten Staate der Sinn der Regierung nicht der rechte ist, es ist aber auch unvollkommen, wenn der aufs beste regierte Staat nicht auch eine wohlausgebildete Verfassung hat. Und die Einrichtung hat allerdings das voraus, dass sie, wenn sie einmal vom wahren Geist durchdrungen ist, als die unverwüstliche Grundlage der rechten Erfüllung dieselbe auch für die Zukunft verbürgt (...)."[64]

2. Voluntarismus und Sozialtechnologie: Frankreich

Selbstverständlich sind unter dem historisch und politisch gewichtigen Gesichtspunkt der Menschenrechte und der Gewährung von Grundrechten die Amerikanische und die Französische Revolution und ihre Grundrechts-Bücher in einem Atemzug zu nennen. Von hier strahlt der neue Verfassungsbegriff aus, der einen hegemonialen Anspruch erhebt und eine neue Fest- und Memorialkultur entwickelt, die den Bürger und das Politische ins Zentrum der Symbolordnungen stellt. Unter diesem Aspekt haben beide Länder grundlegenden Einfluss auf die deutsche Debatte genommen. Aber trotz der Parallelen könnte es zur amerikanischen Tradition unter den uns hier interessierenden Gesichtspunkten keinen klareren Gegenspieler geben als die rational konstruierten Verfassungen im Gefolge der Französischen Revolution: dekontextualisiert und systemverliebt, oder entstanden durch napoleonischen Oktroi in den kleinen Rheinbundstaaten.[65]

Unter diesem Gesichtspunkt rückt die französische Verfassung in die denkbar größte Spannung zur englischen. Der konstruktivistische Zugriff, die Neuerfindung politischer Kultur, die Umwertung aller Werte waren Kennzeichen des revolutionär-voluntaristischen Konstitutionalismus Frankreichs. Ungeachtet der vielfältigen Wandlungen von Revolution, Reaktion, Bonapartismus

---

64 Ebenda, S. 65.
65 Eine schier endlose Reihe von Kritikern hat den Revolutionären vorgehalten, Demokratie als jakobinisches Projekt der Machbarkeit politischer Ordnung über den Kopf der Beteiligten hinweg zu verstehen. Von der Kritik Burkes in den *Reflections on the Revolution in France*, den 1799 veröffentlichten *Caprichos* von Goya bis hin zu Michael Oakeshott. Hennis, Wilhelm: Die Vernunft Goyas und das Projekt der Moderne, in: ders., *Politikwissenschaft und politisches Denken*, Tübingen 2000, S. 350-373, Oakeshott, Michael: *Rationalism in Politics and other Essays*, Indianapolis 1991; Schmidt, Rainer: Erfahrung und politische Urteilskraft, in: Brodocz, André (Hg.), *Erfahrung als Argument. Zur Renaissance eines ideengeschichtlichen Grundbegriffs*, Baden-Baden 2007, S. 73-87. Oakeshott betreffend gibt es vermehrt Stimmen, die ihn weniger mit dem Konservatismus als mit dem Republikanismus in Verbindung bringen. Dazu: Schmidt, Rainer: Art. Michael Oakeshott, in: *Politische Theorie der Gegenwart in Einzeldarstellungen*, hg. von Gisela Riescher, Stuttgart 2004, S. 355-357. Ders.: Erfahrung und politische Urteilskraft, in: Brodocz, André (Hg.), *Erfahrung als Argument. Zur Renaissance eines ideengeschichtlichen Grundbegriffs*, Baden-Baden 2007, S. 73-87. Ähnliches wäre auch in Deutschland mit Hannah Arendt, Dolf Sternberger, Theodor Eschenburg und Wilhelm Hennis zu leisten, die mit dem Etikett des Konservatismus oder Liberalismus nicht wirklich erfasst werden können.

und Bürgerkönigtum war es jedes Mal die Nation, die sich jeweils eine neue Verfassung gegeben hat.[66] In den Verfassungen verkörpert sich der Wille der Nation, der sich jeweils eine andere Form gibt. Hieraus erklärt sich die Dominanz des instrumentellen Verständnisses der Verfassung, die als Verfassung keinen zentralen Stellenwert in den Symbolordnungen Frankreichs erreichen konnte. Und so sind entsprechend die Anschlüsse an Frankreich folgenreich, in jeder Phase der Revolution unterschiedlich und widersprüchlich.

Die Anwesenheit einer Verfassung bringt noch keine Verfassungskultur hervor. Das belegen die Verfassungsexporte der Französischen Revolution. Nur die Tatsache, dass es eine Verfassung gibt, sagt nichts über deren Stellenwert im Symbolhaushalt einer politischen Kultur. Die Vernunftbehauptung wurde auf das Recht bezogen, und das positive Recht entsprach dem Natur- und Vernunftrecht. Doch auch in Frankreich war es fraglich, ob das reine Recht, auch wenn es einer fortschrittlichen Revolution im Sinne des aufgeklärten Liberalismus gleichkam, aus sich Geltung erhalten kann. Dieses Recht brachte Napoleon zusammen mit den ersten Verfassungen nach Deutschland. Er sorgte für die Durchsetzung des Rechtsstaates, aber nicht des Verfassungsstaates. Im symbolischen Zentrum stand die Verfassung nämlich nicht. Weder wurde eine öffentliche Deliberationskultur eingerichtet, noch hatte die Verfassung selber den Status eines Ortes der symbolischen Verdichtung von Ordnungsvorstellungen. Dafür brauchte es vielmehr die Person Napoleons, und trotz der Hoffnungen eines Adam Bergk sollten Verfassung und Rechtskörper allein keine ausreichenden Bindekräfte mobilisieren. Dabei darf natürlich nicht vergessen werden, dass eine mächtige internationale Allianz von monarchischen Staaten gegen die neuen Verfassungen und gegen Napoleon stand. Aber die ursprüngliche Energie, die aus Frankreich zur Durchsetzung der Verfassung – auch auf der symbolischen Ebene, nicht nur instrumentell – freigesetzt wurde, schien bei den deutschen Satellitenstaaten versiegt zu sein. Auch trug die Republik nicht mehr die Leitidee des napoleonischen Konstitutionalismus. Diese Verfassungen in Westfalen, Frankfurt und Berg führten nicht zu einer Republik im Sinne Harringtons, zu einer Herrschaft der Gesetze und nicht der Menschen, sondern changierten zwischen fürstlichem Oktroi und Gestus der Vernunft.

2.1. Zur Transformation politischer Symbole in der Französischen Revolution

Im Verlauf der Französischen Revolution wird das ganze Tableau an Verfassungssymbolik aktualisiert und weiterentwickelt, das schon in der Frühen Neu-

---

66   Kimmel, Adolf : Nation, Republik, Verfassung in der französischen politischen Kultur, in: Stammen, Theo (Hg.), *Politik-Bildung-Religion, Festschrift für Hans Maier*, Paderborn 1996, S. 423-432; Schulz, Daniel: *Verfassung und Nation. Formen politischer Institutionalisierung in Deutschland und Frankreich*, Wiesbaden 2004.

zeit zur Geltungsstabilisierung der monarchischen Regierung eingesetzt wurde, später im Vormärz in Baden und Bayern aufgefahren wird und auch noch die Paulskirchen-Verfassung umgibt. Dabei ist es von zentraler Bedeutung, auf den Konflikt um die Verschriftlichung hinzuweisen. Mit der Verschriftlichung erfolgt – zwar nicht die Notwendigkeit – aber zumindest die erhöhte Wahrscheinlichkeit einer positiv-rechtlichen Codierung der Verfassung. Dies hat zwei ambivalente Konsequenzen, wie sich sehr schön an der deutschen Verfassungsgeschichte zeigen lässt.

Die Schriftlichkeit gibt der Verfassung, wie ja schon Amerika gezeigt hatte, eine ganz andere Möglichkeit, in den Symbolhaushalt der Gesellschaft einzugehen. Sie wird handhabbar, anschaulich und lässt sich bibelgleich aufbahren, feiern und ausstellen. Gerade die revolutionäre, aber nicht nur die revolutionäre Genese der Verfassung, die sich mit heroischen Akten, Legenden, Mythen, konkreten Ereignissen und Daten verbinden lässt, eignet sich besonders gut, eine Eigengeschichte zu entwickeln.[67] Allerdings birgt die Positivierung auch die Gefahr, dass die Verfassung zu einem reinen Spielball der Juristen wird und ihr politisches Moment aus dem Blickwinkel gerät – wie es die deutsche Entwicklung zeigt.

Durch die Verschriftlichung gerät die Bedeutung von Konventionen, Sitten und Gewohnheiten zur Stabilisierung von Ordnungvorstellungen gerne aus dem Blickfeld. Diese Unterscheidung lässt sich, wie Robespierre zeigt, auch ideologiekritisch deuten. Die Konvention steht für die vormoderne und vorrevolutionäre Ordnung. Die Schriftlichkeit wird zur Insignie des Modernen. Die Antike, so Robespierre, habe die Menschen verführt und ihnen das wahre Wesen des Staates verschleiert. Für ihn waren Solon und Lykurg Betrüger, Ideologen, die den Bürgern etwas vorgemacht haben.[68] Für Robespierre gehörte die Vernunft an die Stelle des Kultus. Dies führte schließlich zur paradoxen kulturellen Einbettung der Vernunft als höchstem Wesen. Die Vernunft wurde vergöttlicht. Damit blieb Robespierre dem antiken Mythos stärker verhaftet als er dachte.

Ob eine Verfassung schriftlich fixiert sein müsse oder nicht, wird zunehmend während der Französischen Revolution zum Scheidepunkt der Geister. Dazu gibt es aus der Montesquieu-Rezeption eine klare Ansage: die vorrechtlichen und vor-positiven Ordnungen sind entscheidend für die Stabilität der Verfassung. Bei Montesquieu ergibt sich die Verbindung von Verfassung als positiv-rechtliche Ordnung und vor-positive (gewohnheitsrechtliche und natürlich-rechtliche) Ordnung. So fürchten besonders die Anhänger der Monarchie, dass die Liebe zwischen Volk und König nicht positivierbar ist und mit der

---

67 Zu Begriff und Konzept der Eigengeschichte: Rehberg, Karl-Siegbert: Die stabilisierende „Fiktionalität" von Präsenz und Dauer. Institutionelle Analyse und historische Forschung. in: Blänkner, Reinhard und Jussen, Bernhard (Hg.), *Institutionen und Ereignis. Über historische Praktiken und Vorstellungen gesellschaftlichen Ordnens*, Göttingen 1998, S. 381-407.

68 Vgl. Robespierre, Maximilien de: *Ausgewählte Texte*, mit einer Einleitung von Carlo Schmid, Hamburg 1989.

rechtlichen Ordnung verschwinden könnte.[69] „Das Problem der Schriftlichkeit",
so Schmale,

> „zeigt eine Veränderung der Bedeutungsstruktur an: Schriftlichkeit meint nicht nur die Positi-
> vierung von verfassungsrelevantem Recht und Gesetz, sondern die Zusammensetzung der
> Verfassungsregeln in einem Dokument, der *charte constitutionelle*. Dieses Dokument reflek-
> tiert nicht einfach eine bestehende Verfassung, sondern setzt sie neu, sei es bewusst oder auch
> nur indirekt, indem es endgültig definiert, gegebenenfalls ausgrenzt, jedenfalls entscheidet.
> Die konkreten Befürchtungen liefen darauf hinaus, dass der an eine Verfassung gebundene
> Monarch in Frankreich einen ähnlichen Bedeutungs- und Autoritätsverlust erleiden würde,
> wie der englische König. 'La constitution doit être gravée dans le coeur et dans la mémoire de
> chaque citoyen, comme on y grave les principes des sa croyance'."[70]

Und neben den rationalen Argumenten für oder wider die Monarchie, mussten
die Revolutionäre auch mit der emotionalen Bindung an die Monarchie kämpfen. Denn den Bourbonen war es gelungen,

> „Macht nahezu vollkommen mit dem symbolischen Apparat der Monarchie und insbesondere
> mit der Person des Monarchen zu identifizieren. Macht bemaß sich nach der Nähe zum Leib
> des Königs. Um ihre eigene politische Verantwortung als Bürger und ihre Macht zurück zu
> gewinnen, mussten die Franzosen alle symbolischen Verbindungen zur Monarchie und zum
> Leib des Königs beseitigen."[71]

Es ist den Franzosen gelungen, nicht zuletzt auf Grund ausführlicher Rousseau-
Rezeption, die Ereignisse um die Revolution mit größter emotionaler und symbolischer Bedeutung aufzuladen.[72] „Der Glaube an demokratische Partizipation
initiierte eine republikanische ‚Lehrzeit' in Frankreich, und die neue politische
Kultur wurde intensiv genug aufgenommen, um die Grundlagen für eine revolutionäre, republikanische Tradition zu legen."[73] Die Revolutionskultur war von

---

69   Vgl. zu diesen Überlegungen: Schmale, Wolfgang: Artikel "Constitution, constitutionnel", in:
     Handbuch politisch-sozialer Grundbegriffe, hg. von Rolf Reichardt/Eberhard Schmitt/Hans-
     Jürgen Lüsebrink, München 1985 ff., Heft 12 (*1992*), S. 43ff.; Burke, Peter: *Ludwig XIV. Die
     Inszenierung des Sonnenkönigs*, Berlin 1993.
70   Carcassone, zitiert nach Schmale, Wolfgang: Artikel "Constitution, constitutionnel", in:
     Handbuch politisch-sozialer Grundbegriffe, hg. von Rolf Reichardt/Eberhard Schmitt/Hans-
     Jürgen Lüsebrink, München 1985 ff., Heft 12 (*1992*), S. 44.
71   Hunt, Lynn: *Symbole der Macht. Macht der Symbole. Die Französische Revolution und der
     Entwurf einer politischen Kultur*, Frankfurt/M. 1989, S. 74.
72   Vgl. zu den folgenden Überlegungen: ebenda.
73   Ebenda, S. 251. Interessant ist dabei die unterschiedliche Bewertung, die Lynn Hunt gegen-
     über Hannah Arendt der französischen Revolution zukommen lässt. Hannah Arendt klassifi-
     ziert die französische Revolution als soziale gegenüber der politischen Revolution der Ameri-
     kaner. Für Lynn Hunt dagegen „war die Französische Revolution fundamental ‚politischer'
     Natur. Die Schaffung einer neuen politischen Rhetorik und die Entwicklung neuer symboli-
     scher Formen politischer Praxis veränderten die geläufigen Vorstellungen von Politik" (Eben-
     da, S. 253). Und noch einmal zugespitzt: „In meinen Augen waren die sozialen und ökonomi-
     schen Veränderungen im Gefolge der Französischen Revolution nicht revolutionär (...) Im
     Bereich der Politik dagegen änderte sich fast alles" (Ebenda, S. 264).

dem Gedanken geprägt, die abstrakten Ideen und Theorien von politischer Ordnung in die Herzen und in den politischen Alltag zu tragen. Die Veränderungen in diesem Bereich waren vielgestaltig: neue Rituale, neue Symbole, neue Embleme, neue Zeitrechnung und neue Feste. Dies alles lässt erkennen, wie hoch die Macht eines charismatischen Königs eingeschätzt wurde. Diesem Charisma glaubte man auf Seiten der Revolution kaum gewachsen zu sein. Nur so sind die ungeheuren Anstrengungen zu erklären, auch der Bild- und Symbolwelt der Monarchie ebenbürtig oder gar überlegen sein zu wollen. Gleichzeitig dienten die Rituale der Integration der Gesellschaft.[74]

„Der rituelle Treueeid, der bei einem Freiheitsbaum oder in Massen auf den zahlreichen Revolutionsfesten abgelegt wurde, erinnerte an den Augenblick, da der Gesellschaftsvertrag abgeschlossen wurde, und ließ ihn gleichsam neu erstehen; die rituellen Worte ließen die mythische Gegenwart wieder und wieder lebendig werden."[75] Freiheitsbäume wurden errichtet.[76] Es blieb dabei nicht bei einzelnen punktuellen Festen, sondern es gab eine regelrechte „Systematisierung der öffentlichen Feste".[77] Es gab ein Fest der Vernunft.[78] Dazu kam es zu Feierlichkeiten um die Göttin der Freiheit.[79] Und es wurden regelrechte revolutionäre Katechismen als Schulen der Republik eingerichtet.[80] Insgesamt folgte der Revolution ein gewaltiges Erziehungsprogramm.[81] Es blieb also nicht bei Änderungen auf der Oberfläche von Staat und Gesellschaft. Wobei diese durch die Einführung einer neuen Kleiderordnung, neuer Zeitrechnung, neuer Maße usw. gravierend genug waren. Die Erziehungsmaßnahmen zielten auf einen neuen Menschen: „Die Entwicklung der republikanischen Staatsform erforderte neue Sitten und Gebräuche (…)."[82]

Die Symbole waren gänzlich neue, aber die Bedeutung der Symbole haben die Revolutionäre nicht erfunden, sondern von den Bourbonen übernommen. Dass Herrschaft sich symbolischer Repräsentation bemächtigen muss, war diesen schon vorher klar. Und so blieb man doch bei der Struktur der Symbolpolitik den Vorgaben stark verbunden. Die absolute Macht des *ancien regime* wurde nicht unmittelbar in eine gemäßigte Macht transformiert, sondern in eine ebenso absolute Macht der Vernunft, des Volkes und der Nation übertragen. Es blieb

---

74 Vgl. Ozouf, Mona: *La fête revolutionnaire: 1789-1799*, Paris 1989.
75 Hunt, Lynn: *Symbole der Macht. Macht der Symbole. Die Französische Revolution und der Entwurf einer politischen Kultur*, Frankfurt/M. 1989, S. 43.
76 Ebenda, S. 72.
77 Ebenda, S. 79.
78 Ebenda, S. 83.
79 Ebenda, S. 85.
80 Ebenda, S. 89.
81 Ebenda, S. 94ff.
82 Ebenda, S. 109. Aber in die nach Deutschland getragenen französischen Verfassungsentwürfe wurde davon nichts übernommen. Das Bewusstsein, dass es einer Verfassungskultur bedürfe, war offensichtlich in Napoleons Konzept nicht vorhanden. Zumindest gab es in Westfalen und Berg keinerlei Ansätze. Die Verfassungen blieben bloße Papiere.

der Absolutismus als Strukturmerkmal. Aber, und das darf hier nach diesem Streifzug durch die französische Revolutionsgeschichte nicht vergessen werden, kommt es nicht zu einer Aufwertung der Verfassung. Nation und Republik stehen im Symbolhaushalt der Franzosen bis heute über der Verfassung. Hier sollte auch nicht gezeigt werden, dass die Franzosen in der Französischen Revolution eine Verfassungskultur ausgeprägt hätten, sondern dass ihnen bewusst war, dass sich politische Ideen nur über eine Popularisierungsstrategie in der politischen Kultur festsetzen können. Es bedarf der Multiplikatoren in Kunst, Kultur und Publizistik, um die Ideen der Revolution auf Dauer zu stellen, um sie zu institutionalisieren.[83]

Dieses Bewusstsein hat sich auch sehr schnell im deutschen nationalen Patriotismus nach 1814 durchgesetzt. Mit den frühen Reden Fichtes und Arndts und den burschenschaftlichen Organisationen begannen Geburtsfeste der deutschen Nation, die für das ganze 19. Jahrhundert stilbildend werden sollten.[84] Wie sehr dabei auch die französische Revolution in den Gedankenströmen der Antike zuhause war, zeigen die zahlreichen Medaillen und Münzen. Die seit der Antike bekannte Symbolik von Libertas und Felicitas sind dabei Bezugspunkte einer „guten Politik".[85] Aber die Medaillenprägung unterlag einer starken Kontrolle. Die Lobpreisung des Königs, die auf den frühen Medaillen vorgenommen wird (1791) geht maßgeblich auf die von Ludwig XIV. gegründete „Académie Royale des Inscriptions et Belles-Lettres" zurück, die es sich zur Aufgabe ge-

---

83 Adolf Kimmel schreibt dazu, dass in Frankreich bis heute keine verfassungszentrierte politische Kultur herrscht. In Frankreich sind es Nation und Republik [Kimmel, Adolf : Nation, Republik, Verfassung in der französischen politischen Kultur, in: Stammen, Theo (Hg.), *Politik-Bildung-Religion, Festschrift für Hans Maier*, Paderborn 1996, S. 423-432, hier: S. 424]. „Staat, Nation und Nationalbewusstsein waren bereits fest verwurzelt, bevor die Diskussion um eine Verfassung begann" (ebenda). Vgl. dazu auch Schulz, Daniel: *Verfassung und Nation. Formen politischer Institutionalisierung in Deutschland und Frankreich*, Wiesbaden 2004. In diesem Sinne bedient sich auch Thomas Würtenberger der Verfassungssymbolik. In seinem Aufsatz über „Die Verfassung als Gegenstand politischer Symbolik" kann er zeigen, „wie die Verfassungssymbolik an besondere Ereignisse der verfassungsgeschichtlichen Entwicklung anknüpft und zugleich auch auf das politisch-rechtliche Denken Einfluss nimmt" (Würtenberger, Thomas: Die Verfassung als Gegenstand politischer Symbolik im ausgehenden 18. und beginnenden 19. Jahrhundert, in: *Recht im Wandel seines sozialen und technologischen Umfeldes. Festschrift für Manfred Rehbinder*, hg. von Jürgen Becker u.a., München 2002, S. 619).

84 Vgl. Elisabeth Fehrenbach, *Verfassungsstaat und Nationsbildung 1815-1871* [Enzyklopädie deutscher Geschichte, Band 22], München 1992, S. 7ff.

85 Für diese Münzen und Medaillen ist das Werk von Hennin, „Histoire Numismatique de la Revolution Francaise" von 1826 eine wahre Fundgrube. Hier finden sich Abbildungen und Erläuterungen, auch die Analogie zu den Mosestafeln; Hennin, Michel: *Histoire Numismatique de la Révolution Francaise, ou description raisonnée des médailles, monnaies, et autres monuments numismatiques relatifs aux affaires de la France, depuis de l'ouverture des Etats-Généraux jusqu'a l'etablissement du gouvernement consulaire*, Paris 1826, Abbildungen 187; 359.

macht hatte, den König dergestalt zu verehren.[86] Aber 1791 ist es dann doch eher „der Genius", der die Verfassung schreibt. Im Geist der Aufklärung wird die Positivierung des Rechts mit einer Zeitenwende verbunden.

Im „Contrat Social" steht der berühmte Satz: „Jede rechtmäßige Regierung ist republikanisch."[87] Dies heißt übertragen auf die Verfassung: nur dort, wo die Gesetzgebung in den Händen des Volkes liegt und die Exekutive an die Gesetzgebung gebunden ist, gibt es eine Verfassung.[88] So wird auch die französische Republik als Gesetzesstaat verstanden, der bis zur „Vergötterung des Gesetzes" (Cotteret) oder zum „Gesetzeskult" führt.[89] Hasso Hofmann urteilt: „Höchst bezeichnenderweise haben die Franzosen dank des aus ihrem monistisch-hierarchischen Modell folgenden Gesetzeskults bis heute Schwierigkeiten mit dem Gedanken einer gerichtlichen Kontrolle der vom Parlament artikulierten *volonté générale* – von der englischen Parlamentssouveränität ganz zu schweigen."[90] Dieser Gesetzeskult hat jedoch nichts mit dem zu tun, was gemeinhin als „Juridifizierung der Politik" bezeichnet wird. Von dieser kann nur gesprochen werden, wo es um eine doppelte Legalitätsstruktur geht[91] und eine juristische Instanz Entscheidungen des Gesetzgebers kassiert.[92]

---

86 Die Flugschriften und Pamphlete dieser Zeit fallen dagegen weit kritischer aus. Auch in der 1848er Verfassungsdiskussion finden sich kontroverse Positionen in der öffentlichen Symbolisierung wieder. Vgl. dazu und zum folgenden: Würtenberger, Thomas: Die Verfassung als Gegenstand politischer Symbolik im ausgehenden 18. und beginnenden 19. Jahrhundert, in: *Recht im Wandel seines sozialen und technologischen Umfeldes. Festschrift für Manfred Rehbinder*, hg. von Jürgen Becker u.a., München 2002, S. 622ff.

87 Rousseau, Jean-Jacques: Vom Gesellschaftsvertrag, in: ders., *Politische Schriften* Band 1, hg. von Ludwig Schmidt, Stuttgart 1977, S. 98.

88 Hofmann spricht von der Kraft Rousseaus republikanischer, d.h. gewaltenteilender, unpersönlicher Herrschaft des Gesetzes. Diese Formulierung lässt sich auch auf Montesquieu beziehen, denn dieser unterscheidet gerade die Regierungsformen danach, wie das Verhältnis zwischen Gesetzen und Richtern gestaltet ist: „In den monarchischen Staaten gibt es ein Gesetz, und da, wo es eindeutig ist, folgt ihm der Richter, und wo es das nicht ist, sucht er, seinen Sinn zu ermitteln. Unter der republikanischen Regierungsform entspricht es dem Wesen der Verfassung, dass die Richter sich an den Buchstaben des Gesetzes halten" (Montesquieu, *Vom Geist der Gesetze*, Buch VI, Kap.3; S. 109). Und so fällt dementsprechend auch sein Lob für die Verfassung Englands aus, wenn er betont, dass dort die Richter keine eigene Macht besitzen. Daraus spricht noch die Angst vor richterlicher Willkür und willkürlicher Kompetenzüberschreitung. Sein Ideal ist, dass die richterliche Gewalt „unsichtbar und zu einem Nichts" wird. Die Urteilssprüche sollen „niemals etwas anderes" sein „als eine genaue Formulierung des Gesetzes" (ebenda, S. 217). „(D)ie Richter sind (...) nur der Mund, der die Worte des Gesetzes ausspricht, willenlose Wesen, die weder seine Schärfe, noch seine Strenge zu mildern vermögen" (ebenda: S. 225). Insofern stimmt es zwar, dass Montesquieu die Gewaltenteilung bzw. Gewaltenverschränkung am Beispiel Englands stark gemacht hat, nicht jedoch eine Eigenständigkeit des Rechts. Die drei Gewalten sind eher soziologisch bestimmt: Königtum, Adel, Bürgertum – von einer Eigenständigkeit der Judikative kann hier nicht gesprochen werden.

89 Hofmann, Hasso: *Das Recht des Rechts, das Recht der Herrschaft und die Einheit der Verfassung*, Berlin 1998, S. 37.

90 Ebenda.

91 Hier ist entscheidend, gegen welche Wirklichkeit das Ideal bezogen wird. Beispielgebend sind hier die Veränderungen, die Hegel in der Rechtsphilosophie vorgenommen hat in Bezug auf

2.2. Die Leitidee der Rationalität

Der Begriff der Republik und das Konzept des Republikanismus sind zu Beginn des 19. Jahrhunderts eng mit der Französischen Revolution verbunden.[93] Neben der selbstbewussten Aneignung der Ideale der französischen Revolution gab es auch das Gegenmodell: Französische Revolution als Oktroi.[94] Verfassungen entfalten ein Eigenleben, auch wenn sie oktroyiert werden. Sind sie einmal in der Welt, sind sie auch als oktroyierte Verfassungen für die Interpretation einer breiteren Bürgerschaft zugänglich. Wie für jeden anderen Text, gilt auch für den Verfassungstext, dass der Autor keinen privilegierten Zugang zur Interpretation des Textes mehr besitzt, wenn dieser der Öffentlichkeit zugänglich ist.

Hatte Napoleon für die Verfassung in Westfalen offensichtlich noch selber zur Feder gegriffen und persönlich auf die Formulierungen Einfluss genommen, kam es wenige Jahre später im Großherzogtum Berg erst gar nicht mehr zur Verfassunggebung. Es blieb bei Organisationsstatuten.[95] Inhaltlich waren für die westfälische Verfassung Elemente der Konsulats- und Empireverfassung mustergebend. Napoleon wollte diese Verfassung zu einem Modell für weitere Verfassungsstaaten ausbauen. Später sollte auch Bayern auf Druck die Verfassung diesen Typs einführen. Ein Grund für die Annahme durch die süddeutschen Landesfürsten war der erwünschte Erfolg bei Etatisierungsprozessen und damit die Chance auf Machtsteigerung gegenüber den Konkurrenten: Abschaffung der Landstände und der Privilegien der Städte und Provinzen, Abschaffung der Adelsprivilegien. Neben den bekannten Liberalisierungen: Abschaffung der Leibeigenschaft, Einführung unabhängiger Richter, Gleichheit vor dem Gesetz, Gewerbefreiheit etc. wurde die Einführung des „Codex Napoleon" (Art. 45) zum 1.1. 1808 beschlossen. Als im Anschluss das erste Parlament eines deut-

---

die Trennung von Recht und Politik, von Naturrecht und positivem Recht. Eine mutige Forderung wäre gewesen, das positive Recht am Vernunftrecht zu messen, doch Hegel macht nach den Karlsbader Beschlüssen einen Rückzieher und entkoppelt das positive Recht vom Naturrecht (vgl. dazu Ilting, Karl-Heinz: Art. Naturrecht, in: *Geschichtliche Grundbegriffe*, hg. von Brunner/Conze/Koselleck, Band 4, Stuttgart 1978, S. 298-313).

92   Vgl. dazu: Maus, Ingeborg: Aspekte des Rechtspositivismus in der entwickelten Industriegesellschaft, in: dies., *Rechtstheorie und politische Theorie im Industriekapitalismus*, München 1986, S. 205-226; Neumann, Franz L.: Der Funktionswandel des Gesetzes im Recht der bürgerlichen Gesellschaft, in: ders., *Demokratischer und autoritärer Staat. Studien zur politischen Theorie*, hg. und mit einem Nachwort von Herbert Marcuse, Frankfurt/M. 1986, S. 31-81.

93   Zur westfälischen Verfassung: Elisabeth Fehrenbach: Verfassungs- und sozialpolitische Reformen und Reformprojekte in Deutschland unter dem Einfluß des napoleonischen Frankreich, in: *HZ* 228 (1979), S. 288-319.

94   Ulrich, Hartmut: Napoleonische Verfassungen außerhalb Frankreichs im europäischen Vergleich, in: Clark, Thomas (Hg.), *Aufklärung, Konstitutionalismus, atlantische Welt: eine Festschrift für Horst Dippel*, Kassel 2009, S. 37-76.

95   Zur Verfassunggebung in den drei genannten Gebieten: Hecker, Michael: *Napoleonischer Konstitutionalismus in Deutschland*, Berlin 2005.

schen Staates zusammentrat, repräsentierten die Bauern, Handwerker und anderen Angehörigen unterschiedlicher Stände nicht etwa ihren eigenen Stand, sondern sie vertraten die Nation. Man orientierte sich insgesamt am französischen Vorbild.

Die Republik fürchtet die erfolgreichen Generäle, denn Ihnen steht die Möglichkeit des plebiszitär gestützten Cäsarismus offen, einer – wie Hecker sehr schön formuliert – „säkulare(n) Frucht des Rationalismus."[96] Die Verfassungen der französischen Modellstaaten folgen der Institutionalisierung der Leitideen der französischen Revolution: Menschenrechte, Gleichheit, Freiheit und Abschaffung der Privilegien des Adels. Darin folgen sie den Grundlagen der naturrechtlichen Begründungen und verkörpern Ansprüche der Rationalität im Sinne der Durchsetzung moderner Staatlichkeit: Verwaltung, Einrichtung von Straßen, Schulen und Recht. Sie verbinden dies jedoch mit einem obrigkeitsstaatlichen cäsaristischen Element. Dies sind die beiden Seiten des Rationalismus. In einer einzigartigen Mischung der unterschiedlichsten Legitimationsressourcen erlässt Napoleon die Verfassungen in Westfalen und Frankfurt: Die Formel lautet:

> „Wir Napoleon, von Gottes Gnaden und durch die Constitution Kaiser der Franzosen, König von Italien und Beschützer des Rheinischen Bundes haben in der Absicht, den 19ten Artikel des Tilsiter Friedensschlusses schleunig in Vollzug zu setzen, und dem Königreiche Westphalen eine Grundverfassung zu geben, welche das Glück seiner Völker sichere und zugleich dem Souverän, als Mitgliede des Rheinischen Bundes, die Mittel gewähre, zur gemeinschaftlichen Sicherheit und Wohlfahrt mitzuwirken, verordnet und verordnen, wie folget (…)."[97]

Diese Mischung aus traditionaler Legitimation, charismatischer und rationaler zieht sich durch die napoleonische Gesetzgebung. Der rationale, auf Legalität und bürokratisch-etatistische Berechenbarkeit setzende Modernisierungskurs Napoleons war begleitet von religiösen (Gottesgnadentum) und charismatischen (Verfassungs- und Gesetzgebertradition) Elementen des großen Gründers. Gleichzeitig stellte er sich in die lange Tradition der Monarchen und Fürsten. Auf Partizipation setzte Napoleon jedoch nicht. Die Verhandlungsdelegationen, die in Westfalen eingesetzt wurden, hatten lediglich dekorativen Charakter. Allerdings ließ er sämtliche Verfassungsänderungen plebiszitär absegnen. Napoleon griff in die große Kiste aller zur Verfügung stehenden Legitimationsressourcen, wie es scheint nach Belieben, wobei er der plesbiszitären Legitimation

---

96 Die erste Bemerkung über Republik und Generäle stammt von Max Weber: *Wirtschaft und Gesellschaft: Grundriß der verstehenden Soziologie.* Besorgt von Johannes Winckelmann, 5. rev. Auflage (Studienausgabe), Tübingen 1980. Das zweite Zitat aus: Hecker, Michael: *Napoleonischer Konstitutionalismus in Deutschland*, Berlin 2005, S. 78.

97 Dippel, Horst: *Constitutions of the world from the late 18tth century to the middle of the 19th century*, München 2005ff. (auch als Internet-Ausgabe: www.uni-kassel.de/~dippel/rmc_web/ constitutions).

letztlich am meisten Überzeugungskraft zusprach.[98] Somit eröffnete Napoleon die dritte Legitimationsdimension, die mit der konstitutionellen in eine schier unauflösliche Spannung geriet: das plebiszitäre Prinzip.[99]

Über die Möglichkeit und Unmöglichkeit der Konstruktion von Verfassungskulturen ist der napoleonische Import eine beredte Quelle. Auch in Sachsen-Anhalt wurden zahlreiche Passagen einfach aus dem französischen Vorbild übernommen:

> „In Erwägung, daß die bisherige Verfassung und Zivilgesetzgebung Unsers Landes, nach Auflösung der Deutschen Reichskonstitution, in mehreren Punkten durchaus nicht mehr passend ist, und beseelt von dem Wunsche, das Glück unserer Unterthanen nach Kräften zu befördern, glauben denselben keine heilbringendere Constitution geben zu können, als diejenige, welche der größte Gesetzgeber der Welt, Napoleon der Große, seinen Völkern, welcher er als Vater liebt, gegeben hat. Wir haben daher beschlossen, und beschließen hiermit, in Unsern Landen das nämliche Gesetzbuch einzuführen, welches Unser erhabenster Protector als das angemessenste befunden hat (…).“ [100]

Nach den Kriterien von Dieter Grimm, die Michael Hecker durchspielt, sind die Verfassungen zwar universal und umfassend in ihrem Anspruch, konstituieren jedoch keine Herrschaft. Die Herrschaftsansprüche liegen dem Dokument voraus. Sie werden entweder traditional oder einfach voluntaristisch – um nicht von charismatisch sprechen zu müssen – gesetzt.[101] *Auctoritas non veritas facit legem.* Der Anspruch auf Herrschaft wurde aus originärem Recht abgeleitet. Der monarchische Wille war grundlegend, so konnte die napoleonische Verfassung für Westfalen ein Jahr später schon fast wortwörtlich auch vom bayrischen König Maximilian übernommen werden. Mit Vorsicht kann man an dieser Stelle vorausgreifend sagen, dass die Verfassungen zwar erfolgreich zur Verstaatung

---

98 Dazu ausführlich: Hecker, Michael: *Napoleonischer Konstitutionalismus in Deutschland*, Berlin 2005, S. 78, S. 74ff.

99 Von der Gesamtanlage her kopierte die Verfassung Bayerns von 1808 die Modellverfassung aus Westfalen. Auch einzelne Regelungen wurden bis in den Wortlaut übernommen: „Konstitution für das Königreich Baiern. Wir Maximilian Joseph, von Gottes Gnaden König von Baiern. Von der Überzeugung geleitet, daß der Staat, so lange er ein bloßes Aggregat verschiedenartiger Bestandtheile bleibt, weder zur Erreichung der vollen Gesamtkraft, noch den einzelnen Gliedern desselben alle Vortheile der bürgerlichen Vereinigung, in dem Maaße, wie es diese bezwecket, gewähren kann, haben Wir bereits durch mehrere Verordnungen die Verschiedenheit der Verwaltungsreformen in Unserm Reiche, so weit es vor der Hand möglich war, zu heben, für die direkten Auflagen sowohl, als für die indirekten ein gleichförmiges Sistem zu gründen, und die wichtigsten öffentlichen Anstalten dem Gemeinsamen ihrer Bestimmung durch Einrichtungen, die zugleich ihre besondern sichern, entsprechender zu machen gesucht" (Verfassung von Bayern (1808), hg. von Horst Dippel, www.uni-kassel.de/~dippel/rmc_web/constitutions).

100 Verfassung von Anhalt-Köthen (1810), hg. von Horst Dippel, www.uni-kassel.de/~dippel/rmc_web/constitutions

101 Vgl. dazu auch Hecker, Michael: *Napoleonischer Konstitutionalismus in Deutschland*, Berlin 2005, S.62ff.

führten, aber keine Verfassungskultur, schon gar keinen Verfassungspatriotismus herbeiführen konnten.[102]

Die Verfassungen der napoleonischen Verfassungsstaaten stehen zwischen den großen Verfassungsentwürfen aus den Vereinigten Staaten und Frankreich auf der einen und der Charte Constitutionelle, dem Restaurationsvorbild von 1814 auf der anderen Seite. Die letztgenannten Verfassungen gehören insofern zu einem eigenen Typ, als es allen einer naturrechtlich-vorstaatlichen Begründung der gewährten Rechte ermangelte.[103] Dies drückt sich am deutlichsten in der Semantik der Verfassungen aus. Die Verfassung war (Art. 1) ein „königliches Decret", durch das die Publikation „verordnet wird."[104] Einen erheblichen Anteil der Verfassung macht die Nachfolge im Sinne der Erbnachfolge der napoleonischen Familie aus (Art. 6ff.). So soll das „Königreich Westphalen (...) durch Constitutionen regiert werden" (Art. 10). Und die Stände können „blos durch den König zusammenberufen, prorogirt, vertagt und aufgelöset werden" (Art. 32), um nur einige Beispiele zu nennen.

Die Sprache entbehrt jeder naturrechtlichen Romantik, es fehlt die Bestimmung der Grundrechte, Freiheiten werden gewährt. In diesem Sinne fallen die Verfassungen diesen Typs hinter den emanzipatorischen, liberalen Sprachgebrauch der Verfassung zurück, der in den großen Erklärungen von Frankreich und den Vereinigten Staaten die Messlatte hochgelegt hatte bei gleichzeitigem Fehlen einer Parlamentskultur. „Das Fehlen an Parlamentskultur lässt erkennen, dass das monarchische Kalkül kein allzu großes Maß an politischer Öffentlichkeit zulassen wollte. Die Vertretungskörperschaft sollte kein politisches Forum werden, in dem politische Kontroversen eine größere Breitenwirkung hätten erzeugen können."[105]

Abschließend sei nur bemerkt, dass sich interessanterweise an dem ersten Verfassungsstreit nach der Französischen Revolution auf deutschem Boden, dem Streit um das Stempelsteuergesetz in Westfalen, schon die Grundprobleme der dualistischen Verfassungskonstruktion zeigen lassen. Bis zum preußischen Verfassungskonflikt wird sich in ähnlichen Fällen das gleiche Problem zeigen. Der König hat zwar ein Parlament neben sich, das zu bestimmten Gesetzen seine Zustimmung geben muss. Gibt es diese nicht, bleibt dem Parlament allerdings nichts anderes übrig, als auf die Selbstbindung des Königs zu hoffen. Ob er die Verweigerung des Parlaments durch Dekret umgeht (Westfalen), oder das Parlament einfach auflöst und Neuwahlen ansetzt (Preußen) oder gar die ganze Verfassung kassiert, auf deren Grundlage seine Bindung basiert (Hannover), bleibt den jeweiligen Machtverhältnissen überlassen. Von der Verfassung aus

---

102   Zum Begriff der Verstaatung in diesem Zusammenhang auch ebenda, S. 65.
103   Zu einem umfassenden Vergleich der Verfassungen: ebenda, S. 122ff.
104   Verfassung von Westfalen (1807), hg. von Horst Dippel, www.uni-kassel.de/~dippel/rmc_web/constitutions
105   Hecker, Michael: *Napoleonischer Konstitutionalismus in Deutschland*, Berlin 2005, S. 146.

gibt es keine klare Regelung für den Konfliktfall und keine Institution – wie etwa ein Verfassungsgericht – welche in einem solchen Fall den Konflikt regelt oder moderiert. Das Parlament hat nur eine von königlicher Souveränität abgeleitete Legitimation. Es hätte des revolutionären Bruchs und des Bezugs auf die Volkssouveränität bedurft, um dieses Problem zugunsten des Parlaments aufzulösen. So wurden die Konflikte zugunsten der Exekutive aufgelöst.[106] Gleichzeitig zeigten sich hier die Grenzen rationaler Ordnungsentwürfe.

3. Mäßigung und Bürgertugend: Die Rezeption der amerikanischen Revolution

Die beiden bisher skizzierten Typen und einige ihrer beispielhaften kulturellen Ausprägungen sollten das Spektrum aufzeigen, in dem sich die Einflüsse auf den vormärzlichen Konstitutionalismus bewegten. Dabei ging es darum idealtypisch zwei Gegensatztypen zu skizzieren: auf der einen Seite die konstitutionelle oder parlamentarische Monarchie mit ihrem reformerischen Weg der Transformation und Modernisierung von Staat und Gesellschaft und auf der anderen ein vielfach gebrochenes System der radikalen Transformation mit Phasen der Restauration, mit einem rationalen Voluntarismus, der gleichzeitig demokratische und autoritäre Züge aufweist. Beide Modelle sind Vorbilder für je spezifische Formen der Verfassungskultur. Unter diesem Gesichtpunkt soll abschließend noch auf die Gründungsdiskurse und Institutionalisierungsprozesse der Vereinigten Staaten von Amerika geschaut werden. Denn hier zeigen sich Ausprägungen, wie Ulrich K. Preuß es nannte, eines gesellschaftlichen Konstitutionalismus. Gegenüber dem etatistischen Konstitutionalismus Frankreichs, kann dieser auf einer breiten Basis gesellschaftlicher Selbstorganisation aufbauen. Bis heute sind amerikanische Verfassung und Verfassungspatriotismus Orientierungsmarken für andere Verfassungskulturen.[107] Dabei geht es nicht darum, wie schon oben bei der Skizzierung der anderen beiden Typen, eine allgemeine

---

106   In diesem Sinne fasst Hecker noch einmal zusammen: „Der Erlass der Verfassungen (in den napoleonischen Vasallenstaaten, RS) verdankte sich nicht mehr rein demokratischer Mission der republikanischen französischen Heere, sondern entsprang dem politischen Kalkül der Machtsicherung durch Modellbildung an Frankreich gebundener Staatsgebilde. Das Fehlen des demokratischen Moments beim Zustandekommen der Verfassungen und ihre fehlende herrschaftskonstituierende Wirkung musste sich negativ auf die Haltbarkeit und Belastbarkeit ihres Inhalts auswirken, genauer auf die Bereitschaft der napoleonischen Herrschaftsträger, sich an die Verfassung zu halten." (Ebenda, S. 167).

107   Hier kann natürlich nicht annähernd auf die Bedeutung der amerikanischen Verfassung und Verfassungsdiskussion eingegangen werden. Neben vielen nur: Ackerman, Bruce: *We the People: Foundations; We the People: Transformations*, 2 Bde., Cambridge, Mass./London 1991/1998.

Charakterisierung vorzunehmen, sondern es interessiert auch hier in erster Linie die Sichtweise der Zeitgenossen.

3.1. Mäßigung als verfassungskulturelles Element

Während Amerika in der Zeit vor 1776 *terra incognita* war, stieg das Interesse schlagartig in den Jahren der Revolution[108] Für Europa wurde die amerikanische Revolution zu einer großen Herausforderung.[109] Man schaute vermehrt nach Amerika und dieses Interesse ebbte bis zur Paulskirche auch nicht ab.[110] Alle Großen des deutschen Liberalismus haben sich mit Amerika beschäftigt: Robert von Mohl, Karl von Rotteck, Theodor Welcker, Friedrich Murhard, um nur die bekanntesten zu nennen.[111] Dabei ging es darum, diejenige Nation zu verstehen und zu beobachten, deren Verfassung aus liberaler Sicht die in dieser Zeit fortschrittlichste war. Selbstverständlich entstanden auch Spannungen zwischen denjenigen, die eher England nahe standen und den neuen Anhängern Amerikas. Der Historiker Mathias Christian Sprengel mit seiner Geschichte der Revolution von Nordamerika, der Amerikanist Christoph Daniel Ebeling, der Historiker und Statistiker August Ludwig von Schlözer waren in der unmittelbaren Revolutionszeit die wichtigsten Mittler zwischen Deutschland und den USA. Vor allem die Anhänger des Naturrechts stellten sich eher auf die Seite Amerikas. Sie priesen die Verwirklichung aufklärerischer Ideen, verfolgten die Rezeption

---

108   Interessant der Überblick bei Helmut Steinberger: American Constitutionalism and German Constitutional Development, in: Henkin, Louis/Rosenthal, Albert J. (Hg.), *Constitutionalism and Rights*, Columbia University Press 1990, S. 199-224.

109   Immer noch von Interesse: Palmer, Robert Roswell: *Age of the Democratic Revolution. A Political History of Europe and America, 1760-1800*, 2 Bde., Princeton 1959-64, und natürlich die Arbeit von Adams, Willi Paul: *Republikanische Verfassung und bürgerliche Freiheit. Die Verfassungen und politischen Ideen der Amerikanischen Revolution*, Darmstadt 1973.

110   Für die Zeit bis 1800: Horst Dippel: *Deutschland und die amerikanische Revolution*, Köln 1972, hier: S.8.

111   Mohl, Robert: *Das Bundes-Staatsrecht der Vereinigten Staaten von Nord-Amerika, I. Abteilung: Verfassungsrecht*, Stuttgart-Tübingen 1824; Murhard, Friedrich: Nordamerikanische Revolution, in: Rotteck/Welcker (Hg.): *Staatslexikon oder Enzyklopädie der Staatswissenschaften*, Band 9, Altona 1837, S. 614-653; Rotteck, Karl von: Demokratisches Prinzip, demokratisches Element und Interesse; demokratische Gesinnung, in: ders./ Karl Theodor Welcker: Staatslexikon, Altona 1837, Band 3, S. 712-719; Brauns, Ernst Ludwig: *Das liberale System, oder das freie Bürgertum in seiner höchsten Entfaltung; in einem Gemälde des Bundesstaats von Nordamerika praktisch dargestellt*, Potsdam 1831/33. Welcker, Karl Theodor: Art. Bund/Bundesverfassung etc., in: *Staats-Lexikon*, hg. von Karl von Rotteck und C.T. Welcker, Band 3, Altona 1836, S. 76-116. Dazu auch: Franz Josef Buß: Über die Verfassungsurkunde der Vereinigten Staaten von Nord-Amerika (1838). Die wichtigste Sekundärliteratur: Eckhard G. Franz: Das Amerikabild der deutschen Revolution von 1848/49, in: *Beihefte zum Jahrbuch für Amerikastudien*, Heidelberg 1958; Fraenkel, Ernst: *Amerika im Spiegel des deutschen politischen Denkens. Äußerungen deutscher Staatsmänner und Staatsdenker über Staat und Gesellschaft in den Vereinigten Staaten von Amerika*, Köln/Opladen 1959.

Montesquieus, Rousseaus und Voltaires. Die heute so entscheidende Sicht auf Amerika, vor allem die vorherrschende Rolle der juristischen Absicherung von Verfassungsfragen, kam den Zeitgenossen damals verständlicherweise noch nicht so klar vor Augen. Hatte sich doch das Verfassungsgericht erst im Laufe des 19. Jahrhunderts seine Stellung in der Verfassungspraxis erarbeiten müssen und die symbolische Aufladung der Amerikanischen Verfassung ist auch eher ein späteres Phänomen.[112]

Aber neben den bekannten Anleihen institutioneller Natur, die vor allem im Föderalismus zu suchen sind, waren es die republikanischen Wurzeln im Tugenddiskurs und der Idee der Volksbildung, die aus Amerika rezipiert wurde. Dort konnte man den Kant'schen Grundgedanken der Vorbildwirkung der Verfassung verbunden sehen mit dem englischen Prinzip der Verfassung, die sich als Ergebnis von eingelebten gesellschaftlichen Konventionen verstehen lässt. Die Amerikaner waren gleichzeitig durch die Tradition der Einzelstaatsverfassungen an Freiheit gewöhnt und mussten an die neue Verfassung herangeführt werden. Daraus ergibt sich die eigenwillige Mischung aus republikanischen Traditionen und liberalem Anti-Etatismus.

Die zunehmende Radikalisierung im Prozess der Französischen Revolution und die Radikalisierung der Jakobiner, über die Frühsozialisten bis hin zu den Demokraten in der Paulskirche ließen Amerika aus deutscher Sicht zu einem Hort der Mäßigung werden. Gleichzeitig offenbarte die Amerikanische Revolution die Schwächen der englischen Verfassung. Hier konnte man das Thema Freiheit diskutieren, ohne direkt revolutionäre Umtriebe im Auge zu haben und distanzierte sich gleichzeitig von dem an England orientierten liberalkonservativen Milieu. Die Rezeption begann schon in der Zeit zwischen 1776 und 1790. Das Bild der amerikanischen Verfassung änderte sich dann noch einmal unter dem Einfluss der Französischen Revolution. Deren Radikalismus, vor allem in Bezug auf die Forderungen nach Gleichheit, ließ die amerikanische Verfassung als weniger radikal erscheinen. Es wurde von „natürlichem Aristokratismus" gesprochen.[113] Die Befürworter der Revolution waren zahlreich: unter ihnen Christoph Daniel Ebeling, Georg Forster, Friedrich Gottlieb Klopstock und der ursprünglich anglophile Jakob Mauvillon.[114] Eine Revolution in und für Deutschland lehnten sie allerdings ab. Dazu merkte Carlo Schmid an,

---

112 Heideking, Jürgen: Der symbolische Stellenwert der Verfassung in der politischen Tradition der USA, in Vorländer, Hans (Hg.), *Integration durch Verfassung*, Wiesbaden 2002, S. 123-136

113 Ebenda, S. 283.

114 Ebenda, S. 286ff.; Wilhelm, Theodor: Die englische Verfassung und der vormärzliche deutsche Liberalismus, Stuttgart 1928.

dass die deutschen Aufklärer die *vita activa* in eine *vita contemplativa* verwandelt haben.[115]

3.2. Bürgertugend und Föderalismus

Auch auf semantischer Ebene vollzogen sich Innovationen im Gefolge der Amerikanischen Revolution, wenn auch bei weitem nicht mit der gleichen Tragweite wie durch Frankreichs Revolution. Vor allem in Gefolge einer Rezeption der Federalist Papers wurde der Republik-Begriff stark gemacht.[116] Er umfasste weit mehr als die Abwesenheit von Monarchie und Willkür-Herrschaft, sondern knüpfte bewusst an die Begrifflichkeit Montesquieus an, um gegen diesen zu belegen, dass mit den entsprechenden institutionellen Innovationen des neuen Konstitutionalismus, Republiken nicht notwendigerweise krisenanfällige, kurzlebige und an Kleinräumigkeit gebundene Einrichtungen sein müssen.[117]

In diesem Zusammenhang ging Deutschland einen Sonderweg gegenüber den westlichen Nachbarn. Sowohl in der amerikanischen als auch in der französischen Revolution spielte die Antike als Vorbild und als Ideen- und Symbolspeicher eine zentrale Rolle.[118] Johann Winckelmann schwor die Deutschen zwar auch auf die Griechen ein, aber nicht auf die politische Tradition des *zoon politikon*, sondern auf die ästhetische Seite der griechischen Kultur. In der Klassik zeigen sich Spuren dieser Anregungen in der zumeist apolitischen Literatur.[119] Aber über die Machiavelli-Rezeption wanderten die Ideen zur Antike wieder in die Amerikanische Revolution in Gestalt der Ideen zur Bürgertugend und zur Methode der Verfassungssoziologie über den Umweg über Amerika wieder in den deutschen Sprachraum ein. Zum anderen ging es darum, die demokratische Entwicklung in ihrer Macht und Ambivalenz zu ergründen. Nicht erst mit Tocquevilles Buch über die Demokratie in Amerika, das in den 40er Jahren 14 Auflagen erlebte, war Amerika auch einem breiteren Publikum ins Bewusstsein

---

115 Zitiert nach Fraenkel, Ernst: *Amerika im Spiegel des deutschen politischen Denkens. Äußerungen deutscher Staatsmänner und Staatsdenker über Staat und Gesellschaft in den Vereinigten Staaten von Amerika*, Köln/Opladen 1959, S. 328.

116 Vgl. Adams, Willi Paul: *Republikanische Verfassung und bürgerliche Freiheit. Die Verfassungen und politischen Ideen der Amerikanischen Revolution*, Darmstadt 1973, S. 92ff.

117 Zu Veränderungen des Republik-Begriffs: Mager, Wolfgang: Art. Republik, in: *Geschichtliche Grundbegriffe*, Bd. 5, hg. von Otto Brunner/ Werner Conze/ Reinhart Koselleck, Darmstadt 1984, S. 549-651; Schmidt, Rainer: Aufstieg und Fall. Machiavelli und die Unvereinbarkeit von politischer Freiheit und territorialer Größe, in: *Germanisch-Romanische Monatsschrift, Neue Folge*, Band 58, Heft 1 (2008), S. 57-73.

118 Wilfried Nippel zum Topos vom Ende der Vorbildlichkeit der Antike: Nippel, Wilfried: Antike und moderne Freiheit, in: Jens, Walter u.a. (Hg.), *Ferne und Nähe der Antike*, Berlin/New York 2003, S. 49-68.

119 Dippel, Horst: *Deutschland und die amerikanische Revolution*, Köln 1972, S. 150.

gerückt und waren beide Elemente präsent: Liberalismus und Demokratie. Im südwestdeutschen Liberalismus wurden dann die zentralen Elemente der amerikanischen Verfassung zum Allgemeingut: Grundrechte, Gewaltenteilung. Und in der Paulskirche wurde über Föderalismus immer in Bezug auf die Vereinigten Staaten gesprochen, die zum Vorbild für einen Bundesstaat hätten werden sollen und können.[120]

Zu den wichtigsten Schriften gehörte Robert von Mohls Buch über Amerika.[121] Mohl machte die deutsche Öffentlichkeit umfassend mit der Amerikanischen Verfassung vertraut und brachte drei Themen in die deutsche Diskussion: Föderalismus, Grundrechte und *judicial review*. Sachkundig warb er für eine Integration der Grundrechte in die Verfassungen, kämpfte für eine Suprematie der Grundrechte, deren Sicherung er einem Verfassungsgericht übertragen wollte. Dabei plädierte er jedoch eher für eine konzentrierte Kontrolle, wie sie sich erst sehr viel später in der österreichischen Variante durchsetzen sollte, um dann auch als Modell für das Bundesverfassungsgericht zu dienen. Interessanterweise betonte er die Verwandtschaft der englischen mit der amerikanischen Verfassung: „Die Vereinigten Staaten sind es, welche diese Grundsätze, den Schandflecken der Sklaverei abgerechnet, am folgerechtesten durchgeführt, und, befestigt durch ihre vielfache Verwandtschaft mit den Grundlagen der Verfassung des englischen Mutterlandes, unbefleckt erhalten haben von Bürgerkrieg, von Raub und von Mord."[122]

Doch die Würdigung der Revolution bedeutete nicht, dass die amerikanische Verfassung für Deutschland als ein angemessenes Vorbild angesehen wurde. Friedrich Gentz, zum Beispiel, abstrahierte von den konkreten politischen Zielstellungen und konstruierte zwei Typen von Verfassungen. Er sah auf der einen Seite ein Modell der Traditionsbefolgung (Amerika) und auf der anderen Seite der Traditionsverletzung oder -verachtung (Frankreich).[123]

Das amerikanische Vorbild eignete sich besonders gut, um grundlegende Reflexionen über den Zusammenhang von bürgerlicher Tugend und Sittlichkeit

---

120 Die herausragende Bedeutung der amerikanischen Einzelstaats-Verfassungen und schließlich der Bundesverfassung muss hier nicht betont werden. So überzeugend die Unterscheidung von politischer (amerikanischer) und sozialer (französischer) Revolution bei Hannah Arendt in ihrem Buch „Über die Revolution" auch sein mag, den Zeitgenossen erschloss sich dieser Unterschied nicht vollends. Das Freisinnige war in beiden Revolutionen präsent: Arendt, Hannah: *Über die Revolution*, 4. Aufl., München/Zürich 2000.

121 Mohl, Robert von: *Das Bundes-Staatsrecht der Vereinigten Staaten von Nord-Amerika*, Stuttgart 1824. Vgl. dazu auch Steinberger, Helmut: American Constitutionalism and German Constitutional Development, in: Henkin, Louis/Rosenthal, Albert J. (Hg.), *Constitutionalism and Rights*, New York 1990, S. 199-224.

122 Mohl, Robert: *Das Bundes-Staatsrecht der Vereinigten Staaten von Nord-Amerika, I. Abteilung: Verfassungsrecht*, Stuttgart-Tübingen 1824, S. IX.

123 Gentz, Friedrich: „Ursprung und Grundsätze der Amerikanischen Revolution, verglichen mit dem Ursprunge und den Grundsätzen der Französischen", in: Historisches Journal (Mai u. Juni 1800, S. 1-96 u. 98-140.

anzustellen. Dies ist, wie nicht zuletzt John Pocock dargestellt hat, das große Thema der Amerikanischen Revolution.[124] Es waren nicht nur die Elemente von Föderalismus und praktischen Ratschlägen im Verfassungsrecht, sondern es war die Schule der Verfassungssoziologie, die sich an die Reflexionen über Amerika anschloss. Denn durch die starke Rezeption des klassischen Republikanismus standen den Federalists, aber vor allem natürlich Thomas Jefferson, die Bedingungen eines demokratischen Konstitutionalismus vor Augen. Sie sicherten die Voraussetzungen der Bürgerbeteiligung durch zahlreiche Maßnahmen, die sämtlich von Tocqueville glänzend herausgearbeitet wurden: von den religiösen Gemeinden, über die Presse und die unabhängigen Richter bis hin zu einem umfassenden Volksschulprogramm. Nur gut informierte Bürger können auch gute Demokraten sein. In Freistaaten ist, wie in keiner anderen Verfassung, die Freiheit von der Fähigkeit der Bürger abhängig, sich ein politisches Urteil zu bilden. Der nach Amerika ausgewanderte Buchhändler und Zeitungs-Herausgeber, Samuel Ludvigh, schrieb dazu: „Nur ein denkendes Volk taugt für die Selbstregierung".[125]

So konnte sich zwar auch noch Tocqueville abfällig über die Hochkultur, die Literatur und die Künste in den USA äußern. Aber die Volkserziehung, der Motor der Gleichheit, nötigte allen Respekt ab. Hier konnten die verfassungssoziologischen Erkenntnisse über die soziomoralischen Vorbedingungen in Bezug auf die praktischen Voraussetzungen einer republikanischen Ordnung studiert werden.

Sobald die Frage auftauchte, welche Konsequenzen und Lehren denn aus der amerikanischen Entwicklung zu ziehen seien, stellte sich die Frage der Übertragbarkeit auf Europa, konkret: auf Deutschland. Konnte diese republikanische Verfassung auch in Deutschland verwirklicht werden? Dies war natürlich in erster Linie eine Frage des politischen Realismus, der machtpolitischen Konstellationen, die uns hier an der Stelle nicht interessieren. Denn in zweiter Linie war es die Anregung, generell die politisch-kulturellen, geographischen, klimatischen und sonstigen Voraussetzungen politischer Ordnung zu reflektieren. Welche Bedingungen gibt es für eine freiheitliche Ordnung? Und welche Voraussetzungen müssen gegeben sein oder geschaffen werden, um eine republikanische Ordnung aufzubauen und zu erhalten? Sieht man von dem Modell der Mäßigung der amerikanischen Revolution ab, lassen sich der historisch-evolutionäre und der revolutionär-voluntaristische Konstitutionalismus als Gegenmodelle beschreiben, die jeweils Anhängerschaften in Deutschland mobilisieren konnten und für je unterschiedliche Verfassungskulturen standen.

---

124 Pocock, John G.A.: *The Machiavellian Moment. Florentine Political Thought and the Atlantic Republican Tradition*, Princeton 1975; ders.: *Die andere Bürgergesellschaft. Zur Dialektik von Tugend und Korruption*, Frankfurt/M. 1993.

125 Franz, Eckhard G.: Das Amerikabild der deutschen Revolution von 1848/49, in: *Beihefte zum Jahrbuch für Amerikastudien*, Heidelberg 1958, S. 50.

IV. Verfassungstheorie und Verfassungskultur zwischen Kant und Hegel

Es kann an dieser Stelle nicht darum gehen, einen kompletten Überblick über die deutsche Verfassungsgeschichte zu geben. Zu umfangreich wäre das Material und zu divers sind die Verfassungsmodelle. Hier kann es lediglich darum gehen, angesichts der oben dargestellten systematischen Interessen Elemente einer institutionentheoretischen Analyse der Verfassung am deutschen Beispiel vorzustellen. Hier spielen die zentralen Begriffe der Verfassungssoziologie und der Verfassungskultur eine Rolle, die sich in den verfassungstheoretischen und -historischen Reflexionen vor allem bei Kant, Hegel und Pölitz besonders prägnant zeigen lassen. Üblicherweise wird gerade mit Blick auf den Gedanken der Verfassungskultur natürlich eher an die klassischen Verfassungsnationen und Verfassungsdemokratien gedacht, die aus ihrer demokratisch-revolutionären Gründung heraus eine die gesellschaftliche Selbstverständigung und das nationale Selbstverständnis durchdringende Verfassungskultur entwickelt haben: Frankreich oder die USA. Reizvoll ist der Blick auf die deutsche Verfassungsgeschichte im 19. Jahrhundert, weil sich im Vormärz, vor allem im südwestdeutschen Konstitutionalismus sehr wohl eine ausgeprägte Verfassungskultur nachweisen lässt, für welche die genannten revolutionären Traditionen ebenso wie der englische Konstitutionalismus ständige Begleiter in Theorie und Praxis waren. Größte Aufmerksamkeit soll dabei all denjenigen ideengeschichtlichen Elementen geschenkt werden, die zum einen über den klassischen Republikanismus in die frühen Verfassungsentwürfe und über Kant in die Verfassungskultur eingeflossen sind und in Hegel einen interessanten Kritiker gefunden haben. Denn diese Elemente werden es sein, die sich dann später wieder in der Wiederbelebung der Verfassungssoziologie und -kultur im Vorfeld der Weimarer Republik wirksam zeigen werden. Kurz: es geht um die Elemente einer politischen Theorie der Verfassung. D.h. um die verfassungshistorische Konstruktion von Kontinuität (Pölitz), die praktische Umsetzung der Erkenntnis, dass die vernunftrechtlich begründete freiheitlich-republikanische Ordnung Grundlage für eine republikanische Verfassungskultur sein kann (Kant) und die am englischen Verfassungsbegriff orientierte Kritik daran (Hegel), die sich auf die Erkenntis bezieht, dass sich die handlungsleitenden Werte aus der gesellschaftlichen Praxis herleiten müssen und der politischen Gemeinschaft nicht als abstrakte Fremdkörper gegenübertreten sollten, wenn sie denn Wirkungsmächtigkeit beanspruchen wollen. Diese drei verfassungstheoretischen Elemente sind es, die auf der einen Seite aus dem klassischen Republikanismus, andererseits aus Strömungen des Vernunftrechts Referenzquellen für eine verfassungskulturelle Aneignung gewinnen, die umfassend die Geltungsvoraussetzungen und -bedingungen von Verfassungen reflektieren.

Vor allem Immanuel Kant legt für den Konstitutionalismus des Vormärz ohne Frage die entscheidenden Spuren aus. Diese laufen zwar weitgehend in den Bahnen des liberal-juristischen Konstitutionalismus, der keine Sensibilität für kulturelle und soziale Voraussetzungen zeigt. Aber sie eröffnen dennoch, wie sich bei dem Kantianer Pölitz zeigt, Möglichkeiten klassisch-republikanische mit liberalen Elementen zu einem „politischen Konstitutionalismus" zu integrieren.[1] Besonders dessen Perspektive soll hier eine umfassende Berücksichtigung finden. Die für das Juste-Milieu typische Verbindung von vernunftrechtlicher Basis mit einem historischen Sinn für die Notwendigkeit, dass sich Verfassungen einleben und ihr eigenes soziomoralisches Umfeld reflektieren, sich einfügen und einpassen müssen, findet sich bei Pölitz. Er war es, der seine eigene Position als ein Drittel vernunftrechtlich, zwei Drittel historisch bezeichnet hat.

Die Vielfalt des verfassungssoziologischen Denkens, des Liberalismus als Verfassungsbewegung, und die Bedeutung, die der Vormärz als Gedanken- und Lösungsreservoir hat, kann unter dem langen Schatten, den das vielfältige Scheitern von Liberalismus und Demokratie im 19. und 20. Jahrhundert auf Deutschland wirft, leicht verdeckt werden. Die oben beschriebene Spannung zwischen einem Konstitutionalismus des Rechts und einem der Politik, zwischen einem in umfangreiche kulturelle, politische und moralische Reflexionen eingebauten Verfassungsdenken auf der einen Seite und einem stärker juristisch-puristischen auf der anderen Seite wird in der Zeit zwischen 1770 und 1830 schon durchgespielt.[2] Immer ging es um die zentrale Frage der vormärzlichen

---

1   Oz-Salzberger zeigt die zaghaften und letztlich vergeblichen Versuche, den klassischen Republikanismus in Deutschland stärker zu verankern. Aber eine durchgehende Rezeption hat im 18. Jahrhundert nicht stattgefunden. Sie blieb punktuell und oft unverstanden. Vgl. dazu Oz-Salzberger, Fania: *Translating the Enlightenment. Scottish Civic Discourse in Eighteenth-Century Germany,* Oxford 1995.

2   Die entscheidenden Texte sind: Wahl, Rainer: Der Vorrang der Verfassung, in: *Der Staat* 20 (1981), S. 485-516; Würtenberger, Thomas: Der Konstitutionalismus im Vormärz als Verfassungsbewegung, in: *Der Staat* 37 (1998), S. 165-188; Blänkner, Reinhard: Der Vorrang der Verfassung. Formierung, Legitimations- und Wissensformen und Transformation des Konstitutionalismus in Deutschland im ausgehenden 18. und frühen 19. Jahrhundert, in: Blänkner, Reinhard und Jussen, Bernhard (Hg.), *Institutionen und Ereignis. Über historische Praktiken und Vorstellungen gesellschaftlichen Ordnens,* Göttingen 1998, S. 295-325; Dilcher, Gerhard: Zum Verhältnis von Verfassung und Verfassungstheorie im frühen Konstitutionalismus, in: Kleinheger, Gerd u. Mikat, Paul (Hg.), *Beiträge zur Rechtsgeschichte.* Gedächtnisschrift für Hermann Conrad, Paderborn u.a. 1979, S. 65-84; Heun, Werner: Supremacy of the Constitution, Separation of Powers, and Judicial Review in Nineteenth-Century German Constitutionalism, in: *Ratio Juris* 16 (2003), S. 195-205.

Verfassungstheorie: der Vereinbarkeit von Monarchie und Verfassung.[3] Dabei war die Auseinandersetzung um den Vorrang der Verfassung ein Deutungskampf um Begriffe, verfassungskulturelle Inszenierung und Wissensordnungen. In dem genannten Zeitraum entwickelt sich vor allem in den süddeutschen Staaten, ab 1830 auch in den mittel- und norddeutschen Staaten, eine neuständische Repräsentativverfassung, die nicht mehr dem altständischen Muster der reformabsolutistischen Staaten entspricht, mit dem Landtag als symbolischem und kommunikativem Zentrum der neuen Staatsbürgergesellschaft. Diese Verfassungen werden zum Zentrum politischer Integrationsbemühungen. Verfassung wird, wie Reinhard Blänkner es nennt, zu einem diskursiven Leitbegriff.[4] Dies gilt zumindest für die Zeit zwischen den internationalen Verfassungsrevolutionen und den 1830er Jahren als Phänomen des partikularstaatlichen Konstitutionalismus. Mit der zunehmenden nationalstaatlichen Integration gerät der Verfassungsbegriff unter Druck und „Staat" und „Nation" drängen in den Vordergrund. Erst mit dem Ende des Kaiserreichs werden im Zuge der Bemühungen um eine neuerliche Demokratisierung der politischen Kultur Anstrengungen unternommen, den Verfassungsbegriff wieder an die Stelle des Staatsbegriffs zu setzen (Hugo Preuß). Doch diese Überlegungen greifen über den Rahmen dieses Kapitels hinaus. Zuerst geht es hier darum, den Rahmen aufzuzeigen, in dem sich der Konstitutionalismus des 19. Jahrhunderts bewegt und welche Grenzen er aufgezeigt bekommt.

Zwischen Kant und Hegel spannt sich bis heute ein Feld der sozialphilosophischen Begründung von Recht, Politik und Solidarität auf, und es werden Fragen erörtert, die auch heute noch im Dialog mit den beiden großen Systematikern von Bedeutung sind.[5] Hier geht es um die Chancen einer freiheitlichen

---

3   Boldt, Hans: Von der konstitutionellen Monarchie zur parlamentarischen Demokratie, in: *Wendemarken in der deutschen Verfassungsgeschichte*, (=„Der Staat", Beiheft 10), S. 151-172; Kirsch, Martin: *Monarch und Parlament im 19. Jahrhundert. Der monarchische Konstitutionalismus als europäischer Verfassungstyp – Frankreich im Vergleich*, Göttingen 1999.

4   Blänkner, Reinhard: Der Vorrang der Verfassung. Formierung, Legitimations- und Wissensformen und Transformation des Konstitutionalismus in Deutschland im ausgehenden 18. und frühen 19. Jahrhundert, in: Blänkner, Reinhard und Jussen, Bernhard (Hg.), *Institutionen und Ereignis. Über historische Praktiken und Vorstellungen gesellschaftlichen Ordnens*, Göttingen 1998, S. 310.

5   Henrich, Dieter: *Kant oder Hegel? Über Formen der Begründung in der Philosophie*, Stuttgart 1983. Vgl. auch: Williams, Howard Lloyd: *Essays on Kant's Political Philosophy*, Chicago 1992; Ripstein, Arthur: *Force and Freedom. Kant's Legal and Political Philosophy*, Cambridge/London 2009; Kersting, Wolfgang: *Wohlgeordnete Freiheit. Immanuel Kants Rechts- und Staatsphilosophie*. Mit einer Einleitung zur Taschenbuchausgabe 1993: Kant und die politische Philosophie der Gegenwart, Frankfurt/M. 1993; Maus, Ingeborg: *Zur Aufklärung der Demokratietheorie. Rechts- und demokratietheoretische Überlegungen im Anschluss an Kant*, Frankfurt/M. 1992. Auch wenn Jürgen Habermas die Nachfolge der großen Modelle nicht antreten will und seinen Anspruch bewusst zurückgeschraubt hat (s. Einleitung in: ders., *Faktizität und Geltung*, Frankfurt/M. 1992), so sind die Anleihen bei Kant („Kant'scher Republikanismus") und Hegel (über das Konzepte der „Anerkennung") deutlich sichtbar und ebenso der Versuch einer Versöhnung zwischen dem demokratischen Republikanismus Kants,

Gesellschaft, um die Rolle des Rechts und die Chancen einer demokratischen Selbstbestimmung. Im Hintergrund geht es auch um die Frage: Empirie oder Theorie, d.h. die Frage, ob die gesellschaftliche Realität in Gestalt der politischen Kultur Zutritt zu den Überlegungen einer System-Philosophie bekommen oder einfach als widerspenstige Kultur kein Irritationspotential bekommen soll. War Kant noch im frühen Liberalismus verankert, also in der Vorstellungswelt einer auf Selbstständigkeit, Harmonie und Fortschrittlichkeit ausgerichteten Marktgesellschaft, deren Wirkungsmechanismen erst noch vollständig aus den Fängen der absolutistischen und merkantilistischen Fürstenstaaten befreit werden mussten, konnte Hegel schon nicht mehr auf diese liberalen Grundüberzeugungen und Hoffnungen zurückgreifen. Die Widersprüche der bürgerlichen Gesellschaft mussten bei Hegel im Staat aufgehoben werden. Zu offensichtlich konnte die liberale Ordnung zwar rechtliche Schranken bereitstellen, aber Solidarität konnte aus ihr nicht generiert werden. Dass Hegel zu diesem Zweck auf eine Staats-Metaphysik zurückgreift, macht seine Fragen nach den Möglichkeiten einer Vermittlung von gesellschaftlicher Realität und Vernunftordnung nicht weniger spannend.[6] Er bereitet damit eine materiell angereicherte Verfassungsanalyse vor, die nach und nach die Rolle von Recht und Verfassung zugunsten realpolitischer, machtpolitischer und sozialpolitischer Erwägungen in den Hintergrund drängt.

Kant konnte die Republik noch als unbestimmte Vision am Horizont aufscheinen lassen. In seiner praktischen Philosophie spielte sie keine zentrale Rolle, auch wenn sie in Gestalt des Republikanismus als vernünftige Ordnung

---

der sich um die gesellschaftliche, politisch-kulturelle Verankerung seiner praktischen Vernunft nicht wirklich kümmerte und dem für soziale Einbettung und historische Irritierung sensiblen Hegel, der jedoch der Verfassung keine tragende Funktion im Emanzipationsprozess zusprach. Und so rangiert die jüngste Generation der Kritischen Theorie zwischen Kant (Habermas) und Hegel (Honneth).

6   Die jüngste Rezeption geht von Axel Honneth aus, der in seinem „Das Recht der Freiheit" eine in jeder Beziehung an Hegel orientierte Analyse vorstellt. Er muss dabei vor allem gegen die konservative Deutung Hegels vorgehen: „in aufgeklärten, progressiven Kreisen galt er (der Begriff der Sittlichkeit, RS) als deutlicher Indikator für die Absicht, an den gegebenen Gesellschaften nur diejenigen eingespielten Praktiken und moralischen Einrichtungen zu erhalten, die dazu angetan schienen, die herrschende Ordnung zu bewahren. Hegel hingegen hatte ihn zunächst gewählt, um gegen die vorherrschende Tendenz der Moralphilosophie auf jenes Netzwerk von institutionalisierten Routinen und Verpflichtungen aufmerksam zu machen, in dem moralische Einstellungen nicht in Form der Orientierung an Prinzipien, sondern in der Gestalt von sozialen Praktiken eingelassen waren; für ihn, der in Zusammenhängen der praktischen Philosophie methodisch weitgehend Aristoteliker blieb, stand es außer Frage, dass intersubjektiv praktizierte Gewohnheiten, und nicht kognitive Überzeugungen, die Heimstätte der Moral bildeten. (...) Für Hegel sollte nur der Vielfalt sittlicher Lebensformen nur dasjenige unter dem Begriff ‚Sittlichkeit' in seine ‚Rechtsphilosophie' aufgenommen werden, was nachweislich dazu dienen konnte, den allgemeinen Werten und Idealen moderner Gesellschaften zur Verwirklichung zu verhelfen" (Honneth, Axel: Das Recht der Freiheit, Frankfurt/M. 2011, S. 26). Seine gegen Kant gerichtete Kritik lag darin, „dass nicht abstrakt irgendwelche, kaum erfüllbare Forderungen an das Sozialverhalten gerichtet werden" (ebenda, S. 27).

konzipiert wurde. Kants Kunstgriff ist das „Als-ob". Damit löst er das Problem, auf der einen Seite die Republik als jeder anderen Ordnung in Sachen Vernunftrealisierung überlegen zu zeigen, aber auf der anderen nicht deren Realisierung fordern zu müssen. Denn die Republik, genauer: die republikanische Verfassung, soll im Sinne eines Erziehungsprojekts erst helfen, die Umstände herbeizuführen, die dann zur zunehmenden Realisierung – hier kommt der Fortschrittsoptimismus dazu – demokratischer Freiheit notwendig sind. Dies ist ja auch eine an Rousseau geschulte realistische Perspektive. Dieser hatte sich bekanntlich auch an der Frage abgearbeitet, wie man eine Demokratie ohne Demokraten einrichtet. Doch an diesen Stellen brechen zumeist die Überlegungen Kants ab. Er kommt nur selten an den Punkt, wo er über die konkrete Realisierung, die gesellschaftlichen, politisch-kulturellen Voraussetzungen seiner Vernunftkonzeption nachdenkt. Dies hat innerhalb der politischen Philosophie zu einer machtpolitischen Reaktion oder machtpolitischen Wende geführt, man könnte auch sagen: realistischen Wende, die zum Teil weit über das Ziel hinausgeschossen ist. Fruchtbare Konsequenzen hat z.B. Pölitz aus dem Kant'schen Erziehungsrepublikanismus gezogen, indem er als großer Popularisierer eine Art Verfassungskatechismus entwickelt hat. Das in unserem Zusammenhang Spannende an der Kant'schen Position ist und bleibt, dass er der Verfassung einen zentralen Ort in diesem Gefüge von politischer Erziehung, Recht, Republik und praktischer Vernunft zuschreibt.

Dies ist nun bei Hegel vollkommen anders. Er reduziert den Verfassungsbegriff auf den alten Begriff der Verfassung als empirischer Zustand. Jeder Staat, so Hegel, habe seine eigene Verfassung. Damit ist dem Verfassungsbegriff sein emanzipatorisch-kritischer Impuls genommen. Die Verfassung kann die bestehende Ordnung somit nicht kritisch überschreiten. Dafür finden sich bei Hegel die interessanten methodischen Optionen, die seine Fragen – weniger seine Antworten – bieten.[7] Er hat, auch in kritischer Distanz zu Kant, die Machtfragen, die Fragen von Solidarität und Gemeinsinn oder auch der politischen Entscheidung in seine Überlegungen einfließen lassen.[8] Denn bei Kant bleiben weitergehende Reflexionen über eine mögliche Verankerung des Konstitutiona-

---

7   Das ist es auch, was Charles Taylor an Hegel interessiert hat: Taylor, Charles: Hegel's ambiguous legacy of modern liberalism, in: *Hegel: Critical Assessments*, hg. von R. Stern, Band 4, Routledge 1993, S. 345-357. Nach wie vor natürlich zu Hegel: Henrich, Dieter: *Hegel im Kontext*, Frankfurt/M. 2010; Riedel, Manfred: *Materialien zu Hegels Rechtsphilosophie*, 2 Bände, Frankfurt/M. 1975; Marcuse, Herbert: *Vernunft und Revolution. Hegel und die Entstehung der Gesellschaftstheorie*, Neuwied am Rhein 1968.

8   Dies hat zum Beispiel Axel Honneth, wie schon erwähnt, zu einem Anschluss an Hegel veranlasst. Siehe den wunderbaren Aufsatz: Honneth, Axel: Moralische Entwicklung und sozialer Kampf. Sozialphilosophische Lehren aus dem Frühwerk Hegels, in: ders./McCarthy/Offe/Wellmer (Hg.), *Zwischenbetrachtungen. Im Prozeß der Aufklärung*, Frankfurt/M. 1989, S. 549-573; Honneth, Axel: *Kampf um Anerkennung*, Frankfurt/M. 1992; neuerdings: Honneth, Axel: *Das Recht der Freiheit*, Frankfurt/M. 2011.

lismus aus. Die Rousseausche Frage nach der Verwurzelung in den Herzen der Bürger, um das einmal pathetisch zu formulieren, stellt sich Kant nicht.

Somit ergibt sich folgende interessante Konstellation, sodass wir uns hier bei der Frage Kant oder Hegel nicht auf die eine oder andere Seite schlagen müssen. Denn dem Kant'schen Verfassungs-Republikanismus steht die Hegelsche Sensibilität gegenüber, für die notwendige soziomoralische Resonanz und machtpolitische Durchsetzung der Erkenntnisse zu sorgen, d.h. Hegelscher Machiavellismus, verbunden mit der großen Sensibilität für die Unzulänglichkeiten der liberalen Marktordnung. Auf der einen Seite die Kant'sche praktische Vernunft eines bürgerschaftlichen Republikanismus, der jedoch unsensibel ist für die sozialen und kulturellen Voraussetzungen politischer Ordnungen und auf der anderen Seite Hegels soziologische Sittlichkeitslehre, die am alten vorrevolutionären Verfassungsbegriff festhält. In diesen Ambivalenzen bewegen sich die Theorien wie auch ihre Rezeptionen. Unter der hier leitenden Frage des politischen Konstitutionalismus soll aber der Position Kants mehr Raum gegeben werden, denn für die Entwicklung eines Vorrangs der Verfassung, war seine Position von entscheidender Bedeutung.

1. Kant, Kantianismus und das republikanische Symbolprogramm

Kants Einfluss auf weite Teile der liberalen Theorie im Vormärz ist unbestritten. Sein vernunftrechtlicher Rigorismus, der für die einen Anlass zu überschwänglicher Emphase war, wurde für die anderen Grundlage für tiefgreifende Kritik.[9] Grund zur Emphase bietet der begründungsphilosophische Aufwand, den Kant leisten konnte, „weil er alle voluntaristischen Konnotationen aus dem Vertragskonzept getilgt und die immanenten Strukturelemente der Vertragsfigur als allgemeine Bestimmungen der kategorischen Vernunftform gesellschaftlicher Koexistenz ausgewiesen hat."[10] Ausgehend vom Kant'schen Republikanismus, der von seinen Zeitgenossen bis heute eine Quelle der Inspiration geblieben ist, über sein Erziehungsprogramm bis hin zu seinen Verfassungsprojekten sollen hier die Elemente nachverfolgt werden.

Im Zentrum steht die Vermittlung in eine politische Kultur, die Visualisierung einer gedachten Ordnung, die Einbindung in eine Gedächtnis- und Erinnerungskultur, kurz: die Rolle der politischen Erziehung. Denn die meisten Denker des späten 18. Jahrhunderts waren politische Denker und politische Erzieher: Herder, Wieland, Schlegel, Humboldt, Jacobi, um nur einige zu nennen, waren,

---

9 Kersting, Wolfgang: *Wohlgeordnete Freiheit. Immanuel Kants Rechts- und Staatsphilosophie.* Mit einer Einleitung zur Taschenbuchausgabe 1993: Kant und die politische Philosophie der Gegenwart, Frankfurt/M. 1993.

10 Ebenda, S. 37.

wie Frederick C. Beiser schreibt: „educators of the public".[11] Und als solches Erziehungsprogramm war die Verfassung angelegt, die bekanntlich auch für ein Volk von Teufeln gültig sein sollte. Der Akt der Verfassungsgebung, ungeachtet der konkreten Genese, die bei Kant in den Hintergrund rückt, soll die Eingewöhnung in die republikanische Ordnung einleiten. Von ihr geht eine Vorbildwirkung aus, die durch Multiplikatoren und entsprechende Institutionen in die Gesellschaft hineingetragen wird. Bei ihm heißt es dann, „dass es nur auf eine gute Organisation des Staats ankommt". Denn die guten, moralischen Gesinnungen sind nicht Grundlage der Verfassung, sondern deren Resultat: „wie denn auch nicht von dieser (Moralität, RS) die gute Staatsverfassung, sondern vielmehr umgekehrt, von der letzteren allererst die moralische Bildung eines Volkes zu erwarten ist."[12] Somit entwickelt Kant ein typisches Modell des rationaljuridischen Konstitutionalismus, indem er die vernünftige Verfassung als Ausgangspunkt eines verfassungskulturellen Erziehungsprogramms sieht.[13] Er geht von der faktenschaffenden Kraft des Normativen aus.

Eine allmähliche Amalgamierung von Vernunft und Praxis, von Recht und Gewalt, von Republik und Monarchie bestimmt Kants historisches Programm. Aus Gewalt entstanden können sich alle Staaten republikanisieren. Schrittweise tritt die Herrschaft der Menschen zurück und die Herrschaft des Gesetzes rückt in den Vordergrund. Erst wenn diese verwirklicht ist, ist der Mensch frei und das Leben in der Republik erreicht. Und so kommt es denn auch, dass Kant zwar eine für Deutschland einmalige Aktualisierung und Modernisierung des Republikanismus vornimmt – eine Aufgabe, die in Amerika die Federalists übernommen haben – aber es keinen unmittelbaren demokratischen Anschluss, keine unmittelbare demokratische Wirkungsmächtigkeit gegeben hat. Selbst der Kant-Schüler Karl von Rotteck wird sich der Modernisierung des RepublikBegriffs nur teilweise und zögerlich anschließen. Auch für ihn bleibt die konstitutionell gemäßigte Monarchie das Idealbild.

1.1. Die theoretischen Grundlagen
1.1.1. Rechtsstaat und Konstitutionalismus

Kant entwickelt seine konstitutionelle Theorie unter dem Oberbegriff der Republik.[14] Sein Republikanismus, der als Grundlegung eines demokratischen

---

11   Beiser, Frederick C.: *Enlightenment, Revolution, and Romanticism. The Genesis of Modern German Political Thought 1790-1800*, Harvard 1992, S. 10.

12   Kant, Immanuel: Zum ewigen Frieden [1795], in: *Werke Bd. 11, Schriften zur Anthropologie, Geschichtsphilosophie, Politik und Pädagogik 1*, Frankfurt/M. 1968, S. 195-251, hier: S. 224.

13   Dann, Otto: Kants Republikanismus und seine Folgen, in: Kirsch, Martin (Hg.), *Denken und Umsetzung des Konstitutionalismus in Deutschland und anderen europäischen Ländern in der ersten Hälfte des 19. Jh.*, Berlin 1999, S. 125-143.

14   Vgl. dazu Nolte, Paul: Bürgerideal, Gemeinde und Republik. „Klassischer Republikanismus" im frühen deutschen Liberalismus, in: *Historische Zeitschrift*, 254 (1992), S. 609-656; Göhler,

Konstitutionalismus gelesen werden kann,[15] hat drei zentrale Elemente: (i) Volkssouveränität, wenn auch nicht in der Rousseauschen Ausrichtung, (ii) Rechtsstaatlichkeit und Gewaltenteilung in enger Anlehnung an die klassische Argumentation bei Montesquieu und (iii) Schutz von gleichen Freiheitsrechten. Der für die normative Theoriebildung interessante Punkt ist die Verbindung negativer mit positiven Freiheitsrechten.[16] Die Bürger genießen nur dann die notwendige und der Vernunft angemessene Freiheit, wenn sie die Gesetze als selbstgegeben verstehen können. Hier ist der Rousseausche Satz demokratietheoretisch abgemildert und herrschaftskategorial überformt, dass nur derjenige frei ist, der unter Gesetzen lebt, die er sich selbst gegeben hat.[17] Die Kant'sche Autonomie als Selbstgesetzgebung oder anders: Selbstbeherrschung setzt diesen Satz zweifach um. Zum einen geht es um die Konstituierung des Selbst (Autonomie) und um die Konstituierung der Gesellschaft als liberaler und – zumindest langfristig – nach unserem heutigen Verständnis, republikanischer Verfassungsstaat.

Der Begriff der Selbstbeherrschung ist bewusst gewählt, weil er den entscheidenden Unterschied zwischen einer zivilrepublikanischen und der

---

Gerhard: Republikanismus und Bürgertugend im deutschen Frühliberalismus: Karl von Rotteck, in: Greven, Michael Th. et al. (Hg.), *Bürgersinn und Kritik*. Festschrift für Udo Bermbach, Baden-Baden 1998, S. 123-149; Dann, Otto: Kants Republikanismus und seine Folgen, in: Kirsch, Martin (Hg.), *Denken und Umsetzung des Konstitutionalismus in Deutschland und anderen europäischen Ländern in der ersten Hälfte des 19. Jh.*, Berlin 1999, S. 125-143. Da Kant sowohl für die Tradition des Liberalismus wie auch für den Republikanismus in Anspruch genommen wird, liegt es nahe, seine Position als vermittelnde zu verstehen. Um nur zwei Beispiele zu nennen: Nehmen so unterschiedliche Autoren wie Otto Dann und Jürgen Habermas Immanuel Kant unter der Überschrift des Republikanismus in Anspruch, spricht Otfried Höffe lieber von Kants Liberalismus: „Kants Republik entspricht also weniger dem kommunitaristischen Republikanismus als einem recht anspruchsvollen demokratischen Verfassungsstaat: einer freiheitlichen, rechtsstaatlichen und partizipatorischen Demokratie" (Höffe, Otfried: *Königliche Völker. Zu Kants kosmopolitischer Rechts- und Friedenstheorie*, Frankfurt/M. 2001, S. 214). Und John Gray spricht von „Kantian liberalism", zitiert nach Wolfgang Kersting, Kant und die politische Philosophie der Gegenwart, in: ders., *Wohlgeordnete Freiheit. Immanuel Kants Rechts- und Staatsphilosophie*, Frankfurt/M. 1993, S. 19f.

15   Dann, Otto: Kants Republikanismus und seine Folgen, in: Kirsch, Martin (Hg.), *Denken und Umsetzung des Konstitutionalismus in Deutschland und anderen europäischen Ländern in der ersten Hälfte des 19. Jh.*, Berlin 1999, S. 125-143; Kirsch, Martin: *Monarch und Parlament im 19. Jahrhundert. Der monarchische Konstitutionalismus als europäischer Verfassungstyp – Frankreich im Vergleich*, Göttingen 1999: Dort heißt es: „Kants Begriff des Republikanismus war eher ein Synonym für Konstitutionalismus und konnte deshalb die Monarchie miteinschließen" (S. 51).

16   Zu den Freiheitsbegriffen immer noch Berlin, Isaiah: Two Concepts of Liberty, in: Miller, David (Hg.), *Liberty*, Oxford 1991, S. 33-57, aber auch: Samuel Fleischacker, *A Third Concept of Liberty. Judgment and Freedom in Kant and Adam Smith*, Princeton 1999.

17   Die gleiche Formulierung findet sich auch zur Zeit der Amerikanischen Revolution (Adams, Willi Paul: *Republikanische Verfassung und bürgerliche Freiheit. Die Verfassungen und politischen Ideen der Amerikanischen Revolution*, Darmstadt 1973, S. 153). „It is the essence of a free republic, that the people be governed by fixed laws of their own making". Die Republik ist ein "empire of laws, and not of men" (John Adams, 1776), zitiert nach ebenda.

Kant'schen Position aufzeigen kann. Der entscheidende Unterschied liegt im Bereich der Charakteranforderungen und der Vermutung, welchen Einfluss die Gesellschaft auf den einzelnen möglicherweise ausüben könnte. Unter diesen Voraussetzungen fällt die Einschätzung des Kant'schen Bürgerverständnisses recht unterschiedlich aus.

Während die französische Revolution das Zensus- und damit das Leistungsprinzip für die Vergabe des Staatsbürgerstatus leitend machte, war in der Kant'schen Tradition die alte, republikanisch-antike Selbstständigkeitsvermutung maßgebend; Selbstständigkeit mit einer Ausnahme: des Beamten. So kommt in Deutschland ein republikanisches Verständnis zustande, in dem der Bildungs- und Beamtenstand herrscht. Er sieht sich gezwungen, Funktionsäquivalente für die fehlende Tugendhaftigkeit der Bürger einzubauen. Besonders deutlich wird dies im Zusammenhang mit seiner bekannten Stelle vom Volk der Teufel.[18] Aber, wohlgemerkt geht es um wohlverstandenes Eigeninteresse, auf dem Kants Gebäude aufruht. Diese Vernünftigkeit tritt an die Stelle moralischer Anforderungen. Und man kann annehmen, dass die vielfältige Rezeption bis heute an der moralischen Anspruchslosigkeit des Kant'schen Konzeptes liegt.

Dagegen steht der Zivilrepublikanismus, dessen Tugendzumutungen an den einzelnen Bürger weiter reichen. Der Staat erzieht seine Bürger, und der Staat ist wiederum auf gemeinwohlorientierte Bürger angewiesen, seien diese nun

---

18 „Nun ist die republikanische Verfassung die einzige, welche dem Recht der Menschen vollkommen angemessen, aber auch die schwerste zu stiften, vielmehr noch zu erhalten ist, dermaßen, dass viele behaupten, es müsse ein Staat von Engeln sein, weil Menschen mit ihren selbstsüchtigen Neigungen einer Verfassung von so sublimer Form nicht fähig wären. Aber nun kommt die Natur dem verehrten, aber zur Praxis ohnmächtigen allgemeinen, in der Vernunft gegründeten Willen, und zwar gerade durch jene selbstsüchtige Neigungen, zu Hülfe, so, dass es nur auf eine gute Organisation des Staats ankommt (die allerdings im Vermögen der Menschen ist), jener ihre Kräfte so gegen einander zu richten, dass eine die anderen in ihrer zerstörenden Wirkung aufhält, oder diese aufhebt: so dass der Erfolg für die Vernunft so ausfällt, als wenn beide gar nicht da wären, und so der Mensch, wenn gleich nicht ein moralisch-guter Mensch, dennoch ein guter Bürger zu sein gezwungen wird. Das Problem der Staatseinrichtung ist, so hart es auch klingt, selbst für ein Volk von Teufeln (wenn sie nur Verstand haben), auflösbar" (Kant, Immanuel: Zum ewigen Frieden [1795], in: *Werke Bd. 11, Schriften zur Anthropologie, Geschichtsphilosophie, Politik und Pädagogik 1*, Frankfurt/M. 1968, S. 224). Und Kant fährt fort, indem er nicht von der Moralität der Bürger die Klugheit des Staates, sondern von der Klugheit der Verfassung Einfluss auf die Moral der Bürger erwartet: „...das Innere der Moralität davon (vom äußeren Verhalten, dass sich an die Rechtsidee hält, RS) sicherlich nicht die Ursache ist (wie denn auch nicht von dieser die gute Staatsverfassung, sondern vielmehr, umgekehrt, von der letzeren allererst die gute moralische Bildung eines Volkes zu erwarten ist), mithin der Mechanism der Natur durch selbstsüchtige Neigungen, die natürlicherweise einander auch äußerlich entgegen wirken, von der Vernunft zu einem Mittel gebraucht werden kann..." (ebenda). Wie schon oben erwähnt, nimmt Kant hier Anleihen am Gedanken von Adam Smiths „unsichtbarer Hand", die später auch bei Hegel als List der Vernunft auftaucht. Vgl. Niesen, Peter: Volk-von-Teufeln-Republikanismus. Zur Frage nach den moralischen Ressourcen der liberalen Demokratie, in: *Die Öffentlichkeit der Vernunft und die Vernunft der Öffentlichkeit*, hg. von Lutz Wingert und Klaus Günther, Frankfurt/M. 2001, S. 568-604.

moralische oder strategische Akteure. Für Kant zumindest versteckt sich hinter dem Teufel eine servile, zur Selbstbeherrschung nicht fähige Persönlichkeit, die in anderen Kontexten als egoistischer Nutzenmaximierer bekannt ist und den Beschreibungen des Menschen im Naturzustand entlehnt ist.[19] Hier hat Kant von Adam Smith gelernt und überträgt dessen ökonomische Marktbegründung auf den Staat. Auch Smiths Markt funktioniert, ohne dass der Marktteilnehmer bewusst die Regeln des Ganzen versteht oder motivational auf das Wohl des Ganzen ausgerichtet ist. Das Ganze erhält sich allein durch die Verfolgung ureigenster individueller Interessen. Einen Einbruch des Zivilrepublikanismus dagegen gibt es jedoch beim Bürgerrecht auch bei Kant. Mit diesem ist immer eine gewisse Exklusivität des Bürgerrechts verbunden. Dies galt schon für die griechische Polis ebenso wie für den Stadtrepublikanismus in Italien oder Deutschland, oder später für die Exklusivitätsanforderungen von Kant selber als Forderung der Selbstständigkeit oder in seiner Nachfolge bei John Stuart Mill.[20]

An der Bewertung von Kants Rechtsstaats-Konzept scheiden sich auch heute noch die Geister.[21] Von einer euphorischen Wertung als demokratische Rechtsstaats-Tradition und die Einschätzung Kants als „typischen Vertreter jener politischen Strömung (...), die als deutscher Frühliberalismus bezeichnet wird"[22] bis zu Neumanns skeptischer Wertung, dass Kant für die Spaltung von rechtlicher und politischer Form zuständig sei: „In der deutschen Theorie ist der Rechtsstaat nicht die spezifisch juristische Form der Demokratie geworden, wie das in England der Fall ist, er verhält sich vielmehr zur Staatsform neutral."[23]

1.1.2. Republik und Gesetzesherrschaft

Der Bildungsauftrag, der sich aus der Verfassung und der Verfassungsgebung ergibt, nämlich diese vernünftige Ordnung auf die Moralität der Bürger wirken zu lassen, also ein Staatsbürgerbewusstsein zu erzeugen, fällt in Deutschland auf

---

19 Münkler, Herfried: Die Idee der Tugend. Ein politischer Leitbegriff im vorrevolutionären Europa, in: *Archiv für Kulturgeschichte* 73 (1991), S. 379-403.

20 Dies ganz charakteristisch bei Mill, John Stuart: *Betrachtungen über die repräsentative Demokratie*, hg. und eingeleitet von Kurt L. Shell, Paderborn 1971.

21 Zur kontroversen Beurteilung Kants: demokratischer Rechtsstaat oder obrigkeitsstaatliches, antidemokratisches Denken (Theorie und Praxis). Vgl. dazu die umfangreiche Literatur, u.a. in Batscha, Zwi: *Materialien zu Kants Rechtsphilosophie*, Frankfurt/M. 1976; Batscha, Zwi, Bürgerliche Republik und bürgerliche Revolution bei Immanuel Kant, in: ders., *Studien zur politischen Theorie des deutschen Frühliberalismus*, Frankfurt/M. 1981, S. 43-65.

22 Batscha, Zwi: *Materialien zu Kants Rechtsphilosophie*, Frankfurt/M. 1976, S. 9. Die gleiche Einschätzung findet sich auch bei Maus, Ingeborg: *Zur Aufklärung der Demokratietheorie. Rechts- und demokratietheoretische Überlegungen im Anschluss an Kant*, Frankfurt/M. 1992.

23 Neumann, Franz L.: Der Funktionswandel des Gesetzes im Recht der bürgerlichen Gesellschaft, in: ders., *Demokratischer und autoritärer Staat. Studien zur politischen Theorie*, hg. und mit einem Nachwort von Herbert Marcuse, Frankfurt/M. 1986, S. 51. Neumann macht hier keinen Unterschied zwischen Kant und Stahl, den er im Anschluss zitiert.

fruchtbaren Boden und geht in zwei Richtungen: in eine vernunftrechtliche Richtung bei Rotteck und eine stärker historische Ausrichtung bei Pölitz. Diese Positionen lenken den Blick von der Genese, im Sinne der nicht erfolgten Revolution als Akt der Selbstbestimmung und republikanischen Initialzündung auf die Folgepraktiken. Somit kann die Gründung marginalisiert werden und der Prozess der Aneignung in den Vordergrund gebracht werden. Kants Modernität führt dazu, dass ihm im Sinne der amerikanischen Federalists die Repräsentation zum Schlüssel des republikanischen Konstitutionalismus wird. Doch gleichzeitig hält er an einem Erziehungsprojekt fest, das die konstitutionelle Monarchie in der Lage sieht, Bürgertugend hervorzubringen. „(D)ie konstitutionelle Monarchie könne daher ‚jene Bürgertugend hervorbringen, welche sonst als das Prinzip der Republik betrachtet wurde. Man kann sie daher auch mit Recht die republikanische Monarchie nennen'.“[24]

Die Unterschiede zu Rousseau verschwimmen an dieser Stelle, denn Rousseau hatte ebenso nicht die Einrichtung der Republik von der Tugendhaftigkeit der Bürger abhängig machen wollen. Schließlich wusste dieser um die Probleme der Gründung sehr wohl Bescheid. Ein *legislateur* nach klassisch-antikem Vorbild sollte die republikanische Verfassung einrichten. Die Bürger würden dann in politische Praxis gezwungen, von der eine erzieherische Wirkung erwartet wurde. Auch hier gibt es den Wirkungszusammenhang, den Kant im *Ewigen Frieden* beschreibt. Der Übergang zu einer Republik wird nur durch eine Reform von oben wahrscheinlich. Die Bürger werden von *bourgeois* zu *citoyen* durch die eingelebte Praxis in einer guten politischen Ordnung, die von ihnen Selbstbeherrschung erwartet und diese durch die Leistungen, die eine solche Ordnung bietet, fordert und honoriert. Demokratisierung durch schleichende Praxis und nicht durch Revolution lautet das reformerische Credo, dass für den gesamten Vormärz den Ton der Demokratisierungs- und Liberalisierungsbestrebungen bestimmt.[25]

Entscheidend für Kants Einfluss auf das politische Denken im Vormärz ist die eigenwillige Deutung des Republikbegriffs als Regierungs- und nicht als Staatsform. Nicht der Staat soll zur Republik werden. Dies hätte in Deutschland wohl nur gegen die Monarchie und auf revolutionärem Wege vollzogen werden können. Aber Kants Programm ist ein anderes: „Die Regierungsart soll republi-

---

24   Dann, Otto: Kants Republikanismus und seine Folgen, in: Kirsch, Martin (Hg.), *Denken und Umsetzung des Konstitutionalismus in Deutschland und anderen europäischen Ländern in der ersten Hälfte des 19. Jh.*, Berlin 1999, S. 138.

25   Eine gewisse Ambivalenz ist auch bei Kants Schrift über den Gemeinspruch konstatiert worden. War er doch gleichzeitig ein „von Enthusiasmus für die französische Revolution erfüllt" und wünschte ihre erfolgreiche Durchsetzung und Entwicklung, so offenbarte er in der genannten Schrift gleichzeitig „dass jeder Versuch zur gewaltsamen Veränderung einer Verfassung schlechthin rechtswidrig sei" (Dieter Henrich: Über den Sinn vernünftigen Handelns im Staat, in: ders., *Kant-Gentz-Rehberg. Über Theorie und Praxis*, Frankfurt/M. 1967, S. 7-36, hier: S. 23.

kanisch werden."[26] Und selbst eine Monarchie kann ihre Art zu regieren republikanisieren, wenn sie sich an grundlegende, von der Vernunft vorgegebene Grundlagen hält. Diese Haltung ermöglicht die für den Frühliberalismus wichtige Vereinbarkeit von Monarchie und Republik, eine Vereinbarkeit, die zu Beginn der französischen Revolution noch Programm war, dann aber 1792 aufgekündigt wurde.[27] Aus dieser Aufkündigung rührt auch Kants ambivalente Position gegenüber der Französischen Revolution, und mit der Aufkündigung des Kompromisses zwischen Republik und Monarchie in Deutschland endet auch der unmittelbare Einfluss Kants, der für den Vormärz nicht hoch genug eingeschätzt werden kann.

Warum greift Kant den alten Begriff der Republik (respublica) auf, welche Traditionsbestände erhält er, und was ist neu?[28] Eine Republik im Kant'schen Sinne zeichnet sich dadurch aus, (i) dass sie, wie schon im Altertum, eine vollkommene, gute und ideale politische Ordnung ist. Wer in einer Republik lebt, lebt in der bestmöglichen politischen Ordnung. Sie verdient (ii) deswegen den Namen Republik, weil die Herrschaft nur dann legitim ist, wenn sie sich auf das Selbstbestimmungsrecht der Bürger beziehen kann. Dies gilt auch dann, wenn diese die Herrschaft faktisch nicht eingerichtet haben.[29] Und (iii) kann sie sich als Republik bezeichnen, weil sie eine Herrschaft der Gesetze ist: Rechtsstaat.[30]

Der Ausgangspunkt für Kants Konstitutionalismus ist die Antike. „Kants innovative metaphysische Grundlegung des Republikanismus", so Jürgen Gebhardt „setzt ausdrücklich am antiken Ausgangspunkt der bürgerschaftlichen Politik an."[31] Doch setzt er sich gezielt von der Freiheit der Alten, wie Constant

---

26   Kant, Immanuel: Zum ewigen Frieden [1795], in: *Werke Bd. 11, Schriften zur Anthropologie, Geschichtsphilosophie, Politik und Pädagogik 1*, Frankfurt/M. 1968, S. 204.

27   So schreibt Jürgen Gebhardt: „Mit der Abschaffung der Monarchie von 1792 und der Proklamation der République francaise erhielt der Republikbegriff seine eigentümliche französische Färbung: Er symbolisiert die Ordnungs- und Sinngehalte der Revolution" (Gebhardt, Jürgen: Die vielen Gesichter des Republikanismus, in: Dicke, Klaus/Kodalle, Klaus-Michael (Hg.), *Republik und Weltbürgerrecht: Kantische Anregungen zur Theorie politischer Ordnung nach dem Ende des Ost-West-Konflikts*, Weimar u.a. 1998, S. 269).

28   In der „Kritik der reinen Vernunft" heißt es: „Eine Verfassung von der größten menschlichen Freiheit nach Gesetzen, welche machen, dass jedes Freiheit mit der anderen ihrer zusammen bestehen kann, (nicht von der größten Glückseligkeit, denn diese wird schon von selbst folgen;) ist doch wenigstens eine notwendige Idee, die man nicht bloß im ersten Entwurfe einer Staatsverfassung, sondern auch bei allen Gesetzen zum Grunde legen muss (...)" (Kant, Immanuel: *Kritik der reinen Vernunft*, Hamburg 1971, S. 351, [B373]).

29   Damit ist der Gründungsaspekt für Kant zweitrangig. Das hat in erster Linie sicherlich einen konkreten politischen Hintergrund. Unmittelbar im Anschluss an die Französische Revolution wollte Kant in Preußen die Legitimation nicht an das Zustandekommen der Ordnung, sondern an die Ausführung (Regierungsart) binden.

30   Die Herrschaft der Gesetze steht bei Rousseau im Zentrum, geht aber schon auf die römische Tradition zurück, die den Zweifel von Aristoteles, ob die Herrschaft von Menschen über Menschen oder von Gesetzen besser sei, zugunsten der Gesetze ausräumt.

31   Gebhardt, Jürgen: Die vielen Gesichter des Republikanismus, in: Dicke, Klaus/Kodalle, Klaus-Michael (Hg.), *Republik und Weltbürgerrecht: Kantische Anregungen zur Theorie poli-*

schreiben würde, ab. Aber Kant orientiert sich nicht vollständig an „den Alten".
Die Erfindung des Repräsentationsprinzips macht für ihn den großen Unterschied: „Keine der alten sogenannten Republiken hat dieses (das repräsentative System, RS) gekannt, und sie mussten sich darüber auch schlechterdings in dem Despotism auflösen, der unter der Obergewalt eines Einzigen noch der erträglichste unter allen ist."[32] Und schon vorher: „Der Republikanismus ist das Staatsprinzip der Absonderung der ausführenden Gewalt (der Regierung) von der gesetzgebenden."[33] So wird ihm auch die Demokratie zum Despotismus, weil er sie im Aristotelischen Sinn als entartete, ungemäßigte Regierungsform und als direkte Demokratie versteht. Kants großer Einfluss im Vormärz, besonders in Deutschland, ruht genau auf diesen Punkten. Er kanalisiert die Euphorie, die aus Frankreich nach Deutschland übergreift in Bezugnahme auf Sieyès und verbindet sie mit dem vorrevolutionären französischen Denken: Montesquieu, Rousseau.

Kant fordert keine Republik, sondern Republikanismus und Republikanisierung. „Nicht auf die Ablösung der überkommenen Herrschaftsformen ist der vernunftrechtliche Konstitutionalismus – ‚die ewige Norm für alle bürgerliche Verfassung überhaupt' – aus, er verlangt keine Revolution, die gewaltsam den Raum für seine Positivierung schafft, sondern auf deren innere Verwandlung durch Republikanisierung."[34] Kant ist der gleichen Überzeugung wie die Federa-

---

tischer Ordnung nach dem Ende des Ost-West-Konflikts, Weimar u.a. 1998, S. 275. Es folgt ein längeres Kant-Zitat, das Gebhardt hier anschließt: „‚Die Idee einer mit dem natürlichen Rechte der Menschen zusammenstimmenden Konstitution (...) liegt bei allen Staatsformen zu Grunde, und das gemeine Wesen, welches, ihr gemäß, durch reine Vernunftbegriffe gedacht, ein platonisches Ideal heißt (res publica noumenon) ist nicht ein leeres Hirngespinst, sondern die ewige Norm für alle bürgerliche Verfassung überhaupt, und entfernet allen Krieg'. Eine dieser Norm entsprechend organisierte bürgerliche Gesellschaft ist ‚die Darstellung derselben nach Freiheitsgesetzen durch ein Beispiel in der Erfahrung (res publica phaenomenon), und kann nur nach mannigfaltigen Befehdungen und Kriegen mühsam erworben werden'" (zitiert nach ebenda).

32   Kant, Immanuel: Zum ewigen Frieden [1795], in: *Werke Bd. 11, Schriften zur Anthropologie, Geschichtsphilosophie, Politik und Pädagogik 1,* Frankfurt/M. 1968, S. 195-251, hier: S. 208. Vgl. dazu ebenda; Bien, Günther: Revolution, Bürgerbegriff und Freiheit. Über die neuzeitliche Transformation der alteuropäischen Verfassungstheorie in politische Geschichtsphilosophie, in: *Philosophisches Jahrbuch* 79 (1971), S. 1-18; Gebhardt, Jürgen: Selbstregulierung und republikanische Ordnung in der politischen Wissenschaft der Federalist Papers, in: Göhler, Gerhard et al. (Hg.), *Politische Institutionen im gesellschaftlichen Umbruch,* Opladen 1990, S. 327.

33   Kant, Immanuel: Zum ewigen Frieden [1795], in: *Werke Bd. 11, Schriften zur Anthropologie, Geschichtsphilosophie, Politik und Pädagogik 1,* Frankfurt/M. 1968, S. 206f.

34   Kersting, Wolfgang: *Wohlgeordnete Freiheit. Immanuel Kants Rechts- und Staatsphilosophie,* Frankfurt/M. 1993, S. 420. Vgl. dazu auch: Wolfgang Kersting: Die bürgerliche Verfassung in jedem Staate soll republikanisch sein, in: Höffe, Otfried (Hg.), *Immanuel Kant. Zum ewigen Frieden,* Berlin 1995, S. 87-108; zum Bewegungsbegriff und der angesprochenen Dynamisierung und Fortschrittsorientierung des Republikanismus: Reinhart Koselleck: Neuzeit. Zur Semantik moderner Bewegungsbegriffe, in: ders., *Vergangene Zukunft. Zur Semantik geschichtlicher Zeiten,* Frankfurt/M. 1979, S. 300-348, besonders: S. 339ff.; auch ders., ‚Erfah-

lists, dass wahrer Republikanismus nur in einer repräsentativen Verfassung möglich ist. Beide identifizieren Demokratie mit Despotie, wenn auch Kant weitaus drastischer urteilt.[35] Als glühender Verehrer der Französischen Revolution versagt Kant dem Volk das Recht auf Revolution.[36] Seine Republik soll, wenn die Umstände es erfordern, auch mit Hilfe einer *benevolent monarchy* eingeführt werden. Eine Republik ist auch im Rahmen einer Monarchie möglich, so die unter Gesichtspunkten der Staatsformenlehre paradoxe Formulierung.

> „Ein Staat kann sich auch schon republikanisch regieren, wenn er gleich noch, der vorliegenden Konstitution nach, despotische Herrschermacht besitzt: bis allmählich das Volk des Einflusses der bloßen Idee der Autorität des Gesetzes (gleich als ob es physische Gewalt besäße) fähig wird, und sonach zur eigenen Gesetzgebung (welche ursprünglich auf Recht gegründet ist) tüchtig befunden wird."[37]

Kant schließt sich bewusst nicht der Unterscheidung Machiavellis an, dass es nur Alleinherrschaften oder Republiken gibt. Diese auf Staatsformen zentrierte Bestimmung der Republik interessiert ihn nicht. Er entwirft eine normative Vorlage für eine ideale Republik (respublica noumenon), an der sich reale politische Regierungsformen messen lassen müssen.[38] Für seinen eigenwilligen

---

rungsraum' und ‚Erwartungshorizont' – zwei historische Kategorien, in: *ebenda*, S. 349-375, besonders: S. 373f. Koselleck sieht den Begriff des Republikanismus als ersten einer ganzen Reihe von –ismen: Republikanismus, Demokratismus, Liberalismus, Sozialismus, Kommunismus, Faschismus. Im Aufsatz über den Erfahrungshorizont schreibt Koselleck: „Der alte, einen Zustand avisierende Begriff ‚Republik' wurde zum telos, und zugleich wurde er – mit Hilfe des ‚-ismus-Suffixes' – temporalisiert zu einem Bewegungsbegriff" (373).

35 Kersting dagegen schreibt: „Republikanismus, das bedeutet Republik in fremder Gestalt, das bedeutet Einkörperung des Geistes des ursprünglichen Vertrages in das ihm von Grund auf Widerstreitende, in naturwüchsig und gewaltsam entstandene Herrschaft" Für Kersting ist Republikanismus identisch mit Republikanisierung, also mit dem „Bewegungsbegriff" (Koselleck): Kersting, Wolfgang: „Die bürgerliche Verfassung in jedem Staate soll republikanisch sein", in: Höffe, Otfried (Hg.), *Kant – Zum ewigen Frieden*, Berlin 1995, S. 104.

36 Gebhardt, Jürgen: „Der kantianische Republikanismus ist vorbildlich für den deutschen Konstitutionalismus geworden, insofern er die Konstitutionalisierung der Herrschaft so weit formalisiert, dass der Beamtenstaat, die Monarchie und die Kirche integraler Bestandteil der Republik werden, wobei er der fürstenstaatlich-protestantischen Tradition folgend das republikanische Widerstands- und Revolutionsrecht aus dem Republikanismus eliminiert" (Gebhardt, Jürgen: Die vielen Gesichter des Republikanismus, in: Dicke, Klaus/Kodalle, Klaus-Michael (Hg.), *Republik und Weltbürgerrecht: Kantische Anregungen zur Theorie politischer Ordnung nach dem Ende des Ost-West-Konflikts*, Weimar u.a. 1998, S. 273). Dieser Hinweis auf die Verträglichkeit mit der Kirche und die protestantische Tradition ist besonders wichtig, weil z.B. Pölitz, und nicht nur er, ebenso aus dieser Tradition schöpft. Er ist es, der dann die Parallele von kirchlicher und politischer Erneuerung zieht.

37 Kant, Immanuel: Zum ewigen Frieden [1795], in: *Werke Bd. 11, Schriften zur Anthropologie, Geschichtsphilosophie, Politik und Pädagogik 1*, Frankfurt/M. 1968, S. 233.

38 Dieses Modell wurde angeregt, wie Jürgen Manthey jüngst dargestellt hat, durch die weltbürgerliche Atmosphäre in Königsberg. Vgl. Jürgen Manthey: *Königsberg. Geschichte einer Weltbürgerrepublik*, München/Wien 2005. Zu Königsberg als republikanischem Ort auch:

Gebrauch des Republik- und Republikanismus-Begriffs, den er erst nach 1789 in sein Vokabular aufnimmt, ist die Bestimmung des Bürgers- und der Bürgergemeinschaft von entscheidender Bedeutung, die er schon in seinen frühen Schriften entwickelt.[39] Und er nimmt dann den Begriff der Republik erst in seiner Friedensschrift in Auseinandersetzung mit der Französischen Revolution auf.

Was ist nun das Spezifische an der Kant'schen und damit auch an der vormärzlich-liberalen Konzeption des Republikanismus? Für Kant ist der Republikanismus eine besondere Regierungsart, er fragt also danach, wie der Staat von seiner Machtvollkommenheit Gebrauch macht. Er unterscheidet zwischen einer despotischen und einer republikanischen Regierung. Dem Rousseauschen *volonté générale* spricht er despotischen Charakter zu, weil die Versammlungsdemokratie keine Trennung zwischen Exekutive und Legislative kennt. Für Kant werden die Begriffe Repräsentation und Gewaltenteilung zum Kernbestand des republikanischen Denkens und entfernen sich so vom direkt-demokratischen Denken. So kann für Kant die Monarchie ein repräsentatives Regime werden, das am besten in der Lage ist, einen nicht-revolutionären Übergang zur gewaltenteilig-repräsentativen Ordnung zu bewerkstelligen.

Im gleichen Sinne wie oben bei Rousseau heißt es bei Kant: „Die bürgerliche Verfassung in jedem Staate soll republikanisch sein."[40] Und republikanisch ist sie dort, wo der Untertan Staatsbürger ist.[41] Bei Kant wird der faktische Bezug der Volksgesetzgebung in einen gedachten Bezug übertragen. Der Vertrag, so Kant,

„ist keinesweges als ein Faktum vorauszusetzen nötig (ja als solches gar nicht möglich). (...) Sondern es ist eine bloße Idee der Vernunft, die aber ihre unbezweifelte (praktische) Realität hat: nämlich jeden Gesetzgeber zu verbinden, daß er seine Gesetze so gebe, als sie aus dem vereinigten Willen eines ganzen Volks haben entspringen können, und jeden Untertan, so fern

---

Theo Stammen, Königsberg als Lebenswelt und Kants Modell geselliger Konversation, in: ders. (Hg.), *Kant als Schriftsteller*, Würzburg 1999, S. 19-28.

39   Hier sind gemeint: Kritik der reinen Vernunft (1781), Idee zu einer allgemeinen Geschichte in weltbürgerlicher Absicht (1784).

40   Ebenda, S. 204.

41   Ebenda, S. 206. An anderer Stelle: „Die Idee einer mit dem natürlichen Rechte der Menschen zusammenstimmenden Konstitution: daß nämlich die dem Gesetz Gehorchenden auch zugleich, vereinigt, gesetzgebend sein sollen, liegt bei allen Staatsformen zum Grunde, und das gemeine Wesen, welches, ihr gemäß, durch reine Vernunftbegriffe gedacht, ein platonisches Ideal heißt (respublica noumenon), ist nicht ein leeres Hirngespinst, sondern die ewige Norm für alle bürgerliche Verfassung überhaupt, und entfernet allen Krieg. Eine dieser gemäß organisierte bürgerliche Gesellschaft ist die Darstellung derselben nach Freiheitsgesetzen durch ein Beispiel in der Erfahrung (respublica phaenomenon), und kann nur nach mannigfaltigen Befehdungen und Kriegen mühsam erworben werden; (...)" (Kant, Immanuel: Streit der Fakultäten [1798], in: *Werke Bd. 11, Schriften zur Anthropologie, Geschichtsphilosophie, Politik und Pädagogik 1*, Frankfurt/M. 1968, S. 364).

er Bürger sein will, so anzusehen, als ob er zu einem solchen Willen mit zusammen gestimmt habe."[42]

Das ist die Kernaussage des Kantschen Konstitutionalismus unter dem Gesichtspunkt des Republikanismus. Denn nicht die faktische Machtübernahme durch die Bürger, sondern die Verfassung ist entscheidend. Die Gesetze müssen so gegeben werden, „als ob" sie hätten zustimmen können. Damit nun die Republik, anders als im Verlauf der Französischen Revolution, nicht mit der Demokratie gleichgesetzt wird, unterscheidet Kant, an Aristoteles Systematik erinnernd, zwischen Regierungsform und Herrschaftsform, die auch Rousseau schon aus der Antike rezipierte. Die Regierungsform ist entweder republikanisch oder despotisch. Sie ist dann republikanisch, wenn Gewaltenteilung zwischen Regierung und Gesetzgebung vorliegt. Die Form der Beherrschung ist nach dem alten aristotelischen Dreierschema zwischen Autokratie (Fürstengewalt), Aristokratie (Adelsgewalt) und Demokratie (Volksgewalt) unterschieden.[43]

Die Gewaltenteilung macht aus der Form der Beherrschung eine republikanische oder eine despotische Regierung. Logischerweise ist dann die Demokratie, wie schon bei Aristoteles, wenn sie keine Mäßigung erfährt, eine despotische Regierungsform. „Alle Regierungsform nämlich, die nicht repräsentativ ist, ist eigentlich eine Unform, weil der Gesetzgeber in einer und derselben Person zugleich Vollstrecker seines Willens (...) sein kann (...)."[44] Diese Überlegungen führen Kant dazu, den Republikanismus, weil er auf dem Prinzip der Repräsentation aufbaut mit der Fürstengewalt für ideal vereinbar zu halten, wie er es am Beispiel Friedrichs II. andeutet: „je kleiner das Personale der Staatsgewalt (die Zahl der Herrscher), je größer dagegen die Repräsentation derselben, desto mehr stimmt die Staatsverfassung zur Möglichkeit des Republikanismus, und sie kann hoffen, durch allmähliche Reformen sich dazu endlich zu erheben."[45]

---

42   Kant, Immanuel: Über den Gemeinspruch: das mag in der Theorie richtig sein, taugt aber nicht für die Praxis, in: *Werke Bd. 11, Schriften zur Anthropologie, Geschichtsphilosophie, Politik und Pädagogik 1*, Frankfurt/M. 1968, S. 153. Ebenso noch einmal die Formulierung im „Streit der Fakultäten": „Mithin ist es Pflicht (...) der Monarchen, ob sie gleich autokratisch herrschen, dennoch republikanisch (nicht demokratisch) zu regieren, d.i., das Volk nach Prinzipien zu behandeln, die dem Geist der Freiheitsgesetze (wie ein Volk mit reifer Vernunft sich selbst vorschreiben würde) gemäß sind, wenn gleich dem Buchstaben nach es um seine Einwilligung nicht befragt würde" (Kant, Immanuel: Streit der Fakultäten [1798], in: *Werke Bd. 11, Schriften zur Anthropologie, Geschichtsphilosophie, Politik und Pädagogik 1*, Frankfurt/M. 1968, S. 364/65).

43   Vgl. dazu Kant, Immanuel: Zum ewigen Frieden [1795], in: *Werke Bd. 11, Schriften zur Anthropologie, Geschichtsphilosophie, Politik und Pädagogik 1*, Frankfurt/M. 1968, S. 206.

44   Ebenda, S. 207.

45   Vgl. ebenda, S. 207f. Damit sind die beiden Fronten benannt, gegen die der Republikanismus argumentativ sich positioniert: gegen den „Wohlfahrtsdespotismus des zeitgenössischen Absolutismus" und gegen die „schlechte Unmittelbarkeit der antiken Demokratie" (Brunkhorst/ Niesen, Vorwort, in: dies. (Hg.), *Recht der Republik*, Frankfurt/M. 1999, S. 9-13, hier, S. 9).

1.2. Kantianismus zwischen Vernunftrecht und klassischem Republikanismus

Von den frühen Verfassungsentwürfen, wie dem Würzers von 1793, Krugs von 1797 in unmittelbarer Folge der Französischen Revolution, über Benzenbergs Verfassungsentwurf (1816)[46] bis hin zu Rottecks vernunftrechtlichen Überlegungen haben wir es mit Entwürfen und Interpretationen zu tun, die sich an Kant und der vernunftrechtlichen Tradition orientieren. Sie schlagen republikanische Ordnungen vor, popularisieren Ideen der Französischen Revolution und der Kant'schen Philosophie und an ihnen lässt sich exemplarisch zeigen, wie sein Republikanismus in konkrete Formen gegossen wurde. Die Verfassungsentwürfe zeigen die Verbindung von Tugendanforderungen und einem umfassenden Erziehungsprogramm der Bürger.

1.2.1 Revolutions-Katechismus und republikanische Verfassungsentwürfe

Es gibt bis weit in den Vormärz „eine Synchronie durchaus ungleichzeitiger politisch-sozialer Vorstellungswelten."[47] Bei den in diesem Abschnitt näher beleuchteten Verfassungsentwürfen kommt die Gleichzeitigkeit des Ungleichzeitigen besonders gut zum Ausdruck. Nebeneinander stehen naturrechtliche und klassisch-republikanische Begründungsmuster: der Bezug auf Kant'sche Rechtsformeln und bürgerliche Tugendanmutungen.[48]

> „Ich wünsche den Franzosen, nach einer so langen und drückenden Sklaverei den Genuß der Freiheit von ganzem Herzen. Aber eine Constitution auf dem Papiere möchte dazu wohl noch nicht hinreichen. Die Gesetze müssen auch Ansehen haben und die öffentliche Macht muß im Stande seyn, dieses Ansehen mit Nachdruck zu schützen."[49]

Als Heinrich Würzer 1793 seinen Revolutions-Katechismus schrieb, war er einer der ersten, der einer breiten Leserschaft gesammelt als Monographie und nicht in einer der zahllosen Flugschriften oder Zeitungen und Zeitschriften-Beiträge, die Konsequenzen und Deutungen der Französischen Revolution vorstellte. Die Gedanken des Autors, so schreibt er selbst in der ‚Vorerinnerung' „sind weder für Staatsmänner, noch für Philosophen, noch für Politiker von

---

46   Benzenberg, Johann Friedrich: *Über Verfassung*, Dortmund 1816; darin auf S. 271-283 ein Verfassungsentwurf. Der Verfassungsentwurf, eigentlich eine Huldigung an die preußische Monarchie, enthält aber durchaus liberale Forderungen (Pressefreiheit, Redefreiheit etc.), die er einbettet in eine weit ausholende Verfassungsgeschichte im weitesten Wortsinn.

47   Batscha, Zwi/Garber, Jörn (Hg.): *Von der ständischen zur bürgerlichen Gesellschaft. Politisch-soziale Theorien im Deutschland der zweiten Hälfte des 18. Jahrhunderts*, Frankfurt/M. 1982, S. 33.

48   vgl. u.a. Burgdorf, Wolfgang: *Reichskonstitution und Nation. Verfassungsreformprojekte für das Heilige Römische Reich deutscher Nation im politischen Schrifttum von 1648 bis 1806*, Mainz 1998; Dopheide, Renate: *Republikanismus in Deutschland*, Diss. Bochum 1980.

49   Würzer, Heinrich: *Revolutions-Katechismus*, [Berlin 1793], Kronberg/Ts. 1977, S. 55f.

Profession bestimmt." Er suchte „denjenigen unter seinen Mitbürgern nützlich zu werden, welche, ohne auf tiefe politische Einsichten Anspruch zu machen, als Menschen und Bürger über die französische Staatsveränderung nachdenken und, bei der unendlichen Menge von Meinungen und Widersprüchen über diese große Begebenheit, kein eigenes Urteil wagen."[50] Diese kleine Schrift, die in sechs Kapiteln einzelne Begriffe erläutert: u.a. Revolution, Freiheit, Gleichheit und Constitution, beinhaltet die zentrale Botschaft des republikanischen Konstitutionalismus, dass die Verfassung nur dann ihren Ordnungsaufgaben nachkommen kann, wenn sie ihre Anerkennung nicht durch Strafbewehrung, sondern durch eine breite, kulturell abgesicherte Akzeptanz erringt.

Er schaut zudem auf die freien Verfassungen nach England[51], zu Montesquieu[52] und auf „die Länder, die die Menschenrechte achten" (England, Frankreich, Amerika).[53] Er bindet das Bürgerrecht (nicht die Menschenrechte) an Eigentum und Einkommen, weil er „von Menschen, die nichts zu verlieren haben", keinen Patriotismus, keine Verwurzelung mit dem eigenen Vaterland erwartet. Politische Tugend[54] ist eben an Selbstständigkeit und Eigentum gebunden. Gleichzeitig gilt es die Leidenschaften der breiten Masse zu zügeln, weswegen er Gesetzesherrschaft der direkten Demokratie vorzieht. Auch in einer Monarchie kann der Bürger frei sein, auch in einer Republik gibt es Unfreiheit. Es kommt auf die Gesetze an, so seine Botschaft.[55] Zentral ist Gesetzesherrschaft, Gewaltenteilung und die angemessene Anpassung der Verfassung an den Zustand des Gemeinwesens.

Diese mit Kant'schen Elementen versehenen Dokumente der Spätaufklärung finden ihre Entsprechung auch in anderen Schriften dieser Zeit. Seien es Ernst Gottlob Morgenbessers: „Beyträge zum republikanischen Gesetzbuche",[56] oder Justi, der sich mit den Republiken beschäftigt und zu dem Ergebnis kommt, auf die Bündnisse von Republiken bezogen, dass Deutschland offensichtlich dazu gehört, wenn er schreibt, dass „wir an Deutschland, den Vereinigten Niederlanden und der Schweiz drei dergleichen Bündnisse freier Staaten

---

50   Ebenda, S. III/IV.
51   Ebenda, S. 61.
52   Ebenda.
53   Ebenda, S. 178.
54   Ebenda, S. 202.
55   Ebenda, S. 137.
56   Näheres dazu bei: Schild, Wolfgang: Die der Natur des Menschen einzig angemessene Republik des Ernst Gottlob Morgenbesser, in: Brandt, Reinhard (Hg.), *Rechtsphilosophie der Aufklärung*, Berlin/New York 1982, S. 424-456. So kann Wolfgang Kersting schreiben, indem er sich auf den zeitgenössischen Rezensenten Kants Bouterwek bezieht, daß die „philosophischen und philosophierenden Denker (...) unsere Bibliotheken seit einigen Jahren mit keiner kleinen Zahl von Compendien des Naturrechts nach kantischen Ideen bereicherten" [Kersting, Wolfgang: Sittengesetz und Rechtsgesetz – Die Begründung des Rechts bei Kant und den frühen Kantianern, in: Brandt, Reinhard (Hg.), *Rechtsphilosophie der Aufklärung*, S. 148-177, hier: S. 148].

haben."[57] Und so wundert es auch nicht, dass er England als Mischverfassung interpretiert und Montesquieu explizit folgend, diese Verfassung als absolut beste Verfassung lobt.[58] Ebenso gibt es in Iselins bürgerlicher Ordnung einen an der alten societas civilis orientierten Bürgerbegriff, der „die Sorge für die Sitten, die Erziehung und den Unterricht für die Bürger" einschließt.[59] Besondere Aufmerksamkeit verdient Ernst Ferdinand Klein[60] mit seiner Schrift „Über die Natur der bürgerlichen Gesellschaft."[61] In ausführlicher Rezeption von Ferguson, Mandeville und Hume zeigt Klein, wie sehr ihn die Modernisierung des Konzepts der bürgerlichen Gesellschaft interessiert hat. Denn gerade bei den Schotten wurde ja genau diese Transformation des klassischen Begriffs der bürgerlichen Gesellschaft ausführlich diskutiert. Er pflichtet eher Ferguson bei als Mandeville, denn, so Kleins Überzeugung, die Tugend kann nicht auf dem Eigensinn aufruhen.[62] Entscheidend ist jedoch, dass es im Naturrecht in Deutschland zwei Umdeutungen der aristotelischen Idee der bürgerlichen Gesellschaft gab. Zum einen wurde aus dem Bürger ein Untertan und aus der Gesellschaft der Gleichen wurde eine hierarchische Gliederung der organisierten Ungleichheit. Die Auflösung der ständischen Gesellschaft und die Rückgewinnung von Teilnahmerechten des Bürgertums waren somit Indikatoren für eine Rückgewinnung der alten Idee der bürgerlichen Gesellschaft im Rahmen des Liberalismus. Das späte Naturrecht näherte sich dem Liberalismus an. Dies zeigt sich auch in den Diskussionen und Debatten der Mittwochsgesellschaft, der Klein neben Humboldt, Garve und anderen angehörte.

Für Krug galt der bekannte Satz von Hegel, dass die Verfassung des Heiligen Römischen Reichs nicht mehr sei, da sie nicht mehr auf den Begriff gebracht werden kann. Er hält die Verfassung des Deutschen Reiches für zerfallen und empfiehlt eine republikanische Verfassung:

> „Um als Macht gegen die Anfälle von allen Seiten sicher zu seyn, muss sich also Deutschland durchaus eine andere Verfassung geben; eine Verfassung, welche den angebohrnen Men-

---

57 Justi, in: Batscha, Zwi/ Garber, Jörn (Hg.): *Von der ständischen zur bürgerlichen Gesellschaft. Politisch-soziale Theorien im Deutschland der zweiten Hälfte des 18. Jahrhunderts*, Frankfurt/M. 1982, S. 70.

58 Ebenda, S. 68.

59 Iselin, in: ebenda, S. 157.

60 Zu Klein: Kleensang, Michael: *Das Konzept der bürgerlichen Gesellschaft bei Ernst Ferdinand Klein. Einstellungen zu Naturrecht, Eigentum, Staat und Gesetzgebung in Preußen 1780-1810*, Frankfurt/M. 1998. Klippel, Diethelm: *Politische Freiheit und Freiheitsrechte im deutschen Naturrecht des 18. Jahrhunderts*, Paderborn 1976; Hellmuth, Ernst: Ernst Ferdinand Klein, Politische Reflexionen im Preußen der Spätaufklärung, in: Bödecker, H.E./Herrmann, U. (Hg.), *Aufklärung als Politisierung – Politisierung der Aufklärung*, Hamburg 1987, S. 222-236.

61 Klein, Ferdinand: Über die Natur der bürgerlichen Gesellschaft, in: ders., *Kurze Aufsätze über verschiedene Gegenstände*, Halle 1797, S. 55-80.

62 in Batscha, Zwi/ Garber, Jörn (Hg.): *Von der ständischen zur bürgerlichen Gesellschaft. Politisch-soziale Theorien im Deutschland der zweiten Hälfte des 18. Jahrhunderts*, Frankfurt/M. 1982, S. 186.

schenrechten am angemessensten ist, und die Forderung kann keine andere, als die republikanische, gewähren. Durch eine gute Organisation ist sie allein zu gewähren im Stande, dass nur das Recht die Oberherrschaft führe, wo dann ein Jeder in die Nothwendigkeit versetzt werden kann, ein guter Bürger, wenn auch nicht ein moralischguter Mensch, zu werden."[63]

Könnte man deutlicher die Kant'sche Trennung von Moralität und Legalität in einen Verfassungstext einbauen? Krug formuliert die Positionen, die später als juste-milieu-Liberalismus bekannt werden.[64] Er fordert keine Revolution, sondern will auf reformerischem Wege die Einrichtung eines verfassungsmäßigen Rechtsstaates, den er Republik nennt, befördern: „Sie (die Verfassung, RS) verlangt (…) eine Vereinigung der Staatsbürger zu einer deutschen Republik, weil nur in einer solchen eine rechtliche Gesetzgebung und Regierung möglich werden kann."[65] Diese Verfassung soll dem sittlichen, kulturellen Stand der Nation angepasst werden. Er formuliert den bekannten Hiatus zwischen tatsächlicher Verfassung und der „Verfassung", in der sich das Volk befindet. Auch Krug macht die Tugend des Bürgers zu einer wichtigen Voraussetzung zur Verleihung des Wahl- und Bürgerrechts:

> „Bürger ist jeder, der irgend ein Interesse an der Wahl haben kann. Dieses erfordert eine nähere Bestimmung, wozu hier der Ort nicht seyn kann. Man hat nur darauf zu sehen, dass nicht bloß ein gewisses Eigenthum die Freiheit der Wahl begründe. Denn Talent und Tugend mit Armuth vereinigt, darf davon nicht ausgeschlossen werden. Der Pöbel aber muss davon entfernt bleiben."[66]

Das Tugendthema taucht bei der Verantwortung des Staates für Schulen und Erziehung wieder auf. Neben den fachlichen Kenntnissen zu denen er „Lesen, Rechnen, Schreiben, Geographie und Statistik"[67] zählt, kommt natürlich auch die sittliche Erziehung, die Erziehung zum tugendhaften Menschen hinzu. Dabei sieht er in der Vernunft die „stärkste Stütze der Tugend."[68] „Die Gewöhnung zur Selbstbeherrschung, welche durch Bekämpfung der Leidenschaften, durch die

---

63   Ebenda, S. 118.
64   Wilhelm Traugott Krug: Grundlinien zu einer allgemeinen deutschen Republik, [Altona-Wien 1797], abgedruckt in: Dippel, Horst (Hg.), *Die Anfänge des Konstitutionalismus in Deutschland. Texte deutscher Verfassungsentwürfe am Ende des 18. Jahrhunderts*, Frankfurt/M. 1991, S. 114. Krugs Urheberschaft ist nicht eindeutig geklärt. Die Vermutung wurde von Walter Grab vorgetragen (*Demokratische Strömungen in Hamburg und Schleswig-Holstein zur Zeit der Ersten Französischen Revolution*, Hamburg 1966, S. 168).
65   Wilhelm Traugott Krug: Grundlinien zu einer allgemeinen deutschen Republik, [Altona-Wien 1797], abgedruckt in: Dippel, Horst (Hg.), *Die Anfänge des Konstitutionalismus in Deutschland. Texte deutscher Verfassungsentwürfe am Ende des 18. Jahrhunderts*, Frankfurt/M. 1991, S. 121.
66   Ebenda, S. 126.
67   Ebenda, S. 138.
68   Ebenda, S. 138..

Entwickelung des Schaamgefühls und durch Festigkeit des Characters erzeugt wird, macht die Jugend zu allen Unternehmungen tauglich (...)."[69] In zwei Entwürfen von 1797 und 1799 zeigen sich, besonders in letzterem, die deutlichen Anklänge an die alte Begriffsbestimmung der Republik.[70] Die Umdeutung in den modernen Republikanismus, der seine alteuropäischen Wurzeln fast vollständig abgelegt hatte, ist noch nicht abgeschlossen. Neben zahlreichen liberalen, aufklärerischen Idealen von Freiheit – auch ökonomisch – und Gleichheit, die gegen die Wirklichkeit tatsächlicher sozialer, ständischer Ungleichheit eingeklagt wird, geht er auf zahlreiche republikanische Topoi ein. Neben dem mehrfach auftauchenden Tugendbegriff spricht er auch von den Leidenschaften und kommt schließlich auf die Vaterlandsliebe der Deutschen. Interessant sind auch seine Überlegungen zur Kleinräumigkeit (§27) und im Anschluss entwirft er in aller Knappheit das Forschungsprogramm der klassischen Verfassungssoziologie:

> „Der Teutsche also, wird dem raschen, leidenschaftlichen, feurigen Fluge der Meinungen und Empfindungen der Franzosen keineswegs folgen. Er wird sich bemühen, aus dem Schutte des zusammenstürzenden Gebäudes seiner Konstituzion, eine für die Denkungsart, Sitten, Meinungen, Empfindungsvermögen, also die ganzen moralischen Bedürfnisse seines Volkes anpassende Neue Constituzion zu errichten. Und da jenes Bedürfniß ihn überzeugt, dass eine gemischte Regierungsform allein für den Teutschen passen könne, so wird er auch allen Anspruch auf jezige philosophische Vollkommenheit derselben aufgeben, und der Vervollkommnung des Menschen in der Folge der Zeit überlassen, aber dem stolzen Wahne gelassen entsagen, der Philosoph könne mit einem Schlage seiner Zaubertruhe auch das goldne philosophische Zeit-Alter hervor rufen" (§52).[71]

Interessanterweise plädiert der Autor dafür, die Idee des idealen Raums und der idealen Größe wirklich ernst zu nehmen und auf einen Teil der Länder zu verzichten, sollte es zu einer Verfassungsgebung kommen, denn das Reich sei räumlich überspannt gewesen und diesen Fehler dürfe man nicht wiederholen.[72]

Auch im letzten Verfassungsentwurf, der uns hier beschäftigen soll, sind die republikanischen Beschreibungsformeln und Vokabeln allgegenwärtig: Tugend, Despotismus, Tyrannei, Leidenschaften, Eidesformeln und Verfassungsfeste.[73] Es geht um Verfassungsgeber (Erstrat) und ihre Interpreten (Zweitrat), um republikanische Gesinnung: „Mangel an Kenntnissen, an Aufklärung,

---

69 Ebenda, S. 138.
70 Teutschlands neue Konstituzion (1797), in: Dippel, Horst (Hg.), *Die Anfänge des Konstitutionalismus in Deutschland. Texte deutscher Verfassungsentwürfe am Ende des 18. Jahrhunderts*, Frankfurt/M. 1991, S.174f.; Entwurf einer republikanischen Verfassungsurkunde, wie sie in Deutschland taugen möchte. Im 7. Jahr der Mutterrepublik (1799), abgedruckt in: ebenda, S. 177-234.
71 Ebenda, S. 174f.
72 Wilhelm Traugott Krug: Grundlinien zu einer allgemeinen deutschen Republik, [Altona-Wien 1797], abgedruckt in: ebenda, S. 175f.
73 Entwurf einer republikanischen Verfassungsurkunde, wie sie in Deutschland taugen möchte. Im 7. Jahr der Mutterrepublik, Basel 1799, abgedruckt in: ebenda, S. 177-234.

an Fleiß, an Treue oder an republikanischer Gesinnung oder Aufführung sind die einzigen Gründe, welche eine Absetzung rechtfertigen können."[74] Um die entsprechende Loyalität zu sichern, setzt der Entwurf auf Eidesformeln an zahlreichen Stellen.[75] Organisiert ist das zu gründende Gemeinwesen basisdemokratisch und föderal, dezentralisiert in gemeindlichen Urversammlungen. Sodann schwören alle [Mitglieder des Staatsrates, RS] folgenden Eid: „Ich verheiße, die Verfassung aus allen Kräften unversehrt zu erhalten und nur zu Gesetzen beizutragen, welche auf den Grundsätzen derselben beruhen."[76] Diese Eidesformeln tauchen in der Verfassung an vielen Stellen auf. Und auch die Bürger, nicht nur die Amtsträger werden in entsprechende Formeln eingebunden, sei es auch nur zur Amtseinführung von Richtern und sei es auch nur, dass sie als Publikum dienen. Aber so heißt es:

> „Sie (die Gesetzräte, RS) leisten, wann sie zusammenkommen, mit aufgehobener rechter Hand nach der Reihe des Alters, vom Ältesten angefangen, in Gegenwart des ganzen versammelten Volkes auf dem öffentlichen Platze des Obergerichtssitzes, in Beisein des Justizministers, folgenden Eid: Ich beteure in Gegenwart des Schöpfers der Natur, der Ordnung und der Freiheit, im Angesichte des ganzen oberherrlichen freien Volkes des deutschen Freistaates, die Person, die Rechte, die Ehre, die Freiheit, das Eigentum und das Leben eines jeden nach dem Buchstaben unseres Gesetzes und unserer Verfassung durch die mir auferlegte richterliche Pflicht zu handhaben" (18. Abschnitt, Art. 3).[77]

Auch an anderer Stelle tauchen die Bürger als Publikum wieder auf: „Die erste Handlung der Gesetzräte ist die öffentliche Verkündung, dass die alte Ordnung der Dinge abgeschafft, die neue eingeführt und die stellvertretliche Volksregierung durch die Annahme der republikanischen Verfassung auf immer angenommen seie".[78] Und auch in den Schulen werden die Bürger auf ihre Verantwortung in der Politik vorbereitet: „In jeder Gemeinde sind eine oder mehrere Schulen, wo die Schüler lesen, schreiben, die Anfängsgründe der Rechenkunst, die bürgerliche Sittenlehre und die deutsche Verfassung lernen müssen."[79]

Seinen Höhepunkt findet dann dieser Verfassungsentwurf in einer Vorschlagsliste für eine überraschend große Anzahl von Verfassungsfesten.[80]

> „1. An dem Tage selbst, an welchem die neue Verfassung feierlich von den Gesetzräten angenommen wird, wird das Fest der Verfassung und des Freistaats gefeiert; 2. Den 1. November wird das Fest der Gesetze gefeiert; 3. den Ruhetag, welcher auf den 1. Dezember folgt, wird das Fest der Freiheit und Ordnung gefeiert; 4. Den ersten Ruhetag des 4. Monats wird das Fest der republikanischen Tugend und Tapferkeit gefeiert. An diesem Tage wird jeder Jüngling, welcher vor jenem Tage das sechsehente Altersjahr vollendet hat, in die Kriegsliste eingetra-

---

74   Ebenda, S. 186.
75   Ebenda, S. 203ff.
76   Ebenda, S. 203.
77   Ebenda, S. 224.
78   Ebenda, S. 232.
79   Ebenda, S. 228.
80   Ebenda, S. 230ff.

gen; 5. Den ersten Ruhetag des 7. Monats wird das Fest der Jugend und des Alters gefeiert; 6. Den ersten Ruhetag nach geschehenen Schulprüfungen wird das Fest des Ackerbaues, der Wissenschaften, der Künste und Handwerker gefeiert."[81]

Und im Sinne der volksverständlichen Grundrechte, nach amerikanischem Vorbild wird die Verfassung bekannt gemacht: „Jedem Hausvater wird das erstemal auf Kosten jeder Gemeinde diese Verfassung unentgeltlich gegeben".[82]

Einen äußerst originellen Verfassungsentwurf liefert Andreas Riedel: „Entwurf einer Proklamation über die Gewährung einer Verfassung für die Länder der Habsburger Monarchie."[83] Aus den ersten Paragraphen spricht eine gehörige Portion Ironie zur Monarchie und ihren Stärken. Aus der Perspektive des Monarchen formuliert, gibt dieser dem Volk eine Verfassung, in der er dem Volk die Souveränität überträgt. Bis er schließlich an den Art. 20 seines Entwurfs kommt. Dort argumentiert er, dass ihm bei der Gesetzgebung ein Mangel aufgefallen sei. Die Sterblichkeit des Königs wird durch die Unsterblichkeit des Volkes ersetzt, um dem staatlichen Gebilde die nötige Dauerhaftigkeit zu geben:

> „Art. 21: Es liegt also dem gutthätigen Gesetzgeber sowohl als dem Volke daran, der Nazion einen unsterblichen Gesetzgeber zu verschaffen, den wir nirgends anderst als in der allerhöchsten Majestät des Volkes anzutreffen wissen, das ist in dem vereinigten Körper der ganzen Nazion, welche nie zu jung oder zu alt seyn kann, um die Anstalten nicht zu verfehlen, die ihr eigenes Wohl erheischet, die keinen Krankheiten unterliegen und nie vom Schauplatz ihres eigenen Daseyns abtretten kann."[84]

Er spielt damit das Thema der Unsterblichkeit des Volkes gegenüber der Sterblichkeit des Königs durch. Stabile Verfassungszustände würden dann, folgte man der Logik Rendlers, eine Demokratie erfordern. Auch Johann Adam Bergk spielt das ganze Repertoire der republikanischen Verfassungstheorie durch. Er ist bekannt durch seinen großen Entwurf zur Staatsverfassung, aber in einer anderen, entlegeneren Schrift zeigt sich Bergk als moderner Verfassungspatriot. Das ganze Repertoire republikanischer Semantik wird in dem Text „Die Konstitution der demokratischen Republik" durchgespielt. Es geht um Leidenschaften, Kämpfe, Tugend, heroische Taten, die Gefahr der Fäulnis, der mit Bürgertugend begegnet werden muss, um Selbsttätigkeit und die Verfassung einer demokratischen Republik.[85]

In klassisch-republikanischer Diktion schwört Bergk seine Leser darauf ein, dass eine Verfassung ein politisches Projekt ist, das die Bürger zur Selbsttä-

---

81   Ebenda, S. 231.
82   Ebenda, S. 232.
83   Abgedruckt in: Valjavec, Fritz: *Die Entstehung der politischen Strömungen in Deutschland 1770-1815*, München 1951, S. 455-463.
84   Ebenda, S. 459.
85   Bergk, Johann Adam: Die Konstitution der demokratischen Republik, in: Batscha, Zwi/Garber, Jörn (Hg.), *Von der ständischen zur bürgerlichen Gesellschaft. Politisch-soziale Theorien der zweiten Hälfte des 18. Jahrhunderts*, Frankfurt/M. 1981, S. 335-350.

tigkeit erziehen soll. Nur die aktive Teilnahme kann dazu führen, dass sich die Bürger für ihr Gemeinwesen interessieren und dieses nicht zerfällt. Auch der typische Verfassungszyklus, des Zerfalls der despotischen Monarchie kommt zur Sprache, und immer wieder spricht er über die Tugend.

Mit beiden Schriften meldet sich Bergk als Vermittler einem breiteren Publikum zu Wort.[86] Er legt eine kritische Bilanz der deutschen Politik vor. Die Monarchien haben an Bindewirkung verloren und der deutsche Flickenteppich kann einem patriotisch gesinnten Deutschen kein Zuhause bieten. Und ohne eine Verfassung rennt Deutschland den beiden Vorbildern aus Amerika und Frankreich weit abgeschlagen hinterher. Auch wenn er, wie für einen Verfassungssoziologen üblich, sich an die Regel Montesquieus hält, dass eine Verfassung an die jeweilige Umgebung angepasst sein muss: an Kultur und Bildungsstand der Bürger, wagt er dennoch ein klares Votum für die demokratische Republik: „Der Gesetzgeber muß die Stufe der Kultur, auf der eine Nation steht, ihren Charakter, ihre Beschäftigung, ihre Lage, ihren religiösen Zustand und ihre politischen Vorstellungen genau kennen, wenn sein Werk gelingen und wenn es nicht über ihm zusammenstürzen soll."[87]

Doch gegen diese Einsicht stellt Bergk im Anschluss mit viel Leidenschaft seine bevorzugte und allein mit der Vernunft zu vereinbarende Verfassung: die demokratische Republik vor. Der Kern seiner Kritik an der Politik „der Alten", also der antiken und frühmodernen Republiken zielt darauf, dass diese das Repräsentationsprinzip noch nicht kannten. Seine Wissenschaft von der Politik, und hier steht er mit Kant in einer Linie, versucht die Vorteile des Repräsentationsprinzips zum Tragen zu bringen. Oberstes Ziel bleibt die Freiheit, die eine Verfassung zu sichern den Auftrag hat. Dabei weiß Bergk sehr wohl, dass sich der Ruf nach Freiheit nach den Erfahrungen der Französischen Revolution für einige bedenklich anhört. Wird die Bürgerschaft in der Lage sein, verantwortlich und vernünftig mit der von Bergk angestrebten Freiheit umzugehen, oder ist es ein zu riskantes Unternehmen?

„Welche Beschuldigung macht man nun der demokratischen Republik? Sie ruft, sagt man, alle Leidenschaften auf den Kampfplatz, erweckt die Begierde, die Ehrfurcht, den Eigennutz und alle verderblichen Laster in der Brust der Menschen, um sie in den Stürmen der Demokratie zu befriedigen (…). Aber warum will man denn die Leidenschaft gänzlich unterdrückt und ausgerottet haben? Ohne sie kann und darf der Mensch nicht seyn. Durch ihren Antrieb gezwungen, und durch ihre Forderung genöthigt wagt er sich in Gefahren, die seinen Kopf und

---

86 Bergk, Johann Adam: *Untersuchungen aus dem Natur-, Staats- und Völkerrechte mit einer Kritik der neuesten Konstitution der französischen Revolution*, o.O 1796. Ders.: *Entwurf zu einer Verfassung für das teutsche Reich und andere Schriften über den Anfang des Konstitutionalismus*, hg. und mit einem Anhang versehen von Anita Jeske, Freiburg u.a. 2001.

87 Vorwort, S. V, in: ders.: *Entwurf zu einer Verfassung für das teutsche Reich und andere Schriften über den Anfang des Konstitutionalismus*, hg. und mit einem Anhang versehen von Anita Jeske, Freiburg u.a. 2001.

sein Herz wohlthätig nähren und bilden. Der Mensch ist nicht zur Ruhe, sondern zur Thätig-
keit geschaffen: seine Ausbildung und seine Würde soll sein Werk seyn."[88]

Dieses Bild eines dynamischen und aktiven voluntaristischen Liberalismus
zeichnet Bergk in seinen Schriften nach. Es ist der tätige Mensch, der selbstbe-
wusst und selbstständig, von politischen Leidenschaften angetrieben wird. Das
Streben nach Ruhm und Ehre, nach Anerkennung auf Grund von Leistungen für
die Gemeinschaft will Bergk nicht aus dem öffentlichen Leben verbannen. Er
muss hier gegen diejenigen argumentieren, die Leidenschaften negativ konnotie-
ren. Aber für Bergk ist es nicht der doux commerce, der die Bürger davon ab-
halten soll, Leidenschaften im politischen Bereich zu entfalten.[89] Er ist weit
entfernt von wirtschaftsliberalen Positionen. Sein ganzes Denken ist politisch
ausgerichtet. Bergk ist ein Paradebeispiel für die These, dass der frühe deutsche
Liberalismus politischer Liberalismus und nicht Wirtschaftsliberalismus ist.
Und so fragt er in seinen stärksten Passagen danach, was denn die moderne
Gesellschaft nach dem Ende der Monarchie zusammenhält: „Welche Einrichtung im Bürgerleben geht nun alle an? Nicht die Kirche, noch der Handel und
Wandel, sondern die Verfassung."[90] Die integrativen Kräfte sucht Bergk nicht in
der Religion und auch nicht in wirtschaftlichem Erfolg, sondern in der Politik.
Die muss natürlich entsprechende Anforderungen erfüllen, damit die Bürger
sich mit dem Staat identifizieren können. Für diesen Prozess sieht er die Monarchie im Hintertreffen. Ihr traut er nicht zu, integrativ zu wirken:

„Kein Patriotismus kann in ihr gedeihen: denn nichts hält die Bürger zusammen, das alle angi-
enge, und das durch Theilnahme aller eine moralische Vereinigung in der Gesinnung erzeugte.
Das äußere Recht allein ist der Urheber des Patriotismus: denn was ist für Menschen interessanter als die rechtliche Gleichheit, und was befördert mehr ihre Einstimmigkeit, als eine
rechtlich organisierte Constitution? (...) Vergeblich sieht man sich nach anderen Mitteln um,
patriotische Bürger zu erziehen. Man muss eine rechtliche Verfassung einführen: denn das
Recht ist das Fesselndste, Allgemeinste und Begeisterndste, was unter Menschen wohnen, und
sie zum Guten und Erhabenen auffordern kann."[91]

Wir erinnern uns an Max Webers kritische Anmerkungen, dass das Recht aus
sich heraus keine ausreichenden Bindekräfte entfalten kann.[92] Diese Einsicht

---

88   Bergk, Johann Adam: *Untersuchungen aus dem Natur-, Staats- und Völkerrechte mit einer
      Kritik der neuesten Konstitution der französischen Revolution*, o.O 1796, S. 102.
89   Vgl. zu diesem Begriff und der ganzen Fragestellung: Hirschman, Albert: *Leidenschaften und
      Interessen. Die politische Begründung des Kapitalismus vor seinem Sieg*, Frankfurt/M. 1987.
90   Bergk, Johann Adam: *Untersuchungen aus dem Natur-, Staats- und Völkerrechte mit einer
      Kritik der neuesten Konstitution der französischen Revolution*, o.O 1796, S. 213.
91   Ebenda, S. 111.
92   Max Weber schreibt in seiner Herrschaftssoziologie: „Das Gesagte kann keinen Zweifel
      darüber gelassen haben: dass Herrschaftsverbände, welche nur dem einen oder dem andern der
      bisher erörterten ‚reinen' Typen angehören, höchst selten sind. Zumal, namentlich bei den le-
      galen und traditionalen Herrschaft (...)" [*Wirtschaft und Gesellschaft: Grundriß der verste-*

nimmt Bergk vorweg, d.h. er knüpft an die Tradition der Verfassungssoziologen an, die für die Akzeptanz der Verfassung nicht nur auf die rechtliche Bindung allein gesetzt haben: hier spricht der Verfassungspatriot:

> „Man klagt in Deutschland allgemein über den Mangel an Patriotismus, aber hat man sich auch gefragt, was man verlangt und ob man bey der jetzigen Beschaffenheit der politischen Verhältnisse Deutschlands nur den geringsten Anspruch auf ihn machen darf? Vaterlandsliebe wächst nicht von sich selbst, sondern will durch eine rechtliche Vereinigung hervorgebracht seyn. Einheit des Interesses und das Anschauen und der Genuss einer gerechten Konstitution sind seine Schöpfer."[93]

Dieser Kraft wird sich später auch die Wiederbelebung des klassischen Republikanismus erinnern. Besonders Hannah Arendt setzte an John Adams anschließend „auf die Leidenschaft sich auszuzeichnen."[94] Es ist diese Bereitschaft, sich in der Öffentlichkeit – in öffentlicher Rede und öffentlichem Streit gleichermaßen – zu bewähren, die Arendt im Anschluss an die amerikanischen Gründerväter als eine republikanische Tugend bestimmt. Diesen Wunsch zur Auszeichnung im Namen des politischen Körpers findet Bergk nur in der Republik. Und auch dort, so seine Relativierung an dieser Stelle kommt der Patriotismus nicht allein aus der Kraft der Verfassung, auch wenn diese eindeutig den Kern ausmacht. Aber es braucht zudem eine Symbolisierung im einfachen Wortsinn. Es braucht die Inszenierung von Öffentlichkeit, der nicht nur die Funktion der Information zukommt, sondern auch der Herstellung von kollektiver Identität:

> „Auch die Preßfreiheit gewährt dem Patriotismus eine kräftige Nahrung. Sie belehrt die Bürger, macht ihn mit den Vorzügen und Mängeln der Verfassung bekannt (…). Aber nicht allein eine rechtlich organisierte Verfassung und Preßfreyheit, sondern auch Erziehung und Nationalfeste nähren und fachen den Patriotismus an."[95]

---

henden Soziologie, besorgt von Johannes Winckelmann, 5. rev. Auflage (Studienausgabe), Tübingen 1980, S. 153].

93 Bergk, Johann Adam: *Untersuchungen aus dem Natur-, Staats- und Völkerrechte mit einer Kritik der neuesten Konstitution der französischen Revolution*, o.O 1796, S. 208f.

94 Hannah Arendt zitiert John Adams: Arendt, Hannah: *Über die Revolution*, 4. Aufl., München/Zürich 2000. Hier heißt es: "Wherever men, women, or children, are to be found, whether they be old or young, rich or poor, high or low, wise or foolish, ignorant or learned, every individual is seen to be strongly actuated by a desire to be seen, heard, talked of, approved and respected by the people about him, and within his knowledge" (S. 152).

95 Bergk, Johann Adam: *Untersuchungen aus dem Natur-, Staats- und Völkerrechte mit einer Kritik der neuesten Konstitution der französischen Revolution*, o.O 1796, S. 215. Dort heißt es weiter: „Öffentliche Feierlichkeiten, die zu Ehren großer Männer, merkwürdiger Ereignisse, liebenswürdiger Tugenden und erhabener Pflichtbefolgung angestellt werden, ziehen die Gemüther der Menschen an sich, schmelzen ihre Gedanken und Gesinnungen in einander, und fodern sie zur Nachahmung auf. Beyspiele von Muth, edler Gesinnung und Größe und Gegenwart des Geistes sind ansteckend und ergreifen unvermerkt jeden, der sich an ihrem Anschauen labt. Alle haben eine Stimme über eine große That, alle erhebe ein moralischer Enthusiasmus und reißt sie zur Erfüllung ihrer Pflichten hin. Das Andenken an Männer, die die Wissenschaften bereicherten und aufklärten, die Tugend ehrten und ihr Leben beyden mit

1.2.2 Rotteck als Verfassungskommentator in Baden

Karl von Rotteck ist einer derjenigen Liberalen, die sich auf der Basis von Kants Vernunftrecht vor allem die Frage der Popularisierung republikanischen Gedankenguts und der Erziehung gestellt haben.[96] Wie schon angedeutet, war es nicht Kants zentrales Anliegen, in seinen Republikanismus eine Umsetzungsperspektive einzubauen. Das Idealbild der konstitutionellen Monarchie, das ein Großteil der Liberalen gegenüber Absolutismus auf der einen Seite und Demokratie oder Republik auf der anderen Seite bevorzugte, wurde zwar in England vorgeprägt, aber noch einmal durch die französischen Erfahrungen überformt. Rotteck war, ebenso wie Welcker und Aretin, „ein Schüler von Benjamin Constant."[97] In seinem politischen Denken wird deutlich, dass er ein Autor des Übergangs ist. Es war Gerhard Göhler, der in einem Aufsatz Rotteck, den Vorzeige-Liberalen, mit dem Republikanismus in Verbindung gebracht hat: „Es würde der Anschein erweckt, als ob die moralische Qualifikation des Bürgers, die Bürgertugend, vom liberalen Denker außer acht gelassen werde, weil sie für liberale Konzepte politischer Ordnung entbehrlich oder sogar systemwidrig sei."[98] Die Verfassung spiegelt nicht die politisch-kulturellen Errungenschaften der Vergangenheit wider, sondern wird als Auftrag verstanden, von dem aus eine tugendhafte Bürgerschaft entwickelt werden kann. Von Tugend zu sprechen ist in der Tradition des aufgeklärten deutschen Liberalismus in der ersten Hälfte des 19. Jahrhunderts weit verbreitet. Und so lässt sich an Rottecks Beispiel zeigen, „dass dieser philosophisch besonders ambitionierte politische Liberalismus durchaus auch die Frage nach Bürgertugend stellt und sie als notwendige Voraussetzung in seine Staatskonzeption mit einbezieht."[99]

Freudigkeit widmeten, bringt zahllose Vortheile hervor, wenn sich die Nachwelt ihre Tugenden und Vortrefflichkeit immer vor die Augen hält. Der Patriotismus ist die Stütze der Freiheit. Jener erwacht nicht ohne diese, und diese gedeiht nicht ohne jenen. Beyde nähren und unterstützen einander. Beyde sind edle Früchte des Bürgerlebens" (216).

96 zu Rotteck: Ehmke, Horst: Karl von Rotteck, der 'politische Professor', in: ders., *Politik der praktischen Vernunft*, Frankfurt/M. 1969, S. 13-37; Göhler, Gerhard: Republikanismus und Bürgertugend im deutschen Frühliberalismus: Karl von Rotteck, in: Greven, Michael Th. et al. (Hg.), *Bürgersinn und Kritik*. Festschrift für Udo Bermbach, Baden-Baden 1998, S. 123-149; Schöttle, Rainer: *Politische Theorien des süddeutschen Liberalismus im Vormärz. Studien zu Rotteck, Welcker, Pfizer, Murhard*, Baden-Baden 1994; Schöttle, Rainer: Karl von Rotteck und die Entwicklung des bürgerlichen Parlamentarismus in Deutschland, in: Karl von Rotteck, *Über Landstände und Volksvertretungen: Texte zur Verfassungsdiskussion im Vormärz*, hg. und mit einer Einl. versehen von Rainer Schöttle, Freiburg u.a. 1997, S. 177-210.

97 So die einleuchtende Formulierung bei Bluntschli, Johann Caspar: *Lehre vom modernen Staat. Dritter Teil: Politik als Wissenschaft*, Stuttgart 1876, S. 336.

98 Göhler, Gerhard: Republikanismus und Bürgertugend im deutschen Frühliberalismus: Karl von Rotteck, in: Greven, Michael Th. et al. (Hg.), *Bürgersinn und Kritik*. Festschrift für Udo Bermbach, Baden-Baden 1998, S. 123-149, hier: S. 125.

99 Ebenda.

In dem genannten Aufsatz zeigt sich, dass es im Vernunftrecht Lücken gibt, die durch die Unsicherheit gerissen werden, ob die Bürger in der Lage sein werden, die Freiheiten, die ihnen zufallen, verantwortungsbewusst auszufüllen. Es gibt zwei Möglichkeiten mit dem Problem umzugehen. Zum einen lehnt man jede Bürgerbeteiligung ab mit dem Hinweis auf den fehlenden Sachverstand und den fehlenden Gemeingeist. Rotteck dagegen setzt auf einen begrenzten und qualifizierten Zugang zu Bürgerrechten (Wahlrecht) und betont die Verantwortung des Staates, die Bürger zu Gemeingeist zu erziehen. Es soll verhindert werden, dass der Hinweis auf mangelnden politischen Sachverstand gegen die Republik ins Spiel gebracht wird: „Empirischer Mangel an Bürgertugend rechtfertigt (...) keinen Obrigkeitsstaat."[100]

Ganz im Kant'schen Sinne wechselt also auch bei Rotteck der Fokus von der Genese auf die Geltung. Nicht wie die Verfassung in Kraft gesetzt wurde soll entscheidend sein, sondern ob sie Bedingungen schafft, unter denen sie auf Dauer gestellt werden kann. Wie Verfassungen in Kraft treten, ist schon in zahlreichen Typologien Gegenstand gewesen. Uns interessiert hier, welche Garantien zum Erhalt für einmal erlassene Verfassungen eingefordert werden: institutionelle und soziomoralische Garantien. Damit geraten wir in den Kernbestand des klassischen Republikanismus: von Machiavellis Bürgerwehren angefangen,[101] über Volksbildung bis hin zum Verfassungseid. Dazu gehört auch „die Bewahrung der Grundverhältnisse". Darunter versteht er die allgemeinen „sozialen, ökonomischen und kulturellen Voraussetzungen (u.a. monogamische Ehe- und Familienverhältnisse) [...], ‚auf wahre Sittlichkeit hinführende Religion' und ‚freie ökonomische und gewerbliche Cultur.'"[102]

Besonderes Anliegen ist ihm die Vereinbarkeit von Republik und Monarchie, um bei der von den Liberalen im Vormärz geschätzten konstitutionellen Monarchie zu landen.

> „Nicht eben die republikanische Form ist's, die wir die Sonne dieser Tage nennen, nein! Nur der republikanische Geist, der gar wohl mit monarchischer Form sich verträgt, ja, der in wohlgeregelter Monarchie weit sicherer herrscht, als in der Demokratie sturmbewegter Reiche, der republikanische Geist, d.h. die Herrschaft gerechter Gesetze, entflossen dem ewigen, natürlichen Recht und dem lauteren Gesamtwillen, Verbannung der Willkürherrschaft und der traurigen Scheidung der Bürger in geborene Herren und geborene Knechte."[103]

Und einen zweiten Punkt übernimmt Rotteck von Kant: Tugend, oder wie er sagt: Gemeinsinn, muss von einer Verfassung gefördert werden, und dieser

---

100 Göhler, Gerhard: Republikanismus und Bürgertugend im deutschen Frühliberalismus: Karl von Rotteck, in: Greven, Michael Th. et al. (Hg.), *Bürgersinn und Kritik*. Festschrift für Udo Bermbach, Baden-Baden 1998, S. 138.
101 Backes, Uwe: *Liberalismus und Demokratie*, Düsseldorf 2000, S. 326.
102 zitiert nach ebenda: S. 327.
103 Karl v. Rotteck, *Gesammelte und nachgelassene Schriften*, Band 2, hg. von Hermann Rotteck, Pforzheim 1841/43, S. 115/116.

Gemeinsinn kann ersetzt werden – und jetzt folgt eine Formulierung, die er von Kant übernimmt – durch „wohlverstandenes Selbstinteresse."[104] Wie in der Passage, in der es um das Volk von Teufeln geht, wenn es denn nur bei Verstand ist, sagt auch Rotteck, dass Tugend als motivationale Ressource zu anspruchs- und voraussetzungsvoll ist. Gemeingeist ist sein Begriff, und es ist eine abgeschwächte Version, die er in den nordamerikanischen Staaten walten sieht[105] und die er im Deutschen Reich vermisst hat.[106] In seinem Aufsatz über den „nordamerikanischen Freiheitskampf" geht er noch einmal auf das Gemeingeist-Thema ein und sieht in der Niederschlagung des Egoismus die Chance für die amerikanische Freiheit:

> „Hochherzig vergaßen sie fast alle die schnöden Interessen des Eigennutzes über den edlen des Vaterlandes, oder sie waren wenigstens verständig genug, einzusehen, dass das Heil des Ganzen, dass die Befreiung des Vaterlandes auch für jeden Einzelnen wohltätiger, als irgend ein zeitlicher Privatgewinn sey. Gebt dieser patriotischen Gesinnung oder diesen richtigen Verstand irgend einem europäischen Volk, und ihr habt es auf den Weg des Heils gebracht."[107]

---

104 „Allerdings könnte man sagen: zum Gemeingeist ist Tugend nicht einmal nöthig; schon das wohlverstandene Selbstinteresse fordert dazu auf, weil, wenn es dem gemeinen Wesen wohlergeht, auch jedes einzelne Mitglied desselben davon die Früchte genießt (…). Der Egoismus allein also kann den Gemeingeist nicht erzeugen; vielmehr bleibt dieser jenem ewig entgegengesetzt und eine wahre Tugend" (Artikel Gemeingeist, in: Rotteck, Karl v./Welcker, Carl Theodor: *Das Staats-Lexikon. Encyklopädie der sämmtlichen Staatswissenschaften für alle Stände*, Band 5 [erw. Aufl., 1845], Neudruck Frankfurt/M. 1990, S. 519). Zur republikanischen, an der klassischen Politik orientierten Interpretation von Rotteck: vgl. Nolte, Paul: Bürgerideal, Gemeinde und Republik. „Klassischer Republikanismus" im frühen deutschen Liberalismus, in: *Historische Zeitschrift* 254 (1992), S. 621ff.

105 Artikel Gemeingeist, in: Rotteck, Karl v./Welcker, Karl Theodor: *Das Staats-Lexikon. Encyklopädie der sämmtlichen Staatswissenschaften für alle Stände*, 12 Bände [erw. Aufl., 1845], Neudruck Frankfurt/M. 1990, S. 522.

106 In einer längeren Passage schreibt Rotteck über die Mittel, mit denen Gemeingeist gestärkt werden kann. „Welches sind wohl die nächstliegenden Mittel, den so unendlich wichtigen und wohltätigen Gemeingeist einem Volk einzuflößen, oder ihn unter seinen Gliedern zu nähren, zu stärken, zur möglichst allgemeinen Herrschaft zu bringen? Hierauf ist die Antwort nahe liegend und leicht. Alles, was überhaupt den Verstand der Bürger aufklären, ihr Gemüth veredeln kann, macht sie empfänglich für diese wie für jede Bürgertugend. In diesem Sinne also werde die Nationalerziehung geregelt (…). Sodann befördere man überhaupt die allgemeine Wohlfahrt, damit das Vaterland seinen Kindern theuer werde, und mache die Bürger bekannt mit den öffentlichen Angelegenheiten, damit sie Interesse daran nehmen, gewähre ihnen aber auch jenen Einfluß auf derselben Entscheidung, welchen sie, je nach ihrer Bildungsstufe und nach dem Zusammenhang aller Verhältnisse, gefahrlos darauf anszuüben befähigt sind. Publicität also sey das Prinzip für alle Verhandlungen der die Gesammtheit oder irgend ein öffentliches Interesse berührenden Geschäfte; Freiheit der Rede und Schrift (beschränkt bloß durch vernünftige Repressivgesetze) das für die gegenseitige Gedankenmittheilung, und endlich politische Freiheit oder politisches Recht, in einem eben jener Bildungsstufe entsprechenden Maße allen Volksklassen gewährt, das der Verfassung" (ebenda, S. 514ff.).

107 Karl von Rotteck, Der nordamerikanische Freiheitskampf, in: *Geist aus Karl von Rottecks sämmtlichen Werken, Historische Fragmente usw.* (2. Teil), S. 5-31, hier: S. 14.

Und so kann er diejenige Verfassung als gelungen bezeichnen,

> „welche die Entwicklung der menschlichen Anlagen und Kräfte am meisten befördert, und unter dem Schutz ein wahrhaft humanes Glück am sichersten gedeihen kann. Eine Verfassung, die zu ihrer Erhaltung alle Kräfte und Empfindungen der Bürger ausschließend erfordert, die in der Eigenschaft des Bürgers die Persönlichkeit der Glieder völlig verschlingt, die nicht nur die Unterordnung, sondern die All-Aufopferung der schönsten natürlichen Gefühle, der edelsten, humansten Triebe gebietet, ist – wie groß auch der Name ihres Stifters sey – eine unglückliche Verkehrtheit."[108]

Dieser Freiheitskampf war es, der Rotteck zu Amerika hinzog, sogar so weit, dass er 1823 an den Schweizer Heinrich Zschokke schrieb: „Wäre ich jung, so wanderte ich aus nach Amerika, wohin die freie Schweiz soeben Diejenigen intradiert, welche eine Zufluchtsstätte auf ihrem Boden suchte."[109] Klassisch auch die Interpretation Rottecks bei Horst Ehmke: Dort heißt es:

> „Sie [die heutige Rechts- und Staatswissenschaft] wird aber gegenüber dem im 19. Jahrhundert herrschend gewordenen Wissenschaftsbegriff die Einsicht der älteren Lehre ernst nehmen müssen, dass die Rechts- und Staatswissenschaft eine praktische Wissenschaft ist und nicht vor lauter ‚Reinheit' ihren eigentlichen Gegenstand, die gerechte Ordnung des Gemeinwesens, verlieren darf."[110]

Rotteck folgt dem Gang der Zeit, indem er den Begriff der Republik durch den der Demokratie ersetzt. Republik wird ihm wieder die Republik der Alten, Demokratie zur modernen Variante. Neu ist dagegen nicht, dass er sich gegen die reine Demokratie wendet. Dies läuft in den gewohnten Bahnen, wenn er schreibt:

> „Ja, es lässt sich mit Wahrheit behaupten, dass, da eine reine Demokratie, zumal in einem etwas größern und kultivierten Staate, fast unmöglich, ihre Ausartung nämlich in Ochlokratie oder Anarchie kaum vermeidlich, und daher beim Abgang eines monarchischen Hauptes ihre Beschränkung durch ein aristokratisches Element unentbehrlich, auch in der Regel von selbst faktisch aufkommend, dann aber der wahren Freiheit sehr gefährlich ist, dass, sagen wir, in solchen Staaten das demokratische Prinzip sich weit sicherer und der Vollständigkeit annähernder unter der (konstitutionell) monarchischen Regierungsform verwirklichen lasse, als unter jeder andern."[111]

Zumeist wird die Demokratie mit dem einfachen Hinweis auf die Größe des zu ordnenden Gemeinwesens zurückgewiesen. Repräsentation ist selbstverständli-

---

108   Karl von Rotteck, Spartas Verfassung, in: ebenda, S. 27ff.
109   Karl von Rotteck in einem Brief an Heinrich Zschokke, 29.9.1823, in: *Sämtliche Werke*, hg. von Hermann Rotteck, Band 5, Pforzheim 1843, S. 194
110   Ehmke, Horst: Karl von Rotteck, der 'politische Professor', in: ders., *Politik der praktischen Vernunft*, Frankfurt/M. 1969, S. 36.
111   Karl von Rotteck: Demokratisches Prinzip, demokratisches Element und Interesse, demokratische Gesinnung, in: ders., /Karl Theodor Welcker (Hrsg.), *Staatslexikon*, Band 4, Altona 1837, S. 255.

che Voraussetzung für die Mäßigung der Demokratie. Ungewohnt ist jedoch, nachdem Kant die Begriffe Republik und Demokratie eindeutig normativ belegt hatte und einen neuen Republikanismus geprägt hatte, dass Rotteck eine Umwertung beider Begriffe vornimmt. Republik wird ihm wieder die alte Ordnung von Stadtrepublikanismus und römischer Republik. Demokratie dagegen wird ihm zum positiven Begriff einer anzustrebenden Regierungsform:

> „Das demokratische Prinzip, nach seiner beider gegebenen Charakterisierung, ist also durchaus nicht zu verwechseln mit dem republikanischen. Dieses nämlich geht allernächst und ganz eigentlich auf die Staatsform, d.h. auf die Personifikation der Staatgewalt; jenes geht auf das Wesen des Rechts, d.h. auf die Rechtsgleichheit (…). Das republikanische Prinzip, nach seinem allgemeinen Begriff, führt den Krieg nur gegen die Monarchie; aber es duldet die Aristokratie in seinem Schoße; ja es kann sich derselben, wofern nicht die allereinfachsten Lebensverhältnisse im Staate obwalten, kaum jemals erwehren. Und es erträgt auch in der privatrechtlichen Sphäre die mannigfaltigste Rechtsungleichheit, wie selbst die Sklaverei und mancherlei andere Ungebühr des historischen Rechts. Venedig und Bern (vor der neuen Verfassungsänderung) mit vielen anderen Republiken und mit den vielen, von Patriziern regierten, ehemaligen Reichsstädten (die da gleichfalls – ob auch nur halbsouverain – Republiken waren), sodann, außer den meisten alten Republiken, auch die Hälfte der heutigen nordamerikanischen Bundesstaaten sind dessen laut sprechende Zeugen. Das republikanische Prinzip also, nicht minder als das monarchische, bedarf der Veredelung durch das mit ihnen zu verbindende ‚demokratische‘.“[112]

Dieser Einschätzung eines republikanischen Anteils am liberalen Denken schließt sich auch Gerhard Göhler an. Bei Rotteck vermischte sich der klassische mit dem modernen liberalen Freiheitsbegriff: „Diese ‚Freiheit‘“, so Nolte,

> „meinte häufig weniger die individuelle Freiheit von Selbstbestimmung und Mündigkeit, die Freiheit des Individuums als Sphäre des Rechtsschutzes vor dem Staat, als vielmehr jene partizipatorische und ‚kollektive‘ Freiheit, die für den Freiheitsbegriff und das Freiheitspathos zuerst im florentinischen, dann auch im angloamerikanischen klassischen Republikanismus von so zentraler Bedeutung war. Freiheit bemaß sich hier an der Teilnahme des politischen Bürgers am Gemeinwesen und war zugleich eher Freiheit eines ganzen Volkes, das eine gute Verfassung genoß, als die des einzelnen.“[113]

Gerade die politischen Professoren, wie Rotteck, sorgten dafür, dass es zu einer Verbindung von lebensweltlicher, alltagsweltlicher Sprache und politischer Theorie kam.[114] Es wurde schon bei Kant versucht zu zeigen, dass sich im frühen Liberalismus, der von Kants Einflüssen stark geprägt ist, Liberalismus und Republikanismus nicht strikt trennen lassen. Bewusst knüpft Kant an gemeineuropäische Traditionen protestantisch-bürgerschaftlicher Provenienz an, seinen

---

112 Ebenda, S. 145.
113 Nolte, Paul: Bürgerideal, Gemeinde und Republik. „Klassischer Republikanismus" im frühen deutschen Liberalismus, in: *Historische Zeitschrift* 254 (1992), S. 625
114 Vgl. dazu Welcker, Karl Theodor: Art. Cortes-Verfassung, in: Rotteck, Karl v./Welcker, Karl Theodor: *Das Staats-Lexikon. Encyklopädie der sämmtlichen Staatswissenschaften für alle Stände*, [erw. Aufl., 1845], Neudruck Frankfurt/M. 1990, Band 3, S. 578-588.

Idealstaat, der von Volkssouveränität, Gewaltenteilung und Rechtsstaatlichkeit geprägt ist, nennt er nicht zufällig Republik. Innovativ sind, nach amerikanischem Vorbild, die Verbindung mit Repräsentation und die Anpassung an einen territorialen Flächenstaat. Karl von Rotteck hat in dieser Kant'schen Tradition ebenso an der Fortdauer der republikanischen Traditionen fortgewirkt. Konnte Kant sich nur auf die amerikanischen und französischen Verfassungen beziehen, Reaktionen seinerseits auf die frühen deutschen Verfassungsentwürfe sind nicht bekannt, lebte Rotteck im Zeitalter der Konstitutionen. Die Verfassungen waren es, an denen der frühe Liberalismus seinen Erfolg messen konnte.[115]

„Ein Volk, das keine Verfassung hat, ist – im edlen Sinn des Wortes – gar kein Volk; es ist eine Schar von Leibeigenen oder Grundholden oder Leuten; es ist dann ein kollektiver Begriff, eine Summe von Untertanen, nicht aber ein lebendiges Ganzes."[116] Rotteck variiert damit die berühmten Sätze, die aus der französischen Verfassung stammen, dass ein Volk ohne Verfassung gar kein Volk sei. Und schon direkt zu Beginn seiner Rede macht er deutlich, dass es ihm nicht um die funktionale Dimension, sondern die symbolische Dimension der Verfassung geht: keine Regierungs-, sondern „Volks-Verfassung"[117], es geht um das „Gesamtleben"[118] und den „lebenskräftigen Gesamtwillen"[119] – Locke hätte von *body politic* gesprochen. Er verbindet es mit der liberalen Hoffnung, wie sie von Tocqueville popularisiert wurde, dass ein „lebenskräftiges Volk" die Kraft hat, sich der Regierung entgegen zu stellen, Einzelne werden dies wohl nicht schaffen.[120] Die Verfassung dient der Integration einzelner Städte und Gemeinden zu einem Gesamtstaat. Sie ist Zentrum eines Verfassungspatriotis-

---

115 Schöttle, Rainer: Karl von Rotteck und die Entwicklung des bürgerlichen Parlamentarismus in Deutschland, in: Karl von Rotteck, *Über Landstände und Volksvertretungen: Texte zur Verfassungsdiskussion im Vormärz*, hg. und mit einer Einl. versehen von Rainer Schöttle, Freiburg u.a. 1997, S. 177-210; Vgl. dazu auch: Göhler, Gerhard: Republikanismus und Bürgertugend im deutschen Frühliberalismus: Karl von Rotteck, in: Greven, Michael Th./Münkler, Herfried/Schmalz-Bruns, Rainer (Hg.), *Bürgersinn und Kritik. FS für Udo Bermbach*, Baden-Baden 1998, S. 123-149.

116 So beginnt Karl von Rotteck seine Rede zum Anlass der badischen Verfassung (Rotteck: Ein Wort über Landstände, in: ders., *Über Landstände und Volksvertretungen. Texte zur Verfassungsdiskussion im Vormärz*, hg. und mit einem Anhang versehen von Rainer Schöttle, Freiburg 1997, S. 7).

117 Ebenda, S. 7.

118 Ebenda, S. 7f.

119 Ebenda, S. 8.

120 Ebenda. So heißt es genauer, dass die Staatsgewalt „nicht auf ein lebenskräftiges Volk, sondern nur auf einzelne wirkt, also unwiderstehlich und allmächtig ist", um gleich im guten Tocquevillschen Sinne fortzufahren: „Bei diesem Geist der Verfassung, wo selbst die Deputiertenkammer nur ihren eigenen, d.h. den Willen ihrer Glieder, nicht aber jenen des Volkes ausspricht, ist Fievée gezwungen, die Wiederherstellung der Innungen, die Selbständigkeit der städtischen Gemeinwesen und zumal eine tatkräftige Wirksamkeit der Departementalversammlungen (eine Art von Provinzialständen) zu fordern, um wenigstens einige Funken des Volkslebens zu retten" (S. 8).

mus, der so in Bayern, Baden und Württemberg in den 1820 und 30er Jahren zu spüren war.[121] In vollkommener Analogie zu Kants These, dass nicht die moralischen Bürger die gute Verfassung machen, sondern die Verfassung erzieherisch wirkt und Staatbürger heranzieht, schreibt Rotteck in seiner Schrift über die Landstände, dass man sich nicht damit zufrieden geben dürfe, dass die Bürger womöglich noch nicht die nötige politische Reife erlangt hätten. Gerade die Verfassung ist das Instrument, um den Bürger zu politisieren. So stellt er die Forderung auf, „dass die Staatsverfassung die Unmündigkeit des Volkes nicht als notwendigen oder bleibenden, sondern als bloß zufälligen und zeitlichen Zustand voraussetze und dass sie der künftigen Erreichung der Mündigkeit nicht nur kein Hindernis entgegenstelle, sondern vielmehr dieselbe möglichst befördere."[122]

Es muss nicht in die Einzelheiten von Rottecks Parlamentarismus und Ständevertretungstheorie hineingegangen werden, da hier primär die symbolische Dimension der Verfassung interessiert. Nur soviel dazu: Rotteck ist bemüht, den Landständen eine demokratisch-republikanische Note abzugewinnen, was von der Akte des Deutschen Bundes gefordert wurde. Aus diesem Grund betont er, dass die Landstände als Repräsentation des gesamten Volkes zu verstehen sind, vom alten ständischen Konzept will er die Landstände freimachen.[123]

Rotteck beschreibt sich selber als Vertreter der Mitte und bedauert, dass sich so viele von der Radikalisierung, die für ihn eine Republikanisierung ist, anstecken ließen: „Um die Fahne der Republik, früher nur von sehr wenigen, – meist Schwärmern oder auch Unlautern – emporgetragen, begannen sich jetzt (d.h. nach der Juli-Revolution) auch manche der bisher Gemäßigten zu sammeln."[124] Er sieht durch diese Entwicklung seinen „goldenen Mittelweg der Reform."[125]

Rotteck wird damit zu einem der wichtigsten Popularisierer des Republikanismus Kant'scher Prägung. Die Amalgamierung von frühliberalen und klassisch-republikanischen Elementen verhindert eine Unterstützung wirtschaftsliberaler Positionen. Sein Gesellschaftsbild erinnert noch mehr an das 18. Jahr-

---

121 Vgl. dazu auch Nipperdey, Thomas: *Deutsche Geschichte 1800-1866*, München 1983, S. 89. Vgl. dazu auch Meyer, Manfred: *Freiheit und Macht. Studien zum Nationalismus süddeutscher, insbesondere badischer Liberaler 1830-1848*, Frankfurt/M. 1994.

122 Rotteck, Karl von: Ein Wort über Landstände, in: ders., *Über Landstände und Volksvertretungen. Texte zur Verfassungsdiskussion im Vormärz*, hg. und mit einem Anhang versehen von Rainer Schöttle, Freiburg 1997, S. 17)

123 Vgl. dazu auch Bermbach, Udo: Über Landstände. Zur Theorie der Repräsentation im deutschen Vormärz, in: ders. (Hg.), *Demokratietheorie und politische Institutionen*, Opladen 1991, S. 145-167.

124 Rotteck, zitiert nach Wende, Peter: *Radikalismus im Vormärz. Untersuchungen zur politischen Theorie der frühen deutschen Demokratie*, Wiesbaden 1975, S. 13.

125 Ebenda.

hundert als an die industrielle Revolution. Aus diesen ideengeschichtlichen Strömungen des politischen Konstitutionalismus wächst das Unterstützungsumfeld zur Einrichtung einer Verfassungskultur. Denn es bedarf einer Reflexion der Limitierungen, die die Verfassungsgebung selber betrifft. Nur dort, wo die Verfassung nicht als rationalistischer Selbstläufer verstanden wird, sondern die gesamten Faktoren der gesellschaftlichen und kulturellen Umstände als Verfassungsfaktoren mit reflektiert werden, können die Voraussetzungen der Verfassungsgeltung angemessen erfasst werden.

1.3. Konstitutionalisierung als verfassungskulturelles Programm

Die republikanische Verfassung ist der Ausgangspunkt für die Entwicklung einer verfassungskulturellen Bindung der Bürger. Aus dieser Grundeinsicht hat Kant selber keine expliziten Konsequenzen gezogen, aber sie wurden zum theoretischen und praktischen Ausgangspunkt der Popularisierer und Praktiker, die auf dieser Grundlage einerseits verschiedene Verfassungskatechismen entworfen haben und auf der anderen Seite konkrete Praktiken eingerichtet haben, um der Verfassung einen Vorrang im Symbolhaushalt zu besorgen: über Feste, Gedenktage, Denkmale und Vereidigungen.

Für die Stabilisierung mittelalterlicher Ordnungsvorstellungen und Herrschaftsansprüche gilt es seit geraumer Zeit als gesicherte Erkenntnis, dass die Inszenierung der Herrschaft selber Teil des Legitimationsprozesses war. Gerade die Sichtbarkeit der Herrschaftsordnung in Symbolen, Ritualen, Münzen und Sitzordnungen ist für diesen Zeitraum in den letzten Jahren ausgiebig untersucht worden.[126] Das Interesse der historischen Forschung an Symbolisierungsformen lässt jedoch in dem Maße nach, wie sich schriftliche Quellen in den Vordergrund drängen und durch ihre schiere Masse Priorität beanspruchen, ohne, wie Thomas Nipperdey anmerkte, sich vollständig an die Stelle der Bilder und Sinnbilder setzen zu können.[127] Sie können nur an deren Seite treten. In diesem Sinne

---

126 Stellvertretend für viele andere Titel soll hier nur genannt werden: Melville, Gert (Hg.): *Institutionalität und Symbolisierung. Verstetigungen kultureller Ordnungsmuster in Vergangenheit und Gegenwart*, Köln/Weimar/Wien 2001; Althoff, Gerd: Die Kultur der Zeichen und Symbole, in: ders., *Inszenierte Herrschaft. Geschichtsschreibung und politisches Handeln im Mittelalter*, Darmstadt 2003, S. 274-297; Althoff, Gerd/Siep, Ludwig: Symbolische Kommunikation und gesellschaftliche Wertesysteme vom Mittelalter bis zur französischen Revolution. Der neue Münsteraner Sonderforschungsbereich 496, in: *Frühmittelalterliche Studien* 35 (2000), S. 393-412.

127 Nipperdey, Thomas: Nationalidee und Nationaldenkmal in Deutschland im 19. Jahrhundert, in: *Historische Zeitschrift* 206 (1968), S. 529-585; Dörner, Andreas, *Politischer Mythos und symbolische Politik. Der Hermannsmythos: zur Entstehung des Nationalbewußtseins der Deutschen*, Wiesbaden 1995; Link, Jürgen/Wülfing, Wolf (Hg.): *Nationale Mythen und Symbole in der zweiten Hälfte des 19. Jahrhunderts. Strukturen und Funktionen von Konzepten nationaler Identität*, Stuttgart 1991.

scheint gleiches auch für die Verfassung zu gelten. Mit dem Auftauchen der schriftlichen Dokumente hat sich selbstverständlich Grundlegendes im Verständnis der Verfassung geändert. Das soll hier gar nicht bestritten werden. Aber ob nicht doch die Symbolisierungen, Darstellungen und Sinnbilder in Literatur, Verfassungspraxis und -kultur an die Seite der Texte getreten sind, um diesen eine weitere Deutungsebene zu verleihen, oder im extremen Fall in der Praxis die Geltung der schriftlichen Verfassung zu unterwandern, soll im folgenden untersucht werden.

Es gehörte zu den Grundeinsichten aus der politischen Ideengeschichte und politischen Philosophie bis weit in die Moderne hinein, dass die Veränderung der Regierungsform ohne eine Änderung der Sitten und Gewohnheiten der Menschen nicht dauerhaft sein kann. [128] So schreibt Montesquieu in seinen „Pensées":

> „Die beste [Regierungsform, RS] ist gewöhnlich die, unter der man lebt und die ein vernünftiger Mensch lieben muss. Denn da man sie unmöglich ändern kann, ohne Gebräuche und Sitten zu ändern, kann ich mir nicht vorstellen, welchen Nutzen es für die Menschen angesichts der Kürze ihres Lebens haben sollte, die von ihnen angenommenen Gewohnheiten aufzugeben."[129]

Ein freies Gemeinwesen ist demnach darauf angewiesen, dass sich die Gesetze nicht sehr von dem unterscheiden, was die Menschen ohnehin auch ohne gesetzlichen Zwang tun würden.[130] Die enge Verbindung zwischen Sitten, Gebräuchen und Gesetzen wird auch Max Weber deutlich. Alle Gesetze, so seine Überzeugung, gehen letztlich auf Sitten und Konventionen zurück. „Der Übergang von da [der Sitte, RS] zur geltenden Konvention und zum Recht ist natürlich absolut flüssig. Überall ist das tatsächlich Hergebrachte der Vater des Geltenden gewesen."[131] Aus der Geschichte der gesetzlichen Regelungen wird somit die kulturelle Einbindung der Gesetze deutlich. Den Troglodyten aus Montesquieus

---

128 Vgl. hierzu auch Vorländer, Hans: Die Suprematie der Verfassung. Über das Spannungsverhältnis von Demokratie und Konstitutionalismus, in: Leidhold, Wolfgang (Hg.), *Politik und Politeia. Formen und Probleme politischer Ordnung*, Festgabe für Jürgen Gebhardt, Würzburg 2000, S. 373-383; Linke, Bernhard/Stemmler, Michael: Institutionalität und Geschichtlichkeit in der Römischen Republik: Einleitende Bemerkungen zu den Forschungsperspektiven, in: Linke, Bernhard (Hg.), *Mos Maiorum. Untersuchungen zu den Formen der Identitätsstiftung und Stabilisierung im römischen Republik*, Stuttgart 2000, S. 1-23.
129 Montesquieu, Charles Secondat de: *Meine Gedanken*, München/Wien 2000, [Nr. 934] S. 156.
130 „Je weniger der Wille der einzelnen mit dem Gemeinwillen übereinstimmt, d.h. die Sitten mit den Gesetzen, desto größer muß die Bremsgewalt werden" (Rousseau, Jean-Jacques: Vom Gesellschaftsvertrag, in: ders., *Politische Schriften* Band 1, hg. von Ludwig Schmidt, Stuttgart 1977, S. 120). Vor diesem Hintergrund lässt Montesquieu die Troglodyten-Saga in seinen Persischen Briefen mit der Moral enden, dass der Verfall der Gemeinschaft in dem Moment eintritt, in dem die Gesetze an die Stelle der Sitten treten (Montesquieu, Charles Secondat de: *Persische Briefe*, Frankfurt/M. 1964).
131 Weber, Max: *Wirtschaft und Gesellschaft: Grundriß der verstehenden Soziologie*. Besorgt von Johannes Winckelmann, 5. rev. Auflage (Studienausgabe), Tübingen 1980, S. 15.

„Persischen Briefen" wird die Herrschaft der Sitten zu streng und sie unterwerfen sich lieber den Gesetzen. Sie wählen einen Herrscher aus ihren Reihen, nachdem das Volk der Troglodyten immer größer geworden war. Aber für den Herrscher selber war dies der Anfang vom Ende dieses tugendhaften Volkes. Das Gesetz schien doch nur eine Hilfskonstruktion zu liefern, die untauglich war, die Tugend der Bürger zu erhalten.[132] Die Gesetzesherrschaft war der Beginn der Dekadenz und der Individualisierung. Das Joch der Tugend war zu schwer geworden: „ihr wollt lieber einem Fürsten untertan sein und seinen Gesetzen gehorchen, die weniger streng sind als eure Sitten. Ihr wisst, dass ihr dann eurem Ehrgeiz frönen, Reichtümer erwerben und euch lascher Wollust hingeben könnt."[133] Und auch in den Niedergangsthesen zum Römischen Reich wird die These deutlich. So heißt es in der Einleitung zu Montesquieus Buch über das Römische Reich: „Die Aufgabe des Gesetzgebers besteht also nun darin, die ‚natürlichen Anlagen eines Volkes, seine Sitten, Tugenden und Gebräuche in Gesetze zu ‚verlängern', die dem Volke heilsam sind."[134]

1.3.1. Der Kampf um Symbolhoheit

In der Kant'schen Tradition gab es ein breites Verständnis dafür, dass es einer Verfassungskultur bedarf, die emotionale Bindungen, volkserzieherische und -pädagogische Maßnahmen einleiten muss, um die Verfassung in der Kultur zu verankern. Einigen Strömungen im Südwesten Deutschlands war die Bedeutung der Verfassungskultur so präsent, dass sie eine Demokratisierung am Verfassungstext vorbei allein über die Praxis zu vollziehen versuchten. Sie wussten, dass der Verfassungstext die für den republikanischen Konstitutionalismus wichtigsten Klärungen nicht vornahm. Aber sie wussten auch, dass sie als Interpreten der Verfassung Einfluss auf diese nehmen konnten. Ihnen war klar, dass mit der Verfassung ein neues Medium geschaffen war, um das herum Dispute über die richtige politische Ordnung und deren Leitideen ausgetragen werden konnten. So lückenhaft die Verfassungen aus dieser Perspektive auch sein

---

132 Zu Tugend und Institutionen: Vorländer, Hans: Auf der Suche nach den moralischen Ressourcen Amerikas. Republikanischer Revisionismus und liberale Tradition der USA, in: *Neue Politische Literatur 33* (1988), S. 226-251; Münkler, Herfried: Die Idee der Tugend. Ein politischer Leitbegriff im vorrevolutionären Europa, in: *Archiv für Kulturgeschichte 73* (1991), S. 379-403, Ottow, Raimund: Politische Institutionen und der Ort der Tugend im politischen Diskurs der frühen Neuzeit, in: Greven, Michael Th. et al.(Hg.), *Bürgersinn und Kritik*, Baden-Baden 1998, S. 151-183.
133 Montesquieu, Charles Secondat de: *Persische Briefe*, 14. Brief, Frankfurt/M. 1964, S. 34.
134 Weiter heißt es an dieser Stelle: „seinem Wesen entsprechen und eine gutgeordnete Gesellschaft ermöglichen. Der beste Staat wäre jener, der auf die vollkommenste Weise die Wesenseigentümlichkeiten eines Volkes in den staatlichen Institutionen zur Entfaltung bringt" (Schuckert, Lothar (Hg.): Einleitung, in: Montesquieu, Charles Secondat de, *Größe und Niedergang Roms*, Frankfurt/M. 1980, S. VII-XXVI, hier: S. XVII).

mochten, es hinderte die Liberalen nicht daran, ihre Interpretation der Verfassung so stark zu machen, dass sie über die Praxis dann auch Norm werden konnte. Dafür waren die Wurzeln der bürgerlichen „Selbstbeherrschung" im frühneuzeitlichen klassischen Republikanismus von zentraler Bedeutung, die in der zweiten Hälfte des 19. Jahrhunderts jedoch wegen mangelnder Fähigkeit, sich in die Industrialisierung einzupassen und den radikalen Gleichheitsforderungen zu entsprechen, oft als konservativ gedeutet wurde.

Selbst dann, wenn die Verfassung auf revolutionärem Wege in Kraft getreten sein sollte, wie am französischen Beispiel gezeigt werden kann, kann auf eine Übertragung in die politische Kultur und ein Einleben der Verfassung nicht verzichtet werden. Dafür können zwar die Verfassungen Rechnung tragen. Sie können dieses Problem ihrer eigenen Geltung zwar in entsprechenden Kapiteln, auch in der Präambel, ansprechen, aber die Umsetzung ist eine Frage der Praxis.

Bei dieser Verstetigung von politischen Regeln und Transformation von Normen in Alltagspraktiken, hat die Monarchie nicht nur ein ausführliches Bildprogramm entwickelt, sondern auch mit der Personalisierung der Herrschaft Möglichkeiten der emotionalen Bindung ausgenutzt, die der Republik in dieser Form nicht zur Verfügung standen. Der Platz des Souveräns blieb leer. Die generelle Tendenz Herrschafts- und Machtverhältnisse zu personalisieren, oder wie Clifford Geertz es formulierte zu anthropologisieren, ließ Monarchen und Monarchien als nahezu unentbehrlich und unersetzlich erscheinen. Ihre Symbolhoheit war erst einmal überragend. Monarchien lieferten alles, was für politische Ordnungen lebensnotwendig erschien. Die revolutionäre Auf- und Ablösung der Monarchie erschien aus diesem Grund als ein umso dramatischerer Akt, der nicht nur Gewalt voraussetzte, sondern auch große diskursive und symbolische ‚Arbeit'.[135] Aus dem Monarchen musste ein Despot und Tyrann gemacht werden. Und der Symbolhaushalt der Monarchie musste gründlich zerstört und ersetzt werden.[136] Ludwig XIV wurde der Lächerlichkeit preisgegeben und seine Aura wurde zerstört.

---

135   Bei Thomas Hobbes wird deutlich, dass er der Rhetorik großen Einfluss auf die Gestaltung der politischen Ordnung zugestand. Die Fähigkeit, einen Monarchen zum Despoten oder Tyrannen zu erklären, macht den Unterschied ums Ganze (dazu und zu Hobbes: Bohlender, Matthias: *Die Rhetorik des Politischen. Zur Kritik der politischen Theorie*, Berlin 1995; Münkler, Herfried: Politische Theorie und Politik. Zur Bestimmung ihres Verhältnisses in ideengeschichtlicher Perspektive, in: Greven, Michael Th./Schmalz-Bruns, Rainer (Hg.), *Politische Theorie – heute*, Baden-Baden, 1999, S. 17-40).

136   Kruse, Wolfgang: Die Entzauberung Louis Capets – Zur symbolischen Destruktion des Königtums in der Französischen Revolution, in: Brandt, Peter/Schlegelmilch, Arthur/Wendt, Reinhardt, *Symbolische Macht und inszenierte Staatlichkeit. ‚Verfassungskultur' als Element der Verfassungsgeschichte*, Bonn 2005, S. 137-157; zum gleichen Thema: Wienfort, Monika: Monarchie, Verfassung und Fest, in: Kirsch, Martin/Schiera, Pierangelo (Hg.), *Denken und Umsetzung des Konstitutionalismus*, Berlin 1999, S. 175-192; Andres, Jan/Schwengelbeck, Matthias: Das Zeremoniell als politischer Kommunikationsraum: Inthronisationsfeiern in Preußen im ‚langen' 19. Jahrhundert, in: *Neue Politikgeschichte*, hg. von Ute Frevert und Heinz-Gerhard Haupt, Frankfurt/M. 2005, S. 27-81; Frie, Ewald: Bühnensuche. Monarchie,

Der König, wollte er weiter politischen Einfluss erhalten, musste sich auf die Symbolsprache des Bürgertums einlassen. Er musste sich der bürgerlichen Gesellschaft angleichen, seine herausgehobene Stellung aufgeben. Dies wurde an vielen Stellen symbolisch zum Ausdruck gebracht, in Kleidung, Sitzordnung und Ritualen. So war es der preußische König Friedrich Wilhelm III., der sich gerne als Bürgerkönig dargestellt sah, als Mann mit Stock und Hut. Das Huldigungsfest des preußischen Königs auf der einen Seite und die ‚moderne' Feier des englischen Königs auf der anderen Seite geben Einblick in die traditionelle, staatsrechtliche Bedeutung des Rituals: Huldigung der Stände, Unterwerfung des Volkes, militärische Machtdemonstration und Distinktionsbedürfnis des Königs.

Auf der anderen Seite findet sich die moderne, demokratische Selbstdarstellung des englischen Königs als Bürgerkönig mit Volksfest. Allein die Abwesenheit des Königs ermöglicht den Bürgern von reinen Zuschauern, Statisten und Objekten der Akklamation zu Akteuren zu werden. Besonders auf den Gedenkmünzen, die aus Anlass dieses Festes ausgegeben wurden, zeigte sich das ganze Bildprogramm: König in Gardeuniform, auf der Rückseite der Münze „einen Würfel, einen Kommandostab, das Reichspanier, einen Bienenkorb, ein Gesetzbuch und einen Ölzweig, schließlich Adler und Eichenkranz. Das umfangreiche Bildprogramm dokumentierte das Selbstverständnis der preußischen Monarchie als Militär- und ‚Industrie'-Staat – im älteren Sinn des Wortes."[137]

Um hier an dieser Stelle einmal vorzugreifen, wollen wir nur einen kleinen Blick auf die Zeit nach der Paulskirche werfen. Denn 1861 sah die Lage ganz anders aus. Beim „ersten Thronwechsel im Verfassungsstaat Preußen" 1861 wäre eine traditionelle Huldigungsfeier als Verfassungsbruch wahrgenommen worden. „Ein konservativer Staatsstreich gegen den Verfassungsstaat auf dem Feld der symbolischen Politik schien kurzfristig möglich."[138] Konservative Ratgeber fürchteten, dass die Monarchie am Ende sei, wenn sie nicht an der traditionellen Legitimitätsgenerierung festhalten würde, und sich in das „Schlamm-Meer des parlamentarischen Regiments" begebe.[139] Faktisch war es wohl genau umgekehrt. Die Monarchie hätte einen Aufstand riskiert, hätte sie am alten Bild- und Symbolprogramm festgehalten.

Hier wird zum einen der Transfer von einem staatsrechtlichen Akt zu einem an die breite Öffentlichkeit gerichteten Ritual dokumentiert. Ursprünglich

---

Bürokratie, Stände und ‚Öffentlichkeit' in Preußen 1800-1830, in: Soeffner, Hans-Georg/Tänzler, Dirk (Hg.), *Figurative Politik. Zur Performanz der Macht in der modernen Gesellschaft*, Opladen 2002, S. 53-67.

137 Wienfort, Monika: Zurschaustellung der Monarchie – Huldigungen und Thronjubiläen in Preußen-Deutschland und Großbritannien im 19. Jahrhundert, in: Brandt, Peter et.al. (Hg.), *Symbolische Macht und inszenierte Staatlichkeit. ‚Verfassungskultur' als Element der Verfassungsgeschichte*, Bonn 2005, S. 88.

138 Ebenda, S. 90.

139 Ebenda.

richtete sich die Huldigungsfeier noch auf die traditionellen Bindungen von den Ständen an den Fürsten und das Publikum hat lediglich Statistenrollen übernommen. Später wird die demokratische Öffentlichkeit zu einem zentralen Akteur, mit dem auch aus Gründen der Legitimation zu rechnen ist. Und dieser Kampf um die Deutung musste auch auf der Symbolebene aufgenommen werden. „Monarchien reichen gerade auch in Verfassungsstaaten in die Tiefenschicht der ‚irrationalen Konsensquellen' (K. Eichenberger) des Staates. Der Verfassungsstaat ist auf sie besonders angewiesen, muss in ihnen buchstäblich ‚wurzeln', da er sonst so sehr und mit Recht auf Rationalität setzt. Der Mensch hat auch als Bürger rationale und emotionale Seiten."[140] Die Autoren der Verfassungen sind sich dabei der Symbolkraft des monarchischen Elementes wohl bewusst. Walter Bagehot hat dieses Element für die englische Verfassung als ‚dignified parts' der Verfassung bezeichnet, die er den funktionalen Elementen entgegen gehalten hatte.[141]

1.3.2. Eidesformeln, Tugendsicherung und Festkultur

Eines der stärksten Elemente im Symbolprogramm von Verfassungen ist der Eid. Er ist einer der wichtigsten Verbindungspunkte zwischen politischem und religiösem Leben sowie zwischen politischer und religiöser Legitimation. Seine Bindungswirkung ergibt sich nicht primär aus der Angst vor weltlicher Strafe, sondern aus der Angst, gegen religiöse Konventionen zu verstoßen, im schlimmsten Fall wegen eines Sündenfalls verdammt zu sein. Auch nach seiner Übertragung ins Politische, zehrt er noch von seinen religiösen Quellen. „Der Eid ist die erste Form eines Sozialvertrags, der das öffentliche Leben aller Bürger von der Eingliederung der Jungen in die Phratrie bis zum Eid der achtzehnjährigen Jünglinge in allen wichtigen Momenten begleitet."[142] Der doppelte

---

140 Häberle, Peter: *Verfassungslehre als Kulturwissenschaft*, 2. stark erw. Auflage, Berlin 1998, S. 1015. Zum Thema: Monarchie in der modernen Verfassung: vgl. Schmitt, Carl: *Verfassungslehre*, 9. Aufl., Berlin 2003, S. 288ff.; zur Bedeutung der Monarchie in der Nachkriegszeit: Löwenstein, Karl: *Verfassungslehre*, 2. Aufl., Tübingen 1969, Anm. 9, S. 58.

141 Bagehot, Walter: *Die englische Verfassung*, hg. von Klaus Streifthau, Neuwied 1971.

142 Prodi, Paolo: *Das Sakrament der Herrschaft. Der politische Eid in der Verfassungsgeschichte des Okzidents*, Berlin 1997, S. 26. Schon Machiavelli hatte die Religion instrumentell und funktional gedacht. Im 11. Buch der Discorsi schreibt Machiavelli unter der Überschrift „Von der Religion der Römer": „Um sein Ziel zu erreichen, nahm er [Numa, RS] zur Religion als einer zur Erhaltung der Gesellschaft unentbehrlichen Sache seine Zuflucht und brachte es dahin, dass mehrere Jahrhunderte hindurch nirgends größere Gottesfurcht herrschte als in Rom, was jede Unternehmung des Senats und der großen Männer der Republik leicht machte (Machiavelli, Niccolo: Discorsi, in: ders., *Politische Schriften*, hg. von Herfried Münkler, Frankfurt/M. 1991, S. 127-269, hier: S. 156). Und auf die Stiftung und Genese Roms bezogen schrieb Machiavelli weiter: „Wirklich gab auch niemals ein Mann, ohne zur Gottheit seine Zuflucht zu nehmen, einem Volke außergewöhnliche Gesetze, da sie sonst nicht angenommen worden wären" (ebenda, S. 157).

Charakter des Eides wird dabei offensichtlich. Gilt zum einen der Satz Boteros aus „Della ragion di Stato", dass keine Religion so wie die christliche geeignet sei, nicht nur den Körper, sondern auch die Gefühle, die Gedanken und den Geist und das Gewissen zu unterwerfen.[143] Neben dem Vertragsgedanken, der dem Eid innewohnt, gibt es immer auch die Unterwerfung, die im Eid zum Ausdruck kommt. Instrumentalisierbar als Ideologie bleibt der Eid, wenn er nicht als Selbstbindung des Bürgers verstanden wird, sondern als Unterwerfung.[144] Die Sicherung der Tugend der Bürger erfolgt über die Religiosität. Man versicherte sich des Glaubens der Bürger und erhoffte sich damit eine Garantie für ihre Gesetzestreue und Gefolgschaft. Und da nicht jeder Religion in dieser Hinsicht gleiche Bedeutung zugeschrieben werden kann, wird diejenige religiöse Denomination durch die Religionslehrer befördert, die hier eine besondere Aufgabe erfüllt. In Rendlers Verfassungsentwurf wird demnach vorgeschlagen „zu diesem Ende den Religionslehrern notwendig aufzutragen, ihre Überzeugungsgründe nicht allein ihren Religionsverwandten beizubringen, sondern selbe auch – wo sie anderst hiezu die Fähigkeit besitzen – öffentlich bekanntzumachen und mit Beispielen zu bekräftigen."[145]

In der Badischen Verfassung von 1818 heißt es:

„Von dem aufrichtigsten Wunsche durchdrungen, die Bande des Vertrauens zwischen Uns und Unserm Volke immer fester zu knüpfen und auf dem Wege, den Wir hierdurch bahnen, alle Unsre Staats-Einrichtungen zu einer höhern Vollkommenheit zu bringen, haben Wir nachstehende Verfassungsurkunde gegeben, und versprechen feierlich für Uns und Unsere Nachfolger, sie treulich und gewissenhaft zu halten und halten zu lassen."[146]

---

143 Vgl. dazu Prodi, Paolo: *Das Sakrament der Herrschaft. Der politische Eid in der Verfassungsgeschichte des Okzidents*, Berlin 1997, Anm. 33, S. 210.

144 Und auch in Rousseaus Entwurf für die Korsische Verfassung steht der Eid an erster Stelle: „1. Toute la nation Corse se reunira par un serment solemnel en un seul corps politique dont tant les corps qui doivent la composer que les individus seront desormais les membres. 2. Cet acte d'union sera célébré le même jour dans oute l'Isle et tout les Corses y assisteront autant qu'il se pourra, chacun dans sa ville, bourgade ou paroisse ainsi qu'il sera plus particulièrement ordonné. 3. Formule du serment prononcé sous le ciel et la main sur la Bible : Au nom de Dieu tout puissant et sur les saints Evangiles par un serment sacré et irrévocable je m'unis de corps et de biens, de volonté et de toute ma puissance à la nation corse pour lui appartenir en toute propriété, moi et tout ce qui dépend de moi. Je jure de vivre et mourir pour elle, d'observer toutes ses loix dt d'obéir à ses chefs et magistrats légitimes en tout ce qui sera conforme aux loix. Ainsi dieu me soit en aide en cette vie et fasse misericorde à mon ame. Vive à jamais la liberté, la justice et la République des Corses. Amen. Et tous tenant la main droite élevée répondront : Amen" (zitiert nach ebenda, S. 398).

145 Rendler, Joseph: Erklär- und Erläuterung der Rechte und Pflichten des Menschen, zur Gründung des bürgerlichen Glückstandes abgefasst und angenommen in der Volksversammlung, [wahrscheinlich 1793/1794], abgedruckt in: Dippel, Horst (Hg.), *Die Anfänge des Konstitutionalismus in Deutschland. Texte deutscher Verfassungsentwürfe am Ende des 18. Jahrhunderts*, Frankfurt/M. 1991, S. 51-67, hier: S. 59.

146 Huber, Ernst Rudolf: *Dokumente zur deutschen Verfassungsgeschichte*, Band 1, Stuttgart 1961, S. 172.

Der Hinweis auf die Nachfolger ist hierbei zu beachten.[147] Die gleiche Formel findet sich auch am Ende der Württembergischen Verfassung von 1819:

> „Wie nun die vorstehenden Bestimmungen von nun an die Staats-Grund-Verfassung Unseres Königreichs enthalten; so geloben Wir hiermit bei Unserer Königlichen Würde, für Uns und Unsere Nachfolger in der Regierung, den gegenwärtigen Vertrag fest und unverbrüchlich nicht nur für Uns Selbst zu halten und zu erfüllen, sondern auch gegen alle Eingriffe und Verletzungen zu schützen und bei Kräften zu erhalten."[148]

Garant der Verfassung war somit die Ehre und das Vertrauen in die Glaubwürdigkeit des Königshauses.[149] Die Nähe zur Spätaufklärung und den klassisch-republikanischen Begrifflichkeiten in den frühen Verfassungsentwürfen, lässt es nicht allzu überraschend erscheinen, dass in diesem Umfeld der Bezug zu der Sinnlichkeit der Macht besonders stark gemacht wird. In diesen Entwürfen wird gefeiert und geschworen, um den Zusammenhalt zu erzeugen. So heißt es beispielsweise in der Bayrischen Verfassung von 1818 (Zehnter Teil §1):

> „Bey dem Regierungs-Antritte schwört der König in einer feyerlichen Versammlung der Staats-Minister, der Mitglieder des Staats-Raths und einer Deputation der Stände, wenn sie zu der Zeit versammelt sind, folgenden Eid: ‚Ich schwöre nach der Verfassung und den Gesetzen des Reichs zu regieren, so wahr mir Gott helfe und sein heiliges Evangelium'."[150]

An gleicher Stelle, nur diesmal nicht den König, sondern die Bürger betreffend:

> „Alle Staatsbürger sind bei der Ansäßigmachung und bei der allgemeinen Landeshuldigung, so wie alle Staatsdiener bei ihrer Anstellung verbunden, folgenden Eid zu schwören: ‚Ich schwöre Treue dem Könige, Gehorsam dem Gesetze und Beobachtung der Staatsverfassung; so wahr mir Gott helfe und sein heiliges Evangelium'. Ueber diesen Act wird eine Urkunde verfaßt, in das Reichs-Archiv hinterlegt und beglaubigte Abschrift davon der Stände-Versammlung mitgetheilt."[151]

---

147 Zu Eidesleistungen auf die Verfassung: Schmidt, Christian Hermann: *Vorrang der Verfassung und konstitutionelle Monarchie*, Berlin 2000, S. 70ff. Peter Häberle nennt sie „Im Geiste-Artikel". Häberle, Peter: *Verfassungslehre als Kulturwissenschaft*, 2. stark erw. Auflage, Berlin 1998, S. 375f.

148 Huber, Ernst Rudolf: *Dokumente zur deutschen Verfassungsgeschichte*, Band 1, Stuttgart 1961, S. 219.

149 Eine vergleichbare Formulierung findet sich auch am Ende der Verfassung für Kurhessen: „Es ist Unser unabänderlicher Wille, dass die vorstehenden Bestimmungen, welche Wir stets aufrecht erhalten werden, als bleibende Grundverfassung Unserer Lande auch von jedem Nachfolger in der Regierung zu allen Zeiten treu und unverbrüchlich beachtet, und überhaupt wider Eingriffe und Verletzungen jeder Art geschützt werden" (Huber, Ernst Rudolf: *Dokumente zur deutschen Verfassungsgeschichte*, Band 1, Stuttgart 1961, S. 262).

150 Pölitz, Karl Heinrich Ludwig: *Die Europäischen Verfassungen seit dem Jahr 1789 bis auf unsere Zeit*, zweite neugeordnete, berichtige und ergänzte Aufl., Band 1, 1832 [Nachdruck Hildesheim u.a. 1999], S. 146.

151 Ebenda. Eine etwas andere Formulierung findet sich dann in Württemberg: Dort heißt es in §12 des Entwurfs zur Verfassung vom 3. März 1817: „Der Huldigungseid wird dem Thronfolger erst dann abgelegt, wenn er in einer, den Ständen des Königreiches zuzusendenden, fei-

Aber auch an Eidesformeln und damit an zivilreligiöse Rituale wurde ebenso gedacht. „Der Kaiser leistet einen Eid auf die Reichsverfassung" (§ 190), und ebenso wird dies von Reichsbeamten, Ministern, den Abgeordneten in beiden Häusern des Reichstages und den Soldaten erwartet.[152]

> „Der Verfassungseid galt als eine Verpflichtung, die nicht nur auf die äußere (Be-) Achtung der Verfassungsnormen gerichtet war, sondern in der sich eine besondere, religiös fundierte Bindung an die im Verfassungssystem verkörperten politischen Institutionen manifestierte. Der Verfassung wurde damit ein allgemeiner normativer Schutz zuteil, der zwar unspezifisch und nicht sanktionsbewehrt war, der aber – solange die religiöse Dimension präsent war – gerade wegen der ‚inneren Bindung' von nicht zu unterschätzender Wirksamkeit sein konnte."[153]

Wortlaut und Funktionsstelle des Eides in der Verfassung deuten daraufhin, dass der Eid rechtlich bindende Funktion haben soll. Der Monarch ist nicht vor der Verfassung zur Regierung berechtigt, sondern ist durch den Eid auf die Verfassung erst zum Regierungshandeln befugt.[154] Doch nicht nur der Monarch wurde eingeschworen. Ein umfassendes Eidespaket sah die Kurhessische Verfassung von 1831 vor:

> „Der Regierungs-Nachfolger wird bei dem Regierungs-Antritte geloben, die Staatsverfassung aufrecht zu halten und in Gemäßheit derselben sowie nach den Gesetzen zu regieren. Er stellt darüber eine (im landständischen Archive zu hinterlegende) Urkunde aus, worauf die Huldigung, und zwar zuerst von den versammelten Landständen, erfolgt."[155]

Darüber hinaus hat jeder Bürger einen Eid zu leisten: „Ein jeder Inländer männlichen Geschlechts hat im achtzehnten Lebensjahre den Huldigungseid zu leisten, mittelst dessen er Treue dem Landesfürsten und dem Vaterland, Beobachtung der Verfassung und Gehorsam den Gesetzen gelobt."[156] Gleichzeitig heißt es für die Beamten: „Die Verpflichtung zur Beobachtung und Aufrechterhaltung der Landesverfassung soll in den Diensteid eines jeden Staatsdieners mit aufge-

---

erlichen Urkunde die unverbrüchliche Festhaltung der Landesverfassung bei seinem königlichen Worte zugesichert hat." (ebenda, S. 378). In Sachsen heißt es dann zum Schwur in der Verfassung von 1831: §82: (1) Jedes Mitglied der Ständeversammlung leistet bei seinem ersten Eintritte in die Kammer folgenden Eid: (2) Ich schwöre zu Gott etc. die Staatsverfassung treu zu bewahren und in der Ständeversammlung das unzertrennliche Wohl des Königs und Vaterlands nach meinem besten Wissen und Gewissen bei meinen Anträgen und Abstimmungen allenthalben zu beobachten. So wahr mir Gott helfe etc. (3) Diesen Eid legen die Präsidenten beider Kammern in die Hände des Königs und die übrigen Mitglieder der Kammer in der Versammlung an den Vorstand derselben ab" (ebenda, S. 234).

152 Vgl. dazu auch Schmidt, Christian Hermann: *Vorrang der Verfassung und konstitutionelle Monarchie*, Berlin 2000, S. 150.

153 Ebenda, S. 150.

154 Vgl. ebenda, S. 151.

155 §6, Kurhessische Verfassung, in: Huber, Ernst Rudolf: *Dokumente zur deutschen Verfassungsgeschichte*, Band 1, Stuttgart 1961, S. 239.

156 § 21, Kurhesssische Verfassung, in: ebenda, S. 241.

nommen werden."[157] Neben den Bürgern und den Beamten leisten auch die Abgeordneten einen Eid. So heißt es in § 74:

> „Jedes Mitglied der Ständeversammlung leistet folgenden Eid: ,Ich gelobe, die Staatsverfassung heilig zu halten und in der Ständeversammlung das unzertrennliche Wohl des Landesfürsten und des Vaterlandes, ohne Nebenrücksichten, nach meiner eigenen Überzeugung bei meinen Anträgen und Abstimmungen zu beachten. So wahr mir Gott helfe!'"[158]

Im gewissen Sinne werden dann doch die Landstände zum obersten Garanten der Verfassung, indem sie dafür sorgen, dass der Thronfolger auf die Verfassung eingeschworen wird:

> „Die (…) Landstände haben insbesondere dahin zu wirken, dass der Thronfolger bei seinem Regierungs-Antritte dem Inhalte des §6 [s.oben, RS] gegenwärtiger Verfassung Genüge leiste. In dem von Ihnen hiernächst geleisteten Huldigungs-Eide liegt zugleich die allgemeine Anerkennung des verfassungsmäßig geschehenen Regierungs-Antrittes."[159]

Und der § 156 stellt abschließend fest:

> „Diese Verfassungs-Urkunde tritt in ihrem ganzen Umfange sofort nach ihrer Verkündung in Kraft und Wirksamkeit, und muß ohne Verzug von allen Staatsdienern des geistlichen und weltlichen, sowohl des Militär- als Civil-Standes, sowie von allen Unterthanen männlichen Geschlechtss, welche das achtzehnte Jahr erreicht haben, beschworen werden."[160]

Damit hat die kurhessische Verfassung ein umfassendes Eides- und Huldigungspaket beschlossen, dass sämtliche volljährige, männliche Bürger, die Staatsbeamten, die Abgeordneten und den König einschließt, der wiederum seine Nachfolger mit in die Pflicht nimmt.

Die Bindung der Nachfolger war insofern von zentraler Bedeutung, als der Fall Hannover demonstrierte, wie sich ein Nachfolger an die Entscheidungen seines Vorgängers nicht gebunden sah. Insofern konnte er die Verfassung in seinen Augen wie ein einfaches Gesetz nach Belieben ändern und aufkündigen. Der Thronfolger Ernst August hatte 1837 die Hannoversche Verfassung aufgekündigt, die wenige Jahre zuvor (1833) zwischen seinem Vorgänger und den Ständen ausgehandelt wurde.[161] Dort heißt es in dem Patent zum Regierungsantritt des Königs Ernst August:

> „Es ist vielmehr Unser königlicher Wille, der Frage, ob, und in wie fern, eine Abänderung oder Modification des Staats-Grundgesetzes werde eintreten müssen, oder ob die Verfassung auf diejenige, die bis zur Erlassung des Staats-Grundgesetzes bestanden, zurück zu führen sey,

---

157 § 60, Kurhessssische Verfassung, in: ebenda, S. 246.
158 §74, Kurhessssische Verfassung, in: ebenda, S. 251.
159 §90, Kurhessssische Verfassung, in: ebenda, S. 252f.
160 §156, Kurhessssische Verfassung, in: ebenda, S. 262.
161 vgl. ebenda, S. 290ff.

die sorgfältigste Erwägung widmen zu lassen, worauf Wir die allgemeinen Stände berufen werden, um ihnen Unsere Königliche Entschließung zu eröffnen."[162]

Diesem Patent ließ er wenige Monate später ein weiteres Patent folgen, in dem er die Aufhebung der Verfassung verkündete. Sein zentraler Bezug zur Auflösung ist die Genese der Verfassung: „Das Staats-Grundgesetz vom 26. September 1833 können Wir als ein Uns verbindendes Gesetz nicht betrachten, da es auf eine völlig ungültige Weise errichtet worden ist."[163] Und so ist es maßgeblich der Eid, auf den sich die Göttinger Sieben beriefen, um ihrem Protestschreiben Gewicht zu verleihen:

> „Ihre unabweisliche Pflicht vielmehr bleibt, wie sie hiemit thun, offen zu erklären, dass sie sich durch ihren auf das Staatsgrundgesetz geleisteten Eid fortwährend verpflichtet halten müssen, und daher weder an der Wahl eines Deputierten zu einer auf andern Grundlagen als denen des Staatsgrundgesetzes berufenen allgemeinen Ständeversammlung Theil nehmen, noch endlich eine Ständeversammlung, die im Widerspruche mit den Bestimmungen des Staatsgrundgesetzes zusammentritt, als rechtmäßig bestehend anerkennen dürfen."[164]

Und in einer kräftigen Spitze gegen den Monarchen, der in ihren Augen seine Ehre verspielt hat, hängen sie noch die Bemerkungen an, dass „der Segen ihrer Wirksamkeit dahin" sei, sobald sie „vor der studirenden Jugend als Männer erscheinen, die mit ihren Eiden ein leichtfertiges Spiel treiben."[165]

In der Reaktion auf das Protestschreiben geht Ernst August am 11. Dezember des gleichen Jahres dann auch ausführlich auf den Eid ein. Er offenbart darin den ganzen Widerspruch der Zeit. Denn er war der Überzeugung, dass die Professoren „gänzlich verkannt zu haben scheinen, dass Wir ihr alleiniger Dienstherr sind, dass der Diensteid einzig und allein Uns geleistet werde."[166] Das war natürlich der zentrale Konflikt dieser Zeit. Auf der einen Seite wollten die Bürger, dass der König den Eid auf die Verfassung schwor, um durch diese gebunden zu sein: durch den symbolischen Vorrang der Verfassung. Doch dagegen sahen die Könige, wie sich oben zeigte, dass sie nur vor Gott verantwortlich waren und nicht vor dem Volk.

Doch schon im Verfassungseid König Friedrich Wilhelms IV. vom 6. Februar 1850 kommen eine Reihe von Einschränkungen zutage, die durch Pathosformeln, Anrufe an Gott, Bezug auf vergangene Verpflichtungen und Schwüre den eigentlichen Akt des Eides auf die Verfassung verkleben.[167] Der König leistet damit zwar formal den Verfassungseid, erneuert in diesem Zuge jedoch noch

---

162   Patent zum Regierungsantritt des Königs Ernst August vom 5. Juli 1837, in: ebenda, S. 290.
163   Patent über die Aufhebung der Verfassung vom 1. November 1837, in: ebenda, S. 292f.
164   Protest-Schreiben der Göttinger Sieben an das Universitäts-Kuratorium vom 18. November 1837, in: ebenda, S. 295f.
165   Ebenda, S. 296
166   Reskript über die Entlassung der Göttinger Sieben, 11. Dezember 1837, in: ebenda, S. 298.
167   vgl. ebenda, S. 515f.

eine Reihe anderer Gelöbnisse, die so seinen Eid auf die Verfassung relativieren.

1.3.3. Vom Bourgeois zum Citoyen: die Formierung des republikanischen Subjekts

Neben dem Eid spielt die bürgerliche Tugend eine zentrale Rolle im Formierungsprogramm des politischen Konstitutionalismus. Richtet sich der Eid eher an das „politische Führungspersonal" ist es bei der Tugend eher ein Appell an die Bürgerschaft. Aber es bleibt natürlich nicht beim Aufruf, sondern es geht um das Herstellen von Bedingungen, unter denen die Tugend der Bürger sich entwickeln kann. Dazu gehört in erster Linie die schon bei Kant beschriebene Selbstständigkeit, die materielle Unabhängigkeit, die schon in der Antike als Voraussetzung für den Bürgerstatus gesehen wurde. Dort taucht sie auf als Bindung an Grund und Boden, die für die Stabilität eines freiheitlichen Gemeinwesens von essentieller Bedeutung war. Der Händler ist ein schlechter Bürger, so schon Aristoteles in seiner „Politik". Nur wer Grund und Boden besitzt, kann Bürger werden. Der Händler baut keine ausreichend stabile Verantwortungsbeziehung zu seiner Stadt auf. Im Zweifel kann man sich auf den Händler nicht verlassen. Er verlässt die Stadt, wenn es schwierig wird: politisch oder ökonomisch. Wer von seinem Grund und Boden lebt, kann und wird dagegen seine Stadt nicht so leicht verlassen, hat also aus diesem Grund eine viel intensivere und verlässlichere Bindung an das Gemeinwesen. Diese Überzeugung wird vor allem im agrarischen Republikanismus verbreitet.[168] Doch neben diesen ökonomischen Voraussetzungen tritt im Prozess der Transformation des *bourgeois* in den *citoyen* auch hier wieder der Eid an die erste Stelle:

> „1789 ist das Jahr der großen Eide: der Eid George Washingtons auf die amerikanische Verfassung vom 30. April; der Schwur im Jeu de Paume am 20. Juni, wo die Abgeordneten des dritten Standes sich als Nationalversammlung konstituierten und sich zu trennen schwören, bevor sie nicht der Nation eine Verfassung gegeben haben."[169]

Weitere Schwüre der Priester auf die bürgerliche Kirchenverfassung und ähnliches folgen. Aber alles, so Starobinski, erfolgt in einem komplexen Zusammenspiel von Vergangenheit, Gegenwart und Zukunft:

---

168 "Agrarian Republicanism", wie man ihn bei Thomas Jefferson findet. Dazu: Banning, Lance: Jeffersonian Ideology Revisited: Liberal and Classical Ideas in the New American Republic, in: *The William and Mary Quarterly*, Third Series, 43 (1986), S. 3-19; Grundlegend die Bücher von Bernard Bailyn: *The ideological Origins of the American Revolution*, Cambridge 1967; Wood, Gordon S.: *The Creation of the American Republic, 1776-1787*, Chapel Hill 1969.

169 Starobinski, Jean: *1789 – Die Embleme der Vernunft*, München 1988, S. 60.

„Die Eidesgeste vollzieht sich als von einem Körper, der die Zukunft durch die Erhöhung eines Augenblicks begründet, getragene Spannung gemäß einem archaischen Vorbild. Wenn sie einerseits eine Zukunft einleitet, wiederholt sie andererseits einen sehr alten Vertragsarchetypus."[170]

Der Rückbezug zur Antike, ein Thema für sich, wird bewusst gewählt, ästhetisch und politisch. Diese Rückwendung „entsprang einer freien Entscheidung und reflektierten Wahl der aufgeklärten Vernunft, die für die Künste unternahm, was die Revolution von 1789 für die politischen Institutionen vorgezeichnet hatte: die große Idee eines Neubeginns ins Werk zu setzen, der politisch eine Legitimation durch die römische Republik und ästhetisch einen Rückgang auf die anfängliche Offenbarung, auf die ursprüngliche Symbiose von Natur und Kunst, zu erfordern schien."[171]

Auf der anderen Seite spricht auch Christian Sommer in seinem Verfassungsentwurf die Sprache des Tugenddiskurses. [172] Es geht um die Geltung der Verfassung, die mit Hilfe von Festen, der Sittlichkeit der Bürger und ihrer moralischen Überwachung aufrechterhalten werden soll. Hier werden, ebenso wie bei Rendler, ausführlich die soziomoralischen Voraussetzungen und Bedingungen reflektiert, unter denen eine republikanische Verfassung nur Bestand haben kann. Der hohe Anspruch, den eine solche Verfassung an das Verhalten der Bürger stellt, an ihre „sittliche Konstitution" und ihre Bereitschaft, Verhaltensweisen danach zu beurteilen, ob sie dem Erhalt einer demokratischen Ordnung zuträglich sind oder nicht, wird hier einmal mehr deutlich. Im Vorspruch an die Bürger Kölns gerichtet, betont er die emanzipatorische Kraft einer Verfassung, die die Bürger sich selber geben:

„ihr werdet die einzigen Herren seyn, denen das Recht zukommt, in gemeinschaftlichen Angelegenheiten selbst zu wollen, selbst zu beschließen, und selbst anzuordnen, die sich ihre öffentlichen Staatsdiener wählen, sich über die Oberaufsicht vorbehalten, und denjenigen sogar vernichtigen dürfen, der durch Eigennutz geblendet, oder durch Herrschsucht verführt, seine verwegene Hand zum Unrecht, zur Ungerechtigkeit, und zur Unterdrückung der Bürgerfreiheit, und des Eigenthums ausstrecken wollte."[173]

Desweiteren fallen die wichtigen Stichworte: Glückseligkeit, Sittlichkeit und Religion.Typisch für diese Tradition ist die Bindung des Bürgerrechts an Verhalten und moralische Vorbildlichkeit. Hier kommen die aristokratischen Elemente des klassischen Republikanismus zum Tragen. Er duldet keine Müßig-

---

170 Ebenda.
171 Jauß, Hans Robert: Nachwort – Jean Starobinskis Archäologie der Moderne, in: Jean Starobinski, *1789- Embleme der Vernunft,* München 1988, S. 175-188, hier: S. 185.
172 Sommer, Christian: Konstitution für die Stadt Köln. Den stadtkölnischen Bürgern zur Prüfung vorgelegt [1797], abgedruckt in: Dippel, Horst (Hg.), *Die Anfänge des Konstitutionalismus in Deutschland. Texte deutscher Verfassungsentwürfe am Ende des 18. Jahrhunderts,* Frankfurt/M. 1991, S. 68-113.
173 Ebenda, S. 68f.

gänger und der Lebensunterhalt muss selbst aufgebracht werden (Art. 4). Das Bürgerrecht geht verloren bei einem „gesetzlich überwiesenen Ehebruch" (Art. 5). Sollte man mehr als drei Jahre außerhalb des Gemeinwesens verbracht haben, muss man ein Zeugnis beibringen, „seines im Auslande wohl geführten Lebenswandels", um wieder Bürger werden zu können (Art.7).[174] Diese Überlegungen führen ihn zu dem Rousseauschen Grundsatz: Art. 25: „Die Freiheit des Menschen besteht in der Befugniß, seine Kräfte nach eignen Zwecken zu gebrauchen, und nach selbsterkannten Gesetzen zu handeln"[175] und zu Art. 26: „Die Freiheit des Bürgers besteht in der Befugniß, keinen äußeren Gesetzen zu gehorchen, als zu denen er selbst seine Zustimmung gegeben hat."[176]

Interessant ist das „Impeachment-Verfahren" gegen die Regierung in Sommers Verfassungsentwurf (Art. 80-88). Darin wird das Verfahren beschrieben mit den jeweiligen Konsequenzen bei berechtigtem und unberechtigtem Einwand gegen die Regierung. Der Bürger muss 2000 Reichstaler Kaution hinterlegen, wenn er der Überzeugung ist, dass sich die Regierung „wider die Konstitution vergangen" hat, oder „die Freiheit der Bürger beeinträchtigt" hat. So soll er gehört werden und es wird Gericht über die Regierung gehalten. Zuständig ist ein Volksgericht aus 50 Bürgern aus der Mitte der Wahlmänner. Doch dann drohen Schimpf und Schande oder hohe Ehre. Art. 86:

„Findet dieses höchste Volksgericht die Klagen des Bürgers wider die Regierung gegründet; so soll dieselbe ihres Amtes entsetzt, ehrlos erklärt, und dem Retter der Konstitution siebentausend Rthlr aus ihren Mitteln herzugeben verurtheilt werden. Dem Retter der Bürger-Freiheit soll von der Bürgerschaft eine goldne Denkmünze an einer goldnen Kette zum Geschenk gemacht werden; die er sein lebenlang zum Lohn seiner kühnen Tat, auf der Brust öffentlich tragen soll."[177]

Wird die Klage jedoch zurückgewiesen, war die Anklage unberechtigt, droht eine siebenjährige Haftstrafe.[178]

1.3.4. Das Verfassungsfest als symbolisches Zentrum der Verfassungskultur

Jean Jacques Rousseau kann als der „geistige Vater des in der französischen Revolution verwirklichten modernen säkularen Massenfestes" gelten, der zwischen dem „spontanen und organisierten Festereignis" unterschieden hat.[179] Die Vielzahl der Feste und Festformen im Vormärz ist kaum zu überschauen. Ein entscheidendes Merkmal für diese Zeit ist, dass eine Differenzierung nach bür-

---

174 Ebenda, S. 71.
175 Ebenda, S. 74.
176 Ebenda, S. 75.
177 Ebenda, S. 87.
178 Ebenda, S. 87.
179 Wien, Bernhard: *Politische Feste und Feiern in Baden 1814-1850. Tradition und Transformation: Zur Interdependenz liberaler und revolutionärer Festkultur*, Frankfurt/M. 2001, S. 19.

gerlicher Verfassungskultur und Verfassungskultur der Arbeiter noch keinen Sinn macht. „Die demokratisch-republikanische Bewegung Badens war tief im Bürgertum verankert."[180] Erst in der zweiten Hälfte des 19. Jahrhunderts ergaben sich Differenzen entlang der sozialen Linie, in der sich dann eine eigene Arbeiterfestkultur entwickelte.[181] Auf der einen Seite stehen die Feste, die aus dem Volk heraus organisiert und initiiert wurden. Beispiele dafür sind das Aufstellung der Freiheitsbäume, das Wartburg- und das Hambacher Fest. „Auch die vormärzlichen Turner- und Sängerfeste waren Nationalfeste, die von politisch-oppositionellen Stimmungen und Gedanken getragen waren."[182]

Und es gab auf der anderen Seite Feste, die von der ‚Obrigkeit', von der Verwaltung organisiert und angeordnet wurden. Diese führen schnell dazu, dass der Bürger vom Akteur zum stillen Betrachter wird.[183] Hierfür typisch sind die Dombaufeste, die „vom Geist der politischen Beharrung geprägten Nationalfeste."[184] Eine andere Unterscheidung ist die, ob es sich um eine Verbindung religiös-kirchlicher und politischer Motive handelt, oder ob es – wie in der Französischen Revolution – Versuche gab, die Religion herauszunehmen. Die Anknüpfung an kultisch-religiöse Motive ist jedoch überwiegend. Es finden Anlehnungen an die kirchliche Prozession statt und es werden Verfassungsaltäre eingerichtet.[185]

Daneben gibt es Erinnerungen an die antike republikanische Tradition (Rom) und Belehrungen über republikanische Tugenden bei Festreden.[186] Oft wird in der Frühzeit der modernen Republiken (Frankreich/Mainz u.a.) auch auf

---

180 Ebenda, S. 27.
181 Düding, Dieter: Einleitung. Politische Öffentlichkeit – politisches Fest – politische Kultur, in: Düding, Dieter/Friedemann, Peter/Münch, Paul (Hg.), *Öffentliche Festkultur. Politische Feste in Deutschland von der Aufklärung bis zum Ersten Weltkrieg*, Reinbek 1988, S. 21ff.
182 Ebenda, S. 17.
183 Dotzenrod, Ottilie: Republikanische Feste im Rheinland zur Zeit der Französischen Revolution, in: ebenda, S. 52.
184 Düding, Dieter: Einleitung. Politische Öffentlichkeit – politisches Fest – politische Kultur, in: ebenda, S. 17.
185 „In einem eigens für die Feierlichkeiten komponierten Lied, dem ‚Te deum laudamus der Franken', wurde die Revolution als gottgewollt gepriesen. Hält man sich die tiefe Religiosität großer Teile der Bevölkerung vor Augen, so dürfte gerade diese religiöse Argumentation für die neue Staatsform, die an das Gottesgnadentum der Fürstenherrschaft anknüpfte, nicht ohne Eindruck auf die Mainzer Bevölkerung geblieben sein" (Dotzenrod, Ottilie: Republikanische Feste im Rheinland zur Zeit der Französischen Revolution, in: ebenda, S. 53). „Die Tendenz der Franzosen, kirchliche Feste in republikanische umzuwandeln, wurde besonders deutlich in ihrem Bemühen, die Kirchen in Dekadentempel umzufunktionieren, in deren Räumlichkeiten man Nationalfeste dann zunehmend verlegte" (dies., in: ebenda, S. 60). „Die bei den französischen Revolutionsfesten vermittelten religiösen Inhalte veränderten sich also grundlegend. Der prinzipiell enge Nexus von national-politischem Bekenntnis und religiöser Bekundung blieb dagegen ein die französische Revolutionsfeste auszeichnendes Element" (Düding, Dieter: Das deutsche Nationalfest von 1814, in: ebenda, S. 81).
186 Dotzenrod, Ottilie: Republikanische Feste im Rheinland zur Zeit der Französischen Revolution, in: ebenda, S. 61f.

den Gegensatz zwischen den republikanischen und den fürstlichen Zuständen hingedeutet. Ein besonderes Ereignis wird dabei zu einem „Archetypus der deutschen Nationalfeste", das deutsche Nationalfest von 1814."[187] Bei ihm geht die Initiative vom lokalen Bürgertum aus. Es fällt auf durch die vielfältige religiöse, nationale, politisch-bürgerliche und soziale Symbolik[188] und durch seine „hohe Emotionalität."[189] Zur Erhöhung der Emotionalität trugen unter anderem Lieder bei.[190] Die französischen Revolutionsfeiern dienten als Vorbild, die national-patriotischen Feste ahmten nach. Zwischen 1815 und 1819, 1830 und 1847 und in den sechziger Jahren gab es eine Vielzahl von Festen. Sie wurden hauptsächlich von „unpolitischen" Vereinen organisiert: Turner-, Sänger- und Schützenvereine organisierten den national-patriotischen, bürgerlichen Widerstand gegen das Ancien Regime.[191]

Infolge der Kant'schen Überzeugung, dass sich Verfassungsgeltung in einem nachholenden Legitimationsprozess über Eingewöhnung und Erziehung auf Dauer stellen lässt, folgt die liberale Bewegung als Verfassungsbewegung diesen Grundüberzeugungen. Um Verfassungen auf Dauer zu stellen, bedarf es besonderer Garantien, einer Verankerung der Verfassung nicht nur im positiven Recht, sondern auch in einer Welt außerhalb des Rechts und der Rechtsgeltung. Traditionell erfolgte diese Verankerung durch sinnbildliche Darstellung des Fürsten und seiner Herrschaft, durch Repräsentation. Die Unantastbarkeit der Monarchie leistete die Überhöhung der politischen Ordnung durch die Sakralisierung der Macht.[192] Aber es gibt auch republikanische Varianten, die klassisch im Rütlischwur, später dann im Ballhausschwur oder im Schwur der 1500 Republikaner bei Montenesimo, um nur einige zu nennen, deutlich gemacht wurde.[193]

---

187 Düding, Dieter: Einleitung. Politische Öffentlichkeit – politisches Fest – politische Kultur, in: ebenda, S. 16. Ausführlicher ders.: Das deutsche Nationalfest von 1814, in: ebenda, S. 67-88.

188 Themen und Topoi der Reden und Darstellungen sind dabei: Versöhnung, Einigung, der Kampf gegen Despotismus und für Freiheit, verbunden mit einer Danksagung an Gott (Ebenda, S. 71ff.)

189 Ebenda, S. 73.

190 „Dem stärker emotionalen Charakter eines Volksfestes kam besonders die Artikulationsform des Liedes entgegen" (Foerster, Cornelia: Das Hambacher Fest 1832. Volksfest und Nationalfest einer oppositionellen Massenbewegung, in: Dieter Düding, Peter Friedemann, Paul Münch (Hrsg.): Öffentliche Festkultur. Politische Feste in Deutschland von der Aufklärung bis zum Ersten Weltkrieg, Reinbek 1988, S. 119.

191 Dieter Düding, Nationale Oppositionsfeste der Turner, Sänger und Schützen im 19. Jahrhundert, in: Düding, Dieter/Friedemann, Peter/Münch, Paul (Hg.): Öffentliche Festkultur. Politische Feste in Deutschland von der Aufklärung bis zum Ersten Weltkrieg, Reinbek 1988, S. 166.

192 Vgl. hierzu auch: Carl Schmitt: Verfassungslehre, 9. Aufl., Berlin 2003, [§22: Die Lehre von der Monarchie], S. 282ff.

193 Dazu auch: Christoph Danelzik-Bruggemann, Ereignisse und Bilder. Bildpublizistik und politische Kultur in Deutschland zur Zeit der Französischen Revolution, Berlin 1993, S. 261f.

Festkultur gab es in den südwestdeutschen und bayrischen Verfassungspraxen, um sich die Verfassung anzueignen und gegenüber widerstreitenden Interessen und Bestrebungen als bürgerschaftliche Errungenschaft zu inszenieren. In Deutschland waren es „(v)ermutlich weit über 100.000 Menschen", die „am 22. August des Jahres 1843 zwischen Mannheim und Konstanz das wohl größte politische Fest des vormärzlichen deutschen Liberalismus" feierten: das 25jährige Jubiläum der konstitutionellen Verfassung des Großherzogtums Baden.[194] Nicht anders war es zu Ehren der bayrischen Verfassung: „Zwischen sechs- bis zehntausend Menschen (...) versammelten sich am 27. Mai des Jahres 1832 im Schlosspark des Grafen Franz Erwein von Schönborn-Wiesentheid zu Gaibach in Franken bei Würzburg, um die Stiftung der bayrischen Verfassung von 1818 zu feiern."[195] Kurz zuvor hatten auch die Sachsen Grund zum Feiern:

> „Das Vaterland und unsere Stadt haben gestern einen Festtag der Zukunft gefeiert. Dank, Hoffnung und Freude in Aller Brust begrüßten den ersten Jahrestag unserer am 4. September 1831 bekannt gemachten Grundverfassung. Als Jubeltag möge er sich anreihen an mehr als ein Säkularfest, das in unseren Jahrbüchern und in den Herzen des Volks unsterblich lebt."[196]

Die Leipziger Konstitutionsfeste, die pfälzischen Abgeordnetenfeste, die badischen und die bayrischen Verfassungsfeste sind Beispiele für einen Vorrang der Verfassung und die Möglichkeit einer Integration durch Verfassung, einer frühen Form des Verfassungspatriotismus, der genau in Rousseaus Sinne war.[197] Die Verfassung sollte durch eingeübte Festpraxis in die Herzen der Bürger eindringen. Die Feste trugen „wesentlich zu einem ‚Einsickern' der klassischen politischen Theorie in die bürgerliche Alltagswelt bei, wo sie in vereinfachter und an eben diese Alltagswelt angepasster Form, aber dennoch in ihrer Herkunft deutlich erkennbar, eine spezifische Sprache des traditionellen Bürgerliberalismus konstituierte."[198]

Begleitet wurde diese Festpraxis durch eine politische Rhetorik, die ihre Wurzeln im klassischen Republikanismus hatte. Von Bürgertugend und Korrup-

---

194　Nolte, Paul: Bürgerideal, Gemeinde und Republik. „Klassischer Republikanismus" im frühen deutschen Liberalismus, in: *Historische Zeitschrift*, 254 (1992), S. 609.

195　Blänkner, Reinhard: Der Vorrang der Verfassung. Formierung, Legitimations- und Wissensformen und Transformation des Konstitutionalismus in Deutschland im ausgehenden 18. und frühen 19. Jahrhundert, in: Blänkner, Reinhard/Jussen, Bernhard (Hg.), *Institutionen und Ereignis. Über historische Praktiken und Vorstellungen gesellschaftlichen Ordnens*, Göttingen 1998, S. 295.

196　Dossmann, Axel: Zwischen alter Sachsenliebe und deutschem Gesamtvaterland: Die Leipziger Konstitutionsfeste im 19. Jahrhundert, in: Keller, Katrin (Hg.), *Feste und Feiern: Zum Wandel städtischer Festkultur in Leipzig*, Leipzig 1994, S. 136-149.

197　Dazu auch: Wien, Bernhard: *Politische Feste und Feiern in Baden 1814-1850. Tradition und Transformation: Zur Interdependenz liberaler und revolutionärer Festkultur*, Frankfurt/M. 2001.

198　Nolte, Paul: Bürgerideal, Gemeinde und Republik. „Klassischer Republikanismus" im frühen deutschen Liberalismus, in: *Historische Zeitschrift*, 254 (1992), S.609-656, hier: S. 645.

tion, von Gemeinsinn und den feindlichen Leidenschaften, von der Gefahr sozialer Spannungen und soziomoralischer Heterogenität war die Rede. In dieser Sprache wurden die soziomoralischen Grundlagen der Demokratie, oder sollte man besser sagen: der Republik, reflektiert. Die Rede von Bürgertugend und der Gefahr von Eigensinn und Eigennutz, den Lastern des ökonomischen Gewinnstrebens

> „stand in einem Argumentationszusammenhang der politischen und sozialen Theorie, der zum Gemeingut jedenfalls des südwestdeutschen Liberalismus im Vormärz gehörte, trotz seiner antiindividualistischen Stoßrichtung, trotz der offensichtlichen Abwertung einer kommerziellen, kapitalistischen Marktgesellschaft, also trotz der Ablehnung von Vorstellungen, die man gemeinhin als konstitutiv und zentral für den Liberalismus ansieht."[199]

Die badische Verfassungspraxis lief demnach entsprechend der Vorgaben Rousseaus ab: „Und man vernachlässige dabei ja nicht einen gewissen öffentlichen Prunk einfacher, imposanter Art. Man glaubt es gar nicht, bis zu welchem Grade das Herz des Volkes seinen Augen folgt, und wie sehr ihm die Majestät des Zeremoniells imponiert."[200] Das Fest war ein Mittel zur Emotionalisierung der Bürger.[201] In der Huldigung wurde wie in einem „Brennpunkt" eine Verständigung und Bekräftigung der zentralen „politischen und rechtlichen Merkmale des Herrschaftsverbandes" erreicht.[202] Insofern findet sich, so die These Holensteins, in der Huldigung der symbolische Ort, in dem sämtliche zentrale Ordnungsprinzipien zur Geltung gebracht werden.[203]

---

199 Ebenda, S. 610.
200 Rousseau, Jean Jaques: Betrachtungen über die Regierung Polens, in: ders., *Sozialphilosophische und Politische Schriften*, hg. und mit Anmerkungen versehen von Eckhart Koch, Düsseldorf/Zürich 1996, S. 563-661.
201 „Die Franzosen benutzten die Revolutionsfeiern im Rheinland, um alle Symboltechniken bewusst und kontrolliert zur Verbreitung der eigenen Ideologie einzusetzen. Dies geschah vor allem mit der Absicht, das Volk durch den Festaufwand, die Umzüge und die Zeremonien in eine emotionale Hochstimmung zu versetzen und ihm so die Zustimmung zu den Errungenschaften der Französischen Revolution und zur französischen Staatsform zu entlocken" (Dotzenrod, Ottilie: Republikanische Feste im Rheinland zur Zeit der Französischen Revolution, in: Düding, Dieter/Friedemann, Peter/Münch, Paul (Hg.), *Öffentliche Festkultur. Politische Feste in Deutschland von der Aufklärung bis zum Ersten Weltkrieg*, Reinbek 1988, S. 47). Allgemein formuliert hatten die Feste die Aufgabe, die „emotionale Akzeptanz der revolutionären Ideale und Errungenschaften durch das französische Volk – insbesondere durch die hauptstädtischen Massen – sicherzustellen" (Düding, Dieter: Einleitung. Politische Öffentlichkeit – politisches Fest – politische Kultur, in: Düding, Dieter/Friedemann, Peter/Münch, Paul (Hg.), *Öffentliche Festkultur. Politische Feste in Deutschland von der Aufklärung bis zum Ersten Weltkrieg*, Reinbek 1988, S. 14).
202 Ebenda, S. 513.
203 Darauf nimmt auch Barbara Stollberg-Rilinger Bezug, die in ihrem Aufsatz über die zeremonielle Inszenierung schreibt: „Angesichts der Abwesenheit einer systematischen kodifizierten Verfassung waren symbolische Inszenierungen, die seine Ordnung in actu manifestierten, für das Reich von ungleich substantiellerer Bedeutung als für einen modernen Staat" (Stollberg-Rilinger, Barbara: Die zeremonielle Inszenierung des Reiches, oder: Was leistet der kulturalis-

Die Verfassungsfeste lassen sich am besten verstehen, wenn sie vor dem Hintergrund vor- oder frühmoderner Verfassungstraditionen beleuchtet werden. So kann Barbara Stollberg-Rilinger zeigen, wie wir moderne Verfassungen im Lichte dieser Verfremdung besser verstehen können: „Die strenge juristische Gegenüberstellung zwischen rechtskonstitutivem ‚Kern' einerseits und zeremoniellem ‚Beiwerk' andererseits entspringt rechtspositivistischen Prämissen und erschwert den Zugang zum zeitgenössischen Verständnis solcher Akte.“[204] Und sie schreibt weiter, André Holenstein zitierend: „Gerade in Ermangelung einer schriftlich fixierten Konstitution war die periodische Vergegenwärtigung der den Herrschaftsverband in seinen Grundstrukturen bestimmenden Normen und Werte für die Selbstbehauptung und -vergewisserung dieses Verbandes unabdingbar.“[205] Was Stollberg-Rilinger hier für die Vormoderne zitiert, gilt umgekehrt für die Moderne. Kann, so müsste die Frage heißen, die moderne, schriftlich fixierte Verfassung auf ihre Vergegenwärtigung verzichten?[206] Das Fest verweist auf die Ordnung als ganze.

„Was Durkheim für die Feste einfacher Stammeskulturen festgestellt hat, ist durchaus verallgemeinerungsfähig: In ihren kollektiven Festen inszeniert eine Gemeinschaft das Bild ihrer

---

tische Ansatz für die Reichsverfassungsgeschichte?, in: Schnettger, Matthias (Hg.), *Imperium Romanum – Irregulare Corpus – Teutscher Reichs-Staat. Das Alte Reich im Verständnis der Zeitgenossen und der Historiographie*, Mainz 2002, S. 233-247, hier: S. 244). Kant ging schließlich gegen den Eid vor, weil er für ihn auf Aberglauben basierte. Er bezog den Atheismus in seine Überlegungen mit ein und decouvrierte den Eid als Fortsetzung des Aberglaubens mit anderen Mitteln. Vgl. Holenstein, André: *Die Huldigung der Untertanen. Rechtskultur und Herrschaftsordnung 800-1800*, Stuttgart/New York 1991, S. 492, Zitat Kant in ebenda, Anm. 45.

204 Stollberg-Rilinger, Barbara: Verfassung und Fest. Überlegungen zur festlichen Inszenierung vormoderner und moderner Verfassungen, in: *Interdependenzen zwischen Verfassung und Kultur* [Beiheft 15, Der Staat], hg. von Hans-Jürgen Becker, Berlin 2003, S. 8.

205 Ebenda: S. 12f.

206 In den historischen Studien von Nolte, Hettling, Blänkner und Stollberg-Rilinger kommt der kulturwissenschaftliche Ansatz der Historiographie einem politikwissenschaftlichen Verständnis institutionentheoretischer Ausrichtung gelegen, denn darin wird die enge Verbindung von symbolischer Repräsentation und politischer Ordnung thematisiert. Stollberg-Rilinger hat in einem Aufsatz über Verfassung und Fest die Verbindung zwischen Kulturwissenschaft und politischer Ideengeschichte gezogen (Stollberg-Rilinger, Barbara: Verfassung und Fest. Überlegungen zur festlichen Inszenierung vormoderner und moderner Verfassungen, in: *Interdependenzen zwischen Verfassung und Kultur* [Beiheft 15, Der Staat], hg. von Hans-Jürgen Becker, Berlin 2003, S. 7-37. Dies.: Die zeremonielle Inszenierung des Reiches, oder: Was leistet der kulturalistische Ansatz für die Reichsverfassungsgeschichte?, in: Schnettger, Matthias (Hg.), *Imperium Romanum – Irregulare Corpus – Teutscher Reichs-Staat. Das Alte Reich im Verständnis der Zeitgenossen und der Historiographie*, Mainz 2002, S. 233-247. Dies.: Zeremoniell als politisches Verfahren. Rangordnung und Rangstreit als Strukturmerkmale des frühneuzeitlichen Reichstags, in: *Neue Studien zur frühneuzeitlichen Reichsgeschichte* [Beiheft 19 der Zeitschrift für historische Forschung], hg. von Johannes Kunisch, Berlin 1997 S. 91-132.

eigenen idealen Ordnung, und zwar in einer herausgehobenen Sphäre demonstrativer Außer-alltäglichkeit, und erneuert sich damit periodisch selbst."[207]

Noch mehr: „Das vormoderne Verfassungsfest stellt her, was es darstellt und symbolisiert."[208] Damit ist eine enge Verbindung zu Smends Integrationstheorie hergestellt. Dieser wiederum wurzelt in der republikanischen Tradition, in der – wie Rousseau es theoretisch vorbereitet hat und die Französische Revolution praktisch vorgelebt – auf die kollektive Aneignung von politischen Ideen durch politische Praxis schon immer großer Wert gelegt wurde.[209] Was lehrt uns das, wenn wir es mit Phänomenen der Moderne zu tun haben? Es lehrt uns, den Blick von den schriftlichen Verfassungen, von den Texten selber, auf die Orte der Inszenierung zu wenden, an denen die Ordnung zum Ausdruck kommt. Die Verschriftlichung erübrigt die stets erneuerte, festliche Aktualisierung nicht.[210]

Die bei Stollberg-Rilinger beobachtete Tendenz der vormodernen politischen Ordnungen setzt sich im 19. Jahrhundert fort: Es kommt zu einer Umdeutung der politischen Feier, die von einem Verfassungsfest zu einem patriotischen Akt wird. „Durch die Revolution änderte sich das Verhältnis zwischen Verfassung und Fest grundlegend. Die Verfassung erschien jetzt als durch einen voraussetzungsfreien Gründungsakt geschaffen und zugleich als universell, abstrakt und generell; als Subjekt der Herrschaft erschien jetzt die souveräne Nation der Individuen."[211] Und diese Nation musste sich symbolisch präsentieren können, um politische Handlungsfähigkeit zu erwerben.

Dem eher allgemeinen Hinweis in der Schrift über Polen ließ Rousseau konkrete Anweisungen folgen, mit welchen Mitteln die Verfassung in den Herzen der Bürger verankert werden soll: „Pflanzt in der Mitte eines Platzes einen mit Blumen bekränzten Baum auf, versammelt dort das Volk, und ihr werdet ein Fest haben. Tut noch mehr: Stellt die Zuschauer zur Schau, macht sie selbst zu Darstellern, sorgt dafür, dass ein jeder sich im andern erkennt und liebt, so dass alle miteinander verbunden sind."[212] Und noch einmal weiter im klassischen

---

207 Stollberg-Rilinger, Barbara: Verfassung und Fest. Überlegungen zur festlichen Inszenierung vormoderner und moderner Verfassungen, in: *Interdependenzen zwischen Verfassung und Kultur* [Beiheft 15, Der Staat], hg. von Hans-Jürgen Becker, Berlin 2003, S. 10.

208 Ebenda.

209 Auf die Bedeutung des Festes in der Französischen Revolution weist Hans Gangl hin, der aus der Verfassung von 1791 zitiert (Tit. I, Abs.8): „Es sollen nationale Festlichkeiten eingeführt werden, um die Erinnerung an die Französische Revolution zu bewahren, die Brüderlichkeit unter den Bürgern zu pflegen und sie an die Verfassung, das Vaterland und die Gesetze zu binden" (Gangl, in der Aussprache zu dem Vortrag von Barbara Stollberg-Rilinger, in: *Der Staat*, Beiheft 15, hg. von Hans-Jürgen Becker, Berlin 2003, S. 42.

210 Vgl. Stollberg-Rilinger, Barbara: Verfassung und Fest. Überlegungen zur festlichen Inszenierung vormoderner und moderner Verfassungen, in: *Interdependenzen zwischen Verfassung und Kultur* [Beiheft 15, Der Staat], hg. von Hans-Jürgen Becker, Berlin 2003, S. 21.

211 Ebenda, S. 32.

212 Rousseau, zitiert nach ebenda: S. 33. In der Aussprache unterscheidet Stollberg-Rilinger dann noch einmal zwischen rechtskonstitutiver Bedeutung, die das Fest verliert und einer legitima-

Weberschen Sinne: „Die Frage ist dann nicht allein, wie eine moderne Verfassung im positiven Sinne Rechtskraft erwirbt, sondern wie es zustande kommt, dass die Bürger tatsächlich ihre Erwartungen und damit ihr Handeln danach ausrichten."[213] Im Unterschied zur Vormoderne wird die Verfassung „im Fest nicht mehr ‚real präsent', sondern es wird nur noch zeichenhaft auf sie verwiesen."[214] In der ersten Hälfte des 19. Jh. wird die Verfassung noch Gegenstand von Festen und auch quasi-religiöser Verehrung. Die politische Ordnung wird dann jedoch fast hegemonial als national-patriotische Gemeinschaft dargestellt. Der unmittelbar politische Charakter im Sinne eines liberalen oder gar demokratisch-bürgerschaftlichen Ordnungsmodells geht verloren. Bestimmte politische Verfahren bringen somit nicht nur an anderer Stelle gewonnene Legitimität zum Ausdruck, sind also nicht nur instrumentell zu verstehen, sondern sind unmittelbar sinn- und legitimitätsstiftend.[215]

Besonders im Zusammenhang mit der zeitgenössischen liberalen Kritik an der oktroyierten Verfassung, die aus ihrer Sicht ein Legitimationsproblem besaß, weil sie nicht paktiert, also nicht vereinbart war, lässt sich sehr schön zeigen, dass sich die Geltung der Verfassung nicht ausschließlich auf ihre Genese stützen muss. Ist die Verfassung als Verfassungstext in der Welt, hat der Monarch – in diesem Fall der Verfassungsgeber – kein Monopol auf die Deutung der Verfassung. Der Mangel in der Genese kann durch eine Aneignung in der Praxis ausgeglichen werden. Mit der List der Vernunft der Interpreten, hat das Bürgertum sehr schnell erkannt, dass sie als Intellektuelle und Deutungselite sich auch die Verfassung und die Deutung der Verfassung über den Interpretationsprozess aneignen können. So erwies sich der Monarch lediglich als ein Interpret unter vielen und konnte letztlich seine Monopolstellung nur über Zensurmaßnahmen durchsetzen. So konnte das grundlegende Defizit ausgeglichen werden, dass die Bürgerlichen sich als Volk immer schon konstituiert vorfanden. Sie waren und blieben in diesem Sinne *pouvoir constitué* (constituted power) und erlangten nicht den Status der *pouvoir constituant* (constituent power). Im Analogieschluss zur Symbolpolitik auf Monarchie-Ebene kann man schließen: Es war ein zentrales Argument für die Monarchen, die Rolle als Mo-

---

213 tionsstiftenden Funktion, die dem Fest ganz neu zufällt. Legitimität, und hier erinnert ihre Begrifflichkeit an Max Weber, wird verstanden im Sinne von tatsächlicher Akzeptanz durch die der Herrschaft Unterworfenen.

213 Ebenda.

214 Ebenda, S. 42.

215 Damit formuliert Stollberg-Rilinger ein zentrales Credo der Dresdner Institutionentheorie, dass sich symbolische und funktionale Ebene nicht trennen lasse: „Symbolisch-zeremonielle und technisch-instrumentelle Funktionen lassen sich nicht einfach bestimmten Verfahrenstypen oder gar historischen Entwicklungsphasen zuordnen. Ebensowenig, wie sich moderne Verfahren in ihrer instrumentellen Funktion erschöpfen, lassen sich umgekehrt vormoderne Verfahren auf symbolisch-expressive Funktionen reduzieren" [Stollberg-Rilinger, Barbara: Einleitung, in: dies. (Hg.), *Vormoderne politische Verfahren* (Beiheft 25 der Zeitschrift für historische Forschung), Berlin 2001, S. 12].

narch von Volkes Gnaden abzulehnen, um im Kreis Ihresgleichen auf internationaler Ebene nicht an Bedeutung zu verlieren. Dies galt solange, wie die Symbolordnung der monarchischen Legitimation auf Gottes Gnaden noch intakt war. So lässt sich analog schließen, dass die Bürger sich im internationalen Vergleich als verfassungsgebende Kraft sehen wollten, um nicht gegenüber den französischen oder englischen Bürgern als unselbstständig und abhängig zu gelten – als unfähig zur „Selbstbeherrschung". Diesen Makel konnte die beste Verfassungspraxis nicht ausgleichen. Aber sie konnte eine Praxis schaffen, die schließlich auch Druck auf die Formalität ausüben konnte.

Im Vergleich zur vormodernen Ritualisierung, fällt jedoch die Mündlichkeit als symbolisch-expressive Legitimationsquelle weg. Die Schriftlichkeit der Verfassung ersetzt die Mündlichkeit. Nur in vereinzelten Feierlichkeiten spielt die Mündlichkeit noch eine Rolle. Von der Schriftlichkeit wurden Rationalisierungseffekte erwartet. Dem Mündlichen stand die Überredung ins Gesicht geschrieben. Das Schriftliche konnte einen höheren Rationalitätsgrad für sich beanspruchen. Die Emotionalität lag jedoch auf der Seite der Rede, des gesprochenen Wortes. Die enge Verbindung von Überzeugung, Verbindlichkeit und Pathos ließ sich in der mündlichen Rede nieder. Bis ins 18. Jahrhundert, und das ist für unsere Verfassungsfrage von großem Belang, wird Mündlichkeit höher eingeschätzt als Schriftlichkeit. Es ist die Mündlichkeit, oder anders: die Unmittelbarkeit der Gemeinde, dem eine stärkere Bindungswirkung zugeschrieben wurde als der Schriftlichkeit. Die Verbindlichkeit des gesprochenen Wortes lebte aus der gleichzeitigen Anwesenheit am gleichen Ort und dem daraus abgeleiteten Verpflichtungscharakter.[216] Um die gewünschte Bindungswirkung zu erzielen, wurde der Eid nicht nur gesprochen, sondern mit einer Bild- und Ritualsprache umgeben, die eine „Eidesmagie" und einen „Eideszauber" zu entfalten vermochte. Zu diesem Zauber gehört jedoch auch der Glaube, die Religiosität. Denn warum sollte man sich, so dachten die Zeitgenossen, an einen Eid halten, wenn man ungläubiger Atheist war.[217] In denunziatorischer Absicht wird dann auf die Verfassung als das bloße Blatt Papier hingewiesen.

Neben den expressiven und kommunitären Dimensionen der Verfassungskultur, die sich im Verfassungsfest zum Ausdruck bringen, kommt auch der Kommunikation eine wichtige Aufgabe zu. In den Verfassungsfeiern im Vormärz wird das gemeinsame Singen von Verfassungsliedern, der gemeinsame

---

216 An gleicher Stelle schreibt Holenstein weiter: „Zum Eid gehört das gesprochene Wort, er ist ganz wesentlich durch Mündlichkeit geprägt und geformt. Auch nach der schriftlichen Fixierung der Eidesformeln im Verlauf des Mittelalters begründete erst das (Nach) Sprechen des ‚gelehrten', des vorgesprochenen Eides und der Schwurformel die Wirkung des Eides" (Holenstein, André: *Die Huldigung der Untertanen. Rechtskultur und Herrschaftsordnung 800-1800*, Stuttgart/New York 1991, S.50).

217 „Why pay me, if he doesn't believe in anything", so auch bei Max Weber: Die protestantischen Sekten und der Geist des Kapitalismus, in: ders., *Gesammelte Aufsätze zur Religionssoziologie*, Band 1, Tübingen 1988, S. 209.

Verfassungstag zelebriert.[218] Die Transformation von unmittelbarer Kommunikation über medienvermittelte Kommunikation lief nicht ohne Reibungen ab. Der Presse hing in der Zeit ihres Entstehens der Mangel an persönlicher Unmittelbarkeit an. „Die direkte, sich im persönlichen Kontakt zwischen Individuen vollziehende öffentliche Kommunikation war deshalb für Liberale und Demokraten unverzichtbar."[219] So ist die Vereins- und Versammlungsfreiheit eine ständige Begleiterin der Pressefreiheit. In ihr kommt die politische Bedeutung der unmittelbaren Kommunikation zum Ausdruck, die sich nicht ersetzen lässt durch Presseerzeugnisse, Zeitungen und Bücher. Die mündliche Rede und Verabredung, nicht nur im formalisierten Schwur und Eid, sondern auch im informellen Gespräch, entfaltet eine ganz andere Verbindlichkeit des Sprechers als die des Autors.

1.3.5. Zusammenfassung

Im Verfassungsfest manifestiert sich der Kern des republikanischen Bild- und Symbolprogramms. Die Verfassungskultur wird in den drei zentralen Dimensionen von expressiven, kommunikativen und kommunitären Elementen durchsichtig und das Verfassungsfest liefert eine ideale Verzahnung dieser drei Dimensionen. In ihm zeigt sich zudem die Anpassungsfähigkeit des klassisch-republikanischen Tugenddiskurses und seines Anspruchs der Transformation des *bourgeois* in den *citoyen*. Vor allem in Süddeutschland, dessen Festprogramm hier im Mittelpunkt stehen sollte, manifestierten sich die Übergänge vom Republikanismus zum Liberalismus des späten 19. Jahrhunderts.[220] Dieser

---

218 Zur badischen Verfassungsfeier: Nolte, Paul: *Gemeindebürgertum und Liberalismus in Baden 1800-1850. Tradition – Radikalismus – Republik*, Göttingen 1994, S. 186ff. Darin zur 25 jährigen Wiederkehr des Verfassungstages im Jahr 1843 (S. 183). „Insofern war das Verfassungsfest von 1843 eine entscheidende Demonstration für die Staatsform der konstitutionellen Monarchie, genauer: eines auf die Gemeinden gestützten Konstitutionalismus. Die Alternative einer ‚Republik' im modernen Sinne wurde auch von den Radikalen noch nicht aufgeworfen; wenn überhaupt, diskutierten die Redner die Republik nur in der alten Bedeutung des Wortes, die an die antike Verfassungstheorie und ihre frühneuzeitliche Rezeption anschloss" (S. 186f.). Damit war klar: Republik und konstitutionelle Monarchie waren vereinbar. In gleicher Weise wird auch Kant die beiden Konzepte zusammenbringen.

219 Düding, Dieter: Einleitung. Politische Öffentlichkeit – politisches Fest – politische Kultur, in: Düding, Dieter/Friedemann, Peter/Münch, Paul (Hg.), *Öffentliche Festkultur. Politische Feste in Deutschland von der Aufklärung bis zum Ersten Weltkrieg*, Reinbek 1988, S. 10-24, hier: S. 12f. In anderem Kontext auch: Charlotte Tacke, *Denkmal im sozialen Raum. Nationale Symbole in Deutschland und Frankreich im 19. Jahrhundert*, Göttingen 1995.

220 Nolte, Paul: „Man darf moderne Elemente und Strukturbrüche im politischen Denken der ersten Hälfte des 19. Jahrhunderts nicht übersehen, aber an der starken Kontinuität klassischer Traditionen kann ebenso wenig ein Zweifel bestehen, und diese dürfen mit dem Konservativismus, der ja als Teil der modernen Politik entstand, keinesfalls verwechselt werden" (in: Nolte, Paul: Bürgerideal, Gemeinde und Republik. „Klassischer Republikanismus" im frühen deutschen Liberalismus, in: *Historische Zeitschrift*, 254 (1992), S. 618).

„klassische Republikanismus hat den frühen Liberalismus im deutschen Südwesten ganz wesentlich geprägt.“[221] Seine politische Sprache eignete sich her-
vorragend, um sich von der Monarchie abzusetzen und diese in ihrer soziomoralischen Fundierung anzugreifen: Korruption, Sittenverfall, mangelnder Sinn fürs
Allgemeinwohl und Luxus. Die bürgerlichen Werte von religiös-sittlichem,
gelegentlich sogar asketischem Verhalten, Mäßigung in Temperament und Lebensführung und Bürgertugend konnten dem *ancien regime* entgegengehalten
werden, ohne eine komplette Delegitimierung der Monarchie im radikal-
revolutionären Sinne vorzutragen. Die Monarchie konnte als konstitutionalisier-
te durchaus noch eine Funktionsstelle übernehmen.[222] Aber diese musste an eine
Verfassung gebunden werden, die politischen Leitideen sollten von den bürgerlichen Abgeordneten geprägt und dominiert werden. Um dies zu symbolisieren,
waren die Verfassungsfeste eine für das liberale Bürgertum großartige Möglichkeit. Ohne einen aggressiven Machtanspruch im radikalen Sinne gegen die Monarchie zu setzen, wurde nicht das institutionelle Gefüge unmittelbar, sondern
zuerst das symbolische Gefüge angegriffen.

Auf diesen Festen konnte die Dominanz des politischen Deutungsmusters
gegenüber Differenzierungen, die auf ökonomische Klassen setzten, manifest
werden: das ist der Kern eines politischen Konstitutionalismus. Die Bürger
wurden nach ihrer Bedeutung für das politische Gemeinwesen unterschieden,
nicht nach ihrer ökonomischen Leistungsfähigkeit.[223] Im bürgerlichen Verfassungsfest wurde zudem symbolisch die Differenz zwischen Staat und Gesellschaft aufgehoben. Die Bürger waren der politische Körper, sie konstituierten
den „Staat“, die politische Gesellschaft, nicht mittels eines abstrakten fiktiven
Vertrags, sondern konstituierten sie über ihre Präsenz auf dem Festplatz. Die
Differenz zwischen Staat und Gesellschaft wurde auch theoretisch aufgehoben,
besser: sie wurde nach dem Vorbild der antiken politischen Theorie erst gar
nicht thematisch. Dort, wo die Gesellschaft, besonders die aufkommende Industriegesellschaft thematisch wurde, wurden deren Ziele den politischen Zielen
der Bürgerschaft untergeordnet. Paradigmatisch zugespitzt, gegen Lothar Galls

---

221 Ebenda.
222 Die konstitutionelle Monarchie war die „Mischverfassung des deutschen Frühliberalismus“,
     so Nolte [Nolte, Paul: Bürgerideal, Gemeinde und Republik. „Klassischer Republikanismus“
     im frühen deutschen Liberalismus, in: *Historische Zeitschrift*, 254 (1992), S.609-656, hier: S.
     618].
223 Staiger, Xaver: *Der Weg zum wahren Bürgerthum und Völkerglück. Eine Morgengabe allen*
     Bürgern und Volksfreunden, Villingen 1847: „Eine politische Fibel, die die Verschmelzung
     von radikalem Konstitutionalismus und klassischem Republikanismus sehr deutlich werden
     lässt“ (zitiert nach Paul Nolte: Bürgerideal, Gemeinde und Republik. „Klassischer Republika-
     nismus“ im frühen deutschen Liberalismus, in: *Historische Zeitschrift*, 254 (1992), S. 629).
     Darin macht Staiger deutlich, dass die Freiheit des Eigentums keineswegs zu einer guten
     Staatsverfassung ausreicht. Es brauche auch die Tugend der Bürger (ebenda: S. 631). Gelebter
     Erfahrungsrepublikanismus tritt dem dogmatischen Republikanismus, der aus allgemeinen
     Prinzipien gewonnen wurde, gegenüber (ebenda, S. 644).

These des Wandels von der klassenlosen Bürgergesellschaft zur bürgerlichen Klassengesellschaft, dem Nolte mit Recht nachweist, dass er mit Kategorien der sozioökonomischen Determiniertheit arbeitet: Die Veränderung in der Wirtschaft muss nicht zwangsläufig zur Folge haben, dass die Ökonomie der Politik übergeordnet wird.

Gleichzeitig ist das Schicksal, das zum Beispiel das Konstitutionsfest zum sächsischen Verfassungstag ereilte, durchaus typisch und sinnbildlich für die Umdeutung und Umwertung der Verfassung, um nicht Abwertung zu sagen. In den 1840er Jahren konnte sich die Bürgergemeinde noch in den Verfassungsfeierlichkeiten als Träger dieser Verfassung selbst erfahren. Ehrungen, Reden, Lieder und Gottesdienste bildeten den festlichen Rahmen, in dem sich die Zeremonien abspielten. Die Bürger trafen auf öffentlichen Plätzen zusammen, zogen an symbolisch bedeutenden Orten in der Stadt vorbei und erlebten so ihre Gemeinschaft als politische Gemeinschaft.[224] Doch in der Zeit nach der Revolution von 1848 drängte sich die nationale Symbolik so in den Vordergrund, dass der lokale Bezug zur Verfassung kaum noch verstanden wurde. Selbst am Verfassungstag wurde mit den nationalen Farben geflaggt.

2. Republikanischer Konstitutionalismus und Verfassungssoziologie zwischen Vernunftrecht und Geschichte

Die Begriffe von Verfassung und Republik, wie sie im Vormärz verwendet wurden, sind maßgeblich durch die Schriften von Immanuel Kant geprägt worden. Aber sie sind nicht unerheblich durch den einflussreichen Leipziger Karl Heinrich Ludwig Pölitz popularisiert worden. Kant identifizierte den Republikanismus mit dem Streben nach einem Rechtsstaat auf der Grundlage eines Staatsgrundvertrages (einer Verfassung). Es war jedoch erst die Verfassungssoziologie Karl Heinrich Ludwig Pölitz', die dem konstitutionellen Denken eine empirische Grundlage bot, auf der ihre soziomoralischen und sozioökonomischen Grundlagen reflektiert werden konnten. Pölitz stand für eine Behandlung von Verfassungsfragen, die im französischen Kontext von Montesquieu vorbereitet und später von Tocqueville weiter verfolgt wurde. Bei Pölitz soll gezeigt werden, dass er angesichts der wachsenden sozialen Problemlagen der 1830er Jahre auf Argumentationsfiguren – beispielsweise von Tugend und Kommerz –

---

224 „Während der Jubiläumsfeiern defilierte die Bürgergemeinde am Rathaus, an der Börse, am Theater und nicht zuletzt an der Post entlang, um auf den Marktplatz zu gelangen" (Dossmann, Axel: Zwischen alter Sachsenliebe und deutschem Gesamtvaterland: Die Leipziger Konstitutionsfeste im 19. Jahrhundert, in: Keller, Katrin (Hg.), *Feste und Feiern: Zum Wandel städtischer Festkultur in Leipzig*, Leipzig 1994, S. 141). Dies waren die Orte der Kommunikation, der Kultur und des Reichtums, in denen sich das Selbstbewusstsein der Stadtgemeinde ausdrückte (vgl. ebenda).

zurückgegriffen hat, die in den Zusammenhang des klassischen Republikanismus gehören. Diese Fortsetzung des klassischen Republikanismus fand auf der Grundlage eines Verfassungsverständnisses statt, das neben deren juristischer und instrumenteller Bedeutung auch großen Wert auf ihren symbolischen Bedeutungsgehalt legte. Gleichzeitig steht Pölitz für eine Resoziologisierung der Gewaltenteilungslehre zur Idee der Mischverfassung.

Während die zweite Hälfte des 19. Jahrhunderts von der Idee der Nation und des Nationalstaats dominiert wurde und der öffentliche Diskurs schließlich sehr stark von sozioökonomischen Bruchlinien durchzogen und von juristischen Kategorien bestimmt wurde, die eine strikte Trennung von Recht und Politik vorsahen, stand die erste Hälfte des 19. Jahrhunderts im Zeichen der Idee der Verfassung, die den Kern eines eminent politischen Diskurses bildete. Das Besondere an diesem Verfassungsdiskurs, wie offenbar an Verfassungsdiskursen generell, ist, dass er nicht in Konflikt mit anderen politischen Diskursen tritt, sondern diese synthetisiert. Verfasst werden sollte eine moderne Republik (Kant), die den normativen Ansprüchen an eine gute politische Ordnung dadurch entsprechen sollte, dass sie als ein auf Gesetze gestütztes, gewaltenteiliges Repräsentativsystem eingerichtet wurde. Aus diesem Grund hatte die Demokratie, die als direkte Demokratie vorgestellt wurde, keinen festen Ort im konstitutionellen Denken des Vormärz, auch wenn gerade von Anhängern der Antike, wie dem jungen Schlegel, Kritik an der konstitutionellen Monarchie als vorherrschendem Ideal geäußert wurde. Um gegenüber den etablierten Ordnungsvorstellungen die Verfassung als politische Institution durchzusetzen, reichte die Vermutung theoretischer Stringenz und überlegener Funktionalität jedoch nicht aus.

Die Verfassungsbefürworter mussten auf einer breiteren Ebene Anknüpfungspunkte an die politische Kultur gewährleisten, um ihren, den engen Kreis der gemeinhin als liberal bezeichneten, Ideen der bürgerlichen Freiheit zur Durchsetzung zu verhelfen: „(T)he best constitutions are of no value, if there be not a power to support them."[225] Die Idee der Verfassung musste demnach, wenn sie einen erfolgreichen Institutionalisierungsprozess durchlaufen wollte, in die politische Sprache der Zeit eindringen, Wissensformationen verändern und politisch-kulturelle Spuren hinterlassen:[226] sprachlich-semantisch gruppierte sie

---

225 Algernon Sidney, zitiert nach Ottow, Raimund: *Politische Institutionen und der Ort der Tugend im politischen Diskurs der frühen Neuzeit*, Dresdner Beiträge zur Politischen Theorie und Ideengeschichte, Nr. 1/1999, S. 17.

226 Zu diesen allgemeinen Vorbemerkungen siehe besonders: Rehberg, Karl-Siegbert: Die stabilisierende "Fiktionalität" von Präsenz und Dauer. Institutionelle Analyse und historische Forschung. in: Reinhard Blänkner, Reinhard/Jussen, Bernhard (Hg.), *Institutionen und Ereignis. Über historische Praktiken und Vorstellungen gesellschaftlichen Ordnens*, Göttingen 1998, S. 381-407; Vorländer, Hans: Gründung und Geltung. Die Konstitution der Ordnung und die Legitimität der Konstitution, in: Melville, Gert/Vorländer, Hans (Hg.), *Geltungsgeschichten*, Köln/Wien/Weimar 2002, S. 243-263; Vorländer, Hans: Integration durch Verfassung? Die

um den Kernbegriff der Verfassung eigene Ordnungsvorstellungen des Politischen; durch die neue Wissenschaftsdisziplin der Verfassungsgeschichte richtete sie eine „neue Ordnung der Dinge" ein, wie Pölitz, der Verfassungshistoriker und erste Herausgeber einer Sammlung von Verfassungstexten prägnant formuliert; und politisch-kulturell hinterlässt der frühe Konstitutionalismus, wie wir oben gesehen haben, durch Verfassungsfeste und -säulen Spuren in der vormärzlichen Alltagskultur.[227]

Eines der wichtigsten Mittel zur Einrichtung einer eigenen Erinnerungskultur war die Entwicklung von Eigengeschichte. Verfassungshistoriker erzählen die Geschichte von der Entfaltung der Verfassung und schreiben die eigene nationale oder partikulare Geschichte als Fortsetzung der allgemeinen Geschichte aller Verfassungsstaaten, die mit unwiderstehlicher Macht den „Geist des Fortschritts" repräsentiert. Vorrang der Verfassung und Verfassungsgeschichte als neue historische Disziplin greifen so ineinander. Da Gründung in der Moderne mit dem Erlassen einer Verfassung zusammenfällt (Hannah Arendt), sind Gründungsgeschichten Geschichten von dem Erlassen einer Verfassung und Geltungsgeschichten analog Geschichten der geltenden Verfassung.[228] Dort, wo die Verfassung Leitbegriff und Leitdifferenz des politischen Diskurses ist, ist sie auch Gegenstand von Konstruktionen von Eigenzeit.[229] Generell können Konstruktionen von Eigengeschichten, von Eigenzeit und von Eigenraum als Autonomisierungsleistungen von Verfassungen als politischen Institutionen verstanden werden.[230] Sie betonen darin ihre herausgehobene Stellung gegenüber dem

---

symbolische Bedeutung der Verfassung im politischen Integrationsprozess, in: ders. (Hg.), *Integration durch Verfassung*, Wiesbaden 2002, S. 9-40.

227 Der Historiker Paul Nolte hat sich mit der politischen Sprache beschäftigt (Nolte, Paul: Der südwestdeutsche Frühliberalismus in der Kontinuität der Frühen Neuzeit, in: *GWU*, Jg. 43 (1992), S. 743-756; Nolte, Paul: *Gemeindebürgertum und Liberalismus in Baden 1800-1850. Tradition – Radikalismus – Republik*, Göttingen 1994). Vergleiche die Arbeiten zur Festkultur: Blänkner, Reinhard: Integration durch Verfassung? Die ‚Verfassung' in den institutionellen Symbolordnungen des 19. Jahrhunderts in Deutschland, in: Vorländer, Hans (Hg.), *Integration durch Verfassung*, Wiesbaden 2002, S. 207-231; Hettling, Manfred/Nolte, Paul: Bürgerliche Feste als symbolische Politik im 19. Jahrhundert, in dies. (Hg.), *Bürgerliche Feste: symbolische Formen politischen Handelns im 19. Jahrhundert*, Göttingen 1993, S. 7-36 und Nolte, Paul: Die badischen Verfassungsfeste im Vormärz. Liberalismus, Verfassungskultur und soziale Ordnung in den Gemeinden, in: Hettling/Nolte (Hg.), *Bürgerliche Feste. Symbolische Formen politischen Handelns im 19. Jahrhundert*, Göttingen 1993, S. 63-94.

228 Vorländer, Hans: Gründung und Geltung. Die Konstitution der Ordnung und die Legitimität der Konstitution, in: Melville, Gert/Vorländer, Hans (Hg.), *Geltungsgeschichten*, Köln/Wien/ Weimar 2002, S. 243-263; Vorländer, Hans: Integration durch Verfassung? Die symbolische Bedeutung der Verfassung im politischen Integrationsprozess, in: ders. (Hg.), *Integration durch Verfassung*, Wiesbaden 2002, S. 9-40.

229 Vgl. Brodocz, André: *Über die institutionelle Konstruktion von Eigenzeit am Bundesverfassungsgericht*, Dresdner Beiträge zur politischen Theorie und Ideengeschichte, 5/2002, Dresden.

230 Im Anschluss an Rehberg, Karl-Siegbert: Die stabilisierende „Fiktionalität" von Präsenz und Dauer. Institutionelle Analyse und historische Forschung, in: Blänkner, Reinhard/Jussen,

einfachen positiven Recht und entziehen sich durch eine eigenständige Geschichte in zweifacher Richtung: zum einen dem einfachen Zugriff der aktuellen Politik und zum anderen der Autorität der Gründer. Die ursprünglich alleinige Verfügung der Gründer wird durch die Behauptung institutioneller Eigengeschichte der Verfassung relativiert. Die historische Dimension, die in jeder Eigengeschichte inhärent ist, erlaubt zudem eine vergleichende Perspektive und somit eine Perspektivierung der Verfassung. Von einer ursprünglich (z.B. in der oktroyierten Verfassung) nur intendierten Herrschaftslimitierung kann durch die Autonomisierung der Verfassungsgeschichte und ihre Verfügung durch die Interpretationsgemeinschaft der bürgerlichen Öffentlichkeit eine Umwertung oder Umdeutung der Verfassung erfolgen.[231] Jetzt steht die Verfassung im Mittelpunkt (Vorrang der Verfassung) und nicht die Autoren, und die Interpreten verfügen über die Deutung. Bei steigender Dominanz der Öffentlichkeit als Interpret der Verfassung konnte hinter dem Rücken von deren Autoren die Verfassung von einem Instrument der Selbstbeschränkung zu einer herrschaftsbegründenden Institution werden.[232]

Eine Untersuchung der politischen Sprache kann zeigen, wie liberale und republikanische Elemente eng verknüpft sind, die sich erst später in verschiedene Stränge ausdifferenzieren.[233] Galt es in der zweiten Hälfte des 19. Jahrhunderts als liberal, ökonomische Interessen individualistisch zu verfolgen und seine Abwehrrechte gegenüber dem Staat zu formulieren, finden sich diese, u.a. an Adam Smith anknüpfenden Ideen im frühen Liberalismus eingebettet in republikanische Vorstellungen.[234] Stattdessen sind Begriffe und Konzepte weit

---

Bernhard (Hg.), *Institutionen und Ereignis. Über historische Praktiken und Vorstellungen gesellschaftlichen Ordnens*, Göttingen 1998, S. 381-407. Der Konstruktion von Eigenraum (z.B. durch Verfassungssäulen und Gedenkräume) soll hier nicht nachgegangen werden. Die Konstruktion von Eigenzeit zielt u.a. auf die Herstellung von diskursiver Überzeitlichkeit.

231 Am Beispiel der Festkultur lässt sich zeigen: „Gesellschaften bedürfen der emotionalen Selbstvergewisserung" (Hettling, Manfred/Nolte, Paul: Bürgerliche Feste als symbolische Politik im 19. Jahrhundert, in dies. (Hg.), *Bürgerliche Feste: symbolische Formen politischen Handelns im 19. Jahrhundert*, Göttingen 1993, S. 16) Dabei unterlagen die Feste einem charakteristischen Wandel im 19. Jahrhundert: „Von der Konstituierung gesellschaftlicher Realität und der Abbildung sozialer Strukturen verschob sich ihre Funktion immer mehr hin zur Symbolisierung gesellschaftlicher Selbstdeutungen und ideologischer Überzeugungen. Mit anderen Worten: Feste zeigten Gesellschaften immer weniger, wie sie waren, und immer mehr, wie sie einst gewesen waren oder in Zukunft sein sollten" (ebenda, S. 18).

232 Vgl. Grimm, Dieter: *Die Zukunft der Verfassung*, Frankfurt/M. 1991, S. 11ff.

233 In diesem Sinne ist Otto Dann zu folgen, der ebenfalls auf den synthetisierenden Charakter des Verfassungsdenkens hinweist, das Elemente des klassischen mit dem modernen Republikanismus zusammenbringt (vgl. Dann, Otto: Kants Republikanismus und seine Folgen, in: Kirsch, Martin (Hg.), *Denken und Umsetzung des Konstitutionalismus in Deutschland und anderen europäischen Ländern in der ersten Hälfte des 19. Jh.*, Berlin 1999, S. 125-143).

234 Stephen Holmes kann überzeugend zeigen, daß sich der Liberalismus in seinem Kern als Fremdbeschränkung (Beschränkung des anderen und des Staates) versteht. Der Konstitutionalismus dagegen enthält auch die Formel der Selbstbeschränkung. Holmes entwickelt in ideengeschichtlicher Perspektive den Lernprozeß, der notwendig war, Bindungen als Chancen der

verbreitet, die auf die klassische Republik (res publica) Bezug nehmen. Für den amerikanischen Kontext konnte Hans Vorländer für den gleichen Zeitraum zeigen, dass der Liberalismus des späten 18. und frühen 19. Jahrhunderts in Deutungsbeständen wurzelt, die als ‚vorliberal' und ‚klassisch-republikanisch' bezeichnet werden können.[235] Wobei es zwei große, in ihren ideengeschichtlichen Wurzeln grundverschiedene Strömungen des Republikanismus gibt. Auf der einen Seite gibt es den älteren „klassischen" Republikanismus, der auf die römische Republik zurückgeht. Auf der anderen Seite den „modernen" Republikanismus, der eine Folge der Französischen Revolution ist.[236]

Karl Heinrich Ludwig Pölitz hat als Vermittlungstheoretiker an beiden Strömungen Anteil. Er vereint im Programm der konstitutionellen Monarchie Elemente des klassischen Republikanismus mit der Betonung der wirtschaftlichen Selbstständigkeit als Voraussetzung für politische Partizipation der Bürger und ist im Sinne des modernen Republikanismus der Überzeugung, dass eine fortschrittliche Verfassung immer mehr Bürger in den politischen Prozess integrieren muss. Gleichzeitig ist er der erste Verfassungshistoriker. Er stellt eine umfangreiche, vierbändige Sammlung aller europäischen Verfassungstexte zusammen und sieht die Verfassungen als wichtige Gründungsdokumente einer neuen „Ordnung der Dinge" und formiert eine neue Wissensordnung; die Verfassungsgeschichte ist eine Gründungsgeschichte und somit eine wichtige Legitimationsressource für die neue Ordnung der konstitutionellen Monarchie.

Damit soll nicht gesagt sein, dass sich Verfassungen in ihrer symbolischen Bedeutung erschöpfen. Sie legen in erster Linie die Spielregeln des politischen Lebens, die institutionellen Verfahrensweisen mit der Gewaltenteilung im Zentrum fest und gewährleisten – in den meisten Fällen zumindest – die Achtung

---

Freiheit für zukünftige Generationen zu verstehen und Beschränkung somit als Chance der Politik. Beschränkung wird so zur Bedingung der Möglichkeit von Politik. Holmes: „Die Metaphern vom Kontrollieren, Blockieren, Begrenzen und Einschränken deuten alle darauf hin, daß Verfassungen im wesentlichen Negativeinrichtungen sind, die Machtmißbrauch verhindern sollen. Doch Regeln sind auch schöpferisch. Sie organisieren neue Handlungsweisen und erzeugen neue Möglichkeiten, die es sonst nicht gäbe" (Holmes, Stephen: *Benjamin Constant and the Making of Modern Liberalism*, New Haven/London 1984, S. 152). Holmes weiter: „Im großen und ganzen sind Verfassungsregeln ermächtigend, nicht entmächtigend, und daher ist es unbefriedigend, den Konstitutionalismus ausschließlich mit Machtbegrenzung gleichzusetzen" (ebenda, S. 153).

235   „Jeffersons Theorie und Jacksons Politik gründeten aber auf dem Ideal einer klassenlosen Gesellschaft von Freien und Gleichen, in der wirtschaftliche Freiheit nur ein Mittel zur bürgerlichen Selbständigkeit qua Eigentumserwerb gewesen war. Der ökonomische Liberalismus blieb eingebunden in eine soziale und politische Ordnung, in der die ‚alten' Begriffe von Tugend und Moral und die ‚neuen' Vorstellungen von Volkssouveränität und allgemeiner politischer Beteiligung eine Verbindung eingingen und die individueller Interessenverfolgung sowie materiellem Erfolgsstreben Grenzen auferlegte" (Vorländer, Hans: *Hegemonialer Liberalismus*. Frankfurt/M. 1997, S. 71f.).

236   Zu dieser Unterscheidung s. vor allem Dann, Otto: Kants Republikanismus und seine Folgen, in: Kirsch, Martin (Hg.), *Denken und Umsetzung des Konstitutionalismus in Deutschland und anderen europäischen Ländern in der ersten Hälfte des 19. Jh.*, Berlin 1999, S. 125-143.

von Grund- und Menschenrechten. Verfassungen sind Instrumente zur Einschränkung der Handlungsoptionen von Regierungen und sichern die Freiheit der Bürger. In diesem Sinne konnten die amerikanischen Gründerväter – neben ihnen auch Thomas Paine – sagen, dass nur derjenige Bürger frei sein kann, der in einem Staat mit Verfassung lebt. Doch gehört zum Kern des Verfassungsdiskurses nach der französischen Revolution, speziell: nach Sieyès, die Selbstbeschränkung des ‚demos' in Gestalt des Repräsentationsprinzips. Im deutschen konstitutionellen Denken kamen andere Deutungstraditionen hinzu. Es war der deutsche Absolutismus, der mit Gemeinwohlanmaßungen Bürgerrechte außer Kraft zu setzen verstand. Die Verfolgung bürgerlicher Abwehrrechte (negativer Freiheit) gegenüber einem aus der Tradition des Absolutismus her aufgeblähten Staat konnte so als „fortschrittlich" begriffen werden. Die politischen Mitwirkungs- und Mitverantwortungskonzepte der gleichen historischen Akteure wurden jedoch häufig nicht präzise genug wahrgenommen und als „konservativ" beschrieben.[237] Dies hat seinen Ursprung hauptsächlich darin, wie Hartwig Brandt es formuliert, dass diese Partizipationsanliegen in sozial-konservative Begrifflichkeit gehüllt wurden. Während sich die liberale Tradition der Interpretation von Verfassungen eher auf die Gewährung von Rechten konzentriert hat, fordert eine eher klassisch-republikanische Interpretation als Anschlusspraxis, die Verfassung in den Kultus der Gründung eines auf Selbstorganisation aufbauenden politischen Körpers einzubinden. Und so geht die Betonung der symbolischen Dimension von Verfassungen einher mit dem Wiederentdecken republikanischer Deutungselemente im konstitutionellen Denken.

Um auf diesen doppelbödigen Charakter des konstitutionellen Denkens als Synthese von liberalen und republikanischen Elementen unterschiedlicher Strömungen verwiesen zu werden, bedurfte es zweier sehr unterschiedlicher Anregungen. Die eine kam aus der politischen Praxis, die andere aus der Historiographie. Als Ulrich K. Preuß darauf hinwies, daß der „Konstitutionalismus nicht mit dem Liberalismus und dessen Programm der Begrenzung staatlicher Macht in eins gesetzt werden kann,"[238] hatte er die Erfahrungen einer unerwarteten Welle der Verfassungsgebungen vor Augen, die den Zusammenhang zwischen

---

237 Vgl. Nolte, Paul: Bürgerideal, Gemeinde und Republik. „Klassischer Republikanismus" im frühen deutschen Liberalismus, in: *Historische Zeitschrift*, 254 (1992), S. 618.

238 Preuß, Ulrich K.: Der Begriff der Verfassung und ihre Beziehung zur Politik, in: ders., *Zum Begriff der Verfassung. Die Ordnung des Politischen*. Frankfurt/M. 1994, S. 21. Gegen die hier vertretene These betont Hans Gangl, das Postulat des Konstitutionalismus sei gewesen: „Verfassung als Eindämmung der politischen Macht" (Gangl, Hans: Der deutsche Weg zum Verfassungsstaat im 19. Jahrhundert. Eine Problemskizze, in: Böckenförde/Oestreich u.a (Hg.), *Probleme des Konstitutionalismus im 19. Jahrhundert* (=Beiheft 1 zu Der Staat), Berlin 1975, S. 27). Auch laut Carl Joachim Friedrich, bei dem es heißt: „Der Konstitutionalismus schafft durch Gewaltenteilung (Aufteilung der Macht) ein System wirksamer Beschränkungen für das Handeln der Regierung. Er unterwirft sozusagen den ‚Staat' der Verfassung" (Friedrich, Carl Joachim: *Der Verfassungsstaat der Neuzeit*, Berlin 1953, S. 26).

Bindung und Selbstbindung, zwischen Beschränkung und Selbstbeschränkung deutlich machte.

Zeigten sich auf der einen Seite die durch keinerlei verfassungsmäßige Bindungen eingeschränkten Willkürregime des ehemaligen Ostblocks als notorisch handlungsunfähig, demonstrierten auf der anderen Seite die verfassungsmäßig gebundenen, vielfach in ihrer Machtbefugnis eingeschränkten, durch komplizierte Mechanismen der Gewaltenteilung und -verschränkung 'gefesselten' Regierungen ihre Flexibilität und Handlungsfähigkeit. Abstrakter formuliert lässt sich dieses Phänomen in die paradoxe Formel gießen, daß sich politisches Handeln erst dann als kreativ und problemlösend erweisen kann, wenn es sich innerhalb institutioneller Schranken bewegen muss. Die Bindung des Leviathan an die Zustimmung der Bürger führt gerade nicht zu seiner Einschränkung – wie Hobbes noch glaubte – sondern zu seiner Ermächtigung.[239]

Die andere Entwicklung kam aus der Historiographie, welche die soziologischen Grundlagen moderner Verfassungsstaatlichkeit auf vielfältige Weise ausgeleuchtet hat. Die Arbeiten von Hannah Arendt und – deren philosophische Ideen in historische Forschungsprojekte umsetzend: John G.A. Pocock – haben diesen Zweig des modernen Verfassungsdenkens ausgeleuchtet.[240] Auch Autoren wie Stephen Holmes, Dietmar Herz, Gerhard Göhler, Ulrich K. Preuß oder Paul Nolte haben auf ganz unterschiedliche Art, jedoch mit gleicher Stoßrichtung argumentiert, dass in der Idee der Verfassung von jeher eine Verbindung liberaler und republikanischer Elemente vorliege.[241] In Zeiten, in denen der Vorrang

---

239 Stephen Holmes formuliert dies so: „Limited government is, or can be, more powerful than unlimited government. The paradoxical insight that constraints can be enabling, which is far from being a contradiction, lies at the heart of liberal constitutionalism" (Holmes, Stephen: *Passions and Constraints*, Chicago 1995).

240 Arendt, Hannah: *Über die Revolution*, 4. Aufl., München/Zürich 2000; Pocock, John G.A.: *The Machiavellian Moment. Florentine Political Thought and the Atlantic Republican Tradition*, Princeton 1975; Pocock, John G.A.: *Die andere Bürgergesellschaft. Zur Dialektik von Tugend und Korruption*, Frankfurt/M. 1993.

241 Holmes, Stephen: Verfassungsförmige Vorentscheidungen und das Paradox der Demokratie, in: Preuß, Ulrich K. (Hg.), *Zum Begriff der Verfassung*, Frankfurt/M 1994., S. 133-170; Holmes, Stephen: *Passions and Constraints*, Chicago 1995; Herz, Dietmar: *Die wohlerwogene Republik. Das konstitutionelle Denken des politisch-philosophischen Liberalismus*, Paderborn u.a. 1999; Göhler, Gerhard: Republikanismus und Bürgertugend im deutschen Frühliberalismus: Karl von Rotteck, in: Greven, Michael Th. et al. (Hg.), *Bürgersinn und Kritik*. Festschrift für Udo Bermbach, Baden-Baden 1998, S. 123-149. Allerdings ranken sich besonders um den Begriff des Republikanismus nach wie vor große Probleme. Der zweite Präsident der Vereinigten Staaten von Amerika, John Adams, wird schon mit der Aussage zitiert: „There is not a more unintelligible word in the English language than republicanism" (John Adams, zitiert nach: Patterson, Annabel: *Early Modern Liberalism*, Cambridge 1997, S. 3). Dies veranlasste offensichtlich die Autorin dazu, Liberalismus und Republikanismus synonym zu verwenden: „In the 1990s, republicanism has begun to appear as the umbrella term of choice, especially for British historians, for the range of ideas that in this book are gathered instead under 'liberalism'"(ebenda). Anders dagegen Sandel und Münkler, die Liberalismus und Republikanismus als dichotome Begriffe, quasi als Idealtypen einsetzen. Vgl. zu den unterschiedlichen

der Verfassung[242] gelte, würden sich demnach negative und positive Freiheits-vorstellungen, liberale Abwehrrechte und Partizipation der Aktivbürger (vivere civile), Institutionenvertrauen und Tugendkanon in idealer Weise verbinden lassen. Das ist hier mit republikanischem Konstitutionalismus gemeint.[243] Das Vermeiden dichotomer Gegenüberstellungen der beiden Bedeutungskomponen-ten kann so zu neuen theoretisch-systematischen Perspektiven führen und prägt das Selbstverständnis und die Selbstbeschreibung der Verfassungskulturen nachhaltig.

Aus diesem Kontext stammen auch die Anregungen, dem Zusammenhang zwischen Tugend und Kommerz, der tief eingegraben ist in die Diskurse der frühen Neuzeit, auch in anderen politischen Kulturen nachzugehen. Pocock hält es für eine Fehler, anzunehmen, „(...) dass diese Spannung jemals verschwunden wäre und dass die Ideale der Tugend und der Einheit der Persönlichkeit ganz ihre Gültigkeit eingebüßt hätten bzw. dass eine kommerzielle, ‚liberale' oder ‚bourgeoise' Ideologie bis zu den Vorläufern von Marx uneingeschränkte Gül-tigkeit besessen habe."[244] In diesem Zusammenhang wurde auch an die religiöse

---

Konnotationen des Begriffs des Republikanismus: Brandt, Hartwig: Republikanismus im Vormärz. Eine Skizze, in: Malettke, K. (Hg.), *175 Jahre Wartburgfest 18. Oktober 1817-18. Oktober 1992. Studien zur politischen Bedeutung und zum Zeithintergrund der Wartburgfeier,* Heidelberg 1992, S. 121-152; Gebhardt, Jürgen: Die vielen Gesichter des Republikanismus, in: Dicke, Klaus/Kodalle, Klaus-Michael (Hg.), *Republik und Weltbürgerrecht: Kantische An-regungen zur Theorie politischer Ordnung nach dem Ende des Ost-West-Konflikts,* Weimar u.a. 1998, S. 265-276; Rodgers, Daniel T.: Republicanism, in: Wightman Fox, Richard/ Kloppenberg, James T. (Hg.), *A Companion to American Thought,* Oxford/Cambridge 1995, S. 584-587.

242 Zu Begriff und Idee des Vorrangs der Verfassung: Blänkner, Reinhard: Der Vorrang der Verfassung. Formierung, Legitimations- und Wissensformen und Transformation des Konsti-tutionalismus in Deutschland im ausgehenden 18. und frühen 19. Jahrhundert, in: Blänkner, Reinhard/Jussen, Bernhard (Hg.), *Institutionen und Ereignis. Über historische Praktiken und Vorstellungen gesellschaftlichen Ordnens,* Göttingen 1998, S. 295-325; Schmidt, Christian Hermann: *Vorrang der Verfassung und konstitutionelle Monarchie,* Berlin 2000)

243 Vgl. neben den schon genannten Titeln: Bailyn, Bernard: *The Ideological Origins of the American Revolution,* Cambridge 1967; Königsberger, Helmut: Schlußbetrachtung: Republi-ken und Republikanismus im Europa der frühen Neuzeit aus historischer Perspektive, in: Kö-nigsberger, Helmut (Hg.), *Republiken und Republikanismus im Europa der Frühen Neuzeit,* München 1988, S. 285-302; Sandel, Michael: *Liberalismus oder Republikanismus: von der Notwendigkeit der Bürgertugend,* Wien 1995.

244 Pocock, John G.A.: Autorität und Eigentum. Die Frage nach den liberalen Ursprüngen, in: ders., *Die andere Bürgergesellschaft. Zur Dialektik von Tugend und Korruption,* Frank-furt/New York 1993, S. 114. Dort auch die prägnante Aussage: „Es geht mir weniger darum, die historische Realität des ‚Liberalismus' oder des ‚Besitzindividualismus' in Frage zu stel-len, als vielmehr die Glaubwürdigkeit der ‚liberalen' bzw. ‚antiliberalen' Geschichtsinterpre-tationen anzuzweifeln, die irgendwo im 19. Jahrhundert die monolithische Herrschaft ‚libera-len' Ideenguts festmachen wollen und versuchen, sämtliche Entwicklungen einzig auf dieses Phänomen zu beziehen. In meinen Augen ist die Formulierung solcher Ideen stets höchst problematisch und gefährlich, und ich bin nicht geneigt zu glauben, dass die ‚liberale' bzw. die ‚bourgeoise' Ideologie nicht von ihren Verfechtern, sondern von ihren Opponenten in genau der gegenteiligen Absicht aufgestellt worden ist" (ebenda, S. 132). Vgl. dazu auch Pocock,

und zivilreligiöse Dimension, wie sie zum Beispiel bei Tocqueville herausgearbeitet wurde, erinnert: hier finden sich zahllose Hinweise auf die Parallele zwischen religiöser und verfassungsmäßiger Selbstbindung. Wird die Religion als Bindekraft politischer Ordnungen an vorderste Stelle gesetzt, rückt in säkularisierten Gesellschaften – besonders natürlich im nachrevolutionären Frankreich, abgeschwächt aber auch in Deutschland – die Verfassung an die Stelle der Religion. Ohne funktionierende Selbstbindung der Bürger, so eine tief verwurzelte Einsicht in der politischen Ideengeschichte, entartet jede politische Ordnung in Tyrannei. Denn dann setzt die – ein notwendig entstehendes Chaos verhindernde – Fremdbindung grundlegende Freiheiten des Menschen außer Kraft.

Und auch aus der normativ ausgerichteten politischen Philosophie kamen Anregungen, indem mit Bezug auf Aristoteles formuliert wurde, dass eine gute Verfassung aus zwei Dimensionen bestehe: sie müsse „excellent laws on paper" sein, aber auch „spiritual fibre" abgeben.[245] Sie müsse also nicht nur in den Köpfen der Menschen, sondern auch in den Herzen ankommen.[246]

In den letzten Jahrzehnten haben sich zudem eine Reihe von weiteren Anknüpfungspunkten angeboten, neben den oben erwähnten historiographischen und politisch-aktuellen Bezügen, unter denen eine erneute Lektüre der Autoren des Frühkonstitutionalismus lohnend erscheint. In einer Zeit, die davon geprägt ist, dass sich die Symbole, Konstellationen und cleavages der Industriegesellschaft auflösen, deren nationale Bindungen schwinden und Staatlichkeit unter innen- und außenpolitischen Druck gerät, erfahren diejenigen Deutungsmuster, die gerade in den 1840er Jahren als Verlierer aus dem Streit um Deutungsmacht und kulturelle Hegemonie hervorgegangen sind, wieder an Bedeutung. Die „fortschrittlichen", in die Zukunft weisenden Konzepte der Nation oder auch des Staates führten dazu, dass die Bedeutung der Verfassung als Leitidee der 1820 und 30er Jahre nicht ausreichend gewürdigt wurde. Und erst später, nach 1848,

---

John G.A.: *Die andere Bürgergesellschaft. Zur Dialektik von Tugend und Korruption*, Frankfurt/M. 1993. Gerhard Göhler zieht aus den Ergebnissen von Pocock die Konsequenz, zwei Strömungen dem Konservatismus entgegenzustellen: klassischer Republikanismus und Kontraktualismus. Ordnungsmoral des Konservatismus und Bürgermoral des Republikanismus stehen gegen die ungehinderte Entfaltung des Individualismus (vgl. dazu Göhler, Gerhard: Republikanismus und Bürgertugend im deutschen Frühliberalismus: Karl von Rotteck, in: Greven, Michael Th. et al. (Hg.), *Bürgersinn und Kritik*. Festschrift für Udo Bermbach, Baden-Baden 1998, S. 123).

245 Maddox, Graham: Art. Constitution, in: Farr/Ball/Hanson (Hg.), *Political Innovation and Conceptual Change*, Cambridge 1989, S. 50-67. Zu den beiden Dimensionen auch Arendt, Hannah: *Über die Revolution*, 4. Aufl., München/Zürich 2000.

246 Horst Dippel formuliert dies so: „Daß Verfassung mehr als lediglich einen politisch-rechtlichen Rahmen meint und es letztlich erst die soziale Dimension ist, die dieser Leben verleiht, ist heute jenseits rein formaljuristischer Kompendien unbestritten" (Dippel, Horst: Der Verfassungsdiskurs im ausgehenden 18. Jahrhundert und die Grundlegung einer liberaldemokratischen Verfassungstradition in Deutschland, in: ders. (Hg.), *Die Anfänge des Konstitutionalismus in Deutschland. Texte deutscher Verfassungsentwürfe am Ende des 18. Jahrhunderts*, Frankfurt 1991, S. 7-44, hier: S. 8).

übernimmt die Idee der Nation, verbunden mit der Idee des Staates und der Staatsraison, zunehmend die Funktion eines überwölbenden Konsensdiskurses.[247] Die Idee der Verfassung vereinte Abwehrrechte des Bürgers gegenüber dem Staat mit Partizipationsanliegen im Staat, oder besser: in der Gemeinde.[248] Gegenüber diesem eminent politischen Diskurs erscheint die Idee des Nationalstaats als verkürzte Schwundstufe. Es fand quasi, um mit Max Weber zu sprechen, eine „negative Auslese" statt. Anspruchslosere Vorstellungen von politischer Beteiligung (citizenship) setzten sich gegenüber anspruchsvolleren Vorstellungen durch, weil sie an die moderne Gesellschaft besser angepasst waren.[249] Diese Befürchtung hatte schon Adam Ferguson ausgesprochen. Er war

---

247 Ob die Zäsur 1789 stärker war als die Zäsur 1848 ist umstritten. Sieht man die Zäsur später, wie z.b. Lothar Gall oder auch Paul Nolte, erscheint der Frühliberalismus noch Anklänge an frühneuzeitlich Denk- und Begriffsmuster zu haben. Wird die Zäsur dagegen schon 1789 als Durchbruch der Moderne gesehen, ist die Verfassungsbewegung als Beginn dieser Modernisierung zu sehen. In einer Rezension in der FAZ schreibt Hans-Christof Kraus: „Mit zunehmendem Abstand zum neunzehnten Jahrhundert ist man geneigt, das früher gerne gezeichnete Bild vom umfassenden ‚Durchbruch der Moderne' in dieser Zeit zu relativieren. Besonders die erste Jahrhunderthälfte erscheint der neueren Forschung in noch stärkerem Maße traditional bestimmt: eher als letzte Phase „Alteuropas" denn als emanzipatorischer Aufbruch in eine neue Zeit grundlegender sozialer und politischer Umbrüche" (Kraus, Hans-Christof: In Preußen gab es auch Dorfrichter, die keine Krüge zerbrachen (Rezension von Monika Wienfort, Patrimonialgerichte in Preußen, in: *Frankfurter Allgemeine Zeitung*, Montag 10. Juni 2002, S. 49). Jüngst war es Paul Nolte, der mit seiner These zur deutschen Verfassung im Kontext des atlantischen Republikanismus, den Zweifel am großen Bruch und Neuanfang der Verfassung aufgestellt hat und analog zu Pocock für den deutschen Kulturraum die Verbindungen der Verfassung an die frühe Neuzeit stark gemacht hat. Dazwischen lässt sich Blänkner verorten, der auch den deutschen Verfassungsdiskurs vor der Französischen Revolution beginnen lässt aber schon 1830 enden sieht und dessen Wurzeln aber nicht in der frühen Neuzeit verortet, sondern in den 1770er Jahren.

248 Vgl. dazu Nolte, Paul: Gemeindeliberalismus. Zur lokalen Entstehung und sozialen Verankerung der liberalen Partei in Baden 1831-1855, in: *Historische Zeitschrift* 252 (1991), S. 57-93; Nolte, Paul: *Gemeindebürgertum und Liberalismus in Baden 1800-1850. Tradition – Radikalismus Republik,* Göttingen 1994.

249 Philipp Pettit beschreibt dieses Phänomen so: „It was particularly intriguing to realize that that notion of liberty went out of fashion only as it became clear, toward the end of the eighteenth century, that with citizenship extended beyond the realm of propertied males, it was no longer possible to think of making all citizens free in the old sense: in particular it was not feasible, under received ideas, to think of conferring freedom as non-domination on women and servants. If freedom was to be cast as an ideal for all citizens, then freedom would have to be reconceived in less demanding terms" (Pettit, Philip: Republicanism. *A Theory of Freedom and Government*, Oxford 1997, S.viii). Constant gilt als der Gewährsmann für die Anpassung des Freiheitsbegriffs an die Bedingungen der Moderne (vgl. dazu Constant, Benjamin: The Liberty of the Ancients Compared with the Liberty of the Moderns, in: ders., *Political Writings*, Cambridge 1988, S. 307-328; Holmes, Stephen: *Benjamin Constant and the Making of Modern Liberalism*, New Haven/London 1984; Gall, Lothar: *Benjamin Constant. Seine politische Ideenwelt und der deutsche Vormärz*, Wiesbaden 1963; Boldt, Hans: *Deutsche Staatslehre im Vormärz*, Düsseldorf 1975, S. 142ff.). Pettit schließt hier an neo-aristotelische Positionen an, wie z. B. Hannah Arendts, die in ihren Schriften versucht hat, ein anspruchsvolles Konzept von Freiheit zu retten. Arbeitsgesellschaftliche Konzeptionen der Freiheit, so Arendt, sehen

der Überzeugung, dass die Zukunft großen, wirtschaftlich starken Staaten gehören würde, wo alle Menschen Bürger sein können, aber unter der Voraussetzung, dass der ehemals emphatische Begriff von Bürgerschaft entsprechend
verwässert wird.[250] Dies ist aus politikwissenschaftlicher Sicht besonders interessant, weil sich gerade die Zeit des Vormärz dadurch auszeichnet, dass in ihr
ausgesprochen politische – und eben nicht soziale oder ökonomische – Diskurse
die Deutungshegemonie besaßen. Einen der Vertreter, die in den 1830er und
1840er Jahre von einiger Bedeutung war und so gut wie vergessen wurde,
möchte ich im folgenden einer näheren Untersuchung unterziehen. Gemeint ist
der Leipziger Staatswissenschaftler und Publizist Karl Heinrich Ludwig Pölitz
(1772-1838).

Auch für die englische, französische und die amerikanische Gründungsphase gibt es eine Reihe von Untersuchungen, die den Zusammenhang zwischen
der Reflexion auf die sozialen und politisch-kulturellen Bedingungen erfolgrei-
cher Verfassungen auf der einen Seite und dem konkreten institutionellen Spielregelwerk auf der anderen Seite untersuchen.[251] In beiden Fällen fallen die Aus-
einandersetzungen mit den Klassikern ins Auge, die in eine Philosophie des
Konstitutionalismus münden.[252] Die Rezeption der Antike mit Aristoteles und
Polybios oder auch die der Neuzeit von Montesquieu, Hume, Locke und
Rousseau sind auffallende Merkmale dieser theoretisch sehr anspruchsvollen
Gründungsdiskurse. Bei Pölitz zeigt sich in der Phase der Gründungen und der
Einrichtungen von Ordnung angesichts eines zu überwindenden Übermaßes an
Ordnung eine starke Kant-Rezeption, während er angesichts des drohenden
Ordnungsverlustes in der sich anbahnenden modernen Industriegesellschaft eher
von Kant und Adam Smith abrückt und die Elemente von Montesquieu auf-
greift, die über die deutsche Rechtsgeschichte des Reichs eingewandert sind und
eine an Hegel erinnernde Diktion einführt.

---

von einem umfassenden Beteiligungs- und bürgerschaftlichen Ermächtigungsverständnis von
Politik ab. Mit dem 'Ende der arbeitsgesellschaftlichen Utopien' (Habermas) wird auch em-
phatischeren Vorstellungen von politischem Handeln wieder Raum gegeben.

250 Vgl. Oz-Salzberger, Fania: *Translating the Enlightenment. Scottish Civic Discourse in Eighteenth-Century Germany,* Oxford 1995. Dort heißt es: „The future, he [Ferguson, RS] thought,
belonged to large commercial states, where all would be citizens, but only watered-down citizens by the exacting standards of the civic humanists" (118).

251 Neben der oben schon erwähnten Literatur: Ottow, Raimund: Politische Institutionen und der
Ort der Tugend im politischen Diskurs der frühen Neuzeit, in: Michael Th. Greven, Michael
Th. et al. (Hg.), *Bürgersinn und Kritik,* Baden-Baden 1998, S. 151-183; Meyert, Roger: *Die
Klassiker und die Gründer. Die Rezeption politischen Ordnungsdenkens im Streit zwischen
Federalists und Anti-Federalists,* (Dresdner Beiträge zur Politischen Theorie und Ideenge-
schichte Heft 2/1999), Dresden.

252 Vgl. Herz, Dietmar: *Die wohlerwogene Republik. Das konstitutionelle Denken des politisch-
philosophischen Liberalismus,* Paderborn u.a. 1999.

2.1. Der Staatswissenschaftler, Publizist und Verfassungshistoriker Pölitz

Karl Heinrich Ludwig Pölitz (1772-1838) hat das „bis in die 1840er Jahre einflussreichste und populärste Lehrbuch[253] (...) *Die Staatswissenschaften im Lichte unserer Zeit* geschrieben", das „zahlreichen akademischen Lehrern an allen deutschen Universitäten als Leitfaden diente."[254] Pölitz und mit ihm Rotteck, so Blänkner, waren „die herausragenden Integrationsfiguren der überregional vernetzten politischen Strömung des ‚aufgeklärten Liberalismus'."[255] Im Vergleich zu dieser überschwenglichen Bewertung ist der Bekanntheitsgrad Pölitz' gering. Dies mag daran liegen, dass er seine Meriten weniger als Systematisierer und theoretischer Kopf gewonnen hat, denn als Popularisierer und Multiplikator, kurz: als Erzieher. In diesem Sinne steht er für die Verknüpfung von juristisch-liberalen, mit ethisch-„konservativen" Formeln im Verfassungsdiskurs des Vormärz. Und seine Schriften decken den Zeitraum ab, in dem der Verfassungsbegriff eine interessante Wandlung durchgemacht hat. Benutzt er zum Beispiel in einer Schrift von 1799 die Verfassung noch als Begriff zur Beschreibung des politischen, ökonomischen und kulturellen Gesamtzustands eines Landes, ist in seinen späteren Schriften von 1830ff. die Verfassung mit dem schriftlichen Dokument identisch. D.h., dass er ein Bewusstsein dafür noch in seiner eigenen Geschichte abbilden kann, dass die schriftliche Verfassung von der „lebenden Verfassung" (der politischen Kultur) unterschieden werden muss.

Philosophisch gab es sicherlich gewichtigere Persönlichkeiten des deutschen Vormärz, so auch das Urteil von Gerhard Göhler im Vergleich zu Rotteck. Aber vergessen wurde Pölitz dennoch nicht. In allen einschlägigen Veröffentlichungen zum Staats- und Verfassungsrecht der Zeit findet er Erwähnung.[256] Gelegentlich erscheint Pölitz sogar trotz der großen Konkurrenz als

253 Blänkner, Reinhard: Integration durch Verfassung? Die ‚Verfassung' in den institutionellen Symbolordnungen des 19. Jahrhunderts in Deutschland, in: Vorländer, Hans (Hg.), *Integration durch Verfassung*, Wiesbaden 2002, S. 216.

254 Bleek, Wilhelm: *Von der Kameralausbildung zum Juristenprivileg: Studium, Prüfung und Ausbildung der höheren Beamten des allgemeinen Verwaltungsdienstes in Deutschland im 18. und 19. Jahrhundert*, Berlin 1972.

255 Blänkner, Reinhard: Integration durch Verfassung? Die ‚Verfassung' in den institutionellen Symbolordnungen des 19. Jahrhunderts in Deutschland, in: Vorländer, Hans (Hg.), *Integration durch Verfassung*, Wiesbaden 2002, S. 216. Vgl. dazu die frühen republikanischen Verfassungen, die oben thematisiert wurden. Neuerdings auch Imhoff, Andreas (Hg.): *Die Landauer Jakobinerprotokolle 1791-1794*, Neustadt a.d.W. 2001; Riethmüller, Jürgen: *Die Anfänge der Demokratie in Deutschland*, Neuried 2001.

256 Vgl. Friedrich, Manfred: *Geschichte der deutschen Staatsrechtswissenschaft*, Berlin 1997, S. 166ff.; Brandt, Hartwig: Einleitung, in: ders. (Hg.), *Restauration und Frühliberalismus. 1814-1840* (Quellen zum politischen Denken der Deutschen im 19. und 20. Jahrhundert, Bd.3), Darmstadt 1979, S. 25ff.; Mager, Wolfgang: Art. Republik, in: *Geschichtliche Grundbegriffe*, Bd. 5. hg. von Otto Brunner, Werner Conze, Reinhart Koselleck, Darmstadt 1984, S. 619ff.; Langewiesche, Dieter: *Republik und Republikaner. Von der historischen Entwertung eines politischen Begriffs*, Essen 1993, S. 44; Boldt, Hans: *Deutsche Staatslehre im Vormärz*, Düssel-

prominente Figur, nämlich dort, wo es um die Gruppe des Vermittlungs-Liberalismus geht.[257] Dann steht er mit seinem Aufsatz über „Die drei politischen Systeme" (1828) neben Friedrich Ancillon und dessen zweibändigen Werk „Zur Vermittlung der Extreme in den Meinungen" (1828 und in zweiter Aufl. 1838) im Mittelpunkt.[258] Vermittelt wird die Position der Revolution mit der Idee der Reaktion, oder anders ausgedrückt: die Vernunft mit der Geschichte. Er vertritt damit eine Position, die bürgerliche Positionsbestimmungen vornimmt, die sich zwischen die aufkommende demokratische Bewegung und die aristokratische Reaktion schiebt und er beschreibt das Projekt des monarchischen Prinzips der Vermittlung zwischen Fürsten- und Volkssouveränität, zwischen absoluter Monarchie und Republik. Er verbindet Geschichte mit Vernunft und bringt „Mäßigung" in die wirkliche Welt. Das System der Reformen ist auf Philosophie/Vernunft und Geschichte/Traditionen gleichmäßig begründet und wird in Folge der Juli-Revolution in Frankreich auch mit dem Etikett des *juste-milieu* versehen.[259] Das monarchische Prinzip wurde von Friedrich Julius Stahl auf präzise Weise bestimmt: dabei nennt er zwar das monarchische Prinzip das Gegenprinzip zur Volkssouveränität und der Teilung der Gewalten, und ergänzt weiter, „dass alle öffentliche Ordnung vom König ausgeht und dass der König die gesamte Staatsgewalt in sich vereinigt, und nach ihrem Beispiel haben auch die deutschen Konstitutionen diese Sätze meistens aufgenommen"[260] Aber: „Der eigentliche und spezifische Gegensatz gegen das monarchische Prinzip ist deshalb vielmehr das parlamentarische Prinzip.

„Wie sein langjähriger Fakultätskollege Krug war auch Pölitz von enzyklopädischer literarischer Produktivität, wenn auch der Schwerpunkt ersichtlich im staatswissenschaftlichen Fache lag."[261] Und tatsächlich ist die Liste seiner Publikationen beeindruckend in Umfang wie in Breite der Wissensgebiete: Pädagogik, Völkerrecht, Volkswirtschaft, Theologie, Philosophie und eben auch und in gewichtigem Maße die Staatswissenschaft (Politik). Wohl diese Breite des Spektrums seiner Veröffentlichungen hat ihm den Ruf des Vielschreibers

---

dorf 1975, S. 186ff; Schmidt-Aßmann, Eberhard: *Der Verfassungsbegriff in der deutschen Staatslehre der Aufklärung und des Historismus*, Berlin 1967, S. 178ff.; Stolleis, Michael: *Geschichte des öffentlichen Rechts in Deutschland. Band 2: Staatsrechtslehre und Verwaltungswissenschaft 1800-1914*, München 1992, S. 165f.

257 Boldt, Hans: *Deutsche Staatslehre im Vormärz*, Düsseldorf 1975, S. 131ff.

258 Pölitz erwähnt auch Sylvester Jordan in „Die drei politischen Systeme" (1828). Jordans Werk von 1828 trägt den Titel: „Versuche über allg. Staatsrecht in systematischer Ordnung und mit Bezugnahme auf Politik"

259 Boldt, Hans: *Deutsche Staatslehre im Vormärz*, Düsseldorf 1975, S. 133; Connerton, Daniel P.: *Karl Heinrich Ludwig Pölitz and the Politics of the Juste milieu in Germany, 1794-1838*, Chapel Hill 1973; Welcker, Theodor: Art. Juste-Milieu, in: *Rotteck/Welcker, Staatslexikon oder Encyklopädie der Staatswissenschaften*, Band 7, 1838, S.793-812.

260 Stahl, Friedrich Julius: *Das monarchische Prinzip*, Heidelberg 1845, S. 18ff.

261 Brandt, Hartwig: Einleitung, in: ders. (Hg.), *Restauration und Frühliberalismus. 1814-1840* (Quellen zum politischen Denken der Deutschen im 19. und 20. Jahrhundert, Bd.3), Darmstadt 1979, S. 27.

eingebracht: „Prominente Geltung erlangten in dieser Hinsicht vor allem die zahl- wie umfangreichen Schriften der Professoren Krug und Pölitz, deren großer publizistischer Erfolg indes mit ihrer geringen intellektuellen Brillanz seltsam kontrastierte."[262] In die gleiche Richtung geht auch die Kritik Mohls, der Pölitz' Veröffentlichungen als „mittelmäßiges Futter für die Mittelmäßigkeit, eine Theorie der flachsten Spießbürgerei" denunziert.[263] Dem widerspricht Manfred Friedrich mit dem Hinweis, daß Pölitz zwar häufig die wissenschaftliche Originalität abgesprochen werde, „dies aber eher wohl zu Unrecht."[264] Außerdem wird ihm zugute gehalten, daß er in „übersichtlicher Form und gemeinverständlicher Sprache die landläufigen Ergebnisse der verschiedenen Staatswissenschaften wiedergab."[265]

In der Literatur werden Pölitz' Positionen mit denen zahlreicher anderer Autoren verglichen. Schmidt-Aßmann ordnet ihn in die Kategorie der „vermittelnden Staatslehre" ein zusammen mit dem frühen Gentz (vor Metternich bis 1803), dem preußischen Staatsdenker und -mann Friedrich Ancillon und Wilhelm von Humboldt; Brandt nimmt Pölitz in der Kategorie des vernunftrechtlichen Konstitutionalismus an die Seite Krugs.[266] Boldt handelt ebenso unter der Kategorie der Vermittlung Pölitz mit dem Historiker Waitz ab, um Pölitz als Vorbereiter „einer ‚organischen' Entwicklung der Verhältnisse aus der deutschen Vergangenheit" zu interpretieren.[267] Pölitz selber weist in seiner Schrift auf zwei geistesverwandte Kollegen hin, die auch den Mittelweg zwischen den Extremen pflegen: Friedrich Ancillon war Legationsrat in Berlin und hat die Schrift veröffentlicht: „Zur Vermittlung der Extreme in den Meinungen" von 1828 und der andere ist Sylvester Jordan, Rechtsprofessor in Marburg, der ebenfalls 1828 die Schrift „Versuche über allgemeines Staatsrecht in systematischer Ordnung und mit Bezugnahme auf Politik" veröffentlicht hat.[268] Die Einordnung in das politische Spektrum des Vormärz fällt nicht schwer, da Pölitz ein starkes Interesse hatte, sich selber in seiner Zeit zu verorten. Mit dem Selbstbeschreibungs-Begriff des juste-milieu-Konstitutionalismus ist recht präzise beschrie-

---

262 Muhs, Rudolf: Zwischen Staatsreform und politischem Protest. Liberalismus in Sachsen zur Zeit des Hambacher Festes, in: Schieder, Wolfgang (Hg.), *Liberalismus in der deutschen Gesellschaft des deutschen Vormärz*, Göttingen 1983, S. 205f. Dies schreibt Muhs, um in der Anmerkung darauf hinzuweisen: „Ihre geringe Beachtung in der historischen Forschung jedoch steht wiederum in keinem angemessenen Verhältnis zu ihrer zeitgenössischen Wirkung" (ebenda, S. 206, Anm. 32).

263 Stolleis, Michael: *Geschichte des öffentlichen Rechts in Deutschland. Band 2: Staatsrechtslehre und Verwaltungswissenschaft 1800-1914*, München 1992, S. 166.

264 Friedrich, Manfred: *Geschichte der deutschen Staatsrechtswissenschaft*, Berlin 1997, S. 166f.

265 Stolleis, Michael: *Geschichte des öffentlichen Rechts in Deutschland. Band 2: Staatsrechtslehre und Verwaltungswissenschaft 1800-1914*, München 1992, S. 166.

266 Brandt, Hartwig: *Landständische Repräsentation im deutschen Vormärz. Politisches Denken im Einflußfeld des monarchischen Prinzips*, Berlin 1968, S. 214ff.

267 Boldt, Hans: *Deutsche Staatslehre im Vormärz*, Düsseldorf 1975, S. 189.

268 Pölitz, Karl Heinrich Ludwig: Die drei politischen Systeme, in: *Jahrbücher der Geschichte und Staatskunst* 1828, S. 7.

ben, welche Positionen Pölitz besetzte: die mittleren. [269] Er war ein Mann der Mäßigung, und sofern sich Mäßigung noch steigern lässt: war er „der sehr gemäßigte sächsische Liberale Pölitz."[270] Er war ein Mann der Mitte, des Kompromisses, „der typische vormärzliche Vermittlungstheoretiker"[271], oder wie es anderer Stelle heißt: „meinungsbildender Kopf des Vermittlungsliberalismus."[272] Was das inhaltlich bedeutete, machte Pölitz selber deutlich in seinem Aufsatz „Die drei politischen Systeme."[273] Die zwei Systeme, von denen er sich absetzte, bezeichnete er als das System der Revolution auf der einen und das der Reaction auf der anderen. Vier Kategorien geht er durch (vier Dogmen, wie er sie selber nennt): Staatsleben, Souveränität (die höchste Gewalt im Staate), die Volksvertretung und die freie Presse. Er zeigt sich als ein Anhänger der Vertragstheorie (Staatsgrundvertrag), der die Souveränitätsfrage durch eine Verfassung geklärt wissen will, in der sich Volk und Regent selber binden. Seine liberale Grundhaltung zeigt sich in der Befürwortung eines Zwei-Kammer-Systems, seine Vermittlungsposition darin, dass er die Exekutive ganz in die Hand des Regenten gelegt und die Legislative von Regent und Parlament gemeinsam vertreten sehen will. Er sieht die Gefahr von „Regentenwillkür" ebenso wie die des „Volksdespotismus".[274] Dass er sich für die Pressefreiheit ausspricht und in einer von Intellektuellen bestimmten Öffentlichkeit den Garanten einer freiheitlichen

---

269 Connerton, Daniel P.: *Karl Heinrich Ludwig Pölitz and the Politics of the Juste milieu in Germany, 1794-1838*, Chapel Hill 1973; Brandt, Hartwig: Einleitung, in: ders. (Hg.), *Restauration und Frühliberalismus. 1814-1840* (Quellen zum politischen Denken der Deutschen im 19. und 20. Jahrhundert, Bd.3), Darmstadt 1979, S. 1-84. „Man bezeichnet dieses System (das System der Reformen, RS) in Frankreich, nach einem von König Ludwig Philipp im Frühjahre 1831 gebrauchten Ausdruck, mit dem Namen juste-milieu, und die Anhänger desselben mit der Benennung der Doctrinaire, d.i. der Staatsmänner, welche die Praxis im Staatsleben auf eine wohlerwogene und in sich bestimmt abgeschlossene staatsrechtliche Theorie zurückführen, damit Einheit, Ordnung und Zusammenhang in die Praxis komme..." (Pölitz, Karl Heinrich Ludwig: Guizot, der Bewegungspartei gegenüber, in: *Jb. d. Gesch. und Pol.*, Sept. 1837 (II/1837), S. 248-266, S. 248f.). Auch an anderer Stelle: Murhard erklärt das System der Reformen, von „den Franzosen, seit der Mitte des Jahres 1830, das juste-milieu genannt" (Pölitz, Karl Heinrich Ludwig: (Rezension) Friedrich Murhard, Der Zweck des Staates, in: *Jb. d. Gesch. und Pol.* (II/1832), S. 171). Später zieht er jedoch eine kleine, wenn auch nicht näher erläuterte, Differenzierung ein, indem er schreibt, dass das juste-milieu nicht ganz dem System der Reformen auf deutschem Boden entspreche (Pölitz, Karl Heinrich Ludwig: Andeutungen über die wesentliche Verschiedenheit des constitutionellen Systems in Großbritannien und Frankreich, in: *Jb. d. Gesch. und Politik*, Jan. 1837 (I/1837), S. 26).

270 Langewiesche, Dieter: *Republik und Republikaner. Von der historischen Entwertung eines politischen Begriffs*, Essen 1993, S. 44, Anm. 68.

271 Friedrich, Manfred: *Geschichte der deutschen Staatsrechtswissenschaft*, Berlin 1997, S. 166f.

272 Brandt, Hartwig: Einleitung, in: ders. (Hg.), *Restauration und Frühliberalismus. 1814-1840* (Quellen zum politischen Denken der Deutschen im 19. und 20. Jahrhundert, Bd.3), Darmstadt 1979, S. 27.

273 Pölitz, Karl Heinrich Ludwig: Die drei politischen Systeme, in: *Jahrbücher der Geschichte und Staatskunst* 1828, S. 1-28.

274 Ebenda, S. 20.

Entwicklung sieht, darf nicht überraschen. Eine völlige Pressefreiheit will er jedoch nicht.

2.2. Pölitz' Kant'scher Republikanismus

Jean-Jacques Rousseau hat in seinem Contrat Social eine schlichte, aber griffige Definition der Republik gegeben: „Ich nenne daher Republik jeden Staat, der von Gesetzen geleitet wird, unter welcher Verwaltungsform er auch erscheint. (...) Jede rechtmäßige Regierung ist republikanisch." Und in einer Anmerkung zu dieser Passage fügt er hinzu: „In diesem Sinn ist sogar die Monarchie eine Republik."[275] Immanuel Kant erweist sich in diesem Zusammenhang, wie wir oben gesehen haben, als gelehriger Schüler Rousseaus, wenn in seiner Schrift *Zum ewigen Frieden* die Überschrift des ersten Definitivartikels lautet: „Die bürgerliche Verfassung in jedem Staate soll republikanisch sein." Was er darunter versteht, erläutert er im Folgenden unmittelbar darauf:

„Die erstlich nach Prinzipien der *Freiheit* der Glieder einer Gesellschaft (als Menschen); zweitens nach Grundsätzen der *Abhängigkeit* aller von einer einzigen gemeinsamen Gesetzgebung (als Untertanen); und drittens, die nach dem Gesetz der *Gleichheit* derselben (als *Staatsbürger*) gestiftete Verfassung – die einzige, welche aus der Idee des ursprünglichen Vertrags hervorgeht, auf der alle rechtliche Gesetzgebung eines Volkes gegründet sein muß – ist die *republikanische*" (Hervorhebungen im Original, RS).[276]

D.h., nur diejenige Regierungsform ist legitim, die sich auf einen Gesellschaftsvertrag (Staatsgrundvertrag) stützen kann.[277] Als Staatsbürger sind alle gleich (Gleichheitsgrundsatz) und die Ständegesellschaft ist illegitim. Damit richtet sich Kant gegen die traditionale Herrschaftslegitimation und die Ungleichheit in der Ständegesellschaft.

Pölitz geht im Großen und Ganzen diese Argumentation mit. Seine Kantverehrung geht so weit, dass er in den Staatswissenschaftlichen Vorlesungen Kant die gleiche Bedeutung für die Staatswissenschaften zuschreibt wie Adam Smith in den Wirtschaftswissenschaften.[278] Erst mit Kant, so Pölitz, ist ein mo-

---

275 Rousseau, Jean-Jacques: Vom Gesellschaftsvertrag, in: ders., *Politische Schriften* Band 1, hg. von Ludwig Schmidt, Stuttgart 1977, S. 98.

276 Kant, Immanuel: Zum ewigen Frieden [1795], in: *Werke Bd. 11, Schriften zur Anthropologie, Geschichtsphilosophie, Politik und Pädagogik 1*, Frankfurt/M. 1968, S. 204.

277 Kant weiter an gleicher Stelle zur Erläuterung des ersten Definitivartikels: „Vielmehr ist meine äußere (rechtliche) Freiheit so zu erklären: sie ist die Befugnis, keinen äußeren Gesetzen zu gehorchen, als zu denen ich meine Beistimmung habe geben können" (ebenda). Bekanntlich geht der Streit in seiner Zeit darum, ob es nur eine als-ob Konstruktion ist, oder ob die Bürger faktisch selbst Gesetze geben.

278 Mit Smith setzt sich Pölitz in „Die drei Systeme der Staatswirtschaft in Beziehung auf die Staatsverwaltung im Königreich Sachsen" auseinander. Dem Merkantilsystem und dem System der Phyiokraten setzt er das System des Schotten A. Smith entgegen, „das man nur sehr

dernes, systematisches Staatsrecht möglich.[279] Kant steht für die Herrschaft des Rechts.[280] Weniger systematisch als Kant und flexibel an die Bedürfnisse der Zeit angepasst, entwickelt sich Pölitz' politisches Programm, das sich gegen die jeweiligen „Überspannungen der Zeit" richtet; einmal eher gegen rechts so zu Beginn des Vormärz, dann in den 1830er Jahren eher gegen links.[281] Gegen rechts machte er infolge der Restauration in Frankreich liberale Forderungen stark, wie sie in den Verfassungsentwürfen und Verfassungen seiner Zeit Niederschlag fanden.[282] Es war die Zeit der ersten Verfassungen und der Verfassungsversprechen, ebenso wie der preußischen und habsburgischen Repression. Doch es ist auch die Zeit, in der ein neues Modell verfassungsmäßiger Herrschaft entstanden ist durch das Vorbild der Charte Constitutionelle in Frankreich 1814.[283] Die Charte zeichnet sich dadurch aus, dass sie die wichtigsten liberalen Forderungen der Revolution auf Dauer stellt, aber keine revolutionärdemokratische, auf Volkssouveränität nach dem Modell von Sieyès aufruhende Legitimationsgrundlage hat. Ludwig XVIII. von Frankreich hat seine Königswürde nicht dem Eid auf die Verfassung zu verdanken. Er konnte sich in den entscheidenden Monaten im Jahre 1814 auf die eigenständige Legitimationsgrundlage der Monarchie berufen und als Hüter der Verfassung wie gleichzeitig als Bewahrer der alten Ordnung auftreten ohne jedoch auch nur im entferntesten die Chance gehabt zu haben, den Weg Ferdinands VII. aus Spanien zu gehen. Dieser hatte nach seiner Rückkehr die Verfassung der Cortes abgeschafft und seine Befürworter verfolgen lassen und sich selber als absolutistischen Fürsten

---

uneigentlich als Industriesystem bezeichnen kann" (Pölitz, Karl Heinrich Ludwig: Die drei Systeme der Staatswirtschaft in Beziehung auf die Staatsverwaltung im Königreiche Sachsen, in: *Verm. Schriften* Bd.1, Leipzig 1831, S. 266).

279 Pölitz, Karl Heinrich Ludwig: *Staatswissenschaftliche Vorlesungen für die gebildeten Stände in constitutionellen Staaten*, (3 Bde.), Leipzig 1831-33: Band 1, S. 40ff. Mit der „Ableitung des Rechts aus der sittlichen Gesetzgebung der Vernunft (...) begann ein neuer Abschnitt in der systematischen Behandlung des Natur- und Staatsrechts durch Hufeland, Heydenreich, Fichte, Gros, Zachariä, Krug, Köppen, Schulze, Bauer u.a." (ebenda).

280 In dieser Hinsicht ist Pölitz vollkommen auf Kants Linie. Z.B. in der Rezension von Ancillons Buch über die Staatswissenschaften schreibt er: absoluter Zweck des Staates ist „die unbedingte Herrschaft des Rechts" (Pölitz, Karl Heinrich Ludwig: (Rezension) Friedrich Ancillon. Über die Staatswissenschaften, in: *Verm. Schriften*, Bd. 2, Leipzig 1831, S. 317).

281 Pölitz' Leipziger Kollege Krug hat eine Schrift veröffentlicht mit dem Titel: „Der falsche Liberalismus unserer Zeit". Und Pölitz hat dazu eine Rezension verfasst, die systematisch seine Vorstellung vom echten Liberalismus offenbart. Darin deutet er an, dass sich seine Position der rechten Mitte (juste milieu) um ca. 1815 noch gegen rechts wenden musste. Die „Überspannungen der Zeit" von 1832 jedoch eher in Positionen auf der linken Seite zu suchen sind (Pölitz, Karl Heinrich Ludwig: (Rezension) Wilhelm Traugott Krug, Der falsche Liberalismus unserer Zeit, in: *Jb. d. Gesch. und Staatskunst* Okt. (II/1832), S. 365-369).

282 Gegen links reagierte er mit anti-individualistischen und kapitalismus-kritischen Gemeinwohlformeln, die sich besonders in den Jahren nach 1830 mehrten (s. nächstes Kapitel).

283 Zum folgenden, vgl.: Sellin, Volker: *Die geraubte Revolution. Der Sturz Napoleons und die Restauration in Europa*, Göttingen 2001, S. 225ff.

wieder eingesetzt.[284] Das Modell der Charte war für die deutschen Liberalen von großer Anziehungskraft, die sie auch über die Revolution von 1848 nicht einbüßte.[285] D.h. die Restauration in Frankreich gab einen Rechtsruck, gegen den Pölitz die Verfassung als liberale Errungenschaft verteidigen wollte. Später nach 1830 mit der Julirevolution kamen die demokratischen „Geister" der französischen Revolutionszeit wieder, gegen die Pölitz die Ideen des monarchischen Prinzips und der Kontinuität stark machte, die für ihn wichtige Bausteine einer legitimen politischen Ordnung waren. Im Verfassungsdiskurs seiner Zeit verbinden sich diese Positionen der konstitutionellen Monarchie zu einer Richtung, die unter Hinweis auf den überwölbenden Charakter des Verfassungsdenkens als republikanischer Konstitutionalismus bezeichnet werden kann.

Der Staatszweck ist die Herrschaft des Rechts[286] und seine Forderungen entsprechen dem gesamten Repertoire individualrechtlichen Denkens der Zeit: Recht der persönlichen Freiheit, d.h. Schutz vor Leibeigenschaft, Ende der Frohnen, Schutz vor staatlicher Willkür, Gleichheit vor dem Gesetz, freie Berufswahl (auch Staatsämter), Freiheit des Wortes und Pressefreiheit (bei Aufrechterhaltung der Zensur), Gewissensfreiheit, Eigentumsfreiheit, Recht auf gleichmäßige Besteuerung, Recht und Pflicht der Verteidigung des Vaterlandes (Waffendienst), Auswanderungsrecht, Recht der Beschwerdeführung (selbst bei höchsten Staatsbehörden und bei Rechtsverweigerung, selbst bei Ständeversammlung) und Recht auf Öffentlichkeit.[287] Dies ist der Forderungskatalog, der in den fortschrittlichen Verfassungen des Vormärz weitgehend so festgeschrieben wurde.[288]

Im Erlassen einer Verfassung steckte die ganze Hoffnung dieser Suche nach der Republik als Rechtsstaat. So wie Adam Smith für Pölitz der Gewährsmann für freiheitliche ökonomische Verhältnisse war, sah er Kant als zentralen Gewährsmann für das Konzept der politischen Freiheit. Frei ist, wer keiner personalen, absolutistischen Herrschaft unterworfen ist, sondern in einer Herrschaftsform, die gesetzlich geregelt ist, unter einer Verfassung. Das Zustande-

---

284 Ebenda.
285 Dass in dieser aus der konkreten Problemlage und Machtkonstellation zwischen Senat, Volk und König gewonnenen Verfassung von 1814 keine theoretisch reflektierte und somit konsistent aufgebaute und systematische Lösung gefunden wurde, hat erst Robert von Mohl 1848 kritisiert. Er sah die Widersprüche und ungeklärten Machtfragen nur in einem parlamentarischen System nach englischem Muster gelöst. Anders dagegen Julius von Stahl, der dem monarchischen Prinzip eine eigenständige Legitimationsgrundlage gegeben hat. Die Kontroverse zwischen Stahl und Mohl hat sich vor einigen Jahrzehnten aus der Distanz noch einmal wiederholt in der Auseinandersetzung zwischen Böckenförde und Huber.
286 Pölitz, Karl Heinrich Ludwig: *Staatswissenschaftliche Vorlesungen für die gebildeten Stände in constitutionellen Staaten*, (3 Bde.), Leipzig 1831-33: Band 1, S. 60.
287 Ebenda, S. 207-211.
288 Pölitz, Karl Heinrich Ludwig: *Die europäischen Verfassungen seit dem Jahre 1789 bis auf die neueste Zeit. Mit geschichtlichen Erläuterungen und Einleitungen*, 2. neugeordn., berichtigte und erg. Auflage, Band 1, Leipzig 1832.

kommen der Verfassung wird vertragstheoretisch legitimiert. Die freiwillige Vereinigung zum Zweck der Rechtssicherheit geschieht als Vertrag, im sogenannten Staatsgrundvertrag.[289] Freiheit ist dadurch die Abwesenheit von Zwang und Herrschaft, weil der Bürger die Freiheit hat, nach vernünftigen und für alle gleich gültigen Gesetzen zu leben. Dies wird institutionalisiert durch die Beschränkung der Regierung im Rechtsstaat.

> „Auch verkündet es die Geschichte bereits seit Jahrtausenden, dass der Zweck des Staates bei sehr verschiedenen Regierungsformen – bald Monarchie, bald der Republik, und bei beiden nach den mannigfaltigsten Schattierungen, – erreicht werden könne, sobald die Regierungsform nur überhaupt rechtlich begründet ist, und den örtlichen Verhältnissen, so wie den eigentümlichen Bedürfnissen jedes einzelnen Staates entspricht."[290]

Und so schließt er, um jeden Kurzschluß von Verfassung zu Volkssouveränität auszuschließen, dass „folglich da, wo eine Verfassung als Staatsgrundgesetz besteht, nie weiter von der Volkssouveränität die Rede sein" kann.[291] Auch hier ist er im gewissen Sinne nahe an der Kant'schen Überlegung, dass die reine Demokratie in ihr Extrem getrieben eine despotische Regierungsform ist, weil sie keine Beschränkung kennt.

Kants Begriffsprägung war ungewöhnlich und wurde bald überlagert von der Staatsformenlehre: entweder Monarchie oder Republik. Aber die Idee rechtsförmiger Herrschaft blieb. Und so wird man auch von Pölitz keinen Satz über die Republik lesen, schließlich wollten die Republikaner nach dem französischen Vorbild die Abschaffung der Monarchie, was den Begriff für die Vermittlungsliberalen in den 1820er Jahren zu einem Kampfbegriff werden ließ.[292] Diese Überlegungen führen uns zu den Punkten, die den reinen Rechtsstaats-Gedanken von Kant und Pölitz überwinden. Wie soll die Republik als Rechtsstaat gegründet werden und wie soll die Verfassung in Geltung gehalten werden.

Kant hat institutionellen Mechanismen die Kraft zugeschrieben, erzieherisch zu wirken, insbesondere einem reinen Rechts-Regime. Dagegen war sein Vertrauen gering, über erzieherische Maßnahmen eine Verbesserung der Institutionen zu erreichen. Konkret historisch hieß dies: Kant vertraute offensichtlich auf einen aufgeklärten Absolutisten, wie Friedrich II., der wie ein kluger Gesetzgeber (legislateur) ein Rechts- und Regelwerk erlassen sollte, von dem dann

---

289 Pölitz, Karl Heinrich Ludwig: *Staatswissenschaftliche Vorlesungen für die gebildeten Stände in constitutionellen Staaten*, (3 Bde.), Leipzig 1831-33: Band 1, S. 62.
290 Ebenda, S. 94.
291 Ebenda, S. 97.
292 Dann, Otto: Kants Republikanismus und seine Folgen, in: Kirsch, Martin (Hg.), *Denken und Umsetzung des Konstitutionalismus in Deutschland und anderen europäischen Ländern in der ersten Hälfte des 19. Jh.*, Berlin 1999, S. 130; Mager, Wolfgang: Art. Republik, in: *Geschichtliche Grundbegriffe*, Bd.5, hg. von Otto Brunner, Werner Conze, Reinhart Koselleck, Darmstadt 1984, S. 549-651; Koselleck, Reinhart: Über die Verfügbarkeit der Geschichte, in: ders., *Vergangene Zukunft. Zur Semantik geschichtlicher Zeiten*, 3. Aufl., Frankfurt/M. 1995, S. 260-277.

zivilisierende und moralisierende Entwicklung erwartet wurde. Denn jeder Verfassungsgebung stellte sich das Problem des Verfassungsgebers. Jede Gründung hatte nicht nur ein logisches, legitimatorisches, sondern auch ein praktisches Problem, wer und wie die Verfassung gibt. Noch deutlicher schreibt dies Pölitz an anderer Stelle:

> „Es sind (...) einzelne hervorragende Geister, Fürsten, die zur rechten Zeit und auf der rechten Stelle erscheinen, oder Minister, in der Nähe einsichtsvoller und wohlwollender Regenten – welche nach dem ihnen innewohnenden, ihr Volk und ihre Zeit überragenden, Geiste den Zeitpunkt der nöthig gewordenen Verjüngung des innern Staatslebens erkannten, und, mit weiser Berücksichtigung der Örtlichkeit, der erreichten Bildungsstufe ihres Volkes und seiner Stellung in der Mitte anderer Staaten, das System der Reformen handhabten."[293]

Und so war das Moment der Neugründung und Konstituierung, bevor es von den amerikanischen Gründervätern erstmals den Bürgern selbst zugetraut wurde, immer in den Händen charismatischer Gründerfiguren. Aus der Antike kennen wir Solon und Lykurg, auf die Machiavelli,[294] Rousseau[295] und auch Hegel zurückgreifen.[296] Diese Gründer und Gesetzgeber sollen die Gesetze geben, von denen dann kraft der überlegenen Vernunft und Autorität erzieherische Wirkungen ausgehen.

2.3. Tugend und Kommerz in Pölitz' Republikanismus

War es in der frühen konstitutionellen Phase die Befreiung von starren, traditionellen Regeln und ungleichen und ungerechten Ordnungen, thematisierte Pölitz

---

293 Pölitz, Karl Heinrich Ludwig: Geschichtliche Andeutungen über die Anwendung des Systems der Reformen in monarchischen und republikanischen Staaten, in: *Verm. Schriften*, Bd.1, Leipzig 1831, S. 97.

294 In der Überschrift des 9. Kapitels des 1. Buchs der Discorsi heißt es bei Machiavelli: „Daß der Mann allein sein muß, der eine neue Republik begründen oder in einer bestehenden alle alten Einrichtungen verändern will." Und weiter im Text heißt es: „Es ist eine allgemeine Regel, daß niemals oder selten eine Republik oder ein Königreich von Anfang an gut geordnet wird, oder neue ganz von den bestehenden Einrichtungen abweichende Formen erhält, wenn es nicht von einem einzelnen geschieht, der allein die Macht hat, und aus dessen Geist alle Gesetze und Einrichtungen hervorgehen" (Machiavelli, Niccolo: Discorsi, in: ders., *Politische Schriften*, hg. von Herfried Münkler, Frankfurt/M. 1991, S. 151).

295 Rousseau, Jean-Jacques: Vom Gesellschaftsvertrag, in: ders., *Politische Schriften* Band 1, hg. von Ludwig Schmidt, Stuttgart 1977, S. 100.

296 Hegel, Georg Wilhelm Friedrich: Beurteilung der Verhandlungen in der Versammlung der Landstände des Königreichs Württemberg im Jahr 1815 und 1816, in: *Werke Band 4: Nürnberger und Heidelberger Schriften 1808-1817*. Auf der Grundlage d. Werke von 1832-1845 neu ed. Ausg., Frankfurt/M. 1986, S. 580. Bei Hegel ist es Theseus, der „die Besonderheiten und Eigentümlichkeiten der Menschen zertrümmer(te)n" musste, um eine Einheit zu formen. Und auch bei Hegel wird die Demokratie mit dem antiken, kleinräumigen Vorbild verbunden. Er schreibt, dass „eine demokratische Verfassung, als Theseus seinem Volke gab, in unseren Zeiten und großen Staaten ein Widerspruch in sich selbst ist(...)" (ebenda).

in den 1830er Jahren verstärkt den drohenden Ordnungsverlust durch „Idealismus der Jugend" und die Folgen einer sich entwickelnden Industrialisierung. In dieser Zeit änderte sich das soziale Klima nachhaltig. Die Julirevolution, eine Überspannung der Zeit, wie Pölitz eigenwillig formuliert, macht aus seiner Sicht eine Korrektur nach rechts notwendig. Er wehrt sich gegen diese Überspannungen des *mouvement*, also der Positionen, die er links von der Mitte ansiedeln würde.[297] Und diese Vertreter des *mouvement* wollen „zur Republik, mit einem Präsidentenstuhl für jeden, welchen das souveräne Volk darauf erhebt."[298]

Angesichts der sozialen Verwerfungen werden Theoretiker interessant, die soziale Voraussetzungen für politische Ordnungen berücksichtigen. An die Seite von Kant treten Überlegungen, die von Montesquieu und den schottischen Aufklärern bekannt sind.[299] Die sozialen Voraussetzungen der Gesetzesherrschaft waren bei Kant offensichtlich nicht mit reflektiert. Und so hätte Pölitz, um dieses Defizit ausgleichen zu können, auf die Analysen Rousseaus zurückgreifen können, wenn der in seiner Zeit nicht zu sehr mit dem Konzept der Volkssouveränität verbunden gewesen wäre und sein Republikanismus nicht zu sehr an Idealen der kleinräumigen Antike festgehalten hätte. Oder auch Montesquieu hätte Pölitz unmittelbar rezipieren können, doch der war mit seiner Gewaltenteilung für Pölitz ein überholtes Modell; als Verfassungssoziologe wurde Montesquieu – zumindest von Pölitz – nicht wahrgenommen.[300] Allerdings ist Montesquieu so allgegenwärtig, dass es keines Rückgriffs auf ihn selber bedurfte. Über Schlözer, Spittler, Heeren, die Reichsrechtshistoriker Pütter und Häberlin, sowie Möser und den Schweizer Johannes Müller wirkte Montesquieu in die deutsche historische und systematische Staatswissenschaft hinein.[301] Sein Programm war die „Befreiung von der naturrechtlichen Verfassungssystematik"[302], an die sich Pölitz mit zahlreichen Schriften anschloss. Er kannte zudem Adam

---

297   Die Punkte, die er durchgeht: Recht, gesetzliche Ordnung, Frieden, Offenheit, Opposition nur zur Wahrung des Rechts, gesetzliche Preßfreiheit, reformieren statt revolutionieren, hält Maß und Ziel. [Pölitz, Karl Heinrich Ludwig: Über meine Ansicht von der Censur, in: *Jb. d. Gesch. u. Staatsk.*, Sept. (II/1832), S. 243-249].

298   Pölitz, Karl Heinrich Ludwig: (Rezension) Wilhelm Traugott Krug, Der falsche Liberalismus unserer Zeit, in: *Jb. d. Gesch. und Staatskunst* Okt. (II/1832), S. 365.

299   Vgl. auch Dann, Otto: Kants Republikanismus und seine Folgen, in: Kirsch, Martin (Hg.), *Denken und Umsetzung des Konstitutionalismus in Deutschland und anderen europäischen Ländern in der ersten Hälfte des 19. Jh.*, Berlin 1999, S. 125-143; Nolte, Paul: Bürgerideal, Gemeinde und Republik. „Klassischer Republikanismus" im frühen deutschen Liberalismus, in: *Historische Zeitschrift*, 254 (1992), S. 609-656.

300   Zur Montesquieu-Rezeption in Deutschland, vgl. Vierhaus, Rudolf: Montesquieu in Deutschland. Zur Geschichte seiner Wirkung als politischer Schriftsteller im 18. Jahrhundert, in: ders., *Deutschland im 18. Jahrhundert. Politische Verfassung, soziales Gefüge, geistige Bewegungen*, Göttingen 1987, S. 9-32.

301   Ebenda, S. 31f.

302   Ebenda

Fergusons (aus dem Englischen, wie er anmerkt) und David Humes Schriften, die er beide als „Literatur zur Staatskunst (Politik)" angibt.[303]

Auch wenn Wilhelm Hennis sicherlich Recht hat, dass es im deutschen Sprachraum keinen Verfassungssoziologen im Stile eines Montesquieu, Tocqueville oder auch Bagehot gegeben hat, gab es mit Pölitz dennoch einen Vertreter, der nach den soziomoralischen Voraussetzungen von Verfassungen gefragt hat.[304] Zu diesen Überlegungen gehören besonders die Rückführung politischer Institutionen auf geographische, soziomoralische, religiöse und generell kulturelle Voraussetzungen.[305] Und eine Ausweitung des Wahlrechts wurde mit dem Hinweis abgelehnt, dass es den breiten Massen an der Fähigkeit zur Selbstbeherrschung mangele. Klassisch republikanisch argumentiert Pölitz dort, wo es um die Vergabe des aktiven Bürgerrechts geht. Gegen die radikal demokratische Freigabe des aktiven wie passiven Bürgerrechts schreibt Pölitz: „nur die sittlichmündigen in Besitze und in Gebrauche der politischen Freiheit stehen, d.h. an der Leitung der Staatsgeschäfte Antheil nehmen dürfen."[306]

Die Voraussetzungen: „richtige Kenntnisse über das Wesen und die innern Verhältnisse der bürgerlichen Gesellschaft", „geistige und sittliche Kraft und Mündigkeit", „Selbstständigkeit des Urteils und der Tat." Nicht alle, so Pölitz weiter, „besitzen die erforderliche Unabhängigkeit, die erforderlichen Eigenschaften, Tugenden und Geisteskräfte und Talente, um einen selbst nur beschränkten Teil der Gewalt auszuüben".[307] Konkret heißt das: das Wahlrecht wird berufsständisch aufgeteilt nach drei Hauptinteressen: grundbesitzende, handel- und gewerbetreibende und geistig-intellektuelle Schicht.

Es geht um die Einbettung politischer Institutionen in einen Korpus von moralischen Ansprüchen an die Bürger und die politische Kultur. Ebenso wurde

---

303   Pölitz, Karl Heinrich Ludwig: *Die Staatswissenschaften im Lichte unserer Zeit*, 5 Bde., 2. Aufl., Leipzig 1827/28, Bd. 1, S. 347-354.

304   Vgl. Hennis, Wilhelm: Verfassung und Verfassungswirklichkeit (1968), in: ders., *Regieren im modernen Staat*, Tübingen 1999, S. 183-213.

305   Dies kommt z.B. auch in Wittfogels hydraulischen Gesellschaften zum Ausdruck. Bekannt dafür ist natürlich der klassische Zusammenhang zwischen Kleinräumigkeit und Republik und zwischen weiten Flächen und der Wahrscheinlichkeit der Despotie. In diesen Kategorien denkt auch Johann Caspar Bluntschli, wenn er in seiner „Allgemeinen Staatslehre" formuliert: „Bodin, Montesquieu, Filangieri und neuestens Buckle haben dieser Einwirkung des Klimas auch auf das Staatsleben ihre Aufmerksamkeit zugewendet und die Gesetze derselben zu bestimmen versucht" (Bluntschli, Johann Caspar: *Allgemeine Staatslehre*, 6. Aufl., durchgesehen von E. Loening, Stuttgart 1986, S. 256). So schreibt auch Bluntschli: „Am ungünstigsten ist die Lage weiter vom Meere ausgeschlossener Flachländer, ohne große Ströme und ohne Gebirge, aber mit weiten Steppen oder gar Wüsten. Man braucht nur Europa mit Afrike, oder Mittelasien mit den asiatischen Küstenländern oder Westeuropa mit Osteuropa zu vergleichen, um diesen Unterschied anschaulich zu machen. Von jeher haben die Despotien in solchen Flachländern eine duldsame Bevölkerung vorgefunden, welche stumpfsinnig und widerstandslos der absoluten Monarchie gehorcht" (ebenda, S. 262).

306   Pölitz, Karl Heinrich Ludwig: *Die Staatswissenschaften im Lichte unserer Zeit*, 5 Bde., 2. Aufl., Leipzig 1827/28, Bd.1, S. 182.

307   Ebenda, S. 184.

die Öffentlichkeit als Ersatz für ein Verfassungsgericht als öffentlicher Richter eingesetzt, und dies vor dem Hintergrund, dass eine lebhaft gewordene, dem Leipziger Pölitz wohl besonders augenfällige, intellektuelle bürgerliche Öffentlichkeit als Korrektiv bei Vergehen gegen die Verfassung eingesetzt werden konnte.

Auch wenn Pölitz nicht im Stile eines Tocqueville die gesamte Fragestellung systematisch, empirisch und theoretisch aufgearbeitet hat, so scheint es dennoch erwähnenswert, dass Pölitz in einer entstehenden Verfassungskultur die einzelnen institutionellen Mechanismen auf ihre Praktikabilität auf dem Boden einer bestimmten politischen Kultur, in einer geographischen Räumlichkeit und mit einer moralischen Konstitution der Bürger durchgeprüft wissen wollte.[308] Eben solche Anmerkungen finden sich zu den Themen des Stammcharakters, der „Oerthlichkeit des Bodens", dem „kontinentalen oder maritimen Charakter", denen Pölitz hinzufügt: „Allein wesentlicher, als diese, sind die folgenden Bedingungen der geschichtlichen Unterlage der Staaten. Jedes Volk, das auf dem ihm rechtlich gehörenden Boden zum Staatsleben zusammentritt, bildet, im Ablaufe der Jahrhunderte, in seiner Mitte eine Verfassung, eine Regierung und eine Verwaltung, die ihm ganz eigenthümlich angehören, und durch welche es sich – bei aller einzelnen Ähnlichkeit mit anderen Völkern und Staaten – von der Gesammtheit der mit ihm zugleich und neben ihm auf dem Erdboden bestehenden Völker und Staaten unterscheidet."[309] Pölitz setzt die Tradition der Staatssittenlehre wie zum Beispiel bei Zachariä, in den „Vierzig Büchern vom Staate", fort, um eine lebende Verfassung zu beschreiben, das konstitutionelle Recht durch eine konstitutionelle Moral zu ergänzen, wie Boldt dies geschrieben hat.[310] Die Ansätze bei Pölitz sind zahlreich: die verständliche Sprache der Hinweis darauf, dass die Verfassung sonst ein bloßes Papier bleibe[311] und der Hinweis auf Verfassungspatriotismus in der Rezension von Siegmund Martin.[312] So stimmt auch Daniel Connerton ein, wenn er schreibt:

---

308   Pölitz, Karl Heinrich Ludwig: Die geschichtliche Unterlage des innern Staatslebens, in: *Verm. Schriften* Bd.1, Leipzig 1831, S. 107; Pölitz, Karl Heinrich Ludwig: *Die Staatswissenschaften im Lichte unserer Zeit*, 5 Bde., 2. Aufl., Leipzig 1827/28, Bd.1, S. 340, ebenda, S. 372; Pölitz, Karl Heinrich Ludwig: *Staatswissenschaftliche Vorlesungen für die gebildeten Stände in constitutionellen Staaten*, Leipzig 1831-33, Band 1, S. 170.

309   Pölitz, Karl Heinrich Ludwig: Die geschichtliche Unterlage des innern Staatslebens, in: *Verm. Schriften* Bd.1, Leipzig 1831, S. 107f.

310   Boldt, Hans: *Deutsche Staatslehre im Vormärz*, Düsseldorf 1975, S. 138.

311   Pölitz, Karl Heinrich Ludwig: *Staatswissenschaftliche Vorlesungen für die gebildeten Stände in constitutionellen Staaten*, Leipzig 1831-33, Band 1, S. 279; Pölitz, Karl Heinrich Ludwig: Geschichtl. Pol. Andeutungen über die neue Verfassung des Churstaates Hessen vom 5. Jan. 1831, in: *Jb. d. Gesch. und Staatskunst*, März 1831, S. 243; Pölitz, Karl Heinrich Ludwig: Guizot, der Bewegungspartei gegenüber, in: *Jb. d. Gesch. und Pol.*, Sept. 1837 (II/1837):„Wer wird aber diesem Papiere Leben, Kraft und Dauer geben?" (ebenda, S. 251).

312   Die Stelle in der angesprochenen Rezension: „Sodann aber, und das ist eine Hauptsache; muß die Verfassung in allen ihren Theilen übergehen in den Sinn, in das Gemüth und in den Verstand des Volkes, daß sie darin fest wurzele, es durchwachse, uns sich verzweige mit allen Fa-

"For Pölitz, then, as for Montesquieu, 'the spirit of the laws' was as important as the laws themselves. To make constitutions work, a constitutional way of life was important, a spirit permeating the schools, the churches, the press, the parliamentary bodies – indeed all the individualities which make up a society. Considering the reputation which German liberals of this period have for being overly academic and overly confident in the ability of the Rechtsstaat to work, merely if its laws are right, Pölitz is a refreshing change."[313]

Dagegen beschreibt Hartwig Brandt Pölitz zu Unrecht als einen Vertreter, der gegenüber sozialen Fragestellungen blind gewesen sei.[314] Und was Stephen Holmes über Benjamin Constant geschrieben hat, kann cum grano salis auch für Pölitz geschrieben sein: „The liberal state is desirable not because it mirrors human nature or respects eternal human rights, but because it is the political arrangement most adequate to solving the problems of European society in its current stage of economic, scientific, and moral development."[315]

Die Verfassung sollte sich nach Pölitz' Überzeugung mit Anklängen an Hegels geschichtsphilosophische Überlegungen, im Einklang mit der Entwicklung der Zeit bewegen. Die schriftliche Verfassung ist der vorläufige Endpunkt einer kulturellen Entwicklung und gleichzeitig weiß Pölitz, dass es mit dem Verabschieden eines instrumentellen Regelwerks nicht der Abschluss ist, sondern der Ausgangspunkt eines kulturellen Lernprozesses.

---

sern in alle Theile seines innern und äußern Lebens" [Pölitz, Karl Heinrich Ludwig: (Rezension) Siegmund Martin, Über die Verfassungsurkunde Churhessens, in: *Jb. d. Gesch. und Staatskunst*, März 1831, S. 265].

313 Connerton, Daniel P.: *Karl Heinrich Ludwig Pölitz and the Politics of the Juste milieu in Germany, 1794-1838*, Chapel Hill 1973, S. 219.

314 Brandt über Pölitz: „Sein Vorhaben ist – vernunftrechtlich begründet – letztlich ebenso formal konzipiert wie die neuständischen Vorstellungen der liberalen ‚Organologen'. Beide Richtungen kennzeichnet ein hohes Maß an Gesellschaftsfremdheit, beiden gelingt es nicht, eine den wirklich bestehenden sozialen Interessen angemessene politische Vertretung zu finden"(Brandt, Hartwig: *Landständische Repräsentation im deutschen Vormärz. Politisches Denken im Einflußfeld des monarchischen Prinzips*, Berlin 1968, S. 220). Die Kritik Boldts an den Kategorien Brandts kann hier nur unterstützt werden. Brandt unterscheidet zwischen organischem und vernunftrechtlichem Konstitutionalismus und kann so die organischen, historischen/historistischen Positionen von Pölitz nicht in den Griff bekommen. Dabei ist Pölitz' Sprache und Denken durchzogen von organischen Metaphern des Wachstums, der Reife, von Jugend/Alter und auch von Entwicklungsbildern, die so gar nicht in ein vernunftrechtliches Bild passen wollen. So schreibt Boldt: „denn Pölitz war Vertragstheoretiker, was seinen staatstheoretischen Ansatz anlangt, aber dies nur in einer bewußt historisch vermittelnden Weise" (Boldt, Hans: *Deutsche Staatslehre im Vormärz*, Düsseldorf 1975, S. 187). Besonders deutlich werden die organologischen Bilder in „Über die Krisen der Verfassungen in größern Staaten" [Pölitz, Karl Heinrich Ludwig: Über die Krisen der Verfassungen in größern Staaten, in: *Jb. d. Gesch. und Politik*, (I/1837), S. 243]. Dort heißt es u.a.: „Wie der menschliche Körper Krankheiten als Krisen seines organischen Lebens zu bestehen hat; so bestehen auch die Staaten nicht selten in ihrem organischen Körper, in den Verfassungen, Krisen, als Staatskrankheiten."

315 Holmes, Stephen: *Benjamin Constant and the Making of Modern Liberalism*, New Haven/ London 1984, S. 32.

„Die festeste Sicherstellung des innern Staatslebens beruht aber auf einer, der Örthlichkeit, der Geschichte und der erreichten Bildungsstufe eines mündig gewordenen Volkes völlig angemessenen, schriftlichen Verfassung, welche eben so die geheiligten Rechte des Thrones, wie die Rechte der einzelnen Bürger und der einzelnen Stände des Volkes gewährleistet, und, indem sie mit gegenseitigem Vertrauen gegeben und angenommen wird, zugleich das unerschütterliche Bollwerk gegen alle Versuche der Reaction bildet, die, nach den Zeugnissen der Geschichte, jeder neuen Gestaltung des innern Staatslebens unausbleiblich folgen."[316]

In seinem letzten veröffentlichten Aufsatz „Die Herrschaft der materiellen Interessen" verschärft sich sein Ton noch einmal gegenüber einem Liberalismus à la Adam Smith. Hier kommt die Spannung von Tugend und Kommerz am besten zum Ausdruck, die – wie John Pocock an zahlreichen Stellen überzeugend zeigen kann – immer wieder in sozialen Krisen eine kräftige Gegenstimme zum legalozentrischen[317] Diskurs ist:

„Erst, wenn der Landbau zu einer gewissen Culturhöhe gelanget, Manufactur- und Fabrikarbeiten in Massen die Weltmärkte überschwemmen, der Kaufmann nicht mehr nach Tausenden, sondern nach halben und ganzen Millionen seine Geschäfte berechnet, Wohlstand und Luxus, in reißender Schnelle, über die mittlern und höhern Stände der bürgerlichen Gesellschaft sich verbreiten, der Mensch in der Gesellschaft nicht mehr nach dem zählt, was er nach Kopf und Kenntnis, nach Sittlichkeit und Charakter ist, sondern nach dem Maasstabe seines staatsbürgerlichen Ranges und seine erworbenen Geldes gewogen wird, weil man solche Kleinigkeiten, wie Tugend, Rechtschaffenheit, Gewissenhaftigkeit im Amte, und Treue im Berufe der noch unverdorbenen und unbehülflichen Masse der untern Stände überläßt; erst dann, wenn das römische Delatorenwesen überhand nimmt, und Schmeichelei und Spionerei leichter und sicherer zum Ziele führen, als unverbrüchliche Erfüllung der Pflicht, und wenn selbst die Männer, die das heilige Feuer der Wissenschaft im Herzen tragen (...) nur auf Erwerb (...) rechnen; dann gilt die Herrschaft der materiellen Interessen (...): 'ob jeder Mensch einen Preis habe, für welchen er sich hingiebt?'"[318]

---

316   Pölitz, Karl Heinrich Ludwig: Die Emancipation des dritten Standes, in: *Jahrbücher der Geschichte und Staatskunst*, Bd. 2, 1830, S. 534. Die Unmündigen können ihre Leidenschaften nicht im Zaum halten: „Denn wer sittlich mündig geworden ist (...) handelt nach den zum deutlichen Bewußtsein gebrachten Zwecken, die seine gebildete und gereifte Vernunft ihm vorhält, beherrscht seine Leidenschaften und Launen durch die Kraft der Vernunft, ist nie abhängig von der Leitung Anderer in seinen Meinungen und in seinen Bestrebungen, und bewährt in seiner öffentlichen Ankündigung durchgehends eine reinsittliche Gesinnung und einen festen gediegenen Charakter. Diese sittliche Mündigkeit ist aber die Unterlage der politischen Mündigkeit" (Pölitz, Karl Heinrich Ludwig: Über Napoleons Ausspruch: „Alles für das Volk, nichts durch das Volk," in: *Vermischte Schriften*, Bd. 1, Leipzig 1831, S. 121f.).

317   Der Gegensatz zwischen legalozentrischem und bürgerhumanistischem Diskurs ist die strukturierende Grundlage der Studien von John G.A. Pocock und Quentin Skinner. Die wichtigste These ist die, dass sich Tugend nicht in juristischen Kategorien fassen lässt (Pocock, John G.A.: Tugenden, Rechte, Umgangsformen, in: ders., *Die andere Bürgergesellschaft. Zur Dialektik von Tugend und Korruption*, Frankfurt/New York 1993, S. 141).

318   Pölitz, Karl Heinrich Ludwig: Die Herrschaft der materiellen Interessen, in: *Neue Jahrbücher der Geschichte, der Staats- und Cameralwissenschaften*, Bd.1, 1838, S. 2f.

Schon in seiner frühen Schrift betont Pölitz, dass nicht in den äußeren objektiven Dingen die Quelle der Dauerhaftigkeit liegt, sondern in der wahren Sittlichkeit die einzige sichere Stütze der Verfassung eines Volkes zu suchen sei.[319] Ganz dem klassischen Tugenddiskurs eines Polybios oder auch der von Machiavelli aufgegriffenen Zusammenhänge zwischen soziomoralischen Dispositionen, kultureller Entwicklung und politischer Stabilität geht er auf den Verfallszyklus des klassischen Republikanismus ein. In vier Stationen schreibt Pölitz: „1. Wo die Herrschaft der materiellen Interessen bei freien Völkern eintritt, endigt sie mit Despotismus;"[320] „2. Wo die Herrschaft der materiellen Interessen bei gesitteten Völkern eintritt, führt sie unaufhaltbar zur Entsittlichung derselben"; „3. Die Herrschaft der materiellen Interessen tritt weiter unaufhaltbar ein, wo man denselben das geistige Leben in der Wissenschaft opfert"; „4. Die Herrschaft der materiellen Interessen führt endlich die Völker zu den bedenklichen politischen Krisen, und bisweilen sogar zu ihrem Verfall und Untergange".[321]

Seine Wahrnehmung ist klassisch geschult. Die apokalyptischen Visionen einer an Luxus und ungezügelten Leidenschaften untergehenden Zivilisation und einer zur Mäßigung unfähigen Bürgerschaft, mahnen an den Untergang Roms: „Die römische Jugend" brachte „mit der zunehmenden Entsittlichung und der höher steigenden Befriedigung der materiellen Interessen den Todeskeim des staatsbürgerlichen und politischen Lebens in das Herz der weltherrschenden Hauptstadt."[322] Als Gegenmittel sieht er – schließlich ist die Jugend das Problem – Erziehung, Sittlichkeit, Disziplin.[323] Abschließend zieht Pölitz ein Resümee:

„So viel ist gewiß, daß der Industrialismus die Geldkräfte vermehrt und steigert, noch ist aber die Frage nicht beantwortet, bis wie weit diese Geldkräfte vermehrt werden können, ohne dem Staate selbst durch die überwiegende Herrschaft der materiellen Interessen gefährlich zu wer-

---

319 So auch der Titel eines Aufsatzes von Pölitz aus dem Jahr 1799 (s. Pölitz, Karl Heinrich Ludwig: Daß der Geist der wahren Sittlichkeit die einzige sichere Stütze der Verfassung eines Volkes sey, in: *Verm. Schriften* Bd. 2, Leipzig 1799, S. 134-138; Pölitz, Karl Heinrich Ludwig: Daß die fortdauernde Verjüngung eines Staates zunächst von der fortdauernden Veredelung der Erziehung abhänge, in: *Verm. Schriften*, Bd.2, Leipzig 1799, S. 149-157). In letzterem Aufsatz: „(...) Künste stehen im Dienst von Luxus und Sittenverderben, Zutrauen zw. Regent und Untertan aufgelöst und jeder Bürger verfolgt die niederen Triebfedern seines Eigennutzes"(ebenda, S. 152). Dagegen hält er Gemeingeist, bürgerliche Tugend, Vaterlandsliebe, Opferbereitschaft (ebenda, S. 156ff.).
320 Pölitz, Karl Heinrich Ludwig: Die Herrschaft der materiellen Interessen, in: *Neue Jahrbücher der Geschichte, der Staats- und Cameralwissenschaften*, Bd.1, 1838, S. 4.
321 Ebenda, S. 9ff. An anderer Stelle: ad 1) „Die Freiheit des Gedankens, des Wortes, des Bürgerthums geht unter unter dem Haschen nach Geld. Alles Edle, Große, den menschlichen Geist über die Nacht des Erdenlebens Erhebende, verschwindet immer mehr von Geschlecht zu Geschlecht, (...) man wird erst geschmeidig, dann indolent gegen die öffentlichen Verhältnisse, zuletzt unterwürfig und servil beim Silberklange der Sphären" (ebenda, S. 5).
322 Ebenda, S. 12.
323 Ebenda, S. 13.

den. Denn sobald die materiellen Interessen die Interessen der Intelligenz und der Sittlichkeit so weit überflügeln, daß diese bei einem Volke in den Hintergrund treten, und nur noch beiläufig, wie eine Meuble des Luxus, nicht wie ein anerkannter Staatsbedarf, Berücksichtigung findet; so geht ein Volk, ungeachtet der aufgehäuften Reichthümer, seinem Verfall entgegen.“[324]

Und auch hier wieder die Parallele zwischen Rom und Deutschland. Auch Rom ist an der Überfülle seiner materiellen Interessen untergegangen. Und wenn Deutschland, das in Europa eine besonders exponierte Position einnimmt mit zahlreichen energetischen, dynamischen Nationen in der Nachbarschaft, nicht seine Spannkraft erhält, wird es ebenso untergehen, aufgesogen werden von den mächtigeren Nachbarn.

Diese Position Pölitz' gegen die „Geldsäcke“, wie es im südwestdeutschen Liberalismus auch gelegentlich heißt, lässt sich in den bürgerlichen Geist des klassischen Republikanismus einordnen.[325] Die später von Marx radikalisierte Kritik am Kapitalismus steht somit in einer langen ideengeschichtlichen Tradition, in die sich Pölitz mit seiner Kritik einfügt:

„In der gesamten westlichen Tradition gab es nicht eine Phase, in der man die Tugend – sei sie aristotelisch, thomistisch, neo-machiavellistisch oder marxistisch definiert – nicht durch die Ausbreitung von Tauschverhältnissen bedroht sah. Aus solcher Perspektive mußten jene Denker des 17., 18. und 19. Jahrhunderts als Abweichler und Häretiker erscheinen, die auf der Grundlage individualistischer, kapitalistischer oder liberaler Prämissen die Meinung äußerten, die menschliche Existenz könne durch die Marktwirtschaft durchaus positiv beeinflußt werden.“[326]

2.4. Pölitz' Verfassungsdenken und seine Verfassungsgeschichte

Auch in den Wissensordnungen der Zeit vertrat Pölitz die Mitte als Position der Vermittlung zwischen einem abstrakt-normativen und einem historischen Verfassungsdenken[327] oder, wie es Stolleis anschaulicher formuliert: „zwischen Vernunftprinzipien und historischem Recht.“[328] Pölitz selber stellt den Anspruch in seinem großen Werk über „Die Staatswissenschaften im Lichte unserer Zeit“ den Versuch zu starten, „das öffentliche Staats- und Verfassungsrecht und die Diplomatie, die bisher noch nicht wissenschaftlich durchgebildet waren,

---

324   Ebenda, S. 26.
325   Nolte, Paul: *Gemeindebürgertum und Liberalismus in Baden 1800-1850. Tradition – Radikalismus – Republik*, Göttingen 1994, S. 192.
326   Pocock, John G.A.: Die Mobilität des Eigentums und die Entstehung der Soziologie des 18. Jahrhunderts, in: ders., *Die andere Bürgergesellschaft. Zur Dialektik von Tugend und Korruption*, Frankfurt/M. 1993, S. 61.
327   Vgl. Schmidt-Aßmann, Eberhard: *Der Verfassungsbegriff in der deutschen Staatslehre der Aufklärung und des Historismus*, Berlin 1967, S. 165ff.
328   Stolleis, Michael: *Geschichte des öffentlichen Rechts in Deutschland. Band 2: Staatsrechtslehre und Verwaltungswissenschaft 1800-1914*, München 1992, S. 156ff.

gleichmäßig, wie die anderen Staatswissenschaften, in systematischer Haltung darzustellen.“[329] Der abstrakten vernunftrechtlichen Position soll eine historisch sensible, konkrete geschichtsbezogene Form der normativen Verfassung entgegengesetzt werden, der dogmatischen eine historische Methode.[330] In Abgrenzung von Aretin und Rotteck, die er der dogmatischen Richtung zurechnet, betont er seine Richtung einer Verfassungsgeschichte. Das Wissen über die politischen Ordnungen seit 1783, der ersten Verfassung in den amerikanischen Teilstaaten, sei, so Pölitz, vollkommen veraltet. „Durch diese Verfassungen unterscheidet sich die politische Welt unseres Zeitalters völlig von der politischen Welt des Althertums, des Mittelalters, und selbst der neuern Zeit bis zum Jahr 1783.“[331] Die Gemeinsamkeit der Verfassung als politischer Institution überbrückt für Pölitz die Unterschiede in der Regierungsform. Ob Monarchie, Republik, Bundesstaat oder Staatenbund, die Verfassung wird zur zentralen Gemeinsamkeit. „Unverkennbar hat sich in diesen mehr als 30 erloschenen und mehr als 80 noch bestehenden Verfassungen ein anderer politischer Geist ausgesprochen, als der, welcher vor dieser Zeit im öffentlichen Staatsleben sich ankündigte.“[332] Methodisch gesehen ist es der Versuch eines konkretisierenden Denkens, das nicht „ein ein für allemal festgelegtes Verfahren“ darstellt, sondern „ein wissenschaftlich-methodischer Standpunkt ist, der sich durch Aufgeschlossenheit gegenüber den konkreten Lagen auszeichnet.“[333] Die von Stolleis und Brandt vorgenommene Fremdzuschreibung Pölitz' als Vernunftrechtler entspricht nicht seiner Selbstzuschreibung.[334] Er charakterisiert sich selber, in Abgrenzung von Rotteck, als zu einem Drittel Vernunftrechtler und zu zwei Drittel historisch-organisch beeinflusst.[335] Der Bruch mit der Tradition und da-

---

329 Pölitz, Karl Heinrich Ludwig: *Die Staatswissenschaften im Lichte unserer Zeit*, Bd. 1, 2. Aufl., Leipzig 1827/28, S. XII.

330 Schmidt-Aßmann, Eberhard: *Der Verfassungsbegriff in der deutschen Staatslehre der Aufklärung und des Historismus*, Berlin 1967, S. 165.

331 Pölitz, Karl Heinrich Ludwig: Das Verfassungsrecht, nach seinen beiden Gestaltungen als Wissenschaft, in: *Vermischte Schriften* Bd. 1, Leipzig 1831, S. 310ff.

332 Ebenda.

333 Ebenda, S. 165; Habermas, Jürgen: *Faktizität und Geltung*, Frankfurt/M. 1992: „Das Revolutionsbewußtsein ist die Geburtsstätte einer neuen Mentalität, die geprägt wird durch ein neues Zeitbewußtsein, einen neuen Begriff der politischen Praxis und eine neue Legitimationsvorstellung. Spezifisch modern ist das historische Bewußtsein, das mit dem Traditionalismus naturwüchsiger Kontinuitäten bricht; das Verständnis von politischer Praxis, welches im Zeichen von Selbstbestimmung und Selbstverwirklichung steht; und das Vertrauen auf den vernünftigen Diskurs, an dem sich jede politische Herrschaft legitimieren soll“ (S. 604f.).

334 Stolleis, Michael: *Geschichte des öffentlichen Rechts in Deutschland. Band 2: Staatsrechtslehre und Verwaltungswissenschaft 1800-1914*, München 1992; Brandt, Hartwig: *Landständische Repräsentation im deutschen Vormärz. Politisches Denken im Einflußfeld des monarchischen Prinzips*, Berlin 1968.

335 Stolleis sieht die Verbindung von Vernunftrecht und historischem Recht im historisch-organischen Konstitutionalismus, ordnet dann aber unverständlicherweise Pölitz ebenso wie Rotteck dem vernunftrechtlichen Liberalismus zu. Schließlich hat sich Pölitz mehr als deutlich von Rotteck abgesetzt: In einer Rezension von Karl Rotteck schreibt Pölitz sehr deutlich: „Nie

mit die Einsicht in die Notwendigkeit legitimatorischer Umstellung von Traditionalismus auf Vernunft und dessen Universalismus, wie auch das Bewusstsein einer neuen Zeit, d.h. die ganz neue selbstbewusste und selbstreflexive Verfügbarkeit von Geschichte, prägen diese Zeit, die sich selber als Zeitenwende beschreibt.

Pölitz selber grenzt sich vom reinen Vernunftrecht ab und charakterisiert die Wissenschaft von der Politik wie folgt: sie ist „ihrem Charakter nach, eine gemischte, d.h. eine, auf philosophischen Grundsätzen und geschichtlichen Ergebnissen gleichmäßig beruhende, Wissenschaft."[336] Konstruktionen auf Basis der reinen Vernunft haben kein Leben und wirken wie in der Französischen Revolution zu abstrakt um die Herzen der Menschen zu erreichen und einen breiten Konsens mobilisieren zu können.[337] Die Theorie der Vermittlung, für die Pölitz spätestens seit seiner Schrift *Die drei politischen Systeme* von 1828 bekannt war, steht in der Tradition der Mischverfassungstheorien. Die reinen Formen lehnt Pölitz ab. Sowohl die reine Demokratie, wie auch die reine Aristokratie oder die absolute Monarchie sind für sich entartete Regierungsformen. Nur führt Pölitz keinen abstrakten staatstheoretischen Diskurs im Anschluss an Aristoteles und Polybius, sondern versteht seine Überlegungen als Antwort auf konkrete Probleme der Organisation und Legitimation politischer Herrschaft in seiner Zeit. Nach dem Ende des Absolutismus, dem Aufstreben des Bürgertums und der aufkommenden sozialen Problemlagen (Pauperismus) sind die frühen 30er Jahre für Mischverfassungsdenken der geeignete Nährboden. Das Bürgertum verlangt nach Freiheiten und Partizipationschancen und versucht die alten Eliten zu gewinnen, Schranken gegenüber zu weitreichenden Demokratisierungen einzuziehen. Es bewegt sich also in der Mitte und reflektiert diese Stellung auch selber in dieser Form. Somit könnte man davon sprechen, dass eine Reso-

---

werden Verf. (Rotteck, RS) und Rezensent (Pölitz, RS), wie die Sachen jetzt stehen, sich vereinigen über das Verhältnis des historischen Rechts zum Vernunftrechte, wo, um es sinnbildlich zu bezeichnen, der Verf. dem historischen Rechte höchstens 1/3 und dem Vernunftrechte 2/3, Rez. aber dem ersten 2/3 und dem letzten 1/3 zuspricht." Und er fährt fort: „Denn etwas anderes wäre es, wenn wir den Beruf hätten, z.B. in Australien einen völlig neuen Staat zu begründen, der nicht nach Wurzel und Stamm aus früheren Jahrhunderten in die Neuzeit herüberreichte" (Pölitz, Karl Heinrich Ludwig: Karl Rotteck, Sammlung kleinerer Schriften meist historischen oder politischen Inhalts, in: Jahrbuch der Geschichte und Politik (I/1837), S. 357).

336 Pölitz, Karl Heinrich Ludwig: *Staatswissenschaftliche Vorlesungen für die gebildeten Stände in constitutionellen Staaten*, (3 Bde.), Leipzig 1831-33, S. 74.

337 1837 geht er in einer Rezension von D. Karl Ed. Weiß' System des öffentlichen Rechts des Großherzogtums Hessen sogar noch weiter in Richtung historische Schule und schreibt: "Denn nicht von einer philosophischen staatsrechtlichen Theorie geht der Verfasser aus; er erklärt vielmehr, mit völliger Zustimmung des Rezensenten (Pölitz, RS), der öffentliche Rechtszustand eines vorhandenen Staates kann nur vom historischen Standpunkt aus richtig beurteilt werden, und nur auf seine geschichtliche Grundlagen mit Sicherheit gestützt werden" [Pölitz, Karl Heinrich Ludwig: (Rezension) D. Karl Ed. Weiß, System des öffentlichen Rechts des Großherzogtums Hessen, in: *Jb. d. Gesch. und Pol.*, Sept.1837 (II, 1837), S. 279].

ziologisierung der Gewaltenteilungslehre zurück zur Mischverfassungstheorie einsetzte. Das neuständische Modell von Pölitz fügt sich in Montesquieus Mischverfassungsmodell ein und hebt den Schwerpunkt auf funktionale Differenzierung wieder auf, die das Gewaltenteilungs-Modell ausgezeichnet hat.[338] Die konstitutionelle Monarchie mit dem Zwei-Kammer-Parlament verkörpert die monarchischen, aristokratischen und demokratischen Elemente, wenn auch in einer Form, die berufs- und geburtsständische Elemente vermischt. So kann auch Paul Nolte die „konstitutionelle Monarchie" als die „Mischverfassung des deutschen Frühliberalismus" bezeichnen.[339]

Theoretisch und systematisch bewegte sich Pölitz in der gleichen Graustufe, wie viele seiner Mitstreiter. Er unterlag, wie auch seine Gegenspieler auf konservativ-reaktionärer Seite, dem gleichen Druck, seine Positionen auch theoretisch anspruchsvoll abzusichern. Zu diesem Zweck konnte Pölitz noch auf eine aus der Tradition der Mischverfassung stammende politische Rhetorik zurückgreifen, die seiner Position die nötige Überzeugungskraft verlieh, obwohl sie wegen dieses Rückgriffs keinen Anspruch auf theoretische Reinheit stellen konnte. Für Hans Boldt gibt es nur zwei konsequente Positionen: a) die Position der Volkssouveränität, die konsequent den Gedanken der vertragstheoretischen Legitimation von Herrschaft zu Ende denkt und b) die Position der patrimonialen oder auf Gottesgnadentum basierenden Legitimation monarchischer Souveränität. Alle anderen Mischformen, wie sie für die meisten Verfassungen des Frühkonstitutionalismus in Deutschland unter dem Begriff des monarchischen Prinzips (konstitutionelle Monarchie) galten, waren theoretisch inkonsistente Mischformen mit letztlich ungeklärter Souveränitäts- und Legitimitätsfrage. Dieses Dilemma wurde schließlich allen Akteuren klar, die nach 1848 um eine Aufklärung der Legitimitätsfrage bemüht waren. Die patrimoniale und Gottesgnadentums-Legitimation konnte man einer aufgeklärten bürgerlichen Gesellschaft nicht mehr zumuten. Aber auch die Vertragstheorie war wegen ihrer letztendlich demokratischen Konsequenzen in der zweiten Hälfte des 19. Jahrhunderts als staatsrechtliche Kategorie verdrängt worden.[340]

Ausblickend könnte man sagen, dass Pölitz durch die Betonung der Vermittlung die pragmatische Komponente im Verfassungsdenken stark gemacht hat. Mit seinem Denken plädierte er für eine empirische Verfassungssoziologie, die sich nicht in eine Verfassungsdogmatik pressen lassen wollte. Der Staat

---

338 Vgl. zur gegensätzlichen Entwicklung: Ottow, Raimund: Politische Institutionen und der Ort der Tugend im politischen Diskurs der frühen Neuzeit, in: Greven, Michael Th./u.a. (Hg.), *Bürgersinn und Kritik*, Baden-Baden 1998, S. 151-183 [wieder abgedruckt als Dresdner Beiträge zur Politischen Theorie und Ideengeschichte, Nr. 1/1999], S. 14f.

339 Nolte, Paul: Bürgerideal, Gemeinde und Republik. „Klassischer Republikanismus" im frühen deutschen Liberalismus, in: *Historische Zeitschrift*, 254 (1992), S. 609-656, S. 618.

340 „Der Vertrag ist für die Staatsrechtslehre seit der zweiten Jahrhunderthälfte keine staatsrechtliche Kategorie mehr" (Boldt, Hans: *Deutsche Staatslehre im Vormärz*, Düsseldorf 1975, Anm.76; S. 73).

wurde zu einer jeder politischen Erfahrung vorgängigen Kategorie erklärt. Fortan galt nicht mehr das Volk oder der Monarch als Souverän, sondern der Staat.
Dass auch dieser Begriff wiederum zahlreiche theoretische Schwierigkeiten
aufwarf, war erst einmal von geringem Belang. Er erfüllte beides: Zähmung der
Bürgerschaft und der Verfügungsgewalt des Monarchen. Der Staat wurde zur
neuen Vermittlungskategorie.[341]

3. Hegel: konstitutionelle Monarchie und die Grenzen der Verfassung

Für Hegel, den Soziologen unter den Rechtsphilosophen, lassen sich, in kritischer Distanz zu Kant, die sozialen, historischen und ökonomischen Umstände
nicht aus der Rechtsphilosophie ausgliedern. Die schon bei Pölitz in die Reflexion der „neuen Ordnung der Dinge" hineinragenden sozialen Verwerfungen
erhalten auch bei ihm einen angemessenen Stellenwert. Das Vertrauen in eine
sich selbst stabilisierende Marktordnung gibt es bei Hegel nicht, ebenso wenig
die Vision eines möglichen sozialtechnologischen Eingreifens. Hegel bereitet
gleichzeitig die Ablösung des Konstitutionalismus als Vermittlungstheorie vor
und setzt den Staat an die Stelle der Verfassung. Einen Vorrang der Verfassung
gibt es bei ihm nicht und die Staatszentriertheit des Politischen nimmt ihren
Lauf. Der frühliberalen Vorstellung Kants einer sich über Marktmechanismen
selbst stabilisierenden Gesellschaft, stellt Hegel den „Kampf um Anerkennung"
gegenüber.[342] Damit integriert Hegel Elemente, die bei Kant noch nicht einge-
blendet werden. So kann das Verhältnis von Kampf und Vertrag auch gänzlich
anders gedeutet werden. War es in der vertrags- und vernunftrechtlichen Ausrichtung noch darum gegangen, den Gesellschaftsvertrag als friedenstiftendes
und menschliche Entwicklung ermöglichendes Instrument zu lesen, wie Kant es
noch vorschlägt, dreht Hegel die Perspektive um. Von der individualistischen
Lesart des Vertrags stellt Hegel auf eine Perspektive um, die den Einzelnen
schon immer in sittliche Bezüge eingebunden sieht und deutet den Kampf um
Anerkennung als Medium zur Entfaltung von moralischen Entwicklungspoten-
tialen.

---

341   Vgl. u.a.: Boldt, Hans: *Deutsche Staatslehre im Vormärz*, Düsseldorf 1975, S. 74ff.

342   Honneth, Axel: Moralische Entwicklung und sozialer Kampf. Sozialphilosophische Lehren
aus dem Frühwerk Hegels, in: ders./McCarthy/Offe/Wellmer (Hg.), *Zwischenbetrachtungen.*
Im Prozeß der Aufklärung, Frankfurt/M. 1989, S. 549-573; ders.: *Kampf um Anerkennung*,
Frankfurt/M. 1992.

Dementsprechend nimmt Hegel eine ambivalente Position in der Entwicklung des Konstitutionalismus ein.[343] Seine Kritik an der Aufklärung konzentriertsich auf die Mängel des Kant'schen Rationalismus. Er denunziert die Verfassung als reine „Abstraktion", als Gedankengebäude und lehnt das „Machen" einer Verfassung ab.[344] „Zur Gewalt gediehen, haben diese Abstraktionen deswegen wohl einerseits das, seit wir vom Menschengeschlechte wissen, erste ungeheure Schauspiel hervorgebracht, die Verfassung eines großen wirklichen Staates mit Umsturz alles Bestehenden und Gegebenen nun ganz von vorne und vom Gedanken anzufangen und ihr bloß das vermeinte Vernünftige zur Basis geben zu wollen; andererseits, weil es nur ideenlose Abstraktionen sind, haben sie den Versuch zur fürchterlichsten und grellsten Begebenheit gemacht."[345]

Er geht sogar so weit, jede radikale Gründung für unmöglich zu erklären. Verfassungen können sich nur ändern oder geändert werden. Sie können nicht gemacht werden. Er sieht privatrechtliche Vorstellungen des Vertrags, die motivational nicht über die Gewährung wechselseitiger Vorteile hinausgehen, in den

---

343   Ritter, Joachim: *Hegel und die Französische Revolution*, Frankfurt/M. 1965; Boldt, Hans: Hegel und die konstitutionelle Monarchie – Bemerkungen zu Hegels Konzeption des Staates aus verfassungsgeschichtlicher Sicht, in: Weisser-Lohmann, Elisabeth/Köhler, Dietmar (Hg.): *Verfassung und Revolution: Hegels Verfassungskonzeption und die Revolutionen der Neuzeit*, Hamburg 2000, S. 167-209; Riedel, Manfred (Hg.): *Materialien zu Hegels Rechtsphilosophie*, 2 Bände, Frankfurt/M. 1975 und 1993; Riedel, Manfred: Tradition und Revolution in Hegels ,Philosophie des Rechts', in: ders., *Studien zu Hegels Rechtsphilosophie*, Frankfurt/M. 1969, S. 100-134; Ilting, Karl-Heinz: Hegels Auseinandersetzung mit der aristotelischen Politik, in: *Philosophisches Jahrbuch* 71 (1963/64), S. 38-58 [wieder abgedruckt in: Hegel, G.W.F., *Frühe politische Systeme*, hg. von Gerhard Göhler, Frankfurt/M. 1974, S. 759-785]; Henrich, Dieter: *Hegel im Kontext*, Frankfurt/M. 2010; Kaufman, Alexander: Hegel and the Ontological Critique of Liberalism, in: *American Political Science Review* 91 (1997), S. 807-817; Stillman, Peter G.: Hegel's Idea of Constitutionalism, in: Rosenbaum, Alan S. (Hg.), *Constitutionalism. The Philosophical Dimension*, New York u.a. 1988, S. 88-112; Stillman, Peter G.: Hegel's Critique of liberal theories of rights, in: *American Political Science Review* 68 (1974), S. 1086-1092; Scheuner, Ulrich: Hegel und die deutsche Staatslehre des 19. und 20. Jahrhunderts, in: ders., *Staatstheorie und Staatsrecht*, Berlin 1978, S. 81-100; Klenner, Hermann: Rechtsphilosophie zwischen Restauration und Revolution, in: *Philosophie und Literatur im Vormärz: Der Streit um die Romantik (1820-1854)*, hg. von Walter Jaeschke, Hamburg 1995, S.87-99; Lübbe-Wolff, Gertrude: Hegels Staatsrecht als Stellungnahme im ersten Preußischen Verfassungskampf, in: *Zeitschrift für Philosophische Forschung* 35 (1981), S. 476-501; Grawert, Rolf: Verfassungsfrage und Gesetzgebung in Preußen. Ein Vergleich der vormärzlichen Staatspraxis mit Hegels rechtsphilosophischem Konzept, in: *Hegels Rechtsphilosophie im Zusammenhang der europäischen Verfassungsgeschichte*, hg. von H.-C. Lucas und Otto Pöggeler, Stuttgart/Bad Cannstatt 1986, S. 257-309.

344   Boldt, Hans: Hegel und die konstitutionelle Monarchie – Bemerkungen zu Hegels Konzeption des Staates aus verfassungsgeschichtlicher Sicht, in: Weisser-Lohmann, Elisabeth/Köhler, Dietmar (Hg.), *Verfassung und Revolution: Hegels Verfassungskonzeption und die Revolutionen der Neuzeit*, Hamburg 2000, S. 167-209

345   Hegel, Georg Wilhelm Friedrich: *Grundlinien der Philosophie des Rechts*, hg. und eingel. von Helmut Reichelt, Frankfurt/M. 1972, (§258), S. 216.

Staat hineingetragen. Dies reicht ihm an sittlicher Substanz nicht aus.[346] Dies ist, und hier fällt die bekannte Formulierung, eben nur „Not- und Verstandesstaat."[347]

Für Hegel war es eher Napoleon zuzutrauen als einem Verfassungstext, in die Rolle des historischen „Bewegers" zu schlüpfen. Die „wirklichen" Mächte in der Gesellschaft waren ihm näher als rechtliche Abstraktionen, die für ihn in den jakobinischen Terror Robespierres geführt haben. Diese Haltung kommt vor allem in den frühen Schriften zum Ausdruck: in der Schrift über die Verfassung in Württemberg, dem Text zur Verfassung Deutschlands, der Naturrechts-Schrift und dem Sittlichkeits-Aufsatz. Von besonderem Interesse sollen hier auch die Rezeptionsprozesse sein: Aristoteles, Smith und Machiavelli. Hegel zeigt sich in diesem Zusammenhang als Befürworter eines historisch-empirischen Verfassungsverständnisses und kritisiert die konstruktivistische Note der Vertragstheorie. In Napoleon sieht er „den Überwinder der Revolution und den Hüter einer revolutionären Ordnung".[348] So braucht er eine Revolution ohne Revolutionäre, weil er den Anspruch der Revolutionäre selber nicht unterstützen kann. Die Revolution selber in ihrer befreienden, Recht und Vernunft verwirklichenden Kraft begrüßt er. Das Recht bleibt, so auch sein Vorwurf an Kant, den wirklichen Verhältnissen eigentümlich äußerlich. Entweder wird es bloß eingefordert und bleibt passiv oder es wird radikal konstruierend an die Stelle der Wirklichkeit gesetzt. Beides führt nicht zu der von Hegel geforderten Verbindung von Theorie und Praxis, von Rechtsentwicklung und gesellschaftlicher Transformation. Diese Positionen, die später Marx reklamieren wird, finden sich in Hegels Schrift über die Verfassung des Alten Reichs.

Den Konstruktivismus und das in seinen Augen falsche Verständnis von Freiheit, als könne man die Wirklichkeit beliebig nach abstrakten Kriterien umgestalten, führt Hegel dann auch zu einer Kritik Napoleons: „Was Napoleon den Spaniern gab, war vernünftiger, als was sie früher hatten, und doch stießen sie es zurück, als ein ihnen Fremdes, da sie noch nicht bis dahinauf gebildet waren." Darin zeigt sich genau die Spannung zwischen der Anerkennung der Revolution als Prozess der Verwirklichung der Vernunft und die Kritik an den Revolutionären und ihrem missionarischen Geist, aus dem die Hybris und die falsch verstandene Freiheit, als bloß abstrakte Freiheit, zum Ausdruck kommt: „Eine Verfassung also muß den Geist des Volks aussprechen, seine innere Bildung,"[349] und an anderer Stelle: „Denn eine Verfassung ist kein so bloß Gemach-

346 Dippel, Horst: Individuum und Gesellschaft. *Soziales Denken zwischen Tradition und Revolution: Smith, Condorcet, Franklin*, Göttingen 1981.

347 Hegel, Georg Wilhelm Friedrich: *Grundlinien der Philosophie des Rechts*, hg. und eingel. von Helmut Reichelt, Frankfurt/M. 1972, (§183), S. 168.

348 Habermas, Jürgen: Hegels Kritik der Französischen Revolution, in: ders., *Theorie und Praxis*, Frankfurt/M. 1991, S. 128-147, S. 130.

349 Hegel, Georg Wilhelm Friedrich, *Vorlesungen über Rechtsphilosophie 1818-1831*, hg. und kommentiert von Karl-Heinz Ilting, Band 2, Stuttgart 1973/74, S. 754.

tes, denn eine Verfassung ist die Arbeit von Jahrhunderten, die Idee, das Bewußtsein des Vernünftigen, in wie weit es in einem Volk entwickelt ist."[350] Die
Französische Revolution hat genau zu einer solchen Verfassung der Freiheit
geführt, aber, wie schon gesagt, dies führt nicht zu einer Anerkennung der Revolutionäre. In §274 der Rechtsphilosophie heißt es: „Insofern die Verfassung
der wirkliche Geist, und der Geist nur wirklich als Selbstbewußter ‚ist', so hängt
die Bestimmtheit der Verfassung von der bestimmten Stufe der Bildung jedes
Volkes ab."[351]

Hegels gespaltenes Verhältnis zum Konstitutionalismus und zur Verfassung rührt also aus der von ihm vorgenommenen Unterscheidung zwischen der
Abstraktheit der Vernunft der liberalen Verfassung und der Konkretheit der
Verfassungsgeber. Nur wenn der Weltgeist aus der Verfassung spricht und die
konkreten Autoren hinter der Verfassung verschwinden, kann Hegel dem Prozess Legitimität zusprechen.[352] Damit sind die widersprüchlichen Rezeptionswe-
ge schon vorgezeichnet. Auf der einen Seite die konservative Position der An-
gepasstheit der Verfassung an den betreffenden Volksgeist, und gleichzeitig die
Betonung, dass hinter den Standard, den die Französische Revolution in Sachen
Freiheitsverbürgung und Gleichheitsversprechen gegeben hat, kein Weg zurück
führt.

Sein Verständnis von Verfassung überschreitet das reine Rechtsverhältnis
deutlich und nimmt Anleihen beim Begriff der Sittlichkeit, um der Kultur in
diesem Zusammenhang Rechnung zu tragen. Im Anschluss kommt er dann an
die Stelle, die auch schon in seiner Schrift über die Verfassung Deutschlands
eine Rolle spielte, nämlich auf die Rolle des Gesetzgebers: „Seit die Welt steht,
hat kein Volk (als solches) seine Verfassung gemacht. Es waren immer wesentliche Individuen, die eine Verfassung machten, in dem Sinne, daß zu einer Zeit
ein Bestimmtes festzusetzen war, da es im Charakter dieser Individuen lag zu
wissen, was ihre Zeit wollte."[353]

---

350 Ebenda, S. 752.
351 Hegel, Georg Wilhelm Friedrich: *Grundlinien der Philosophie des Rechts*, hg. und eingel. von
     Helmut Reichelt, Frankfurt/M. 1972, S. 246.
352 Habermas, Jürgen: Hegels Kritik der Französischen Revolution, in: ders., *Theorie und Praxis*,
     Frankfurt/M. 1991, S. 128-147.
353 Hegel, Georg Wilhelm Friedrich, *Vorlesungen über Rechtsphilosophie 1818-1831*, hg. und
     kommentiert von Karl-Heinz Ilting, 6 Bände, Stuttgart 1973/74, Band 4, S. 753. In Max
     Webers Begrifflichkeit müsste man sagen, dass gerade in der Gründungszeit neben die gesatz-
     te Ordnung ein charismatisches Element hinzutreten muss, um der Verfassungsordnung Gel-
     tung zu verschaffen. Für Hannah Arendt steht fest, dass sich Gründungen immer als Gewalt-
     akte darstellen: Weber, Max: *Wirtschaft und Gesellschaft: Grundriß der verstehenden Sozio-
     logie*. Besorgt von Johannes Winckelmann, 5. rev. Auflage (Studienausgabe), Tübingen 1980;
     Arendt, Hannah: *Über die Revolution*, 4. Aufl., München/Zürich 2000.

3.1. Die Reichsverfassung, Württemberg und Hegels Machiavelli-Rezeption

An zwei konkreten historischen Interventionen zeigten sich Hegels Überzeugungen zur Verfassung und des Zusammenspiels von Macht und Recht. „Deutschland ist kein Staat mehr", so der apodiktische Anfangssatz von Hegels Schrift über die Verfassung Deutschlands von 1800/1802. „Es ist kein Streit mehr darüber, unter welchen Begriff die deutsche Verfassung falle. Was nicht mehr begriffen werden kann, ist nicht mehr."[354] In dieser bemerkenswerten Schrift, einer grundlegenden Analyse der politischen Zustände des untergehenden Reichs, seiner politischen, ökonomischen und geistigen Ressourcen, ist eines wohl aus ideengeschichtlicher Perspektive besonders bemerkenswert: Hegels Machiavelli-Rezeption. Dessen machtzentrierte Politikanalyse wurde zum sprichwörtlichen Gegenbild jeder moralisch anspruchsvollen Darstellung. Aber Hegel war nicht der erste, der sich affirmativ auf Machiavelli bezog, vor ihm bereiteten schon Herder und Fichte das Feld,[355] aber er zeichnete sich durch eine „besondere Radikalität" aus.[356] Offensichtlich waren es die Parallelen zum Untergang der Florentiner Republik, die Hegel zur Machiavelli-Lektüre verführten.

Er beklagt den Verlust des Allgemeinen und baut darauf seine Erklärung für den Untergang des Deutschen Reiches auf. Es fehle weder an der Tapferkeit des einzelnen, noch sei der Untergang ökonomisch im nationalen Bankrott begründet. Auch komme Mangel an Sittlichkeit, Bildung oder Religiosität nicht als Grund in Frage. „Nicht in den Einzelnen also, im Mechanismus des Ganzen müsse das Verderben liegen."[357] Mindestens ebenso interessant ist Hegels Vorschlag für einen Neuanfang, den er sich nur als Gewaltakt denken kann. Hegel erteilt auch deswegen der Vertragslehre eine Absage, weil diese Macht (und Gewalt) in den vorpolitischen Naturzustand verlegt wissen will. Neugründungen brauchen starke Männer: einen Theseus, einen Cesare Borgia, einen *legislateur*, oder eben Napoleon, der kurzerhand der jahrhundertelangen Republik Venedig ein Ende bereitete, so die Anspielung bei Hegel.[358] Aus dieser spezifischen historischen Situation heraus, einer Situation von Verfall und Neugründung, entdeckt Hegel eine eigene ideengeschichtliche Tradition wieder, die dem westlichen

---

354 Hegel, Georg Wilhelm Friedrich: Die Verfassung Deutschlands [1800-1802], in: *Werke Bd. 1: Frühe Schriften*. Auf der Grundlage d. Werke von 1832-1845 neu ed. Ausg., Frankfurt/M. 1986, S. 451-610, hier: S. 461; Stillman, Peter G.: Hegel's Idea of Constitutionalism, in: Rosenbaum, Alan S. (Hg.), *Constitutionalism. The Philosophical Dimension*, New York u.a. 1988, S. 88-112.

355 Vgl. dazu die Anmerkungen von Hans Maier, Hegels Schrift über die Reichsverfassung, in: *PVS* 4 (1963), S. 334-349, hier: S. 341, Anm. 24.

356 Ebenda.

357 Hegel, Georg Wilhelm Friedrich: Die Verfassung Deutschlands [1800-1802], in: *Werke Bd. 1: Frühe Schriften*. Auf der Grundlage d. Werke von 1832-1845 neu ed. Ausg., Frankfurt/M. 1986, S. 460, Anm. 4.

358 Ebenda, S. 580.

naturrechtlichen und vertragstheoretischen Denken so fremd ist.[359] „But in nineteenth century Germany a very different analysis had been developed by Hegel and his disciples. The State, they pointed out, was created not by law but by war (...). As the State had come into existence through war (...) so it could only survive and express itself through war."[360] Somit braucht es eine Kraft, welche die vielen Besonderheiten in eine Einheit zwingt. „Dieser Theseus müsste Großmut haben, dem Volk, das er aus zerstreuten Völkern geschaffen hätte, einen Anteil an dem, was alle betrifft, einzuräumen – weil eine demokratische Verfassung, als Theseus seinem Volke gab, in unseren Zeiten und großen Staaten ein Widerspruch in sich selbst ist (...)."[361] Und so hilft nur die Gewalt in der Hand einer großen Persönlichkeit, die in der Lage ist, den Widerstand auszuhalten, der mit einer solchen fast übermenschlichen Tat verbunden ist.

> „Der gemeine Haufen des deutschen Volks nebst ihren Landständen, die von gar nichts anderem als von Trennung der deutschen Völkerschaften wissen und denen die Vereinigung derselben etwas ganz Fremdes ist, müßte durch die Gewalt eines Eroberers in eine Masse versammelt, sie müßten gezwungen werden, sich zu Deutschland zugehörig zu betrachten."[362]

Die Grundkonzeption seines politischen Denkens ist von der frühen Verfassungsschrift bis zur Rechtsphilosophie gleich geblieben.[363] Die bürgerliche Gesellschaft kann – auch als Rechtsgemeinschaft – nur dann bestehen, wenn eine überwölbende Idee des Staates für ihren Bestand sorgt. Diese muss in einer

---

359　Es ist die Tradition, die uns in den letzten Jahren von John G.A. Pocock und Quentin Skinner, aber auch von Herfried Münkler und Hans Vorländer – und zuvor schon, wenn auch nicht unter diesem Namen, von Wilhelm Hennis – so eindrucksvoll als republikanisch-atlantische Tradition des politischen Denkens vorgeführt wurde. In dieser Tradition steht Hegel über die Machiavelli-Rezeption. Und Hobbes, so Hennis, steht „am Beginn jenes spezifisch bürgerlichen, meinetwegen bourgeoisen liberalen politischen Denkens, dem es vor allem darum geht, das Individuum in seinen Rechten, ja mehr, in seinem Anspruch auf Annehmlichkeit – *commodius living* – zu sichern" (Wilhelm Hennis: *Max Webers Fragestellung*, Tübingen 1987, S. 234).

360　Bobbitt, Philip: *The Shield of Achilles: War, Peace, and the Course of History*, New York 2003, S. XVI.

361　Hegel, Georg Wilhelm Friedrich: Die Verfassung Deutschlands [1800-1802], in: *Werke Bd. 1: Frühe Schriften*. Auf der Grundlage d. Werke von 1832-1845 neu ed. Ausg., Frankfurt/M. 1986, S. 580.

362　Ebenda.

363　Hans Maier hat in seinem Aufsatz über Hegels Verfassungsschrift einleuchtend angemerkt, dass man ein „Fragezeichen hinter alle Deutungen machen" muss, „die auf Wirkung und Reform zielende Elemente der Schrift überbetonen, und in ihr ein Vorspiel des Macht- und Nationalstaatsgedankens des 19. Jahrhunderts sehen wollen." Dies liegt schon allein darin begründet, dass die Schrift erst 1893 veröffentlicht wurde. Somit verbietet sich schon allein aus dieser Tatsache heraus, der Wirkung von Hegels Denken aus seiner Verfassungsschrift nachzugehen. Aber dennoch können wir fragen, wie sich die Ereignisse der Zeit auf einen hellsichtigen Beobachter wie Hegel niedergeschlagen haben. Seine kurze und griffige Anamnese lautet: Es fehlt das Allgemeine und überwiegt das Besondere. Maier, Hans: Hegels Schrift über die Reichsverfassung, in: *PVS* 4 (1963), S. 334-349, hier: S. 335.

identitätverbürgenden Institution, am besten beim Monarchen, einen Kristallisationspunkt schaffen. Nicht das bloße Überleben im Reich der Notwendigkeit, nicht die Sicherheit der Bürger und ihr leibliches Wohlergehen, sondern das gute Leben im sittlichen Staat ist die Verwirklichung der Idee der Freiheit. Und so wie später die Arbeitsteilung im System der Bedürfnisse für die Kraft der Vereinzelung und Atomisierung in der bürgerlichen Gesellschaft verantwortlich zeichnet, ist es auch schon in der Verfassungsschrift erkennbar, dass Hegel in der Ökonomie die Wurzel der Individualisierung sieht. „Die Kreise der Gewalt, die jeder nach Charakter und Zufall sich schuf, den Besitz, den er sich errang, diese wandelbaren Dinge, fixierte nach und nach die fortgehende Zeit, und indem das ausschließende Eigentum die Einzelnen völlig voneinander absonderte, wurden Begriffe dasjenige, worin sie sich verbanden, und notdürftige Gesetze fingen an zu herrschen."[364]

1817 erschien Hegels „Kampfschrift" gegen die Württembergischen Landstände, die in langen Verhandlungen eine vom König angebotene Verfassung abgelehnt hatten. War der Verfassungsstreit nur ein Schwabenstreich, wie Hegel angemerkt haben soll?[365] „Die Zeitgenossen verstanden das Pamphlet als eine reaktionäre Parteinahme für den Monarchen."[366] Neben der Arbeit über die Reformbill in England und der frühen Schrift über die Verfassung Deutschlands ist die „Beurteilung der Verhandlungen in der Versammlung der Landstände des Königreichs Württemberg im Jahr 1815 und 1816" die dritte große, aktuellen Fragen gewidmete Arbeit Hegels. In dieser Schrift kehrt Hegel, „wie an keiner Stelle zuvor, die rationale Geltung des abstrakten bürgerlichen Rechts gegenüber der historischen Zufälligkeit der traditionellen ständischen Freiheitsrechte hervor."[367] Genau diesen Konflikt trugen die Akteure und die politisch-philosophischen Beobachter in den folgenden Jahren aus. Es war der Konflikt zwischen der historischen Begründung und Legitimation von Herrschaft neben der des rationalen Naturrechts. Hegel schlägt sich auf die Seite der Monarchie. Wortgewaltig hält er fest: „Es kann wohl kein größeres weltliches Schauspiel auf Erden geben, als daß ein Monarch zu der Staatsgewalt, die zunächst ganz in seinen Händen ist, eine weitere und zwar die Grundlage hinzufügt, daß er sein Volk zu einem wesentlich einwirkenden Bestandteil in sie aufnimmt."[368] Die Entfremdung der Bürger war so weit fortgeschritten, dass sie sich für alles, was

---

364 Ebenda, S. 453.

365 Zitiert nach Hettling, Manfred: *Reform ohne Revolution. Bürgertum, Bürokratie und kommunale Selbstverwaltung in Württemberg von 1800 bis 1850*, Göttingen 1990, S. 144.

366 Habermas, Jürgen: Hegels Kritik der Französischen Revolution, in: ders.: *Theorie und Praxis*, Frankfurt/M. 1991, S. 128-147.

367 Hegel, Georg Wilhelm Friedrich: *Frühe politische Systeme,* hg. von Gerhard Göhler, Frankfurt/M. 1974, S. 153.

368 Hegel, Georg Wilhelm Friedrich: Beurteilung der Verhandlungen in der Versammlung der Landstände des Königreichs Württemberg im Jahr 1815 und 1816, in: *Werke Band 4: Nürnberger und Heidelberger Schriften 1808-1817.* Auf der Grundlage d. Werke von 1832-1845 neu ed. Ausg., Frankfurt/M. 1986, S. 468.

den Staat betraf, nicht mehr interessierten. Die „Leerheit und Tatlosigkeit der vormaligen Staatsversammlung, des deutschen Reichstags, überhaupt die Nullität und Unwirklichkeit des öffentlichen Lebens" haben „einen moralischen und hypochondrischen Privatdünkel gegen das Öffentliche und gegen die Erscheinung der Majestät zur durchgreifenden Stimmung gemacht (...),"[369] dass die Bürger sich nur noch desinteressiert von der Politik abwenden konnten. Weder wurden ihre Interessen und Belange aufgenommen, noch wurden sie gefühlsmäßig angerührt. Der Reichstag war nicht der Ort, der „zur Anregung großherziger Gefühle" in der Lage war.[370] Er sieht das Bemühen „eine deutsche Monarchie, die wir in unseren Zeiten entstehen sahen, durch die Einführung einer repräsentativen Verfassung zu vollenden."[371]

Und so schreibt Hegel mit ähnlichem Tenor, „daß in großen Staaten, wie Frankreich z.B. und noch mehr England, der ganze gesellschaftliche Zustand im Innern und der weitreichende Zusammenhang nach außen die Individuen in ganz andere Verhältnisse des Reichtums, der Bildung und der Gewohnheit, in allgemeineren Interessen zu leben und sich zu benehmen, stellt als in einem Lande von größerer Beschränktheit des Umfangs, des gesellschaftlichen Zustands und Reichtums."[372] Denn die zentrale Aufgabe der politischen Erziehung seit Aristoteles und Rousseau ist es, den einzelnen auf die allgemeinen Angelegenheiten hin zu lenken.[373] Der Staat ist dann dem Verderben ausgeliefert, wenn die Politik zum Spielball der privaten Interessen wird.

„Der Sinn des Staates erwirbt sich aber vornehmlich in der habituellen Beschäftigung mit den allgemeinen Angelegenheiten, in welcher nicht nur der unendliche Wert, den das Allgemeine in sich selbst hat, empfunden und erkannt, sondern auch die Erfahrung von dem Widerstreben, der Feindschaft und der Unredlichkeit des Privatinteresses und der Kampf mit demselben, insbesondere mit dessen Hartnäckigkeit, insofern es sich in der Rechtsform festgesetzt hat, durchgemacht wird."[374]

---

369 Ebenda, S. 469.
370 Ebenda.
371 Ebenda, S. 462. An gleicher Stelle auch die Würdigung der Öffentlichkeit.
372 Hegel, Georg Wilhelm Friedrich: Beurteilung der Verhandlungen in der Versammlung der Landstände des Königreichs Württemberg im Jahr 1815 und 1816, in: *Werke Band 4: Nürnberger und Heidelberger Schriften 1808-1817*. Auf der Grundlage d. Werke von 1832-1845 neu ed. Ausg., Frankfurt/M. 1986, S. 473f.
373 Und auch am Schluss seiner Schrift über die Verfassung in Württemberg kehrt Hegel noch einmal zu seinem Thema zurück: „Ein solches Beisammensitzen (in der Ständeversammlung, RS) ist jedoch immer von unendlicher Wichtigkeit für die *politische Erziehung*, deren ein Volk und dessen Häupter bedürfen, das bisher in politischer Nullität gelebt hatte und dessen Erziehung nicht wie bei einem noch unbefangenen Volke nur ganz von vorne anzufangen war, sondern das auch in den harten Fesseln einer drückenden Aristokratie, einer darauf gebauten innerlichen Verfassung und in dem Mangel und der Verkehrtheit von Begriffen über Staats- und Freiheitsrechte oder vielmehr in Worten befangen war" (ebenda, S. 582).
374 Ebenda, S. 476.

Aus diesem Grund wehrt er sich auch gegen die Übertragung von privatrechtlichen Begriffen und Instrumenten auf die Politik. Eines der wichtigsten privatrechtlichen Werkzeuge ist der Vertrag. Doch Hegel hält den Vertrag für unangemessen, zur Begründung von staatlicher Legitimation herangezogen zu werden.

> „Ein geringes Nachdenken läßt erkennen, daß der Zusammenhang von Fürst und Untertan, von Regierung und Volk eine ursprüngliche, substantielle Einheit zur Grundlage ihrer Verhältnisse hat, da im Vertrage hingegen vielmehr vom Gegenteil, nämlich der gleichen Unabhängigkeit und Gleichgültigkeit beider Teile gegeneinander ausgegangen wird; eine Vereinbarung, die sie miteinander über etwas eingehen, ist ein zufälliges Verhältnis, das aus dem subjektiven Bedürfnis und der Willkür beider herkommt. Von einem solchen Vertrage unterscheidet sich der Zusammenhang im Staate wesentlich, der ein objektives, notwendiges, von der Willkür und dem Belieben unabhängiges Verhältnis ist (...).“[375]

Seine Schrift über die Württembergischen Landstände, nur wenige Jahre vor der Rechtsphilosophie entstanden, ist mehr als eine politische Gelegenheitsschrift. Doch so wie seine Wirkung auf die Zeitgenossen sehr unterschiedlich war, so widersprüchlich ist generell die Einschätzung von Hegels politischem Wirken. Im Konflikt zwischen den Landständen und dem König konnte Hegels Kritik nur als Parteinahme für die Monarchie begriffen werden, obwohl er inhaltlich liberale Positionen – wie oben zu sehen war – vertrat. Sein Widerstand bezog sich primär darauf, wie die neue Verfassung legitimiert werden sollte. Nach alter ständestaatlicher Tradition sollte diese durch einen Vertrag zwischen den Ständen und dem Monarchen abgesichert werden. Aber Hegels Opposition gegen die Vertragsidee, die er aus dem privatrechtlichen Kontext kommen sah, wurde oben ausführlich dargelegt. Natürlich ist die eher liberale Ausdeutung Hegels nicht unbestritten. Besonders seine gegen Fries gerichtete Vorrede aus der Rechtsphilosophie, die nach den Karlsbader Beschlüssen geschrieben wurde, ist vielen ein Beispiel für Hegels Opportunismus. Allerdings muss man ihm zugute halten, dass er konsequent gegen die Argumente der Historischen Rechtsschule eingetreten ist, die generell gegen die schriftlichen Gesetze argumentiert hat.[376]

---

375   Ebenda, S. 505.
376   Schöttle, Rainer: Karl von Rotteck und die Entwicklung des bürgerlichen Parlamentarismus in Deutschland, in: Karl von Rotteck, *Über Landstände und Volksvertretungen: Texte zur Verfassungsdiskussion im Vormärz*, hg. und mit einer Einl. versehen von Rainer Schöttle, Freiburg u.a. 1997, S. 177-210; zu Lorenz von Stein: Forsthoff, Ernst: Einleitung in: Montesquieu, *Vom Geist der Gesetze*, 1. Band, Tübingen 1951, S. V-LVI.

3.2. *Verfassungskultur als Voraussetzung: Hegel und die konstitutionelle Monarchie*

Die Überarbeitung der Verfassungsschrift fällt in Hegels Jenaer Zeit, in der er ebenfalls an den frühen Systemschriften, dem „System der Sittlichkeit" und dem Naturrechts-Aufsatz gearbeitet hat. Einige der oben angesprochenen Themen werden wieder aufgegriffen, jedoch in größerer Reife durchgearbeitet. Der Blick Hegels auf die Schwächen der deutschen Verfassung sei „very Fergusionian".[377] Und so spiegelt sich darin auch die Auseinandersetzung mit der politischen Ökonomie wider, die er auf Grundlage des Aristotelischen Denkens mit Hilfe der schottischen Moralphilosophen neu führt. Ebenso zeigt sich die politische Dimension des Kampfes als Kampf um Anerkennung und die Auseinandersetzung mit dem Problem von Individualität und Entzweiung auf der einen Seite und Vergemeinschaftung auf der anderen. Beginnen wir mit dem letzten Punkt. Die Idee der Vergemeinschaftung schärft Hegel zwar in kritischer Absetzung von Aristoteles. Dessen anthropologische Grundannahmen teilt er nicht und schließt sich Machiavellis moralischer Skepsis an. Allerdings setzt er, z.T. von Spinoza bestärkt, die griechische Formel um, dass der Einzelne sich selber in die Lage versetzen muss, für seine Stadt und für seine politischen Ideale zu kämpfen und im Notfall sein Leben zu opfern. Das politische Leben ist Kampf. Und dieser Kampf ist es, der im Zweifel über Recht und Unrecht entscheidet.[378] Die griechische Polis war eine Wehrgemeinde.[379] Allerdings sollte die bei Machiavelli und Hobbes vorherrschende Tendenz, dass staatliches Handeln auf

---

377 So Duncan Forbes in seinem Vorwort zu Norbert Waszeks Buch über Hegel und die Schotten: Forbes, Duncan: Vorwort, in: Norbert Waszek, *The Scottish Enlightenment and Hegel's Account of ‚Civil Society'*, Dordrecht/Boston/London 1988, S. XI-XIV, hier: XIII. Waszek beschäftigte sich auch mit Eduard Gans, Lorenz v. Stein; dazu auch: Riedel, Manfred: Die Rezeption der Nationalökonomie in: ders., *Zwischen Tradition und Revolution*, Stuttgart 1982, S. 116-139: Darin heißt es: „Durch ihre Vermittlung (Garve, Schlosser, Abbt, Iselin, RS) hat Hegel die Werke von Steuart und Smith, von Ferguson und Hume kennengelernt" (S. 118). Im Folgenden setzt sich Riedel auch mit den frühen Schriften (System der Sittlichkeit, Naturrechtsaufsatz) auseinander und zeigt die enge Verbindung zu Aristoteles auf (S. 121ff.).

378 Vgl. Ilting, Karl-Heinz: Hegels Auseinandersetzung mit der aristotelischen Politik, in: *Philosophisches Jahrbuch* 71 (1963/64), S. 38-58 [wieder abgedruckt in: Hegel. Frühe politische Systeme, hg. von Gerhard Göhler, Frankfurt/M. 1974, S. 759-785, hier: S. 776].

379 So schon Max Weber in „Die Stadt". Dort schreibt er: „Die politische Situation des mittelalterlichen Stadtbürgers wies ihn auf den Weg, ein homo oeconomicus zu sein, während in der Antike sich die Polis während der Zeit ihrer Blüte ihren Charakter als des militärtechnisch höchststehenden Wehrverbandes bewarte: Der antike Bürger war homo politicus" (Weber, Max: Wirtschaft und Gesellschaft, Teilband 5: Die Stadt, *MWG*: I/22-5, hg. von Wilfried Nippel, Tübingen 1999, S. 275). Später spitzt Weber noch einmal zu: „Der Bürger blieb in erster Linie Soldat" (ebenda, S. 285). Sicherlich ist Webers Position an dieser Stelle etwas überpointiert. Aber der grundsätzliche Zusammenhang von Militärtechnik und Demokratie, den Weber an den zitierten Stellen erörtert, wird auch von anderen geteilt. Vgl. dazu neben anderen: Maier, Christian: *Entstehung des Begriffs ‚Demokratie'. Vier Prolegomena zu einer historischen Theorie*, Frankfurt/M. 1981.

„die bloß zweckrationale Durchsetzung von Macht"[380] reduziert wird, gerade überwunden werden.

Hegel setzte sich mit Aristoteles auseinander[381], um dessen Idee aufzunehmen, dass die Auseinandersetzungen, der Kampf um Ehre und das Agonale des öffentlichen Lebens von zentraler Bedeutung für die Anerkennungsprozesse zwischen den Menschen sind. „Allen Unterscheidungen zum Trotz, die auffällig genug sind (...), weist Hegels erstes System der politischen Philosophie eine grundsätzliche Übereinstimmung mit der politischen Wissenschaft des Aristoteles auf."[382] Allerdings musste er sich mit der Tatsache auseinandersetzen, dass die aristotelische Welt der überschaubaren, agrarischen Solidargemeinschaft nicht mehr mit der Realität der am Horizont auftauchenden, modernen arbeitsteiligen Industriegesellschaft übereinstimmte. Zudem sollten die Individualisierungsgewinne, die mit der Aufklärung verbunden waren, nicht verloren gehen. Diese beiden Elemente: Kampf als sozialer Kampf und Intersubjektivität in der entzweiten Welt konnte Hegel erst zusammenbringen, als er die Formel des Kampfes um Anerkennung gebildet hatte, in der sich dieser Kampf als sich aufstufender Prozess darstellte.[383] Die Anpassung an die moderne arbeitsteilige Gesellschaft erfolgte über die Rezeption der schottischen Nationalökonomie. Deren Spuren reichen bis in die Rechtsphilosophie hinein, wo Hegel die Trennung von Staat und bürgerlicher Gesellschaft systematisch darlegt.

Doch ist es gerade diese Trennung von Staat und bürgerlicher Gesellschaft, die Hegel von der Tradition des Republikanismus entfremdet. Der Anschluss an die Idee der societas civilis, die noch von der Einheit des politischen und gesellschaftlichen Raums ausgegangen war, wird gerade darüber gefährdet. Richtig ist natürlich, dass diese bürgerliche Gesellschaft bei Hegel als ökonomisch geprägte proto-industrielle Gesellschaft vorgestellt wird. Und richtig ist selbstverständlich auch, dass diese Gesellschaft nichts mehr mit der societas civilis des antiken republikanischen Denkens zu tun hat. Aber sie ist eben auch nicht als Gesellschaftsform eigenständig und überlebensfähig. Es bedarf des Staates. Insofern kehrt die Trennung zwischen ökonomischem und politischem Leben aus der Aristotelischen Politik wieder zurück. Auch die Hierarchie bleibt erhalten. Die

---

380 Zum ganzen Komplex der Anerkennung in Hegels frühen Schriften: Honneth, Axel: Moralische Entwicklung und sozialer Kampf. Sozialphilosophische Lehren aus dem Frühwerk Hegels, in: *Zwischenbetrachtungen. Im Prozeß der Aufklärung*, hg. von ders./McCarthy/Offe/Wellmer, Frankfurt/M. 1989, S. 549-573; hier: S. 556.

381 Vgl. dazu Ilting, Karl-Heinz: Hegels Auseinandersetzung mit der aristotelischen Politik, in: *Philosophisches Jahrbuch* 71 (1963/64), S. 38-58; wieder abgedruckt in: *Frühe politische Systeme*, hg. von Gerhard Göhler, Frankfurt/M., S. 759-785.

382 Ebenda, S. 766f. Weiter unten stärkt Ilting diese Annahme noch einmal zu der klaren These: „Daß das ‚System der Sittlichkeit' nach dem Vorbild der Aristotelischen Politik entworfen wurde, kann darum kaum bezweifelt werden" (ebenda, S. 771).

383 Vgl. Honneth, Axel: Moralische Entwicklung und sozialer Kampf. Sozialphilosophische Lehren aus dem Frühwerk Hegels, in: ders./McCarthy/Offe/Wellmer (Hg.), *Zwischenbetrachtungen. Im Prozeß der Aufklärung*, Frankfurt/M. 1989, S. 549-573, hier: S. 565.

Ökonomie ist der Politik untergeordnet. Sie ist auf die überlegene Ordnungslogik des Politischen angewiesen. Ohne diese würde sie an ihren eigenen Widersprüchen untergehen. Wer war nun der Adressat für Hegels politische Vorstellungen? In der Rechtsphilosophie kommt seine Vorliebe für die konstitutionelle Monarchie am besten zum Ausdruck. Musste Hegel in der Verfassungsschrift noch auf einen Theseus hoffen, setzt er später auf den aufgeklärten Absolutismus, der auf der Grundlage einer Verfassung regieren soll. Die Demokratie kommt für ihn schon allein deswegen nicht in Frage, weil eine liberale bürgerliche Gesellschaft nach dem englischen Vorbild zu große Disparitäten entstehen ließe, die sich politisch in seinen Augen kaum bändigen lassen. So muss dem liberalen Marktgeschehen eine vereinheitlichende Kraft an die Seite gestellt werden. In dieser Unzufriedenheit mit der liberalen Ordnungsmacht des Marktes wendet er sich Montesquieu zu. Wie auch für Tocqueville ist dieser für Hegel der Gewährsmann für die Parallelen zwischen dem *despotisme doux* der radikalen Demokratie und den Bevormundungen in autoritären Absolutismen. In beiden Fällen wird der Bürger Opfer einer ihn bevormundenden Macht.

Neben den einschlägigen Passagen aus der Rechtsphilosophie, wo Hegel schon über die Verfassung geschrieben hat, wird man auch in der Enzyklopädie der Wissenschaften fündig. Dort heißt es:

„Was aber die politische Freiheit betrifft, nämlich im Sinne einer förmlichen Teilnahme des Willens und der Geschäftigkeit auch derjenigen Individuen, welche sich sonst zu ihrer Hauptbestimmung die partikulären Zwecke und Geschäfte der bürgerlichen Gesellschaft machen, an den öffentlichen Angelegenheiten des Staates, so ist es zum Teil üblich geworden, Verfassung nur die Seite des Staats zu nennen, welche eine solche Teilnahme jener Individuen an den allgemeinen Angelegenheiten betrifft, und einen Staat, in welchem sie nicht förmlich statthat, als einen Staat ohne Verfassung anzusehen. Es ist über diese Bedeutung zunächst nur dies zu sagen, dass unter Verfassung die Bestimmung der Rechte, d.i. der Freiheiten überhaupt, und die Organisation der Verwirklichung derselben verstanden werden muß, und die politische Freiheit auf allen Fall nur einen Teil derselben ausmachen kann; von derselben wird in den folgenden Paragraphen die Rede sein."[384]

---

384 Hegel, Georg Wilhelm Friedrich: Enzyklopädie der Wissenschaften, Hamburg 1969, (§ 539), S. 417. Weiter heißt es dazu in § 540: „Die Garantie einer Verfassung, d.i. die Notwendigkeit, dass die Gesetze vernünftig und ihre Verwirklichung gesichert sei, liegt in dem Geiste des gesamten Volkes, nämlich in der Bestimmtheit, nach welcher es das Selbstbewusstsein seiner Vernunft hat (...). Die Verfassung setzt jenes Bewusstsein des Geistes voraus, und umgekehrt der Geist die Verfassung, denn der wirkliche Geist selbst hat nur das bestimmte Bewusstsein seiner Prinzipien, insofern dieselben für ihn als existierend vorhanden sind. Die Frage, wem, welcher und wie organisierten Autorität die Gewalt zukomme, eine Verfassung zu machen, ist dieselbe mit der, wer den Geist eines Volkes zu machen habe. Trennt man die Vorstellung einer Verfassung von der des Geistes so, als ob dieser wohl existiere oder existiert habe, ohne eine Verfassung, die ihm gemäß ist, zu besitzen, so beweist solche Meinung nur die Oberflächlichkeit des Gedankens über den Zusammenhang des Geistes, seines Bewusstseins über sich und seiner Wirklichkeit. Was man so eine Konstitution machen nennt, ist, um dieser Unzertrennlichkeit willen, in der Geschichte niemals vorgekommen, ebenso wenig als das Machen eines Gesetzbuches; eine Verfassung hat sich aus dem Geiste nur entwickelt identisch

Hegel gehörte zu den eifrigen Lesern Fergusons.[385] Die Gegensätze des dominanten Rechtsstaatsdenkens in Deutschland und der schottischen Moralphilosophie lassen sich klar und deutlich markieren. Aber die Berührungspunkte waren vielfältiger, als es zum Beispiel aus der Studie von Fania Oz-Salzberger hervorgeht. Sicherlich hat sie mit ihrer Grundaussage Recht, dass das rechtsstaatliche Denken eine grundlegende Rezeptionshürde darstellte. Aber dies gilt nicht für die gesamte Bandbreite der praktischen Philosophie und des deutschen Staatsrechts. Gerade in der Aristotelischen Frühphase war Hegel offen für die Bürgerkonzeptionen, die Gemeinwohlorientierung und die Skepsis gegenüber der ökonomischen Modernisierung und der frühkapitalistischen Logik der Marktegoismen, sodass hier sehr wohl Ansatzpunkte für das stecken, was wir Verfassungssoziologie nennen wollen. Es ist Verfassungssoziologie am Übergang von bürgerlicher Tugend zum Machtstaat. Aber dennoch bleibt Hegel unter dem Gesichtspunkt der Möglichkeit, eine Verfassung zu geben, in diametralem Gegensatz zu Kant. „Da der Geist", so Hegel abschließend in der Rechtsphilosophie,

> „nur als das wirklich ist, als was er sich weiß, und der Staat, als Geist eines Volkes, zugleich das alle seine Verhältnisse, durchdringende Gesetz, die Sitte und das Bewusstsein seiner Individuen ist, so hängt die Verfassung eines bestimmten Volkes überhaupt von der Weise und Bildung des Selbstbewusstseins desselben ab; in diesem liegt seine subjektive Freiheit, und damit die Wirklichkeit der Verfassung. Einem Volke eine, wenn auch ihrem Inhalte nach mehr oder weniger vernünftige Verfassung a priori geben zu wollen, – dieser Einfall übersähe gerade das Moment, durch welches sie mehr als ein Gedankending wäre. Jedes Volk hat deswegen die Verfassung die ihm angemessen ist und für dasselbe gehört."[386]

---

mit dessen eigner Entwicklung und zugleich mit ihm die durch den Begriff notwendigen Bildungsstufen und Veränderungen durchlaufen. Es ist der inwohnende Geist und die Geschichte – und zwar ist die Geschichte nur seine Geschichte -, von welchen die Verfassungen gemacht worden sind und gemacht werden" Ebenda, § 540, S.418. Vgl. dazu die Passagen in der Rechtsphilosophie, §273: Dort schreibt er nach einer gründlichen Erörterung von Montesquieus Verfassungslehre: „Eine andere Frage bietet sich leicht dar: wer die Verfassung machen soll? Diese Frage scheint deutlich, zeigt sich aber bei näherer Betrachtung sogleich sinnlos. Denn sie setzt voraus, dass keine Verfassung vorhanden, somit ein bloßer atomistischer Haufen von Individuen beisammen sei. Wie ein Haufen, ob durch sich oder andere, durch Güte, Gedanken oder Gewalt, zu einer Verfassung kommen würde, müsste ihm überlassen bleiben, denn mit einem Haufen hat es der Begriff nicht zu tun. – Setzt aber jene Frage schon eine vorhandene Verfassung voraus, so bedeutet das Machen nur eine Veränderung, und die Voraussetzung einer Verfassung enthält es unmittelbar selbst, dass die Veränderung nur auf verfassungsmäßigem Wege geschehen könne. – Überhaupt aber ist es schlechthin wesentlich, dass die Verfassung, obgleich in der Zeit hervorgegangen, nicht als ein Gemachtes angesehen werde; denn sie ist vielmehr das schlechthin an und für sich Seiende, das darum als das Göttliche und Beharrende und als über der Sphäre dessen, was gemacht wird, zu betrachten ist." (Hegel, Georg Wilhelm Friedrich: *Grundlinien der Philosophie des Rechts*, hg. und eingel. von Helmut Reichelt, Frankfurt/M. 1972.)

385   Waszek, Norbert: Hegels Lehre von der bürgerlichen Gesellschaft und die politische Ökonomie der schottischen Aufklärung, in: *Dialektik* Jahrgang 3 (1995), S. 35-50; Waszek, Norbert: *The Scottish Enlightenment and Hegel's Acount of ‚Civil Society'*, Dordrecht 1988.

386   Hegel, Georg Wilhelm Friedrich: *Grundlinien der Philosophie des Rechts*, hg. und eingel. von Helmut Reichelt, Frankfurt/M. 1972, S. 246)

Damit hätten wir die beiden markanten Positionen beschrieben, die Pölitz in die Mitte nehmen. Auf der einen Seite die vernunftrechtlliche Vision einer erzieherischen Verfassung, die über den jeweils gegenwärtigen Stand der gesellschaftlichen Entwicklung hinausgreifen kann. Auf der anderen Seite die Hegelsche Gegenposition und damit auch zwei entgegengesetzte Verfassungsbegriffe. Die beiden Entwicklungslinien, die von Hegels Position ausgehen, zeichnen sich darin auch ab. Auf der einen Seite die Betonung von Antagonismen, sozialen Kämpfen und dem Agonalen, andererseits die Aufhebung dieser Widersprüche im Staat. Kant bietet den Anschluss für einen Vorrang der Verfassung und ein verfassungskulturelles Erziehungsprogramm, das an der kritisch-emanzipatorischen Begrifflichkeit von Republik und Verfassung aus der Tradition der Französischen Revolution festhält. Dagegen greift Hegel an den entscheidenden Stellen auf den deskriptiven Verfassungsbegriff zurück, nimmt ihm dadurch das kritische Potential und die Chance integrativer Leitbegriff zu bleiben.

V. Realpolitik und Rechtspositivismus zwischen Paulskirche und Kaiserreich

Die Verfassung der Paulskirche und das Kommunistische Manifest von Karl Marx und Friedrich Engels in den Jahren 1848/49, der Epoche der europäischen Revolutionen, versinnbildlichen zwei Anschlussmöglichkeiten an den liberalen Konstitutionalismus des Vormärz auf der einen Seite und die Hegelsche Kritik auf der anderen Seite.[1] Im Kommunistischen Manifest kommt der Begriff der Verfassung nicht vor. Dennoch offenbart sich im Manifest ein Verfassungsverständnis der sozialen Revolution, das einen ganz anderen Verfassungsbegriff vorbereitet. Es geht um die soziale und materielle Verfassung, die der rein juristischen gegenübertritt und somit die Hegelsche Kritik an den Widersprüchen aufgreift, die sich innerhalb der bürgerlichen Gesellschaft auftun. Dieses Verfassungsverständnis wird die Verfassungsdokumente der kommunistischen Revolutionen und Neugründungen im 20. Jahrhundert prägen und wird eine ganze Reihe von unterschiedlichen Symbolisierungswegen nehmen.

Bei dieser Deutung der Verfassung rückt der Verfassungstext selber in die zweite Reihe. Auch werden keine eigenen Institutionen gegründet, die unabhängig, im Sinne der Gewaltenteilungslehre, eine Deutung des Verfassungstextes vornehmen. Durch die Aufwertung von Geschichte, Tradition und Kultur der Arbeiter werden Symbolisierungsformen und verfassungskulturelle Elemente der Arbeiterkultur entnommen. Lieder, Denkmäler, Festtage bilden den Kern einer eigenen Verfassungskultur. Zudem wird eine gänzlich andere Erinnerungskultur mit einer eigenen Geschichtsschreibung etabliert. Diese Gegenkultur ist insofern auch Verfassungskultur, als sich sämtliche oben erwähnten Merkmale auch in ihr wiederfinden. Sie hat starke Elemente eigenständiger Vergemeinschaftung, trägt eigenständige Züge von Expressivität und stellt Dokumente und Monumente in den Mittelpunkt, um die herum eine sozialistisch-kommunistische Verfassungskultur zentriert ist, wenn man einen sehr weiten Verfassungsbegriff zugrundelegt. In dieser Tradition fehlt jedoch der Anspruch auf Allgemeinverbindlichkeit, sie bleibt partikular und zudem wird der Verfassung im engeren Sinne zu keinem Zeitpunkt eine symbolische Bedeutung zugesprochen. Und dieses Verfassungsverständnis führt auch nicht zu einer Eigenständigkeit der Geltung des Rechts, oder gar zur Einrichtung von Verfassungsgerichtsbarkeit. Es unterläuft die Gewaltenteilung zugunsten einer Deutung der

---

1 Dieter Dowe u.a. (Hg): *Europa 1848: Revolution und Reform*, Bonn 1998.

Verfassung als sozio-ökonomisch dominierte Machtordnung. Eine so verstandene Verfassungsordnung verliert so ihre Fähigkeit, Leitdifferenzen zu setzen und
politisch integrativ zu wirken. Aber auch die von der Paulskirche ausgehenden
Bündelungen des vormärzlichen Konstitutionalismus werden erst wieder im 20.
Jahrhundert wirksam. Somit ist die Paulskirche aus dieser Sicht eher der Abschluss einer Epoche als der Startschuss für eine Verwirklichung verfassungs-
rechtlicher Grundsätze. Die oktroyierte preußische Verfassung von 1850 dokumentiert diesen Abschluss.[2]

Auf die Paulskirchen-Verfassung wurde vor allem in der deutschen Nach-
kriegsgeschichte Bezug genommen, war doch die deutsche Geschichte nicht
reich an liberalen und demokratischen Ereignissen. Und in ihr bündelten sich
die aus dem Vormärz bekannten politischen Strömungen und verfassungssoziologischen Positionen. In der Paulskirche und den Debatten des Verfassungsausschusses, geleitet von Dahlmann, entwickelten sich geistige Strömungen zu
Parteilinien. Dem „Casino" entsprach Dahlmanns historischer Evolutionismus
aristotelisch-englischer Prägung: eine gemischte Verfassung, die aus dem Gegebenen eine Verbindung zur konstitutionellen Monarchie zieht, war Dahlmanns
Ziel. Dem „Württemberger" und später „Augsburger Hof" entsprach der vernunftrechtliche Konstruktivismus der Kant'schen und Rotteckschen Schule. Den
vernunftrechtlichen Ideen folgend, wurde in diesem bevorzugten Modell der
parlamentarischen Monarchie das Mächtegleichgewicht zugunsten des Parlaments verschoben. Neben den Genannten waren Robert von Mohl, Friedrich
Julius Stahl und Julius Fröbel die interessantesten Akteure. Während Mohl noch
in den liberalen Kern der breiten Mitte der Parlamentarier gehörte, deckten
Fröbel (links) und Stahl (rechts) die wichtigsten Positionen außerhalb der Mitte
ab. In diesen Positionen bildeten sich die frühen Ideen einer sozialstaatlichen
Demokratie (Fröbel) und einer Versöhnung des konservativen Lagers (Stahl)
mit dem Konstitutionalismus ab.[3]

Mit der intensiven Erörterung und schließlichen Manifestierung der Grundrechte konnte sich die Paulskirche in die große Tradition der Menschen- und
Bürgerrechtserklärungen einschreiben. Aber die soziale Realität hatte weitgehend keinen Zutritt zum Juristen- und Professorenparlament (Bleek). Auch diese
Verfassung hätte somit das Kant'sche Problem gehabt, mit der sozialen Realität
schroff konfrontiert zu werden, auf die die Verfassung lediglich versuchen kann,
erzieherisch einzuwirken. Das Scheitern der Verfassung bereitete die realpoliti-
sche Wende vor.

---

2   Vor allem Kühne, Jörg-Detlef: *Die Reichsverfassung der Paulskirche. Vorbild und Verwirkli-
     chung im späteren deutschen Rechtsleben*, 2. überarbeite und um ein Nachwort ergänzte Aufl.,
     Neuwied 1998, aber auch: Bleek, Wilhelm: Die Paulskirche in der politischen Ideengeschichte
     Deutschlands, in: *APuZ 3-4/98*, S. 28-39, hier vor allem S. 30ff.
3   Zu diesen Entwicklungen vor allem Bleek, ebenda.

Gleichzeitig vollzieht sich eine Ausdifferenzierung der Wissenschaften, die aus der ursprünglich umfassenden Analyse historischer, sozialer, ökonomischer und rechtlicher Faktoren des politischen Lebens im Rahmen der Allgemeinen Staatslehre eine Vielfalt von Einzeldisziplinen hervorgebracht hat.[4] Im Vormärz konnte eine Analyse der Verfassung noch in Form einer umfassenden Einordnung in ihr Umfeld erfolgen. In der zweiten Hälfte des 19. Jahrhunderts wurde die Analyse der Verfassung, vom Staat analytisch nicht scharf getrennt, dem Öffentlichen Recht zugeschlagen. Da dieses sich in seinem Professionalisierungsprozess am Privatrecht und nicht an den ebenfalls an Kontur gewinnenden Sozialwissenschaften orientierte, verloren sich die wechselseitigen Bezüge von Verfassung, Philosophie, Politik, Ökonomie und Geschichte. Dogmatisch zugespitzt findet sich dies im Programm des Rechtspositivismus, der den Staat mit der Monarchie identifizierte, ohne sich als Legitimationswissenschaft kenntlich zu machen. Die ganzen Ambivalenzen, auf die oben schon hingewiesen wurde, von unreflektierter Monarchie-Verehrung der führenden Rechtspositivisten auf der einen Seite und weithin respektierten und sehr einflussreichen wissenschaftlichen Leistungen der Systematisierung des Rechts auf der anderen, reizt zu einem Blick auf die Widerstände, die sich innerhalb des Rechtspositivismus selber und auch bei seinen Kritikern auftun.

Wie schon oben erwähnt, sah Gerhard Dilcher im Rechtspositivismus die eigentliche Wende und den eigentlichen Bruch des Konstitutionalismus im 19. Jahrhundert. Der Rechtspositivismus beendet die Verbindung von Konstitutionalismus und sozialer Bewegung, kappt die Verbindung zwischen Liberalismus und Konstitutionalismus, um gleichzeitig auch die Verbindung zwischen Sozialismus und Verfassung unmöglich zu machen. Verfassung und Recht ziehen sich vor allen politischen und sozialphilosophischen Zumutungen zurück, um den Weg des reinen Rechts und der reinen Rechtslehre vorzubereiten. Dies wurde möglich in einer Zeit der umkämpften Verfassung und des umkämpften Verfassungsrechts, in der sich das Recht komplett von der Politik emanzipieren wollte, um sich in den Schleier des Unpolitischen zu hüllen. Diese Aura umgibt die Verfassung und das Verfassungsgericht heute noch.[5] Noch immer generiert es Zustimmung aus dieser Distanz zur Politik, die in dieser Epoche gelegt wurde. Dies wurde zwar zur dominanten Strömung bis weit in die Weimarer Republik, aber es war nie eine unumstrittene Strömung. Der Symbolisierung der Ver-

---

4   Aus juristischer Sicht zu dieser Entwicklung: Christoph Möllers: *Der vermisste Leviathan. Staatstheorie in der Bundesrepublik*, Frankfurt/M. 2008, S. 15-29; Aus politikwissenschaftlicher Sicht: Wilhelm Bleek, *Geschichte der Politikwissenschaft in Deutschland*, München 2001; Aus der Sicht der Geschichtswissenschaft: Gangolf Hübinger: Geschichte als leitende Orientierungswissenschaft im 19. Jahrhundert, in: *Berichte zur Wissenschaftsgeschichte* 11 (1988), S. 149-158; Ders./Rüdiger vom Bruch/ Friedrich Wilhelm Graf (Hg.): *Kultur und Kulturwissenschaft um 1900*, Stuttgart 1989.

5   Vorländer, Hans: Der Interpret als Souverän, in: *Frankfurter Allgemeine Zeitung*, 17. April 2001, S. 14

fassung als politikfreier Raum, die Hypostasierung der Verfassung als Rechtsinstitut und die machtpolitische Aufladung des Politikverständnisses gehören in diesen gleichen Symbolraum.

1. Die realpolitische Wende

Es waren immer „welthistorische" Individuen, so die Formulierung Hegels, die eine Verfassung machten. Dieser Satz könnte als Leitspruch der realpolitischen Wende gelten. Das ideengeschichtliche, symbolische und staatsrechtliche Gefüge Deutschlands unterlag nach der missglückten 48er-Revolution einer grundlegenden Revision. Der Liberalismus und die demokratischen Kräfte unterzogen sich einer gründlichen Selbstkritik, die unter der Führung von Hermann Baumgarten und Heinrich von Treitschke zu einer realpolitischen Ausrichtung führte.[6] Die Nation drängte sich, verstärkt noch nach 1866 als kleindeutsch-preußische Variante, in den Vordergrund. Die Machtvergessenheit des deutschen Partikularismus wurde zur Machtversessenheit der vor der Einigung stehenden Nation. Zumindest für Baumgarten gilt, dass diese Ambitionen des Bürgertums eben nicht nur eine bürgerliche, sondern auch eine bürgerschaftliche Note besaßen. Die später von Max Weber in der Akademischen Antrittsrede aufgegriffene Verbindung von Weltmachtstellung und innerer Reife, also von außenpolitischen Ambitionen und demokratisch-bürgerschaftlicher Kontrolle der Regierung wird auch schon bei Hermann Baumgarten, dem Onkel Max Webers klar.[7] Dort wird das „männliche Handeln"[8] beschworen und beklagt, dass der Partikularismus die Deutschen in einen „Kleinkindergarten" verwandelt habe.[9] Und in

---

6   Zur Selbstkritik: Baumgarten, Hermann: *Der deutsche Liberalismus: eine Selbstkritik*, Frankfurt/M. 1974; zum Stichwort Realpolitik: Rochau, Ludwig August von: *Gründsätze der Realpolitik*, hg. und eingeleitet von Hans-Ulrich Wehler, Frankfurt/M. 1972; Biermann, Harald: *Ideologie statt Realpolitik. Kleindeutsche Liberale und auswärtige Politik vor der Reichsgründung*, Düsseldorf 2006, S. 42-53; Hans-Ulrich Wehler, Einleitung, in: Ludwig August von Rochau, *Gründsätze der Realpolitik*, Frankfurt/M. 1972, S. 7-21.

7   Zum Einfluss Hermann Baumgartens auf seinen Neffen Max Weber: Radkau, Joachim: *Max Weber. Die Leidenschaft des Denkens*, München/Wien 2005, S. 38ff. Dort heißt es: „Mit Hermann Baumgarten trat Max Weber (...) eine politisch zerrissene Persönlichkeit entgegen. 1866 hatte Baumgarten zusammen mit Treitschke an der Spitze jener Liberalen gestanden, die sich zu Bismarck und zur neudeutschen Machtpolitik bekehrten und mit Renegateneifer den alten Liberalismus der 1848er Zeit als weltfremde professorale Geschwätzigkeit abtaten. Seine damals in den Preußischen Jahrbüchern veröffentlichte Selbstkritik des deutschen Liberalismus war ein vielbeachteter Fanfarenstoß. Da erkennt man eine große Sehnsucht nach einem abgehärtet-gesunden, tatkräftig-realistischen Deutschland – eine Sehnsucht, die aus sehr persönlichen Quellen gespeist war und die später auch Max Weber erfüllte" (ebenda).

8   Baumgarten, Hermann, *Der deutsche Liberalismus. Eine Selbstkritik*, hg. und eingel. von Adolf M. Birke, Frankfurt/. 1974, S. 25.

9   Ebenda.

einem Brief an Heinrich von Treitschke bekennt Baumgarten die Notwendigkeit einer „gründlichen vollständigen Umkehr in unserem politischen Denken sowohl wie in unserem politischen Tun."[10] Der Adressat des Briefes, Heinrich von Treitschke, machte in einer umfassenden Würdigung von Dahlmanns Politik, zwanzig Jahre nach Erscheinen der zweiten Auflage von 1847 die Distanz deutlich, die sich zwischen ihn und den Altliberalen gelegt hatte. Es sei zwar immer noch ein anregendes Werk, aber die Machtfrage werde nicht angemessen behandelt. [11] Die Schwächen des Naturrechts hatten sich schon in Gefolge der Französischen Revolution in Deutschland gezeigt. Denn es war nicht gelungen, den Staat in Gestalt der Fürsten an die Kandarre der Verfassung zu legen. Die Fürsten stabilisierten ihre Souveränität und widerlegten somit die Geltungsansprüche des Vernunftrechts.

Das Verfassungsverständnis dieser Realpolitiker war dabei ein eher politisches als rechtliches. Darin lagen noch die großen Unterschiede zum späteren Rechtspositivismus. Verwandt waren die Positionen jedoch insofern, als sie aus Sicht der Liberalen etwas ängstlich Affirmatives hatten, das später von Max Weber und Hermann Heller als bürgerliches Sekuritätsdenken gegeißelt wird. Ludwig August von Rochau zum Beispiel reflektierte das Verhältnis von Politik, Macht und Verfassung auf folgende Art und Weise: „Darum ist das Recht allerdings seinem Bestande nach vollkommen unabhängig von der Macht, in seiner Geltung aber wesentlich bedingt und scharf umgrenzt durch das Maß der Macht, welche ihm selber zu Gebote steht. (…) Die Verfassung des Staates wird bedingt durch das Wechselverhältnis der innerhalb desselben teils tätigen, teils ruhenden Kräfte."[12] Zwangsläufig gerät jedoch bei einem solchen Verständnis die Verfassung in den Sog (national-) staatlicher Interessen. Und auch die Bestimmung politischer Freiheit löst sich aus einem idealistischen, naturrechtlichen Begründungszusammenhang. Politische Freiheit, so heißt es bei Rochau, erwirbt die ökonomisch und intellektuell führende Schicht in konkreten Kämpfen um Einfluss und Gestaltungsmöglichkeit.[13] Die Verfassung dient dem Staat, seinen Interessen an Erhalt und Erweiterung. Die Verfassung kann ihm so zu einem gegebenenfalls zu sprengenden Korsett werden.[14] In diesem Zusammen-

---

10 Hermann Baumgarten an Heinrich von Treitschke am 10. August 1866, in: ebenda, S. 153.
11 Heinrich von Treitschke, Friedrich Christoph Dahlmann, in: ders., Historische und politische Aufsätze, Band 1, Leipzig 1864, S. 348-434. Wilhelm Dilthey, Friedrich Christoph Dahlmann, in: ders., Gesammelte Schriften, Band 11, 4. Aufl., Stuttgart /Göttingen 1972, S. 164-185.
12 Rochau, Ludwig August von: *Grundsätze der Realpolitik*, hg. und eingeleitet von Hans-Ulrich Wehler, Frankfurt/M. 1972, S. 26.
13 Vgl. dazu auch: Natascha Doll, *Recht, Politik und Realpolitik bei August Ludwig von Rochau. Ein wissenschaftsgeschichtlicher Beitrag zum Verhältnis von Politik und Recht im 19. Jahrhundert*, Frankfurt/M. 2005, S. 25ff.
14 Im Staatslexikon hieß es noch, der Staat sei der „freie Gesellschaftsverein eines Volkes, der nach dem gemeinschaftlichen Verfassungsgesetz (…) unter Leitung einer konstitutionellen, selbständigen Regierung die rechtliche Freiheit" anstrebe (Welcker, Karl v.: Art. Staatsverfassung, in: Rotteck, Karl v./Welcker, Karl Theodor: *Das Staats-Lexikon. Encyklopädie der*

hang fällt auch die aus anderen Zusammenhängen bekannte Formulierung der Verfassung als „Stück Papier". Sie könne lediglich „den bestehenden politischen Tatsachen einen staatsrechtlichen Ausdruck und Bestand" geben.[15] Ferdinand Lassalle steht für solch eine Position. „Verfassungsfragen", so Lassalle, „sind ursprünglich nicht Rechtsfragen, sondern Machtfragen; die wirkliche Verfassung eines Landes existiert nur in den reellen tatsächlichen Machtverhältnissen, die in einem Lande bestehen; geschriebene Verfassungen sind nur dann von Wert und Dauer, wenn sie der genaue Ausdruck der wirklichen in der Gesellschaft bestehenden Machtverhältnisse sind."[16]

Er selber eröffnet damit den Diskurs über die Sichtbarkeit der Verfassung. Verfassungen, die ihre Geltung auf Dauer stellen wollen, arbeiten mit einem komplexen Zusammenspiel von Sichtbarkeit und Unsichtbarkeit. Lassalles diskursive Strategie setzt an dieser Stelle auf die Sichtbarmachung der „eigentlichen" Verfassung, die aus seiner Sicht auf der Straße und in den Fabriken liegt und einer Invisibilisierung der geschriebenen Verfassung durch deren Denunzierung als Blatt Papier. Er arbeitet in diesem Zusammenhang auch wieder mit den gegensätzlichen Verfassungsbegriffen. Interessanterweise taucht hier der ganzheitliche Verfassungsbegriff nicht als reaktionäre Variante gegenüber dem Rechtsbegriff der Verfassung auf, sondern als revolutionärer Kampfbegriff.

Lassalle kann sich mit seiner fundamentalen Kritik auf die Entwicklung der Zeit nach der Paulskirche beziehen. Gerade die vollständige oder teilweise Rücknahme von Verfassungen und Verfassungsrechten zeigt, wie wenig es gelungen ist, einen wirklichen Konstitutionalismus als Bindung des Staates an die Verfassung in Deutschland über die Jahrhundertmitte zu retten. Die Verfassungen wurden an die realen Machtverhältnisse angepasst. Sie wurden zum Ausdruck der normativen Kraft des Faktischen. Diese Hypostasierungen des Bestehenden und Faktischen führten allerdings nicht zu einer Resignation gegenüber dem status quo. Letztendlich, so kann auch Natascha Doll zeigen, ist die Rede von der Realpolitik mehr Gestus als Substanz. Auch hinter der Semantik von Realpolitik verbirgt sich ein idealistisches Programm der Herrschaft des Bürgertums im Interesse einer geeinten Nation: das Bürgertum als allgemeiner Stand.[17]

---

sämmtlichen Staatswissenschaften für alle Stände, [erw. Aufl., 1845], Neudruck Frankfurt/M. 1990 Band 12, S. 363-387). Frei nach Rochau müsste man variieren: ein politischer Verband ohne Macht ist kein Staat.

15   Rochau, zitiert nach ebenda, S. 48. Vgl. Rochau, Ludwig August von: *Grundsätze der Realpolitik,* hg. und eingeleitet von Hans-Ulrich Wehler, Frankfurt/M. 1972: „Durch ein Blatt Papier und durch den geschriebenen Buchstaben lässt sich natürlich weder Macht schaffen, noch Macht zerstören, lassen sich vielmehr im wesentlichen nur die vorhandenen Machtverhältnisse konstatieren, zur allgemeinen Kenntnis und Nachachtung bringen" (S. 220).

16   Lassalle, Ferdinand: *Über Verfassungswesen (1862),* Darmstadt 1958, S. 56.

17   Doll, Natascha: *Recht, Politik und Realpolitik bei August Ludwig von Rochau. Ein wissenschaftsgeschichtlicher Beitrag zum Verhältnis von Politik und Recht im 19. Jahrhundert,* Frankfurt/M. 2005, S. 175ff.

Und die Position des Kaisers schwebte symbolisch in einem Grenzbereich zwischen monarchischer Tradition, Reichsmythos und Gottesgnadentum. Die Verfassung wurde zur Verfügungsmasse nationaler und etatistischer Ambitionen. Und die staatsrechtliche Debatte förderte diesen Etatismus in Gestalt des Rechtspositivismus, der generelle Trends der Professionalisierung, Positivierung und Ausdifferenzierung im Wissenschaftsbetrieb aufgriff und weiter forcierte.[18]

Die mangelnde symbolisch-integrative Bedeutung der Verfassung wurde an zahllosen Stellen deutlich. Um nur fünf Punkte zu benennen: erstens war die Reichsverfassung lediglich eine angepasste Version der Verfassung des Norddeutschen Bundes. Feierlichkeiten, die der Verfassung einen zentralen Status gegeben hätten, gab es im Kaiserreich nicht mehr, von einer konstituierenden Nationalversammlung ganz zu schweigen. Die Verfassung leitete ihre Legitimation im gleichen Maße von der Tradition der Fürstenbünde wie von der monarchischen Tradition ab. Die demokratischen Zugeständnisse, ungeachtet der Frage, ob sie ausschließlich strategischem Kalkül geschuldet sind, hatten auf die Legitimationsbasis der Verfassung bezogen nur ornamentalen Charakter. Zweitens verbarg die Verfassung im gleichen Maße die wirklichen Machtverhältnisse wie sie sie zum Ausdruck brachte. Dieses „System umgangener Entscheidungen" (W.J. Mommsen) ließ offen, ob es sich um einen unitarischen oder föderalistischen, um einen auf der Volkssouveränität oder dem monarchischen Prinzip beruhenden Staat handelte. Der außenpolitische Erfolg und die starke Figur Bismarck konnten die innenpolitischen Unausgereiftheiten überspielen. Das Kaiserreich war dem Bonapartismus ebenso nahe wie dem Konstitutionalismus. Dies alleine wäre jedoch, drittens, noch nicht das zentrale Problem gewesen, wenn es nicht einen harten „extrakonstitutionellen Kern" gegeben hätte in der Verfügungsgewalt des Kaisers über das Militär. Viertens war die Leitwissenschaft keineswegs historisch legitimierend, sondern systematisch-konstruierend. Der Rechtspositivismus konnte sich zwar ein unpolitisches Gewand geben, seine dominante Ausrichtung war jedoch monarchistisch. Und fünftens liefen Nation und Staat der Verfassung im Kampf um symbolische Aufmerksamkeit den Rang ab. Sedanfeiern, Reichsmythos, Hermannsdenkmäler und Nationalsymbolik drängten sich in den Vordergrund.[19]

---

18 Schiera, Pier Angelo: *Laboratorium der bürgerlichen Welt. Deutsche Wissenschaft im 19. Jahrhundert*, Frankfurt/M. 1992.

19 Zu diesem Thema neben der schon genannten Literatur generell zu Symboltheorien: Dörner, Andreas: *Politischer Mythos und symbolische Politik. Der Hermannsmythos: zur Entstehung des Nationalbewußtseins der Deutschen*, Wiesbaden 1995; Fehrenbach, Elisabeth: Über die Bedeutung der politischen Symbole im Nationalstaat, in: *Historische Zeitschrift* 213 (1971), S. 296-357; Kipper, Rainer: *Der Germanenmythos im Deutschen Kaiserreich*, Göttingen 2002; Münkler, Herfried Das Reich als politische Vision, in: *Macht des Mythos – Ohnmacht der Vernunft*, hg. von Peter Kemper, Frankfurt/M. 1989, S. 336-358

Damit war das gesamte Gefüge von Text, Kultur und Diskurs gegenüber dem Vormärz grundlegend verändert. Nur in gegenhegemonialen Diskursen (Hänel) und dann wieder im Vorfeld der Weimarer Reichsverfassung ergeben sich Bezugspunkte, die auf eine Verfassungskultur und -soziologie hindeuten.

2. Gerber/Labands politische Rechtslehre

„Die Staatsrechtswissenschaft des Kaiserreichs wollte ‚juristisch' sein und nur dies, politische Erwägungen lehnte sie als Direktive für die Arbeit am Staatsrecht ab."[20] Der Rechtspositivismus lässt sich als Ende und äußerste Entgegensetzung der älteren Staatslehre verstehen. Er war ein nach 1871 „herrschendes Methodenpostulat gesetzespositivistischer, logischer und politikneutralisierender (nicht politikneutraler!) Behandlung des Reichs- und Landesstaatsrechts", wie Jens Kersten sehr präzise formuliert.[21] Galt innerhalb der oben behandelten liberalen Staats- und Verfassungslehre, und auch punktuell in der Verfassungspraxis, noch der Vorrang der Verfassung, galt ab Gerbers Schriften der Vorrang des Staates gegenüber der Verfassung bzw. die Identifizierung von Monarchie, Staat und Verfassung. Es ist die monarchisch-bürokratische Staatsgewalt, die sich zum monolithischen Block gegen die Gesellschaft aufbaut.[22] Für die ältere deutsche Staatslehre steht über „Königtum und Volk, die Verfassung als höhere Ordnung, als Ausdruck der einheitlichen Staatspersönlichkeit, die beide umgreift."[23] Die liberale Staatslehre, die den Monarchen noch in eine Verfassungsordnung hineinschreiben konnte, „wird im Kaiserreich von Hermann Schulze und Otto von Gierke fortgesetzt, nicht von Gerber und Laband. Die Organstellung des Monarchen ist insbesondere für Laband das Ergebnis der bürokratischen Institutionalisierung der Staatsgewalt, nicht aber seiner Verfassungsbindung."[24] Monarch und Volk stellten sich im Verständnis der älteren Staatslehre noch unter die Verfassung.

---

20   Friedrich, Manfred: *Geschichte der deutschen Staatsrechtswissenschaft*, Berlin 1997, S. 8.

21   Kersten, Jens: *Georg Jellinek und die klassische Staatslehre*, Tübingen 2000, S. 31.

22   Böckenförde, Ernst-Wolfgang: Die Bedeutung der Unterscheidung von Staat und Gesellschaft im demokratischen Sozialstaat der Gegenwart, in: ders., *Staat-Gesellschaft-Freiheit. Studien zur Staatstheorie und zum Verfassungsrecht*, Frankfurt/M. 1976, S. 185-220.

23   Schönberger, Christoph: *Das Parlament im Anstaltsstaat. Zur Theorie parlamentarischer Repräsentation in der Staatsrechtslehre des Kaiserreichs (1871-1918)*, Frankfurt/M. 1997, S. 44.

24   Ebenda, S. 51.

„Aber worum es seit Gerber im Begriff der juristischen Person des Staates geht, ist nicht der Verfassungsstaat, sondern die bürokratische Institutionalisierung des ‚Staates', wobei der Monarch nun die Spitze dieses Apparates bildet. Bei Albrecht steht der Begriff noch für die Unterordnung unter die Verfassung, bei Gerber hingegen schon für den sich aus allen Bindungen emanzipierenden monarchisch-bürokratischen Apparat."[25]

Gegen die oben vorgestellten Positionen einer soziologischen Einbettung des Verfassungsdenkens lässt sich der Rechtspositivismus als idealtypisch zugespitztes Gegenprogramm lesen. Nicht die Sichtbarkeit oder gar die theatralische Inszenierung der Macht, sondern die reine Funktion, die bloße Formalität des Rechts sind sein Kern.[26] Die Geltung des Rechts wird vollständig von der historischen, rechtsphilosophischen Genese getrennt. Die formale, juristische Analyse trennt sich von der sozialen Welt.[27] Allein die logische Deduktion aus allgemeinen Sätzen wird zum Kern der Geltung.[28] Weder naturrechtliche, noch vertragstheoretische oder gar demokratische, auf der Grundlage der Volkssouveränität formulierte Prinzipien führen zur Legitimität. Weber wird später den reinen Typ der legalen Herrschaft auf der Folie des Gerber/Labandschen Rechtspositivismus entwickeln. Und so könnte der Gegensatz zu der oben skizzierten Form der Verfassungssoziologie klarer nicht sein, als Paul Laband formuliert:

„Die wissenschaftliche Aufgabe der Dogmatik eines bestimmten positiven Rechts liegt aber in der Konstruktion der Rechtsinstitute, in der Zurückführung der einzelnen Rechtssätze auf allgemeinere Begriffe und andererseits in der Herleitung der aus diesen Begriffen sich ergebenden Folgerungen. Zur Lösung dieser Aufgabe gibt es kein anderes Mittel als die Logik; die-

---

25 Ebenda, S. 50.
26 Es ist nicht der Ort, sich länger über den Politikbegriff auszulassen. Nur soviel: wenn hier von Verschwinden der Politik die Rede ist, dann von einer Politik, die nicht in Verwaltung und technischem Herrschaftsverständnis untergeht, sondern eine Politik, die – an die oben gemachten Unterscheidungen von Münkler anknüpfend – im bürgerschaftlichen Fest zum Ausdruck kommt und an eine diskursive Tradition des Symbolisch-expressiven anknüpfen kann.
27 Vgl. dazu Wilhelm Bleek: *Von der Kameralausbildung zum Juristenprivileg*. Berlin 1972, S. 293ff.
28 Dieter Grimm versteht dabei den Rechtspositivismus als Interpretationsmethode. Diese Methodenwahl ist von zentraler Bedeutung, denn, so Grimm: „Der Sinn des positiven Rechts (steht) nicht schon im Normtext", sondern muss erst „interpretativ ermittelt werden". Und Grimm weiter: „Unter Positivismus verstehe ich dabei diejenigen Interpretationsmethoden, welche den Sinn von Normen allein aus rechtlichen Faktoren ermitteln wollen, den Rückgriff auf Rechtsideen, Regelungszwecke und Wirklichkeitsbefunde und damit auch Anleihen bei den Sozialwissenschaften, der Philosophie und Geschichte ablehnen" (Grimm, Dieter: Methode als Machtfaktor, in: ders., *Recht und Staat der bürgerlichen Gesellschaft*, Frankfurt/M. 1987, S. 347-371, hier: S. 347ff.). Vergleichbar die Formulierung bei Dietrich Tripp: „Der rechtswissenschaftliche Positivismus wird vorgestellt als Denkansatz, in dem sich das Vorbild der exakten Naturwissenschaft als maßgebend erweise: das, was der wissenschaftlichen Erkenntnis, abgesehen von der Logik und der Mathematik allein zugänglich sei, seien nach positivistischer Auffassung die wahrnehmbaren Fakten mitsamt den ihnen hervortretenden im Experiment zu erhärtenden Gesetzlichkeit" (Tripp, Dietrich: *Der Einfluss des naturwissenschaftlich, philosophischen und historischen Positivismus auf die deutsche Rechtslehre im 19. Jahrhundert*, Berlin 1983, S. 11).

selbe läßt sich für diesen Zweck durch nichts ersetzen; alle historischen, politischen und philosophischen Betrachtungen – so wertvoll sie an und für sich sein mögen – sind für die Dogmatik eines konkreten Rechtsstoffes ohne Belang und dienen nur zu häufig dazu, den Mangel an konstruktiver Arbeit zu verhüllen."[29]

Laband brachte eine Position zur Vollendung, die vorher von Carl Friedrich v. Gerber weitgehend vorbereitet wurde. Diese Position wurde zwar angegriffen, z.b. von Otto Gierke, Felix Stoerk und Albert Hänel, aber sie erreichte ca. 1890 paradigmatischen Status. Sie wurde zur herrschenden Lehre, auch wenn sie weit weniger hermetischen Charakter hatte, als dies im Nachhinein dargestellt wird.[30]

Und so erschließt sich der Rechtspositivismus am besten mit Blick auf seine ganze Ambivalenz: auf der einen Seite als Vollendung einer juristischen Systemlehre und methodischen Rigidität, die sich die Unschärfen und Zumutungen von Philosophie und Geschichte vom Leib hält und zu einer international bewunderten Professionalität der Rechtswissenschaft geführt hat. Auf der anderen Seite mussten ein derart hermetisch abgeschirmtes Recht und ein derart steriles Verfassungsverständnis zu einer strikten Trennung von Staat und Gesellschaft führen. Die Undurchlässigkeit des Staates gegenüber der Gesellschaft, die im Scheinparlamentarismus des Kaiserreichs zum Ausdruck kommt, wo eben die Regierung nicht vom Vertrauen des Parlaments abhing, musste zu einer Hypostasierung von Ordnung, Stabilität und Monarchie führen. Eine derart aufgebaute Staatslehre konnte sich in strikter Trennung von der Gesellschaft gar nicht mehr deren Problemen und Entwicklungen zuwenden. Es blieb kein Platz für ein Verfassungs- und Rechtsleben im weiteren Sinne. Dieses System war perfekt auf den homo oeconomicus abgestimmt.[31] Es behielt zwar in einigen Zügen die Rhetorik der Hegelschen Rechtsphilosophie bei, aber eigentlich blieben die Überlegungen auf den „Not- und Verstandesstaat" reduziert. Zur Sittlichkeit vorzudringen hätte es der Hinwendung auf die sozialen und anthropologischen Grundfragen des Menschen in der Gesellschaft bedurft. Doch davon

---

29 Zitiert nach Friedrich, Manfred: *Geschichte der deutschen Staatsrechtswissenschaft*, Berlin 1997, S. 236.

30 Manfred Friedrich weist in seiner kleinen Arbeit über Albert Hänel auch auf die anderen Autoren neben Laband hin, die eine systematische Darstellung des Reichsstaatsrechts unternommen haben, in: *Zwischen Positivismus und materialem Verfassungsdenken. Albert Hänel und seine Bedeutung für die deutsche Staatsrechtswissenschaft*. Berlin 1971, S. 19.

31 Walter Pauly fasst sehr präzise die wichtigsten Entwicklungen zusammen, die mit dem Rechtspositivismus verbunden waren: „Politische Motivationen, die Resignation des Bürgertums nach dem Scheitern der Revolution von 1848, die aus Ernüchterung geborene – ökonomische wie wissenschaftliche – Produktivität, die dann durch ökonomische Erfolge, vor allem der deutschen Industrie vorangetriebene Emanzipation des Bürgertums, die Entwicklung des Liberalismus, die geistigen Zeitströmungen, der Positivismus in Naturwissenschaft und Soziologie, die Wissenschaftsgläubigkeit und der Gedanke der universalen Machbarkeit – all das gehört ebenfalls mit zum Bild der Epoche und wirkt sich, mehr oder weniger fassbar, auf die juristische Wissenschaft aus" (Pauly, Walter: *Der Methodenwandel im deutschen Spätkonstitutionalismus: ein Beitrag zu Entwicklung und Gestalt der Wissenschaft vom öffentlichen Recht im 19. Jahrhundert*, Tübingen 1993; S. 15).

war der Rechtspositivismus weit entfernt. „Als den letzten Grund dieser Entfremdung wird man es ansehen müssen, dass die Staatsrechtswissenschaft des
Kaiserreiches mit praktischen Verfassungsrechtsfragen nur vergleichsweise
wenig befasst war, sie konnte daher die juristische Auslegungslehre dem Zivil-
recht überlassen und der logischen Seite der Rechtsdogmatik ihre Energie widmen."[32] Und so konnte Gerber in der Einleitung einer seiner zentralen Schriften
sein Projekt gegenüber der historischen Schule und den Natur- und Vernunft-
rechtstraditionen absetzen: „Ein Teil unserer Schriftsteller", so Gerber dort,

> „scheint die Aufgabe der rechtlichen Bestimmung der durch unsere modernen Verfassungen
> gegebenen Begriffe nicht sowohl als eine juristische, denn als eine staatsphilosophische oder
> politische anzusehen; (...) Sodann aber scheint mir, was freilich mit jenem ersten Punkte aufs
> Innigste zusammenhängt, ein dringendes Bedürfnis die Aufstellung eines wissenschaftlichen
> Systems zu sein, in welchem sich die einzelnen Gestaltungen als die Entwicklung eines ein-
> heitlichen Grundgedankens darstellen. Erst durch Begründung eines solchen Systems, welches
> das eigenthümliche Wesen unseres modernen Verfassungsstaats zum anschaulichen Gesamm-
> tausdrucke brächte und die rechtlichen Verbindungen aller einzelnen Erscheinungen klar stell-
> te, würde nach meinem Dafürhalten das deutsche Staatsrecht seine wissenschaftliche Selb-
> ständigkeit erlangen und die Grundlage sicherer juristischer Deduktion gegeben sein."[33]

Hinter dem Schleier des Juristischen sollte die Politik zwar zum Verschwinden
gebracht werden, was jedoch nie ganz gelang.[34] So setzten sie zum Beispiel die
„Geltung des monarchischen Prinzips"[35] voraus und sicherten so die Dauerhaftigkeit der Monarchie gegen das Andrängen der Massendemokratie. „Einem so
scharfsinnigen, illusionslosen Diagnostiker wie Gerber mußte es wohl als evident erscheinen, dass in der konstitutionellen Monarchie die Autonomie der
bürgerlichen Privatrechts-Gesellschaft als besser gesichert gelten kann als in
dem leichter vom nachrückenden Vierten Stand zu erobernden parlamentarischen Staat."[36] Es waren eben keineswegs unpolitische Richtungsentscheidun-
gen, wenn Gerber und Laband sich für die Autonomie der Privatrechts-
Gesellschaft bei gleichzeitiger Unterstützung des monarchischen Prinzips, die
Abwertung der staatsbürgerlichen Rechte, die Trennung der Staatsrechtslehre
von der sozialen Staatslehre einsetzten. Und so kommt Friedrich zu dem ab-
schließenden Urteil:

---

32 Friedrich, Manfred: *Geschichte der deutschen Staatsrechtswissenschaft*, Berlin 1997, S. 244.
33 Gerber, Carl Friedrich von: *Gründzüge eines Systems des deutschen Staatsrechts*, 2. Aufl.,
    Leipzig 1869, S. vii.
34 So auch schon das Urteil von Hermann Heller: *Staatslehre*, 4. Aufl. 1970, S. 54. Heller
    schließt dieser Feststellung eine grundlegende Kritik der Gerber-Labanschen Rechtslehre an,
    wobei er im gleichen Maße auch Hans Kelsen meint, wenn er Laband kritisiert.
35 Ebenda: „Keinem Zweifel kann es unterliegen, dass der organische Staat der constitutionellen
    Monarchie als der Inhalt der gegenwärtig bestehenden allgemeinen Rechtsüberzeugung des
    deutschen Volkes angesehen werden muss (...)" (S. 10).
36 Friedrich, Manfred: *Geschichte der deutschen Staatsrechtswissenschaft*, Berlin 1997, S. 230.

> „Die durch Laband zum durchschlagenden Erfolg gewordene Behandlung des Staatsrechts nach der ‚juristischen Methode' war nicht politisch neutral. Sie hat ihren politischen Ort im konkreten Ganzen der Gesellschaft des kaiserlichen Deutschland, sie wirkte zugunsten bestimmter politisch-sozialer Interessen und Kräfte – allerdings nicht nur, wie wohl noch immer überwiegend angenommen, typisch ‚konservativer'."[37]

Sie lässt sich am ehesten als „'liberal-konstitutionell', ‚national' und ‚monarchisch'" kennzeichnen.[38] Friedrich attestiert der Staatsrechtswissenschaft eine gewisse liberale Offenheit, ein Interesse an wissenschaftlichem Fortschritt, der nur durch Toleranz ermöglicht wird. Aber mit Grenzen:

> „In letzter Linie war allerdings die Umsetzung des für Deutschland nach 1815 entstandenen monarchisch-konstitutionellen Verfassungsrechts in ein System juristisch durchgebildeter Begriffe und Lehren eine Leistung mit politisch systemstabilisierender Wirkung. Mit ihr war aber doch auch der politische Wandel erleichtert, und zwar einfach da die Handhabung des monarchisch-konstitutionellen Verfassungsrechts gesicherter wurde. Jedenfalls wurde dessen Geltung zweifelsfreier, d.h. die von der Verfassungspraxis kaum einmal zur Vorbereitung rechtlicher Entscheidungen angeforderte Staatsrechtswissenschaft konnte durchaus nicht nur im Interesse der konservativen Geltungssicherung, sondern auch der praktischen Fortbildung des monarchisch-konstitutionellen Verfassungsrechts wirken, sie erweiterte prinzipiell für alle politisch-sozialen Kräfte den rechtlichen Handlungsspielraum."[39]

3. Der Staatsrechtler als Verfassungsinterpret

Wenn der Staat der Verfassung vorausgeht und die Rechtssetzung zwar Aufgabe des Gesetzgebers bleibt, jedoch diese punktuelle Gesetzgebung zu einem System zusammengefügt werden muss, setzen sich die Rechtssystematiker und -gelehrten in die Position der Verfassungsinterpreten. „Nach dieser Theorie (Savignys und Puchtas, RS)[40] mündet bekanntlich die Rechtsentwicklung in ein Zeitalter der ‚Wissenschaftlichkeit' des Rechts, in welchem nur die wissenschaftlich gebildeten, zu einem eigenen gesellschaftlichen Stand abgesonderten Juristen zur Rechtserzeugung noch berufen sind."[41] Die isolierten Schöpfungen der Gesetzgeber würden nicht genügen, um dem Recht die volle Geltung und Wirksamkeit zu sichern. Sondern dazu ist noch „unbedingt notwendig," und dies betont Gerber mit Blick auf die richterliche Tätigkeit, dass die Rechtssätze und -institute zum System vereinigt werden, sonst würde „der einzelne Rechtssatz als eine durch willkürliche Gewalt bindende, aber unerklärte und unver-

---

37   Ebenda, S. 249.
38   Ebenda.
39   Ebenda, S. 250.
40   Savigny, Friedrich Carl v.: *System des heutigen römischen Rechts*, Band 1, Berlin 1840, S.45ff; Puchta, Georg Friedrich: *Gewohnheitsrecht, Band 2*, Leipzig 1837, S.187. Vgl. dazu Friedrich, Manfred: *Geschichte der deutschen Staatsrechtswissenschaft*, Berlin 1997, S. 226.
41   Ebenda.

standene Macht erscheinen."[42] Gerber nimmt die Zwei-Seiten-Lehre Jellineks vorweg, indem er auf die beiden Seiten der „Staatsbetrachtung" hinweist: auf der einen Seite die rein juristische, auf der anderen Seite die organische Betrachtung. Die letztere „gibt die Naturfarbe der Sache."[43]

Interessanterweise argumentiert Laband selbst schon 1876 im Vorwort zur ersten Auflage seines „Staatsrechts" mit Traditionen, aus denen sich die Geltung der Verfassung quasi im Alleingang ableiten lasse. Also nicht allein die Satzung des Rechts (Legalität), sondern auch die Tradition führen zur Gefolgschaft gegenüber der Verfassung:

> „Je längeren und je festeren Bestand die neue Verfassungsform hat, desto müßiger erscheinen die Betrachtungen darüber, ob ihre Einführung für heilsam oder für schädlich zu erachten sei. Die Errichtung des Norddeutschen Bundes und die Erweiterung desselben zum Deutschen Reich erscheint immer mehr als eine unabänderliche Tatsache, in welche auch derjenige sich schicken muss, dem sie unerwünscht ist. Die Verfassung des Reiches ist nicht mehr Gegenstand des Parteistreits, sondern sie ist die gemeinsame Grundlage für alle Parteien und ihre Kämpfe geworden; dagegen gewinnt das Verständnis dieser Verfassung selbst, die Erkenntnis ihrer Grundprinzipien und der aus den letzteren herzuleitende Folgesätze und die wissenschaftliche Beherrschung der neu geschaffenen Rechtsbildungen ein immer steigendes Interesse."[44]

Also nicht die Geltung der Satzung als vernünftig rationale Ordnung und auch nicht die Erinnerung an ein Gründungscharisma, sondern allein die Pragmatik der Dauer soll schon nach wenigen Jahren die Verfassung in Geltung halten. Im Hintergrund lauert allerdings die Sanktionsgewalt des Staates. Aber schon in diesen jungen Jahren wähnt Laband die Verfassung in dem Stadium, dass es um ihre Vergegenwärtigung durch Interpretation der Grundprinzipien geht. Auch hier sieht er natürlich eine Aufgabe für die Interpreten in der Staatsrechtswissenschaft. Insofern kann man dieses programmatische Vorwort als Aufruf an die Interpreten der Verfassung lesen, sich von den Gründern zu emanzipieren. Die Interpreten halten die Verfassung in Geltung, nicht die Gründer.

In der Abteilung Staatsrecht lesen wir dann seine charakteristischen Äußerungen, für die er bekannt geworden ist: „So unentbehrlich diese Begriffe (des philosophischen Staatsrechts, RS) für das politische Staatsrecht sind und so sehr das letztere von ihnen beherrscht und beeinflusst wird, so fehlt ihnen doch die wesentliche Eigenschaft des positiven Rechts, die unmittelbare Verpflichtungskraft, die Geltung kraft eigener Verbindlichkeit."[45]

---

42 Gerber, zitiert nach ebenda, S. 226.
43 Gerber, Carl Friedrich Wilhelm von: *Grundzüge des deutschen Staatsrechts.* Mit einer Einleitung herausgegeben von Wolfgang Pöggeler, [Nachdruck der 3. Aufl., Leipzig 1880] Hildesheim u.a. 1998, S. 224. Diese Bemerkungen fallen im Zusammenhang seines Kapitels über den „Staat als Organismus".
44 Zitiert nach ebenda, S. 235f.
45 Laband, Paul: *Staatsrechtliche Vorlesungen. Vorlesungen zur Geschichte des Staatsdenkens, zur Staatstheorie und Verfassungsgeschichte und zum deutschen Staatsrecht des 19. Jahrhun-*

Laband geht es darum, die Bedeutung der Verfassungen zu relativieren. Weder erkennt er an, dass diese aus einem besonderen Gründungsakt entspringen: „Die Verfassungsurkunden (…) sind weder Verträge zwischen Landesherrn und Volk, noch sind sie Ausflüsse eines höheren, über der Gesetzgebung stehenden Gewalt, der sogen. constitutionellen Gewalt. Die Staatsgewalt ist eine einheitliche."[46] Laband sieht den Staat der Verfassung vorausgehen und bestreitet die Teilbarkeit der Souveränität. Gleichzeitig leitet sich die Geltung der Verfassung nicht aus der Legitimation der Gründer und der Gründung ab, sondern ist an den Staat gebunden. Diese doppelte Relativierung der Verfassung bringt sie symbolisch und legitimatorisch in klare Abhängigkeit vom Staat. Eine besondere Geltung der Verfassung kann es dann nicht geben. Sie ist eingebettet in den Staat und konkurriert mit andern Statuten, Staatsverträgen und Gewohnheitsrecht.[47]

Seine besondere Überzeugungskraft konnte diese von Laband vorgetragene Position aus der konkreten Frontstellung gegen Frankreich und das dortige demokratische Naturrecht gewinnen.[48] Er kann nicht sehen, wie der Vertrag über die konkret und tatsächlich Zustimmenden hinaus Bindungs- und Geltungskraft entfalten sollte. So schreibt er:

> „dass jedenfalls, wenn auch durch Vertrag unter ganz abnormen Voraussetzungen ein Staat entstehen kann; der Vertrag doch keineswegs die einzige und nothwendige Weise der Entstehung eines Staates ist, so ist auch nicht abzusehen, wie ein Vertrag, den vor Tausenden von Jahren die Menschen miteinander abschlossen, die jetzigen Menschen verbinden kann."[49]

Er gibt die Überzeugung einer ganzen Generation wieder, wenn er sich kritisch mit der Naturrechtslehre auseinandersetzt: „Die Schrecken der französischen Revolution, die Unhaltbarkeit der auf Grund der naturrechtlichen Doktrin aus-

---

derts, gehalten an der Kaiser-Wilhelms-Universität Straßburg 1873-1918, bearbeitet und herausgegeben von Bernd Schlüter, Berlin 2004, S. 149.

46   So Laband in seinen Vorlesungen in an den Rand geschriebenen Notizen (Laband, Paul: Staatsrechtliche Vorlesungen. Vorlesungen zur Geschichte des Staatsdenkens, zur Staatstheorie und Verfassungsgeschichte und zum deutschen Staatsrecht des 19. Jahrhunderts, gehalten an der Kaiser-Wilhelms-Universität Straßburg 1873-1918, bearbeitet und herausgegeben von Bernd Schlüter, Berlin 2004, S. 152). Diese Idee der einheitlichen Staatsverfassung zeigt sich auch in seiner Ablehnung von Montesquieus Gewaltenteilungslehre. Es bleibt ihm keine Möglichkeit den Souverän anders zu denken, als in einem Entweder-Oder. „Wir kommen daher zu dem Resultat, dass die Souveränität in Wahrheit entweder nur dem Monarchen oder nur der Volksvertretung zusteht und wir gelangen mit dieser Alternative zu dem Gegensatz des monarchischen Prinzips mit dem Parlamentarismus" (ebenda, S. 139).

47   Ebenda, S. 152f.

48   In diese Richtung argumentiert auch: Bernd Schlüter, Reichswissenschaft. Staatsrechtslehre, Staatstheorie und Wissenschaftspolitik im Deutschen Kaiserreich am Beispiel der Reichsuniversität Straßburg, Frankfurt/M. 2004.

49   Laband, Paul: Staatsrechtliche Vorlesungen. Vorlesungen zur Geschichte des Staatsdenkens, zur Staatstheorie und Verfassungsgeschichte und zum deutschen Staatsrecht des 19. Jahrhunderts, gehalten an der Kaiser-Wilhelms-Universität Straßburg 1873-1918, bearbeitet und herausgegeben von Bernd Schlüter, Berlin 2004, S. 81.

gedachten Verfassungen und der traurige, der Freiheit gerade verderbliche Ausgang der Weltbewegung eröffnete den Blick für die Schwäche der naturrechtlichen und revolutionären Lehren."[50] Max Weber wird später die gleiche Desillu-
sioniertheit mit dem Naturrecht präsentieren, die bei ihm ebenfalls dazu führt,
dem *covenant*, dem Bund unter Bürgern und dem Gründungsmythos in der
revolutionären Selbstbestimmung keinen eigenen Platz in seiner Herrschaftssoziologie einzuräumen. Bei Laband zeigt sich diese Zurückhaltung dann in dem
nicht erst seit Hegel, sondern schon im englischen Denken seit Hume und Burke
bekannten Ressentiment gegen den Vertrag, das Gemachte, das Konstruierte
und einer Aufwertung des Gewordenen und Gewachsenen: „Bei der Fortbildung
des Rechts kann daher die Vergangenheit nie unberücksichtigt bleiben, sondern
es muss stets an das bestehende angeknüpft werden. Man kann ein Recht nicht
einem Volke aufpfropfen, sondern es muss aus dem Leben des Volkes heraus-
wachsen."[51]

4. Die Opposition gegen den Rechtspositivismus

4.1. Labands Selbstkritik

Es kann natürlich kein Zweifel bestehen, dass der Rechtspositivismus von Gerber und Laband mit der traditionellen Verfassungssoziologie bricht.[52] Aber nicht
nur die Kritiker wie Albert Hänel[53], Otto von Gierke und Felix Stoerk weisen

---

50   Ebenda, S. 90.
51   Ebenda, S. 91.
52   Hasso Hofmann: „Mit dieser ‚Befreiung' von der Politik, mit der Abweisung von Zweckmä-
     ßigkeitserwägungen, mit der Geringschätzung politischen Erfahrungswissens und der Kon-
     zentration auf rein rechtliche Fragen auch im öffentlichen Recht war ein Weg eingeschlagen,
     der über die juristische Brandmarkung politischer Argumente als unwissenschaftlich letzten
     Endes zum staatsrechtlichen Positivismus des ausgehenden 19. Jahrhunderts führte, d.h. zur
     völligen Abhängigkeit der Lehre des öffentlichen Rechts von der jeweiligen Machtlage. Die-
     ser Entwicklung hat man nach 1945 Mitschuld an der deutschen Katastrophe des 20. Jahrhun-
     derts gegeben" (Hofmann, Hasso: Das antike Erbe im europäischen Rechtsdenken. Römische
     Jurisprudenz und griechische Rechtsphilosophie, in: *Ferne und Nähe der Antike*, hg. von Wal-
     ter Jens und Bernd Seidensticker, Berlin/New York 2003, S. 33-48).
53   Zu Hänel: Friedrich, Manfred: *Zwischen Positivismus und materialem Verfassungsdenken.*
     Albert Hänel und seine Bedeutung für die deutsche Staatsrechtswissenschaft, Berlin 1971.
     Allgemein: Oertzen, Peter v.: *Die soziale Funktion des staatsrechtlichen Positivismus*, Frank-
     furt/M. 1974; Wilhelm, Walter: *Zur juristischen Methodenlehre im 19. Jahrhundert: die Her-
     kunft der Methode Paul Labands aus der Privatrechtswissenschaft*, Frankfurt/M. 1958; Fried-
     rich, Manfred: *Geschichte der deutschen Staatsrechtswissenschaft*, Berlin 1997; Stolleis, Mi-
     chael: *Geschichte des öffentlichen Rechts in Deutschland. Band 2: Staatsrechtslehre und Ver-
     waltungswissenschaft 1800-1914*, München 1992; Schönberger, Christoph: *Das Parlament im
     Anstaltsstaat. Zur Theorie parlamentarischer Repräsentation in der Staatsrechtslehre des
     Kaiserreichs (1871-1918)*, Frankfurt/M. 1997.

auf die beschränkte Aussagekraft der rechtspositivistischen Methode hin, sondern auch die Schriften und mehr noch die Vorlesungen von Laband selber gestehen die begrenzte Reichweite der eigenen Methode ein.[54] In Gutachten, die Laband als Mitglied des Staatsrats des Reichslandes Elsass-Lothringen zu anstehenden Gesetzes- und Verordnungsvorhaben verfasst hat, begegnet man einem

> „anderen Laband als dem allen historischen, politischen, moralischen und philosophischen Betrachtungen abholden Positivisten, den das gängige Bild zeichnet (...) Der zu Gesetzes- und Verordnungsvorhaben gutachtende Laband zeigte politisches Gespür und praktischen Sinn, stellte Verhältnismäßigkeits- und Billigkeitserwägungen an, fragte nach Gleichheit und Freiheit der Bürger und forderte, wo Eingriffe erfolgen, deren Rechtfertigung. Er argumentierte kaum anders, als ein Staatsrechtswissenschaftler heute argumentieren würde. Er markierte lediglich die Grenze des Juristischen anders und verstand die Argumentation, die heute als verfassungs- und grundrechtsdogmatische verstanden wird, als politische und philosophische."[55]

Schlink kommt zu dem klaren Urteil:

> „Die Staatsrechtswissenschaft jenseits eines positivistischen Verhältnisses zu Gesetz und Recht, die in den Drucksachen punktuell aufscheint, ist in den Vorlesungsunterlagen systematisch entfaltet und ausgewiesen. Laband begegnet hier als historisch und philosophisch umfassend gebildeter, politisch sensibel, aufgeklärter konservativer Staatstheoretiker."[56]

Das Bild von Paul Laband ändert sich.[57] Noch bis in die 80er Jahre des 20. Jahrhunderts galt er als Positivist, der einer ganzen Epoche seinen Stempel aufgedrückt hat. Doch im Umfeld von Bernhard Schlink sind Forschungen zu Laband angestellt worden, die diesen in einem anderen Licht erscheinen lassen. Schon in einem kurzen Aufsatz von 1992, dann mit der Herausgabe der Staatsrechtlichen Vorlesungen, schließlich mit einer umfangreichen Monographie zu Laband im Kontext der Elsass-Lothringen-Frage (Reichswissenschaft) ergeben sich neue Aspekte, die den Forschungen aus der unmittelbaren Nachkriegszeit eine andere Richtung geben.[58] „In der Vorlesung ,Der Staat'", so Schlüter in seiner Einleitung zu den Staatsrechtlichen Vorlesungen Labands, „präsentiert sich ein

---

54   Schlink, Bernhard: Paul Laband als Politiker, in: *Der Staat* 31 (1992), S. 535-569; Schlüter, Bernd: *Reichswissenschaft, Staatsrechtslehre, Staatstheorie und Wissenschaftspolitik im Deutschen Kaiserreich am Beispiel der Reichsuniversität Straßburg*, Frankfurt/M. 2004, bes. S. 341-485.

55   Schlink, Bernhard: Geleitwort, in: Laband, Paul, *Staatsrechtliche Vorlesungen*, bearb. und herausgeg. von Bernd Schlüter, Berlin 2004, S. 5.

56   Ebenda, S. 6.

57   Schlink, Bernhard: Paul Laband als Politiker, in: *Der Staat* 29 (1992), S. 553-569. Auch Schlüter, Bernd: *Reichswissenschaft, Staatsrechtslehre, Staatstheorie und Wissenschaftspolitik im Deutschen Kaiserreich am Beispiel der Reichsuniversität Straßburg*, Frankfurt/M. 2004.

58   Neben der schon genannten Literatur: Böckenförde, Ernst-Wolfgang (Hg.): *Gesetz und gesetzgebende Gewalt: von den Anfängen der deutschen Staatsrechtslehre bis zur Höhe des staatsrechtlichen Positivismus*, 2. um Nachträge und ein Nachwort erg. Aufl., Berlin 1981.

bisher kaum bekannter Laband. Unser methodengeschichtliches Bild einer ganzen Epoche konstruktiv-logischer Wissenschaft erhält hier sein notwendiges Pendant zurück – die Staats- und Rechtstheorie."[59] Und weiter unten: „Der angebliche Positivist Laband gründet den Staat nicht primär auf das Gesetz oder die Konstitution und noch weniger auf den Parlamentswillen. Er erkennt zwar die Zwangsgewalt des tatsächlich bestehenden Staates an, stützt seine Staatskonzeption aber auf historische und kulturelle Argumente sowie rational begründete Zweckerwägungen, die in die gesetzlich gestaltete Staatsrealität eine aus heutiger Sicht prekäre Staatsidealität hineinlegen."[60] Bestes Beispiel für seine kulturelle Argumentation ist die Bewertung Englands. Er argumentiert, dass sich jede Kultur ihre eigene politische Ordnung geben muss. Eine für alle passende ideale Ordnung, wie es noch im 18. Jahrhundert angestrebt wurde, lehnt er ab: „Dieses System des Parlamentarismus ist unter Umständen ein sehr glückliches; aber es setzt eben diese besonderen Umstände voraus."[61] Mit einer verfassungssoziologischen Methode eines Montesquieu oder Rousseau untersucht Laband die Voraussetzungen und Umstände, unter denen politische Institutionen zu einer guten politischen Ordnung führen. In der Abteilung zum Staat nimmt er eine umfassende Analyse von politischer Philosophie und Ideengeschichte vor.

4.2. Kritiker des Rechtspositivismus

Doch nicht nur in der Selbstrelativierung bei Laband finden sich Elemente einer umfassenden Analyse der Verfassung und ihrer Geltungsvoraussetzungen, sondern bei den oben schon genannten Kritikern des Rechtspositivismus. Schon Robert von Mohl kritisierte die Abkehr von der sittlichen Einheit, in die Volk und Monarchie eingebunden sind und spitzte damit einen der zentralen Kritikpunkte zu, die wirkungsmächtig die gesamte Kritik am Rechtspositivismus – auch in seiner Ausprägung in der Weimarer Republik – durchziehen werden.[62] Einer der zentralen Kritiker des Rechtspositivismus war Albert Hänel. „Seine (Hänels, RS) drei ‚Studien zum Deutschen Staatsrecht' sind Höhepunkte der begrifflichen Durchdringung des spätkonstitutionellen Staatsrechts", so Manfred Friedrich. „Leitend ist eine soziologisch-teleologische, von den ‚Lebensverhält-

---

59 Schlüter, Bernd: Einleitung zu Labands Vorlesungen, in: Laband, Paul, *Staatsrechtliche Vorlesungen*, bearb. und herausgeg. von Bernd Schlüter, Berlin 2004, S. 23.

60 Ebenda, S. 24

61 Laband, Paul: *Staatsrechtliche Vorlesungen. Vorlesungen zur Geschichte des Staatsdenkens, zur Staatstheorie und Verfassungsgeschichte und zum deutschen Staatsrecht des 19. Jahrhunderts, gehalten an der Kaiser-Wilhelms-Universität Straßburg 1873-1918*, bearbeitet und herausgegeben von Bernd Schlüter, Berlin 2004, S. 141.

62 So auch die Kritik in: Jürgen Habermas, Recht und Moral (Tanner Lectures 1986), in: ders., *Faktizität und Geltung*, Frankfurt/M. 1992, S. 546.

nissen' ausgehende Rechts- und Staatsauffassung (...)"[63] Und so schreibt der gleiche Autor über Hänel: „

> Auch die nachpositivistische Staatsrechtswissenschaft zählt ihn zu den ‚Klassikern' (Smend) des Bismarckschen Verfassungsrechts und bewertet ihn als die im engeren fachlichen Umkreis wichtigste innerpositivistische Gegenfigur zu Laband für die ersten Jahrzehnte des neuen Reiches."[64]

Hänel war schon von seinem Elternhaus liberal beeinflusst, ordnete sich dann auch den Freisinnigen zu.[65] „Was Hänel wollte, war also der nationale, unitarische, liberal ausgestaltete parlamentarische Verfassungsstaat, der den Dualismus zwischen monarchischer Gewalt und Parlament auf dem Boden der Volkssouveränität überwunden hatte. Das war zugleich ‚vormärzlich' und ‚modern'."[66]

Albert Hänel war von 1867-93 und 1898-1903 Abgeordneter des Reichstags und von 1867-1888 Abgeordneter des preußischen Abgeordnetenhauses. Seine Distanz zum zeitgenössischen Positivismus lässt sich aus seiner dritten Studie, dem Angriff auf den doppelten Gesetzesbegriff mit dem Titel: „Studien zum deutschen Staatsrecht" von 1888 am besten darstellen. Zu einer der bedeutendsten Überlegungen Hänels gehört, sich gegen die Trennung des Gesetzes in einen materiellen und einen formellen Teil auszusprechen.[67] Dies ist insofern für unsere Frage von Bedeutung, als sich in diesem Komplex die größere Hinwendung Hänels auf den liberalen Verfassungsstaat zeigt:

> „(D)ie Nichttrennung von Funktion und Befugnis im Gesetzesbegriff, macht am klarsten deutlich, dass er einerseits die schärfere Logik anwendet als seine Gegner und andererseits mit wie diese die grundlegenden staatlichen Zuständigkeitsfragen mit einer abstrakten scheinlogischen Formel entscheidet, sondern unter direkter Bezugnahme auf das positivrechtlich Angeordnete und die Stellung der Gesetzgebung als des souveränen konstitutionellen Verfassungsorgans."[68]

---

63   Friedrich, Manfred: *Geschichte der deutschen Staatsrechtswissenschaft*, Berlin 1997, S. 262f.

64   Friedrich, Manfred: *Zwischen Positivismus und materialem Verfassungsdenken. Albert Hänel und seine Bedeutung für die deutsche Staatsrechtswissenschaft*, Berlin 1971, S. 20.

65   Stolleis, Michael: *Geschichte des öffentlichen Rechts, Band 2: 1800-1914*, München 1992, S. 355ff.

66   Ebenda, S. 356.

67   Er sieht darin einen „zugleich konsequenteren und reflektierteren Positivismus als das Werk Labands und seiner anderen Zeitgenossen repräsentiert" (Friedrich, Manfred: *Zwischen Positivismus und materialem Verfassungsdenken. Albert Hänel und seine Bedeutung für die deutsche Staatsrechtswissenschaft*, Berlin 1971, S. 56). Hermann Heller wird später die Kritik Hänels in seiner Schrift „Der Begriff des Gesetzes in der Reichsverfassung" erneuern. Vgl. dazu allg.: Böckenförde, Ernst-Wolfgang (Hg.): *Gesetz und gesetzgebende Gewalt: von den Anfängen der deutschen Staatsrechtslehre bis zur Höhe des staatsrechtlichen Positivismus*, 2. um Nachträge und ein Nachwort erg. Aufl., Berlin 1981.

68   Friedrich, Manfred: *Zwischen Positivismus und materialem Verfassungsdenken. Albert Hänel und seine Bedeutung für die deutsche Staatsrechtswissenschaft*, Berlin 1971, S. 61.

Aus der Überzeugung heraus, dass juristische und historisch-politische Wahrheit nicht in zwei Sphären auseinanderfallen, ordnet er Gesetzgebung und Verfassungsfragen in die Machtkonstellationen und übergreifenden politischen Konstellationen der Zeit ein, um sie zu verstehen. Damit verschließt er der Exekutive auf dem Verordnungswege gesuchte Handlungsspielräume – oder Lücken, wie es in der Bismarckschen Lückentheorie hieß – und bindet alle Gesetze an die Verfassung. Er trägt in diesem Sinne zu einer wichtigen Vervollständigung des modernen Verfassungsverständnisses bei, in dem diese Verfassung eben nicht nur punktuellen, sondern umfassenden Charakter hat. Er stärkt mit dieser Argumentation die Suprematie der Verfassung und stopft Löcher, durch die eine nicht an die Verfassung gebundene Herrschaft auf dem Verordnungswege ausgeübt werden könnte. Weiterführend ist auch, dass sich Hänel in seinem Deutschen Staatsrecht, also in seinem letzten großen Werk, ausführlich der rechtsphilosophischen und -historischen Dimension bis zurück auf die Paulskirchenverfassung annimmt. Gleichzeitig eröffnet er durch ausführliche systematische Vergleiche mit der US-amerikanischen und der schweizerischen Verfassung weite Einsichten in Funktion und Genese des deutschen Verfassungsrechts.[69]

Sicherlich man hatte in Deutschland in dieser verfassungstheoretischen Tradition nicht immer ein realistisches Bild von der entstehenden industriellen Gesellschaft. Aber im Wissenschaftsprogramm war zumindest enthalten, die ökonomischen und sozialen Umstände als Grundlage für Verfassungsreflexionen zu berücksichtigen. Und so kann Manfred Friedrich schreiben:

> „(A)uch wenn das Anschauungssystem des älteren organisch-konstitutionellen Staatsrechtsdenkens mit seiner Betonung der selbständigen Monarchenstellung und der Wechselseitigkeit der Rechte und Pflichten im Staat als vorindustriell und vordemokratisch zu gelten hat, kann es doch nicht als blind gegenüber der sozialen Wirklichkeit bezeichnet werden. Vielmehr hat es im Unterschied zur nachfolgenden positivistischen Staatsrechtslehre noch den wirklichen Lebensprozess von Gesellschaft und Staat, den Sinn der realen Einheit und Handlungsfähigkeit des Staates, und nicht eine logische Abbreviatur für den Staat zum Orientierungspunkt, es lässt die im Staat sich auswirkenden politisch-sozialen Kräfte nicht hinter der als in sich geschlossen vorgestellten Staatsperson verschwinden, es klammert die letzten ungelösten Verfassungsprobleme des monarchischen Konstitutionalismus nicht aus ‚methodenreinen' Gründen aus."[70]

In diesem Sinne knüpfte Albert Hänel an die Tradition der Verfassungssoziologie an. Gerade dieses Ausschließen von Sachfeldern mit der Maßgabe eine exakte, an das Ideal der Naturwissenschaft angelehnte Beschreibung vorzulegen, verurteilt er mit offensichtlicher Stoßrichtung gegen Gerber. Er konzidiert zwar, dass das deutsche Staatsrecht auf keinen Fall den Anspruch aufgeben kann, „in eigener, streng juristischer Methode die Erscheinungen der Gegenwart wissenschaftlich zu erfassen. Er darf nicht zum Advokaten der politischen

---

69 Vgl. dazu auch die Hinweise ebenda, S. 68.
70 Friedrich, Manfred: *Geschichte der deutschen Staatsrechtswissenschaft.* Berlin 1997, S. 177.

Strömungen des Augenblicks werden," um dann zum argumentativen Gegenschlag auszuholen:

> „Und doch muss es sich bescheiden, den Ergebnissen seiner wissenschaftlichen Erörterungen nicht überall die gleiche Festigkeit zuzuschreiben, die das Staatsrecht alt begründeter und sicher ausgestalteter Verfassungsstaaten beansprucht. Es muss seiner Natur nach jeder Zeit nach systematischem Abschlusse trachten. Und doch darf es die mannigfachen Widersprüche, Unebenheiten und Unfertigkeiten des deutschen Verfassungsrechts nicht verdecken, denn damit werden nur zu leicht die Keime und Ansätze verdeckt, die einer reiferen Ausgestaltung der organischen und konstitutionellen Grundlagen des Reiches entgegenstreben."[71]

Ebenso finden sich Kritiken am Rechtspositivismus bei Felix Stoerk. Er war ein österreichischer Staats- und Völkerrechtslehrer, der von Wien nach Greifswald ging und eine geschlossene methodische Gegenlehre zum Rechtspositivismus vorgelegt hat.[72] Es war Eric Voegelin, der Stoerk in seinem Buch über den autoritären Staat große Aufmerksamkeit zukommen ließ.[73] Voegelin machte den vordrängenden Rechtspositivismus für den Nationalsozialismus mitverantwortlich und suchte aus diesem Grund Gegenkräfte, die er unter anderem in Felix Stoerk fand. Dabei geht es ihm neben einer allgemeinen Würdigung auch um die Methode Stoerks:

> „Das tiefe Verständnis für die Geschichtsproblematik des Verfassungsrechtes, trotz der unzureichenden Formulierungen, geht aus einem Prinzip hervor, das Stoerk, einen Gedanken Julius Stahls weiterentwickelnd, für die Behandlung des Verfassungsrechts aufstellt: Die Institutionen des Verfassungsrechts seien nicht nur geworden im Sinne einer transitorischen Genesis, die zwar auf Vergangenem aufbaut, aber im jeweiligen Gegenwartspunkt das Vergangene hinter sich lässt, sondern im Sinne einer immanenten Geschichtlichkeit, kraft deren das Vergangene in der Gegenwart enthalten ist."

Und nach einem Hinweis auf Bergsons „Données immédiates" von 1888, schließt er:

> „Für das Verfassungsrecht folgt daraus die Forderung der ‚historisch-genetischen Rekonstrution' des Rechtsinhaltes."[74]

In Felix Stoerks Texten „Über die juristische Methode" und in den „Studien zur sociologischen Rechtslehre" fand er sie, wenn auch eingestanden werden muss,

---

71   Hänel, Albert: *Studien zum Deutschen Staatsrecht*, 2. Teil, 1.Heft (Die organisatorische Entwicklung der deutschen Reichsverfassung), Leipzig 1880, S. 96.
72   Stoerk, Felix: *Zur Methodik des öffentlichen Rechts*, Wien 1885.
73   Voegelin, Eric: *Der autoritäre Staat*, Wien/New York 1997, S. 136-143. Auch Voegelin kommt zu der Erkenntnis, dass die „bedeutenden Versuche (...), die resignierende Haltung zu überwinden und methodisch wie positivrechtlich dem Problem einer Verfassungslehre im allgemeinen und einer österreichischen im besonderen näherzukommen (...) ohne fühlbare Nachwirkung geblieben sind" (ebenda: S. 136).
74   Ebenda, S. 140.

dass sie sowohl bei den Zeitgenossen als auch bei der Nachwelt keinen großen Einfluss gehabt haben.[75] Dieser hat seine Methodologie verstanden als eine, „die ihren Gegenstand als ein zweckhaftes kulturell-soziales, wirtschaftlich und politisches Phänomen verstand, mag sie auch für ihre Art der Wissenschaft von Staatsrecht eine spezifisch juristische Denkweise gefordert haben."[76]

„Staatsrecht impliziert Politik," so lautet die einfache Botschaft von Stoerk, der sich von der Suche nach „fehlerloser Präzision" der Rechtspositivisten nur auf den Irrweg „eines unpolitischen Rechts" geführt sah.[77] Stoerk sah sich selber in der Tradition von Ihering und in Verwandtschaft mit Gierke.[78] Die Geltungsfrage des Rechts interessierte ihn. Auf sie hatte der Rechtspositivismus bekanntlich nur eine tautologische Antwort oder nahm sie einfach aus seinem Blick. Er wollte, dass sich seine Wissenschaft auf die „Geltung des Staatsrechts" und auf „seine geschichtliche Herkunft, auf seine Entstehungsgründe und auf seine Wirksamkeit" hin befragen lässt.[79]

Allerdings wurde dem Rechtspositivismus immer wieder vorgehalten, das spätkonstitutionelle System vor politisch-ideologischen Infragestellungen abgeschirmt zu haben und von den politischen Schwachstellen und wachsenden Schwierigkeiten abgelenkt zu haben. „So war der fundamentale politische Legitimitätskonflikt zwischen Monarchie und Demokratie durch die Verlegung der Souveränität in die aller geschichtlichen Individualität entkleidete Staatspersönlichkeit elegant aus dem Staatsrecht herauskomplimentiert (...)."[80]

In dieser Kritik wird deutlich, dass das Recht seinen Ursprung im politischen Willen der Gründer und Autoren der Verfassung hat, der selber nicht mehr aus dem Recht, sondern einzig aus der Politik abgeleitet werden kann. Kritik an diesem Formalismus wurde in der Weimarer Republik von drei promi-

---

75 Stoerk, Felix: *Über die juristische Methode. Kritische Studien zur Wissenschaft vom öffentlichen Recht und zur soziologischen Rechtslehre*, hg. und mit einem Geleitwort versehen von Günther Winkler, Wien/New York 1996. Dort heißt es im Geleitwort, dass Stoerks Studie „Zur Methodik des öffentlichen Rechts" von den Zeitgenossen wenig beachtet wurde (VII).

76 Winkler, Günther: Geleitwort, zu: Stoerk, Felix: *Über die juristische Methode. Kritische Studien zur Wissenschaft vom öffentlichen Recht und zur soziologischen Rechtslehre*, hg. und mit einem Geleitwort versehen von Günther Winkler, Wien/New York 1996, S. VII.

77 Ebenda, S. XX.

78 Ebenda, S. XIII.

79 Ebenda, S. XXVI.

80 In die gleiche Richtung, wenn auch aus einer anderen wissenschaftstheoretischen Werthaltung heraus, geht die Kritik von Oertzens: „In allen scheinbar streng juristischen Konstruktionen lassen sich die, mehr oder weniger geschickt verborgenen, inhaltlichen Motive aufweisen." Der staatsrechtliche Positivismus, den er zwischen 1871 und 1918 fast uneingeschränkt herrschen sieht, und der heute noch einflussreich sei, hatte als zentralen Bestandteil den Ausschluss der Politik aus dem Recht. Oertzens Kritik lautet demnach auch, wie schon oben erwähnt, dass alles Inhaltliche aus dem Recht ausgeschlossen war: „Diese Auffassung führt, so sehr sie ihre kritischen Verdienste hat, notwendig zu einer Verdorrung der Staats- und Rechtslehre. Oertzen, Peter von: *Die soziale Funktion des staatsrechtlichen Positivismus*. Frankfurt/M. 1974, S. 10f.

nenten Positionen aus betrieben: Rudolf Smend, Carl Schmitt und Hermann Heller gingen auf je unterschiedliche Art die Hauptlinien des staatsrechtlichen Positivismus an, der in Hans Kelsen seine Fortsetzung gefunden hatte.

Otto von Gierke gehört ebenso in die Reihe der Kritiker neben Hänel und Stoerk. So lautete Otto von Gierkes zentrale Kritik, die er nach ausführlicher Würdigung des Werkes von Laband vorträgt: „Ein gänzlich unpolitisches Staatsrecht wird wahrscheinlich so wenig jemals geschrieben werden, wie das berühmte rein objektive Geschichtswerk."[81] Er bezieht sich dabei auf die „Überschätzung des Leistungsvermögens der formalen Logik."[82] Daneben, so Gierke weiter, „sind es religiöse und ethische Anschauungen einerseits, wirtschaftliche und soziale Verhältnisse andererseits, die an gewissen Punkten des Staatslebens so mächtig in die Rechtsbildung eingreifen, daß ohne die Ergründung dieses Konnexes ein wissenschaftliches Begreifen des inneren Gehaltes der Rechtsgebilde undenkbar ist."[83] Die juristische Methode bedarf der „philosophischen Betrachtungsweise."[84] Gierke rundet damit die Riege der Kritiker des Rechtspositivismus ab und zeigt dessen Beschränkungen auf, um ihnen mit einer umfassenden staatsrechtlichen und verfassungsrechtlichen Analyse zu begegnen. Die unhistorische Betrachtungsweise des vorherrschenden Paradigmas, die autoritäre Ausrichtung und die Ausblendung des Staatsbürgers als eigenständigem Rechtssubjekt waren die zentralen Kritikpunkte Gierkes, die in seinem genossenschaftlichen Gegenprojekt aufgehoben wurden.

4.3. Das nüchterne Symbolprogramm des „unpolitischen" Rechtspositivismus

Die rechtsstaatliche Tradition in Deutschland bezog schon immer einen Teil ihrer Stärke aus der mangelnden Legitimation originär politischer Institutionen. Die Schwäche des Parlamentarismus, die sich durch die ganze Geschichte des 19. und frühen 20. Jahrhunderts zieht, legt Rechenschaft ab von dieser Schwäche. Gemeint ist die Zeit, als der staatsrechtliche Positivismus unter Gerber und Laband am Ende des 19. Jahrhunderts Dominanz erlangt hatte und liberale Anliegen nicht politisch erkämpft, sondern über den Umweg des Rechtsstaats obrigkeitsstaatlich verfestigt wurden. In dieser Zeit belegte Max Weber das Bürgertum mit dem Verdikt der politischen Unreife.

---

81   Gierke, Otto von: *Labands Staatsrecht und die deutsche Rechtswissenschaft [1883]*, (Nachdruck) Darmstadt 1961. Vgl. zu der Kontroverse zwischen Laband und Gierke auch Walter Wilhelm, *Zur juristischen Methodenlehre im 19. Jahrhundert*, Frankfurt/M. 1958. Vgl. zu Gierke: Stolleis, Michael: *Geschichte des öffentlichen Rechts in Deutschland. Band 2: Staatsrechtslehre und Verwaltungswissenschaft 1800-1914*, München 1992, S. 359-363.

82   Ebenda, S. 14.

83   Ebenda, S. 18.

84   Ebenda, S. 22.

Im 19. Jahrhundert passte der Rechtspositivismus zur auf Vorherrschaft drängenden Staatsanschauung der Zeit. Ursprünglich sah man auch im liberalen Staatsrecht im Staat eine juristische Person als Verkörperung des Rechts, die gegen die Monarchie und die Fürstensouveränität im gleichen Maße angelegt war wie gegen die Volks- und Parlamentssouveränität.[85] Wilhelm Eduard Albrecht legte den Grundstein für die Theorie der juristischen Persönlichkeit des Staates, die dann von Carl Friedrich von Savigny schließlich bis zu Carl Friedrich von Gerber vervollständigt wurde. [86] Die Positionen gingen dort auseinander, wo es um die Frage ging, welche Eigenständigkeit dem Staat im Vergleich zur Monarchie zukomme. Laband positionierte sich eindeutig und identifizierte den Staat mit dem Monarchen. Schon Gerber wollte den Monarchen wieder aus seiner Umklammerung durch die Verfassung lösen. Laband verstärkte diese Ausrichtung noch weiter. Die Verfassung wurde so wieder zu einem Instrument der Selbstbeschränkung der Monarchie und verlor ihre Fähigkeit als Leitdifferenz zu agieren. Die damit verbundene „terminologische Verkapselung des unausgetragenen politischen Kampfes" gelang am besten „in der rein juristischen Schule Gerbers."[87] Er trennte die Staatsrechtslehre als rein juristische Wissenschaft von der allgemeinen Staatslehre durch die Einführung der formaljuristischen Methode in die Staatsrechtswissenschaft.[88]

Dass sich der juristische Diskurs im Rahmen einer bestimmten soziokulturellen Ordnung gerade dadurch als mächtig erweisen konnte, weil er sich als unpolitischer Diskurs stilisierte, ist eine der Ironien der Geschichte des deutschen Konstitutionalismus. Gerade die Selbstbeschreibung als unpolitisch kann die Erfolge zur Verstetigung der institutionellen Ordnung des juristischen Diskurses erklären.[89]

Der Rechtspositivismus hat versucht, den Autor des Textes und den Moment der Gründung aus der Legitimation des Rechts herauszulösen. Die Gründe hierfür waren politisch gesehen widersprüchlich. Auf der einen Seite konnte man die autoritär-herrschaftliche Quelle des Rechts verdecken, gleichzeitig wollte man den Weg für eine demokratische Adressatenorientierung verstellen, indem man natur- und vernunftrechtliche Formeln perhorreszierte. Beides im Grunde genommen Motive des damaligen verkürzt verstandenen Liberalismus. Und so

---

85 Vgl. Rückert, Joachim: *Autonomie des Rechts in rechtshistorischer Perspektive*, Hannover 1988, S. 38.

86 Uhlenbrock, Henning: *Der Staat als juristische Person. Dogmengeschichtliche Untersuchung zu einem Grundbegriff der deutschen Staatsrechtslehre*, Berlin 2000, S. 39.

87 Hennis, Wilhelm: *Das Problem der Souveränität*. Tübingen 2002, S. 15.

88 Vgl. Uhlenbrock, Henning: *Der Staat als juristische Person. Dogmengeschichtliche Untersuchung zu einem Grundbegriff der deutschen Staatsrechtslehre*, Berlin 2000, S. 64.

89 Anhand der analytischen Überlegungen zur Sichtbarkeit der Macht und zu Strategien der Invisibilisierung von Macht soll der Unterschied zwischen staatsrechtlichem Positivismus und Verfassungssoziologie nachvollzogen werden: Münkler, Herfried: Die Visibilität der Macht und die Strategien der Machtvisualisierung, in: Göhler, Gerhard (Hg.), *Macht der Öffentlichkeit–Öffentlichkeit der Macht*, Baden-Baden 1995, S. 213-230.

kommt Franz Neumann ebenfalls zu einem ambivalenten Urteil, indem er das progressive Element in der konsequenten Rechtsanwendung, das reaktionäre Element jedoch in der rein affirmativen Rechtstheorie sieht.[90]

Autoren wie Albert Hänel konnten für ihre Argumente gegen die Formalisierung des Staatsrechts kaum Unterstützung erwarten. Sie widersprachen dem gängigen Wissenschaftsverständnis der Zeit, stellten Fragen nach den sozialen Voraussetzungen politischer Ordnungen im allgemeinen, der Freiheit und der moralischen Erziehung der Bürger im besonderen, kurz: sie legten die Gesellschaftstheorie hinter der Verfassungstheorie offen. Der dominante Strom des staatsrechtlichen Positivismus setzte lieber auf die Option der Invisibilisierung der Macht auf der Ebene der Entscheidungsfindung, um die Visibilität auf Seiten der Ordnungssicherheit nicht zu gefährden.[91]

---

90 Neumann, Franz: Funktionswandel des Gesetzes im Recht der bürgerlichen Gesellschaft, in: ders., *Demokratischer und autoritärer Staat*, Frankfurt/M. 1967, S. 52f.
91 Münkler, Herfried: Die Visibilität der Macht und die Strategien der Machtvisualisierung, in: Göhler, Gerhard (Hg.), *Macht der Öffentlichkeit–Öffentlichkeit der Macht*, Baden-Baden 1995, S. 213-230.

VI. Die Wiederbelebung der Verfassungssoziologie

Im Widerstreit mit dem Rechtspositivismus wurde seine Relativierung schon vorbereitet. Aber die real- und machtpolitische Wende in den 60er Jahren des 19. Jahrhunderts wirkte noch lange nach. Der Politikbegriff war dauerhaft an Macht und Staat gebunden. Eine Anknüpfung an den westlichen Konstitutionalismus, zu dem die akademische Elite in weiten Teilen auf Distanz gegangen war, erschien unerlässlich, um die anstehenden Aufgaben zu lösen. Bei Max Weber zeigte sich das vor allem in einer durchgehenden Orientierung an der Verfassungskultur Englands. Schon in seiner Antrittsvorlesung schwärmte er davon, wie sich der Machtwille Englands auf eine breite bürgerliche Unterstützung verlassen konnte und drückte darin die ganze Ambivalenz des sogenannten liberalen Imperialismus aus.[1] Damit ist die wechselseitige Instrumentalisierung von freiheitlich-bürgerschaftlicher Ordnung und imperialistischem Machtstreben gemeint. Um den Weg frei zu machen für eine Rückkehr zu der im Vormärz selbstverständlichen Rezeption des westlichen Konstitutionalismus, mussten die sogenannten Ideen von 1914 überwunden werden, jene eigenwillige Absage an die westlichen Traditionen, die im deutschen Bürgertum breite Anhängerschaft gefunden hatte und kulturell noch weit in die Nachkriegszeit hineinwirken konnte.[2] Damit ist Weber eine interessante Vermittlungsfigur zwischen den beiden oben entwickelten Integrationsmodi. Er sorgt auf der einen Seite für eine Rückkehr zum Parlamentarismus und den Wurzeln des westlichen Konstitutionalismus. Allerdings nimmt er die Naturrechtstradition und -begründung bewusst aus. Die soziale und soziomoralische Entwicklung hängt von Kämpfen ab, die nicht hintergehbar sind und auch nicht stillgestellt werden können. Das Aushalten der Spannungen, die sich dadurch im sozialen und politischen Leben

---

1   Weber, Max: Nationalstaat und Volkswirtschaftspolitik, in: *Gesammelte Politische Schriften*, *hg. von Johannes Winckelmann*, 5. Aufl. Tübingen 1988 , S. 7-30; Holl, K. / List G. (Hg.), *Der Imperialismus als Problem liberaler Parteien in Deutschland 1890-1914*, Göttingen 1975.

2   Kjellén, Rudolf: *Die Ideen von 1914. Eine weltgeschichtliche Perspektive*, Leipzig 1915; Plenge, Johann: *1789 und 1914. Die symbolischen Jahre in der Geschichte des politischen Geistes*, Berlin 1916; Schwabe, Klaus: *Wissenschaft und Kriegsmoral. Die deutschen Hochschullehrer und die politischen Grundfragen des Ersten Weltkrieges*, Göttingen 1969; Mommsen, Wolfgang J.: Der Geist von 1914. Das Programm eines politischen Sonderweges der Deutschen, in: ders., *Der autoritäre Nationalstaat. Verfassung, Gesellschaft und Kultur des deutschen Kaiserreichs*, Frankfurt/M. 1992, S. 407-421.

ergeben, macht er für den Erfolg auch der bürgerschaftlichen Entwicklung in Deutschland verantwortlich.

Auch Friedrich Naumann gehörte in diesen Umkreis des liberalen Imperialismus, stark beeinflusst von Weber. Aber er betätigte sich zudem noch als Volkserzieher. Seine „Volksverständlichen Grundrechte" standen in der Tradition der Verfassungs-Katechismen und Mosestafeln der Verfassung, die von den großen Erziehern und Multiplikatoren entworfen wurden, die ein klares Bewusstsein davon hatten, dass nur auf der Basis einer Popularisierung, schon gar im Zeitalter der Massendemokratie, eine freiheitliche Verfassung Bestand haben kann. Wenn Hugo Preuß vom „Volksstaat" spricht, dann meint er nichts anderes. Eine Verfassung muss sich einleben können, verständlich und anschaulich gemacht werden. Dieses Verfassungsverständnis basiert auf der einfachen, nennen wir es institutionentheoretischen Erkenntnis, dass Ordnungen sich nur dann auf Dauer stellen können, wenn ihre Ordnungsbehauptungen auch gegen Widerstand im Wettstreit um Geltung Bestand haben. Dies hat Max Weber überzeugend in die sozialwissenschaftliche Forschung eingebracht. An dieser Stelle verbinden sich dann methodische Reflexion und Verfassungs- bzw. Ordnungsverständnis.

1. Georg Jellinek, Max Weber und die Tradition der Verfassungssoziologie

So sehr Georg Jellinek und Max Weber ohne Zweifel von der Begriffsjurisprudenz Paul Labands profitierten, so sehr waren doch beide in den entscheidenden Punkten über den Rechtspositivismus hinausgewachsen.[3] In der „Allgemeinen Staatslehre" unternimmt Jellinek den Versuch einer Vermittlung zwischen Rechts- und Sozialwissenschaft, was schon im Aufbau seines Werkes zum Ausdruck kommt. Neben die Staatsrechtslehre tritt die Soziallehre des Staates. Der im Rechtspositivismus erfolgte Ausschluss des Bürgers und der politischen Einrichtungen wird hier wieder rückgängig gemacht. Und Max Weber führt in seinen „Soziologischen Grundbegriffen" eine an der juristischen Strenge orientierte Begriffsbildung in die Sozialwissenschaften ein und verbindet sie mit kulturwissenschaftlichen Reflexionen, die in der Herrschaftssoziologie zu einer Analyse der Verfassung, besser: der politischen Ordnung führen. Weber führt damit unter dem Begriff der „Staatssoziologie" eine umfassende Analyse der „gesellschaftlichen Ordnungen und Mächte" ein, so der Untertitel von „Wirt-

---

3   Deutlich wird diese Kritik z.B. in Weber, Max: Die ‚Objektivität' sozialwissenschaftlicher Erkenntnis, in: *Gesammelte Aufsätze zur Wissenschaftslehre*, hg. von Johannes Winckelmann, 3. Aufl. München 1967, S.146-214. Hier kritisiert er diejenigen, die den Unterschied zwischen begrifflicher Zuspitzung und realen Phänomenen verwischen.

schaft und Gesellschaft" und setzt damit das Werk von Georg Jellinek fort. Dieser hatte in seiner Staatslehre von 1900 den ersten Versuch unternommen, soziologische und juristische Aspekte wieder zusammenzuführen.[4] Kern dieser Überlegungen ist die Zwei-Seiten-Lehre des Staates: der Normativität und der Faktizität. Damit ist auf der einen Seite die Faktizität der sozialen Ordnung gemeint in Gestalt der realen Herrschaftsverhältnisse, die auf der anderen Seite der Normativität in der Verfassung und generell im Recht gegenüber tritt, das Sein begegnet dem Sollen. Der Staat ist aus seiner Sicht gleichzeitig ein gesellschaftliches Gebilde und eine rechtliche Institution. Jellinek kann und will natürlich nicht zu der liberalen Staatslehre zurück, die dem Anspruch an Wissenschaftlichkeit der Jahrhundertwende nicht entsprechen konnte. Sondern er strebt eine Vermittlung zwischen einer empirischen Staatssoziologie und der Staatsrechtslehre an. Dadurch zeigt sich die Staatslehre wieder deutlich sensibler und aufnahmefähiger gegenüber sozialen Veränderungen und kann somit auch der Verfassung ihren politischen Charakter zurückgeben. Waren bei Laband Bürger und Politik bewusst ausgeklammert, nehmen sie bei Jellinek wieder einen zentralen Platz ein. Sie tauchen dort auf, wo es um die Geltung des Rechts geht. So heißt es in der Allgemeinen Staatslehre: „Die Positivität des Rechts ruht daher in letzter Linie immer auf der Überzeugung von seiner Gültigkeit. Auf dieses rein subjektive Element baut sich die ganze Rechtsordnung auf".[5] Aber die Geltung des Rechts ruht selbstverständlich auf realen Herrschaftsverhältnissen auf, die sich über die Zeit ändern und demnach in die Reflexion mit einbezogen werden müssen, wie Jellinek betont.

Diese beiden Elemente radikalisiert Weber zu einer Staats- und Herrschaftssoziologie, in der die Potentialität der Geltung durch den Begriff der Chance repräsentiert wird. Die Geltung der Verfassung beruht nicht auf dem Recht allein, sondern die kulturelle Einbettung, die diskursive Strategie zur Behauptung dieser Ordnung und die Überzeugungskraft der sie tragenden Leitideen entscheiden letztlich über deren Bestand. Gegen Laband plädiert Weber für die Wiederentdeckung der Kultur in einer Betrachtung von Staat und Recht. Wobei ihn Rochaus Realpolitik als Selbstkritik des Liberalismus von der philosophischen Verbindung von Staat und Recht im Vormärz trennt. Die Klassik war für Weber eine „unpolitische Epoche."[6] Die Reichsgründung hatte ein neues

---

4   Jellinek, Georg: *Verfassungsänderung und Verfassungswandlung. Eine staatsrechtlich-politische Abhandlung*, Berlin 1906; Ders., *Allgemeine Staatslehre*, 3. Aufl., Darmstadt 1959; Pauly, Walter: Wissenschaft vom Verfassungsrecht: Deutschland, in: *Handbuch Ius Publicum Europeum*, Band 2, hg. von Armin von Bogdandy u.a., Heidelberg 2008, S. 470; Breuer, Stefan: *Georg Jellinek und Max Weber. Von der sozialen zur soziologischen Staatslehre*, Baden-Baden 1999; Anter, Andreas: Georg Jellineks wissenschaftliche Politik. Positionen, Kontexte, Wirkungslinien, in: *PVS* 39 (1998), S. 503-526. Zum Folgenden vor allem: Kersten, Jens: *Georg Jellinek und die klassische Staatslehre*, Tübingen 2000.
5   Jellinek, Georg: *Allgemeine Staatslehre*, 3. Aufl., Darmstadt 1959, S. 334.
6   So die Formulierung in: Weber, Max: Wahlrecht und Demokratie in Deutschland, in: ders., *MWG I/15*, hg. von Wolfgang J. Mommsen in Zusammenarbeit mit Gangolf Hübinger, Tü-

Zeitalter eingeläutet. Die Demonstration von Macht und imperialem Anspruch trennt die Welt des Vormärz vom Kaiserreich. Verfassungsfragen im engeren Sinn, wie sie für das politische Denken im Vormärz noch von zentraler Bedeutung waren, hatten Max Weber unter dem Namen und Begriff der Verfassung nie interessiert.[7] Aber er hat die Fragen des liberalen Konstitutionalismus unter dem Gesichtspunkt diskutiert, welchen Einfluss auf die Lebensführung der Menschen, die unter diesen Umständen leben müssen, diese *instruments of government* haben. In diesem Sinne steht er ganz in der Tradition Rousseaus und Kants. Für beide war die Herrschaftsform wichtiger als die Regierungsform.[8]

Demnach hat er sich sehr wohl für die Verfassung im umfassenden Sinn interessiert, verstanden als Ensemble von Ordnungsvorstellungen mit Kulturbedeutung, in denen diese symbolisch zum Ausdruck kommen. Für Weber fehlte in Deutschland jedoch ein Ort, an dem der Streit um die konkurrierenden Ordnungsvorstellungen ausgetragen werden konnte. Fragen der politischen Grundentscheidungen zu juridifizieren lag ihm mehr als fremd. In seiner Zeit ging es darum, das Agonale des Politischen, das Kämpferische und die offene Auseinandersetzung, das Transparente und Konfrontative des Parlaments in der politischen Kultur zu verankern. In einer Zeit, in der es erst einmal darum geht, dem Parlament überhaupt erst Macht zu verschaffen, ist eine Einschränkung dieser Macht erst einmal zweitrangig. Wie sehr Weber der offene Streit um politische Ordnungsvorstellungen am Herzen lag, muss hier nicht weiter betont werden. Politische Reife sprach er denjenigen Personen oder auch ganzen Gesellschaftsgruppen (Klassen) zu, die es schafften, im öffentlichen Streit ihre eigenen Positionen gegen Widerstreit durchzusetzen. Diese Fähigkeiten sah Weber im Kaiserreich verkümmert und suchte nach Wegen, diese wieder aufzubauen. Diese Zielstellung macht sein politisches Denken so spannend aber auch so kontrovers. Denn neben dem Thema der politischen Erziehung kommen so auch Nati-

---

bingen 1988, S. 390f.: „Die deutschen Klassiker können uns u.a. lehren, daß wir ein führendes Kulturvolk der Erde zu sein vermochten in einer Zeit materieller Armut und politischer Ohnmacht und sogar Fremdherrschaft. Dieser *un*politischen Epoche entstammen ihre Ideen, auch wo sie politisch und ökonomisch sind. Sie waren teils, angeregt durch die Auseinandersetzung mit der französischen Revolution, Konstruktionen in einem politisch und ökonomisch leidenschaftsleeren Raum. Soweit aber eine andere politische Leidenschaft in ihnen lebte, als die zornige Auflehnung gegen die Fremdherrschaft, war es die ideale Begeisterung für *sittliche* Forderungen. Was darüber hinaus liegt, blieben philosophische Gedanken, die wir als Mittel der Anregung zu eigner Stellungnahme entsprechend *unseren* politischen Realitäten und der Forderung *unseres* Tages benutzen können, – nicht aber: als Wegweiser. Die modernen Probleme des Parlamentarismus und der Demokratie und die Wesensart unseres modernen Staates überhaupt lagen ganz außerhalb ihres Gesichtskreises" (Hervorhebungen im Original, RS).

7   Trotz seiner zahlreichen soziologischen Grundbegriffe, seiner Arbeit an politischen Begriffen, war ihm der Verfassungsbegriff nie wichtig.

8   Zum Begriff der Lebensführung: Hennis, Wilhelm: *Max Webers Fragestellung*, Tübingen 1987.

onalismus und Imperialismus als Instrumente zur Politisierung ins Gespräch.[9] Beides findet sich bereits in seiner Antrittsrede. Dort schreibt er, gehe es nicht nur um „ökonomische Erziehungsarbeit", sondern um

> „die Resonanz der Weltmachtstellung, welche den Staat stetig vor große machtpolitische Aufgaben stellt (...). Entscheidend ist auch für unsere Entwicklung, ob eine große Politik uns wieder die Bedeutung der großen politischen Machtfragen vor Augen zu stellen vermag. Wir müssen begreifen, dass die Einigung Deutschlands ein Jugendstreich war, den die Nation auf ihre alten Tage beging und seiner Kostspieligkeit halber besser unterlassen hätte, wenn sie der Abschluß und nicht der Ausgangspunkt einer deutschen Weltmachtpolitik sein sollte."[10]

Diese Bemerkungen macht Weber immer mit einem Blick auf England, das ein, aus seiner Sicht, hohes Maß an politischer Erziehung seiner Bürgerschaft besaß.

Es bedurfte der Krisenstimmung am Ende des Kaiserreichs, um über die Nietzsche-Rezeption Wasser in den Wein der Staatsmetaphysiker zu gießen. Max Weber war einer der ersten, der sich von der Fortschrittseuphorie und -metaphorik trennte und durch seine Bismarck- und Junkerkritik in kritische Distanz zu den Fortschrittsphantasien seiner Zeitgenossen geriet. Er, der selber sich aus dem Begriffsrepertoire der Juristen gerne bediente, hat die zugespitzte reine Form der Rechtslehre in seiner Idealtypenlehre als legale Ordnung skizziert.[11] Das gesatzte Recht wird Weber zu einem Idealtyp legitimer Ordnung. Er greift damit natürlich auch die Entwicklung im 19. Jahrhundert auf, nach der politische Ordnungsvorstellungen dann mit optimalen Geltungschancen rechnen konnten, wenn sie als schriftliches Dokument vorliegen und nach den Regeln des Rechts systematisiert und rationalisiert sind. Der Glaube an die Rechtmäßigkeit wird zu dem für die Moderne dominanten Legitimationsmuster politi-

---

9   Zum Topos der politischen Erziehung: Hennis, Wilhelm: Max Weber als Erzieher, in: ders., *Max Webers Wissenschaft vom Menschen*, Tübingen 2003, S. 93-113. Dies wird besonders in der Antrittsrede deutlich. Dort verhandelt Weber, wie erst wieder in seinen tagespolitischen Interventionen im Weltkrieg, die Frage zur politischen Reife der zur politischen Führung verdammten Klassen: Bürgertum und Arbeiterschaft. Sein Urteil fällt eher nüchtern aus: Weber, Max: Nationalstaat und Volkswirtschaftspolitik, in. *Gesammelte Politische Schriften, hg. von Johannes Winckelmann*, 5. Aufl. Tübingen 1988 , S. 7-30.

10   Weber, Max: Nationalstaat und Volkswirtschaftspolitik, in: *Gesammelte Politische Schriften, hg. von Johannes Winckelmann*, 5. Aufl. Tübingen 1988 , S. 29.

11   Unter gewissen Gesichtspunkten lässt sich Weber in der Tradition des Rechtspositivismus verankern. Besonders die Begriffsbildung entstammt methodisch aus der Schule der Begriffsjurisprudenz. Aber der politische Weber hatte mit dem Rechtspositivismus nichts gemein (s. Vollrath, Ernst: „Macht" und „Herrschaft" als Kategorien der Soziologie Max Webers, in: Gebhardt, Jürgen/Münkler, Herfried (Hg.), *Bürgerschaft und Herrschaft*, Baden-Baden 1993, S. 211-226). Kritisch dazu: Schmidt, Rainer: Macht, Autorität, Charisma. Deutungsmacht in Max Webers Herrschaftssoziologie, in: Vorländer, Hans (Hg.), *Die Deutungsmacht der Verfassungsgerichtsbarkeit*, Wiesbaden 2006, S. 37-55. Plausibler erscheint die Einschätzung von Wilhelm Hennis: Weber „war weder ‚Szientist' noch ‚Positivist'", denn, so Hennis weiter, „Weber war der „ganz und gar unpositivistische Meinung, dass Fragen, welche wir nicht, oder nicht sicher beantworten können, um deswillen nicht schon ‚müßige' Fragen seien" (*Max Webers Fragestellung*, Tübingen 1987, S. 58).

scher Ordnungen. Dies wird begleitet und begünstigt von einem Prozess der Professionalisierung des juristischen Personals, von einer Durchdringung der Gesellschaft mit juristischem Denken und der Ausdifferenzierung gesellschaftlicher Aufgabenbereiche, aus denen das Recht eine für die Politik herausragende Sonderstellung bekommt. In Deutschland kommt dies im Rechtspositivismus zum Ausdruck. Doch Max Weber betont, dass Legalität allein als Geltungsressource nicht ausreicht.[12] Realtypen sind Mischtypen. Die Wahrscheinlichkeit stabiler und als legitim angesehener (geglaubter) legaler Ordnungen steigt mit dem Anteil charismatischer und traditionaler Elemente.

Diese Überzeugung führt Weber dazu, der Auswahl von Führungspersönlichkeiten einen so großen Wert zuzuschreiben. Könnte das Recht aus sich heraus Geltung entfalten, bräuchte man die Auswahlkriterien für Führungskräfte (Politiker) nicht so zu dramatisieren, wie Weber dies tut. Und auch dem Parlament, dem Weber seine leidenschaftlichsten politischen Beiträge im Weltkrieg widmet, müsste er keine so große Aufmerksamkeit schenken.

Verfassungsfragen erhalten ihren Sinn und ihre Funktion, wenn sie im öffentlichen Prozess, in Publizität (Bergk) angeeignet werden. Dafür hat sich der Begriff des Verfassungspatriotismus oder der „lebenden Verfassung" etabliert. Ein solches Verfassungsverständnis hat auch Max Weber. Verfassungsfragen sind dann von Bedeutung für eine Gesellschaft, wenn die Präsenz politischer Ordnungsvorstellungen gewährleistet ist, wenn diese Fragen öffentlich werden und der Bürger daran teilhaben kann. Nur so kann, wie Bergk in der Gefolgschaft von Kant dies sagte, der Bürger erzogen werden durch die Verfassung. Nur so kann die Verfassung integrative Wirkung entfalten, sonst bleibt sie ein totes Stück Papier.[13] Wir haben schon gesehen, dass Weber dem Verfassungsbegriff nicht viel zugetraut hat. Seine Bemerkungen zur Verfassung bleiben knapp, unterscheiden zwischen paktierter und oktroyierter Verfassung, gehen auf geschriebene und ungeschriebene, auf materielle und formale Aspekte ein. „Verfassung eines Verbandes soll die tatsächliche Chance der Fügsamkeit gegenüber

---

12   Vgl. hierzu auch: Schmidt, Rainer: Macht, Autorität, Charisma. Deutungsmacht in Max Webers Herrschaftssoziologie, in: Vorländer, Hans (Hg.), *Die Deutungsmacht der Verfassungsgerichtsbarkeit*, Wiesbaden 2006. Jürgen Habermas formuliert dazu, indem er seinen diskurstheoretischen Ansatz charakterisiert: „Dieser Ansatz braucht keine geschichtsphilosophische Rückendeckung; er steht nur unter der Prämisse, dass sich die Operationsweise eines rechtsstaatlich verfassten politischen Systems ohne Bezugnahme auf die Geltungsdimension des Rechts, und auf die legitimierende Kraft der demokratischen Genese des Rechts, auch empirisch nicht angemessen beschreiben lässt" (Habermas, Jürgen: *Faktizität und Geltung*, Frankfurt/M. 1992, S. 349).

13   Zu Smend: Hennis, Wilhelm: Integration durch Verfassung? Rudolf Smend und die Zugänge zum Verfassungsproblem nach 50 Jahren unter dem Grundgesetz, in: Vorländer, Hans (Hg.), *Integration durch Verfassung*, Wiesbaden 2002, S. 267-290; Zu Tocqueville, Weber, Rousseau: Hecht, Martin: *Modernität und Bürgerlichkeit. Max Webers Freiheitslehre im Vergleich mit den politischen Ideen von Alexis de Tocqueville und Jean-Jacques Rousseau*, Berlin 1998; Zu Tocqueville besonders: Hennis, Wilhelm: Tocquevilles „neue politische Wissenschaft," in: Stagl, Justin (Hg.), *Aspekte der Kultursoziologie*, Berlin 1982, S. 385-407.

der Oktroyierungsmacht der bestehenden Regierungsgewalten nach Maß, Art und Voraussetzungen heißen." Diese Definition gibt Weber in den Soziologischen Grundbegriffen, um sich kurz darauf affirmativ auf Ferdinand Lassalle zu beziehen, den, so Weber die geschriebene Verfassung und der juristische Begriff von Verfassung auch nicht interessiere, sondern lediglich, wann und unter welchen Umständen sich Menschen „fügen."[14] Offensichtlich dürfen wir, wenn wir Webers eigentliches Interesse für die politischen Ordnungsfragen suchen, nicht nach dem Verfassungsbegriff suchen, sondern müssen nach dem Ordnungsbegriff schauen. Dieser ist dem Verfassungsbegriff übergeordnet.[15]

Max Weber kann unter dem Gesichtspunkt der Verfassungssoziologie als wichtige Integrationsfigur gelten. Er repräsentiert zwar Elemente des Rechtspositivismus, aber bei gleichzeitiger soziologischer Sensibilität für die Geltungsdimension der Verfassung.[16] Damit ist immer auch die Übertragung der Verfassungsgrundsätze in die soziale Wirklichkeit gemeint, die Weber politisch-praktisch in seinen Annäherungsversuchen an die Sozialdemokratie und seinem Wirken im Verein für Sozialpolitik zum Ausdruck brachte. Es war von eminenter Bedeutung, dass sich die Integration auf dem Boden des Rechts abspielte und nicht über reine Machtkonflikte außerhalb des Rechts- und Verfassungsrahmens.

Weber gehört, so Wilhelm Hennis, in die Tradition des „modernen politischen Denkens, die durch die Namen Machiavelli, Rousseau und Tocqueville gekennzeichnet sein mag."[17] Dieser Richtung innerhalb des politischen Denkens gehe es nicht um die „Sicherung von Interessen und Bequemlichkeit, sondern um die Entfaltung der Kraft der Seele, eine Entfaltung, die nicht auf individualistischer, sondern nur auf mitmenschlicher, verbundener, d.h. letztlich im antiken Sinne politischer Basis möglich erschien."[18] Schon Georg Jellinek hat unter

---

14   Weber, Max: *Wirtschaft und Gesellschaft: Grundriß der verstehenden Soziologie.* Besorgt von Johannes Winckelmann, 5. rev. Auflage (Studienausgabe), Tübingen 1980, S. 27.
15   Zur Bedeutung des Ordnungsbegriffs bei Weber: Käsler, Dirk: *Vom akademischen Außenseiter zum sozialwissenschaftlichen Klassiker,* in: *Max Weber, Schriften 1894-1922,* hg. und ausgewählt von Dirk Käsler, Stuttgart 2002, S. VII-XXXVI. Dort heißt es: „(...) historisch entstandene Institutionen (wofür Weber den Begriff Ordnungen) bevorzugte" (XXIV). Anter, Andreas: *Die Macht der Ordnung: Aspekte einer Grundkategorie des Politischen,* Tübingen 2007.
16   Weber und der Rechtspositivismus: Vollrath, Ernst: „Macht" und „Herrschaft" als Kategorien der Soziologie Max Webers, in: Gebhardt, Jürgen/Münkler, Herfried (Hg.), *Bürgerschaft und Herrschaft,* Baden-Baden 1993, S. 211-226.
17   Hennis, Wilhelm: *Max Webers Fragestellung,* Tübingen 1987, S. 235. Gleiches bestärkt Hennis noch einmal in seinem Thukydides-Aufsatz. Dort schreibt er: „Die politische Wissenschaft in der Tradition des Thukydides – das ist, sofern man davon überhaupt sprechen kann – verstohlen – hinter vorgehaltener Hand: Machiavelli, Hobbes, der arg verschlüsselt schreibende Montesquieu, das Beste an Tocqueville, und, wie ich meine, Weber" (Hennis, Wilhelm: *Max Weber und Thukydides. Nachträge zur Biographie des Werks,* Tübingen 2003, S. 51).
18   Hennis, Wilhelm: *Max Webers Fragestellung,* Tübingen 1987, S. 235.

diesen Gesichtspunkten eine Wiederanknüpfung an die historisch bestimmte Staatslehre des Vormärz geleistet.

Diese Ausrichtung wird besonders deutlich im Vergleich der beiden Amerikareisenden, Tocqueville und Weber. Schon Stephen Kalberg ist es sinnvoll erschienen, die beiden zu vergleichen.[19] Unter der Überschrift „Kirchen und Sekten in Nordamerika" geht es beiden um die religiösen Gemeinschaften und Gemeinden in ihrem Einfluss auf den Charakter des politischen Lebens.[20] Natürlich geht es Weber auch um das große Thema der Protestantischen Sekten im Vergleich zum Anstaltscharakter der Kirchen.[21] Daran erinnert auch Wilhelm Hennis, wenn er schreibt:

> „Je weniger die Maximen mitmenschlichen Handelns in den traditionellen Meinungen und Verhaltensweisen internalisiert sind, je mehr die Psyche der Menschen zur tabula rasa wird, auf die jede Ideologie, jeder sektiererische Einfall seine verhaltensbestimmenden Maximen aufschreiben kann, um so stärker werden die außenbestimmten, heteronomen Faktoren menschlicher Lebensführung."[22]

Zu verhindern, dass die Psyche der Menschen zur *tabula rasa* wird, ist die große Aufgabe, die Tocqueville den religiösen Gemeinschaften zuschreibt. „Bei uns sah ich den Geist des Glaubens und den Geist der Freiheit fast immer einander entgegengerichtet. Hier fand ich sie innig miteinander verbunden: sie herrschten gemeinsam auf dem gleichen Boden."[23] Die analoge Stelle bei Max Weber liest sich wie folgt:

> „Wer sich unter ‚Demokratie', wie unsere Romantiker es lieben, eine zu Atomen zerriebene Menschenmasse vorstellt, der irrt sich, soweit wenigstens die amerikanische Demokratie in Betracht kommt, gründlich: nicht die Demokratie, sondern der bürokratische Rationalismus pflegt diese Konsequenz des ‚Atomisierens' zu haben, die alsdann durch die beliebte Oktroyierung von ‚Gliederungen' von oben herab beseitigt wird. Die genuine amerikanische Gesellschaft – und es ist hier gerade auch von den mittleren und unteren Schichten der Bevölkerung die Rede – war niemals ein solcher Sandhaufen, niemals auch ein Gebäude, wo jeder, der

---

19   Kalberg, Stephen: Tocqueville und Weber zu den soziologischen Ursprüngen der Staatsbürgerschaft. Die politische Kultur der amerikanischen Demokratie, in: *Soziale Welt* 51 (2000), S. 67-85.

20   Offe, Claus: *Selbstbetrachtungen aus der Ferne. Tocqueville, Weber und Adorno in den Vereinigten Staaten*, Frankfurt/M. 2004; Hecht, Martin: *Modernität und Bürgerlichkeit. Max Webers Freiheitslehre im Vergleich mit den politischen Ideen von Alexis de Tocqueville und Jean-Jacques Rousseau*, Berlin 1998.

21   In diesem Zusammenhang und unter einem anderen Titel ist es auch erschienen: Weber, Max: Die protestantischen Sekten und der ‚Geist' des Kapitalismus, in: ders., *Gesammelte Aufsätze zur Religionssoziologie*, Band 1, Tübingen 1988, S. 207-236.

22   Hennis, Wilhelm: Ende der Politik?, in: ders., *Politikwissenschaft und politisches Denken*. Politikwissenschaftliche Abhandlungen II, Tübingen 2000, S. 228-249, hier: S. 248.

23   Tocqueville, Alexis de: *Über die Demokratie in Amerika*, hg. von Jacob P. Mayer in Gemeinschaft mit Theodor Eschenburg und Hans Zbinden, 2. Aufl., München 1976 (einbändige Ausgabe, S. 341; zweibändige Ausgabe, Band 1: S. 445).

da kommt, unterschiedslos offene Türen findet: sie war und ist durchsetzt mit ‚Exklusivitäten' aller Art."[24]

Der Unterschied zwischen Deutschland auf der einen Seite und Amerika auf der anderen wird im Unterschied zwischen Kirchen und Sekten deutlich. Auf der Seite der Kirchen steht der Anstaltsstaat, der nur geringe Anforderungen an die Lebensführung des Einzelnen stellt. Jeder wird aufgenommen, ungeachtet der Frage, ob er ein „würdiges Leben" führt. Anders die Sekten. Sie sind exklusive Gemeinschaften, aus denen man ausgeschlossen wird, wenn man den strengen Vorschriften zur disziplinierten Lebensführung nach den selbst gegebenen Regeln nicht entspricht.

Die Faszination, die auf Weber übergesprungen ist, bezieht sich auf die Mechanismen sozialer Ordnung, durch die ein Höchstmaß an Individualismus mit Einfügen und Einordnen in eine soziale und politische Gemeinschaft erfolgt. Nicht ohne Seitenhiebe auszuteilen, rügt er alle, die in Deutschland immer von dem Gegenteil ausgehen. Für Deutschland sei prägend, dass Gemeinschaften immer als Gefährdung für Individualität erfahren und begriffen würden. Doch dies muss dann nicht zwangsweise sein, wenn die Gemeinschaften Druck auf den Einzelnen ausüben, dass er sich zu einer Persönlichkeit entwickeln möge, die in dieser Gemeinschaft bestehen kann. Dies sieht Weber beispielhaft in den amerikanischen Sekten.[25] Aus der gleichen republikanischen Position heraus reflektiert Hannah Arendt die Bedeutung der Ehre im öffentlichen Raum.[26]

Die politisch-soziale Schulung ist es, die Weber an den Sekten interessiert. Diese erwarten von ihren Mitgliedern, dass sie sich zu starken Persönlichkeiten entwickeln und schließen Mitglieder aus, die diesen Anforderungen nicht gewachsen sind. Gerade diese Strukturen sind es, die Weber im Anschluss an Tocqueville für die Freiheit in der amerikanischen Demokratie verantwortlich macht. Die Sekten sind intermediäre Organisationen, die im Sinne der oben vorgestellten Formulierung, den starken und individualistischen Persönlichkeiten die Chance geben, die Herrschenden zu werden. Die Bürokratie und der Typus des Beamten bilden in seiner Soziologie dazu den Gegentyp.[27]

---

24   Weber, Max: Kirchen und Sekten, in: *Max Weber, Soziologie, Universalgeschichtliche Analysen, Politik*, hg. von Johannes Winckelmann, 5. überarb. Aufl., Stuttgart 1973, S. 393f.

25   Diese Beispiele verleiten Weber auch wieder eines seiner Lieblingsthemen anzusprechen: die negative Auslese. Die Kirchen, so seine Prognose, werden überleben und die Sekten verschwinden, gerade wegen der geringeren Ansprüche, die sie an die Menschen stellt: „also die Schwäche der religiösen Motive ist, was die ‚Landeskirche' und nicht nur sie, sondern die ‚Kirche' überhaupt, für alle absehbare Zukunft begünstigt" (ebenda, S. 397).

26   Arendt, Hannah: *Über die Revolution*, 4. Aufl., München/Zürich 2000.

27   Zum Thema „Weber und die Bürokratie" ist die Literatur umfangreich. Hier nur ein kleiner Überblick: Breuer, Stefan: *Bürokratie und Charisma. Zur politischen Soziologie Max Webers*, Darmstadt 1994; Schluchter, Wolfgang: *Rationalismus der Weltbeherrschung. Studien zu Max Weber*, Frankfurt/M. 1980.

Im Sozialismus-Vortrag geht es Weber darum zu begründen, dass der Sozialismus auf die drängenden Fragen seiner Zeit keine Antwort hat. [28] Für ihn ist die Bürokratie das drängende Problem, und mit dem Sozialismus vermutet er, dass auch noch die letzten Reste an Spielraum für eigenständiges Tätigwerden in der Gesellschaft ausgetrieben werden. So skeptisch Weber gegenüber dem Liberalismus in seiner naturrechtlichen Spielart war, so sehr erwartet er vom freien Unternehmer als Typus, dass er Chancen hat, sich in der Gesellschaft als dynamisierendes Element einzurichten. Weber sah für seine Zeit nicht die Gefahr der ungebändigten wirtschaftlichen und sozialen Dynamik, sondern eher den Rückfall in „Fellachentum".[29] Typologisierend stellt er den Beamten dem Unternehmer und Politiker gegenüber: „Der leitende Geist: der ‚Unternehmer' hier, der ‚Politiker' dort, ist etwas anderes als ein Beamter."[30] Die Stellen ließen sich beliebig vermehren, an denen Weber über die Beamten genau dann herzieht, wenn sie mit ihrer Geisteshaltung versuchen Politik zu machen und nicht wenn sie ihre Sache in der Verwaltung erledigen. Hier geht eine zentrale Linie durch Webers politisches Denken. Verbunden mit einer harschen Kritik an Bismarck, sieht er die Deutschen als politisch unreife Nation an.

> „Bismarcks *politisches Erbe?* Er hinterließ eine Nation *ohne alle und jede politische Erzie-hung*, tief unter dem Niveau, welches sie in dieser Hinsicht zwanzig Jahre vorher bereits er-reicht hatte. Und vor allem eine Nation *ohne allen und jeden politischen Willen*, gewohnt, daß der große Staatsmann an ihrer Spitze für sie die Politik schon besorgen werde"[31] (Hervorhe-bungen im Original, RS).

Die Politisierung besonders des Bürgertums war Weber so wichtig, dass er sogar ein Spiel mit dem Feuer nicht ablehnte. Seine Begriffswahl war dabei nicht gerade unmissverständlich, was den Historiker Gregor Schöllgen dazu veranlasste, Max Weber als Rassentheoretiker zu bezeichnen.[32] In Webers Schrift „Wahlrecht und Demokratie in Deutschland" aus dem Weltkrieg spricht er von den Deutschen als „Herrenvolk". Eine wahrlich unglückliche Begriffswahl und

---

28 Vgl. dazu auch die ausführliche Einleitung von Herfried Münkler, in: Weber, Max: *Der Sozialismus*, hg. und mit einer Einl. versehen von Herfried Münkler, Weinheim 1995.
29 So die Formulierung in: „Parlament und Regierung im neugeordneten Deutschland" (*MWG* I/15: S. 463f.), wo er vom „Gehäuse jener Hörigkeit der Zukunft" spricht, das schon in seiner berühmten Schrift über die Protestantische Ethik und den ‚Geist' des Kapitalismus vorwegge-nommen wurde. In dieses Gehäuse der Hörigkeit, in welches „vielleicht dereinst die Men-schen sich, wie die Fellachen im altägyptischen Staat, ohnmächtig zu fügen gezwungen sein werden, wenn ihnen eine rein technisch gute und das heißt: eine rationale Beamten-Verwaltung und -Versorgung der letzte und einzige Wert ist, der über die Art der Leitung ih-rer Angelegenheiten entscheiden soll" (ebenda, S. 464f.).
30 Ebenda.
31 Ebenda, S. 450.
32 Schöllgen, Gregor: Last einer großen Nation. Max Weber als Nationalist und Rassentheoreti-ker, in: *Frankfurter Allgemeine Zeitung vom 12. Okt. 1994*; auch ders., *Max Weber*, München 1998.

mehr als verfänglich, wenn man nicht die Erklärung Webers mitliefert. Im Zusammenhang liest sich die Formulierung so:

> „Man hat nur die Wahl: in einem bureaukratischen ‚Obrigkeitsstaat' mit Scheinparlamentarismus die Masse der Staatsbürger rechtlos und unfrei zu lassen und wie eine Viehherde zu ‚verwalten', – oder sie als *Mitherren* des Staates in diesen einzugliedern. Ein *Herrenvolk* aber – und nur ein solches kann *und darf* überhaupt ‚Weltpolitik' treiben – hat in dieser Hinsicht *keine* Wahl. Man kann die Demokratisierung sehr wohl (für jetzt) vereiteln. Denn starke Interessen, Vorurteile und Feigheiten sind gegen sie verbündet. Aber es würde sich bald zeigen, dass dies um den Preis der ganzen Zukunft Deutschlands geschähe. Alle Kräfte der Massen sind dann *gegen* einen Staat engagiert in dem sie nur Objekt und an dem sie nicht Teilhaber sind"[33] (Hervorhebungen im Original).

Mit diesen Formulierungen knüpft Weber an sein politisches Erziehungsprogramm aus der Antrittsrede an. Weltmachtpolitik, wie die Engländer es vorgelebt haben, lässt sich nur auf der Basis einer demokratischen Gesellschaft verantworten. Er wünschte sich, dass der Imperialismus in Deutschland als großes politisches Erziehungsprogramm eingesetzt werden würde um das Bürgertum in die Politik zu bringen.

Neben der Kontinuität lässt sich bei Weber aber auch ein Bruch feststellen. Wollte er über die längste Zeit noch bis in seine Aufsatzreihe zu „Parlament und Regierung" der Bürokratisierung durch Ausbau des Parlaments zur Führerauslese zusetzen, hat er dann in den Diskussionen zur Weimarer Reichsverfassung auf die plebiszitäre Führerauslese gesetzt. Weber sah nicht etwa eine Überlegenheit der direkten Demokratie gegenüber der parlamentarischen, sondern – wie er immer argumentierte – es ging um die jeweilig für richtig gehaltene Maßnahme angesichts sich ändernder Problemlagen. Und die Problemlage am Ende des Weltkriegs war eine andere. Für Weber brauchte es eine Verbindung von starkem Staat und breiter politischer Beteiligung.[34] Rätedemokratie und Integration der Frontsoldaten in die Gesellschaft waren neue Phänomene und Herausforderungen, denen die demokratischen Instrumente angepasst werden mussten.

Institutionen, und Verfassungen sind in diesem Sinne als Institutionen zu verstehen, waren für Weber immer nur unter dem Gesichtspunkt ihres „Geistes" von Interesse. Und die Verfassung des Kaiserreiches hatte nicht den richtigen „Geist". Sie nährte das Sekuritätsbedürfnis. Der Begriff der bürgerlichen Sekuri-

---

33   Weber, Max: Wahlrecht und Demokratie in Deutschland, in: *MWG* I/15, S. 396.

34   Vgl. dazu Breuer, Stefan: *Georg Jellinek und Max Weber: Von der sozialen zur soziologischen Staatslehre*, Baden-Baden 1999, S. 29ff.; dazu die zahlreichen Publikationen von Wolfgang J. Mommsen zu Weber: Mommsen, Wolfgang J.: *Max Weber und die deutsche Politik 1890-1920*, 2. Auflage, Tübingen 1974; Mommsen, Wolfgang J.: *Gesellschaft, Politik und Geschichte*, Frankfurt/M. 1974; Mommsen, Wolfgang J.: Die antinomische Struktur des politischen Denkens Max Webers, in: *Historische Zeitschrift* 233 (1981), S. 35-64; Mommsen, Wolfgang J.: Politik und politische Theorie bei Max Weber, in: Weiß, Johannes (Hg.), *Max Weber heute*, Frankfurt/M. 1989, S. 515-542.

tät ist ein Kernbegriff in Max Webers politischem Koordinatensystem.[35] In „Deutschlands künftige Staatsform", einem Text von 1918, heißt es:

> „Neben diesen unmittelbar politischen, rein aus der Gegenwartslage folgenden Gründen spricht nun aber für uns Radikale noch etwas anderes *dauernd* Bedeutsames für die Republik. Staatstechnische Fragen sind leider nicht unwichtig, aber natürlich sind sie für die Politik nicht das Wichtigste. Weit entscheidender für die Zukunft Deutschlands ist vielmehr die Frage: ob das Bürgertum in seinen Massen einen neuen verantwortungsbereiteren und selbstbewußteren *politischen* Geist anziehen wird. Bisher herrschte seit Jahrzehnten der Geist der *"Sekurität"* : der Geborgenheit im obrigkeitlichen Schutz, der ängstlichen Sorge vor jeder Kühnheit der Neuerung, kurz: der feige *Wille zur Ohnmacht.* (…) Gerade die technische Güte der Verwaltung: der Umstand, daß es dabei im großen und ganzen materiell gut ging, hatte breite Schichten der Bevölkerung überhaupt (nicht nur Bürger) sich in dies Gehäuse einleben lassen und jenen Staatsbürgerstolz, ohne welchen auch die freiesten Institutionen nur Schatten sind, erstickt. *Die Republik macht dieser "Sekurität" ein Ende.* Die Geborgenheit der sozialen und materiellen Privilegien und Interessen in der historischen Legitimität des Gottesgnadentums hört auf. Das Bürgertum wird dadurch ebenso ausschließlich auf seine eigene Kraft und Leistung gestellt, wie die Arbeiterschaft es längst war (Hervorhebungen im Original)."[36]

Nun ist selbstverständlich der Begriff der Republik hier ein anderer als noch in der römischen Republik.[37] Aber für Weber ist die Demokratisierung Deutschlands primär ein Programm der Aktivierung der Bürger. In diesem Sinne reproduziert er alte Topoi der Bürgerkultur und des „civic humanism".[38]

Die Krise des staatsrechtlichen Positivismus nach dem Ersten Weltkrieg ist weitgehend ausführlich dokumentiert.[39] Und Weber war nicht der einzige, der zum Rechtspositivismus in kritische Distanz ging. Nicht nur hatte er seine Mitstreiter aus dem Verein für Sozialpolitik.[40] Auch konnte er sich unter diesem Gesichtspunkt mit Georg Jellinek verbunden fühlen.[41] „Bis zu Jellinek", so Stefan Breuer, „befand sich die Staatslehre in der Alleinzuständigkeit der Juristen, die unter der Führung von Gerber und Labands Philosophie, Historie und Politik

---

35 Auch in Hannah Arendts Aufsatz über Freiheit und Politik kommt in Ablehnung des liberalen Freiheitsverständnisses das Gespräch auf die Sicherheit: Arendt, Hannah: Freiheit und Politik, in: dies., *Zwischen Vergangenheit und Zukunft,* München 1994, S. 201-226.

36 Weber, Max: Deutschlands künftige Staatsform, in: *Gesammelte Politische Schriften,* 5. Aufl., Tübingen 1988, S. 346/347.

37 Zum Begriffswandel: Mager, Wolfgang: Art. Republik, in: *Geschichtliche Grundbegriffe,* Bd.5. hg. von Otto Brunner, Werner Conze, Reinhart Koselleck, Darmstadt 1984, S. 549-651.

38 Münkler, Herfried: Politische Partizipation und bürgerliche Sekurität. Der Rückzug des Bürgers aus der Politik in der italienischen Renaissance, in: Schmidt, Jochen (Hg.), *Aufklärung und Gegenaufklärung,* Darmstadt 1989, S. 168-183.

39 März, Wolfgang: Der Richtungs- und Methodenstreit der Staatsrechtslehre, oder der staatsrechtliche Positivismus, in: Nörr, Knut Wolfgang/Schefold, Bertram (Hg.), *Geisteswissenschaften zwischen Kaiserreich und Republik,* Stuttgart 1994, S. 75-133.

40 Dazu immer noch: Lindenlaub, Dieter: *Richtungskämpfe im Verein für Sozialpolitik,* 2 Bände, Wiesbaden 1967.

41 Breuer, Stefan: *Georg Jellinek und Max Weber. Von der sozialen zur soziologischen Staatslehre,* Baden-Baden 1999.

rigoros aus ihrem Begriffsapparat verbannt und den Staat rein nach formalen Kriterien konstruiert hatten (...)."[42] Weber und Jellinek stehen jedoch beide auf der Seite des englischen Verfassungsverständnisses, das die Verfassung in Abhängigkeit von der Politik sieht und nicht umgekehrt.[43] „Dieses ‚dispositive Staatsrecht', das als flüssiges Element die weiten Zwischenräume, welche die geschriebenen Verfassungsnormen darbieten, ausfüllt, ermöglicht einen ununterbrochenen Wandel der Verfassung, ohne dass es einer ausdrücklichen Änderung des geschriebenen Rechts bedürfe." Nicht die Verfassung bestimmt danach die staatliche Herrschaft, vielmehr umgekehrt: „Durch die Art der Ausübung staatlicher Macht wandelt sich die Verfassung."[44] Es werden in der Weimarer Republik Autoren wie Heinrich Triepel, Erich Kaufmann und der schon erwähnte Rudolf Smend sein, die den Anregungen von Jellinek und Weber in dieser Richtung folgen. Sie nehmen die Tradition auf, die u.a. von Felix Stoerk und Albert Hänel im Anschluss an die historische Verfassungslehre und die hier so genannte Tradition der Verfassungssoziologie gegen den Rechtspositivismus stark gemacht wurde.

In seinen Politischen Schriften hat Weber dagegen versucht, eine „Verfassungstheorie" zu stützen, die den ganzen Menschen wieder in den Mittelpunkt rückt. Für ihn ist Verfassungslehre eine Lehre vom Menschentum und von Menschenführung und in diesem umfassenden Sinne eine Anknüpfung an die Verfassungssoziologie.[45] Maßgebend ist dazu seine zentrale Frage, die als Frage

---

42   Ebenda, S. 7. Weber selber hat mit seinen Studien eindrucksvoll die Entwicklung im 19. Jahrhundert festgehalten [Weber, Max: *Wirtschaft und Gesellschaft: Grundriß der verstehenden Soziologie*. Besorgt von Johannes Winckelmann, 5. rev. Auflage (Studienausgabe), Tübingen 1980, S. 501ff].

43   Von zentraler Bedeutung für diese Überlegung ist Jellineks kurze Schrift: *Verfassungsänderung und Verfassungwandlung. Eine staatsrechtlich-politische Abhandlung*, Berlin 1906 (Neudruck, Goldbach 1996).

44   Jellinek, zitiert nach Stefan Breuer: *Georg Jellinek und Max Weber. Von der sozialen zur soziologischen Staatslehre*, Baden-Baden 1999, S. 27.

45   Vgl. dazu auch: Hennis, Wilhelm: *Max Webers Wissenschaft vom Menschen*, Tübingen 2003; Noetzel, Thomas: Max Webers ‚neue Menschen' – das Leben als Bewährungsaufstieg, in. Klein, Ansgar/Nullmeier, Frank (Hg.), *Masse – Macht – Emotionen. Zu einer politischen Soziologie der Emotionen*, Opladen 1999, S. 102- 115. Noetzel geht jedoch von der Fehleinschätzung aus, dass sich Weber erst „später" von der naturalistischen, sozialdarwinistischen Begründung seines Kampf-Konzeptes" distanziert (S. 103). Diese Abgrenzung ist Weber schon in seiner Antrittsrede wichtig. Er widmet ihr eine lange Fußnote: Weber, Max: Nationalstaat und Volkswirtschaftspolitik, in: *MWG I/4*, hg. von Wolfgang J. Mommsen, Tübingen 1993. Gänzlich fehlgeleitet ist die anschließende Interpretation Noetzels, dass es Weber darum gehe, dass auch die Deutschen lernen müssen, Gras zu fressen. Die Antrittsrede ist nicht zu verstehen, wenn sie nicht als Pamphlet gegen die Macht der Junker in Deutschland verstanden wird. In Webers Augen verletzen die Junker die nationalen Interessen, indem sie sich erfolgreich an die Kapitalisierung der Agrarverfassung angepasst haben. Die Proletarisierung und Polonisierung der Landbevölkerung Ostpreußens sind Entwicklungen, die zwar auf der Grundlage kapitalistischer Gesetze verlaufen, aber die Maßstäbe, so Weber programmatisch, für die nationale Volkswirtschaft müssen nationale Werte sein. Und diese werden aus Webers Sicht durch die Junker massiv verletzt.

nach der Herrschaftsform und nicht nach der Regierungsform erscheint: „Ausnahmslos jede, wie immer geartete Ordnung der gesellschaftlichen Beziehungen
ist, wenn man sie bewerten will, letztlich auch daraufhin zu prüfen, welchem
menschlichen Typus sie, im Wege äußerer oder innerer (Motiv-)Auslese, die
optimalen Chancen gibt, zum herrschenden zu werden"[46] Damit bringt Weber
den Menschen als Untersuchungsgegenstand wieder in die Verfassungslehre ein.
ist jedoch nur schwer in den Liberalismus seiner Zeit einzuordnen. Für Wolfgang Mommsen ist Webers politische Haltung „individualistischer Liberalismus
von fast aristokratischer Zuspitzung, der das klassische liberale Ideal der Autonomie der Persönlichkeit mit Nietzsches Idee von der Wertsetzung und Wertbewährung als wesentlicher Aufgabe des – großen – Menschen verbindet."[47] An
anderer Stelle schreibt Mommsen über Weber: „Er war ein Liberaler, der sich
mit der einfachen Wiederholung der herkömmlichen liberalen Lehrmeinungen
nicht zufriedenzugeben vermochte, weil er die tiefe Gefährdetheit liberalen
Denkens und liberaler Lebensformen in unserer modernen Welt bis ins Innerste
hinein empfand."[48]

Und noch einmal zugespitzt, so Mommsen, sei Weber „ein entschiedener
Liberaler und ein schroffer Nationalist,"[49] um später im Text Weber zu einem
Vertreter einer „'spätliberalen' Position" zu erklären, wenn auch spätliberal in
Anführungszeichen. Sein Liberalismus ist in der Tat frei von jedem Fortschrittsoptimismus. „Wie ist es angesichts dieser Übermacht der Tendenz zur Bürokratisierung überhaupt noch möglich, irgend welche Reste einer in irgendeinem
Sinn individualistischen Bewegungsfreiheit zu retten?"[50] Und nicht nur die Bürokratisierung, auch der Kapitalismus setzt der menschlichen Freiheit Grenzen:

„Es ist höchst lächerlich, dem heutigen Hochkapitalismus, wie er jetzt nach Russland importiert wird, und in Amerika besteht – dieser ‚Unvermeidlichkeit' unserer wirtschaftlichen Ent-

---

46   Weber, Max: Die ‚Objektivität' sozialwissenschaftlicher Erkenntnis in: *Gesammelte Aufsätze
      zur Wissenschaftslehre*, Tübingen 1988, S. 517. Vgl. zur Interpretation dieses Satzes ausführlich: Hennis, Wilhelm: *Max Webers Fragestellung*, Tübingen 1987, S. 55ff. In Webers Antrittsvorlesung gibt es eine nahezu gleichlautende Formulierung. Dort schreibt er seiner Wissenschaft, der Nationalökonomie als „Wissenschaft vom Menschen" in ihr Logbuch, dass sie
      sich um die „Qualität der Menschen" zu kümmern habe, „welche durch jene ökonomischen
      und sozialen Daseinsbedingungen herangezüchtet werden" (Weber, Max: Nationalstaat und
      Volkswirtschaftspolitik, in: *Gesammelte Politische Schriften, hg. von Johannes Winckelmann*,
      5. Aufl. Tübingen 1988 , S. 7-30, hier: S. 32).
47   Mommsen, Wolfgang J.: Einleitung, in: ders., *Max Weber. Gesellschaft, Politik und Geschichte*, Frankfurt/M. 1974, S. 9-20, hier: S. 13. Noch deutlicher in: Mommsen, Wolfgang J.: Ein
      Liberaler in der Grenzsituation, *ebenda*, S. 21-43.
48   Mommsen, Wolfgang J.: Politik und politische Theorie bei Max Weber, in: Weiß, Johannes
      (Hg.), *Max Weber heute. Zur Rezeption*, Frankfurt/M. 1989, S. 515-542, hier: S. 541.
49   Mommsen, Wolfgan J.: Die antinomische Struktur des politischen Denkens Max Webers, in:
      Historische Zeitschrift 233 (1981), S. 35-64, hier: S. 41.
50   Weber, Max: Parlament und Regierung im neugeordneten Deutschland, in: *MWG I/15, Zur
      Politik im Weltkrieg*, hg. von Wolfgang J. Mommsen in Zusammenarbeit mit Gangolf Hübinger, Tübingen 1988, S. 465f.,

wicklung, – Wahlverwandtschaft mit ‚Demokratie' oder gar mit ‚Freiheit' in irgendeinem Wortsinn zuzuschreiben, während doch die Frage nur lauten kann: Wie sind unter seiner Herrschaft alle diese Dinge [d.h. persönliche Freiheit, Menschenrechte usw.] überhaupt auf die Dauer ‚möglich'?"[51]

2. Friedrich Naumanns „Volksverständliche Grundrechte"

„Es ist ganz unmöglich, auf ein patriarchalisches Volk eine rein demokratische Verfassung aufzusetzen und umgekehrt. Deshalb hat es gar keinen Wert, eine ganz allgemeine Theorie zu entwickeln und über die Verteilung der Kräfte im Staat aus freier Luft zu philosophieren. Theoretisch kann man ja sehr leicht Republikaner sein."[52]

Mit diesem Satz teilt Friedrich Naumann zwei zentrale inhaltliche und methodische Grundüberzeugungen Webers. Inhaltlich-politisch vertritt er, dass sich Deutschland zu einer Republik wandeln müsse, diese Wandlung aber nicht nur in der Verfassung und Verfassungstheorie, sondern auch in den Köpfen, Herzen und in der politischen Praxis der Bürger ankommen müsse, dies der Hintergrund der sprachlich anrüchigen Herrenvolk-These Webers. Methodisch teilt er Webers Sinn für symbolisches Handeln, für die kulturelle Einbettung politischer Ordnungen. Fast ist man versucht zu sagen, dass Naumann hier die Politikwissenschaft als praktische Wissenschaft wiedergewinnen will, warum sonst hätte er die Theorie hier als untauglich hervorheben sollen. Auch Rousseau hat für die Gründung der Republik die wichtige Figur des Gesetzgebers eingeführt, nach dem Vorbild Lykurgs aus Sparta, wissend, dass Gründungen immer ein konkretes politisches Problem haben. Sie müssen eigentlich die Unterstützung schon voraussetzen, die sie sich realistischerweise erst im Laufe der Zeit erarbeiten können.

„Selbst wenn wir eine Verfassung vom Himmel herabholten, die noch besser ist als die belgische und noch reiner als die Musterverfassung irgendeines nordamerikanischen Einzelstaates, und ihr verschenkt diese Verfassung an eine Bevölkerung, in der es keine Selbstachtung des einzelnen Menschen gibt und wo der einzelne von anderen nicht geachtet wird, dann hat diese Verfassung trotz ihrer technischen Vollkommenheit durchaus keine liberale und fortschrittliche Gesamtwirkung."[53]

Mit anderen Worten: die instrumentelle Funktion der Verfassung ist an ihre symbolische Leistung gebunden. Die Ordnungsleistung der Verfassung basiert nicht grundlegend auf dem Raffinement des institutionellen Ordnungsgerüstes,

---

51   Weber, Max: Zur Lage der bürgerlichen Demokratie in Russland, in: ders., *Gesammelte Politische Schriften*, S. 63f.
52   Naumann, Friedrich: *Das blaue Buch von Vaterland und Freiheit*, Königstein/Ts; Leipzig 1913, S. 27.
53   Ebenda, S. 83.

sondern der kulturell sensiblen Einbettung in Kontexte, die sie selber zwar reflektieren und zu beeinflussen versuchen kann, auf die sie aber keinen unmittelbar instrumentell gestaltenden Einfluss hat.

Dieser Ausruf Naumanns repräsentiert den Auftrag an das „unpolitische Bürgertum"[54] die politischen Angelegenheiten in die eigene Hand zu nehmen. Und in Anlehnung an Webers Diktum vom Jugendstreich aus seiner Antrittsrede, nimmt auch Naumann diesen Gedanken auf, wenn er hofft, dass ein besseres Deutschland kommt, „für das die Reichsgründung nicht nur eine Episode war, nicht nur ein kleines Zwischenspiel, sondern der Anfang der letzten Entfaltung alles deutschen Geistes und Könnens."[55] Die Deutschen sind ohne „Willen zur Macht". Dieser Nietzscheanismus bezieht sich bei Naumann immer in einer doppelten Perspektive auf die Politik. Nach außen und nach innen. Innen: „Das ist es, was im Hintergrund des Staatsbürgertums liegen muss, dass die Staatsbürger Teilnahme an der Herrschaft gewinnen wollen."[56]

Dabei ist bezeichnend, dass auch Naumann die Sprache des Kampfes um Kulturwerte vorträgt. Damit steht er auf der gleichen Seite mit denjenigen, die England und Amerika zu Krämernationen erklärt hatten (Sombart), um die eigenen Kulturwerte gegen die beiden Nationen abgrenzen zu können. Es waren jedoch in der Regel keine demokratischen Verfassungswerte, die im Sinne eines Verfassungspatriotismus vorgetragen wurden, sondern nationale Werte, die gegen die großen Nationen der Demokratie in Anschlag gebracht wurden.

Dem Naumannschen Politisierungsprogramm liegen die republikanischen Überzeugungen zugrunde, dass sich die Sekurität zu einer Grundgefahr für eine freiheitliche Lebensordnung auswachsen kann. Dem englischen Vorbild folgend, sollte freiheitliche Entwicklung mit ökonomischem Fortschritt verbunden werden. Sekuritäts- und Versicherungsdenken beklagt Naumann bei den Konservativen: „Die konservativ-klerikale Herrschaft ist ein Versicherungssystem gegen seelische und wirtschaftliche Gefahren, aber gerade dadurch ist sie selber die größte Gefahr für die Seele der Nation."[57]

Offensichtlich ist diese republikanische Haltung zur Freiheit und politischen Ordnung für Naumann mit dem Protestantismus kompatibler als mit dem Liberalismus:

> „Der Protestantismus ist von Hause aus individualistischer als der Katholizismus und sieht das Ziel weniger in der Harmonie, als im Fortschritt. Der Fortschritt aber wird nicht durch Bevormundung gemacht, sondern durch Wagnis, Risiko, Konkurrenz, Anspannung aller Kräfte auf Gewinn oder Verlust (...). Das katholische Menschenrecht heißt Schutz, das protestantische Menschenrecht heißt Freiheit."[58]

---

54   Ebenda, S.37.
55   Ebenda, S. 40f.
56   Ebenda, S. 111.
57   Ebenda, S. 41.
58   Ebenda, S.77.

Schutz ist die defensive Variante eines wenig selbstbewussten Bürgers, der seine Freiheiten nicht in der Öffentlichkeit sucht. Dass dieses Risiko bis zum Krieg gehen kann, nimmt Naumann wissentlich in Kauf. Dynamik und Zusammenhalt werden über die Politik im Kampf um Selbsterhaltung gewonnen. Republikanisch ist dies insofern, als schon bei Machiavelli bis zu Robespierre die Überzeugung da war, dass der Baum der Freiheit regelmäßig mit dem Blut der Zeitgenossen gegossen werden müsse. Nur, dass die Grenze bei Naumann schon überschritten wird, wo aus der Integration durch Verfassung, eine Integration durch Nation und Nationalismus wird. „Und auch der stärkste Individualist", so Naumann, „der überzeugteste Vertreter des Einzelmenschentums, wird still vor Hochachtung vor diesem letzten Volkwerden der Sterbenden. Und wir wissen es aus den Erlebnissen vieler früherer Kämpfe, dass der Mensch sozusagen erst dann ganz zu sich selber kommt, ganz unmittelbar hinströmendes Wollen wird, wenn er in diese Volkwerdung eingegangen ist."[59]

So wie Tocqueville und Mill die Gefahr für den Individualismus nicht aus Übergriffen des Staates, sondern aus Übergriffen der Gesellschaft gesehen haben, schreibt auch Naumann, im Anschluss an Weber, der Bürokratisierung und Mechanisierung des modernen Lebens die größten Gefährdungen für eine freie Persönlichkeit zu: „In unserer Periode kommt der Sozialismus von selber, der Individualismus aber muss gepflegt werden".[60] Die Gleichschaltung des Einzelnen erfolgt über Prozesse, die aus der Dynamik der gesellschaftlichen Entwicklung folgen.

Friedrich Naumann griff die alte Idee des sozialen Königtums auf, die schon Lorenz von Stein vorangetrieben hatte.[61] Auch die Versöhnung der Klassen war ein großes Projekt, mit dem Naumann, Preuß und Weber an die Verfassung von 1848 anknüpfen konnten. So schrieb Bleek über die Anknüpfungen aus Anlass des fünfzigjährigen Jubiläums der Paulskirchen-Verfassung:

---

59   Naumann, Friedrich: *Das blaue Buch von Vaterland und Freiheit*, Königstein/Ts; Leipzig 1913, S. 103.
60   Ebenda, S. 206.
61   Fehrenbach, Elisabeth: *Wandlungen des deutschen Kaisergedankens 1871-1918*, München-Wien 1969, S. 184-199; Theiner, Peter: *Sozialer Liberalismus und deutsche Weltpolitik. Friedrich Naumann im Wilhelminischen Deutschland (1860-1919)*, Baden-Baden 1983; Zu Lorenz von Stein: Angermann, Erich: Zwei Typen des Ausgleichs gesellschaftlicher Interessen durch die Staatsgewalt, in: *Staat und Gesellschaft im deutschen Vormärz*, hg. von Werner Conze, Stuttgart 1962, S. 181ff.; Böckenförde, Ernst-Wolfgang: Lorenz von Stein als Theoretiker der Bewegung von Staat und Gesellschaft zum Sozialstaat, in: *Alteuropa und die moderne Gesellschaft*. Festschrift für Otto Brunner, hg. vom Historischen Seminar der Universität Köln, Göttingen 1963, S. 248-277; Huber, Ernst-Rudolf: Lorenz von Stein und die Grundlegung der Idee des Sozialstaats, in: ders., *Nationalstaat und Verfassungsstaat. Studien zur modernen Staatsidee*, Stuttgart 1965, S. 127-143.

„Während die Sozialdemokraten an das Bekenntnis der außerparlamentarischen Demokraten-
bewegung zum ‚Volksstaat' erinnerten, war für Linksliberale wie Friedrich Naumann und in
der Folgezeit Max Weber und Hugo Preuß die 1849 angestrebte Versöhnung zwischen dem
preußischen Kaisertum und einer parlamentarischen Demokratie Vorbild bei ihren Bemühungen um die Reform des Wilhelminischen Kaiserreichs."[62]

3. Hugo Preuß: Vom Staat zur Verfassung

Mit der Entscheidung Friedrich Eberts, in seiner Funktion als Vorsitzender des
Rats der Volksbeauftragten Hugo Preuß mit dem Entwurf einer Verfassung für
die erste deutsche Demokratie zu beauftragen, ist ein wichtiger Anschlusspunkt
an die westliche Tradition des Konstitutionalismus gesetzt, eine Verlagerung
vom Staat zurück zur Verfassung und vom Obrigkeitsstaat zum Volksstaat vollzogen, wie Preuß es selber programmatisch auf den Punkt bringt.[63] Er aktualisiert das bei Otto von Gierke vorgestellte Genossenschaftsdenken und stellt sich
gezielt gegen den Obrigkeitsstaat und positioniert sich für bürgerschaftliche
Selbstregierung und Selbstverwaltung. „Der Obrigkeitsstaat verhinderte die
Entwicklung des Individuums," so in der 1919 gehaltenen „Rede über die neue
Reichsverfassung."[64] In diesem Sinne ist er einer der wichtigsten Wegbereiter
des demokratischen Denkens und führt die Anknüpfung an Rezeptionslinien aus
dem Vormärz in dieser Beziehung weiter.[65] Detlef Lehnert griff dazu den von
Ernst Vollrath geprägten Begriff der „Verfassungsdemokratie" auf, der sich
zwischen cäsaristischen und bonapartistischen Varianten auf der einen und direkt-demokratischen Spielarten auf der anderen Seite ansiedelt.[66] Institutionell

---

62   Bleek, Wilhelm: Die Paulskirche in politische Ideengeschichte Deutschlands, in: *APuZ* 3-
      4/98, hier: S. 37. Ribhegge geht dann weiter auf einen Ausspruch des jungen Theodor Heuss
      ein, der mit der Aussage zitiert wird: „Wenn wir heute (1919, RS) staatsrechtlich neu denken
      sollen, so nehmen wir den Verfassungsentwurf des Jahres 1849 aus der Schublade und buch-
      stabieren dort weiter, wo unsere Großväter aufgehört haben" (Ribhegge, Wilhelm: Das Parla-
      ment als Nation. Die Frankfurter Nationalversammlung 1848/49, in: *APuZ* 3-4/98, S. 11-27).
63   So der Titel eines Aufsatzes von 1921: Preuß, Hugo: Vom Obrigkeitsstaat zum Volksstaat, in:
      ders., *Gesammelte Schriften*, Vierter Band: Politik und Verfassung in der Weimarer Republik,
      Tübingen 2008, S. 157-171.
64   Preuß, Hugo: Rede über die neue Reichsverfassung (1919), in: ders., *Gesammelte Schriften*,
      Vierter Band: Politik und Verfassung in der Weimarer Republik, Tübingen 2008, S. 589-590.
65   Vgl. zum folgenden: Preuß, Hugo: *Gesammelte Schriften*, Vierter Band: Politik und Verfas-
      sung in der Weimarer Republik, Tübingen 2008; Lehnert, Detlef: *Verfassungsdemokratie als
      Bürgergenossenschaft. Politisches Denken, Öffentliches Recht und Geschichtsdeutungen bei
      Hugo Preuß – Beiträge zur demokratischen Institutionenlehre in Deutschland*, Baden-Baden
      1998; Llanque, Markus: *Demokratisches Denken im Krieg. Die deutsche Debatte im Welt-
      krieg*, Berlin 2000; Schönberger, Christoph: *Das Parlament im Anstaltsstaat. Zur Theorie par-
      lamentarischer Repräsentation in der Staatsrechtslehre des Kaiserreichs (1871-1918)*, Frank-
      furt/M. 1997.
66   Vgl. dazu die Einleitung von Detlef Lehnert, in: Hugo Preuß, *Gesammelte Schriften*, Vierter
      Band: Politik und Verfassung in der Weimarer Republik, Tübingen 2008, S. 1-70, hier: S. 8ff.

spiegelt sich die Rezeption in der Konstruktion des parlamentarischen Regierungssystems wider, mit einem Präsidenten, der sich zwischen amerikanischem und dem damaligen französischen Modell der dritten Republik wiederfindet. Gleichzeitig eröffnete die Weimarer Reichsverfassung durch Volksentscheid und Volksbegehren weitere Partizipationsmöglichkeiten.[67]

Mit den drei Strömungen aus Frankreich, England und den USA setzte sich Preuß umfassend auseinander. Geprägt von Weltkriegspropaganda und Wilson-Frieden hinterließ am stärksten eine Würdigung der Französischen Revolution Spuren in Preuß' Verfassungsdenken: „Die deutsche Demokratie betont notwendigerweise und mit Recht das soziale Moment stärker als die westlichen Demokratien,"[68] schreibt er mit kritischem Blick auf die westlichen Traditionen, in denen er sich sonst wiederfand.[69] Denn im Grunde schließt sich Preuß den drei großen Traditionslinien an, wenn er schreibt: „Dagegen wurzelte die politische Anschauung, die in der englischen, der amerikanischen und der französischen Revolution zur politischen Macht kam, in der Erkenntnis von der genossenschaftlichen Natur des Staatswesens, dessen rechtliche Ordnung sie auf ein ‚Agreement of the people', auf den ‚Contrat Social' zurückführte"[70]

Der bei Weber sehr unglückliche Begriff des „Herrenvolkes" findet sich bei Preuß als Volksstaat wieder: vom Obrigkeitsstaat zum Volksstaat lautet seine programmatische Devise. Es geht um eine grundlegende Neugründung auf der Basis einer selbstbewussten und starken Bürgerschaft, die sämtliche Obrigkeitsstaatlichkeit abwerfen muss, politisch war dies mit dem Ende Preußens und dessen bewusster Zerschlagung verbunden.[71] Als großer und wirkungsmächtiger Erzieher seiner Zeit versprach sich Preuß von den institutionellen Reformen in erster Linie eine Politisierung der Bürgerschaft.[72] Er kämpfte gegen die Ideen von 1914 und die Vorläufer, die sich von der Metternichschen Restaurationsära bis in den Weltkrieg ziehen. Darin spricht Preuß von der „unpolitischen Deutschtümelei (...), die unter dem Einfluss der Romantik den mittelalterlichen Feudalismus als wahre Blüte deutschen Wesens verherrlichte und die Ideen der Revolution, den ganzen sich in den westlichen Ländern entfaltenden Geist modernen Staatslebens als fremd, welsch und undeutsch verwarf."[73]

Die Rückbesinnung auf die westlichen Traditionen der bürgerschaftlichen Selbstregierung, die im Verfassungsentwurf von Preuß zum Ausdruck kommt,

---

67   ebenda, S. 16.

68   so Preuß in: Vom Innern zum Äußeren (1919), in: ebenda, S. 114-116, hier: S. 116.

69   Lehnert, Detlef: Einleitung, in: Hugo Preuß, *Gesammelte Schriften*, Vierter Band: Politik und Verfassung in der Weimarer Republik, Tübingen 2008, S. 24.

70   Hugo Preuß, zitiert nach ebenda, S. 28.

71   Vgl. Llanque, Markus: *Demokratisches Denken im Krieg. Die deutsche Debatte im Weltkrieg*, Berlin 2000, S. 68ff.

72   Ebenda, S. 71.

73   Hugo Preuß, zitiert nach Lehnert, Detlef: Einleitung, in: Hugo Preuß, *Gesammelte Schriften*, Vierter Band: Politik und Verfassung in der Weimarer Republik, Tübingen 2008.

machte eine symbolisch-integrative Aufwertung der Weimarer Reichsverfassung erst möglich. Die obrigkeitsstaatliche Entwertung der Verfassung und Aufwertung des Staates wurde durch diese Schritte bekämpft. Preuß wusste, wie er markant formulierte, dass die Deutschen „dem politischen Geist" durch „jahrhundertelange Herrschaft der obrigkeitlichen Kleinstaaterei mehr entfremdet (wurden) als irgend ein anderes Volk unseres Kulturkreises."[74] Er legte für eine entsprechende symbolisch-integrative Leistung der Verfassung die Grundlagen, indem er nicht wie zuvor die Verfassung als Bund der Länder, sondern als Ausdruck des Volkswillens konzipierte.[75]

---

74 Preuß, Hugo: „Zur Verabschiedung der neuen Reichsverfassung" (1919), in: ders., *Gesammelte Schriften*, Vierter Band: Politik und Verfassung in der Weimarer Republik, Tübingen 2008, S. 85-87, hier S. 86
75 Preuß, Hugo: Das Verfassungswerk von Weimar, in: ebenda, S. 89.

VII. Schlussbetrachtung: Verfassung und Verfassungskultur zwischen nationaler und internationaler Ordnung

Ohne eine Anreicherung des Verfassungsverständnisses und des Konstitutionalismus um kulturwissenschaftliche Elemente der umfassend verstandenen symbolischen Dimension von politischen Ordnungen wird der komplexe Geltungszusammenhang von Verfassungen nicht angemessen erfasst werden können. Der vieldimensionale Begriff der Verfassungskultur erscheint so als Schlüssel einer solchen Analyse. Und die Verfassungssoziologie bietet ein Angebot jenseits rein juristischer Verkürzungen, das komplexe Umfeld von Verfassungen zu reflektieren. Dabei lässt sich zeigen, wie die Methode selbst in ein vielgestaltiges politisches Umfeld gehört, das sie zwischen die Fronten der ideologischen Lager von Liberalismus und Konservatismus, Revolution und Reaktion geraten lassen kann. Die Methode selber wird dann politisch. Bei der Frage der Übertragbarkeit und Machbarkeit von Verfassungen wird dies offensichtlich. Die drei großen konstitutionellen Traditionen tasten dabei ein breites Feld ab zwischen historisch-organischer Verfassungslehre und Sozialtechnologie, die beide wiederum zwischen emanzipatorischer und reaktionärer Linie changieren. Die Herstellung von Sichtbarkeit, sei es in den preußischen Krönungszeremonien auf der einen Seite oder den badischen Verfassungsumzügen auf der anderen Seite gehört in den Deutungskampf um die Geltung der Verfassung wie die Interpretation der Texte selber. Beide Inszenierungen sind auf ein Publikum angewiesen, das sich in seinen Erwartungen und Sehgewohnheiten dramatisch verändert.

Die Kritik an der bürgerlichen Exklusivität des Verfassungsprojekts von Seiten der sozialen Bewegungen in der Mitte des 19. Jahrhunderts wird begleitet von einer Differenzierung innerhalb des konstitutionellen Diskurses. Die klassisch-republikanische Rhetorik und Semantik konnte noch die Anfänge der Industrialisierung überleben. Die Leitbegriffe von bürgerlicher Tugend und Verachtung des Luxus waren noch tauglich, die Sozialkritik einer bürgerlichen Gesellschaft zu artikulieren, aber dies ging mit der wachsenden sozialistischen Bewegung zu Ende, die dann eine eigene Sprache und insgesamt eine eigene Gegenkultur aufbaute. In der Sprache des klassischen Republikanismus und der Allgemeinen Staatslehre des Vormärz war die Verschränkung von sozialen, historischen, ökonomischen und juristischen Fragen noch präsent. Nur in kleinen gegenhegemonialen Gruppen überdauerte diese Reflexion den Rechtspositivismus, um dann in soziologischer Methodik wieder aufgegriffen zu werden. Webers Geltungsbegriff und die Legitimationsformen in der Herrschaftssoziologie eröffnen wieder eine umfassende Analyse der Verfassung, wie sie zwischenzeitlich nicht möglich war. Vor allem gegen den verkürzten Rationalitätsbegriff in Bezug auf die Legitimation von politischer Ordnung entwickelte Weber mit seiner Begrifflichkeit und seiner Methode ein bis heute aufschlussreiches Gegenmodell.

Eine Analyse der Verfassungskultur nimmt den Blick weg von den charismatischen Momenten der Gründung und richtet die Aufmerksamkeit auf die Veralltäglichung des konstitutionellen Prozesses und dies in dreifacher Perspektive: auf seine kommunikative, kommunitäre und expressive Dimension. Denn so wichtig auch die Gründung ist, sie muss im Prozess der Interpretation, der Vergemeinschaft und der Darstellung vergegenwärtigt werden. Und so wichtig auch die Aufgaben eines Verfassungsgerichts oder Obersten Gerichtshofs in einer ausdifferenzierten, professionalisierten politischen Institutionenlandschaft sind, so machtlos erweisen sie sich, wenn ihnen von der Bürgerschaft die Unterstützung verweigert wird. Dies zu zeigen, wie in Folge oder auch an Stelle des revolutionär-charismatischen Gründungsmomentes unterschiedliche institutionelle Mechanismen und Arrangements eingerichtet werden können, um diesen Prozess zu begleiten, seien sie mehr juristischer oder eher politischer Natur, war Ziel dieses Durchgangs durch historische Symbolisierungs-, Interpretations- und Festkulturen. Dabei gibt es immer wieder substantielle Anfechtungen der Idee des Konstitutionalismus als solcher. Überall dort, wo der Sinn von begrenzter, limitierter und gebundener Herrschaft angezweifelt wird, macht es keinen Sinn von Konstitutionalismus zu sprechen. Und auch die Grenzen der Verfassung werden deutlich, die sich im Umfeld von machtbewussten Akteuren bewähren muss. Der Drang zur Instrumentalisierung der Verfassung zerstört ihre Eigenlogik und Autorität. Die Befreiung von den Fesseln limitierter Herrschaft kennzeichnet dann auch die Spätphase der Weimarer Republik. Gerade mit Blick auf die Prozesshaftigkeit der konstitutionellen Geltungsgenerierung wird neben der Schrankensetzung auch der aktive politisch-republikanische Gestaltungsanspruch deutlich, der sich in der Theorie des Konstitutionalismus als Synthetisierung von liberalen und republikanischen Ideen zum Ausdruck bringt. Im breiten Spektrum zwischen Kant und Hegel, zwischen badischer und württembergischer Verfassung und zwischen sehr unterschiedlichen Wegen des englischen, französischen und amerikanischen Konstitutionalismus, spannen sich die Anregungen auf, die im Vormärz unter den Bedingungen eines Vorrangs der Verfassung gründlich reflektiert, dann verdrängt und schließlich wieder zur republikanischen Neugründung Deutschlands aufgegriffen werden.

Mit der Einrichtung der Weimarer Republik rückte die Verfassung von der Grenze des Politischen wieder ins Zentrum, wie es im Frühliberalismus schon einmal der Fall war.[1] Allerdings konnte die angestrebte Überwindung der Suprematie des Staates und seine machtpolitische Bändigung durch die Verfassung in Weimar nicht erreicht werden. Die Konflikte um die Geltung der Verfassung, um die Einrichtung einer Republik ohne Republikaner, wurden in der Weimarer Republik mit gesteigerter Intensität geführt.[2] Die Konfliktlinien aus dem Kaiserreich setzten sich dabei fort. Hier die Positivisten um Hans Kelsen, dort die Kulturalisten um Rudolf Smend. Den „Herzensmonarchisten" folgten nur allzu wenige „Vernunftrepublikaner", wie Friedrich Meinecke zuspitzte.

Die Gründungsphase hätte neben der reinen Verfassungsgeltung starke charismatische Elemente gebraucht, um sich selber auf Dauer zu stellen, denn über Tradition verfügte sie logischerweise noch nicht. Dies hätten starke Leitfiguren sein können, die sich als Schlüsselfiguren des Konstitutionalismus eignen und ihre ganze Autorität in die Waagschale werfen. Dies hätten aber auch Institutionen sein können, wie ein Verfassungsgericht, das für eine Verfassungskultur sorgt. In jedem Fall muss sich die Gründungsphase durch mehr als die reine Verfassungsgeltung als Rechtsgeltung stabilisieren können, sie muss zumindest die Chance bekommen, sich einzuleben. Für Rousseau war klar, dass an eine solche Stelle ein ‚legislateur' gehört, der die schier übermenschliche Aufgabe löst, eine neue republikanische Ordnung zu installieren: eben eine Republik ohne Republikaner. Oder anders formuliert: eine Republik in einer soziomoralisch und kulturell feindlichen Umgebung unter Bedingungen eines sich entwickelnden Kapitalismus mit autoriär-obrigkeitsstaatlichen Mentalitätsstrukturen.

Die Gründungszeit ist die kritischste Zeit. Schließlich wirken alle Traditionen, um die dritte Legitimationsressource nach Weber ins Spiel zu bringen, eher gegen die neue Ordnung. Ohne charismatische Elemente wäre die neue Republik also rein auf rationale Legitimität angewiesen, wie wir oben schon an vielen Stellen sehen konnten, offensichtlich ein zu dünnes Eis. Die Weimarer Demokratie hatte keine Gelegenheit selber traditionsbildend zu wirken. Dafür waren die Umstände zu widrig. Eine der wenigen Ausnahmen, in denen es wirklich um

1   Gusy, Christoph: Verfassungsumbruch und Staatsrechtswissenschaft: Die Verfassung des Politischen zwischen Konstitutionalismus und demokratischer Republik, in: Haupt/Frevert (Hg.), *Neue Politikgeschichte. Perspektiven einer historischen Politikforschung*, Frankfurt/M. 2005, S. 190.

2   Aus der umfangreichen Literatur kann hier nur ein kleiner Auszug gegeben werden: Sontheimer, Kurt: *Antidemokratisches Denken in der Weimarer Republik: die politischen Ideen des deutschen Nationalismus zwischen 1918 und 1933*, 5. Aufl., München 1994; Lehnert, Detlef: *Verfassungsdemokratie als Bürgergenossenschaft. Politisches Denken, Öffentliches Recht und Geschichtsdeutungen bei Hugo Preuß – Beiträge zur demokratischen Institutionenlehre in Deutschland*, Baden-Baden 1998; Gusy, Christoph: *Die Weimarer Reichsverfassung*, Tübingen 1997.

die Bildung einer verfassungskulturellen Tradition ging, bildet die Rede Ernst Cassirers zum 10. Jahrestag der Verfassungsgebung:[3]

> „Was meine Betrachtungen Ihnen nahe bringen sollten, war die Tatsache, dass die Idee der republikanischen Verfassung als solche im Ganzen der deutschen Geistesgeschichte keineswegs ein Fremdling, geschweige ein äußerer Eindringling ist, dass sie vielmehr auf deren eigenem Boden erwachsen und durch ihre ureigensten Kräfte, durch die Kräfte der idealistischen Philosophie, genährt worden ist."[4]

Cassirer macht hier von der vertrauten Strategie Gebrauch, eben gegründete Ordnungen als Ausdruck einer langen, wenn auch latenten Tradition darzustellen, um die knappe Ressource Tradition schon im Moment der Gründung wirksam werden zu lassen. Gleichzeitig zeigen sich in diesem konkreten Fall immer noch die Nachwirkungen der ideologischen Grabenkriege des Weltkrieges. Die Verteidiger der republikanischen Verfassung mussten sich mit dem Vorwurf auseinandersetzen, die Weimarer Verfassung entspreche nicht der deutschen Kultur.

Die Gewalt gegen die demokratische Ordnung wurde schließlich so stark, dass sie zusammenbrechen musste. Die Scheinlegalität der nationalsozialistischen Ordnung zeigt wiederum wie stark der Legitimitätsglaube an eine formal legale Ordnung verankert war. Doch wie wir wieder mit Weber wissen können, darf man von Ordnungen, die sich bloß oder primär auf Gewalt stützen, keine Dauerhaftigkeit erwarten. Der infernalische Gewaltexzess gegen die europäischen Juden, die eigenen Bürger und die Gegner im Krieg führte schließlich zum Zusammenbruch.

Von einer „Verfassungsdemokratie" lässt sich in Deutschland erst weit nach 1949 sprechen.[5] Erst die Nachkriegszeit brachte für beide deutsche Republiken die Möglichkeit eine Verfassungskultur einzurichten. Die ostdeutsche

---

3   Cassirer, Ernst: *Idee der republikanischen Verfassung. Rede zur Verfassungsfeier am 11. August 1928*, in: Gesammelte Werke, Band 17: Aufsätze und Kleinere Schriften (1927-1931), hg. von Tobias Berben, Hamburg 2004, S. 291-307.

4   Ebenda, S. 307. Vgl. dazu auch: Altmann, Jan: Republikanische Wendung des Nationsdiskurses. Zur Rhetorik von Ernst Cassirers Rede: Die Idee der republikanischen Verfassung, in: *Politisches Denken, Jahrbuch 2002*, hg. von Karl Graf Ballestrem, Volker Gerhardt, Henning Ottmann, Martyn P. Thompson, S. 61-78.

5   Mit diesem Begriff „soll ausgedrückt werden", so Ernst Vollrath, „dass die institutionelle Wahrnehmung des politischen Charakters und der politischen Qualität sich von dem abstrakten Staat an sich auf die Verfassung verlagert hat, wodurch erst der Staat ein Staat für uns wird (...). Dabei ist ,Verfassung' gleichfalls nicht länger mehr in der Bedeutung jeder irgendwie gearteten Verfaßtheit abstrakt-formal, sondern in qualifiziert-konstitutioneller Bedeutung, die zugleich einen realgeschichtlichen und einen politisch-kulturellen Sinn aufweist. Auf diese Verfassung und auf ihren Typ bezieht sich das vom Dolf Sternberger entworfene Konzept des Verfassungspatriotismus" (Ernst Vollrath, zitiert nach: Lehnert, Detlef: *Verfassungsdemokratie als Bürgergenossenschaft. Politisches Denken, Öffentliches Recht und Geschichtsdeutungen bei Hugo Preuß – Beiträge zur demokratischen Institutionenlehre in Deutschland*, Baden-Baden 1998, S. 17f.).

Variante schloss sich der sozialistischen Tradition eines gestutzten Konstitutionalismus an. Mit großem basisdemokratischen Aufwand sollte die Gründung der DDR-Verfassung zu einem symbolischen Akt des Neuanfangs und des Hineinschreibens in die sozialistische Verfassungstradition werden.[6] In dieser war die Verfassung Ausdruck eines revolutionären politischen Programms, das es abzuarbeiten galt. Bei Erreichen wichtiger Ziele wurde die Verfassung wieder umgeschrieben, geändert und auf weitere Ziele verpflichtet. Für die Interpretation der Verfassung wurde jedoch keine eigene, schon gar keine eigenständige Institution gegründet. Die Suprematie der Partei sollte durch keine Konkurrenz eingeschränkt werden. Dies kommt uns aus der Zeit des Absolutismus bekannt vor. Auch dort sollte die Deutung der Verfassung dem König nicht aus der Hand genommen werden. Eine Anfechtung der Souveränität des Verfassungsgebers kam nicht in Frage. Eine Ablösung des Verfassungsgebers durch den Interpreten war nicht vorgesehen.

Anders dagegen die westdeutsche Lösung. Nach amerikanischem, bzw. österreichischem Vorbild wurde ein Verfassungsgericht eingesetzt, um über die Einhaltung der Verfassung zu wachen. Dass dieser Prozess, der Verfassung Suprematie einzuräumen, hoch umstritten war und in zahlreichen Konflikten erst erstritten werden musste, ändert nichts an der Tatsache, dass sich mit dem Verfassungsgericht eine eigenständige Autorität etablieren konnte, die für die Entwicklung einer Verfassungskultur von zentraler Bedeutung war. Um in dem oben angeschlagenen Ton zu bleiben: Das Charisma der Gründung sollte auf das Amtscharisma des Verfassungsgerichts übertragen werden.[7] Aber der Primat der Verfassung gegenüber Staat und Nation im symbolpolitischen Haushalt der Bundesrepublik war keineswegs ohne Widerspruch geblieben. Schon die Wahl der Feiertage lässt wenig auf eine bewusste Grundlegung einer Verfassungskultur schließen.[8]

Die Staatszentrierung des deutschen politischen Denkens, die erst langsam überwunden wird und durch die Europäisierungstendenzen eine weitere Relativierung erfährt, ist aus den konkreten Problemlagen des 19. Jahrhunderts zu erklären. Die Souveränität beim „Staat" zu suchen und nicht beim Monarchen oder beim Volk war eine Kompromissformel, die ungelöste Konflikte aufzuschieben half. Die erste Hälfte des 19. Jahrhunderts stand jedoch noch ganz im

6   Zur Verfassung in der DDR: Vgl. Schulze Wessel, Julia: Mächtiger Autor – ohnmächtiger Interpret. Die Verfassunggebung in der DDR, in: Vorländer, Hans (Hg.), *Die Deutungsmacht der Verfassungsgerichtsbarkeit*, Wiesbaden 2006, S. 363-378; dies.: Macht und Ohnmacht der DDR-Verfassung, in: *Institutionelle Macht. Genese – Verstetigung – Verlust*, hg. von André Brodocz u.a., Köln/Wien/Weimar, 2005 , S. 439-452.

7   Schmidt, Rainer: Macht, Autorität, Charisma. Deutungsmacht in Max Webers Herrschaftssoziologie, in: Vorländer, Hans (Hg.), *Die Deutungsmacht der Verfassungsgerichtsbarkeit*, Wiesbaden 2006, S. 37-55.

8   Sternberger, Dolf: Verfassungspatriotismus, in: ders., *Schriften,* Band 10, Frankfurt/M. 1982, S. 17-31.

Zeichen der politischen Sprache, der Konflikt- und politischen Organisations-
formen des späten 18. Jahrhunderts, besonders in den südwestdeutschen Staaten,
die in der Verfassungsfrage den Vorrang hatten. Nur zu oft wurde diese Geschichte vom 20. Jahrhundert her gelesen. Es wurden die Elemente hervorgeho-
ben, die *schon* galten und die demokratischen Aspekte herausgearbeitet, die sich
schon Raum verschafften. Aus diesem Grund gab es gerne eine Verzerrung der
Betrachtung. Dagegen sollte hier gezeigt werden, dass von Karl Heinrich Ludwig Pölitz' Religions- und Verfassungsvergleich über die Mosestafeln der
Paulskirchenverfassung bis zu Naumanns Volkskatechismus das lange 19. Jh.
von den frühen Verfassungen bis zu Weimar trotz zunehmender Formalisierung
und Positivierung des Rechts ein Bewusstsein der Bedeutung symbolisch-
expressiver Akte zur Herstellung von Geltung und Legitimität der Verfassung
durchzieht. Mit dem Schwinden naturrechtlicher und religiöser Bindungswirkung und ohne in die politische Kultur eingeschriebene selbstverständliche
Schranken gegenüber Herrschaftsmissbrauch, ist das positive Recht das probate
Mittel zur Bindung des Souveräns.[9] In der Weimarer Republik wurde zuerst mit
Hugo Preuß, dem Schüler Hänels, dann auch mit Rudolf Smend eine Tradition
aufgegriffen, die sich auch in der bundesrepublikanischen Geschichte stark
machte. Über Konrad Hesse, Carlo Schmid, Wilhelm Hennis und Dolf Sternberger wurden die Traditionen einer verfassungskulturellen Analyse aufgegriffen.

Heute stellt sich die Frage nach Verfassungskultur nicht mehr ausschließlich national, sondern zumindest europäisch, wenn nicht sogar global. Die zentrale Bedeutung, die der kommunikativen, kommunitären und expressiven Dimension im Konzept der Verfassungskultur zukommt, lässt Fragen aufkommen,
ob und in welcher Gestalt diese Rahmenbedingungen für einen europäischen
oder globalen Konstitutionalismus gegeben sind, oder ob es überhaupt die Möglichkeit gibt, diese herzustellen. Wenn wir von Verfassung nicht als schriftli-
chem Dokument, sondern als Set von geteilten Vorstellungen, Normen und
Konventionen ausgehen, die sich in einem gestuften, hierarchisierten Rechtssys-
tem bewegen, in dem zentrale Ordnungsvorstellungen einer Änderbarkeit oder
zumindest leichten Änderbarkeit entzogen sind, stellt sich die Frage, was wir
unter globalem Konstitutionalismus verstehen sollen. Gibt es so etwas wie globale Ordnungsvorstellungen, die wir als Menschen teilen?

Nach wie vor ist in dieser Frage die Kontroverse zwischen Jürgen Habermas und Dieter Grimm aus der Zeit der Europäischen Verfassungsdiskussion
aufschlussreich. Für Dieter Grimm sollte der europäische Integrationsprozess
mit dem Erlassen einer Verfassung symbolisch zum Abschluss kommen. Nur so

---

9　Vgl. hierzu auch Wahl, Rainer/Rottmann, Frank: Die Bedeutung der Verfassung und der
　　Verfassungsgerichtsbarkeit in der Bundesrepublik – im Vergleich zum 19. Jahrhundert und zu
　　Weimar, in: Conze, Werner/Lepsius, M. Rainer (Hg.), *Sozialgeschichte der Bundesrepublik
　　Deutschland*, 2. Aufl., Stuttgart 1985, S. 346.

könne man gewährleisten, dass es sich beim Akt der Verfassungsgebung nicht um eine Oktroyierung, sondern um einen Akt der demokratischen Selbstbestimmung handelt. Ein europäischer Demos ist die zentrale Voraussetzung, damit Verfassungen Legitimität für sich beanspruchen können, sonst verlässt man aus Sicht Dieter Grimms den Pfad des europäischen Konstitutionalismus. Dieser Demos wiederum hat die Möglichkeit eine Verfassungskultur einzurichten und zu gestalten, die als Krönung in einem entsprechenden Dokument zum Ausdruck kommt. Anders dagegen die Argumentation von Jürgen Habermas. Für ihn ist eine Verfassungskultur nicht Voraussetzung, sondern Folge eines Konstitutionalisierungsprozesses. Die Verfassung wäre damit nicht der Abschluss, sondern der Katalysator oder das Medium eines Prozesses der Integration. Egal zu welchem Zeitpunkt man die Verfassung erlässt, da sie ohnehin prozesshaften Charakter hat, muss eine kulturelle Aneignung ohnehin erfolgen.[10]

Offen ist dabei die Frage, ob die geteilten Ordnungsvorstellungen in Europa reichen, um von einer Verfassungskultur zu sprechen. Jürgen Habermas spricht selbst auf globaler Ebene von Konstitutionalisierung und verweist auf zwei Bereiche, in denen so etwas wie ein globales Bewusstsein entwickelt ist: Menschenrechte und globale Umweltfragen.[11] In beiden Bereichen, so Habermas, hätten sich geteilte Vorstellungen entwickelt, die zu Institutionalisierungen führen, gemeinsam abgestimmten Politiken und zur Autorisierung von Gerichten, die nationale Souveränität zu unterlaufen. So sprechen auch andere von der

---

10   Grimm, Dieter: Braucht Europa eine Verfassung?, in: Kimmel, Adolf (Hg.), *Verfassungen als Fundament und Instrument der Politik*, Baden-Baden 1995, S. 103-128; Habermas, Jürgen: Braucht Europa eine Verfassung? Eine Bemerkung zu Dieter Grimm, in: *Die Einbeziehung des Anderen, Studien zur politischen Theorie*, Frankfurt/M. 2. Aufl. 1997, S. 185-191. Zum Begriff der Prozesshaftigkeit: „Die Rechtfertigung des zivilen Ungehorsams stützt sich überdies auf ein dynamisches Verständnis der Verfassung als eines unabgeschlossenen Projektes. Aus dieser Langzeitperspektive stellt sich der demokratische Rechtsstaat nicht als fertiges Gebilde dar, sondern als ein anfälliges, irritierbares, vor allem fehlbares und revisionsbedürftiges Unternehmen, das darauf angelegt ist, das System der Rechte unter wechselnden Umständen von neuem zu realisieren, d.h. besser zu interpretieren, angemessen zu institutionalisieren und in seinem Gehalt radikaler auszuschöpfen. Das ist die Perspektive von Bürgern, die sich an der Verwirklichung des Systems der Rechte aktiv beteiligen und die, mit Berufung auf und in Kenntnis von veränderten Kontextbedingungen, die Spannung zwischen sozialer Faktizität und Geltung praktisch überwinden möchten" (Jürgen Habermas, Faktizität und Geltung, Frankfurt/M. 1992, S. 464).

11   Habermas, Jürgen: Eine politische Verfassung für die pluralistische Weltgesellschaft, in: ders., *Zwischen Naturalismus und Religion*, Frankfurt/M. 2005, S. 324-365; Bryde, Brun-Otto: Konstitutionalisierung des Völkerrechts und Internationalisierung des Verfassungsrechts, in: *Der Staat* 42 (2003), S. 61-75; Wahl, Rainer: Verfassung jenseits des Staates – eine Zwischenbilanz, in: *Nachdenken über Staat und Recht, Kolloquium zum 60. Geburtstag von Dietrich Murswiek*, hg. von Martin Hochhuth, Berlin 2010, S. 107-148; Brunkhorst, Hauke, Die Legitimationskrise der Weltgesellschaft: Global Rule of Law, Global Constitutionalism und Weltstaatlichkeit, in: Matthias Albert/ Rudolf Stichweh (Hrsg.), *Weltstaat und Weltstaatlichkeit*, Wiesbaden 2007, S. 63-108; Neil Walker, Taking Constitutionalism Beyond the State, in: *Political Studies* 56 (2008), S. 519-543.

WTO als Verfassungsordnung, oder von der UN-Charta als globalem Verfassungsdokument.[12] Menschenrechtstribunale und Internationale Gerichtshöfe haben zu einem Bewusstsein beigetragen, dass Fragen der Verletzung von Menschenrechten tatsächlich den Menschen als Menschen und nicht mehr den Bürger eines bestimmten Landes betreffen.[13]

Dies läuft jedoch, vor allem unter dem Gesichtspunkt der Verfassungskultur nicht ohne Reibungspunkte ab. Schauen wir nur auf die europäischen Grundrechte, dann wird hier die Hegemonie der kontinentalen Philosophie des Konstitutionalismus deutlich. Diese ist so dominant, dass sie England zu tiefgreifenden Reformen gezwungen hat, die fast an eine Selbstaufgabe der eigenen Verfassungskultur grenzen.[14] Mit der Kodifizierung der Menschenrechte auf europäischer Ebene in Gestalt der Europäischen Menschenrechtskonvention, die im Lissaboner Vertrag als Grundrechte in die Verfassung aufgenommen wurden, sind die rechtlichen Grundlagen geschaffen worden, auf denen möglicherweise eine einheitliche Verfassungskultur entstehen könnte. Dem hat sich England mit zahlreichen Reformen angepasst. Die damit verbundene Juridifizierung der Politik ist, und dies nicht nur in England, heftig umstritten.[15] Im Zuge der Europäisierungs- und Globalisierungstendenzen lassen sich nun Konvergenzphänomene beobachten, die durchaus in der Lage sein könnten, so etwas wie eine europäische oder globale Verfassungskultur entstehen zu lassen.

---

12   Krajewski, Markus: *Verfassungsperspektiven und Legitimation des Rechts der WTO*, Berlin 2001; Von Bogdandy, Armin: Chancen und Gefahren einer Konstitutionalisierung der WTO. Verfassungsrechtliche Dimension der WTO im Vergleich mit der EU, in: Golze, Anna (Hg.), *Die europäische Verfassung im globalen Kontext*, Baden-Baden 2004, S. 65-87; Fassbender, Bardo: The United Nations Charter as Constitution of the International Community, in: *Columbia Journal of International Law*, Band 36 (1998), S. 529-619.

13   Peters, Anne: Compensatory Constitutionalism: The Function and Potential of Fundamental International Norms and Structures, in: *Leiden Journal of International Law* 19 (2006), S. 579-610; Paulus, Andreas L.: Zur Zukunft der Völkerrechtswissenschaft in Deutschland: Zwischen Konstitutionalisierung und Fragmentierung des Völkerrechts, in: *ZaöRV* 67 (2007), S. 695-719; Knauff, Matthias: Konstitutionalisierung im inner- und überstaatlichen Recht – Konvergenz oder Divergenz?, in: *ZaöRV* 68 (2008), S. 453-490; Wet, Erika de: The International Constitutional Order, in: *International and Comparative Law Quarterly* 55 (2006), S. 51-76; Dies.: The Emergence of International and Regional Value Systems as a Manifestation of the Emerging International Constitutional Order, in: *Leiden Journal of International Law* 19 (2006), S. 611-632.

14   Schieren, Stefan: *Großbritannien*, Schwalbach/Ts. 2010; Bogdanor, Vernon/Khaitan, Tarunabh/Vogenauer, Stefan: Should Britain have a Written Constitution, in: *The Political Quarterly* 78 (2007), S. 499-517.

15   Bellamy, Richard: *Political Constitutionalism: A Republican Defense of the Constitutionality of Democracy*, Cambridge 2007; Hirschl, Ran: *Toward Juristocracy: The Origins and Consequences of the New Constitutionalism*, Cambridge 2004.

Literaturverzeichnis

Ackerman, Bruce: Constitutional Politics/ Constitutional Law, in: *Yale Law Journal* 99 (1989), S. 453-546.

Ackerman, Bruce: *We the People: Foundations; We the People: Transformations*, 2 Bde., Cambridge, Mass./London 1991/1998.

Adams, Willi Paul: *Republikanische Verfassung und bürgerliche Freiheit. Die Verfassungen und politischen Ideen der Amerikanischen Revolution*, Darmstadt 1973.

Adams, Willi Paul: Testing the Republicanism versus Liberalism Hypotheses. American Republicanism in the Context of European Liberalism, in: ders., *The First American Constitutions. Republican Ideology and the Making of the State Constitutions in the Revolutionary Era*, Lanham u.a. 2001, S. 301-314.

Alexander, Larry (Hg.): *Constitutionalism. Philosophical Foundations*, Cambridge u.a. 2001.

Althoff, Gerd/Siep, Ludwig: Symbolische Kommunikation und gesellschaftliche Wertesysteme vom Mittelalter bis zur französischen Revolution. Der neue Münsteraner Sonderforschungsbereich 496, in: *Frühmittelalterliche Studien* 35 (2000), S. 393-412.

Althoff, Gerd: Die Kultur der Zeichen und Symbole, in: ders., *Inszenierte Herrschaft. Geschichtsschreibung und politisches Handeln im Mittelalter*, Darmstadt 2003, S. 274-297.

Allgeier, Arthur: Joseph Rendler, ein schwankender Priester aus der letzten Zeit von St. Blasien, in: *Freiburger Diözesan-Archiv*, 3. Folge, 2 (1950), S. 5-20.

Ancillon, Friedrich: Über die politischen Constitutionen, in: ders., *Zur Vermittlung der Extreme in den Meinungen*, 2. unveränd. Aufl., Berlin 1838, S. 377-399.

Ancillon, Friedrich: Über die Beurteilung der englischen Verfassung, in: ders., *Zur Vermittlung der Extreme in den Meinungen*, 2. unveränderte Auflage, Berlin 1838, S. 401-427.

Andia, B. de (Hg.): *Fêtes et révolution*, Paris 1989.

Andres, Jan/Schwengelbeck, Matthias: Das Zeremoniell als politischer Kommunikationsraum: Inthronisationsfeiern in Preußen im ‚langen' 19. Jahrhundert, in: Frevert, Ute/Haupt, Heinz-Gerhart (Hg.), *Neue Politikgeschichte. Perspektiven einer historischen Politikforschung*, Frankfurt/New York, 2005, S. 27-81.

Andres, Jan: *„Auf Poesie ist die Sicherheit der Throne gegründet". Huldigungsrituale und Gelegenheitslyrik im 19. Jahrhundert*, Frankfurt/M. 2005.

Angermann, Erich: *Robert von Mohl. 1799-1875. Leben und Werk eines altliberalen Staatsgelehrten*, Neuwied 1962.

Angermann, Erich: Der deutsche Frühkonstitutionalismus und das amerikanische Vorbild, in: *Historische Zeitschrift*, Band 219 (1976), S. 1-32.

Anter, Andreas: Georg Jellineks wissenschaftliche Politik. Positionen, Kontexte, Wirkungslinien, in: *PVS* 39 (1998), S. 503-526.

Anter, Andreas: *Die Macht der Ordnung: Aspekte einer Grundkategorie des Politischen*, Tübingen 2007.

Appleby, Joyce: *Liberalism and Republicanism in the Historical Imagination*, Cambridge/London 1992.

Arato, Andrew/Cohen, Jean: *Civil Society and Political Theory*, Cambridge/u.a. 1994.

Arendt, Hannah: Freiheit und Politik, in: dies., *Zwischen Vergangenheit und Zukunft*, München 1994, S. 201-226.

Arendt, Hannah: *Über die Revolution*, 4. Aufl., München/Zürich 2000.

Aris, Reinhold: *History of Political Thought in Germany. Form 1789 to 1815*, London 1937.

Aristoteles: *Politik*, hg. und eingeleitet von Olof Gigon, München 1973.

Armitage, David: Empire and Liberty: A Republican Dilemma, in: Gelderen, Martin van/Skinner, Quentin (Hg.): *Republicanism: A Shared European Heritage*, Band 2, Cambridge 2002, S. 29-46.

Bachmann, Hanns-Martin: *Die naturrechtliche Staatslehre Christian Wolffs*, Berlin 1977

Backes, Uwe: *Liberalismus und Demokratie*, Düsseldorf 2000.

Backes, Uwe: *Politische Extreme*, Göttingen 2006.

Badura, Peter: Art. Verfassung, in: *Evangelisches Staatslexikon*, 3. Aufl., Band 2, Stuttgart 1987, S. 3738.

Bagehot, Walter: *Die englische Verfassung*, hg. von Klaus Streifthau, Neuwied 1971.

Bailyn, Bernard: *The Ideological Origins of the American Revolution*, Cambridge 1967.

Ball, Terence: *Conceptual Change and the Constitution*, Lawrence 1988.

Banning, Lance: Jeffersonian Ideology Revisited: Liberal and Classical Ideas in the New American Republic, in: *The William and Mary Quarterly*, Third Series, 43 (1986), S. 3-19.

Batscha, Zwi: *Materialien zu Kants Rechtsphilosophie*, Frankfurt/M. 1976.

Batscha, Zwi: *Studien zur politischen Theorie des deutschen Frühliberalismus*, Frankfurt/M. 1981.

Batscha, Zwi/ Garber, Jörn (Hg.): *Von der ständischen zur bürgerlichen Gesellschaft. Politisch-soziale Theorien im Deutschland der zweiten Hälfte des 18. Jahrhunderts*, Frankfurt/M. 1982.

Batscha, Zwi/Garber, Jörn: Bürgerliche Verfassungsentwürfe, in: dies., *Von der ständischen zur bürgerlichen Gesellschaft. Politisch-soziale Theorien der zweiten Hälfte des 18. Jahrhunderts*, Frankfurt/M. 1981, S. 324-354.

Batscha, Zwi/Medick, Hans: Einleitung, in: Adam Ferguson, *Versuch über die Geschichte der bürgerlichen Gesellschaft*, Frankfurt/M. 1988, S. 7-93.

Baumgarten, Hermann: *Der deutsche Liberalismus: eine Selbstkritik*, Frankfurt/M. 1974.

Beiser, Frederick C.: *Enlightenment, Revolution, and Romanticism. The Genesis of Modern German Political Thought 1790-1800*, Harvard 1992.

Bellamy, Richard: Hegel and Liberalism, in: Stern, R. (Hg.), *Hegel: Critical Assessments*, Band 4, Routledge 1993, S. 325-344.

Bellamy, Richard: The Political Form of the Constitution: the Separation of Powers, Rights and Representative Democracy, in: Bellamy, Richard/Castiglione, Darion (Hg.), *Constitutionalism in Transformation: European and theoretical perspectives*, Oxford u.a. 1996, S. 24-44.

Bellamy, Richard: *Political Constitutionalism: A Republican Defense of the Constitutionality of Democracy*, Cambridge 2007.

Benzenberg, Johann Friedrich: *Über Verfassung*, Dortmund 1816.

Berg, Günther Heinrich von: *Über Teutschlands Verfassung und die Erhaltung der öffentlichen Ruhe in Teutschland*, Göttingen 1795.

Bergk, Johann Adam: *Untersuchungen aus dem Natur-, Staats- und Völkerrechte mit einer Kritik der neuesten Konstitution der französischen Revolution*, o.O. 1796.

Bergk, Johann Adam: *Entwurf zu einer Verfassung für das teutsche Reich und andere Schriften über den Anfang des Konstitutionalismus*, hg. und mit einem Anhang versehen von Anita Jeske, Freiburg u.a. 2001.

Berlin, Isaiah: Positive und negative Freiheit, in, ders.: *Freiheit. Vier Versuche*, Frankfurt/M. 1995, S. 39-65.

Berlin, Isaiah: Two Concepts of Liberty, in: Miller, David (Hg.), *Liberty*, Oxford 1991, S. 33-57.

Berlin, Isaiah: Die Originalität Machiavellis, in: ders., *Wider das Geläufige. Aufsätze zur Ideengeschichte*, Frankfurt/M. 1994, S. 93-157.

Berman, Harold J.: *Recht und Revolution. Die Bildung der westlichen Rechtstradition*, Frankfurt/M. 1995.

Bermbach, Udo: Deutscher Frühliberalismus, in: Fetscher, Iring/Münkler, Herfried (Hg.), *Pipers Handbuch der politischen Ideen*, Band 4, München 1986, S. 350-364.

Bermbach, Udo: Über Landstände. Zur Theorie der Repräsentation im deutschen Vormärz, in: ders. (Hg.), *Demokratietheorie und politische Institutionen*, Opladen 1991, S. 145-167.

Bermbach, Udo: *Der Wahn des Gesamtkunstwerks. Richard Wagners politisch-ästhetische Utopie*, Frankfurt/M. 1994.

Bermbach, Udo: Ästhetik statt Politik? Eine Herausforderung an das demokratische Denken im 19. Jahrhundert, in: Merkel, Wolfgang/Busch, A. (Hg.), *Demokratie in Ost und West*, Frankfurt/M. 1999, S. 55-72.

Bevir, Mark: Republicanism, Socialism, and Democracy in Britain: The origins of the radical left, in: *Journal of Social History* 34 (2000), S. 351-368.

Beyme, Klaus von: *Politische Theorien in Deutschland: 1300 – 2000*, Wiesbaden 2009.

Bielefeldt, Heiner: Autonomy and Republicanism. Immanuel Kant's Philosophy of Freedom, in: *Political Theory* 25 (1997), S. 524-558.

Bien, Günther: Revolution, Bürgerbegriff und Freiheit. Über die neuzeitliche Transformation der alteuropäischen Verfassungstheorie in politische Geschichtsphilosophie, in: *Philosophisches Jahrbuch* 79 (1971), S. 1-18.

Bien, Günther: Zur Theorie der Institutionen in der praktisch-politischen Philosophie bei Platon und Aristoteles, in: Göhler, Gerhard (Hg.), *Politische Institutionen im gesellschaftlichen Umbruch*, Opladen 1990, S. 54-71.

Biermann, Harald: *Ideologie statt Realpolitik. Kleindeutsche Liberale und auswärtige Politik vor der Reichsgründung*, Düsseldorf 2006.

Birtsch, Günter: Zum konstitutionellen Charakter des Preußischen Allgemeinen Landrechts, in: Kluxen/ Mommsen (Hg.), *Politische Ideologien und nationalstaatliche Ordnung*. Festschrift für Theodor Schieder, München 1968, S. 97-115.

Birtsch, Günter (Hg.): *Grund- und Freiheitsrechte im Wandel von Gesellschaft und Geschichte. Beiträge zur Geschichte der Grund- und Freiheitsrechte vom Ausgang des Mittelalters bis zur Revolution von 1848*, Göttingen 1981.

Biver, Marie-Louise: *Fêtes révolutionnaires à Paris*, Paris 1979.

Blänkner, Reinhard: Die Idee der Verfassung in der politischen Kultur des 19. Jahrhunderts in Deutschland, in: Münkler, Herfried (Hg.), *Bürgerreligion und Bürgertugend*, Baden-Baden 1996, S. 309-341.

Blänkner, Reinhard: Der Vorrang der Verfassung. Formierung, Legitimations- und Wissensformen und Transformation des Konstitutionalismus in Deutschland im ausgehenden 18. und frühen 19. Jahrhundert, in: Blänkner, Reinhard/Jussen, Bernhard (Hg.), *Institutionen und Ereignis. Über historische Praktiken und Vorstellungen gesellschaftlichen Ordnens*, Göttingen 1998, S. 295-325.

Blänkner, Reinhard: Integration durch Verfassung? Die ,Verfassung' in den institutionellen Symbolordnungen des 19. Jahrhunderts in Deutschland, in: Vorländer, Hans (Hg.), *Integration durch Verfassung*, Wiesbaden 2002, S. 207-231.

Blänkner, Reinhard: Verfassungsgeschichte als aufgeklärte Kulturhistorie. K.H.L. Pölitz' Programm einer konstitutionellen Verfassungsgeschichte der Neuzeit, in: Brandt, Peter u.a. (Hg.): *Symbolische Macht und inszenierte Staatlichkeit. ,Verfassungskultur' als Element der Verfassungsgeschichte*, Bonn 2005, S. 298-330.

Bleek, Wilhelm: *Von der Kameralausbildung zum Juristenprivileg: Studium, Prüfung und Ausbildung der höheren Beamten des allgemeinen Verwaltungsdienstes in Deutschland im 18. und 19. Jahrhundert*, Berlin 1972.

Bleek, Wilhelm: Die Paulskirche in der politischen Ideengeschichte Deutschlands, in: *APuZ* 3-4/98, S. 28-39.

Bleek, Wilhelm: Friedrich Christoph Dahlmann und die ,gute' Verfassung, in: *PVS* 48 (2007), S. 28-43.

Blickle, Peter: Kommunalismus, Parlamentarismus, Republikanismus, in: *Historische Zeitschrift* 242 (1986), S. 529-556.

Blickle, Peter: Kommunalismus und Republikanismus in Oberdeutschland, in: Königsberger, Helmut (Hg.), *Republiken und Republikanismus im Europa der Frühen Neuzeit*, München 1988, S. 57-75.

Blickle, Peter: Kommunalismus. Begriffsbildung in heuristischer Absicht, in: ders. (Hg.), *Landgemeinde und Stadtgemeinde in Mitteleuropa*, München 1991, S. 5-38.

Blickle, Peter (Hg.): *Traditionen der Republik – Wege zur Demokratie*, Bern u.a. 1999.

Bloom, Allan: Rousseau's Critique of Liberal Constitutionalism, in: Orwin, Clifford/Tarcov, Nathan (Hg.) *The Legacy of Rousseau*, Chicago 1997.

Bobbitt, Philip: *The Shield of Achilles. War, Peace and the Course of History*, London 2003.

Böckenförde, Ernst-Wolfgang: Lorenz von Stein als Theoretiker der Bewegung von Staat und Gesellschaft zum Sozialstaat, in: *Alteuropa und die moderne Gesellschaft*. Festschrift für Otto Brunner, hg. vom Historischen Seminar der Universität Köln, Göttingen 1963, S. 248-277.

Böckenförde, Ernst-Wolfgang: Die Bedeutung der Unterscheidung von Staat und Gesellschaft im demokratischen Sozialstaat der Gegenwart, in: ders., *Staat-Gesellschaft-Freiheit. Studien zur Staatstheorie und zum Verfassungsrecht*, Frankfurt/M. 1976, S. 185-220.

Böckenförde, Ernst-Wolfgang: Die Entstehung des Staates als Vorgang der Säkularisation, in: ders., *Staat, Gesellschaft, Freiheit. Studien zur Staatstheorie und zum Verfassungsrecht*, Frankfurt/M. 1976, S. 42-64.

Böckenförde, Ernst-Wolfgang: Verfassungsprobleme und Verfassungsbewegung des 19. Jahrhunderts, in: ders., *Staat, Gesellschaft, Freiheit. Studien zur Staatstheorie und zum Verfassungsrecht*, Frankfurt/M. 1976, S. 93-111.

Böckenförde, Ernst-Wolfgang (Hg.): *Moderne deutsche Verfassungsgeschichte (1815-1914)*, 2. veränd. Aufl., Königstein/Ts. 1981.

Böckenförde, Ernst-Wolfgang (Hg.): *Gesetz und gesetzgebende Gewalt: von den Anfängen der deutschen Staatsrechtslehre bis zur Höhe des staatsrechtlichen Positivismus*, 2. um Nachträge und ein Nachwort erg. Aufl., Berlin 1981.

Böckenförde, Ernst-Wolfgang: Art. Organ, Organismus, Organisation, Politischer Körper, in: *Geschichtliche Grundbegriffe*, Band 4, Stuttgart 1982, S. 561- 622.

Bödeker, Hans-Erich: Debating the respublica mixta: German and Dutch Political Discourses around 1700, in: Gelderen, Martin van/Skinner, Quentin (Hg.): *Republicanism. A Shared European Heritage*, Bd.1, Cambridge 2002, S. 219-246.

Böhme, Heinz-Jürgen: *Politische Rechte des einzelnen in der Naturrechtslehre des 18. Jahrhunderts und in der Staatstheorie des Frühkonstitutionalismus*, Berlin 1993.

Böhler, Michael u.a. (Hrsg.): *Republikanische Tugend. Ausbildung eines Schweizer Nationalbewusstseins und Erziehung eines neuen Bürgers*, Paris 2000.

Bogdanor, Vernon/Khaitan, Tarunabh/Vogenauer, Stefan: Should Britain have a Written Constitution, in: *The Political Quarterly* 78 (2007), S. 499-517.

Bohlender, Matthias: *Die Rhetorik des Politischen. Zur Kritik der politischen Theorie*, Berlin 1995.

Bohlender, Matthias: Wie man die Armen regiert. Zur Genealogie liberaler politischer Rationalität, in: *Leviathan* 26 (1998), S. 497-521.

Bohlender, Matthias: Metamorphosen des Gemeinwohls. Von der Herrschaft guter polizey zur Regierung durch Freiheit und Sicherheit, in: Münkler, Herfried/Bluhm, Harald (Hg.), *Gemeinwohl und Gemeinsinn. Band 1: Historische Semantiken politischer Leitbegriffe*, Berlin 2001, S. 247-274.

Boldt, Hans: *Deutsche Staatslehre im Vormärz*, Düsseldorf 1975.

Boldt, Hans: *Einführung in die Verfassungsgeschichte*, Düsseldorf 1984.

Boldt, Hans: *Deutsche Verfassungsgeschichte. Band 2: Von 1806 bis zur Gegenwart*, 2. durchgesehene und ergänzte Auflage, München 1993.

Boldt, Hans: Probleme des verfassungsgeschichtlichen Vergleichs: Das Beispiel Italiens und Deutschlands im 19. Jahrhundert, in: Mazzacane, Aldo/Schulze, Reiner (Hg.), *Die deutsche und die italienische Rechtskultur im 'Zeitalter der Vergleichung'*, Berlin 1995, S. 63-75.

Boldt, Hans: Bundesstaat oder Staatenbund? Bemerkungen zur Verfassungsdiskussion in Deutschland am Ende des Alten Reichs, in: Kirsch, Martin/ und Schiera, Pierangelo (Hg.), *Denken und Umsetzung des Konstitutionalismus in Deutschland und anderen europäischen Ländern in der ersten Hälfte des 19. Jahrhunderts*, Berlin 1999, S. 33-46.

Boldt, Hans: Hegel und die konstitutionelle Monarchie – Bemerkungen zu Hegels Konzeption des Staates aus verfassungsgeschichtlicher Sicht, in: Weisser-Lohmann, Elisabeth/Köhler, Dietmar (Hg.), *Verfassung und Revolution: Hegels Verfassungskonzeption und die Revolutionen der Neuzeit*, Hamburg 2000, S. 167-209.

Boldt, Hans: Verfassung und Revolution. Einige Bemerkungen zu ihrem Zusammenhang und zur Verfassungsfrage in Deutschland 1848, in: Kirsch, Martin (Hg.), *Verfassungswandel um 1848 im europäischen Vergleich*, Berlin 2001, S. 145-154.

Boldt, Hans: Verfassungsgeschichte als selbstreferentieller Prozess der Staatsgewalt? Rezension von Wolfgang Reinhards Geschichte der Staatsgewalt, in: *Neue Politische Literatur* 46 (2001), S. 198-204.

Boldt, Hans: Von der konstitutionellen Monarchie zur parlamentarischen Demokratie, in: *Wendemarken in der deutschen Verfassungsgeschichte*, (="Der Staat", Beiheft 10), Berlin 1993, S. 151-172.

Borst, Otto (Hg.): *Südwestdeutschland. Die Wiege der deutschen Demokratie*, Tübingen 1997.

Bosl, Karl/Möckl, Karl (Hg.): *Der moderne Parlamentarismus und seine Grundlagen in der ständischen Repräsentation*, Berlin 1977, S. 39-58.

Brandt, Hartwig: *Landständische Repräsentation im deutschen Vormärz. Politisches Denken im Einflußfeld des monarchischen Prinzips*, Berlin 1968.

Brandt, Hartwig: Ansätze einer Selbstorganisation der Gesellschaft in Deutschland im 19. Jahrhundert, in: *Gesellschaftliche Strukturen als Verfassungsproblem* (= "Der Staat", Beiheft 2), Berlin 1978, S. 51-67.

Brandt, Hartwig: Einleitung, in: ders. (Hg.), *Restauration und Frühliberalismus. 1814-1840.* (Quellen zum politischen Denken der Deutschen im 19. und 20. Jahrhundert, Bd.3), Darmstadt 1979, S. 1-84.

Brandt, Hartwig: Politische Partizipation am Beispiel eines deutschen Mittelstaates im 19. Jahrhundert. Wahlrecht und Wahlen in Württemberg, in: Steinbach, Peter (Hg.), *Probleme politischer Partizipation im Modernisierungsprozess*, Stuttgart 1982, S. 135-155.

Brandt, Hartwig: *Das Rotteck-Welckersche 'Staatslexikon'. Einleitung zum Neudruck, Bd. 1*, Frankfurt/M. 1990, S. 5-19.

Brandt, Hartwig: Zu einigen Liberalismusdeutungen der siebziger und achtziger Jahre, in: *Geschichte und Gesellschaft* 17 (1991), S. 512-530.

Brandt, Hartwig: Republikanismus im Vormärz. Eine Skizze, in: Malettke, K. (Hg.), *175 Jahre Wartburgfest 18. Oktober 1817-18. Oktober 1992. Studien zur politischen Bedeutung und zum Zeithintergrund der Wartburgfeier*, Heidelberg 1992, S. 121-152.

Brandt, Hartwig: Der deutsche Frühkonstitutionalismus, in: Heidenreich, Bernd/Böhme, Klaus (Hg.), *Hessen – Verfassung und Politik*, Stuttgart u.a. 1997.

Brandt, Hartwig: Früher Liberalismus im konstitutionellen Gehäuse. Die Württembergische Verfassung von 1819, in: Borst, Otto (Hg.): *Südwestdeutschland. Die Wiege der deutschen Demokratie*, Tübingen 1997, S. 79-94.

Brandt, Hartwig: Von den Verfassungskämpfen der Stände zum modernen Konstitutionalismus. Das Beispiel Württemberg, in: Kirsch, Martin/Schiera, Pierangelo (Hg.), *Denken und Umsetzung des Konstitutionalismus in Deutschland und anderen europäischen Ländern in der ersten Hälfte des 19. Jahrhunderts*, Berlin 1999, S. 99-108.

Brandt, Peter u.a. (Hg.): *Symbolische Macht und inszenierte Staatlichkeit. ‚Verfassungskultur' als Element der Verfassungsgeschichte*, Bonn 2005.

Brandt, Peter u.a. (Hg.): *Verfassungsgeschichte um 1800. Handbuch derr europäischen Verfassungsgeschichte im 19. Jahrhundert, Teil 1: Um 1800*, Bonn 2006.

Brauns, Ernst Ludwig: *Das liberale System, oder das freie Bürgertum in seiner höchsten Entfaltung; in einem Gemälde des Bundesstaats von Nordamerika praktisch dargestellt*, Potsdam 1831/33.

Breuer, Stefan: *Georg Jellinek und Max Weber: Von der sozialen zur soziologischen Staatslehre*, Baden-Baden 1999.

Brockmöller, Annette: *Die Entstehung der Rechtstheorie im 19. Jahrhundert in Deutschland*, Baden-Baden 1997.

Brodocz, André: Chancen konstitutioneller Identitätsstiftung. Zur symbolischen Integration durch eine deutungsoffene Verfassung, in: Vorländer, Hans (Hg.), *Integration durch Verfassung*, Wiesbaden 2002, S. 101-119.

Brodocz, André: *Über die institutionelle Konstruktion von Eigenzeit am Bundesverfassungsgericht*, Dresdner Beiträge zur politischen Theorie und Ideengeschichte, 5/2002, Dresden.

Brodocz, André: *Macht der Judikative*, Wiesbaden 2009.

Brühlmeier, Daniel: Was bleibt vom Republikanismus der Aufklärung im 19. Jahrhundert?, in: Böhler, M./Hofmann, E./Reill, P./Zurbuchen, S. (Hg.), *Republikanische Tugend: Ausbildung eines Schweizer Nationalbewusstseins und Erziehung eines neuen Bürgers*, Genf 2000, S. 579-601.

Brugger, Winfried: Amerikanische Verfassungstheorie, in: *Der Staat* 39 (2000), S. 425-453.

Brugger, Winfried: Kommunitarismus als Sozialtheorie und Verfassungstheorie des Grundgesetzes, in: *Zeitschrift für Rechtsphilosophie* 1 (2003), S. 3-14.

Brunkhorst/Niesen, Vorwort, in: dies.(Hg.), *Recht der Republik*, Frankfurt/M. 1999, S. 9-13.

Brunkhorst, Hauke: Verfassung ohne Staat? Das Schicksal der Demokratie in der europäischen Rechtsgenossenschaft, in: *Leviathan* 30 (2002), S. 530-543.

Brunner, Otto: Vom Gottesgnadentum zum monarchischen Prinzip, in: ders., *Neue Wege der Verfassungs- und Sozialgeschichte*, 2. Aufl. 1968, S. 160-186.

Bryce, James: Flexible and Rigid Constitutions, in: *Studies in History and Jurisprudence, Band 1: Constitutions*, Oxford 1901, S. 124-215.

Bryce, James: *Constitutions* [1905], Aalen 1980.

Bryde, Brun-Otto: Konstitutionalisierung des Völkerrechts und Internationalisierung des Verfassungsrechts, in: *Der Staat* 42 (2003), S. 61-75.

Bubner, Rüdiger, Zur juristischen Substituierung des Politischen, in: *Zeitschrift für Rechtspolitik* 10 (1993), S. 399-401.

Bürklin/Kaltefleiter (Hg.): *Freiheit verpflichtet. Gedanken zum 200. Geburtstag von Friedrich Christoph Dahlmann*, Kiel 1985, S. 51-62.

Büsch, Otto: Gesellschaftlicher und politischer Ordnungswandel in europäischen Ländern im Zeitalter des Konstitutionalismus, in: Büsch/Schlegelmilch (Hg.), *Wege europäischen Ordnungswandels*, Hamburg 1995, S. 1-20.

Burgdorf, Wolfgang: *Reichskonstitution und Nation. Verfassungsreformprojekte für das Heilige Römische Reich deutscher Nation im politischen Schrifttum von 1648 bis 1806*, Mainz 1998.

Burgess, Glenn: *The Politics of the Ancient Constitution: Introduction to English Political Thought, 1600-1642*, Pennsylvania 1993.

Burke Edmund: Reflections on the Revolution in France, in: ders., *Selected Works*, Band 2, Indianapolis 1999.

Burke, Peter: *Ludwig XIV. Die Inszenierung des Sonnenkönigs*, Berlin 1993.

Buß, Franz Josef: *Über die Verfassungsurkunde der Vereinigten Staaten von Nord-Amerika* (1838).

Caenegem, Raoul C. van: *An historical Introduction to Western Constitutional Law*, Cambridge 1995.

Capaldi, N.: Hume's Theory of the Passions, in: Tweyman, Stanley (Hg.), *David Hume. Critical Assessments*, Band IV, London/New York 1995, S. 249-270.

Cappelletti, Mauro/Ritterspach, Theo: Die gerichtliche Kontrolle der Verfassungsmäßigkeit der Gesetze in rechtsvergleichender Betrachtung, in: *Jahrbuch für öffentliches Recht (JÖR), Neue Folge*, Band 20 (1971), S. 65-109.

Carsten, Francis Ludwig: *Princes and Parliaments in Germany from the 15th to the 18th century*, Oxford 1959.

Cassirer, Ernst: *Idee der republikanischen Verfassung. Rede zur Verfassungsfeier am 11. August 1928*, in: Gesammelte Werke, Band 17: Aufsätze und Kleinere Schriften (1927-1931), hg. von Tobias Berben, Hamburg 2004, S. 291-307.

Castiglione, Dario: The Political Theory of the Constitution, in: Bellamy, Richard/Castiglione, Dario (Hg.), *Constitutionalism in Transformation: European and theoretical perspectives*, Oxford u.a. 1996, S. 6-23.

Christensen, Ralf (Hg.): Vorwort, in: Friedrich Müller, *Essais zur Theorie von Recht und Verfassung*, Berlin 1990.

Connerton, Daniel P.: *Karl Heinrich Ludwig Pölitz and the Politics of the Juste milieu in Germany, 1794-1838*, Chapel Hill 1973.

Conrad, Hermann: *Das Allgemeine Landrecht von 1794 als Grundgesetz des friderizianischen Staates*, Berlin 1965.

Conrad, Hermann: *Der deutsche Staat. Epochen seiner Verfassungsentwicklung 843-1945*, Frankfurt/M. 1969.

Constant, Benjamin: Die Freiheit der Alten im Gegensatz zur Freiheit der Heutigen, in: Gall, Lothar/Koch, Rainer (Hg.), *Der europäische Liberalismus im 19. Jahrhundert*, Band 1, Frankfurt/M. 1981, S. 40-63.

Constant, Benjamin: Grundprinzipien der Politik, die auf alle repräsentativen Regierungssysteme und insbesondere auf die gegenwärtige Verfassung Frankreichs angewandt werden können, in: ders., *Werke, Band IV: Politische Schriften*, hg. von Lothar Gall, Berlin 1972, S. 9-244.

Conze, Werner (Hg.): *Beiträge zur deutschen und belgischen Verfassungsgeschichte im 19. Jahrhundert*, Stuttgart 1967.

Craig, Paul: Constitutions, Constitutionalism, and the European Union, in: *European Law Journal* 7 (2001), S. 125-150.

Dagger, Richard: *Civic Virtues. Rights, citizenship and republican liberalism*, Oxford 1997.

Dahlmann, Friedrich Christoph, *Kleine Schriften und Reden*, hg. von Varrentrapp, Stuttgart 1886.

Dahlmann, Friedrich Christoph, *Die Politik*, [1835], hg. von Wilhelm Bleek, Frankfurt/M. 1997

Danelzik-Bruggemann, Christoph: *Ereignisse und Bilder. Bildpublizistik und politische Kultur in Deutschland zur Zeit der Französischen Revolution*, Berlin 1993.

Dann, Otto: Politische Voraussetzungen und gesellschaftliche Grundlagen der deutschen Literatur zwischen Französischer Revolution und Wiener Kongress, in: *Neues Handbuch der Literaturwissenschaft*, Bd. 14, hg. von Karl Robert Mandelkow, Wiesbaden 1982, S. 27-48.

Dann, Otto (Hg.): *Vereinswesen und bürgerliche Gesellschaft in Deutschland*, München 1984.

Dann, Otto: Kants Republikanismus und seine Folgen, in: Kirsch, Martin (Hg.), *Denken und Umsetzung des Konstitutionalismus in Deutschland und anderen europäischen Ländern in der ersten Hälfte des 19. Jh.*, Berlin 1999, S. 125-143.

Dann, Otto (Hrsg.), *Patriotismus und Nationsbildung am Ende des Heiligen Römischen Reichs Deutscher Nation*, Köln 2003.

Demandt, Alexander: *Der Idealstaat. Die politischen Theorien der Antike*, 3. durchges. Auflage, Berlin/Weimar/Wien 2000.

Denninger, Eberhard: Sicherheit/Vielfalt/Solidarität: Ethisierung der Verfassung, in: Preuß, Ulrich K. (Hg.), *Zum Begriff der Verfassung*, Frankfurt/M. 1994, S. 95-129.

Dibla, Carsten/Luh, Jürgen/Windt, Franziska (Hg.): *Die Kaiser und die Macht der Medien*, Berlin 2005.

Dicke, Klaus/Kodalle, Klaus-Michael (Hg.), *Republik und Weltbürgerrecht: Kantische Anregungen zur Theorie politischer Ordnung nach dem Ende des Ost-West-Konflikts*, Weimar u.a. 1998.

Diederichsen, Uwe, Die Rangverhältnisse zwischen den Grundrechten und dem Privatrecht, in: Starck, Christian (Hg.): *Rangordnung der Gesetze*, Göttingen 1995, S. 39-97

Dilcher, Gerhard: Zum Verhältnis von Verfassung und Verfassungstheorie im frühen Konstitutionalismus, in: Kleinheger, Gerd u. Mikat, Paul (Hg.), *Beiträge zur Rechtsgeschichte. Gedächtnisschrift für Hermann Conrad*, Paderborn u.a. 1979, S. 65-84.

Dilcher, Gerhard: *Grundrechte im 19. Jahrhundert*, Frankfurt u.a., 1982.

Dilcher, Gerhard: Vom ständischen Herrschaftsvertrag zum Verfassungsgesetz, in: *Der Staat* 27 (1988), S. 161-193.

Dilthey, Wilhelm: Friedrich Christoph Dahlmann, in: ders., *Gesammelte Schriften*, Band 11, 4. Aufl., Stuttgart /Göttingen 1972, S. 164-185.

Dippel, Horst: *Deutschland und die amerikanische Revolution*, Köln 1972.

Dippel, Horst: Die Wirkung der amerikanischen Revolution auf Deutschland und Frankreich, in: Wehler, Hans-Ulrich (Hg.), *200 Jahre amerikanische Revolution und moderne Revolutionsforschung*, Göttingen 1976, S. 101-121.

Dippel, Horst: *Individuum und Gesellschaft. Soziales Denken zwischen Tradition und Revolution: Smith, Condorcet, Franklin,* Göttingen 1981.

Dippel, Horst: Der Verfassungsdiskurs im ausgehenden 18. Jahrhundert und die Grundlegung einer liberaldemokratischen Verfassungstradition in Deutschland, in: ders. (Hg.), *Die Anfänge des Konstitutionalismus in Deutschland. Texte deutscher Verfassungsentwürfe am Ende des 18. Jahrhunderts,* Frankfurt 1991, S. 7-44.

Dippel, Horst: *Die amerikanische Verfassung in Deutschland im 19. Jahrhundert. Das Dilemma von Politik und Staatsrecht,* Goldbach 1994.

Dippel, Horst: Die Konstitutionalisierung des Bundesstaats in Deutschland 1849-1949 und die Rolle des amerikanischen Modells, in: *Der Staat* 38 (1999), S. 221-239.

Dippel, Horst: Das Paulskirchenparlament 1848/49: Verfassungskonvent oder Konstituierende Nationalversammlung, in: *Jahrbuch des öffentlichen Rechts der Gegenwart* 48 (2000), S. 1-23.

Dippel, Horst: Ein natürlicher Verfechter des Fortschritts: Georg Gottfried Gervinus oder der Historiker als Deuter seiner Zeit. Zur Rezeption von Georg Forster und Alexis de Tocqueville, in: *Georg-Forster-Studien* 6 (2001), S. 141-147.

Dippel, Horst: Republikanismus und Liberalismus als Grundlagen der europäischen Demokratie, in: Thiemeyer, Guido/Ulrich, Hartmut (Hg.), *Europäische Perspektiven der Demokratie,* Frankfurt/M. u.a. 2005, S. 11-32.

Dippel, Horst: Modern Constitutionalism. An Introduction to a History in the Need of Writing, in: *Tijdschrift for rechtsgeschiedenis (TRG)* 73 (2005), S. 153-169

Dippel, Horst: *Constitutions of the world from the late 18th century to the middle of the 19th century,* München 2005ff.

Dippel, Horst: Die kurhessische Verfassung von 1831 im internationalen Vergleich, in: *Historische Zeitschrift* 282 (2006), S. 619-644.

Dörner, Andreas: *Politischer Mythos und symbolische Politik. Der Hermannsmythos: zur Entstehung des Nationalbewußtseins der Deutschen,* Wiesbaden 1995.

Doll, Natascha: *Recht, Politik und Realpolitik bei August Ludwig von Rochau. Ein wissenschaftsgeschichtlicher Beitrag zum Verhältnis von Politik und Recht im 19. Jahrhundert,* Frankfurt/M. 2005.

Dollinger, Heinz: Das Leitbild des Bürgerkönigtums in der europäischen Monarchie des 19. Jahrhunderts, in: Werner, K.F. (Hg.), *Hof, Kultur und Politik im 19. Jahrhundert,* Bonn 1985, S. 325-364.

Dopheide, Renate: *Republikanismus in Deutschland,* Diss. Bochum 1980.

Dossmann, Axel: Zwischen alter Sachsenliebe und deutschem Gesamtvaterland: Die Leipziger Konstitutionsfeste im 19. Jahrhundert, in: Keller, Katrin (Hg.), *Feste und Feiern: Zum Wandel städtischer Festkultur in Leipzig,* Leipzig 1994, S. 136-149.

Dotzenrod, Ottilie: Republikanische Feste im Rheinland zur Zeit der Französischen Revolution, in: Düding, Dieter/Friedemann, Peter/Münch, Paul (Hg.): *Öffentliche Festkultur. Politische Feste in Deutschland von der Aufklärung bis zum Ersten Weltkrieg,* Reinbek 1988, S. 46-66.

Dowe, Dieter u.a. (Hg): *Europa 1848: Revolution und Reform,* Bonn 1998.

Duchhardt, Heinz: *Deutsche Verfassungsgeschichte 1495-1806,* Stuttgart u.a. 1991.

Düding, Dieter: Einleitung. Politische Öffentlichkeit – politisches Fest – politische Kultur, in: Düding, Dieter/Friedemann, Peter/Münch, Paul (Hg.), *Öffentliche Festkultur. Politische Feste in Deutschland von der Aufklärung bis zum Ersten Weltkrieg,* Reinbek 1988, S. 10-24.

Düding, Dieter: Das deutsche Nationalfest von 1814, in: Düding, Dieter/Friedemann, Peter/Münch, Paul (Hg.), *Öffentliche Festkultur. Politische Feste in Deutschland von der Aufklärung bis zum Ersten Weltkrieg,* Reinbek 1988, S. 67-88.

Düding, Dieter: Nationale Oppositionsfeste der Turner, Sänger und Schützen im 19. Jahrhundert, in: Düding, Dieter/Friedemann, Peter/Münch, Paul (Hg.), *Öffentliche Festkultur. Politische Feste in Deutschland von der Aufklärung bis zum Ersten Weltkrieg,* Reinbek 1988, S. 166-190.

Düding, Dieter/Friedemann, Peter/Münch, Paul (Hg.): *Öffentliche Festkultur. Politische Feste in Deutschland von der Aufklärung bis zum Ersten Weltkrieg,* Reinbek 1988.

Durand, Yves: *Les Republiques au temps des Monarchies*, Paris 1973.

Ehmke, Horst: Karl von Rotteck, der 'politische Professor', in: ders., *Politik der praktischen Vernunft*, Frankfurt/M. 1969, S. 13-37.

Ehrle, Peter Michael: *Volksvertretung im Vormärz. Studien zur Zusammensetzung, Wahl und Funktion der deutschen Landtage im Spannungsfeld zwischen monarchischem Prinzip und ständischer Repräsentation*, 2 Teile, Frankfurt/M., Bern u.a. 1979

Eisenhardt, Ulrich: *Deutsche Rechtsgeschichte*, 2. Aufl., München 1995.

Elkin, Stephen L./Soltan, Karol Edward: *A New Constitutionalism. Designing Political Institutions for a Good Society*, Chicago/London 1993.

Eschenburg, Theodor: Tocquevilles Wirkung in Deutschland, in: Alexis de Tocqueville, *Über die Demokratie in Amerika*, hg. von Jacob P. Mayer in Gemeinschaft mit Theodor Eschenburg und Hans Zbinden, 2. Aufl., München 1976, S. 879-929.

Eyck, Frank: *Deutschlands große Hoffnung. Die Frankfurter Nationalversammlung 1848/49. Mit einem Geleitwort von Carlo Schmid*, München 1972.

Faber, K.G.: Realpolitik als Ideologie. Die Bedeutung des Jahres 1866 für das politische Denken in Deutschland, in: *HZ* 203 (1966), S. 1-45.

Faller, Hans Joachim: Die Verfassungsgerichtsbarkeit in der Frankfurter Reichsverfassung vom 28. März 1849, in: *Menschenwürde und freiheitliche Rechtsordnung. Festschrift für Willi Geiger*, hg. von G. Leibholz u..a, Tübingen 1974, S. 827-866.

Fassbender, Bardo: The United Nations Charter as Constitution of the International Community, in: *Columbia Journal of International Law*, Band 36 (1998), S. 529-619.

Fassbender, Bardo: *UN Security Council Reform and the Right of Veto: A Constitutional Perspective*, The Hague/London/Boston 1998.

Favoreu, Louis: *La Politique saisie par le droit*, Paris 1988.

Fehrenbach, Elisabeth: Über die Bedeutung der politischen Symbole im Nationalstaat, in: *Historische Zeitschrift* 213 (1971), S. 296-357.

Fehrenbach, Elisabeth: Deutschland und die Französische Revolution, in: Wehler, Hans Ulrich (Hg.), *200 Jahre amerikanische Revolution und moderne Revolutionsforschung*, Göttingen 1976, S. 232-253.

Fehrenbach, Elisabeth: Verfassungs- und sozialpolitische Reformen und Reformprojekte in Deutschland unter dem Einfluß des napoleonischen Frankreich, in: *Historische Zeitschrift* 228 (1979), S.288-319.

Fehrenbach, Elisabeth: Rheinischer Liberalismus und gesellschaftliche Verfassung, in: Schieder, Wolfgang (Hg.), *Liberalismus in der Gesellschaft des deutschen Vormärz*, Göttingen 1983, S. 272-294.

Fehrenbach, Elisabeth: Bürokratische Verfassungspolitik und gesellschaftliche Bewegung. Zur sozialen Basis des deutschen Frühkonstitutionalismus 1818/1820, in: Bracher, Karl Dietrich u.a. (Hg.), *Staat und Parteien*. Festschrift für Rudolf Morsey, Berlin 1992, S. 47-58.

Fehrenbach, Elisabeth: *Politischer Umbruch und gesellschaftliche Bewegung*, München 1997.

Fehrenbach, Elisabeth: *Verfassungsstaat und Nationsbildung 1815-1871*, [Enzyklopädie deutscher Geschichte, Band 22], 2. erw. Aufl., München 2007.

Fenske, Hans: *Der liberale Südwesten: freiheitliche und demokratische Traditionen in Baden und Württemberg 1790-1933*, Stuttgart u.a. 1981.

Fenske, Hans: *Quellen zur deutschen Revolution 1848-49*, Darmstadt 1996.

Fenske, Hans: *Der moderne Verfassungsstaat. Eine vergleichende Geschichte von der Entstehung bis zum 20. Jahrhundert*, Paderborn u.a. 2001.

Ferejohn, John A. (Hg.): *Constitutional Culture and Democratic Rule*, Cambridge 2001.

Ferguson, Adam: *Versuch über die bürgerliche Gesellschaft*, hg. und eingeleitet von Zwi Batscha und Hans Medick, Frankfurt/M. 1988.

Fickert, Artur: *Montesquieus und Rousseaus Einfluß auf den vormärzlichen Liberalismus Badens*, Leipzig 1914.

Fischel, Alfred: *Die Protokolle des Verfassungsausschusses über die Grundrechte*, Wien/Leipzig 1912.

Fischer, Markus: Prologue. Machiavelli's Rapacious Republicanism, in: Rahe, Paul A. (Hg.): *Machiavelli's Liberal Republican Legacy*, Cambridge 2006, S. XXXI-LXII.

Fleischacker, Samuel: *A Third Concept of Liberty. Judgment and Freedom in Kant and Adam Smith*, Princeton 1999.

Förschner, G: *Frankfurter Krönungsmedaillen*, Frankfurt/M. 1992.

Foerster, Cornelia: Das Hambacher Fest 1832. Volksfest und Nationalfest einer oppositionellen Massenbewegung, in: Düding, Dieter/Friedemann, Peter/Münch, Paul (Hg.), *Öffentliche Festkultur. Politische Feste in Deutschland von der Aufklärung bis zum Ersten Weltkrieg*, Reinbek 1988, S. 113-131.

Fontana, Biancamaria: *The invention of the modern republic*, Cambridge 1994.

Forbes, Duncan: Vorwort, in: Waszek, Norbert, *The Scottish Enlightenment and Hegel's Account of 'Civil Society'*, Dordrecht/Boston/London 1988, S. XI-XIV.

Forsthoff, Ernst: Einleitung in: Montesquieu, *Vom Geist der Gesetze*, 1. Band, Tübingen 1951, S. V-LVI.

Fraenkel, Ernst: *Amerika im Spiegel des deutschen politischen Denkens. Äußerungen deutscher Staatsmänner und Staatsdenker über Staat und Gesellschaft in den Verinigten Staaten von Amerika*, Köln/Opladen 1959.

Frankenberg, Günter: *Die Verfassung der Republik*, Baden-Baden 1996.

Frankenberg, Günter: Die Rückkehr des Vertrages. Überlegungen zur Verfassung der Europäischen Union, in: Wingert, Lutz/Günther, Klaus (Hg.) *Die Öffentlichkeit der Vernunft und die Vernunft der Öffentlichkeit*, Frankfurt/M. 2001, S. 507-538.

Frankenberg, Günter: Zur Rolle der Verfassung im Prozess der Integration, in: Vorländer, Hans (Hg.), *Integration durch Verfassung*, Wiesbaden 2002, S. 43-69.

Frankenberg, Günter: *Autorität und Integration. Zur Grammatik von Recht und Verfassung*, Frankfurt/M. 2003.

Franz, Eckhard G.: Das Amerikabild der deutschen Revolution von 1848/49, in: *Beihefte zum Jahrbuch für Amerikastudien*, Heidelberg 1958.

Franz, Günther (Hg.): *Staatsverfassungen*, 2. Aufl., München 1964.

Franzos, Karl Emil: *Ein Kampf um's Recht*, Leipzig 1953.

Frevert, Ute/Haupt, Heinz-Gerhart (Hg.), *Neue Politikgeschichte. Perspektiven einer historischen Politikforschung*, Frankfurt/New York 2005.

Frey, Manuel: Vom Gemeinwohl zum Gemeinsinn. Das Beispiel der Stifter und Mäzene im 19. und 20. Jahrhundert, in: Münkler, Herfried/Bluhm, Harald (Hg.), *Gemeinwohl und Gemeinsinn. Historische Semantiken politischer Leitbegriffe*, Berlin 2001, S. 275-302.

Frie, Ewald: Bühnensuche, Monarchie, Bürokratie, Stände und ‚Öffentlichkeit' in Preußen 1800-1830, in: Soeffner, Hans-Georg/Tänzler, Dirk (Hg.), *Figurative Politik. Zur Performanz der Macht in der modernen Gesellschaft*, Opladen 2002, 53-67.

Friedeburg, Robert von: „Kommunalismus" und „Republikanismus" in der frühen Neuzeit, in: *Zeitschrift für historische Forschung* 21 (1994), S. 65-91.

Friedeburg, Robert von: Civic Humanism and Republican Citizenship in Early Modern Germany, in: Gelderen, Martin van/Skinner, Quentin (Hg.), *Republicanism. A Shared European Heritage*, Bd.1, Cambridge 2002, S. 127-145.

Friedrich, Carl Joachim: *Der Verfassungsstaat der Neuzeit*, Berlin 1953.

Friedrich, Carl Joachim: Englische Verfassungsideologie im neunzehnten Jahrhundert. Dicey's „Law and Public Opinion", in: Bracher, Karl-Dietrich u.a. (Hg.), *Die moderne Demokratie und ihr Recht*, Band 1: Grundlagen, Tübingen 1966, S. 101-122.

Friedrich, Manfred: *Zwischen Positivismus und materialem Verfassungsdenken. Albert Hänel und seine Bedeutung für die deutsche Staatsrechtswissenschaft*, Berlin 1971.

Friedrich, Manfred: *Geschichte der deutschen Staatsrechtswissenschaft*, Berlin 1997.

Frotscher, Werner: Die ersten Auseinandersetzungen um die richterliche Normenkontrolle in Deutschland, in: *Der Staat* 10 (1971), S. 383-402.

Frowein, Jochen A.: Konstitutionalisierung des Völkerrechts, in: Dicke, Klaus (Hg.), *Völkerrecht und internationales Privatrecht in einem sich globalisierenden internationalen System*, Heidelberg 2000, S. 427-445.

Funke, Manfred: Das Erbe der Paulskirche: Parteienstaat ohne Staatsräson?, in: *APuZ* 3-4/98, S. 40-46.

Furet, Francois: Rousseau and the French Revolution, in: Orwin, Clifford (Hg.), *The Legacy of Rousseau*, Chicago 1997, S. 168-182.

Gall, Lothar: *Benjamin Constant. Seine politische Ideenwelt und der deutsche Vormärz*, Wiesbaden 1963.

Gall, Lothar: Liberalismus und 'bürgerliche Gesellschaft'. Zu Charakter und Entwicklung der liberalen Bewegung in Deutschland, in: ders. (Hg.), *Liberalismus*, Köln 1985, S. 162-186.

Gall, Lothar: *Von der ständischen zur bürgerlichen Gesellschaft*, München 1993.

Gall, Lothar: *1848 – Aufbruch zur Freiheit*, Berlin 1998.

Gamboni, Dario/Germann, Georg (Hg.): *Das Bild der Republik in der Kunst des 16. bis 20. Jahrhunderts*, Bern 1991.

Gangl, Hans: Der deutsche Weg zum Verfassungsstaat im 19. Jahrhundert. Eine Problemskizze, in: Böckenförde/Oestreich u.a (Hg.), *Probleme des Konstitutionalismus im 19. Jahrhundert* (=Der Staat, Beiheft 1), Berlin 1975, S. 23-58.

Garber, Jörn (Hg.): *Revolutionäre Vernunft. Texte zur jakobinischen und liberalen Revolutionsrezeption in Deutschland 1789-1810*, Kronberg/Ts. 1974.

Gebhardt, Jürgen: Common Sense und Urteilskraft, in: Maier, Hans u.a. (Hg.), *Politik, Philosophie, Praxis* (Festschrift für Wilhelm Hennis), Stuttgart 1988, S. 86-100.

Gebhardt, Jürgen: Selbstregulierung und republikanische Ordnung in der politischen Wissenschaft der Federalist Papers, in: Göhler, Gerhard u.a. (Hg.), *Politische Institutionen im gesellschaftlichen Umbruch*, Opladen 1990, S. 310-334.

Gebhardt, Jürgen: Die Idee der Verfassung: Instrument und Symbol, in: Kimmel, Adolf (Hg.), *Verfassungen als Fundament und Instrument der Politik,* Baden-Baden 1995, S. 9-23.

Gebhardt, Jürgen: Die vielen Gesichter des Republikanismus, in: Dicke, Klaus/Kodalle, Klaus-Michael (Hg.), *Republik und Weltbürgerrecht: Kantische Anregungen zur Theorie politischer Ordnung nach dem Ende des Ost-West-Konflikts*, Weimar u.a. 1998, S. 265-276.

Gebhardt, Jürgen: Verfassung und Symbolizität, in: Melville, Gert (Hg.), *Institutionalität und Symbolisierung. Verstetigungen kultureller Ordnungsmuster in Vergangenheit und Gegenwart*, Köln/Weimar/Wien 2001, S. 585-601.

Geddert, Heinrich: *Recht und Moral. Zum Sinn eines alten Problems*, Berlin 1984.

Geertz, Clifford: Centers, Kings, and Charisma: Reflections on the Symbolics of Power, in: Ben-David, Joseph/Nichols Clark, Terry (Hg.), *Culture and its creators*, Chicago/ London 1977, S. 150-171.

Gehrke, Roland (Hg.): *Aufbrüche in die Moderne. Frühparlamentarismus zwischen altständischer Ordnung und monarchischem Konstitutionalismus 1750-1850*, Köln 2005.

Gelderen, Martin van/Skinner, Quentin (Hg.).: *Republicanism. A Shared European Heritage*, 2 Bde., Cambridge 2002.

Gentz, Friedrich: „Ursprung und Grundsätze der Amerikanischen Revolution, verglichen mit dem Ursprunge und den Grundsätzen der Französischen", in: Historisches Journal (Mai u. Juni 1800, S. 1-96 u. 98-140.

Gentz, Friedrich: „Über die Moralität in den Staatsrevolutionen", in: *Ausgewählte Schriften*, Band 2 (Politische Abhandlungen), hg. von Wilderich Weick, Stuttgart/Leipzig 1837, S.31ff.

Gerber, Carl Friedrich von: *Gründzüge eines Systems des deutschen Staatsrechts*, 2. Aufl., Leipzig 1869.

Gerber, Carl Friedrich Wilhelm: *Staatrecht des Deutschen Reiches*, 4 Bände, 1. Aufl., Straßburg 1876; (3. Aufl., Straßburg 1887).

Gerber, Carl Friedrich Wilhelm: *Über öffentliche Rechte*, Darmstadt 1968.

Gerber, Carl Friedrich Wilhelm: *Grundzüge des deutschen Staatsrechts*, Hildesheim u.a. 1998.

Gerner, Joachim: *Vorgeschichte und Entstehung der württembergischen Verfassung im Spiegel der Quellen (1815-1819)*, Stuttgart 1989.

Gerstenberg, Oliver: Genesis und Geltung. Verfassung und Demokratie ohne Nationalstaat, in: *Dialektik* 3 (1998), S. 101-112.

Gierke, Otto v.: *Das deutsche Genossenschaftsrecht* [1868ff.], 4 Bde. Darmstadt 1954.

Gierke, Otto v.: *Labands Staatsrecht und die deutsche Rechtswissenschaft* [1883], Darmstadt 1961.

Gierke, Otto v.: *Die Grundbegriffe des Staatsrechts und die neuesten Staatsrechtstheorien* [1883], Aalen 1973.

Ginsburg, Tom/Moustafa, Tamir (Hg.), *Rule by Law. The Politics of Courts in Authoritarian Regimes*, Cambridge 2008.

Glaeßner, Gert-Joachim: *Demokratie und Politik in Deutschland*, Opladen 1999.

Göhler, Gerhard: Dialektik und Politik in Hegels frühen politischen Systemen. Kommentar und Analyse, in: ders. (Hg.): *G.W.F. Hegel. Frühe politische Systeme*, Frankfurt/M. 1974, S. 337-610.

Göhler, Gerhard (Hg.): *Grundfragen der Theorie politischer Institutionen. Forschungsstand – Probleme – Perspektiven*, Opladen 1987.

Göhler, Gerhard (Hg.): *Politische Institutionen im gesellschaftlichen Umbruch. Ideengeschichtliche Beiträge zur Theorie politischer Institutionen*, Opladen 1990.

Göhler, Gerhard (Hg.): *Die Eigenart der Institutionen: zum Profil politischer Institutionentheorie*, Baden-Baden 1994

Göhler, Gerhard (Hg.): *Institutionenwandel*, Opladen 1997.

Göhler, Gerhard: Republikanismus und Bürgertugend im deutschen Frühliberalismus: Karl von Rotteck, in: Greven, Michael Th. et al. (Hg.), *Bürgersinn und Kritik*. Festschrift für Udo Bermbach, Baden-Baden 1998, S. 123-149.

Götschmann, Dirk: *Bayerischer Parlamentarismus im Vormärz*, Düsseldorf 2002.

Gordon, Scott: *Controlling the State: Constitutionalism from Ancient Athens to Today*, Cambridge 2002.

Grab, Walter: *Demokratische Strömungen in Hamburg und Schleswig-Holstein zur Zeit der Ersten Französischen Revolution*, Hamburg 1966.

Graber, Mark A.: Resolving Political Questions into Judicial Questions: Tocqueville's Thesis Revisited, in: *Constitutional Commentary* 21 (2004), S. 485-545.

Graeber, Edwin: *Die Lehre von der Mischverfassung bei Polybios*, Diss., Düren 1968.

Gray, John: *Enlightenment's Wake: Politics and Culture at the Close of the Modern Age*, London 1995.

Gregor, Mary J.: Kant's Approach to Constitutionalism, in: Rosenbaum, Alan S. (Hg.), *Constitutionalism. The Philosophical Dimension*, New York u.a. 1988, S. 69-87.

Grey, Thomas C.: Constitutionalism: An Analytic Framework, in: Chapman, J.W./Pennock, J.R. (Hg.), *Constitutionalism*, New York, S. 189-209.

Grimm, Dieter: *Solidarität als Rechtsprinzip. Die Rechts- und Staatslehre Léon Duguits in ihrer Zeit*, Frankfurt/M. 1973.

Grimm, Dieter: Grundrechte und Privatrecht in der bürgerlichen Sozialordnung, in: Birtsch, Günter (Hg.) *Grund- und Freiheitsrechte im Wandel von Gesellschaft und Geschichte. Beiträge zur Geschichte der Grund- und Freiheitsrechte vom Ausgang des Mittelalters bis zur Revolution von 1848*, Göttingen 1981, S. 359-375.

Grimm, Dieter: Die deutsche Staatsrechtslehre zwischen 1750 und 1945, in: ders., *Recht und Staat der bürgerlichen Gesellschaft*, Frankfurt/M. 1987, S. 291-307.

Grimm, Dieter: Die Entwicklung der Grundrechtstheorie in der deutschen Staatsrechtslehre des 19. Jahrhunderts, in: Birtsch, Günter (Hg.), *Grund- und Freiheitsrechte im Wandel von Gesellschaft und Geschichte*, Göttingen 1981, S. 234-266. [wieder abgedruckt in: ders., *Recht und Staat der bürgerlichen Gesellschaft*, Frankfurt/M. 1987, S. 308-346].

Grimm, Dieter: Methode als Machtfaktor, in: ders., *Recht und Staat der bürgerlichen Gesellschaft*, Frankfurt/M. 1987, S. 347-372.

Grimm, Dieter: Entstehungs- und Wirkungsbedingungen des modernen Konstitutionalismus, in: Simon, Dieter (Hg.), *Akten des 26. Deutschen Rechtshistorikertages*, 1987, S. 45-76.

Grimm, Dieter: Zur politischen Funktion der Trennung von öffentlichem und privatem Recht in Deutschland, in: ders., *Recht und Staat der bürgerlichen Gesellschaft*, Frankfurt/M. 1987, S. 224-242.

Grimm, Dieter: *Recht und Staat der bürgerlichen Gesellschaft*, Frankfurt/M. 1987.

Grimm, Dieter: *Deutsche Verfassungsgeschichte 1776-1866. Vom Beginn des modernen Verfassungsstaates bis zur Auflösung des Deutschen Bundes*, Frankfurt/M. 1988.

Grimm, Dieter: Grundrechte im Entstehungszusammenhang der bürgerlichen Gesellschaft, in: ders., *Die Zukunft der Verfassung*, Frankfurt/M. 1991, S. 67-100.

Grimm, Dieter: *Die Zukunft der Verfassung*, Frankfurt/M. 1991.

Grimm, Dieter: Braucht Europa eine Verfassung?, in: Kimmel, Adolf (Hg.), *Verfassungen als Fundament und Instrument der Politik*, Baden-Baden 1995, S. 103-128.

Grimm, Dieter: Integration durch Verfassung, in: *Leviathan* 32 (2004), S. 448-463.

Grimmer, Klaus: *Die Rechtsfiguren einer "Normativität des Faktischen". Untersuchungen zum Verhältnis von Norm und Faktum und zur Funktion der Rechtsgestaltungsorgane*, Berlin 1971.

Gromitsaris, Athanasios: *Normativität und sozialer Geltungsgrund des Rechts. Zur Revision und Reformulierung der Normentheorie von Theodor Geiger*, Berlin 1992.

Grothe, Ewald: *Zwischen Geschichte und Recht. Deutsche Verfassungsgeschichtsschreibung 1900-1970*, München 2005.

Grube, Walter: *Der Stuttgarter Landtag 1457-1957. Von den Landständen zum modernen Parlament*, Stuttgart 1957.

Guest, Stephen (Hg.): *Positivism today*, Aldershot u.a. 1996.

Gumbrecht, Hans-Ulrich: Für eine phänomenologische Fundierung der sozialhistorischen Begriffsgeschichte, in: Koselleck, Reinhart (Hg.), *Historische Semantik und Begriffsgeschichte*, Stuttgart 1979, S. 75-101.

Gunnell, John G.: Time and Interpretation: Understanding Concepts and Conceptual Change, in: *History of Political Thought*, 19 (1998), S. 641-658.

Gusy, Christoph: *Die Weimarer Reichsverfassung*, Tübingen 1997.

Gusy, Christoph: Verfassungsumbruch und Staatsrechtswissenschaft: Die Verfassung des Politischen zwischen Konstitutionalismus und demokratischer Republik, in: Frevert/Haupt (Hg.), *Neue Politikgeschichte. Perspektiven einer historischen Politikforschung*, Frankfurt/M. 2005, S. 166-201.

Haakonsen, Knud: The structure of Hume's political theory, in: Fate Norton, David (Hg.), *The Cambridge Companion to Hume*, Cambridge 1993, S. 182-221; Habermas, Jürgen: Wie ist Legitimität durch Legalität möglich?, in: *Kritische Justiz* 20 (1987), S. 1-16.

Habermas, Jürgen: Hegels Kritik der Französischen Revolution, in: ders., *Theorie und Praxis*, Frankfurt/M. 1991, S. 128-147.

Habermas, Jürgen: *Strukturwandel der Öffentlichkeit*. Mit einem Vorwort zur Neuauflage, Frankfurt/M. 1990.

Habermas, Jürgen: *Der philosophische Diskurs der Moderne*, Frankfurt/M., 3. Aufl. 1991.

Habermas, Jürgen: Drei normative Modelle der Demokratie, in: ders., *Die Einbeziehung des Anderen. Studien zur politischen Theorie*, Frankfurt/M. 2. Aufl. 1997, S. 277-292.

Habermas, Jürgen: Volkssouveränität als Verfahren, in: ders.: *Faktizität und Geltung*, Frankfurt/M. 1992, S. 600-631.

Habermas, Jürgen: *Faktizität und Geltung*, Frankfurt/M. 1992.

Habermas, Jürgen: Recht und Moral (Tanner Lectures 1986), in: ders., *Faktizität und Geltung*, Frankfurt/M. 1992, S. 541-599.

Habermas, Jürgen: *Die Einbeziehung des Anderen, Studien zur politischen Theorie*, Frankfurt/M. 2. Aufl. 1997.

Habermas, Jürgen: Braucht Europa eine Verfassung? Eine Bemerkung zu Dieter Grimm, in: *Die Einbeziehung des Anderen, Studien zur politischen Theorie*, Frankfurt/M. 2. Aufl. 1997, S. 185-191.

Habermas, Jürgen: Symbolischer Ausdruck und rituelles Verhalten, in: Melville, Gert (Hg.), *Institutionalität und Symbolisierung. Verstetigungen kultureller Ordnungsmuster in Vergangenheit und Gegenwart*, Köln/Weimar/Wien 2001, S. 53-67.

Habermas, Jürgen: Zur Verfassung Europas, Frankfurt/M. 2011.

Häberle, Peter (Hg.): *Verfassungsgerichtsbarkeit*, Darmstadt 1976.

Häberle, Peter: *Verfassung als öffentlicher Prozess. Materialien zu einer Verfassungstheorie der offenen Gesellschaft*, Berlin 1978.

Häberle, Peter: *Verfassungslehre als Kulturwissenschaft*, 2. stark erw. Auflage, Berlin 1998.

Häberle, Peter: *Kleine Schriften. Beiträge zur Staatsrechtslehre und Verfassungskultur*, Berlin 2002.

Häberle, Peter: Wechselwirkungen zwischen deutschen und ausländischen Verfassungen, in: *Handbuch der Grundrechte in Deutschland und Europa*, hg. von Detlef Merten und Hans-Jürgen Papier, Band 1: Entwicklung und Grundlagen, Heidelberg 2004, S. 313-348.

Hänel, Albert: *Studien zum deutschen Staatsrecht, 2 Bde.*, Leipzig 1873/1880.

Häußler, Richard: *Der Konflikt zwischen Bundesverfassungsgericht und politischer Führung*, Berlin 1994.

Hafner, Urs: Auf der Suche nach Bürgertugend: Die Verfasstheit der Republik Bern in der Sicht der Opposition von 1749, in: Böhler, M./Hofmann, E./Reill, P./Zurbuchen, S. (Hg.), *Republikanische Tugend: Ausbildung eines Schweizer Nationalbewusstseins und Erziehung eines neuen Bürgers*, Genf 2000, S. 283-299.

Hagemeyer, Friederike: Verfassungs- und Gesellschaftskonzepte liberaler Abgeordneter in Preussen und Dänemark um 1848, in: Büsch/Schlegelmilch (Hg.), *Wege europäischen Ordnungswandels*, Hamburg 1995, S. 347-396.

Hahn, Hans-Werner: Selbstverwaltung und Politisierung des Bürgers in mittelhessischen Städten 1770-1848/49, in: Meier, Brigitte/Schultz, Helga (Hg.), *Die Wiederkehr des Stadtbürgers. Städtereformen im europäischen Vergleich 1750 bis 1850*, Berlin 1994, S. 69-106.

Hampsher-Monk, Iain: Speech Acts, Languages or Conceptual History? in: ders. u.a, (Hg.), *History of Concepts: Comparative Perspectives*, Amsterdam 1998, S. 37-50.

Hampsher-Monk, Iain: Review Article: Political Languages in Time – The Work of J.G.A. Pocock, in: *British Journal of Political Science*, 14.Jg. (1984), S. 89-116.

Hardin, Russell: *Liberalism, Constitutionalism, and Democracy*, Oxford 1999.

Hart, H.L.A.: *The concept of law*, Oxford 1961.

Hartz, Louis: *The Liberal Tradition in America*, New York 1955.

Hattenhauer, Hans: Einleitung, in: ders., *Allgemeines Landrecht für die Preußischen Staaten von 1794*, 3. erw. Aufl., Neuwied 1996, S. 1-25.

Haug, W.: Die Zwerge auf den Schultern von Riesen. Epochales und typologisches Geschichtsdenken und das Problem der Interferenzen, in: Herzog, Reinhart/Koselleck, Reinhart (Hg.): *Epochenschwelle und Epochenbewusstsein*, München 1987, S. 167-191.

Hauser, Christoph: *Anfänge bürgerlicher Organisation. Philhellenismus und Frühliberalismus in Südwestdeutschland*, Göttingen 1990.

Hayes, Carlton I.: Der Nationalismus als Religion, in: ders., *Nationalismus*, Leipzig 1929, S. 85-114.

Hecht, Martin: *Modernität und Bürgerlichkeit. Max Webers Freiheitslehre im Vergleich mit den politischen Ideen von Alexis de Tocqueville und Jean-Jacques Rousseau*, Berlin 1998.

Hecker, Michael: *Napoleonischer Konstitutionalismus in Deutschland*, Berlin 2005.

Hegel, Georg Wilhelm Friedrich: *Enzyklopädie der philosophischen Wissenschaften*, Hamburg 1969.

Hegel, Georg Wilhelm Friedrich: *Grundlinien der Philosophie des Rechts*, hg. und eingel. von Helmut Reichelt, Frankfurt/M. 1972.

Hegel, Georg Wilhelm Friedrich, *Vorlesungen über Rechtsphilosophie 1818-1831*, hg. und kommentiert von Karl-Heinz Ilting, 6 Bände, Stuttgart 1973/74.

Hegel, Georg Wilhelm Friedrich: *Frühe politische Systeme*, hg. von Gerhard Göhler, Frankfurt/M. 1974.

Hegel, Georg Wilhelm Friedrich: System der Sittlichkeit, in: Göhler, Gerhard (Hg.), *Frühe politische Systeme*, Frankfurt/M. 1974, S. 15-102.

Hegel, Georg Wilhelm Friedrich: Daß die Magistrate von den Bürgern gewählt werden müssen. (Über die neuesten inneren Verhältnisse Württembergs, besonders über die Gebrechen der Magistratsverfassung [1798]), in: *Werke Bd.1, Frühe Schriften*. Auf der Grundlage d. Werke von 1832-1845 neu ed. Ausg., Frankfurt/M. 1986, S. 268-273.

Hegel, Georg Wilhelm Friedrich: Über die wissenschaftlichen Behandlungsarten des Naturrechts, seine Stelle in der praktischen Philosophie und sein Verhältnis zu den positiven Rechtswissenschaften, in: *Werke Band 2: Jenaer Schriften 1801- 1807*. Auf der Grundlage d. Werke von 1832-1845 neu ed. Ausg., Frankfurt/M. 1986, S. 434-530.

Hegel, Georg Wilhelm Friedrich: Die Verfassung Deutschlands [1800-1802], in: *Werke Bd. 1: Frühe Schriften*. Auf der Grundlage d. Werke von 1832-1845 neu ed. Ausg., Frankfurt/M. 1986, S. 451-610.

Hegel, Georg Wilhelm Friedrich: Beurteilung der Verhandlungen in der Versammlung der Landstände des Königreichs Württemberg im Jahr 1815 und 1816, in: *Werke Band 4: Nürnberger und Heidelberger Schriften 1808-1817*. Auf der Grundlage d. Werke von 1832-1845 neu ed. Ausg., Frankfurt/M. 1986, S. 462-597.

Hegel, Georg Wilhelm Friedrich: Über die englische Reformbill, in: *Werke Band 11: Berliner Schriften 1818-1831*. Auf der Grundlage d. Werke von 1832-1845 neu ed. Ausg., Frankfurt/M. 1986, S. 83-128.

Heideking, Jürgen: Der symbolische Stellenwert der Verfassung in der politischen Tradition der USA, in Vorländer, Hans (Hg.), *Integration durch Verfassung*, Wiesbaden 2002, S. 123-136.

Hellmuth, Ernst: Ernst Ferdinand Klein, Politische Reflexionen im Preußen der Spätaufklärung, in: Bödeker, Erich/Herrmann, Ulrich (Hg.), *Aufklärung als Politisierung – Politisierung der Aufklärung*, Hamburg 1987, S. 222-236.

Hellmuth, Eckhart: Why does corruption matter? Reforms and reform movements in Britain and Germany in the second half of the Eighteenth century, in: Wende, Peter u.a. (Hg.), *Reform in Great Britain and Germany 1700-1850*, New York 1999, S. 5-24.

Hellmuth, E./Ehrenstein, C.V.: Intellectual History Made in Britain: Die Cambridge School und ihre Kritiker, in: *Geschichte und Gesellschaft* 27 (2001), S. 149-172.

Henke, Wilhelm: Zum Verfassungsprinzip der Republik, in: *Juristenzeitung* 1981, S. 249-251.

Henke, Wilhelm: Republikanische Verfassungsgeschichte mit Einschluß der Antike, in: *Der Staat* 23 (1984), S. 75-85.

Henke, Wilhelm: Die Republik, in: *Handbuch des Staatsrechts der Bundesrepublik Deutschland*, Band 2, hg. von Josef Isensee/Paul Kirchhof, Bonn/Heidelberg 2003, S. 863-886.

Henkin, Louis, Constitutionalism and Human Rights, in: Henkin, Louis/Rosenthal Albert J. (Hg.), *Constitutionalism and Rights*, New York 1990, S. 383-462.

Hennin, Michel: *Histoire Numismatique de la Révolution Francaise, ou description raisonnée des médailles, monnaies, et autres monuments numismatiques relatifs aux affaires de la France, depuis de l'ouverture des Etats-Généraux jusqu'a l'etablissement du gouvernement consulaire*, Paris 1826.

Hennis, Wilhelm: Tocquevilles „neue politische Wissenschaft", in: Stagl, Justin (Hg.), *Aspekte der Kultursoziologie*, Berlin 1982, S. 385-407.

Hennis, Wilhelm: *Max Webers Fragestellung*, Tübingen 1987.

Hennis, Wilhelm: Max Weber als Erzieher, in: ders., *Max Webers Wissenschaft vom Menschen*, Tübingen 1996, S. 93-113.

Hennis, Wilhelm: *Max Webers Wissenschaft vom Menschen*, Tübingen 1996.

Hennis, Wilhelm: Verfassung und Verfassungswirklichkeit (1968), in: ders., *Regieren im modernen Staat*, Tübingen 1999, S. 183-213.

Hennis, Wilhelm: Politik und praktische Philosophie (1963), in: ders.: *Politikwissenschaft und politisches Denken*, Tübingen 2000, S. 1-126.

Hennis, Wilhelm: Ende der Politik? Zur Krise der Politik in der Neuzeit, in: ders., *Politikwissenschaft und politisches Denken*, Tübingen 2000, S. 228-249.

Hennis, Wilhelm: Die Vernunft Goyas und das Projekt der Moderne, in: ders., *Politikwissenschaft und politisches Denken*, Tübingen 2000, S. 350-373.

Hennis, Wilhelm: Integration durch Verfassung? Rudolf Smend und die Zugänge zum Verfassungsproblem nach 50 Jahren unter dem Grundgesetz, in: Vorländer, Hans (Hg.), *Integration durch Verfassung*, Wiesbaden 2002, S. 267-290.

Hennis, Wilhelm: *Das Problem der Souveränität*. Tübingen 2002.

Hennis, Wilhelm: *Max Weber und Thukydides. Nachträge zur Biographie des Werks*, Tübingen 2003.

Henrich, Dieter (Hg.): *Kant-Gentz-Rehberg. Über Theorie und Praxis*, Frankfurt/M. 1967.

Henrich, Dieter: Über den Sinn vernünftigen Handelns im Staat, in: ders., *Kant-Gentz-Rehberg. Über Theorie und Praxis*, Frankfurt/M. 1967, S. 7-36

Henrich, Dieter: *Kant oder Hegel? Über Formen der Begründung in der Philosophie*, Stuttgart 1983.

Henrich, Dieter: *Hegel im Kontext*, Frankfurt/M. 2010.

Hensel, Albert: *Institution, Idee, Symbol*. Rede zum 10. Jahrestag des Erlasses der Weimarer Reichsverfassung, Königsberg 1929.

Herdt, Ursula: *Die Verfassungstheorie Karl von Rottecks*, Heidelberg 1967.

Hermand, Jost (Hg.): *Von deutscher Republik. 1775-1795*, Frankfurt/M. 1968.

Herz, Dietmar: *Die wohlerwogene Republik. Das konstitutionelle Denken des politisch-philosophischen Liberalismus*, Paderborn u.a. 1999.

Hesse, Konrad: Die normative Kraft der Verfassung, in: Friedrich, Manfred (Hg.), *Verfassung*, Darmstadt 1978, S. 77-99.

Hesse, Konrad: *Grundzüge des Verfassungsrechts der Bundesrepublik Deutschland*, 18. Aufl., Heidelberg 1991.

Hesse, Konrad: Verfassungsrechtsprechung im geschichtlichen Wandel, in: *Juristenzeitung* 1995, S. 265-273.

Hettling, Manfred: *Reform ohne Revolution. Bürgertum, Bürokratie und kommunale Selbstverwaltung in Württemberg von 1800 bis 1850*, Göttingen 1990.

Hettling, Manfred/Nolte, Paul: Bürgerliche Feste als symbolische Politik im 19. Jahrhundert, in: dies. (Hg.), *Bürgerliche Feste: symbolische Formen politischen Handelns im 19. Jahrhundert*, Göttingen 1993, S. 7-36.

Heun, Werner: Die Mainzer Republik. Eine verfassungsgeschichtliche Studie, in: *Der Staat* 23 (1984), S. 51-74.

Heun, Werner: Das monarchische Prinzip und der deutsche Konstitutionalismus des 19. Jahrhunderts, in: Ipsen, Jörn (Hg.), *Recht, Staat, Gemeinwohl. Festschrift für D. Rauschning*, Köln u.a. 2000, S. 41-56.

Heun, Werner: Supremacy of the Constitution, Separation of Powers, and Judicial Review in Nineteenth-Century German Constitutionalism, in: *Ratio Juris* 16 (2003), S. 195-205.

Heun, Werner: Die Struktur des deutschen Konstitutionalismus des 19. Jahrhunderts im verfassungsgeschichtlichen Vergleich, in: *Der Staat* 45 (2006), S. 365-382.

Heusinger, Bruno: *Vom Reichskammergericht, seinen Nachwirkungen und seinem Verhältnis zu den heutigen Zentralgerichten*, Karlsruhe 1972.

Higham, John/Conkin, Paul K.: *New Directions in American Intellectual History*, Baltimore/London 1979.

Hilker, Judith: *Grundrechte im deutschen Frühkonstitutionalismus*, Berlin 2005.

Hinkel, Karl Reinhard: *Verfassungsgerichtsbarkeit zwischen Recht und Politik*, Herford 1984.

Hintze, Otto: Das monarchische Prinzip und die konstitutionelle Verfassung, in: ders.: *Staat und Verfassung. Gesammelte Abhandlungen zur allgemeinen Verfassungsgeschichte*, hg. von Gerhard Oestreich, 3. erw. Aufl., Göttingen 1970, S. 359-389.

Hirschl, Ran: *Toward Juristocracy: The Origins and Consequences of the New Constitutionalism*, Cambridge 2004.

Hirschman, Albert: *Leidenschaften und Interessen. Die politische Begründung des Kapitalismus vor seinem Sieg*, Frankfurt/M. 1987.

Höffe, Otfried: Wieviel Politik ist dem Verfassungsgericht erlaubt?, in: *Der Staat* 38 (1999), S. 171-193.

Höffe, Otfried: *Königliche Völker. Zu Kants kosmopolitischer Rechts- und Friedenstheorie*, Frankfurt/M. 2001.

Hoffmann, Stefan-Ludwig: *Die Politik der Geselligkeit. Freimaurerlogen in der deutschen Bürgergesellschaft, 1840-1918*, Göttingen 2000.

Hoffmann, Stefan-Ludwig: Tocquevilles ,Demokratie in Amerika, in: Münkler, Herfried/Bluhm, Harald (Hg.), *Gemeinwohl und Gemeinsinn. Historische Semantiken politischer Leitbegriffe*, Berlin 2001, S. 303-325.

Hoffmann, Stefan-Ludwig: *Geselligkeit und Demokratie. Vereine und zivile Gesellschaft im internationalen Vergleich 1750-1914*, Göttingen 2003.

Hofmann, Hasso: Zur Idee des Staatsgrundgesetzes, in: ders., *Recht-Politik-Verfassung. Studien zur Geschichte der politischen Philosophie*, Frankfurt/M. 1986, S. 261-275.

Hofmann, Hasso: *Gebot, Vertrag, Sitte. Die Urformen der Begründung von Rechtsverbindlichkeit*, Baden-Baden 1993.

Hofmann, Hasso: Recht, Moral, Ethos, in: Stammen, Theo/Oberreuter, Heinrich/Mikat, Paul (Hg.), *Politik-Bildung-Religion. Hans Maier zum 65.Geburtstag*, Paderborn u.a. 1996, S. 171-176.

Hofmann, Hasso: *Das Recht des Rechts, das Recht der Herrschaft und die Einheit der Verfassung*, Berlin 1998.

Hofmann, Hasso: Das antike Erbe im europäischen Rechtsdenken. Römische Jurisprudenz und griechische Rechtsphilosophie, in: Jens, Walter/Seidensticker, Bernd (Hg.), *Ferne und Nähe der Antike*, Berlin/New York 2003, S. 33-48.

Hogan, J. Michael/Williams, Glen: Republican Charisma and the American Revolution: The Textual Persona of Thomas Paine's 'Common Sense', in: *Quarterly Journal of Speech* 86 (2000), S. 1-18.

Hoke, Rudolf: *Österreichische und deutsche Rechtsgeschichte*, Wien/Köln/Weimar 1992.

Holenstein, André: *Die Huldigung der Untertanen. Rechtskultur und Herrschaftsordnung 800-1800*, Stuttgart/New York 1991.

Holl, K./List (Hg.): *Liberalismus und imperialistischer Staat. Der Imperialismus als Problem liberaler Parteien in Deutschland 1890-1914*, Göttingen 1975.

Holmes, Stephen: *Benjamin Constant and the Making of Modern Liberalism*, New Haven/London 1984.

Holmes, Stephen: Verfassungsförmige Vorentscheidungen und das Paradox der Demokratie, in: Preuß, Ulrich K. (Hg.), *Zum Begriff der Verfassung*, Frankfurt/M 1994., S. 133-170.

Holmes, Stephen: *Passions and Constraints*, Chicago 1995.

Honneth, Axel: Moralische Entwicklung und sozialer Kampf. Sozialphilosophische Lehren aus dem Frühwerk Hegels, in: ders./McCarthy/Offe/Wellmer (Hg.), *Zwischenbetrachtungen. Im Prozeß der Aufklärung*, Frankfurt/M. 1989, S. 549-573.

Honneth, Axel: *Kampf um Anerkennung*, Frankfurt/M. 1992.

Honneth, Axel: *Kommunitarismus. Eine Debatte über die moralischen Grundlagen moderner Gesellschaften*, 3. Aufl., Frankfurt/M. 1995.

Honneth, Axel: *Das Recht der Freiheit*, Frankfurt/M. 2011.

Hont, Istvan: The rich-country-poor country debate in Scottish classical political economy, in: Hont, Istvan/Ignatieff, Michael (Hg.), *Wealth and virtue. The Shaping of Political Economy in the Scottish Enlightenment*, Cambridge 1983, S. 271-315.

Horkheimer, Max: Egoismus und Freiheitsbewegung. Zur Anthropologie des bürgerlichen Zeitalters [1936], in: *Gesammelte Schriften, Bd.4*, hg. von Alfred Schmidt, Frankfurt 1988, S. 9-88.

Horster, Detlef: *Rechtsphilosophie. Zur Einführung*. Hamburg 2002.

Huber, Ernst-Rudolf: Lorenz von Stein und die Grundlegung der Idee des Sozialstaats, in: ders., *Nationalstaat und Verfassungsstaat. Studien zur modernen Staatsidee*, Stuttgart 1965, S. 127-143.

Huber, Ernst Rudolf: *Dokumente zur deutschen Verfassungsgeschichte*, 5 Bde., 3. neubearb. und vermehrte Aufl., Stuttgart 1978.

Huber, Ernst Rudolf: *Deutsche Verfassungsgeschichte seit 1789*, 8 Bde., 2. durchges. Aufl. Stuttgart 1990ff.

Huber, Ernst Rudolf: Das Kaiserreich als Epoche verfassungsstaatlicher Entwicklung, in: *Handbuch des Staatsrechts der Bundesrepublik Deutschland*, Band 1: Grundlagen von Staat und Verfassung, hg. von Josef Isensee und Paul Kirchhof, Heidelberg 1995, S. 35-83.

Hübinger, Gangolf: Geschichte als leitende Orientierungswissenschaft im 19. Jahrhundert, in: *Berichte zur Wissenschaftsgeschichte* 11 (1988), S. 149-158.

Hübinger, Gangolf/Rüdiger vom Bruch/Friedrich Wilhelm Graf (Hg.), *Kultur und Kulturwissenschaft um 1900*, Stuttgart 1989.

Hübinger, Gangolf: *Gelehrte, Politik und Öffentlichkeit. Eine Intellektuellengeschichte*, Göttingen 2006.

Hume, David: *A Treatise of Human Nature*, hg. von L.A. Selby-Bigge, 2. Aufl., Oxford 1978.

Hume, David: *Politische und ökonomische Essays*, 2 Bände, hg. von Udo Bermbach, Hamburg 1988.

Hume, David: Of the original contract, in: ders., *Political Essays*, hg. von Knut Haakonssen, Cambridge 1994, S. 186-201.

Hye, Franz-Heinz: Der Doppeladler als Symbol für Kaiser und Reich, in: *Mitteilungen des Instituts für österreichische Geschichtsforschung* 81 (1973), S. 63-100.

Ihl, Olivier: *La fête républicaine*, Paris 1996.

Ilting, Karl-Heinz: Hegels Auseinandersetzung mit der aristotelischen Politik, in: *Philosophisches Jahrbuch* 71 (1963/64), S. 38-58 [wieder abgedruckt in: Hegel, G.W.F., Frühe politische Systeme, hg. von Gerhard Göhler, Frankfurt/M. 1974, S. 759-785].

Ilting, Karl-Heinz: Art. Naturrecht, in: *Geschichtliche Grundbegriffe*, hg. von Brunner, Conze, Koselleck, Band 4, Stuttgart 1978, S. 298-313.

Imhoff, Andreas (Hg.): *Die Landauer Jakobinerprotokolle 1791-1794*, Neustadt a.d.W. 2001.

Institut für Europäische Verfassungswissenschaften (Hg), *Die Europäische Union als Verfassungsordnung*, Berlin 2004.

Isaac, Jeffrey: Republicanism vs. Liberalism, in: *History of Political Thought* 9 (1988), S. 349-373.

Isensee, Josef: Republik – Sinnpotential eines Begriffs, in: *Juristenzeitung* 36 (1981), S. 1-8.

Isensee, Josef: Staatsrepräsentation und Verfassungspatriotismus. Ist die Republik der Deutschen zu Verbalismus verurteilt? in: Gauger/Stag. (Hg.), *Staatsrepräsentation*, Berlin 1992, S. 223-241.

Isensee, Josef: Staat und Verfassung, in: *Handbuch des Staatsrechts*, Band 1, hg. von Josef Isensee und Paul Kirchhof, Heidelberg 1995, S. 591-661.

Jauß, Hans Robert: Nachwort–Jean Starobinskis Archäologie der Moderne, in: *Jean Starobinski, 1789- Embleme der Vernunft*, München 1988, S. 175-188.

Jellinek, Georg: *Allgemeine Staatslehre*, 3. Aufl., Darmstadt 1959.

Jellinek, Georg: *Verfassungsänderung und Verfassungwandlung. Eine staatsrechtlich-politische Abhandlung*, 1906), Goldbach 1996.

Käsler, Dirk: Vom akademischen Außenseiter zum sozialwissenschaftlichen Klassiker, in: *Max Weber, Schriften 1894-1922*, hg. und ausgewählt von Dirk Käsler, Stuttgart 2002, S. VII-XXXVI.

Kahn, Paul W.: Speaking Law to Power: Popular Sovereignty, Human Rights, and the New International Order, in: *Chigaco Journal of International Law* 1 (2000), S. 1-18.

Kalberg, Stephen: Tocqueville und Weber zu den soziologischen Ursprüngen der Staatsbürgerschaft. Die politische Kultur der amerikanischen Demokratie, in: *Soziale Welt* 51 (2000), S. 67-85.

Kalyvas, Andreas: Charismatic Politics and the Symbolic Foundations of Power in Max Weber, in: *New German Critique* 85 (2002), S. 67-103.

Kalyvas, Andreas: Popular Sovereignty, Democracy, and the Constituent Power, in: *Constellations* 12 (2005), S. 223-244.

Kalyvas, Andreas/ Katznelson, Ira: *Liberal Beginnings. Making a Republic for the Moderns*, Cambridge 2008Kant, Immanuel: Grundlegungen zur Metaphysik der Sitten [1785], *Werke Band 7*, hg. von Wilhelm Weischedel, Frankfurt/M. 1968.

Kant, Immanuel: Metaphysik der Sitten, *Werke Band 8*, hg. von Wilhelm Weischedel, Frankfurt/M. 1968.

Kant, Immanuel: Zum ewigen Frieden [1795], in: *Werke Bd. 11, Schriften zur Anthropologie, Geschichtsphilosophie, Politik und Pädagogik 1*, Frankfurt/M. 1968, S. 195-251.

Kant, Immanuel: Streit der Fakultäten [1798], in: *Werke Bd. 11, Schriften zur Anthropologie, Geschichtsphilosophie, Politik und Pädagogik 1*, Frankfurt/M. 1968, S. 261-393.

Kant, Immanuel: Idee zu einer allgemeinen Geschichte in weltbürgerlicher Absicht [1784], in: *Werke Bd. 11, Schriften zur Anthropologie, Geschichtsphilosophie, Politik und Pädagogik 1*, Frankfurt/M. 1968, S. 31-50.

Kant, Immanuel: Über den Gemeinspruch: das mag in der Theorie richtig sein, taugt aber nicht für die Praxis, in: *Werke Bd. 11, Schriften zur Anthropologie, Geschichtsphilosophie, Politik und Pädagogik 1*, Frankfurt/M. 1968, S. 127-172.

Kant, Immanuel: *Kritik der reinen Vernunft*, Hamburg 1971.

Kantorowicz, Ernst H.: *Die zwei Körper des Königs*, 2. Aufl. München 1994.

Kapust, Daniel: Skinner, Pettit and Livy: The Conflict of the Orders and the Ambiguity of Republican Liberty, in: *History of Political Thought* 25 (2004), S. 377-401.

Kaschuba, W.: Aufbruch in die Moderne- Bruch der Tradition? Volkskultur und Staatsdisziplin in Württemberg während der napoleonischen Ära, in: *Baden und Württemberg im Zeitalter Napoleons*, hg. vom Württembergischen Landesmuseum, Bd.2, Stuttgart 1987, S. 667-689.

Kaschuba, W.: Deutsche Bürgerlichkeit nach 1800. Kultur als symbolische Praxis, in: Kocka, Jürgen (Hg.), *Bürgertum im 19. Jahrhundert.*, Bd.3, München 1988, S. 9-44.

Kaschuba, W.: Kommunalismus als sozialer 'Common Sense'. Zur Konzeption von Lebenswelt und Alltagskultur im neuzeitlichen Gemeindegedanken, in: Blickle, Peter (Hg.), *Landgemeinde und Stadtgemeinde in Mitteleuropa*, München 1991, S. 65-91.

Kelly, Duncan: *The State of the Political. Conceptions of Politics and the State in the Thought of Max Weber, Carl Schmitt and Franz Neumann*, Oxford 2003.

Kempe, Michael: Republikanismus und Naturrecht. Selbstaufklärung um 1700 im ‚Collegium der Wohlgesinnten‘ in Zürich, in: Böhler, M./Hofmann, E./Reill, P./Zurbuchen, S. (Hg.), *Republikanische Tugend: Ausbildung eines Schweizer Nationalbewusstseins und Erziehung eines neuen Bürgers*, Genf 2000, S. 183-204.

Kersten, Jens: *Georg Jellinek und die klassische Staatslehre*, Tübingen 2000.

Kersting, Wolfgang: Vertrag-Gesellschaftsvertrag-Herrschaftsvertrag, in: *Geschichtliche Grundbegriffe. Lexikon zur politisch-sozialen Sprache in Deutschland*, hg. von O. Brunner/W. Conze/ R. Koselleck, Bd.6, Stuttgart 1990, S. 901-945.

Kersting, Wolfgang: Die Logik des kontraktualistischen Arguments, in: Gerhardt, Volker (Hg.), *Der Begriff der Politik. Bedingungen und Gründe politischen Handelns*, Stuttgart 1990, S. 216-237.

Kersting, Wolfgang: Sittengesetz und Rechtsgesetz – Die Begründung des Rechts bei Kant und den frühen Kantianern, in: Brandt, Reinhard (Hg.), *Rechtsphilosophie der Aufklärung*, S. 148-177.

Kersting, Wolfgang: *Wohlgeordnete Freiheit. Immanuel Kants Rechts- und Staatsphilosophie*. Mit einer Einleitung zur Taschenbuchausgabe 1993: Kant und die politische Philosophie der Gegenwart, Frankfurt/M. 1993.

Kersting, Wolfgang: Der Kontraktualismus im Deutschen Naturrecht, in: Klippel, D./Dann, O. (Hg.), *Das Europäische Naturrecht im ausgehenden 18. Jahrhundert*, Hamburg 1993.

Kersting, Wolfgang: *Die politische Philosophie des Gesellschaftsvertrags*, Darmstadt 1994.

Kersting, Wolfgang: „Die bürgerliche Verfassung in jedem Staate soll republikanisch sein", in: Höffe, Otfried (Hg.), *Kant – zum ewigen Frieden*, Berlin 1995, S. 87-108.

Kersting, Wolfgang: *Niccolo Machiavelli. Zur Einführung*, 3. durchges. und aktual. Aufl., München 2006.

Kielmannsegg, Peter Graf: *Die Instanz des letzten Wortes. Verfassungsgerichtsbarkeit und Gewaltenteilung in der Demokratie*, Stuttgart 2005.

Kimmel, Adolf : Nation, Republik, Verfassung in der französischen politischen Kultur, in: Stammen, Theo (Hg.), *Politik-Bildung-Religion, Festschrift für Hans Maier*, Paderborn 1996, S. 423-432.

Kipper, Rainer: *Der Germanenmythos im Deutschen Kaiserreich*, Göttingen 2002.

Kirsch, Martin: Die Republikanisierung der Nation, in: Büsch/Schlegelmilch (Hg.): *Wege europäischen Ordnungswandels*, Hamburg 1995, S. 97-135.

Kirsch, Martin: *Monarch und Parlament im 19. Jahrhundert. Der monarchische Konstitutionalismus als europäischer Verfassungstyp – Frankreich im Vergleich*, Göttingen 1999.

Kirsch, Martin (Hg.), *Denken und Umsetzung des Konstitutionalismus in Deutschland und anderen europäischen Ländern in der ersten Hälfte des 19. Jh.*, Berlin 1999.

Kirsch, Martin: Verfassungswandel um 1848 – Aspekte der Rezeption und des Vergleichs zwischen den europäischen Staaten, in: Kirsch, Martin (Hg.), *Verfassungswandel um 1848 im europäischen Vergleich*, Berlin 2001, S. 31-62.

Kjellén, Rudolf: *Die Ideen von 1914. Eine weltgeschichtliche Perspektive*, Leipzig 1915.

Kleensang, Michael: *Das Konzept der bürgerlichen Gesellschaft bei Ernst Ferdinand Klein. Einstellungen zu Naturrecht, Eigentum, Staat und Gesetzgebung in Preußen 1780-1810*, Frankfurt/M. 1998.

Klein, Ferdinand Ernst: Über die Natur der bürgerlichen Gesellschaft, in: ders., *Kurze Aufsätze über verschiedene Gegenstände*, Halle 1797, S. 55-80.

Klippel, Diethelm: *Politische Freiheit und Freiheitsrechte im deutschen Naturrecht des 18. Jahrhunderts*, Paderborn 1976.

Klippel, Diethelm: Naturrecht als politische Theorie. Zur politischen Bedeutung des deutschen Naturrechts im 18. und 19. Jahrhunderts, in: Bödeker, Erich/Herrmann, Ulrich (Hg.), *Aufklärung als Politisierung – Politisierung der Aufklärung*, Hamburg 1987, S. 267-293.

Klippel, Diethelm: Naturrecht und Politik im Deutschland des 19. Jahrhunderts, in: Ballestrem, Karl Graf (Hg.), *Naturrecht und Politik*, Berlin 1993, S. 27-48.

Klippel, Diethelm: Das 19. Jahrhundert als Zeitalter des Naturrechts. Zur Einführung, in: ders. (Hg.), *Naturrecht im 19. Jahrhundert. Kontinuität – Inhalt – Funktion – Wirkung*, Goldbach 1997, S. VII-XVI.

Klippel, Diethelm: Politische und juristische Funktionen des Naturrechts in Deutschland im 18. und 19. Jahrhundert. Zur Einführung, in: *Zeitschrift für Neuere Rechtsgeschichte* 22 (2000), S. 3-10.

Klippel, Diethelm: *Naturrecht und Staat. Politische Funktionen des europäischen Naturrechts (17.- 19. Jahrhundert)*, München 2006.

Kloppenberg, James T.: The Virtues of Liberalism: Christianity, Republicanism, and Ethics in Early American Political Discours, in: *Journal of American History* 74. (1987), S. 9-33.

Klueting, Harm: Vernunftrepublikanismus und Vertrauensdiktatur: Friedrich Meinecke in der Weimarer Republik, in: *Historische Zeitschrift* 242 (1986), S. 69-98.

Knauff, Matthias: Konstitutionalisierung im inner- und überstaatlichen Recht – Konvergenz oder Divergenz?, in: *ZaöRV* 68 (2008), S. 453-490.

Koch, Gottfried: *Montesquieus Verfassungstheorie*, Schutterwald 1997.

Koch, Rainer: *Demokratie und Staat bei Julius Fröbel 1805-1894. Liberales Denken zwischen Naturrecht und Sozialdarwinismus*, Wiesbaden 1978.

Koch, Rainer: *Grundlagen bürgerlicher Herrschaft. Verfassungs- und sozialgeschichtliche Studien zur bürgerlichen Gesellschaft in Frankfurt a.M. (1612-1866)*, Wiesbaden 1983.

Kocka, Jürgen (Hg.): *Bürgertum im 19. Jahrhundert im europäischen Vergleich*, 3 Bände, München 1988.

Kohler, Joseph: *Recht als Kulturerscheinung: Einleitung in die vergleichende Rechtswissenschaft*, Würzburg 1885.

Kohler, Joseph: *Das Recht*, Frankfurt 1909.

Königsberger, Helmut: Schlußbetrachtung: Republiken und Republikanismus im Europa der frühen Neuzeit aus historischer Perspektive, in: Königsberger, Helmut (Hg.), *Republiken und Republikanismus im Europa der Frühen Neuzeit*, München 1988, S. 285-302.

Königsberger, Helmut (Hg.): *Republiken und Republikanismus im Europa der Frühen Neuzeit*, München 1988.

Korioth, Stefan: *Integration und Bundesstaat. Ein Beitrag zur Staats- und Verfassungslehre Rudolf Smends*, Berlin 1990.

Korioth, Stefan: Erschütterungen des staatsrechtlichen Positivismus im ausgehenden Kaiserreich – Anmerkungen zu frühen Arbeiten von Carl Schmitt, Rudolf Smend und Erich Kaufmann, in: *Archiv des öffentlichen Rechts* 117 (1992), S. 212-238.

Korioth, Stefan: Monarchisches Prinzip und Gewaltenteilung – unvereinbar? Zur Wirkungsgeschichte der Gewaltenteilungslehre Montesquieus im deutschen Frühkonstitutionalismus, in: *Der Staat* 37 (1998), S. 27-55.

Koselleck, Reinhart: *Preußen zwischen Reform und Revolution*, Stuttgart 1967.

Koselleck, Reinhart: Art. Demokratie, in: ders./Brunner/Conze (Hg.), *Geschichtliche Grundbegriffe*, Band 1, Stuttgart 1972, S. 821-899.

Koselleck, Reinhart: Neuzeit. Zur Semantik moderner Bewegungsbegriffe, in: ders., *Vergangene Zukunft. Zur Semantik geschichtlicher Zeiten*, Frankfurt/M. 1979, S. 300-348.

Koselleck, Reinhart: Begriffsgeschichtliche Probleme der Verfassungsgeschichtsschreibung, in: Quaritsch, Helmut (Red.), *Gegenstand und Begriffe der Verfassungsgeschichtsschreibung* (=Der Staat, Beiheft 6), Berlin 1983, S. 7-21 (mit Aussprache 7-46).

Koselleck, Reinhart: Über die Verfügbarkeit der Geschichte, in: ders., *Vergangene Zukunft. Zur Semantik geschichtlicher Zeiten*, 3. Aufl., Frankfurt/M. 1995, S. 260-277.

Koselleck, Reinhart: „Erfahrungsraum" und „Erwartungshorizont"–zwei historische Kategorien, in: ders., *Vergangene Zukunft. Zur Semantik geschichtlicher Zeiten*, 3. Aufl., Frankfurt/M. 1995, S. 349-375.

Kraus, Hans-Christof: Ursprung und Genese der ‚Lückentheorie' im preußischen Verfassungskonflikt, in: *Der Staat*, 29 (1990), S. 209-234.

Kraus, Hans-Christof: In Preußen gab es auch Dorfrichter, die keine Krüge zerbrachen (Rezension von Monika Wienfort, Patrimonialgerichte in Preußen), in: *Frankfurter Allgemeine Zeitung*, Montag 10. Juni 2002, S. 49.

Kraus, Hans-Christof: *Englische Verfassung und politisches Denken im Ancien Regime*, München 2006.

Kriele, Martin: Freiheit und Gleichheit, in: *Handbuch des Verfassungsrechts der Bundesrepublik Deutschlands*, hg. von Benda/Maihofer/Vogel, Berlin/New York 1984, S. 129-168.

Kriele, Martin: *Einführung in die Staatslehre*, 5. Aufl. Opladen 1994.

Kroeschell, Karl: Verfassungsgeschichte und Rechtsgeschichte im Mittelalter, in: Quaritsch, Helmut (Red.), *Gegenstand und Begriffe der Verfassungsgeschichtsschreibung* (=Der Staat, Beiheft 6), Berlin 1983, S.47-77 (mit Aussprache: S. 47-103).

Krüger, Kersten: *Die Landständische Verfassung*, [Enzyklopädie deutscher Geschichte Band 67], München 2003.

Kruse, Wolfgang: Die Entzauberung Louis Capets – Zur symbolischen Destruktion des Königtums in der Französischen Revolution, in: Brandt, Peter/Schlegelmilch, Arthur, Wendt, Reinhardt (Hg.), *Symbolische Macht und inszenierte Staatlichkeit. ‚Verfassungskultur' als Element der Verfassungsgeschichte*, Bonn 2005, S. 137-157

Kühne, Jörg-Detlef: *Die Reichsverfassung der Paulskirche. Vorbild und Verwirklichung im späteren deutschen Rechtsleben*, 2. überarbeite und um ein Nachwort ergänzte Aufl., Neuwied 1998.

Kühne, Jörg-Detlef: Von der bürgerlichen Revolution bis zum Ersten Weltkrieg, in: *Handbuch der Grundrechte in Deutschland und Europa*, hg. von Detlef Merten und H.-J. Papier, Band 1: Entwicklung und Grundlagen, Heidelberg 2004, S. 97-152.

Kühne, Thomas: Parlamentarismusgeschichte in Deutschland. Probleme, Erträge und Perspektiven einer Gesamtdarstellung, in: *Geschichte und Gesellschaft* 24 (1998), S. 323-338.

Kumm, Thomas: The Legitimacy of International Law: A Constitutionalist Framework of Analysis, in: *European Journal of International Law* 15 (2004), S.

Kuo, Ming Sun: Reconciling Constitutionalism with Power, in: *Ratio Juris* 23 (2010), S. 390-410.

Laband, Paul: *Deutsches Reichsstaatsrecht*, Tübingen 1907.

Laband, Paul: *Staatsrechtliche Vorlesungen. Vorlesungen zur Geschichte des Staatsdenkens, zur Staatstheorie und Verfassungsgeschichte und zum deutschen Staatsrecht des 19. Jahrhunderts, gehalten an der Kaiser-Wilhelms-Universität Straßburg 1873-1918*, bearbeitet und herausgegeben von Bernd Schlüter, Berlin 2004.

Lafrance, Guy: Montesquieu and Rousseau on Constitutional Theory, in: Rosenbawm, Alan S. (Hg.), *Constitutionalism: The Philosophical Dimension*, New York 1988, S. 54-68.

Lampe, Ernst-Joachim: *Grenzen des Rechtspositivismus. Eine rechtsanthropologische Untersuchung*, Berlin 1988.

Lamprecht, Oliver: *Das Streben nach Demokratie, Volkssouveränität und Menschenrechten in Deutschland am Ende des 18. Jahrhunderts*, Berlin 2001.

Lamprecht, Wolf: *Vom Untertan zum Bürger. Die Erfolgsgeschichte der Grundrechte*, Baden-Baden 1999.

Lane, Jan-Erik: *Constitutions and political theory*, Manchester/New York 1996.

Langewiesche, Dieter: *Liberalismus und Demokratie in Württemberg zwischen Revolution und Reichsgründung*, Düsseldorf 1974.

Langewiesche, Dieter: Republik, konstitutionelle Monarchie und 'soziale Frage'. Grundprobleme der deutschen Revolution von 1848/49, in: *Historische Zeitschrift* 230 (1980), S. 529-548.

Langewiesche, Dieter: Die deutsche Revolution von 1848/49 und die vorrevolutionäre Gesellschaft: Forschungsstand und Forschungsperspektiven, in: *Archiv für Sozialgeschichte* 21 (1981), S. 458-498.

Langewiesche, Dieter: *Die deutsche Revolution von 1848/49*, Darmstadt 1983.

Langewiesche, Dieter: Spätaufklärung und Frühliberalismus in Deutschland, in: Müller, E. (Hg.), „...aus der anmuthigen Gelehrsamkeit", *Tübinger Studien zum 18. Jahrhundert*, Tübingen 1988, S. 67-80.

Langewiesche, Dieter: *Liberalismus in Deutschland*, Frankfurt/M. 1988.

Langewiesche, Dieter: Die deutsche Revolution von 1848/49 und die vorrevolutionäre Gesellschaft: Forschungsstand und Forschungsperspektiven, Teil 2, in: *Archiv für Sozialgeschichte* 31 (1991), S. 331-443.

Langewiesche, Dieter: *Republik und Republikaner. Von der historischen Entwertung eines politischen Begriffs*, Essen 1993.

Langewiesche, Dieter: Liberalismus und Bürgertum in Europa, in: Kocka, Jürgen (Hg.), *Bürgertum im 19. Jahrhundert*, Bd. 3, Göttingen 1995, S. 243-277.

Lassalle, Ferdinand: *Über Verfassungswesen* (1862), Darmstadt 1958.

Laufer, Heinz, Typus und Status des Bundesverfassungsgerichts, in: *Festschrift für Gerhard Leibholz*, Band II, S. 427-463.

Lee, Loyd E.: Liberal Constitutionalism as Administrative Reform: The Baden Constitution of 1818, in: *Central European History* 8 (1975), S. 91-112.

Lehnert, Detlef: *Verfassungsdemokratie als Bürgergenossenschaft. Politisches Denken, Öffentliches Recht und Geschichtsdeutungen bei Hugo Preuß – Beiträge zur demokratischen Institutionenlehre in Deutschland*, Baden-Baden 1998.

Leonhard, Jörn: *Liberalismus. Zur historischen Semantik eines europäischen Deutungsmusters*, München 2001.

Lepsius, M. Rainer: Bürgertum als Gegenstand der Sozialgeschichte, in: Schieder, Wolfgang/Sellin, Volker (Hg.), *Sozialgeschichte in Deutschland* IV, Göttingen 1987, S. 61-80.

Lerg, Charlotte A.: *Amerika als Argument. Die deutsche Amerika-Forschung im Vormärz und ihre politische Deutung in der Revolution von 1848/49*, Bielefeld 2011.

Levy, Jacob T.: Beyond Publius: Montesquieu, Liberal Republicanism and the Small-Republic Thesis, in: *History of Political Thought* 27 (2006), S. 50-90.

Lhotta, Roland: Verfassungsreform und Verfassungstheorie: ein Diskurs unter Abwesenden, in: *Zeitschrift für Parlamentsfragen* 29 (1998), S. 159-179.

Lietzmann, Hans J.: Europäische Verfassungspolitik. Die politische Kultur des ‚Verfassungsstaates' und die Integration der Europäischen Union, in: Vorländer, Hans (Hg.), *Integration durch Verfassung*, Wiesbaden 2002, S. 291-312.

Lindenlaub, Dieter: *Richtungskämpfe im Verein für Sozialpolitik*, 2 Bände, Wiesbaden 1967.

Link, Christoph: Anfänge des Rechtsstaatsdenkens in der deutschen Staatsrechtslehre des 16. bis 18. Jahrhunderts, in: Schnur, Roman (Hg.), *Die Rolle der Juristen bei der Entstehung des modernen Staates*, Berlin 1986, S. 775-795.

Link, Jürgen/Wülfing, Wolf (Hg.): *Nationale Mythen und Symbole in der zweiten Hälfte des 19. Jahrhunderts. Strukturen und Funktionen von Konzepten nationaler Identität*, Stuttgart 1991.

Linke, Bernhard: Religio und res publica, in: ders./Stemmler, Michael (Hg.), *Mos Maiorum. Untersuchungen zu den Formen der Identitätsstiftung und Stabilisierung in der römischen Republik*, Stuttgart 2000, S. 269-298.

Llanque, Marcus: Republikanismus: Geschichte und Bedeutung einer politischen Theorie, in: *Berliner Debatte/Initial* 14 (2003), S. 3-15.

Linke, Bernhard/Stemmler, Michael: Institutionalität und Geschichtlichkeit in der Römischen Republik: Einleitende Bemerkungen zu den Forschungsperspektiven, in: Linke, Bernhard (Hg.), *Mos Maiorum. Untersuchungen zu den Formen der Identitätsstiftung und Stabilisierung in der römischen Republik*, Stuttgart 2000, S. 1-23.

Löwenstein, Karl: *Verfassungslehre*, 2. Aufl., Tübingen 1969.

Loughlin, Martin: *Sword and Scales: An Examination of the Relationship between Law and Politics*, Oxford 2000.

Lübbe-Wolff, Gertrude: Hegels Staatsrecht als Stellungnahme im ersten preußischen Verfassungskampf, in: *Zeitschrift für philosophische Forschung* 35 (1981), S. 476-501.

Ludwig, Roland: *Die Rezeption der englischen Revolution im deutschen politischen Denken und in der deutschen Historiographie im 18. und 19. Jahrhundert*, Leipzig 2004.

Lüsebrink, Hans-Jürgen: Begriffsgeschichte, Diskursanalyse und Narrativität, in: Reichardt, Rolf (Hg.), *Aufklärung und historische Semantik*, Berlin 1998, S.29-44.

Luhmann, Niklas: Verfassung als evolutionäre Errungenschaft, in: *Rechtshistorisches Journal* 9 (1990), S. 176-220.

Machiavelli, Niccolo: Der Fürst, in: ders., *Politische Schriften*, hg. von Herfried Münkler, Frankfurt/M. 1991, S. 51-123.

Machiavelli, Niccolo: Discorsi, in: ders., *Politische Schriften*, hg. von Herfried Münkler, Frankfurt/M. 1991, S.127-269.

Machiavelli, Niccolo: *Geschichte von Florenz*, 3. Aufl. Zürich 1993.

MacIntyre, Alasdair: *After Virtue. A study in moral theory*, 2. Aufl., London 1994.

Maddox, Graham: A Grammar of Liberty? The Written Constitution as Ideology, in: J. Barton Starr (Hg.), *The U.S. Constitution: Its Birth, Growth and Influence In Asia*, Hong Kong 1988, S. 35-52.

Maddox, Graham: Constitution, in: Farr/Ball/Hanson (Hg.), *Political Innovation and Conceptual Change*, Cambridge 1989, S. 50-67.

März, Wolfgang: Der Richtungs- und Methodenstreit der Staatsrechtslehre, oder der staatsrechtliche Positivismus, in: Nörr, Knut Wolfgang/Schefold, Bertram (Hg.), *Geisteswissenschaften zwischen Kaiserreich und Republik*, Stutgart 1994, S. 75-133.

Mager, Wolfgang: Das Problem der landständischen Verfassungen auf dem Wiener Kongress 1814/15, in: *Historische Zeitschrift*, Bd. 217 (1974), S. 296-346.

Mager, Wolfgang: Art. Republik, in: *Geschichtliche Grundbegriffe*, Bd.5. hg. von Otto Brunner, Werner Conze, Reinhart Koselleck, Darmstadt 1984, S. 549-651.

Mager, Wolfgang: Respublica und Bürger. Überlegungen zur Begründung frühneuzeitlicher Verfassungsordnungen, in: Dilcher, Gerhard (Hg.), *Res publica. Bürgerschaft in Stadt und Staat* (Beihefte „Der Staat", Heft 8), Berlin 1988, S. 67-84.

Maier, Christian: *Entstehung des Begriffs ,Demokratie'. Vier Prolegomena zu einer historischen Theorie,* Frankfurt/M. 1981.

Maier, Hans: Hegels Schrift über die Reichsverfassung, in: *PVS* 4 (1963), S. 334-349.

Maier, Hans: Historisches zu Hegels politischer Philosophie, in: ders., *Politische Wissenschaft in Deutschland. Lehre und Wirkung,* erw. Neuausgabe, München/Zürich 1985, S. 69-82.

Maletz, Donald J., On the Revival of Hegelian Political Thought, in: *Political Science Reviewer* 13 (1983), S. 155-178.

Mandelbaum, Maurice: The History of Ideas, Intellectual History, and the History of Philosophy, in: *History and Theory* (Beiheft 5), 1965, S. 33-66.

Manterfeld, Norbert: *Die Grenzen der Verfassung: Möglichkeiten limitierender Verfassungstheorie des Grundgesetzes am Beispiel E-W-Böckenfördes,* Berlin 2000.

Manthey, Jürgen: *Königsberg. Geschichte einer Weltbürgerrepublik,* München/Wien 2005.

Marcic, René: Verfassungsgerichtsbarkeit als Sinn der reinen Rechtslehre, in: *Festschrift für Gerhard Leibholz,* Band II, Tübingen 1966, S. 481-511.

Marcuse, Herbert: *Vernunft und Revolution. Hegel und die Entstehung der Gesellschaftstheorie,* Neuwied am Rhein 1968.

Marshall, Thomas H.: Staatsbürgerrechte und soziale Klassen, in: ders., *Bürgerrechte und soziale Klassen. Zur Soziologie des Wohlfahrtsstaates,* Frankfurt/M. 1992, S. 33-94.

Masterman, Roger: Labour's ,Juridification' of the Constitution, in: *Parliamentary Affairs* 62 (2009), S. 476-492.

Marx, Karl: *Frühschriften,* hg. und eingel. von Siegfried Landshut, 7. Aufl., Stuttgart 2004.

Maus, Ingeborg: Aspekte des Rechtspositivismus in der entwickelten Industriegesellschaft, in: dies., *Rechtstheorie und politische Theorie im Industriekapitalismus,* München 1986, S. 205-226.

Maus, Ingeborg: *Zur Aufklärung der Demokratietheorie. Rechts- und demokratietheoretische Überlegungen im Anschluss an Kant,* Frankfurt/M. 1992

Maus, Ingeborg: Volkssouveränität versus Konstitutionalismus. Zum Begriff einer demokratischen Verfassung, in: Frankenberg, Günter (Hg.), *Auf der Suche nach der gerechten Gesellschaft,* Frankfurt/M., 1994, S. 74-83.

McClelland, Charles E.: *The German Historians and England. A Study in Nineteenth-Century Views,* Cambridge 1971.

McIlwain, Charles Howard: *Constitutionalism Ancient and Modern,* 2. Aufl., Ithaca, New York 1947.

Melville, Gert: Die Rechtsordnung der Dominikaner in der Spanne von constituciones und admoniciones. Ein Beitrag zum Vergleich mittelalterlicher Ordensverfassungen, in: Helmholtz/Mikat/ Müller/ Stolleis (Hg.), *Grundlagen des Rechts,* Festschrift für Peter Landau, Paderborn u.a. 2000, S. 579-604.

Melville, Gert (Hg.): *Institutionalität und Symbolisierung. Verstetigungen kultureller Ordnungsmuster in Vergangenheit und Gegenwart,* Köln/Weimar/Wien 2001.

Meriggi, Marco: Die Revolution von 1848 und die Entstehung der Nation: Preußen-Deutschland und Piemont-Italien im Vergleich, in: Kirsch, Martin/Schiera, Pierangelo (Hg.), *Verfassungswandel um 1848 im europäischen Vergleich,* Berlin 2001, S. 323-335.

Meyer, Manfred: *Freiheit und Macht. Studien zum Nationalismus süddeutscher, insbesondere badischer Liberaler 1830-1848,* Frankfurt/M. 1994.

Meyert, Roger: *Die Klassiker und die Gründer. Die Rezeption politischen Ordnungsdenkens im Streit zwischen Federalists und Anti-Federalists,* (Dresdner Beiträge zur Politischen Theorie und Ideengeschichte Heft 2/1999), Dresden.

Michelman, Frank I.: Constitutional Authorship, in: Alexander, Larry (Hg.), *Constitutionalism. Philosophical Foundations.* Cambridge/Mass. 1998, S. 64-98.

Mill, John Stuart: *Betrachtungen über die repräsentative Demokratie,* hg. und eingeleitet von Kurt L. Shell, Paderborn 1971.

Miller, David: The Resurgence of Political Theory, in: *Political Studies,* 38 (1990), S. 421-437.

Miller, David (Hrsg.): *Liberty,* Oxford 1991.

Möllers, Christoph: *Staat als Argument,* München 2000.

Möllers, Christoph: *Der vermisste Leviathan*, Frankfurt/M. 2008.

Moggach, Douglas (Hg.), *The New Hegelians. Politics and Philosophy in the Hegelian School*, Cambridge 2006.

Mohl, Robert v.: *Das Bundes-Staatsrecht der Vereinigten Staaten von Nord-Amerika, I. Abteilung: Verfassungsrecht*, Stuttgart-Tübingen 1824.

Mohl, Robert v.: *Politische Schriften*. Eine Auswahl, hg. von Klaus v. Beyme, Köln/Opladen 1966.

Mohnhaupt, Heinz: Von den ,leges fundamentales' zur modernen Verfassung in Europa. Zum begriffs- und dogmengeschichtlichen Befund (16.-18. Jahrhundert), in: *Ius Commune* 25 (1998), S. 121-158.

Mommsen, Wolfgang J.: *Max Weber und die deutsche Politik 1890-1920*, 2. Auflage, Tübingen 1974.

Mommsen, Wolfgang J.: *Gesellschaft, Politik und Geschichte*, Frankfurt/M. 1974.

Mommsen, Wolfgang J.: Die antinomische Struktur des politischen Denkens Max Webers, in: *Historische Zeitschrift* 233 (1981), S. 35-64.

Mommsen, Wolfgang J.: Politik und politische Theorie bei Max Weber, in: Weiß, Johannes (Hg.), *Max Weber heute*, Frankfurt/M. 1989, S. 515-542.

Mommsen, Wolfgang J.: Der Geist von 1914. Das Programm eines politischen Sonderweges der Deutschen, in: ders., *Der autoritäre Nationalstaat. Verfassung, Gesellschaft und Kultur des deutschen Kaiserrechs*, Frankfurt/M. 1992, S. 407-421.

Montesquieu, Charles Secondat de: *Vom Geist der Gesetze*, hg. und eingel. von Ernst Forsthoff, Tübingen u.a. 1994.

Montesquieu, Charles Secondat de: *Persische Briefe*, Frankfurt/M. 1964.

Montesquieu, Charles Secondat de: *Größe und Niedergang Roms*, Frankfurt/M. 1980.

Montesquieu, Charles Secondat de: *Meine Gedanken*, München/Wien 2000.

Morgenbesser, Ernst Gottlob: *Beiträge zum republikanischen Gesetzbuche* [1798], hg. und mit einem Anhang versehen von Wolfgang Schild, Freiburg u.a. 2000.

Mouffe, Chantal: *The Return of the Political*, London 1993.

Moulakis, Athanasios: Kant und die Atlantische Tradition, in: Dicke, Klaus/Kodalle, Klaus-Michael (Hg.), *Republik und Weltbürgerrecht: Kantische Anregungen zur Theorie politischer Ordnung nach dem Ende der Ost-West-Konflikts*, Weimar u.a. 1998, S. 241-264.

Muhs, Rudolf: Zwischen Staatsreform und politischem Protest. Liberalismus in Sachsen zur Zeit des Hambacher Festes, in: Schieder, Wolfgang (Hg.), *Liberalismus in der deutschen Gesellschaft des deutschen Vormärz*, Göttingen 1983, S. 194-238.

Müller, Jan Werner: *Verfassungspatriotismus*, Berlin 2010.

Münkler, Herfried: Das Reich als politische Vision, in: Kemper, Peter (Hg.), *Macht des Mythos – Ohnmacht der Vernunft*, Frankfurt/M. 1989, S. 336-358.

Münkler, Herfried: Politische Partizipation und bürgerliche Sekurität. Der Rückzug des Bürgers aus der Politik in der italienischen Renaissance, in: Schmidt, Jochen (Hg.), *Aufklärung und Gegenaufklärung*, Darmstadt 1989, S. 168-183.

Münkler, Herfried: *Machiavelli. Die Begründung des politischen Denkens der Neuzeit aus der Krise der Republik Florenz*, Frankfurt/M. 1991.

Münkler, Herfried: Die Idee der Tugend. Ein politischer Leitbegriff im vorrevolutionären Europa, in: *Archiv für Kulturgeschichte* 73 (1991), S. 379-403.

Münkler, Herfried: Wieviel Tugend braucht die Demokratie? Voraussetzungen der Zivilgesellschaft, in: *Neue Gesellschaft/Frankfurter Hefte* 38 (1991), S. 612-617.

Münkler, Herfried: Politische Tugend. Bedarf die Demokratie einer soziomoralischen Grundlegung?, in: ders. (Hg.), *Die Chancen der Freiheit. Grundprobleme der Demokratie*, München 1992, S. 25-46.

Münkler, Herfried: Subsidiarität, Zivilgesellschaft und Bürgertugend, in: Riklin, Alois/Batliner, Gerard (Hg.), *Subsidiarität*, Liechtenstein 1994, S. 63-80.

Münkler, Herfried: Die Visibilität der Macht und die Strategien der Machtvisualisierung, in: Göhler, Gerhard (Hg.), *Macht der Öffentlichkeit–Öffentlichkeit der Macht*, Baden-Baden 1995, S. 213-230.

Münkler, Herfried: Einleitung: Was sind vorpolitische Grundlagen politischer Ordnung?, in: ders., *Bürgerreligion und Bürgertugend. Debatten über die vorpolitischen Grundlagen politischer Ordnung*, Baden-Baden 1996, S. 7-11.

Münkler, Herfried: Politische Theorie und Politik. Zur Bestimmung ihres Verhältnisses in ideengeschichtlicher Perspektive, in: Greven, Michael Th./Schmalz-Bruns, Rainer (Hg.), *Politische Theorie – heute*, Baden-Baden, 1999, S. 17-40.

Münkler, Herfried: Protoliberalismus und Republikanismus in der italienischen Renaissance, in: Faber, Richard (Hg.), *Liberalismus in Geschichte und Gegenwart*, Würzburg 2000, S. 41-57.

Münkler, Herfried: Politik als Theater. Die Inszenierung der Politik nach den Vorgaben der Kunst, in: Danuser, Hermann/Münkler, Herfried (Hg.), *Zukunftsbilder. Richard Wagners Revolution und ihre Folgen in Kunst und Politik*, Schliengen 2002, S. 274-286.

Münkler, Herfried: Republik, Demokratie und Diktatur. Die Rezeption von drei antiken Begriffen im politischen Denken der Neuzeit, in: Jens, Walter u.a. (Hg.), *Ferne und Nähe der Antike*, Berlin/New York 2003, S. 69-97.

Münkler, Herfried/Bluhm, Harald (Hg.): *Gemeinwohl und Gemeinsinn. Band 1: Historische Semantiken politischer Leitbegriffe*, Berlin 2001.

Münkler, Herfried/Bluhm, Harald: Einleitung: Gemeinwohl und Gemeinsinn als politisch-soziale Leitbegriffe, in: dies. (Hg.), *Gemeinwohl und Gemeinsinn. Historische Semantiken politischer Leitbegriffe*, Berlin 2001, S. 9-30.

Murhard, Friedrich: Nordamerikanische Revolution, in: Rotteck/Welcker (Hg.): *Das Staats-Lexikon. Encyklopädie der sämmtlichen Staatswissenschaften für alle Stände*, Band 9, Altona 1837, S. 614-653.

Murhard, Friedrich, Englands Staatsverfassung, in: Rotteck/Welcker (Hg.): *Das Staats-Lexikon. Encyklopädie der sämmtlichen Staatswissenschaften für alle Stände*, Band 5, Altona 1837, S. 84-171.

Näf, Werner: Staatsverfassungen und Staatstypen 1830/31, in: Böckenförde, Ernst-Wolfgang, *Moderne deutsche Verfassungsgeschichte*, 2. veränd. Auflage, Königstein/Ts. 1981, S.127-145.

Naumann, Friedrich: *Das blaue Buch von Vaterland und Freiheit*, Königstein/Ts 1913.

Naumann, Friedrich: *Werke in sechs Bänden*, Köln 1964ff.

Netzle, Simon: Helvetisiertes Amerika: Der Blick der eidgenössischen Spätaufklärung auf die erste moderne Republik, in: Böhler, M./Hofmann, E./Reill, P./Zurbuchen, S. (Hg.), *Republikanische Tugend: Ausbildung eines Schweizer Nationalbewusstseins und Erziehung eines neuen Bürgers*, Genf 2000, S. 503-527.

Neugebauer, Wolfgang: Staatsverfassung und Bildungsauffassung, in: Becker, Hans-Jürgen (Hg.), *Interdependenzen zwischen Verfassung und Kultur* (Der Staat, Beiheft 15), Berlin 2003, S. 91-125

Neugebauer-Wölk, Monika: Verfassungsideen in praktischer Absicht? Entwürfe für eine deutsche Republik 1792-1799, in: Midell, Matthias (Hg.), *Frankreich und Deutschland im 18. und 19. Jahrhundert im Vergleich*, Leipzig 1992, S. 62-84.

Neugebauer-Wölk, Monika: Reich oder Republik? Pläne und Ansätze zur republikanischen Neugestaltung im Alten Reich 1790-1800, in: Duchhardt, Heinz (Hg.), *Reich oder Nation? Mitteleuropa 1780-1815*, Mainz 1998, S. 21-50.

Neumann, Franz L.: Zum Begriff der politischen Freiheit, in: ders., *Demokratischer und autoritärer Staat*, hg. und mit einem Vorwort von Herbert Marcuse, Frankfurt/M. 1986, S. 100-141.

Neumann, Franz L.: Der Funktionswandel des Gesetzes im Recht der bürgerlichen Gesellschaft, in: ders., *Demokratischer und autoritärer Staat. Studien zur politischen Theorie*, hg. und mit einem Nachwort von Herbert Marcuse, Frankfurt/M. 1986, S. 31-81.

Neves, Marcelo: *Symbolische Konstitutionalisierung*, Berlin 1998.

Nicol, Danny: The Legal Constitution: United Kingdom Parliament and European Court of Justice, in: *The Journal of Legislative Studies* 5 (1999), S. 135-151.

Niesen, Peter: Volk-von-Teufeln-Republikanismus. Zur Frage nach den moralischen Ressourcen der liberalen Demokratie, in: Wingert, Lutz/Günther, Klaus (Hg.), *Die Öffentlichkeit der Vernunft und die Vernunft der Öffentlichkeit*, Frankfurt/M. 2001, S. 568-604.

Niesen, Peter: Die politische Theorie des politischen Liberalismus: John Rawls, in: *Politische Theorien der Gegenwart II*, 2. erw. und aktualisierte Aufl., Opladen 2006, S. 27-64.

Nippel, Wilfried: *Mischverfassungstheorie und Verfassungsrealität in Antike und früher Neuzeit*, Stuttgart 1980.

Nippel, Wilfried: ,Klassischer Republikanismus' in der Zeit der Englischen Revolution, in: Schuller, Wolfgang (Hg.), *Antike in der Moderne*, Konstanz 1985, S. 211-224.

Nippel, Wilfried: Bürgerideal und Oligarchie. ,Klassischer Republikanismus' aus althistorischer Sicht, in: Königsberger, Helmut (Hg.), *Republiken und Republikanismus im Europa der Frühen Neuzeit*, München 1988, S. 1-18.

Nippel, Wilfried: Antike und moderne Freiheit, in: Jens, Walter u.a. (Hg.), *Ferne und Nähe der Antike*, Berlin/New York 2003, S. 49-68.

Nipperdey, Thomas: Nationalidee und Nationaldenkmal in Deutschland im 19. Jahrhundert, in: *Historische Zeitschrift* 206 (1968), S. 529-585.

Nipperdey, Thomas: Verein als soziale Struktur in Deutschland im späten 18. und frühen 19. Jahrhundert, in: ders., *Gesellschaft, Kultur, Theorie*, Göttingen 1976, S. 174-205.

Nipperdey, Thomas: *Deutsche Geschichte 1800-1866. Bürgerwelt und starker Staat*, München 1983.

Noetzel, Thomas: Max Webers ,neue Menschen'–das Leben als Bewährungsaufstieg, in: Klein, Ansgar/Nullmeier, Frank (Hg.), *Masse – Macht – Emotionen. Zu einer politischen Soziologie der Emotionen*, Opladen 1999, S. 102- 115.

Nolte, Paul: *Staatsbildung als Gesellschaftsreform. Politische Reformen in Preußen und den süddeutschen Staaten 1800-1820*, Frankfurt/M. 1990.

Nolte, Paul: Gemeindeliberalismus. Zur lokalen Entstehung und sozialen Verankerung der liberalen Partei in Baden 1831-1855, in: *Historische Zeitschrift* 252 (1991), S. 57-93.

Nolte, Paul: Bürgerideal, Gemeinde und Republik. „Klassischer Republikanismus" im frühen deutschen Liberalismus, in: *Historische Zeitschrift* 254 (1992), S. 609-656.

Nolte, Paul: Der südwestdeutsche Frühliberalismus in der Kontinuität der Frühen Neuzeit, in: *GWU* 43 (1992), S. 743-756.

Nolte, Paul: Die badischen Verfassungsfeste im Vormärz. Liberalismus, Verfassungskultur und soziale Ordnung in den Gemeinden, in: Hettling/Nolte (Hg.), *Bürgerliche Feste. Symbolische Formen politischen Handelns im 19. Jahrhundert*, Göttingen 1993, S. 63-94.

Nolte, Paul: *Gemeindebürgertum und Liberalismus in Baden 1800-1850. Tradition – Radikalismus – Republik*, Göttingen 1994.

Nullmeier, Frank: Symbol und Demokratie, Souveränität und Verfassung, in: Buchstein, Hubertus/ Schmalz-Bruns, Rainer (Hg.), *Politik der Integration. Symbole, Repräsentation, Institution. Festschrift für Gerhard Göhler zum 65. Geburtstag*, Baden-Baden 2006, S. 261-279.

Oakeshott, Michael: *Rationalism in Politics and other Essays*, Indianapolis 1991.

Oertzen, Peter v.: *Die soziale Funktion des staatsrechtlichen Positivismus*, Frankfurt/M. 1974.

Oestreich, Gerhard: Vom Herrschaftsvertrag zur Verfassungsurkunde. Die Regierungsformen des 17. Jahrhunderts als konstitutionelle Instrumente, in: Vierhaus, Rudolf (Hg.), *Herrschaftsverträge, Wahlkapitulationen, Fundamentalgesetze*, Göttingen 1977, S. 45-67.

Oestreich, Gerhard: Die Entwicklung der Menschenrechte, in: Bettermann/Neumann/Nipperdey (Hg.), *Die Grundrechte. Handbuch der Theorie und Praxis der Grundrechte*, Berlin 1966, S. 1-123.

Oeter, Stefan: Souveränität und Demokratie als Probleme in der Verfassungsentwicklung der Europäischen Union, in: *Zeitschrift für ausländisches öffentliches Recht und Völkerrecht* 55 (1995), S. 659-712.

Offe, Claus: Fessel und Bremse. Moralische und institutionelle Aspekte ,intelligenter Selbstbeschränkung', in: Honneth/ McCarthy/ Offe/ Wellmer (Hg.), *Zwischenbetrachtungen – Im Prozess der Aufklärung, Jürgen Habermas zum 60. Geburtstag*, Frankfurt/M. 1989, S. 739-774.

Ott, Walter: *Der Rechtspositivismus. Kritische Würdigung auf der Grundlage eines juristischen Pragmatismus*, 2. überarb. Aufl. Berlin 1992.

Ottow, Raimund: *Markt-Republik-Tugend. Probleme gesellschaftlicher Modernisierung im britischen politischen Denken 1670-1790*, Berlin 1996.

Ottow, Raimund: Politische Institutionen und der Ort der Tugend im politischen Diskurs der frühen Neuzeit, in: Greven, Michael, Th. u.a. (Hg.), *Bürgersinn und Kritik*, Baden-Baden 1998, S. 151-183. [wieder abgedruckt als Dresdner Beiträge zur Politischen Theorie und Ideengeschichte, Nr. 1/1999].

Ottow, Raimund: David Hume, Moralische, politische und literarische Essays, in: Brocker, Manfred (Hg.), *Geschichte des politischen Denkens*, Frankfurt/M. 2007, S. 288-302.

Ottow, Raimund: *Ancient Constitution: Diskurse über Politik, Recht, Kirche und Gesellschaft in England vom Spätmittelalter bis zum Ende der Regierungszeit Elizabeth' I*, Baden-Baden 2011.

Ozouf, Mona: *La fête revolutionnaire: 1789-1799*, Paris 1989.

Oz-Salzberger, Fania: *Translating the Enlightenment. Scottish Civic Discourse in Eighteenth-Century Germany*, Oxford 1995.

Palmer, Robert Roswell: *Age of the Democratic Revolution. A Political History of Europe and America, 1760-1800*, 2 Bde., Princeton 1959-64.

Palumbo, Antonio/Scott, Alan: Weber, Durkheim and the sociology of the modern state, in: Ball, Terence/Bellamy, Richard (Hg.), *The Cambridge History of Twentieth-Century Political Thought*, Cambridge 2003, S. 368-391.

Paulus, Andreas L.: Zur Zukunft der Völkerrechtswissenschaft in Deutschland: Zwischen Konstitutionalisierung und Fragmentierung des Völkerrechts, in: *ZaöRV* 67 (2007), S. 695-719.

Pasquino, Pasquale: The constitutional republicanism of Emmanuel Sieyès, in: Fontana, Bincamaria (Hg.), *The invention of the modern republic*, Cambridge 1994, S. 107-117.

Patten, Allen: The Republican Critique of Liberalism, in: *British Journal of Political Science* 26 (1996), S. 25-44.

Patterson, Annabel: *Early Modern Liberalism*, Cambridge 1997.

Paul, Ina Ulrike: *Württemberg 1797-1816/19. Quellen und Studien zur Entstehung des württembergischen Staates*, München 2005.

Pauly, Walter: Hegel und die Frage nach dem Staat, in: *Der Staat* 39 (2000), S. 381-396.

Pauly, Walter: *Der Methodenwandel im deutschen Spätkonstitutionalismus: ein Beitrag zu Entwicklung und Gestalt der Wissenschaft vom öffentlichen Recht im 19. Jahrhundert*, Tübingen 1993.

Pauly, Walter: Wissenschaft vom Verfassungsrecht: Deutschland, in: Handbuch Ius Publicum Europeum, Band 2, hg. von Armin von Bogdandy u.a., Heidelberg 2008, S. 463-490.

Peters, Anne: Compensating Constitutionalism: The Function and Potential of Fundamental International Norms and Structures, in: *Leiden Journal of International Law* 19 (2006), S. 579-610.

Peters, Wilfried: *Späte Reichspublizistik und Frühkonstitutionalismus. Zur Kontinuität von Verfassungssystemen an nord- und mitteldeutschen Konstitutionalismusbeispielen*, Frankfurt/Bern u.a. 1993.

Pettit, Philip: *Republicanism. A Theory of Freedom and Government*, Oxford 1997.

Phillipson, Nicholas: Adam Smith as civic moralist, in: Hont, Istvan/Ignatieff, Michael (Hg.), *Wealth and virtue. The Shaping of Political Economy in the Scottish Enlightenment*, Cambridge 1983, S. 179-202.

Pieroth/Schlink (Hg.), *Grundrechte. Staatsrecht II*, 22. neubearb. Aufl., Heidelberg 2006.

Pinkard, Terry: Kant, Citizenship, and Freedom, in: Höffe, Otfried (Hg.), *Immanuel Kant– Metaphysische Anfangsgründe der Rechtslehre*, Berlin 1999, S. 155-172.

Platon: *Sämtliche Dialoge, Band VII: Gesetze*, hg. von Otto Apelt, Hamburg 1998.

Plenge Johann: *1789 und 1914. Die symbolischen Jahre in der Geschichte des politischen Geistes*, Berlin 1916.

Pocock, John G.A.: The History of Political Thought: A Methodological Inquiry, in: Laslett, Peter/ Runciman, W.G. (Hg.), *Philosophy, Politics and Society*, Oxford 1962, S. 183-202.

Pocock, John G.A.: The Origins of Study of the Past-A Comparative Approach, in: *Comparative Studies in Society and History* 4 (1962), S. 209-246.

Pocock, John G.A.: *The Machiavellian Moment. Florentine Political Thought and the Atlantic Republican Tradition*, Princeton 1975.

Pocock, John G.A.: The Ideal of Citizenship Since Classical Times, in: *Queen's Quarterly* 99 (1992), S. 33-55.

Pocock, John G.A.: *Die andere Bürgergesellschaft. Zur Dialektik von Tugend und Korruption*, Frankfurt/M. 1993.

Pocock, John G.A.: Die Mobilität des Eigentums und die Entstehung der Soziologie des 18. Jahrhunderts, in: ders., *Die andere Bürgergesellschaft. Zur Dialektik von Tugend und Korruption*, Frankfurt/M. 1993, S. 60-96.

Pocock, John G.A.: Autorität und Eigentum. Die Frage nach den liberalen Ursprüngen, in: ders., *Die andere Bürgergesellschaft. Zur Dialektik von Tugend und Korruption*, Frankfurt/New York 1993, S. 97-133.

Pocock, John G.A.: Tugenden, Rechte, Umgangsformen, in: ders., *Die andere Bürgergesellschaft. Zur Dialektik von Tugend und Korruption*, Frankfurt/New York 1993, S. 134-157.

Pöggeler, Wolfgang: *Die deutsche Wissenschaft vom englischen Staatsrecht. Ein Beitrag zur Rezeptions- und Wissenschaftsgeschichte 1748-1914*, Berlin 1995.

Pohle, Peter: *System der Staats- und Nationalerziehung bei K.H.L. Pölitz und ihre philosophischen Grundanschauungen*, Münster 1936.

Pölitz, Karl Heinrich Ludwig: Daß der Geist der wahren Sittlichkeit die einzige sichere Stütze der Verfassung eines Volkes sey, in: *Verm. Schriften* Bd. 2, Leipzig 1799, S. 134-138.

Pölitz, Karl Heinrich Ludwig: Daß die fortdauernde Verjüngung eines Staates zunächst von der fortdauernden Veredelung der Erziehung abhänge, in: *Verm. Schriften*, Bd.2, Leipzig 1799, S. 149-157.

Pölitz, Karl Heinrich Ludwig: *Über das Verhältnis des Studiums der sächsischen Geschichte zur Belebung und Erhöhung eines reinen Patriotismus: erste Vorlesung beim Antritte des ordentlichen Lehramts der sächsischen Geschichte und Statistik auf der Universität Leipzig*, Leipzig 1815.

Pölitz, Karl Heinrich Ludwig: *Die Staatswissenschaften im Lichte unserer Zeit*, 5 Bde., 2. Aufl., Leipzig 1827/28.

Pölitz, Karl Heinrich Ludwig: Die drei politischen Systeme, in: *Jahrbücher der Geschichte und Staatskunst* 1828, S. 1-28.

Pölitz, Karl Heinrich Ludwig: Die Emancipation des dritten Standes, in: *Jahrbücher der Geschichte und Staatskunst*, Bd.2, 1830, S. 518- 534.

Pölitz, Karl Heinrich Ludwig: *Das constitutionelle Leben, nach seinen Formen und Bedingungen*, Leipzig 1831.

Pölitz, Karl Heinrich Ludwig: Geschichtl. Pol. Andeutungen über die neue Verfassung des Churstaates Hessen vom 5.Jan. 1831, in: *Jb. d. Gesch. und Staatskunst*, März 1831, S. 241-261.

Pölitz, Karl Heinrich Ludwig: (Rezension) Friedrich Ancillon. Über die Staatswissenschaften, in: *Verm. Schriften*, Bd. 2, Leipzig 1831, S. 288-346.

Pölitz, Karl Heinrich Ludwig: (Rezension) Siegmund Martin, Über die Verfassungsurkunde Churhessens, in: *Jb. d. Gesch. und Staatskunst*, März 1831, S. 262-265

Pölitz, Karl Heinrich Ludwig: (Rezension) Theodor Welcker, Die vollkommene und ganze Preßfreiheit, in: *Jb. d. Gesch. u. Staatskunst*, Bd.1/1831, S. 277-283.

Pölitz, Karl Heinrich Ludwig: Der Höhepunkt der Civilisation, in: *Jb. d. Gesch. und Staatskunst*, Jan. 1831, S. 1-21.

Pölitz, Karl Heinrich Ludwig: Über Napoleons Ausspruch: ‚Alles für das Volk, nichts durch das Volk, in: *Vermischte Schriften*, Bd.1, Leipzig 1831, S. 120-137.

Pölitz, Karl Heinrich Ludwig: Geschichtliche Andeutungen über die Anwendung des Systems der Reformen in monarchischen und republikanischen Staaten, in: *Verm. Schriften*, Bd.1, Leipzig 1831, S. 94-105.

Pölitz, Karl Heinrich Ludwig: Das Verfassungsrecht, nach seinen beiden Gestaltungen als Wissenschaft, in: *Vermischte Schriften* Bd.1, Leipzig 1831, S. 295-312.

Pölitz, Karl Heinrich Ludwig: Die drei Systeme der Staatswirtschaft in Beziehung auf die Staatsverwaltung im Königreiche Sachsen, in: *Verm. Schriften* Bd.1, Leipzig 1831, S. 263-294.

Pölitz, Karl Heinrich Ludwig: Die geschichtliche Unterlage des innern Staatslebens, in: *Verm. Schriften* Bd.1, Leipzig 1831, S. 106-119.

Pölitz, Karl Heinrich Ludwig: *Staatswissenschaftliche Vorlesungen für die gebildeten Stände in constitutionellen Staaten*, (3 Bde.), Leipzig 1831-33.

Pölitz, Karl Heinrich Ludwig: *Die europäischen Verfassungen seit dem Jahre 1789 bis auf die neueste Zeit. Mit geschichtlichen Erläuterungen und Einleitungen*, 2. neugeordn., berichtigte und erg. Auflage, 4 Bände, Leipzig 1832.

Pölitz, Karl Heinrich Ludwig: Über meine Ansicht von der Censur, in: *Jb. d. Gesch. u. Staatsk.*, Sept. (II/1832), S. 243-249.

Pölitz, Karl Heinrich Ludwig: (Rezension) Wilhelm Traugott Krug. Der falsche Liberalismus unserer Zeit, in: *Jb. d. Gesch. und Staatskunst* Okt. (II/1832), S. 365-369.

Pölitz, Karl Heinrich Ludwig: (Rezension) Friedrich Murhard. Über Widerstand, Empörung, und Zwangsübung der Staatsbürger gegen die bestehende Staatsgewalt, in: *Jb. d. Gesch. und Pol.* (II/1832), S. 369-373.

Pölitz, Karl Heinrich Ludwig: (Rezension) Friedrich Murhard. Der Zweck des Staates, in: *Jb. d. Gesch. und Pol.* (II/1832), S. 170-181.

Pölitz, Karl Heinrich Ludwig: *Die Europäischen Verfassungen seit dem Jahr 1789 bis auf unsere Zeit*, zweite neugeordnete, berichtigte und ergänzte Aufl., 1832 [Nachdruck Hildesheim u.a. 1999]

Pölitz, Karl Heinrich Ludwig: (Rezension) D. Karl Ed. Weiß, System des öffentlichen Rechts des Großherzogtums Hessen, in: *Jb. d. Gesch. und Pol.*, Sept.1837 (II, 1837), S. 278-280.

Pölitz, Karl Heinrich Ludwig: (Rezension) Karl Rotteck. Sammlung kleinerer Schriften meist histor. oder politischen Inhalts, in: *Jb. d. Gesch. und Pol.*, (I/1837), S. 354-360.

Pölitz, Karl Heinrich Ludwig: Ancillon als politischer Schriftsteller, in: *Jb. d. Gesch. und Pol.* Okt. 1837, S. 289-313.

Pölitz, Karl Heinrich Ludwig: Guizot, der Bewegungspartei gegenüber, in: *Jb. d. Gesch. und Pol.*, Sept. 1837 (II/1837), S.248-266.

Pölitz, Karl Heinrich Ludwig: Über die Krisen der Verfassungen in größern Staaten, in: *Jb. d. Gesch. und Politik*, (I/1837), S. 243-261.

Pölitz, Karl Heinrich Ludwig: Andeutungen über die wesentliche Verschiedenheit des constitutionellen Systems in Großbritannien und Frankreich, in: *Jb. d.Gesch. und Politik*, Jan.1837 (I/1837), S. 1-26.

Pölitz, Karl Heinrich Ludwig: Die Herrschaft der materiellen Interessen, in: *Neue Jahrbücher der Geschichte, der Staats- und Cameralwissenschaften*, Bd.1, 1838, S.1-26.

Preuß, Hugo: *Selbstverwaltung, Gemeinde, Staat, Souveränität*, Tübingen 1908.

Preuß, Hugo: *Gesammelte Schriften*, Vierter Band: Politik und Verfassung in der Weimarer Republik, Tübingen 2008.

Preuß, Ulrich K.: *Revolution, Fortschritt und Verfassung. Zu einem neuen Verfassungsverständnis*, Berlin 1990.

Preuß, Ulrich K.: *Zum Begriff der Verfassung*, Frankfurt/M. 1994.

Preuß, Ulrich K.: Der Begriff der Verfassung und ihre Beziehung zur Politik, in: ders., *Zum Begriff der Verfassung. Die Ordnung des Politischen*, Frankfurt/M. 1994, S. 7-33.

Preuß, Ulrich K.: The Political Meaning of Constitutionalism, in: Bellamy, Richard (Hg.), *Constitutionalism, Democracy, and Sovereignty: American and European Perspectives*, Aldershorst/Brookfield 1996, S. 11-31.

Preuß, Ulrich K.: Art. Verfassung, in: *Historisches Wörterbuch der Philosophie*, Band 11, Darmstadt 2001, S. 635-643.

Pröve, Ralf: *Stadtgemeindlicher Republikanismus und die ‚Macht des Volkes'. Civile Ordnungsformationen und kommunale Leitbilder politischer Partizipation in den deutschen Staaten vom Ende des 18. bis zur Mitte des 19. Jahrhunderts*, Göttingen 2000.

Prodi, Paolo: *Das Sakrament der Herrschaft. Der politische Eid in der Verfassungsgeschichte des Okzidents*, Berlin 1997.

Puchta, Georg Friedrich: *Gewohnheitsrecht, Band 2*, Leipzig 1837.

Quaritsch, Helmut (Red.), *Gegenstand und Begriffe der Verfassungsgeschichtsschreibung* (=Der Staat, Beiheft 6), Berlin 1983.

Radkau, Joachim: *Max Weber. Die Leidenschaft des Denkens*, München 2005.

Radkau, Joachim: *Das Zeitalter der Nervosität. Deutschland zwischen Bismarck und Hitler*, München 1998.

Rahe, Paul A.: *Republics Ancient and Modern* (3 Bde.), Chapel Hill/London 1994.

Rahe, Paul A.: The Classical Republicanism of John Milton, in: *History of Political Thought* 25 (2004), S. 243-275.

Recker, Marie-Luise (Hg.): *Parlamentarismus in Europa. Deutschland, Frankreich und England im Vergleich*, München 2004.

Rehm, Michaela: Ein rein bürgerliches Glaubensbekenntnis: Zivilreligion als Vollendung des Politischen?, in: Brandt, Reinhard/Herb, Karl Friedrich (Hg.), *Jean-Jacques Rousseau. Vom Gesellschaftsvertrag oder Prinzipien des Staatsrechts*, Berlin, S. 213-239.

Rehberg, Karl-Siegbert: Institutionen als symbolische Ordnungen, in: Göhler, Gerhard (Hg.), *Die Eigenart der Institutionen*, Baden-Baden 1994, S. 47-84.

Rehberg, Karl-Siegbert: Die Öffentlichkeit der Institutionen, in: Göhler, Gerhard (Hg.), *Macht der Öffentlichkeit – Öffentlichkeit der Macht*, Baden-Baden 1995, S. 181-211.

Rehberg, Karl-Siegbert: Die stabilisierende "Fiktionalität" von Präsenz und Dauer. Institutionelle Analyse und historische Forschung, in: Reinhard Blänkner, Reinhard/Jussen, Bernhard (Hg.), *Institutionen und Ereignis. Über historische Praktiken und Vorstellungen gesellschaftlichen Ordnens*, Göttingen 1998, S. 381-407.

Rehberg, Karl-Siegbert: Weltrepräsentanz und Verkörperung. Institutionelle Analyse und Symboltheorien. Eine Einführung in systematischer Absicht, in: Melville, Gert (Hg.): *Institutionalität und Symbolisierung*. Köln/Weimar/Wien: Böhlau 2001, S. 3-49.

Rehberg, Karl-Siegbert: Präsenzmagie und Zeichenhaftigkeit. Institutionelle Formen der Symbolisierung, in: Althoff, Gerd (Hg.), *Zeichen, Rituale, Werte*, Münster 2004, S. 19-36.

Reichardt, Rolf: Zur Geschichte politischer sozialer Begriffe in Frankreich zwischen Absolutismus und Restauration, in: *Zeitschrift für Literaturwissenschaft und Linguistik*, 47 (1982), S. 49-74.

Reichardt, Rolf: Historische Semantik zwischen lexicométrie und New Cultural History. Einführende Bemerkungen zur Standortbestimmung, in: Reichardt, Rolf (Hg.), *Aufklärung und historische Semantik*, Berlin 1998, S. 7-28.

Reichert, Klaus (Hg.): *Recht, Geist und Kunst*, Baden-Baden 1996.

Reinalter, Helmut: Republik und Republikanismus: zu Theorie und Begriff seit der Aufklärung, in: Böhler, M./Hofmann, E./Reill, P./Zurbuchen, S. (Hg.), *Republikanische Tugend: Ausbildung eines Schweizer Nationalbewusstseins und Erziehung eines neuen Bürgers*, Genf 2000, S. 489-502.

Reinalter, Helmut: Der Jakobinerpriester Joseph Rendler, Versuch einer Biographie, in: *Mitteilungen des Instituts für Österreichische Geschichtsforschung* 82 (1974), S. 377-402.

Reinhard, Wolfgang: *Geschichte der Staatsgewalt. Eine vergleichende Verfassungsgeschichte Europas von den Anfängen bis zur Gegenwart*, München 1999.

Reinhard, Wolfgang: Glanz und Elend deutscher Rechtswissenschaft. Rezension von Michael Stolleis' Geschichte des öffentlichen Rechts in Deutschland (1600-1945), in: *Neue Politische Literatur* 45 (2000), S. 365-372.

Remmele, Konrad: Bürgerliche Freiheit ohne verfassungsrechtliche Freiheitsverbürgungen? Zur Diskussion um das Fehlen der Grundrechte in der Verfassung des Deutschen Reiches von 1871, in: Dilcher, Gerhard u.a. (Hg.), *Grundrechte im 19. Jahrhundert*, Frankfurt/M. 1982, S. 189-213.

Rendler, Joseph: Erklär- und Erläuterung der Rechte und Pflichten des Menschen, zur Gründung des bürgerlichen Glücksstandes abgefasst und angenommen in der Volksversammlung zu [wahrscheinlich 1793/1794], abgedruckt in: Dippel, Hors (Hg.): *Die Anfänge des Konstitutionalismus in Deutschland. Texte deutscher Verfassungsentwürfe am Ende des 18. Jahrhunderts*, Frankfurt/M. 1991, S. 51-67.

Ribhegge, Wilhelm: Das Parlament als Nation. Die Frankfurter Nationalversammlung 1848/49, in: *APuZ* 3-4/98, S. 11-27.

Richter, Melvin: Conceptual History (Begriffsgeschichte) and Political Theory, in: *Political Theory*, 14 (1986), S. 604-637.

Richter, Melvin: Begriffsgeschichte and the History of Ideas, in: *Journal of the History of Ideas*, 48 (1987), S. 247-263.

Richter, Melvin: Reconstructing the history of Political Languages: Pocock, Skinner and the Geschichtliche Grundbegriffe, in: *History and Theory*, 24. Jg. (1990), S. 38-70.

Ridley, F.F.: There is no British Constitution: A Dangerous Case of the Emperor's Clothes, in: *Parliamentary Affairs* 41 (1988), S. 340-361.

Riedel, Manfred: Der Begriff der ‚Bürgerlichen Gesellschaft' und das Problem seines geschichtlichen Ursprungs, in: ders., *Studien zu Hegels Rechtsphilosophie*, Frankfurt/M. 1970, S. 135-166.

Riedel, Manfred: Art. Bürgerliche Gesellschaft, in: Brunner/Conze/Koselleck (Hg.), *Geschichtliche Grundbegriffe*, Band 2, Stuttgart 1975, S. 719-800.

Riedel, Manfred: Politik und Geschichte. F.C. Dahlmann und der Ausgang der Aristoteles-Tradition, in: ders., *Methaphysik und Metapolitik. Studien zu Aristoteles und zur politischen Sprache der neuzeitlichen Philosophie*, Frankfurt/M. 1975, S. 307-329.

Riedel, Manfred: *Materialien zu Hegels Rechtsphilosophie*, 2 Bände, Frankfurt/M. 1975.

Riedel, Manfred: Der Staatsbegriff der deutschen Geschichtsschreibung des 19. Jh. in seinem Verhältnis zur klassisch-politischen Philosophie, in: ders., *Zwischen Tradition und Revolution. Studien zu Hegels Rechtsphilosophie*, erw. Neuausgabe, 1982, S. 139ff.

Riedel, Manfred: Die Rezeption der Nationalökonomie, in: ders., *Zwischen Tradition und Revolution*, Stuttgart 1982, S. 116-139.

Riethmüller, Jürgen: *Die Anfänge der Demokratie in Deutschland*, Neuried 2001.

Riklin, Alois: Montesquieus freiheitliches Staatsmodell. Die Identität von Machtteilung und Mischverfassung, in: *PVS* 30 (1989), S. 420-442.

Riklin, Alois: *Mischverfassung und Gewaltenteilung* (Beiträge und Berichte des Instituts für Politikwissenschaft der Hochschule St. Gallen), St. Gallen 1990.

Riklin, Alois: Das Republikmodell von James Harrington, in: *Zeitschrift für Politikwissenschaft* 8 (1998), S. 93-119.

Riklin, Alois: Die gewaltenteilige Mischverfassung Montesquieus im ideengeschichtlichen Zusammenhang, in: Weinhacht, Paul-Ludwig (Hg.), *Montesquieu 250 Jahre ‚Geist der Gesetze'*, Baden-Baden 1999, S. 15-29.

Riklin, Alois: *Machtteilung. Geschichte der Mischverfassung*, Darmstadt 2006.

Rimscha, Wolfgang von: *Die Grundrechte im süddeutschen Konstitutionalismus: zur Entstehung und Bedeutung der Grundrechtsartikel in den ersten Verfassungsurkunden von Bayern, Baden und Württemberg*, Köln 1973.

Ripstein, Arthur: *Force and Freedom. Kant's Legal and Political Philosophy*, Cambridge/London 2009.

Robbers, Gerhard: Die historische Entwicklung der Verfassungsgerichtsbarkeit, in: *Juristische Schulung* (JuS) 1990, S. 257-263.

Robbers, Gerhard: Die Staatsrechtslehre im 19. Jahrhundert, in: *Entstehung und Wandel verfassungsrechtlichen Denkens*. Tagung der Vereinigung für Verfassungsgeschichte in Hofgeismar, (=Beiheft 11 zu Der Staat), Berlin 1996, 103ff).

Robespierre, Maximilien de: *Ausgewählte Texte*, mit einer Einleitung von Carlo Schmid, Hamburg 1989.

Rochau, Ludwig August von: *Grundsätze der Realpolitik*, hg. und eingeleitet von Hans-Ulrich Wehler, Frankfurt/M. 1972.

Rodgers, Daniel T.: Republicanism: the Career of a Concept, in: *The Journal of American History*, 79 (1992), S. 11-38.

Rodgers, Daniel T.: Republicanism, in: Wightman Fox, Richard/Kloppenberg, James T. (Hg.), *A Companion to American Thought*, Oxford/Cambridge 1995, S. 584-587.

Roggentin, Mathias: *Über den Begriff der Verfassung in Deutschland im 18. und 19. Jahrhundert*, Hamburg 1979.

Rolin, Jan: *Der Ursprung des Staates. Die naturrechtlich-rechtsphilosophische Legitimation von Staat und Staatsgewalt im Deutschland des 18. und 19. Jahrhunderts*, Tübingen 2005.

Rosa, Hartmut: Ideengeschichte und Gesellschaftstheorie. Der Beitrag der Cambridge School zur Metatheorie, in: *PVS* 35 (1994), S. 197-223.

Rosenblatt, Helena: *Rousseau and Geneva. From the 'First Discourse' to the 'Social Contract' 1749-1762*, Cambridge 1997.

Rotteck, Karl von: Art. Constitution, constitutionelles Prinzip und System, in: ders./Welcker, Carl Theodor (Hg.), *Das Staats-Lexikon. Encyklopädie der sämmtlichen Staatswissenschaften für alle Stände*, Band 3, Altona 1836, S. 761-797.

Rotteck, Karl v.: Demokratisches Prinzip, demokratisches Element und Interesse, demokratische Gesinnung, in: ders./Welcker, Carl Theodor (Hg.), *Das Staats-Lexikon. Encyklopädie der sämmtlichen Staatswissenschaften für alle Stände*, Band 4, Altona 1837, S. 252-263.

Rotteck, Karl v.: Gemeingeist, in: ders *Gesammelte und nachgelassene Schriften*, Band 2, hg. von Hermann Rotteck, Pforzheim 1841/43, S. 5-31.

Rotteck, Karl v.: Brief an Heinrich Zschokke, in: *Gesammelte und nachgelassene Schriften*, Band 5, hg. von Hermann Rotteck, Pforzheim 1841/43, S. 149ff.

Rotteck, Karl v.: Der nordamerikanische Freiheitskampf, in: Geist aus Karl von Rottecks sämmtlichen Werken, Historische Fragmente usw. (2. Teil), Amsterdam 1843, S. 5-31.

Rotteck, Karl v.: Ein Wort über Landstände, in: ders., *Über Landstände und Volksvertretungen. Texte zur Verfassungsdiskussion im Vormärz*, hg. und mit einem Anhang versehen von Rainer Schöttle, Freiburg 1997.

Rousseau, Dominique: The Conseil Constitutionnel confronted with comparative law and the theory of constitutional justice (or Louis Favoreu's untenable paradoxes), in: *International Journal of Constitutional Law* 5 (2007), S. 28-43.

Rousseau, Jean-Jacques: *Bekenntnisse*, Leipzig 1955.

Rousseau, Jean-Jacques: Vom Gesellschaftsvertrag, in: ders., *Politische Schriften* Band 1, hg. von Ludwig Schmidt, Stuttgart 1977, S. 59-208.

Rousseau, Betrachtungen über die Regierung Polens, in: ders., *Sozialphilosophische und Politische Schriften*, hg. und mit Anmerkungen versehen von Eckhart Koch, Düsseldorf/Zürich 1996, S.563-661.

Rousseau, Jean-Jacques: *Sozialphilosophische und politische Schriften*, Düsseldorf/ Zürich 1996.

Rückert, Joachim: *Autonomie des Rechts in rechtshistorischer Perspektive*. Hannover 1988.

Ruttmann, Ulrike: *Wunschbild – Schreckbild – Trugbild. Rezeption und Instrumentalisierung Frankreichs in der deutschen Revolution von 1848/49*, Stuttgart 2001.

Sandel, Michael: *Liberalismus oder Republikanismus: von der Notwendigkeit der Bürgertugend*, Wien 1995.

Savage, James D.: Corruption and Virtue at the Constitutional Convention, in: *Journal of Politics* 56 (1994), S. 174-186.

Savigny, Friedrich Carl v.: *System des heutigen römischen Rechts*, Band 1, Berlin 1840.

Scheel, Heinrich (Hg): *Jakobinische Flugschriften aus dem deutschen Süden Ende des 18. Jh.*, Neuaufl. Vaduz 1980.

Scheel, Heinrich: *Die Mainzer Republik*, 3 Bände, Berlin 1975.

Scheffel, Dieter: Kants kritische Verwerfung des Revolutionsrechts, in: Brandt, Reinhard (Hg.), *Rechtsphilosophie der Aufklärung*, Berlin/New York 1982, 178-217.

Scheuner, Ulrich: Hegel und die deutsche Staatslehre des 19. und 20. Jahrhunderts, in: *Studium Berolinese. Gedenkschrift zur 150. Wiederkehr des Gründungsjahres der Friedrich-Wilhelms-Universität zu Berlin*, Berlin 1960, S. 129-151.

Scheuner, Ulrich: Die Funktion der Verfassung für den Bestand der politischen Ordnung, in: Hennis/Kielmannsegg/Matz (Hg.), *Regierbarkeit. Studien zu ihrer Problematisierung*, Band 2, Stuttgart 1973.

Scheuner, Ulrich: Die Überlieferung der deutschen Staatsgerichtsbarkeit im 19. und 20.Jahrhundert, in: Starck, Christian (Hg.), *Bundesverfassungsgericht und Grundgesetz, Festgabe aus Anlass des 25jährigen Bestehens des Bundesverfassungsgerichts*, 1. Band, Tübingen 1976, S. 1-62.

Scheuner, Ulrich: Die rechtliche Tragweite der Grundrechte in der deutschen Verfassungsentwicklung des 19. Jahrhunderts, in: ders., *Staatstheorie und Staatsrecht. Gesammelte Schriften*, hg. von Joseph Listl und Wolfgang Rüfner, Berlin 1978, S. 633-663.

Scheuner, Ulrich: Begriff und rechtliche Tragweite der Grundrechte im Übergang von der Aufklärung zum 19. Jahrhundert, in: *Von der ständischen zur bürgerlichen Gesellschaft* [=Der Staat, Beiheft 4], Berlin 1980, S. 105-110.

Schieder, Theodor: Politische Ideengeschichte, in: *Historische Zeitschrift* 212 (1971), S. 615-622.

Schieder, Wolfgang: Das Scheitern des bürgerlichen Radikalismus und die sozialistische Parteibildung in Deutschland, in: Mommsen, Hans (Hg.), *Sozialdemokratie zwischen Klassenbewegung und Volkspartei*, Frankfurt/M. 1974, S. 17-34.

Schieder, Wolfgang (Hg.): *Liberalismus in der Gesellschaft des deutschen Vormärz*, Göttingen 1983.

Schiera, Pierangelo: *Laboratorium der bürgerlichen Welt. Deutsche Wissenschaft im 19. Jahrhundert*, Frankfurt/M. 1992.

Schieren, Stefan: *Großbritannien*, Schwalbach/Ts. 2010.

Schild, Wolfgang: Die der Natur des Menschen einzig angemessene Republik des Ernst Gottlob Morgenbesser, in: Brandt, Reinhard (Hg.), *Rechtsphilosophie der Aufklärung*, Berlin/New York 1982, S. 424-456.

Schild, Wolfgang: Mut und Hoch-Muth eines deutschen Aufklärers. Zu Ernst Gottlob Morgenbesser (1755-1824), in: Ernst Gottlob Morgenbesser, *Beiträge zum republikanischen Gesetzbuche*, Freiburg u.a. 2000, S. 171-301.

Schilling, Heinz: Gab es im späten Mittelalter und zu Beginn der Neuzeit in Deutschland einen städtischen „Republikanismus"?, in: Königsberger, Helmut (Hg.), *Republiken und Republikanismus im Europa der Frühen Neuzeit*, München 1988, S. 101-143.

Schilling, Heinz: Stadt und frühmoderner Territorialstaat: Stadtrepublikanismus versus Fürstensouveränität. Die politische Kultur des deutschen Stadtbürgertums in der Konfrontation mit dem frühmodernen Staatsprinzip, in: Stolleis, Michael (Hg.), *Recht, Verfassung und Verwaltung in der neuzeitlichen Stadt*, Köln 1991, S. 19-39.

Schindler, Dietrich: *Verfassungsrecht und soziale Struktur*, Zürich 1950.

Schlegel, Friedrich: Versuch über den Begriff des Republikanismus [1796], in: ders., *Studien zur Geschichte und Politik*, Band VII der Kritischen Friedrich-Schlegel-Ausgabe, hg. von Ernst Behler, München u.a. 1966, S. 11-25.

Schlink, Bernhard: Paul Laband als Politiker, in: *Der Staat* 31 (1992), S. 535-569.

Schluchter, Wolfgang: *Rationalismus der Weltbeherrschung. Studien zu Max Weber*, Frankfurt/M. 1980.

Schlüter, Bernd: *Reichwissenschaft, Staatsrechtslehre, Staatstheorie und Wissenschaftspolitik im Deutschen Kaiserreich am Beispiel der Reichsuniversität Straßburg*, Frankfurt/M. 2004.

Schmale, Wolfgang: Artikel Constitution, constitutionnel, in: Reichardt, Rolf/Schmitt, Eberhardt/Lüsebrink, Hans-Jürgen (Hg.), *Handbuch politisch-sozialer Grundbegriffe*, München 1985 ff., Heft 12 (*1992*), S. 31-63

Schmidt, Christian Hermann: *Vorrang der Verfassung und konstitutionelle Monarchie*, Berlin 2000.

Schmidt, Rainer: *Die Wiedergeburt der Mitte Europas*, Berlin 2001.

Schmidt, Rainer/Vorländer, Hans: Art. Politik, in: Honecker, Martin/Dahlhaus, Horst u.a. (Hg.), *Evangelisches Soziallexikon*, Stuttgart: Kohlhammer, 2001, S. 1250-1255.

Schmidt, Rainer: *Republikanischer Konstitutionalismus in Deutschland. Anmerkungen zu Karl Heinrich Ludwig Pölitz' politischem Denken im Vormärz*. Dresdner Beiträge zur politischen Theorie und Ideengeschichte, Heft 4/2002.

Schmidt, Rainer: Die politische Theorie der Rationalisierung: Max Weber, in: Brodocz, André/Schaal, Gary (Hg.), *Politische Theorien der Gegenwart I. Eine Einführung*, Opladen 2002, S. 372-398.

Schmidt, Rainer: Art. Michael Oakeshott, in: Riescher, Gisela (Hg.), *Politische Theorie der Gegenwart in Einzeldarstellungen*, Stuttgart 2004, S. 355-357.

Schmidt, Rainer: Sichtbares Recht und unsichtbare Politik? Zur Auseinandersetzung zwischen Rechtspositivismus und Verfassungspolitologie, in: Brodocz, André u.a.(Hg.), *Institutionelle Macht. Genese–Verstetigung–Verlust*, Köln/Wien/Weimar, 2005, S. 213-230.

Schmidt, Rainer: Macht, Autorität, Charisma. Deutungsmacht in Max Webers Herrschaftssoziologie, in: Vorländer, Hans (Hg.), *Die Deutungsmacht der Verfassungsgerichtsbarkeit*, Wiesbaden 2006, S. 37-55.

Schmidt, Rainer: Ideengeschichte und Institutionentheorie. Begriffe, Diskurse und institutionelle Mechanismen als Bausteine für ein Modell der Ideengeschichtsschreibung, in: Bluhm, Harald/ Gebhardt, Jürgen (Hg.), *Politische Ideengeschichte im 20. Jahrhundert*, Baden-Baden 2006, S. 71-88.

Schmidt, Rainer: Erfahrung und politische Urteilskraft, in: Brodocz, André (Hg.), *Erfahrung als Argument. Zur Renaissance eines ideengeschichtlichen Grundbegriffs*, Baden-Baden 2007, S. 73-87.

Schmidt, Rainer: Art. Oakeshott, in: Rössler/Gosepath/Hinsch (Hg.), *Handbuch Politische Philosophie und Sozialphilosophie*, Berlin: de Gruyter, 2007, S. 923-924.

Schmidt, Rainer: Aufstieg und Fall. Machiavelli und die Unvereinbarkeit von politischer Freiheit und territorialer Größe, in: *Germanisch-Romanische Monatsschrift, Neue Folge*, Band 58, Heft 1 (2008), S. 57-73

Schmidt, Rainer: Walter Bagehot, in: Voigt, Rüdiger/Weiß, Ulrich (Hg.), *Handbuch Staatsdenker*, Stuttgart: Franz Steiner Verlag, 2010, S. 36-39

Schmidt, Rainer: Friedrich Christoph Dahlmann, in: Voigt, Rüdiger/Weiß, Ulrich (Hg.), *Handbuch Staatsdenker*, Stuttgart: Franz Steiner Verlag, 2010, S. 96-99

Schmidt, Rainer: Otto von Gierke, in: Voigt, Rüdiger/Weiß, Ulrich (Hg.), *Handbuch Staatsdenker*, Stuttgart: Franz Steiner Verlag, 2010, S. 134-138.

Schmidt, Rainer: Karl von Rotteck, in: Voigt, Rüdiger/Weiß, Ulrich (Hg.), *Handbuch Staatsdenker*, Stuttgart: Franz Steiner Verlag, 2010, S. 353-357.

Schmidt, Rainer: Max Webers Staatsbegriff, in: Bergbauer, Harald (Hg.), *Der Staat im Werk bedeutender Kulturdenker*, Baden-Baden: Nomos, 2012, i.V.

Schmidt-Aßmann, Eberhard: *Der Verfassungsbegriff in der deutschen Staatslehre der Aufklärung und des Historismus*, Berlin 1967.

Schmitt, Carl: Das Reichsgericht als Hüter der Verfassung (1929), in: ders., *Verfassungsrechtliche Aufsätze*, 3. Aufl., Berlin 1985, S. 63-109.

Schmitt, Carl: *Verfassungslehre*, 9. Aufl., Berlin 2003.

Schmoll, Friedemann: *Verewigte Nation. Studien zur Erinnerungskultur von Reich und Einzelstaat im württembergischen Denkmalkult des 19. Jahrhunderts*, Stuttgart 1995.

Schöllgen, Gregor: Last einer großen Nation. Max Weber als Nationalist und Rassentheoretiker, in: *Frankfurter Allgemeine Zeitung* vom 12. Okt. 1994.

Schöllgen, Gregor: *Max Weber*, München 1998.

Schönberger, Christoph: *Das Parlament im Anstaltsstaat. Zur Theorie parlamentarischer Repräsentation in der Staatsrechtslehre des Kaiserreichs (1871-1918)*, Frankfurt/M. 1997.

Schönberger, Christoph: Der neuzeitliche Staat und sein Recht, (Rezension von Michael Stolleis: Geschichte des öffentlichen Rechts, Bd.2) in: Gerhardt, Volker u.a. (Hg.), *Politisches Denken. Jahrbuch 1994*, Stuttgart/ Weimar 1995, S. 207-212.

Schönberger, Christoph: Die überholte Parlamentarisierung. Einflussgewinn und fehlende Herrschaftsfähigkeit des Reichstags im sich demokratisierenden Kaiserreich, in: *Historische Zeitschrift* 272 (2001), S. 623-666.

Schöttle, Rainer: *Politische Theorien des süddeutschen Liberalismus im Vormärz. Studien zu Rotteck, Welcker, Pfizer, Murhard*, Baden-Baden 1994.

Schöttle, Rainer: Karl von Rotteck und die Entwicklung des bürgerlichen Parlamentarismus in Deutschland, in: Karl von Rotteck, *Über Landstände und Volksvertretungen: Texte zur Ver-*

fassungsdiskussion im Vormärz, hrsg. und mit einer Einl. versehen von Rainer Schöttle, Freiburg u.a. 1997, S. 177-210.

Scholler, Heinrich (Hg.): *Die Grundrechtsdiskussion in der Paulskirche*, Darmstadt 1973.

Schrader, Fred E.: Zur historischen Semantik von deutsch/Deutschland und Repräsentation in der französischen politischen Publizistik (ca. 1650-1820), in: Reichardt, Rolf (Hg.), *Aufklärung und historische Semantik*, Berlin 1998, S. 45-60.

Schröder, Hans-Christoph: Ancient Constitution. Vom Nutzen und Nachteil der ungeschriebenen Verfassung Englands, in: Vorländer, Hans (Hg.), *Integration durch Verfassung, Wiesbaden 2002*, S. 137-212.

Schröder, Rainer: Naturrecht und soziale Reform oder soziale Reform durch Naturrecht?, in: Klippel, Diethelm (Hg.), *Naturrecht im 19. Jahrhundert*, Goldbach 1997, S. 185-217.

Schuckert, Lothar: Einleitung, in: Montesquieu, *Größe und Niedergang Roms*, Frankfurt/M. 1980, S. VII-XXVI.

Schulz, Daniel: *Verfassung und Nation. Formen politischer Institutionalisierung in Deutschland und Frankreich*, Wiesbaden 2004.

Schulze, Reiner (Hg.): *Deutsche Rechtswissenschaft und Staatslehre im Spiegel der italienischen Rechtskultur*, 1990.

Schulze, Carola: *Frühkonstitutionalismus in Deutschland*, Baden-Baden 2002.

Schulze, Winfried: Vom Gemeinnutz zum Eigennutz. Über den Normenwandel in der ständischen Gesellschaft der Frühen Neuzeit, in: *Historische Zeitschrift*, Bd.243 (1986), S. 591-626.

Schulze Wessel, Julia: Macht und Ohnmacht der DDR-Verfassung, in: Brodocz, André u.a. (Hg.), *Institutionelle Macht. Genese–Verstetigung–Verlust*, Köln/Wien/Weimar, 2005, S. 439-452.

Schulze Wessel, Julia: Mächtiger Autor – ohnmächtiger Interpret. Die Verfassunggebung in der DDR, in: Vorländer, Hans (Hg.), *Die Deutungsmacht der Verfassungsgerichtsbarkeit*, Wiesbaden 2006, S. 363-378.

Schwabe, Klaus: *Wissenschaft und Kriegsmoral. Die deutschen Hochschullehrer und die politischen Grundfragen des Ersten Weltkrieges*, Göttingen 1969.

Schweber, Howard: *The Language of Liberal Constitutionalism*, Cambridge 2007.

Schwengelbeck, Matthias: *Die Politik des Zeremoniells. Huldigungsfeiern im langen 19. Jahrhundert*, Frankfurt/M. 2007.

Scott, Jonathan: Classical Republicanism in Seventeenth-century England and the Netherlands, in: Gelderen, Martin van/Skinner, Quentin (Hg.), *Republicanism. A Shared European Heritage*, Band 1, Cambridge 2002, S. 61-81.

Seifert, Jürgen: Verfassung in Hegels Philosophie des Rechts, in: Haney, Gerhard (Hg.), *Recht und Ideologie in historischer Perspektive*. Festschrift für Hermann Klenner, Band 2, Freiburg u.a. 1998, S. 240-264.

Sellin, Volker: *Die geraubte Revolution. Der Sturz Napoleons und die Restauration in Europa*, Göttingen 2001.

Sewing, Werner: Einleitung, in: Pocock, John G.A., *Die andere Bürgergesellschaft*, Frankfurt/M. 1993, S. 7-32.

Shalhope, Robert E.: Toward a Republican Synthesis: The Emergence of an Understanding of Republicanism in American Historiography, in: *William and Mary Quarterly*, 29 (1972), S. 49-80.

Shapiro, Martin/Stone Sweet, Alec: *On Law, Politics, and Judicialization*, Oxford 2002.

Shaw, Carl K.Y: Quentin Skinner on the Proper Meaning of Republican Liberty, in: *Politics* 23 (2003), S. 46-56.

Siemann, Wolfram: *Die Frankfurter Nationalversammlung 1848/49 zwischem demokratischem Liberalismus und konservativer Reform. Die Bedeutung der Juristendominanz in den Verfassungsverhandlungen des Paulskirchenparlaments*, Frankfurt/Bern u.a. 1976.

Sieyès, Emmanuel Joseph: *Politische Schriften: 1788-1790*, 2. überarb. und erw. Aufl., München 1981.

Siekmann/Duttge: *Staatsrecht I: Grundrechte*, 3. überarb. Auflage, Frankfurt/M. 2000.

Simon, Helmut: Verfassungsgerichtsbarkeit, in: Benda/Maihofer/Vogel (Hg.), *Handbuch des Verfassungsrechts*, 2. Aufl., Berlin/New York 1994, S. 1637-1677.

Skinner, Quentin: *Foundations of Modern Political Thought, Bd.1: Renaissance*, Cambridge 1978.

Skinner, Quentin: The republican ideal of political liberty, in: Bock/Skinner (Hg.), *Machiavelli and Republicanism*, Cambridge 1990, S. 293-309.

Skinner, Quentin: Machiavelli's Discorsi and the pre-humanist origins of republican ideas, in: Bock, Gisela (Hg.), *Machiavelli and Republicanism*, Cambridge 1993, S. 121-141

Skinner, Quentin: *Liberty before Liberalism*, Cambridge 1999.

Skinner, Quentin: Meaning and understanding in the history of ideas, in: ders., *Visions of Politics, Band 1: Regarding Method*, Cambridge 2002, S. 57-89.

Skinner, Quentin: *Visions of Politics*, 3 Bände, Cambridge 2002.

Skinner, Quentin: Hobbes on the proper signification of liberty, in: ders., *Visions of Politics, Band 2: Hobbes and Civil Science*, Cambridge 2002, S. 209-237.

Smend, Rudolf: *Die Preussische Verfassungsurkunde im Vergleich mit der Belgischen*, Göttingen 1904.

Smend, Rudolf: Ungeschriebenes Verfassungsrecht im monarchischen Bundesstaat, in: *Festgabe für Otto Mayer zum 70. Geburtstag*, [1916], Nachdruck Aalen 1976, S. 245-270.

Smend, Rudolf: *Staatsrechtliche Abhandlungen und andere Aufsätze*, 3. erw. Aufl., Berlin 1994.

Smend, Rudolf: Die Göttinger Sieben, in. Ders., *Staatsrechtliche Abhandlungen und Aufsätze*, 3. Aufl., Berlin 1994, S. 391-410.

Soden, Julius: *Das agrarische Gesetz: Beweiß der Notwendigkeit eines Ackergesetzes zur Verhütung der Staatsumwälzungen*, Augsburg 1797.

Sommer, Christian: Konstitution für die Stadt Köln. Den stadtkölnischen Bürgern zur Prüfung vorgelegt [1797], in: Dippel, Horst (Hg.): *Die Anfänge des Konstitutionalismus in Deutschland. Texte deutscher Verfassungsentwürfe am Ende des 18. Jahrhunderts*, Frankfurt/M. 1991, S. 68-113.

Sontheimer, Kurt: *Antidemokratisches Denken in der Weimarer Republik: die politischen Ideen des deutschen Nationalismus zwischen 1918 und 1933*, 5. Aufl., München 1994.

Speck, Ulrich: *Staatsordnung und Kommunalverfassung. Die Formierung moderner Gemeindekonzeptionen in Württemberg zwischen Ancien Regime und Frühkonstitutionalismus*, Frankfurt/M. 1997

Sprandel, Rolf: Perspektiven der Verfassungsgeschichtsschreibung aus der Sicht des Mittelalters, in: Quaritsch, Helmut (Red.), *Gegenstand und Begriffe der Verfassungsgeschichtsschreibung* (=Der Staat, Beiheft 6), Berlin 1983, S. 105-123

Sprandel, Rolf: *Verfassung und Gesellschaft im Mittelalter*, 4. Aufl., Paderborn 1991.

Stahl, Friedrich Julius: *Die Philosophie des Rechts, 2 Bände*, Heidelberg 1830.

Stahl, Friedrich Julius: *Das monarchische Prinzip*, Heidelberg 1845.

Staiger, Xaver: *Der Weg zum wahren Bürgerthum und Völkerglück. Eine Morgengabe allen Bürgern und Volksfreunden*, Villingen 1847.

Stammen, Theo: Königsberg als Lebenswelt und Kants Modell geselliger Konversation, in: ders. (Hg.), *Kant als Schriftsteller*, Würzburg 1999, S. 19-28.

Starck, Christian: Einleitung, in: ders./Weber, Albrecht (Hg.), *Verfassungsgerichtsbarkeit in Westeuropa*, Baden-Baden 1986, S. 14-39.

Starck, Christian: Vorrang der Verfassung und Verfassungsgerichtsbarkeit, in: Starck/Weber (Hg.), *Verfassungsgerichtsbarkeit in Westeuropa*, Teilband 1, Baden-Baden 1986, S. 13-39.

Starck, Christian: Verfassung und Gesetz, in: ders. (Hg.): *Rangordnung der Gesetze*, Göttingen 1995, S. 29-38.

Starck, Christian: Rangordnung der Gesetze. Einführung, in: ders., (Hg.), *Rangordnung der Gesetze*, Göttingen 1995, S. 9-12.

Starck, Christian: Rechtsvergleichung im öffentlichen Recht, in: *Juristenzeitung* 52 (1997), S. 1021-1030.

Starobinski, Jean: *1789 – Die Embleme der Vernunft*, München 1988.

Starobinski, Jean: *Montesquieu. Ein Essay*, München 1991.

Steinberger, Helmut: American Constitutionalism and German Constitutional Development, in: Henkin, Louis/Rosenthal, Albert J. (Hg.), *Constitutionalism and Rights*, New York 1990, S. 199-224.

Stern, Klaus: Die Idee der Menschen- und Grundrechte, in: Merten, Detlef/Papier, Hans-Jürgen (Hg.), *Handbuch der Grundrechte in Deutschland und Europa*, Band 1: Entwicklung und Grundlagen, Heidelberg 2004, S. 3-19.

Sternberger, Dolf: Verfassungspatriotismus, in: ders., *Schriften*, Band 10, Frankfurt/M. 1982, S. 17-31.

Sternberger, Dolf: Politische Helden Schillers, in: Aurnhammer, Achim u.a. (Hg.), *Schiller und die höfische Welt*, Tübingen 1990, S. 307-317.

Stickler, Matthias: Von der Landschaft zur Verfassung von 1819. Württembergs Weg zum monarchischen Konstitutionalismus, in: Gehrke, Roland (Hg.): *Aufbrüche in die Moderne. Frühparlamentarismus zwischen altständischer Ordnung und monarchischem Konstitutionalismus 1750-1850*, Köln 2005, S. 73-102.

Stillman, Peter G.: Hegel's Idea of Constitutionalism, in: Rosenbaum, Alan S. (Hg.), *Constitutionalism. The Philosophical Dimension*, New York u.a. 1988, S. 88-112.

Stoerk, Felix: *Zur Methodik des öffentlichen Rechts*, Wien 1885.

Stoerk, Felix: *Über die juristische Methode. Kritische Studien zur Wissenschaft vom öffentlichen Recht und zur soziologischen Rechtslehre*, hg. und mit einem Geleitwort versehen von Günther Winkler, Wien/New York 1996.

Stollberg-Rilinger, Barbara: *Der Staat als Maschine*, Berlin 1986.

Stollberg-Rilinger, Barbara: Zeremoniell als politisches Verfahren. Rangordnungen und Rangstreit als Strukturmerkmale des frühneuzeitlichen Reichstags, in: Kunisch, Johannes (Hg.), *Neue Studien zur frühneuzeitlichen Reichsgeschichte*, Beiheft 19 der *Zeitschrift für historische Forschung*, Berlin 1997, S. 91-132.

Stollberg-Rilinger, Barbara: *Vormünder des Volkes? Konzepte landständischer Repräsentation in der Spätphase des Alten Reiches*, Berlin 1999.

Stollberg-Rilinger, Barbara: Einleitung, in: dies. (Hrsg.), *Vormoderne politische Verfahren*, Zeitschrift für historische Forschung, Beiheft 25, Berlin 2001, S. 9-24.

Stollberg-Rilinger, Barbara: Die zeremonielle Inszenierung des Reiches, oder: Was leistet der kulturalistische Ansatz für die Reichsverfassungsgeschichte?, in: Schnettger, Matthias (Hg.), *Imperium Romanum–Irregulare Corpus–Teutscher Reichs-Staat. Das Alte Reich im Verständnis der Zeitgenossen und der Historiographie*, Mainz 2002, S. 233-247.

Stollberg-Rilinger, Barbara: Verfassung und Fest. Überlegungen zur festlichen Inszenierung vormoderner und moderner Verfassungen, in: Becker, Hans-Jürgen (Hg.), *Interdependenzen zwischen Verfassung und Kultur*, Berlin 2003, S. 7-37 (mit Aussprache: 7-49).

Stolleis, Michael: Untertan–Bürger–Staatsbürger: Bemerkungen zur juristischen Terminologie im späten 18. Jahrhundert, in: Vierhaus, Rudolf (Hrsg.), *Bürger und Bürgerlichkeit im Zeitalter der Aufklärung*, Heidelberg 1981, S. 65-100.

Stolleis, Michael: *Geschichte des öffentlichen Rechts in Deutschland. Band 2: Staatsrechtslehre und Verwaltungswissenschaft 1800-1914*, München 1992.

Stolleis, Michael: Reichspublizistik–Politik–Naturrecht im 17. und 18. Jahrhundert, in: ders. (Hg.), *Staatsdenker in der frühen Neuzeit*, München 1995, S. 9-28.

Stolleis, Michael: Die Allgemeine Staatslehre im 19. Jahrhundert, in: Klippel, Dieter (Hg.), *Naturrecht im 19. Jahrhundert. Kontinuität – Inhalt – Funktion – Wirkung*, Goldbach 1997, S. 3-18.

Stourzh, Gerald: Vom Widerstandsrecht zur Verfassungsgerichtsbarkeit. Zum Problem der Verfassungswidrigkeit im 18. Jahrhundert, in: ders., *Wege zur Grundrechtsdemokratie*, Wien 1974, S. 37-74.

Stourzh, Gerald: Staatsformenlehre und Fundamentalgesetze in England und Nordamerika im 17. und 18. Jahrhundert. Zur Genese des modernen Verfassungsbegriffs, in: Vierhaus, Rudolf (Hg.), *Herrschaftsverträge, Wahlkapitulationen, Fundamentalgesetze*, Göttingen 1977, S. 294-327.

Stourzh, Gerald, Vom aristotelischen zum liberalen Verfassungsbegriff. Staatsformenlehre und Fundamentalgesetze in England und Nordamerika im 17. und 18. Jahrhundert, in: ders., *Wege zur Grundrechtsdemokratie*, Wien/Köln 1989, S. 1-35.

Stourzh, Gerald: Naturrechtslehre, leges fundamentales und die Anfänge des Vorrangs der Verfassung, in: Starck, Christian (Hg.): *Rangordnung der Gesetze*, Göttingen 1995, S. 13-28.

Stourzh, Gerald: Die Grundrechte in der Paulskirche und im Kremsierer Reichstag: Gemeinsamkeiten, Unterschiede, Rezeptionen, in: Kirsch, Martin/Schiera, Pierangelo (Hg.), *Verfassungswandel um 1848 im europäischen Vergleich*, Berlin 2001, S. 269-283.

Sunstein, Cass: The Enduring Legacy of Republicanism, in: Elkin/Soltan (Hg.), *A New Constitutionalism*, Chicago/London 1993, S. 174-206.

Sutherland, Keith (Hg.): *The rape of the Constitution?*, Thorverton 2000.

Tacke, Charlotte: *Denkmal im sozialen Raum. Nationale Symbole in Deutschland und Frankreich im 19. Jahrhundert*, Göttingen 1995.

Taylor, Charles: Die Beschwörung der Civil Society, in: Michalski, Krzysztof (Hg.), *Europa und die Civil Society*, Stuttgart 1991, S. 52-84.

Taylor, Charles: *Negative Freiheit? Zur Kritik des neuzeitlichen Individualismus*, Frankfurt/M. 1992.

Taylor, Charles: Hegel's ambiguous legacy of modern liberalism, in: Stern, Robert (Hg.), *Hegel: Critical Assessments*, Band 4, Routledge 1993, S. 345-357.

Thadden, Rudolf von: *Die Göttinger Sieben, ihre Universität und der Verfassungskonflikt von 1837*, Hannover 1987.

Thamer, Hans-Ulrich: Politische Rituale und politische Kultur in Europa des 20. Jahrhunderts, in: *Jahrbuch für Europäische Geschichte* 1 (2000), S. 79-98.

Thamer, Hans-Ulrich: Die Wiederkehr des Gleichen oder das Verblassen der Tradition, in: Althoff, G. (Hg.), *Zeichen – Rituale – Werte*, Münster 2004, S. 573-588.

Theiner, Peter: *Sozialer Liberalismus und deutsche Weltpolitik. Friedrich Naumann im Wilhelminischen Deutschland (1860-1919)*, Baden-Baden 1983.

Thiele, Ulrich: Verfassunggebende Volkssouveränität und Verfassungsgerichtsbarkeit. Die Position der Federalists im Fadenkreuz der zeitgenössischen Kritik, in: *Der Staat* 39 (2000), S. 397-424.

Thomann, Marcel: Christian Wolff, in: Stolleis, Michael (Hg.), *Staatdenker im 17. und 18. Jahrhundert*, 2. Aufl., Frankfurt/M. 1987.

Thornhill, Chris: *A Sociology of Constitutions. Constitutions and State Legitimacy in Historical-Sociological Perspective*, Cambridge 2011.

Tilmans, Karin: Republican Citizenship and Civic Humanism in the Burgundian-Habsburg Netherlands (1477-1566), in: Gelderen/Skinner (Hg.), *Republicanism. A Shared European Heritage*. Vol.1, Cambridge 2002, S. 107-125.

Tocqueville, Alexis de: *Über die Demokratie in Amerika*, hg. von Jacob P. Mayer in Gemeinschaft mit Theodor Eschenburg und Hans Zbinden, 2. Aufl., München 1976.

Tocqueville, Alexis de: *Der alte Staat und die Revolution*, Bremen o.J..

Tohidipur, Mehdi: *Der bürgerliche Rechtsstaat*, 2 Bde., Frankfurt/M. 1978.

Triepel, Heinrich: Die Kompetenzen des Bundesstaats und die geschriebene Verfassung, in: *Festgabe für Paul Laband*, Bd.2, 1908, S. 247ff

Triepel, Heinrich: Wesen und Entwicklung der Staatsgerichtsbarkeit (1929), in: Häberle, Peter (Hg.), *Verfassungsgerichtsbarkeit*, Darmstadt 1976, S. 46-76.

Tröhler, Daniel: Republikanismus als Erziehungsprogramm: Die Rolle der Geschichte und Freundschaft in den Konzepten eidgenössischer Bürgerbildung der helvetischen Gesellschaft, in: Böhler, M./Hofmann, E./Reill, P./Zurbuchen, S. (Hg.), *Republikanische Tugend: Ausbildung eines Schweizer Nationalbewusstseins und Erziehung eines neuen Bürgers*, Genf 2000, S. 401-421.

Tully, James (Hg.): *Meaning and Context. Quentin Skinner and his Critics*, Cambridge 1988.

Uhlenbrock, Henning: *Der Staat als juristische Person. Dogmengeschichtliche Untersuchung zu einem Grundbegriff der deutschen Staatsrechtslehre*, Berlin 2000.

Uhlig, Ludwig: Antinomien der Politik. Georg Forsters Weg zur Revolution, in: *Historische Zeitschrift* 274 (2002), S. 329-365.

Ullrich, Volker: *Die nervöse Großmacht 1871-1918. Aufstieg und Untergang des deutschen Kaiserreichs*, Frankfurt/M. 2007.

Unruh, Peter: *Der Verfassungsbegriff des Grundgesetzes*, Tübingen 2002.

Valentin, Veit: *Geschichte der deutschen Revolution von 1848/49*, [Neudruck] Weinheim 1998.

Valjavec, Fritz: *Die Entstehung der politischen Strömungen in Deutschland 1770-1815*, München 1951.

Vernon James (Hg.): *Re-Reading the Constitution. New narratives in the political history of England's long nineteenth century*, Cambridge 1996.

Vesting, Thomas: Staatslehre als Wirklichkeitswissenschaft. Zu Hermann Hellers Idee einer politischen Organisation der Gesellschaft, in: *Der Staat* 31 (1992), S. 161-186.

Vierhaus, Rudolf: Politisches Bewusstsein in Deutschland vor 1789, in: *Der Staat* 6 (1967), S. 175-196.

Vierhaus, Rudolf: Montesquieu in Deutschland. Zur Geschichte seiner Wirkung als politischer Schriftsteller im 18. Jahrhundert, in: ders., *Deutschland im 18. Jahrhundert. Politische Verfassung, soziales Gefüge, geistige Bewegungen*, Göttingen 1987, S. 9-32.

Vierhaus, Rudolf (Hg.): *Aufklärung als Prozess*, Heft 2 der Zeitschrift Aufklärung, Hamburg 1988.

Vierhaus, Rudolf: Das Allgemeine Landrecht für die Preußischen Staaten als Verfassungsersatz?, in: Dölemeyer, Barbara/Mohnhaupt, Heinz (Hg.), *200 Jahre Allgemeines Landrecht für die preußischen Staaten. Wirkungsgeschichte und internationaler Kontext*, Frankfurt/M. 1995, S. 1-21.

Viroli, Maurizio: The concept of ordre and the language of classical republicanism in Jean-Jacques Rousseau, in: Pagden, Anthony (Hg.), *The languages of political theory in early-modern Europe*, Cambridge 1987, S. 159-178.

Viroli, Maurizio: *Die Idee der republikanischen Freiheit von Machiavelli bis heute*, Zürich/München 2002.

Viroli, Maurizio/Bobbio, Norberto: *The idea of the republic*, Cambridge 2003.

Voegelin, Eric: *Der autoritäre Staat*, Wien/New York 1997.

Voigt/Walkenhaus/Münkler: Niccolò Machiavellis Politikverständnis, in: dies. (Hg.), *Demaskierung der Macht. Niccolò Machiavellis Staats- und Politikverständnis*, Baden-Baden 2004, S. 13-29.

Vollrath, Ernst: Probleme der Konstitution einer Philosophie des Politischen im deutschen Sprachraum, in: *Philosophisches Jahrbuch* 89 (1982), S. 225-246.

Vollrath, Ernst: Zur Problematik eines Begriffs des Politischen, in: Maier, Hans (Hg.), *Politik, Philosophie, Praxis*, Festschrift für Wilhelm Hennis, Stuttgart 1988, S. 314-330.

Vollrath, Ernst: Wie kann Hegels „Philosophie des Rechts" als Politische Philosophie gelesen werden?, in: *Philosophische Rundschau* 37 (1990), S. 27-43.

Vollrath, Ernst: „Macht" und „Herrschaft" als Kategorien der Soziologie Max Webers, in: Gebhardt, Jürgen/Münkler, Herfried (Hg.), *Bürgerschaft und Herrschaft*, Baden-Baden 1993, S. 211-226.

Vorländer, Hans: Verfassungsbegriff und Demokratie in Deutschland. Skizzen zu einer deutschen Verfassungspolitologie, in: *Liberal* 24 (1982), S. 164-178.

Vorländer, Hans: Auf der Suche nach den moralischen Ressourcen Amerikas. Republikanischer Revisionismus und liberale Tradition der USA, in: *Neue Politische Literatur* 33 (1988), S. 226-251.

Vorländer, Hans: Is there a liberal political tradition in Germany?, in: Meadowcraft, James (Hg.), *The Liberal Political Tradition. Contemporary Reappraisals*, Cheltenham u.a. 1996, S. 101-114.

Vorländer, Hans: *Hegemonialer Liberalismus*. Frankfurt/M. 1997.

Vorländer, Hans: Die Wiederentdeckung der Gemeinschaft in der politischen Theorie: Brauchen wir eine neue politische Philosophie für demokratische Gesellschaften?, in: Rohe, Karl und Dicke, Klaus (Hg.), *Die Integration politischer Gemeinwesen in der Krise?* Baden-Baden 1999, S. 66-83.

Vorländer, Hans: *Die Verfassung. Idee und Geschichte*, München 1999.

Vorländer, Hans: Die Suprematie der Verfassung. Über das Spannungsverhältnis von Demokratie und Konstitutionalismus, in: Leidhold, Wolfgang (Hg.), *Politik und Politeia. Formen und Probleme politischer Ordnung*, Festgabe für Jürgen Gebhardt, Würzburg 2000, S. 373-383.

Vorländer, Hans: Der Interpret als Souverän, in: *Frankfurter Allgemeine Zeitung*, 17. April 2001, S. 14.

Vorländer, Hans: Integration durch Verfassung? Die symbolische Bedeutung der Verfassung im politischen Integrationsprozess, in: ders. (Hg.), *Integration durch Verfassung*, Wiesbaden 2002, S. 9-40.

Vorländer, Hans: Gründung und Geltung. Die Konstitution der Ordnung und die Legitimität der Konstitution, in: Melville, Gert/Vorländer, Hans (Hg.), *Geltungsgeschichten*, Köln/Wien/Weimar 2002, S. 243-263.

Vorländer, Hans: Die drei Entwicklungswege des Konstitutionalismus in Europa. Eine typologische Skizze, in: *Die Europäische Union als Verfassungsordnung*, hg. vom Institut für Europäische Verfassungswissenschaften, Berlin 2004, S. 21-42.

Vorländer, Hans: Verfassungsgeschichten. Über die Kontinuierung des konstitutionellen Moments, in: Melville, Gert/Rehberg, Karl-Siegbert (Hg.), *Gründungsmythen–Genealogien–Memorialzeichen. Beiträge zur institutionellen Konstruktion von Kontinuität*, im Auftrag des Sonderforschungsbereichs 537, Köln/Weimar/Wien 2004, S. 177-185.

Vorländer, Hans: Die Verfassung als symbolische Ordnung. Perspektiven einer kulturwissenschaftlich-institutionalistischen Verfassungstheorie, in: Becker, Michael/Zimmerling, Ruth (Hg.), *Politik und Recht*, [PVS-Sonderheft 36], Wiesbaden 2006, S. 229-249.

Vorländer, Hans: Emergente Institution. Warum die Verfassung ein Prozess ist, in: Buchstein, Hubertus/Schmalz-Bruns, Rainer (Hg.), *Politik und Integration. Symbole, Repräsentation, Institution*, Baden-Baden 2006, S. 247-259.

Vorländer, Hans (Hg.): *Die Deutungsmacht der Verfassungsgerichtsbarkeit*, Wiesbaden 2006.

Vorländer, Hans (Hg.): *Transzendenz und Gemeinsinn*. Themen und Perspektiven des Dresdner Sonderforschungsbereichs 804, Dresden 2010.

Vossenkuhl, Wilhelm: Rationalität und historisches Verstehen. Quentin Skinners Rekonstruktion der politischen Theorie, in: *Conceptus*, 12 (1982), S. 27-43.

Wahl, Rainer: Der Vorrang der Verfassung, in: *Der Staat* 20 (1981), S. 485-516.

Wahl, Rainer: Die Entwicklung des deutschen Verfassungsstaates bis 1866, in: Isensee, Josef/Kirchhof, Paul (Hg.), *Handbuch des Staatsrechts der Bundesrepublik Deutschland*, Band 1: Grundlagen von Staat und Verfassung, Heidelberg 1995, S. 3-34.

Wahl, Rainer: Verfassungsvergleichung als Kulturvergleichung, in: Murswiek, Dietrich u.a. (Hg.), *Staat- Souveränität- Verfassung* (Festschrift für Helmut Quaritsch), Berlin 2000, S. 163-182.

Wahl, Rainer: Elemente der Verfassungsstaatlichkeit, in: *JuS* 2001, S. 1041-1048.

Wahl, Rainer: Konstitutionalisierung–Leitbegriff oder Allerweltsbegriff?, in: Lorenz, Dieter u.a. (Hg.), *Wandel des Staates vor den Herausforderungen der Gegenwart*, München 2002, S. 191-207.

Wahl, Rainer: Der Konstitutionalismus als Bewegungsgeschichte, in: *Der Staat* 44 (2005), S. 571-594.

Wahl, Rainer/Rottmann, Frank: Die Bedeutung der Verfassung und der Verfassungsgerichtsbarkeit in der Bundesrepublik–im Vergleich zum 19. Jahrhundert und zu Weimar, in: Conze, Werner/Lepsius, Rainer M. (Hg.), *Sozialgeschichte der Bundesrepublik Deutschland*, 2. Aufl., Stuttgart 1985, S. 339-370.

Walzer, Michael: *Vernunft, Politik und Leidenschaft. Defizite liberaler Theorie*, Frankfurt/M. 1999.

Waszek, Norbert: *The Scottish Enlightenment and Hegel's Account of „Civil Society'*, Dordrecht 1988.

Waszek, Norbert: Hegels Lehre von der bürgerlichen Gesellschaft und die politische Ökonomie der schottischen Aufklärung, in: *Dialektik*, Jahrgang 3 (1995), S. 35-50.

Weber, Max: Die ‚Objektivität' sozialwissenschaftlicher Erkenntnis, in: *Gesammelte Aufsätze zur Wissenschaftslehre*, hg. von Johannes Winckelmann, 3. Aufl. München 1967, S.146-214.

Weber, Max: Kirchen und Sekten, in: *Max Weber, Soziologie, Universalgeschichtliche Analysen, Politik*, hg. von Johannes Winckelmann, 5. überarb. Aufl., Stuttgart 1973, S. 382-397.

Weber, Max: *Wirtschaft und Gesellschaft: Grundriß der verstehenden Soziologie*. Besorgt von Johannes Winckelmann, 5. rev. Auflage (Studienausgabe), Tübingen 1980.

Weber, Max: Deutschlands künftige Staatsform, in: *Gesammelte Politische Schriften*, 5. Aufl., Tübingen 1988, S. 341-376.

Weber, Max: Parlament und Regierung im neugeordneten Deutschland, in: *MWG* I/15, hg. von Wolfgang J. Mommsen in Zusammenarbeit mit Gangolf Hübinger, Tübingen 1988, S. 202-302.

Weber, Max, Der Sinn der Wertfreiheit, in: *Gesammelte Aufsätze zur Wissenschaftslehre*, 7. Aufl., Tübingen 1988, S. 489-540.

Weber, Max: Die protestantischen Sekten und der Geist des Kapitalismus, in: ders., *Gesammelte Aufsätze zur Religionssoziologie*, Band 1, Tübingen 1988, S. 207-236.

Weber, Max: Wahlrecht und Demokratie in Deutschland, in: ders., *MWG* I/15, hg. von Wolfgang J. Mommsen in Zusammenarbeit mit Gangolf Hübinger, Tübingen 1988, S. 347-396.

Weber, Max: Nationalstaat und Volkswirtschaftspolitik, in: *Gesammelte Politische Schriften, hg. von Johannes Winckelmann*, 5. Aufl. Tübingen 1988 , S. 7-30.

Weber, Max: *Der Sozialismus*, hg. und mit einer Einl. versehen von Herfried Münkler, Weinheim 1995.

Weber, Max: *Wirtschaft und Gesellschaft, Teilband 5: Die Stadt*, MWG: I/22-5, hg. von Wilfried Nippel, Tübingen 1999.

Weber, Max: *Wirtschaft und Gesellschaft, Teilband 4: Herrschaft*, hg. von Edith Hanke in Zusammenarbeit mit Thomas Kroll, Tübingen 2005.

Wehler, Hans-Ulrich: *Das deutsche Kaiserreich 1871-1918*, Göttingen 1973.

Wehler, Hans-Ulrich: Einleitung, in: Ludwig August von Rochau, *Gründsätze der Realpolitik*, Frankfurt/M. 1972, S. 7-21 [wieder abgedruckt in: Wehler, Hans-Ulrich: *Krisenherde des Kaiserreichs 1871-1918. Studien zur deutschen Sozial- und Verfassungsgeschichte*, 2. überarb. und erw. Auflage, Göttingen 1979].

Weiler, Joseph H.H.: *The Constitution of Europe*, Cambridge 1999.

Weiler, Joseph H.H.: *European Constitutionalism beyond the State*, Cambridge 2003.

Welch, Sheryl B. (Hg.): *The Cambridge Companion to Tocqueville*, Cambridge 2006.

Welcker, Karl Theodor: Art. Juste-Milieu, in: Rotteck, Karl v./Welcker, Carl Theodor (Hg.) *Das Staats-Lexikon. Encyklopädie der sämmtlichen Staatswissenschaften für alle Stände*, 12 Bände [erw. Aufl., 1845], Neudruck Frankfurt/M. 1990, S. 793-812.

Welcker, Karl Theodor: Art. Bund/Bundesverfassung etc., in: *Das Staats-Lexikon. Encyklopädie der sämmtlichen Staatswissenschaften für alle Stände*, hg. von Karl von Rotteck und C.T. Welcker, Band 3, Altona 1836, S. 76-116.

Welcker, Karl Theodor: Art. Cortes-Verfassung, in: Rotteck, Karl v./Welcker, Karl Theodor: *Das Staats-Lexikon. Encyklopädie der sämmtlichen Staatswissenschaften für alle Stände*, [erw. Aufl., 1845], Neudruck Frankfurt/M. 1990, Band 3, S. 578-588.

Welcker, Karl Theodor: Art. Staatsverfassung, in: Rotteck, Karl v./Welcker, Karl Theodor: *Das Staats-Lexikon. Encyklopädie der sämmtlichen Staatswissenschaften für alle Stände*, [erw. Aufl., 1845], Neudruck Frankfurt/M. 1990 Band 12, S. 363-387.

Welcker, Karl H.L.: *Rechtsgeschichte als Rechtspolitik. Justus Möser als Jurist und Staatsmann*, Osnabrück 1996.

Welzel, Hans: *Naturrecht und materiale Gerechtigkeit*, 4. Aufl., Göttingen 1962.

Wende, Peter: *Radikalismus im Vormärz. Untersuchungen zur politischen Theorie der frühen deutschen Demokratie*, Wiesbaden 1975.

Wendenburg, Helge: *Die Debatte um die Verfassungsgerichtsbarkeit und der Methodenstreit der Staatsrechtslehre in der Weimarer Republik*, Göttingen 1984.

Wesel, Uwe: *Geschichte des Rechts*, 2. überarb. und erw. Auflage, München 2001.

Wet, Erika de: The International Constitutional Order, in: *International and Comparative Law Quarterly* 55 (2006), S. 51-76.

Wet, Erika de: The Emergence of International and Regional Value Systems as a Manifestation of the Emerging International Constitutional Order, in: *Leiden Journal of International Law* 19 (2006), S. 611-632.

Wien, Bernhard: *Politische Feste und Feiern in Baden 1814-1850. Tradition und Transformation: Zur Interdependenz liberaler und revolutionärer Festkultur*, Frankfurt/M. 2001.

Wienfort, Monika: *Monarchie in der bürgerlichen Gesellschaft. Deutschland und England von 1640 bis 1848*, Göttingen 1993.

Wienfort, Monika: Monarchie, Verfassung und Fest. Großbritannien und Preußen um 1800 im Vergleich, in: Kirsch, Martin/Schiera, Pierangelo (Hg.): *Denken und Umsetzung des Konstitutionalismus in Deutschland und anderen europäischen Ländern in der ersten Hälfte des 19. Jahrhunderts*, Berlin 1999, S. 175-191.

Wienfort, Monika: Zurschaustellung der Monarchie–Huldigungen und Thronjubiläen in Preußen-Deutschland und Großbritannien im 19. Jahrhundert, in: Brandt, Peter u.a. (Hg.): *Symbolische Macht und inszenierte Staatlichkeit. ‚Verfassungskultur' als Element der Verfassungsgeschichte*, Bonn 2005, S. 81-100.

Wigard, Franz: *Stenographischer Bericht über die Verhandlungen der deutschen constituierenden Nationalversammlung zu Frankfurt am Main*, 7 Bände, Frankfurt/M. 1848/49 (Nachdruck: München 1988).

Wilhelm, Theodor: *Die englische Verfassung und der vormärzliche deutsche Liberalismus*, Stuttgart 1928.

Wilhelm, Uwe: Das Staats- und Gesellschaftsverständnis von J.H.G. von Justi. Ein Beitrag zur Entwicklung des Frühliberalismus in Deutschland, in: *Der Staat* 30 (1991).

Wilhelm, Walter: *Zur juristischen Methodenlehre im 19. Jahrhundert: die Herkunft der Methode Paul Labands aus der Privatrechtswissenschaft*, Frankfurt/M. 1958.

Williams, Howard Lloyd: *Essays on Kant's Political Philosophy*, Chicago 1992.

Willoweit, Dietmar: Probleme und Aufgaben einer europäischen Verfassungsgeschichte, in: Schulze, Reiner (Hg.), *Europäische Verfassungsgeschichte. Ergebnisse und Perspektiven der Forschung*, Berlin 1991, S. 141-151.

Winch, Donald: Adam Smith's ‚enduring particular result': a political and cosmopolitan perspective, in: Hont, Istvan, Ignatieff, Michael (Hg.), *Wealth and virtue. The Shaping of Political Economy in the Scottish Enlightenment*, Cambridge 1983, S. 253-269.

Winkler, Günther: Geleitwort, zu: Stoerk, Felix: *Über die juristische Methode. Kritische Studien zur Wissenschaft vom öffentlichen Recht und zur soziologischen Rechtslehre*, hg. und mit einem Geleitwort versehen von Günther Winkler, Wien/New York 1996, S. V-XXX.

Wirsching, Andreas: Bürgertugend und Gemeininteresse. Zum Topos der 'Mittelklassen' in England im späten 18. und frühen 19. Jahrhundert, in: *Archiv für Kulturgeschichte* 72 (1990), S. 173-199.

Wolff, Heinrich Amadeus: *Ungeschriebenes Verfassungsrecht unter dem Grundgesetz*, Tübingen 2000.

Wolin, Sheldon S.: *Tocqueville between two Worlds. The Making of a Political and Theoretical Life*, Princeton 2001.

Wolin, Sheldon S.: *Politics and Vision: continuity and innovation in Western political thought*, 4. erw. Aufl., Princeton 2006.

Wood, Gordon S.: Democracy and the American Revolution, in: Dunn, John, *Democracy. The Unfinished Journey, 508 BC to AD 1993*, Oxford 1992, S. 91-106.

Wood, Gordon S.: *The Creation of the American Republic*, Neuauflage, New York 1993.

Wootton, David (Hg.): *Republicanism, Liberty, and Commercial Society 1649-1776*, Stanford 1994.

Würtenberger, Thomas (Hg.): *Existenz und Ordnung*, Festschrift für E. Wolf, Frankfurt 1962.

Würtenberger, Thomas: Staatsverfassung an der Wende vom 18. zum 19. Jahrhundert, in: *Wendemarken in der deutschen Verfassungsgeschichte*, [=Der Staat, Beiheft 10], Berlin 1993, S. 85-108.

Würtenberger, Thomas: Verfassungsrechtliche Streitigkeiten in der zweiten Hälfte des 18. Jahrhunderts, in: Klein, Eckart (Hg.), *Grundrechte, soziale Ordnung und Verfassungsgerichtsbarkeit*, Festschrift für Ernst Benda, Heidelberg 1995.

Würtenberger, Thomas: Verfassungsentwicklung in Frankreich und Deutschland in der zweiten Hälfte des 18. Jahrhunderts, in: *Aufklärung* 9/1 (1996), S. 75-99.

Würtenberger, Thomas: Der Konstitutionalismus im Vormärz als Verfassungsbewegung, in: *Der Staat* 37 (1998), S. 165-188.

Würtenberger, Thomas: Die Verfassung als Gegenstand politischer Symbolik im ausgehenden 18. und beginnenden 19. Jahrhundert, in: Becker, Jürgen u.a. (Hg.), *Recht im Wandel seines sozialen und technologischen Umfeldes*. Festschrift für Manfred Rehbinder, München 2002, S. 617-632.

Würtenberger, Thomas: Von der Aufklärung zum Vormärz, in: Merten, Detlef/Papier, H.-J. (Hg.), *Handbuch der Grundrechte in Deutschland und Europa*, Band 1: Entwicklung und Grundlagen, Heidelberg 2004, S. 49-96.

Würzer, Heinrich: *Revolutions-Katechismus*, [Berlin 1793], Kronberg/Ts. 1977.

Wunder, Bernd: Landstände und Rechtsstaat. Zur Entstehung und Verwirklichung des Art. 13 DBA, in: *Zeitschrift für historische Forschung*, Bd. 5 (1978), S. 139-185.

Wunder, Bernd: Grundrechte und Freiheit in den württembergischen Verfassungskämpfen 1815-1819, in: Birtsch, Günter (Hg.), *Grund- und Freiheitsrechte im Wandel von Gesellschaft und Geschichte*, Göttingen 1981, S. 435-459.

Wyrzykowski, Miroslaw (Hg.): *Constitutional Cultures*, Warschau 2001.

Zurbuchen, Simone: Patriotismus und Nation. Der schweizerische Republikanismus des 18. Jahrhunderts, in: Böhler, M./Hofmann, E./Reill, P./Zurbuchen, S. (Hg.), *Republikanische Tugend: Ausbildung eines Schweizer Nationalbewusstseins und Erziehung eines neuen Bürgers*, Genf 2000, S. 151-181.

Zurbuchen, Simone: Politische Tugend zwischen Vernunft und Fanatismus. Zur moralphilosophischen Begründung des Republikanismus im 18. Jahrhundert, in: Reinalter, Helmut (Hg.), in: *Aufklärung–Vormärz–Revolution*. Schriftenreihe der „Internationalen Forschungsstelle Demokratische Bewegungen in Mitteleuropa von 1770-1850" an der Universität Innsbruck, Bd. 21 (2001), Frankfurt/Main: Lang 2002, S. 11-25.

Zurbuchen, Simone: Staatstheorie zwischen eidgenössischer Republik und preußischer Monarchie, in: dies., *Patriotismus und Kosmopolitismus. Die Schweizer Aufklärung zwischen Tradition und Moderne*. Zürich 2003, S. 111-131.

The manufacturer's authorised representative in the EU is Springer
Nature Customer Service Centre GmbH, Europaplatz 3, 69115 Heidelberg,
Germany. If you have any concerns regarding our products, please
contact ProductSafety@springernature.com

Printed and bound by CPI Group (UK) Ltd, Croydon, CR0 4YY
28/04/2026
02098468-0005